U0022933

初小公民（增補版）

香港占領地總督部

初小公民

初小用目次

教育勅語

朕惟我皇祖皇宗肇國宏遠樹德深厚我臣民克
忠克孝億兆一心世世濟厥美此我國體之精華
而教育之淵源亦實存于此爾臣民孝于父母
友于兄弟夫婦相和朋友相信恭儉持己博愛及
衆修學習業以啓發智能成就德器進廣公益開
世務常重國憲遵國法一旦緩急則義勇奉公可
以扶翼天壤無窮之皇運如是不獨爲朕忠良之

臣民克足以顯彰爾祖先之遺風

斯道實我皇祖皇宗之遺訓子孫臣民所當俱遵

守通諸古今而不謬施諸中外而不悖庶幾朕與

爾臣民俱拳拳服膺咸一其德

明治二十三年十月三十日

御名御璽

諭

照得香港乃英國強佔我東洋之土地、以物質文明、蠶食我東亞、已經百年、現一朝爲我忠勇義烈之皇軍佔領、成爲大日本之皇土、人類公敵之英國使用無饜野心不逞企圖之本源地、經已挫折消滅、堪爲東亞萬衆慶祝無量者也

夫大東亞戰爭終局最大之目的、乃確保東亞之安定、進而貢獻世界和平、以謀萬邦之榮樂

故在軍政之下、香港今後之統治建設、應共同協力、完成大東亞戰爭、一洗香港從前舊態、方能發揚東洋本來之精神文化、庶幾萬民同沐聖澤、而完成皇道昭垂之東亞永遠福利之基礎、

本督拜受香港佔領地總督之大任
今日親臨此土、當遵守　聖旨、竭盡心力、以期無負使命、顧萬民永遠之福利、必在大東亞戰爭全勝之後、現爾各居民應忍耐堅苦、善體聖戰之意義、切戒淫逸放恣、在皇軍治下、奮發努力、對於時局多所貢獻、凡爾民衆、如能革除故態陋習、挺身自勵、一秉東洋精神、完成大東亞興隆偉業者、本督當以知己待之、其有違反道義、不守範圍者、乃東亞萬衆之公敵、非我皇土之民、無論國籍、無論人種、本督當以軍律處治、決不容恕、茲當蒞任之始、特此通諭知之、其各凛遵、勿違、切切此諭

昭和十七年二月二十日

香港占領地總督　　磯　谷　廉　介

第一課　日本

鄰國日本位於亞細亞洲東部，以日本列島及朝鮮半島構成。

日本列島是由北東至南西，約有五十萬公尺長，是連接於太平洋上許多大小的島嶼。主要的是本州，北海道本島，樺太（南部），四國，九州，台灣等。九州台灣間有琉球列島，北海道本島北東有千島列島。朝鮮半島是在亞細亞大陸東部的一大半島，接於滿洲及西伯利亞。

日本的面積有五萬萬七千五百萬平方公尺，北由嚴寒的寒帶，南至酷暑的熱帶，但大部分是溫帶，雨量充足，土壤肥沃，農林鑛產，均甚豐富。因為近海有暖流流着，故水產物產量極多。

河流清澈，流水短狹急促，交通上雖然不利便，但利用牠來灌溉及發電。

工業近來甚發達，各種工業品多用國內的原料來製造。故商業又隨之發達，國際貿易也興盛。

公路鐵道及航空路線亦開拓得很多，郵政電訊電話等也普及，近來航空路線增多，所以內外交通，海陸空都很利便。

行政上，日本分本洲，四國，九州及所屬島嶼等，有三府四十三縣，統治上府設有府署，縣設有縣政府。其他在樺太及北海道設有廳，台灣及朝鮮設有總督府統治。此外日本還有向滿洲國租借的關東州及第一次世界大戰結果委任日本統治的南洋羣島，並設有廳統治。

教育是施行義務教育制，故非常發達，大學及高等專門學校爲首，各地中等學校及國民學校極普及。

日本的人口約有一萬萬，大多數是大和民族，朝鮮約有二千三百萬的朝鮮人，台灣約有五百五十萬台灣人。

第一課 日本

在日本是萬世一系的 天皇親治着。自第一代 神武天皇登極後至 今上天皇陛下，實際有百二十四代，就是二千六百餘年。這麼有長久的歷史，並且從開國以來，奉有萬世一系的天皇者，世界上是稀有的。

第二課　新的香港

在百年前，即西曆一八四二年，因南京條約關係香港被割讓給英國了，直至昭和十六年十二月八日大東亞戰爭暴發，僅僅十數日香港即被日本軍占領了。昭和十六年十二月二十五日那天，香港更生了，成爲東亞的新香港，這是我們値得紀念的一天。

香港具有天然的條件，更加以完善的設備，可說是世界著名商港。在地理上，軍事上，經濟上及交通上都佔着極重要的地位。但是，因爲在英國統治之下，一般人都偏重於物質享樂，陷於頹廢不振，而忘却原有東洋精神，深染着輕佻浮薄之風。今後應澈底改善，以養成樸實崇儉的習慣，使香港成爲東洋人的新香港。

日本現在爲完成大東亞戰爭任命，同時在南方各占領地，邁進着新東亞的建設，最近的將來，香港當成爲東亞人的新香港。我們和新香港更生了。

日本政府爲統治這個新的香港，故施行軍政，設立香港占領地總督部，其管區內分香港，九龍，新界三行政地區，各地區設有地區事務所，其下分二十八區，各區設有區役所。

香港地區有中區，西區，水城區，山王區，藏前區，東區，春日區，青葉區，銅鑼灣區，筲箕灣區，元港區及赤柱區等十二區。

九龍地區有鹿島區，元區，青山區，大角區，山下區，香取區，湊區，荃灣區及啟德區等九區。

新界地區有大埔區，元朗區，沙頭角區，新田區，西貢區，上水區及沙田區等七區。

此等區役所，爲香港百萬市民服務，如教育，衞生，交通，產業，經濟等，進而我們日常生活上最需要的米，糖，油及柴的配給，戶籍，職業等指導，牠都能爲我們解決。

又各處設有憲兵隊和警備隊。維持治安保護良民，使我們能夠安居樂業。

總督部又爲施行眞正以民聲做基礎的軍政起見，特組織華民代表會及各界協議會，以中國人爲代表者，以便充分接納民意而施行新香港的政治。」居住在香港的我們，自宜恪守紀律，服從命令，互相協助，爲新香港而努力，以完成大東亞共榮圈的確立。

第三課　日本國歌（君が代）

君が代は
千代に八千代に
さざれ石の
巖となりて
苔の蒸すまで

這是日本國歌。

「天皇親治的大代，繼續千年萬年於無窮，能繁榮。」這樣國民誠心來奉祝的歌「君が代」，是日本國民奉祈皇室的繁榮，素來唱着，深入國民的誠心的歌。遇有慶祝日或舉行喜事的儀式，日本人就高唱這枝歌。肅立莊嚴地來唱歌的時候，身心覺着很嚴肅。

將兵在戰地遙望着日本齊聲唱「君が代」的時候，不覺也會感激涕零的。在外國，「君が代」也時常會被唱着。在唱的時候，在外國的日本人感覺着爲日本國民的無限感動。

第四課　日本語

我們因爲要明瞭日本，故必須學習日本語。日本是我們中國的友邦，牠站在世界維新的最前綫，繼續完成聖戰當中。

我們中國正和滿洲國及泰國，與日本協力提攜，在牠的指導下，我們邁進着東亞新秩序的建設。故又非學習日本語不可，理解日本精神，研究日本文化，來充分認識日本，才能完成建設。因爲要認識日本，故先要認識日本語。言語不通，互相的意思，就不能傳達，如果不能了解日本人的思想感情，建設則無由推進了。

現在滿洲國，泰國，安南及中國的學校裏，及在日本占領下南洋各地的學校，都風起學習日本語。日本語將成爲東亞共榮圈的共通語了。

在日本軍政下之香港，尤其是我們應要趕快學習日本語，以便和日本人共同協力。同時我們試想一想，如果說得流利的日本語，那是眞的便利得多了。我們的思想感情，也可以給日本人明白，自然可以推動各種建設，讀日本書，看日本影片，就可以認識日本。不祇於此，對最重要的東亞新秩序建設的眞義，也可以明白了。

我們可以運用日本語說話，就可以接近日本人。認識友邦日本的眞義，大東亞新秩序建設，才有資格參加這新生東亞的建設。

日本語學習不是難的，只要能下大決心。實能成功的，日積月累由易而難的去努力學習。同時不要怕羞來講日本語，在不久的將來定能澈底認識了。在新生香港的每一角落中，都能聽到日本語的情形，很快就會實現了。

現在，不肯落後的人們，快起來努力學習日本語吧。

第五課　櫻花

日本的櫻花，同富士山一樣的有名於世界。春季四月的時候，爲欣賞櫻花而來遊覽日本的外國人很多。在日本，所謂「花」就是指櫻花，「花見」就是指賞覽櫻花。櫻花是開了一時，就要謝落了。賞美的期間是極短。其色淡白而謝落時清潔。這就像徵日本人的淡白而清廉的品質。

故此，櫻花每每有比喻爲古時的武士，或日本人的精神。「敷島大和心，若有人問，爲何，乃如朝陽發香之野櫻花」。這是吟咏日本精神最有名的歌詞。日本處處種有櫻樹。櫻花時節，近者自賞庭院裏的櫻花，或到公園裏找尋欣賞的滿足，還有很多人去探櫻花的名所，盡忻賞的樂事。

第六課 日本風景

日本是世界上風景有名的國家。外國人來遊覽的很多，稱牠做「全國皆公園」。嚴島，松島和天橋立稱爲日本三景，自古策杖扶笻魚貫而來遊覽者，不絕於時。

琵琶湖畔的風景更爲幽絕，爲近江八景有名於世。瀨戶內海有很多島嶼浮現在靜的波上，好像畫裏風景。因此外國人就稱牠做世界的公園。自然美和人工美相映成趣，是日光吧。這兒有美麗的門叫做陽明門。人說「沒看到日光，就別要讚牠」。古都——京都和奈良，不祗風景幽美，同時富有史蹟，所以遊覽的人不絕於途。

東京的上野，京都的嵐山也是櫻花的名勝所在。望全山以櫻花埋着的吉野山，眺望起來，別饒風趣。有名的富士山，四時戴着雪，峻嶺高聳，姿態奇麗，絕非筆墨可以形容得來的。

此外，有名的火山——阿蘇山，是世界最大的複式火山。又本州中部的高山，不祇是峻嶮，在夏天有八里(中國里)長的大雪溪，很多青年人登臨遠眺。瀑布是日光的華嚴瀧最有名。溫泉是別府和箱根最有名，都有良好的風景。

第七課　好朋友(信雄君的信)

達明君：

久違。我自從去年十一月三日離開了關懷的香港，就快半年了。天天也不忘記關懷的香港和你。戰爭的時候，怎麼樣呢？當我聽說戰爭開始的時候，非常掛念在香港的你們。天天都求神保佑着你們的平安。當時是怎麼樣呢？叔父、叔母、和秀蘭都平安嗎？我和媽媽都很精神地在這兒過着日子，請你們別要掛念。鄉下的人都是誠懇的，所以我有了很多朋友。我常常說香港的事情給他們聽。尤其是關於你的事情，說過很多次了。他們很欣羨和你認識。他們也想到香港或大陸和你們中國人做好朋友。畢竟，我們日本和中國是兄弟的國。我們要互相和好，做善良的東亞民族，為大東亞盡力的建設。我這樣想的時候，就禁不住想快一天回到香港去。那麼，除你之外，也可以認識很多的朋友。盡力來用功讀書。有空的時候，請你把香港的事情來告訴我。等着你的回信快一天到來吧，請你代候叔父，叔母和秀蘭安好。

五月三日

在東京

信雄寄

第八課　好朋友(達明君的信)

信雄君：

謝謝你的信。我很歡喜。所以把你的信看了又看，又念給母親和妹妹聽了。他們很歡喜。說，他掛念我們，眞對不住，我們僥倖平安。戰爭的時候，我們覺得很不安心。飛機的軋軋聲和大砲的隆隆聲，都令人們非常吃驚。但是，沒有許久就靜下來了。不久，日本軍隊堂堂然進入了街道。日本軍隊很快的使敵人投降，占領了香港。這時我不覺地叫了一聲萬歲。一會兒，我突然覺得爽快。對日本軍隊我一些不怕。這是因爲從前、你常常對我說過，日本軍隊是非常可親的。後來，我到外面去的時候，看見民衆的住屋完好如故。這是有理由的。因爲聽說日本軍隊很留意，絕對不入民家。戰後我時常和軍隊玩。我非常喜歡他們。你父親很好。他時時到我們家裏來坐談。我父親得你父親幫忙，現在在總督部受職。他時時對我說，總督部的官員，爲要建設良好的香港，都盡力幹着，我們的學校，戰後不久就復課了。在學校、我們也要學日本語。我最好的成績是日本語。所以先生說如我能夠到日本去留學、那再好沒有了。又時時對我說、盡力用功去學習，將來到日本的學校去。我眞的想到日本去留學。我將這意思對我父親說時，他祇微笑着說，你要學識多些日本語才行。所以，我現在盡力學習着日本語。我相信將來我會到日本去。那麼，我也會見到你。我天天都這樣愉快地望着。日本的天氣不久就會熱起來了。我們大家都要保重，將來成爲健全的東亞民族。請代候你母親安好。有空的時候。請你時時寫信給我。

五月二十日

在香港

達明寄

第九課　島上的人

約七十年前，有一隻德國的商船羅拔遜號。在日本沿海遭遇着大暴風，帆桅吹折，救生艇也被流散去了。這樣在狂暴的波浪中，飄流了三日夜，結果，在沖繩縣的宮古島港外，擱淺在海岩面上。

船員扳着破船，掙扎求援。

宮古島的守望人，遙見這隻船的時候，立即呼集島人放了救生艇。但是，因爲浪波汹湧，沒辦法操近牠，太陽已經沉落了。到晚上，祇得篝火營救，激勵羅拔遜號的船員渡過一夜。

明天，島上的人，奮勇的決定出海援救。他們的小艇好像樹葉般隨海播盪。幾次險些衝上石岩，可是他們都奮力操舟，果然駛近羅拔遜號了，將疲乏的船員全部救了回來。

島上的人把藥給他們灌救，或醫治創傷。懇切地解剖施治，因爲言語不通，他們拿出各種國旗出來，才知道他們是德國人。這麼過了一個多月，那些德國人恢復了精神。於是島上的人決定了把更大的船送給他們回國去了。啓碇的那天，島上的人都鼓樂喧天的歡送他們。有些人還用小艇引導出海，送出港外很遠。

這號船員，經過很多時日，才安然回到本國。因爲歡感到極，所以每逢遇着人都告訴他日本人親切可感的這回事。事情傳到德皇聽聞。德皇非常感動歡喜，命軍艦運載紀念碑送到宮古島來了。那紀念碑現在尚矗立於宮古島上，讚揚島上的人俠義的美德。

第十課　神社

我們旅行日本的時候，各處鄉村都看見有建立神社。在繁茂的山林裏，在平野的山丘上，看到鳥居裏面有莊嚴的神殿，並且常時有人去參拜。

這神社裏奉祀有　皇祖皇宗之御神靈，其次有古來有功於國家的忠臣等。故此在日本自　皇室以至全國庶民，都非常尊崇神社。

奉祀　皇祖　天照大神的神社叫做　皇大神宮，建在宇治山田市，這神宮是日本最尊崇的神社，是全國民崇敬的中心。自古　皇室都一樣尊崇。天皇陛下除勅使之外，也常御駕親臨參拜。全國庶民，無論喜凶事情，也對這神宮遙拜，皆願一生有一次的到神宮去參拜。

奉祀第一代　神武天皇的橿原神宮，奉祀　明治天皇的明治神宮，奉祀爲國殉命的戰歿勇士的靖國神社等，是最有名的神社，同時是全國民崇拜的目標。

又，香港近將建立神社，和日本國內各神社一樣，這是居留香港的日本人崇敬的中心。

日本人經過神社前的時候，連國民學校的兒童也定要恭敬的。在東京的電車裏，若果車長報告「這兒是靖國神社前」的時候，搭客也要脫帽來虔敬的祈禱。這就是自古深入日本人心中敬神崇祖的精神，敬神而歸一的心，可說是表示着日本人良好的性情之一端啊。

第十一課　香港的通貨

我們到香港任何商店去買物，首先看見很多店舖寫着，軍票本位。意思是，我們貿易，要用軍票計算的。

沒有被日本軍占領以前，香港的通貨，是依據香港政府規定的香港紙幣。現在雖然尙有一部分人行使，無疑的是東亞之敵，英國的遺物。日本軍占領香港，當時，是可以禁止行用。但是，因爲很多人向來有香港弗存於銀行或保持着。總督部也考慮到他們不便和痛苦，才准許他們使用。

當然，銀行存款或現金的香港弗，因牠是以英國的權力爲後盾的，所以在英國勢力經已消滅的今天，看牠沒有價值的，也是不過言。可是這樣幹去，就會引出很多困難的人，因此現在又准許他們交換軍票。

在南京印發的中央儲備銀行券，這是新法幣，代替重慶政府印發的法幣，卽舊法幣，成爲華中和華南的通貨。這儲備券在香港就不能通用，但可以交換軍票。交換的比率，是軍票一八比儲備券一〇〇。又香港弗是軍票一比四。我們可以在橫濱正金銀行支店和台灣銀行支店交換。

軍票分有十圓券，五圓券，一圓券，五十錢券，十錢券，五錢券和一錢券等七種。

日本軍政下的香港，當然要用軍票做主要的通貨，所以最近一般市民及商民均醒覺起來，自動的去交換軍票。

第十二課　一粒米

二宮尊德是日本德高望重的偉大人物。幼時的名字，叫做金次郎。當他十四歲的時候，他的父親死了。他幫助他的母親，教育弟弟，助理家庭事務，不久，他的母親又死了。於是他和他的弟弟，就分別寄養在親友家。他則寄在他伯父家裏教養着。日中從事耕作，晚間學習織繩和織鞋。在這困難的環境當中，可是他都能安然忍受下去。

他以爲，興家興國，非俱有刻苦耐勞精神不可，有時他更開墾荒地去播了菜種。菜種很少，可是到翌年春天的時候，都開了美麗的花。到春末的時候，果然收獲甚多。

他更拿菜種向油店交換，以便晚上工作之餘燃燈攻讀之用。

有一年，地方發生水災，他把氾濫的灌溉了土地。盡力耕種，更搜集人家拋棄的稻苗來施肥，到秋天時，果復豐收。以爲雖然一粒米之微，如果能逐次播種起來，當有很大的收獲。同樣的土地，如能下大苦功，也可以成爲美好的田地。不然的話，野草就會叢生，土地變成荒蕪，此後他更下苦功了。

米從播種至到我們的口，要經過八十八人的勞力。故此，這個米字，是由八十八組成的。

米是我們東亞人最重要的食糧，我們應該知道。一粒一粒的米是由寶貴的血汗換來的。一粒米，看來很小，但我們都不可賤視牠，當要感激耕作的人們才是。

第十三課　關於教育勅語

在日本，有明定國民教育的根本方針，那就是關於教育勅語，是明治二十三年十月三十日，明治天皇賜下的教訓。

這勅語是指示日本國民之所嚮，是日本教學的根本，同時被崇仰爲國民道德的目標，日本國內、老幼都遵奉這教訓來努力砌磋智德。

慶祝或祭祀典禮，在學校，校長必須奉讀這勅語，學生們要最敬禮唱，奉讀勅語之歌，表示誓遵奉這教訓。

典禮完畢，校長先生就依據這聖旨來訓話，那麼，日本，由國民學校至專門學校及大學，都奉戴此旨，希望着上進的日本人，都日夜鍛鍊着。

這勅語是，　明治天皇依據　皇祖皇宗的遺訓，由優良的日本國體及輝揚的歷史上看來，是日本國民正須要履行之道。

在那教訓裏，意謂孝於父母，兄弟良友，夫婦相和，朋友相信，持己恭儉，博愛及衆，修學習業，以啓發智能，成就德器，進而擴大公益，開盡世務，常重國憲，遵守國治，一旦有事，即義勇奉公，以扶翼天壤無窮之皇運。能夠遵守此訓者，就是眞的實踐日本精神的人。倘能夠忠實地去履行者，才是眞正善良的日本人。因此，所有日本人都以牠爲自己言動的規範

第十三課　關於教育勅語

，誓朝夕來實行牠。

這教訓，與歐美以個人發展爲目的者，全不相同。試讀這訓言，越讀越覺得眞是萬古不易，通於古今而無謬，施於外國是非悖的聖訓，我們以爲不獨日本人，而是全世界的人須奉的教訓。

中國人如能忠實的遵守牠，也可以成爲眞的東洋人。

盟邦日本之强，優善之主因，全依這勅語而被養成的吧。

第十四課　日本的武士

昔時，在日本的士農工商之中，武士是身分最高貴的。因此，武士要做庶民的模範那樣去鍊磨心身。「花是櫻樹，人是武士」這句是，對櫻花讚武士的美潔。爲主君在戰場盡忠；算是武士的名譽了。所以武士常時熱心於武道，並且誠摯學習。他們自幼就要學習劍道，柔道，弓道及馬術等。對於這些武道，不祇要精通，而且以此去陶冶精神力量。

武士很保貴他們的武器，尤其是最尊重刀爲武士的精魂。現在日本軍隊裏，保貴鎗劍，大砲及水雷等是非容易的一回事。

武士又尊重名譽，必守信約。還有「武士不二言」這古諺，一旦和別人約定了，就一定要去幹，他們也勉勵於學問，也努力於修養。很多在戰隊裏，著就很好的書，又能賦美麗的詩。這樣的「武士嗜好」，要文武兼備才算得眞的武士。

日本歷史上，有很多關於武勇的軼事，留爲美談。這武士道，不祇行於武士之間，也是日本精神，廣行於日本人之間，現在也授傳着。

在大東亞戰爭中，日本軍隊的很多美談，就是由這武士道精神產生出來的。

第十五課　保衞東亞

東亞民族！
聯合起來，
結成一條鐵的陣線，

保衞東亞，
粉碎我們的枷鎖鐵鍊！
我愛我的東亞，
歷史悠遠，
文化燦爛！
民風樸厚淳良，
崇道義，講禮讓，
交相益，兼相愛，
合作互助，
幸福無量！
努力同建設，
東亞共榮圈。

第十五課　保衞東亞　三十三

第十五課　保衛東亞

起來吧！
太平洋的風雲，
奔騰激盪，
瞬息萬變！
保障東亞和平，
手攜手，齊向前，
同甘苦，共安危。
東亞復興，
秩序再建！
光明新時代，
在前面開展
東亞民族！

聯合起來，
結成一條鐵的陣線！
保衛東亞，
來把我們的理想實現！

第十六課 國旗

國旗是表徵一國的標識。所以每一個人都要尊敬他自己的國旗，並愛護牠。同時，我們也要對外國的國旗表示敬意。

任何一國的國旗，都表徵着那國的國民性，並具有意義的。青天白日滿地紅是我們中國國旗。這是表示公明正大，和熱烈的中國國民性，我們四萬萬同胞要

第十六課 國旗

一致團結來復興我國。

紅，黃；藍，白，黑的五色旗，是新興滿洲國國旗。牠的意義，是漢，滿洲，日本，蒙古，白俄等五民族要協力親和的。

其他，像德國，意國等世界各國的國旗，各自表徵着各自國民性，並且是各有其意義的。

在純潔無垢的白地上有像燃燒着的太陽的，是我們的盟邦日本的國旗。日本國旗，也叫做「日ノ丸ノ旗」，又名「日章旗」。白地是表示清廉潔白，「日ノ丸」是表示像燃燒着的熱情及氣節的，可說得為充分象徵着日本人的性格及國民性。國威宣揚，國勢進展等像昇日之勢躍進着，這也是「日ノ丸ノ旗」所象徵的。

當我們看見飛機的銀翼繪上很鮮明的「日ノ丸」時，我們不是覺得無限的快慰嗎？在東亞全區域內，現在逐次有日章旗飄揚着，幹着十萬萬東亞民族的解放和建設新秩序的偉業，而邁進着代表着我們的盟邦——日本的雄姿，這是我們東亞民族非常感謝的。聽說在日本，最尊敬國旗，最愛護牠。遇有慶祝祭典的時候，全國各地家家必定揭揚國旗來表示上述的意思。

居住在日本軍政下的香港，我們務須以同甘共苦的精神，在日本慶祝祭典日，同我國國旗一樣，必要揭揚日章旗，藉表互相慶祝，並親善提攜來邁進於建設大東亞的新秩序的意思。

第十六課　國旗

（一）日本的重要祝祭日及紀念日（國旗揭揚日）

第十六課 國旗

一月一日	元日
一月三日	元始祭
一月五日	新年宴會
二月十一日	紀元節
三月十日	陸軍記念日
春分之日	春季皇靈祭
四月三日	神武天皇祭
四月二十九日	天長節
五月二十七日	海軍記念日
秋分之日	秋季皇靈祭
十月十七日	神嘗祭
十一月三日	明治節

十一月二十三日　新嘗祭

十二月八日　大東亞戰爭勃發記念日

十二月二十五日　大正天皇祭

（二）揭揚國旗的方法

1. 揭揚一面國旗的時候，由門內看外面是揭揚在右邊（由外面看是在左邊）

2. 揭揚兩面國旗的時候，是併揭左右邊。

3. 和外國國旗揭揚的時候，就要交义揭揚。併揭揚在右邊（由外面看是在左邊）。交义揭揚也可以。但是，由門內看外面，自國旗是揭的時候，由門內看外面，自國旗是在右邊（旗竿頭在左邊），旗竿是在門外。

(三)正確的日本國旗

1. 如橫一百，直是七十。
2. 日章的直徑，是直的五分之三。
3. 日章的中心，是由旗面的中心近過橫的百分之一
4. 日章的上下，空位同等。

第十七課　乃木大將的少年時代

乃木大將是日本產生的，爲世界上有名的武將。日俄戰爭的時候，不祗建立大功，而且成爲國民做人模範偉大的大將。乃木大將幼時身體孱弱，做事懦怯。那時他的名叫做無人，覺得冷就哭，覺得熱也哭，日夜都哭，因此隣居的人不稱大將做無人，稱他做泣人。

他的父親是武士，住在江戶，恐怕他的兒子身體軟弱，要把他的身體强壯起來，這樣地時常想辦法。

那末，大將的父親，由他四五歲的時候，天還沒亮，就喚他起來，常常帶他到高輪的泉岳寺去，來回約有一里。

泉岳寺是那有名的赤穗浪士四十七人底墳墓的所在，他們爲主君雪仇，剖腹死了。他的父親在途中把義士的軼事說給他聽，要他崇拜墳裏的人。

有一年的冬季，乃木大將忽然說「冷」了。他的父親答以「好，若果覺冷，我給你暖的」，就帶他到一個井邊，要他把衣服脫了，用冷水由頭淋下去。聽說從此一生，大將不再說「冷和熱」。

大將的母親，也是賢明的人。她若果在食物裏發覺有他不喜歡的，就拿了出來，在吃飯的時候和家人同吃，令到他歡樂爲止。這樣令他對於食物，就絕對沒有喜歡的和不喜歡的了。

那時，由江戶到大阪二百里的路程，他和父母一塊兒跑路，不騎馬，也不乘轎。他的身體已經相當強壯了。

長府的家門，是貧樸的家庭。可是刀鎗劍刃等所謂武士的精魂，常時都閃映着。在這樣的父母豢養長大的大將，一生忠誠和樸素。他能被人讚仰爲武士的模範，是有其固有的原因的。現在是東亞人爲確立共榮圈而挺身起來的時候，對於任何艱苦的事情，都不要恐怕。堅忍刻苦的乃木大將可作我們的明鑑了。

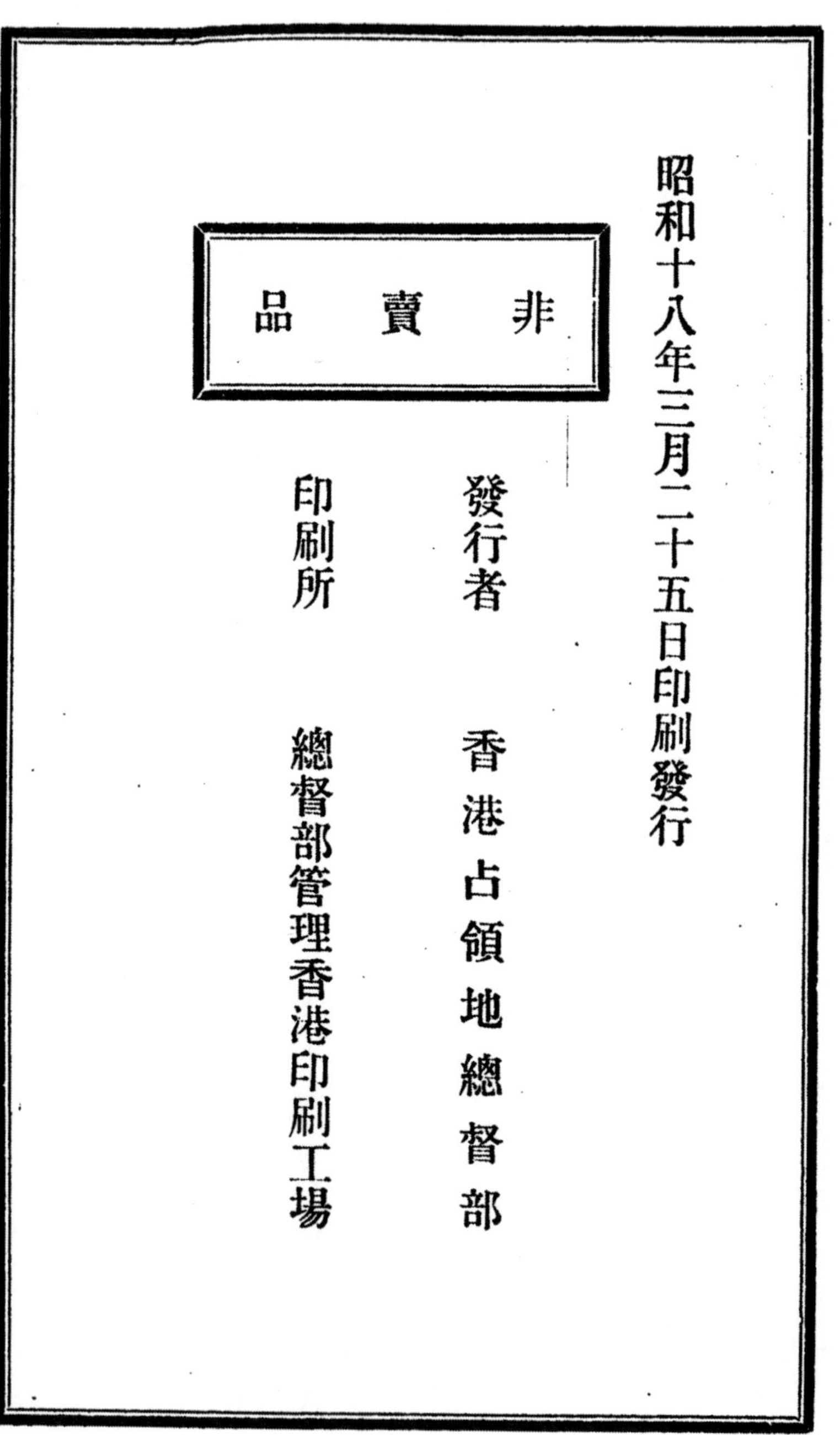

昭和十八年三月二十五日印刷發行

非賣品

發行者　香港占領地總督部

印刷所　總督部管理香港印刷工場

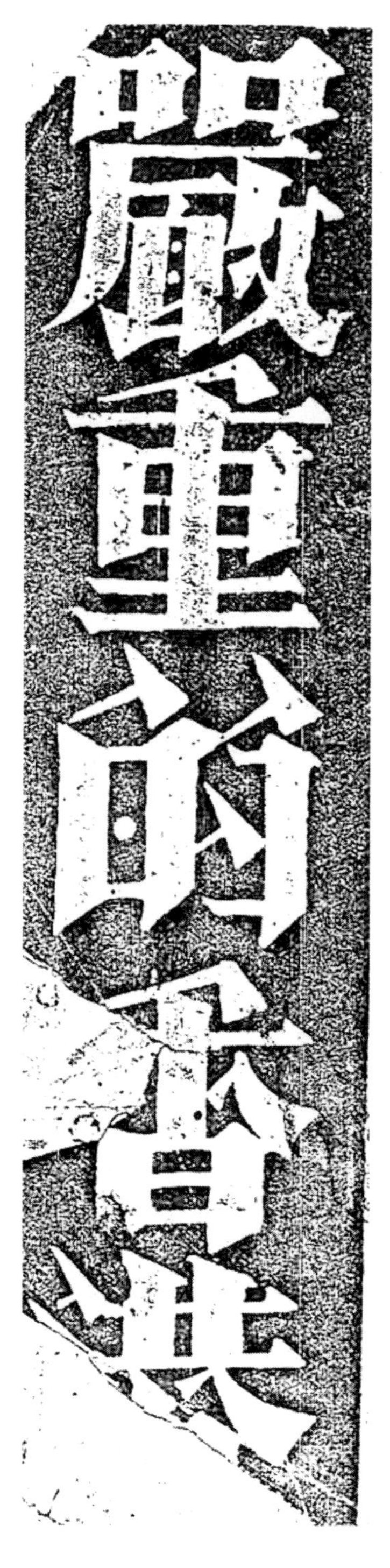
嚴重的香港

嚴重的香港

光華戰時叢書第一種

光華出版社出版發行

目錄

香港準備日本進攻

The China Weekly Review（十二月十八日）

林　西譯

從倫敦來的報告，謂香港防務將益加增強，目前行將完成的原定計劃，將因太平洋新海軍防務計劃而擴大，此項新計劃係動用二千萬鎊巨欵，充實新加坡軍港和檳榔砲台。據云，主力艦將第一次地常川駐守中國站，而目下在遠東沿海的艦隊，亦將由更多的潛水艇，飛機，驅逐艦及補助艦等增強力量。甚且說，英國和葡萄牙的談判，已在進行中，（英葡的密切關係是已有幾十年了，）意在使澳門包含在聯合防禦計劃之內。這個有戰略意義的葡萄牙殖民地離香港僅有四十英里。

多年來，香港總麻木着，自以為能夠抵擋任何攻擊，那時英國以為此項攻擊祗會從中國來的。直到一九三五年，日本的暗影開始逐漸嚴重地籠罩中國時，香港才開始一個龐大的防務計劃，估計約值五百萬鎊以上。

國防計劃宣佈之後，前此對於此項計劃的鼓吹就終止了。但從那時起，眞實的建築程序迅速實行起來，到現在已差不多完成了。此項工程的進行，異常秘密，只

嚴重的香港

有某些偶然的零星消息，透露些全部故事的蛛絲馬跡。

第一個透露國防工程行將竣事的消息，是今年春季的多次大規模演習。在結束時，僅簡短地宣稱演習『相當滿意。』完了。香港又被忘却了。

但說到過去兩年內所進行的事情，可先就公路來說。在香港島本身上，有着無數的大路小路，人們要跑個遍得費時幾個月。那些路都是風景絕勝的，但其中許多是完全爲了另外的目的造的。所有重要的道路，都鋪築得使輕重砲能拉到事先愼重選定的地點。過去兩年內，道路建築不斷地在香港以及附近的島嶼，九龍和「新界」上進行着。你如果跑近這些新路中的一條，就有一個衛兵來問你做什麼。你是一個新聞記者。糟了。誰都不許走這些路了。但是……。「沒有但是」。你就祗有離去。

從維多利亞城中心的滙豐銀行大樓望出去，這個新的公路工程盡眼所能及地伸展着。那些路進向每一個戰畧要點，這些要點都各有着一個未知數。將來終有一天日本會來數的。

我們繼此防務的分析應適當地指出的，是香港的義勇隊，這在過去是社會服務的成份爲多，現在却是極嚴格地統制着，並且已大大地擴充了。演習正常地舉行着，義勇隊必須參加。義勇隊的司令長官係由英國陸軍部指派。義勇隊在表面名稱的

香港準備日本進攻

掩護下的人員和裝備都已有很大的效能。

香港的正規防守部隊，已大大地增強，從有英國作戰部隊所用的最新式的裝備。這個裝備的主幹是些十六吋徑和一些較小的砲，裝在全香港的險要地位。我們只須去一看香港的廢砲台，就可得到新砲台內容的概念來。在一處舊砲台上，我看見一座八吋徑的砲，裝在一個鋼骨水泥的座子上，這顯然已够抵禦各種攻擊。那處荒廢的地位，——控制關嶺口的，——有着完備的地下通道，一條鋪築很好的路引向牠，外觀可使人得到驚訝爲什麼要廢棄牠的印象。

直到現在，陸軍部的工程師仍忙碌着完成新砲的裝置，和一些隱蔽的甚且更強有力的險要的建設。天剛亮，工程師出發了。黃昏時他才回來，很疲乏的樣子。你如去問他正在做些什麼事。「哦，做一些亂七八糟的事情。」但他的衣服上顯露着種種他在泥土荊棘，混凝土和九龍香港一些被忘卻的地點工作的形跡。他不會告訴你，他的十六吋口徑的戰爭怪物，在夜幕下運向牠們的位置。但經過啜詁之後。他會得意地說：「讓日本人到香港來吃個大虧吧！」

香港的陸地防務網中，最重要的一場面，也許要算防禦從台灣根據地或航空母艦上來的日本空軍襲擊了。即使香港的居民也都知道防空義勇部隊已不止增加了一

嚴重的香港

倍，防空裝備亦然。香港人不知道保護他的是些最新型的聽音機，這種聽音機在各戰略要點上，都通連着最新式的高射砲的。這些高射砲據說大都是四吋口徑的，並且數量充備，足以在香港全領土內實行最新科學的防空網——「盒子式」。簡單說來，「盒子式」是在有關地點的空門預先劃定某些立方體，每一個這些立方體普通是一個立方英里。高射砲並不瞄準一架敵機射擊。那是太不易瞄準擊中了。相反地，敵機的位置、速率、方向和高度都自動地由聽音機決定，例如，命令即發給「盒子一九五B號。」幾秒鐘之後，預先裝通與「盒子一九五B號」有關的各處高射砲立刻瞄擊該空域，使預定的幾立方英里內充滿了鐵片，該空區內即使一匹蚊子也將被擊落下來。

但是謹愼的英國軍事當局並不完全依靠這些高射砲來抵禦敵機。香港皇家航空隊的力量也積極擴張，但進行得異常秘密，我只能在這裏提供一些所謂「此中人」所說的話。我曾經有一次指出建德飛機場即商用航空場及汎美飛剪號航綫，皇家航空綫的終點站）似乎是這裏唯一的飛機場了。「不要自騙自吧！」一位「老香港」這樣回答我說。他繼續說明，據他個人所知，至少還有一個飛機場，他聽人說還有兩個軍用的機場「大約在九龍租借地。」他還說至少有三百架軍用飛機可隨時待命調遣，這些機場中還有相當數目的駕駛員及修理人才及設備。

萬一敵機仍能闖進來怎麽辦呢？那時有着一批避難室，其確實容量尚未明瞭。殖民地當局熟慮着未來有被炸的可能性，剛宣佈了兩星期的空防演習，有一百五十萬居民參加。除了真正有敵機飛來外，演習所採取的程序將一如戰時狀態，因此各居民得以知道他自己應怎樣辦。所有主要的公用及軍事機關，都已裝置了「月光燈」，在空襲時將代替輝煌的燈火。

香港的主要海港有十英里廣，四周有高達三千英尺的山峯環繞着，被稱爲世界最良港之一，確可被稱爲『小直布羅陀』而無愧。港內的安全地帶有着軍用船塢和海軍堆棧，在需要時不但可供正規中國艦隊的三十五艘船之用，且能容納更多更大的軍艦。香港的船塢現能供世界上任何戰艦之用，而機器船也適於做出最重要的修理工作。

香港準備日本進攻

目前英國的遠東艦隊是很新式的，並不像美國的亞洲艦隊那樣，僅有一艘新式的軍艦，即巡洋艦兼旗艦與古斯遜號可資誇耀。在今日的香港海港內，碇泊着最新型的潛水艇，航空母艦，驅逐艦，敷雷艦，掃雷艦和補助艦等。英國的造船所裏正爲香港趕造着更多的船隻。

嚴重的香港

最有重大意義的一件事實，是香港可能爲英國的盟友如法國和美國所利用，假如有這樣的需要的話。報紙的報告早已證實海軍部已對此事加以嚴重的考慮。美國在太平洋中除夏威夷外無眞正的根據地，而法屬印度支那的根據地是不能和香港或新加坡相比擬的。馬尼拉港和關島在防守工事和設備方面都非常脆弱的。倫敦已給予荷蘭以一定國的於兩國艦隊在遠東的合作事宜，但這合作是否包括香港則還不知道。

香港的防禦準備中還有另一些重要的方面。她的兵工廠是新式而分散的，出品可供長期戰爭的需要。她的無綫電台有很多座，並且座落的地位很好。香港的水源供給雖尚未臻圓滿，但目前因新百年紀念間的完成，其能力却能適合戰時的條件。基於長期計劃的水源擴大程序，早已在進行之中，香港的食物供應狀況或許是香港防禦計劃中所未知的最主要問題，種種使糧食能適應戰時狀態的努力，據云「將採取各種步驟」云。

我們或者可以結論說，香港今日已準備迎擊任何事變。也許是吧。但是遠東事變不斷地使倫敦軍部吃驚，現在甚至內閣也討論着再加強香港的防禦力的方法，在過去，政論家們分析英國對日形勢時，常得出這樣的結論：香港是「防禦的第一綫」

香港準備日本進攻

，這綫經過一次最慘酷的爭鬥後，將落入日本之手。他們認爲新加坡在最後才是眞正的砲台和眞正的試驗。目前一切徵象，指示出有修正這一觀察的必要：香港不但是一條防禦的第一綫，並且是一條在任何環境下都必須守的防禦綫。這裏目前正在進行中的種種準備，顯然是爲達到這個目標的。

諜都香港之行

大宅壯一 作
呂芳節 譯

看見日本人便想到他是間諜——這是事變後，香港英人對日人的態度，而且是包圍着香港的空氣。

往來歐洲的郵船，去時和來時都在香港停一天，旅客在這裏可以遊玩一天。從海岸到山邊聳立着壯麗的西洋式屋宇，可以買點土產吃點食品的灣仔中國街，在九龍半島坐汽車兜風的舒適，使人在半天內就能享盡英國投資百億的遠東殖民地的奢華空氣。

可是自事變發生後，船到香港時，在飯堂門口就貼了一張字條：『如無特別要事，不可登陸。』旅客只能在甲板上，船窗內遙望美麗的街道過一晚。

香港的夜景是特別美麗的，最近每晚都有防空演習，從軍艦上和山頂砲壘放射出來的探照燈光交錯空中，在燈光的空隙裏有無數飛機亂飛，煞是壯觀。

我們坐的照國丸是清晨到香港。航空母艦的電燈像宴會時的燈光，無數水雷艇的燈光又像隨處點着蠟燭——這些燈影襯着猶未消滅的街燈，照着微明的海面，使人打算用攝影機攝影一下。

如要上陸必須到警署交出貼了照片的證照，寫明停留目的和豫定日期。

穿便服的英國人在警署裏用英語盤問我們，對於停留一下的目的，同行的原勝君說是爲了調查，他用銳利的眼光看着我們，似乎在懷疑我們在調查什麼的樣子。本來應該說考察較爲響亮些，穩當些，但到底我看不出這兩個字有什麼大分別。可是在此混亂時候，日本人多已回轉日本，却有三個日本男人跑到避難地方來，說要調查什麼，怪不得他要覺得奇怪了。

寫完請求書後，同行的山本實彥指着便服英國人的背向引路的酒店僕歐問：「這個人要給他多少錢？」這位英國人突然轉過身來用眼釘住山本，我們以爲他只能懂英語，不懂日語，可是山本的話好像被他聽懂了。山本受了意外，而上露出不好意思的樣子，原君看到這樣情形不禁吃吃的笑起來。此時，這位英國人望着原君用流麗的日語問：『有什麼可笑呢？』

後來問僕歐才知道這位英國人就是專追隨日本人的便衣偵探，可是山本却錯當他做導遊人了。

現時在香港已沒有一家可以住日本人的旅店，當買船票時辦事人已提醒我們說

嚴重的香港

，船票縱使買到香港，可是沒有地方可住。

從前松原酒店是香港有名的日本人旅舘，地方貼近中心區，非常利便，但事變後政府已禁止日人住宿，改名中央公寓，專租給中國人了。據說這個地方過于危險，而然港督衙門就在上面，如果說這座樓房危險，那麼香港不能不說大有危險之處。事實上似乎因爲日本的軍人多住在松原，故當局以爲『避之則吉』吧。

華人和外人開的酒店都絕對不住日本人，當局許可日人住宿的旅舘只有千歲酒店，這說是酒店不如說是菜舘，而且裏面住着十多名歌妓。自事變後，日本的婦女兒童都已退回內地，住在香港的男子大部份變了獨身者，因此千歲酒店毎晚都是客滿。住在這裏雖不能坐下來寫點文章，可是和從各方而聚到這裏來的人閒話，却可以明白各方面的消息，所以非常利便。我在這裏約住了一個月光景。

同來的山本和原君過了十天就回去了，外來人單剩了我一個，所以官方就認爲我不單純是旅行者，一定還帶有什麼特別使命，警告我不可攜帶攝影機在街上走。山本等回去後，對我的戒備愈來愈嚴重，在酒店門外看守的兩個印度巡捕，似乎把我的一出一入都記到日記簿上。

但我却處之泰然，隨便到各處走走，有時竟混入長住香港的日本人所不常到的

諜都香港之行

影戲院和戲院裏，或者一個人混入華人的人堆裏。粵劇和電影都完全充滿排日抗日的色彩，觀衆在散場時一定一同起立唱中國國歌和義勇軍進行曲。

有一天，我和青年T君到筲箕灣太古船塢遊玩，他在香港住了十多年，說粵語極流麗，而且面貌上也酷似華人，兩人都以爲一同出門一定絕對安全的。

我們坐頭等電車去，沿途將漁艇及漁人生活攝入鏡頭，車近筲箕灣游水棚時，看見海濱的鐵軌，枕木及其他軍用品堆積如山，我從車窗裏將他收入鏡頭，以爲游水棚內堆着軍用品的景色大有新聞價值的。突然坐在T君背後一位似是智識份子的中國人搥住T君說些什麼話，T君用得意的粵語說明我的身世，聲明我的攝影別無大目的。可是這樣就出了岔子，那中國人本來以爲T君是華人，這時不免要問：「先生是中國人還是台灣人？』接着叫道『漢奸！漢奸！』

其他的搭客也喧動起來，兩人心裏感到不好，不期一齊站起：『下車吧！』我說，於是從樓上跑下，向司機叫道：『停車！停車！』

可是司機似乎看出了我們的神情，所以雖看見不遠就是車站，但絕未停車，反而加快速度。

於是T君在背後叫道：『跳下去！』我首先跳下車，T君跟着也跳下來，車上的

嚴重的香港

人似乎仍在喧動，可是沒有一個人有跳下車追趕我們的勇氣。我們飛跑，不久，跑到安全地帶。如果在這裏被中國人捉住，附近既無巡捕，又無過路人，無處求救，我們縱不被殺，一定也要弄到半死了。

僥倖這件事情沒有在報上登出，然而據此可知他們大概愈把我當做眞間諜了。過了兩天，我在酒店裏，在飯前開了門到廁所去，回來時桌上的日記部不知被什麼人拿走了。據同住的日本人說，這大概是酒店裏的中國僕歐幹的。

說到間諜，令我又想起另一件趣事來：我們到香港不久，我們同來三人加上大阪每日新聞社足利分局長，同盟社松代分局長，一同到澳門逛他一天。往來港澳只要三小時，途中在海面看到不少日本軍艦和飛機。在澳門玩了兩小時已再無什麼可看。澳門的賭博和娛樂設備可以算作東方蒙地加羅。澳門的酒店價錢比香港更廉，面海的房間連飯錢在內每天不過要十塊錢至十五塊錢，這裏也可以隨意喚舞女來。

半島的高處上有一座四百年前的禮拜堂，現已改做堡壘，在大鐘旁裝着舊式大砲。港內泊着兩艘玩具似的軍艦，兩架飛機，街內有二千守備兵，但這些兵多是來自非洲的黑人，最近又從祖國增派兩艘軍艦，二千守備兵來，據澳門當局的解釋，說這些並非防備日本，而是提防日本進攻廣東時中國逃兵跑進這裏來的。

諜都香港之行

澳門有日人二十六名，大部份都是做私娼，男人只有兩個，一個是某私娼之弟做雜貨生意，另一個是牙科醫生和田。和田是澳門唯一的日本人，在澳督府極有面子，可以在這裏自由出入。我們由他介紹，能夠會到澳督，警察局長，憲兵隊長，得到交換意見機會。他們異口同聲說：澳門自事變以來一直嚴守中立，絕未輸送武器到中國內地。去年十月底，香港民政長官史密士曾打算到澳門拜訪，據說日本飛機炸廣東時澳門燈塔成了目標，故結果打消了原意。

澳門對日人的保護警戒程度並不亞于香港。我們到澳門時就請求一位便衣警察來保護我們。這位先生年齡在三十左右，是葡萄牙和中國人的混血兒，從前來過日本，在橫濱以間諜嫌疑被捕，坐了一個月牢。

清晨四點回港時，我們在名刺上寫了感謝他照料的話，留下酒店侍歐轉給和田。到香港後，看到晚報上一段新聞說前天有日本間諜五名潛入澳門的消息，使我們不禁苦笑。

兩星期後我一個人又到澳門，和田接到我來的電報親到碼頭接我，兩人在街上時又碰到那位便衣警察。和田看到他就向他申斥一番：原來有一段故事在的。

當前次我們回港後，和田第二天曾來酒店，既看不到我們也接不到我們留下的字條，他弄得莫明其妙。正在那天中午，一位朝鮮女人來托他翻譯日文，細看那些字，原來就是給他的那張名刺，他說：『不必譯了，那是給我的。』

那朝鮮女人大驚起來說：『麻煩喇！這是我丈夫從衙門帶回來的，說是非常重要，無論如何請還給我啊！』

『不！我的東西終歸是我的東西。』

她就哭着走了。和田覺得可憐，就親往打探原委，原來這張名刺由酒店僕歐交給那位便衣警察的，可是澳督衙門內沒有一個人能譯用自來水筆寫的日文，但其中有一位官吏的妻是朝鮮人，多少懂點日語，他就帶回家裏，可是這位朝鮮女人却秘密來請教和田。和田便帶了她同往澳督衙門咆哮一番。和田對我說，他對這位便衣警察的立功手段，非常憤慨。

四百年前，葡萄牙曾將歐洲的新式武器帶到日本來，可是到了今天，正像站在獅子和豺狼面前的小羊一般，一切都變成童話了。

——原文刊日本世界知識二月號——

香港的前途

B. Izakov

中國的戰事，使得遠東的英日間矛盾日益尖銳化。自從日本佔領上海並且準備進攻廣州以後，英國的輿論界對於香港的命運表示了更大的戒心。

日本軍人破壞了這一個不列顛領地的領土主權。日本的飛機滿載着炸彈飛往中國南部去轟炸都市和交通綫的時候，屢次經過了香港的上空。十二月二十日，日本的驅逐艦追趕一艘中國海關巡艦，曾在香港領海中開炮，後來陸戰隊更在不列顛領土上登陸。在香港附近的若干中國島嶼也被日本人所佔領。

最後，在一月十三日，以二百六十只轟炸機組成的日本空軍隊向廣州路和南中國的其他交通道路大舉空襲。這行動斷然亦是對付香港的。這個空襲的目的是在切斷香港與鄰近中國區域的聯絡。

香港是不列顛帝國在中國南海岸的領地。跟中國的廣東省相鄰接。這領地的位置就在香港島和鄰近的九龍半島之上。香港和九龍之間祇隔開半公里不到的一個狹窄的海峽。整個香港的面積約有一千平方公里，人口逵一百萬。但是香港的意義決

嚴重的香港

不能用它的面積和人口來估計的。

香港賴廣九鐵路和若干公路與廣州相連接；它是不列顛對華商業的一個轉口處。在一九三六年，中國的全部對外貿易有百分之七•五是經香港的。自從中國開始了大規模的軍事行動之後，香港在中國對外貿易中所起的作用愈加擴大了。例如，根據不久前美國商務部的材料，一九三七年十月間，美國輸往中國的貨物已經跌到了一•三八八千金元，但在一九三六年十月間卻有四•二六七千金元。然而，美國輸往香港的數量卻從一九三六年十月的七五三千金元增加到一九三七年十月的四•○二六千金元。換句話說，隨着軍事行動的擴大和日本海軍的封鎖中國海岸，美國的對華貿易也經過香港轉口了。

香港作用的增大引起日本金融巨頭津田在不久以前向朝日新聞記者發表了以下的聲明：『日本金融界並不認爲南京之陷落，就是對於中國的征服。當然，作這樣想法的還是太早……。如果日本還不能把香港與中國隔離，那麼我們對於不列顛帝國的示威還不能算充分。』東京的『汎太平洋』雜誌對於日本金融家這個聲明更作了以下的解釋：『在日本還沒有把香港跟廣州隔絕之前，我們還不能說我國已經在事實上統治了中國。』老實說，在日本帝國主義的口中，所謂『隔離』這一個字實在就是『佔領』的別名。

香港的意義不能僅以英吉利在中國的經濟的和政治的利益爲限。這一個不列顛的領土更具有極大的軍事戰畧意義。在那裏，建築有英國遠東海軍的主要軍港。自從中國戰事發生以來，香港的海防大大地增強了。在事實上，如同英倫是不列顛帝國在西歐的第一道防綫一樣，它在遠東的第一道防綫以香港爲起點。香港的失陷將要大大地減低英國新加坡根據地的軍事意義，而將使澳洲，馬來羣島和印度都受到日本襲擊的危險。

日本軍人對於香港的作用和意義是完全知道的。日本的一個海軍軍官石丸藤太曾經寫了一本哄動一時的書籍，書名叫『日本應該跟英國作戰，』他詳細地描寫着日本如何對香港舉行『迅雷不及掩耳』一般的襲擊，以發動對英戰爭。近數月來，日本的海空軍屢次侵犯不列顛的領土主權，這證明戰雲已經罩住了香港。

倫敦的政府要人和倫敦的報紙示威式地宣稱，英國對於日本佔領香港的一切企圖，將以武力去抵抗。在英國議會中，對於這個遠東殖民地的命運曾經提出不少質問。近來幾個月中英國在香港的海軍實力大大地增強了，毫無疑義地，不久將舉行的新加坡海軍大操，有一個極重要的目的，這就是要恢復近來在東京方面日逐減退的，不列顛在遠東領土上的威信。

不論香港的未來命運如何，英國在最近的將來，爲了它的遠東的要塞，還要操極大的心。不過，關於這事情，英國也只有怨它自己，怨它自己的縱容侵畧者的政策。

（Pravda）（芬）

香港與九龍

陳俊

誰都知道香港——連九龍在內——是英國在華勢力的唯一根據地，是大英帝國遠東商業的前哨，而且是英國在華貿易的中心。因爲水陸交通的關係，更成爲保衛英屬遠東領土及新加坡海軍根據地的重要的一環。

香港的面積——連同九龍及孤立在海中心的幾個小島在內，共約三百四十英方哩左右，人口約有百餘萬。因爲港口可停泊吃水很深的輪船，便成爲海洋船舶集中與必經之道，同時因爲珠江流域與廣九鐵路的利便，又是粵省進出口貿易的轉口所。在華盛頓海軍條約未被取消以前，香港雖在地勢上有作成重要軍港的價值，但是不能建設防禦工程，自從太平洋的均勢消滅與海軍條約被判死刑後，英國便在香港暗中武裝起來了的。

以前香港本身並無防禦工程可言，所有的祇是在九龍中英交界地的那些舊砲台。因爲以前的英國人想不到香港的海面將有被攻擊的一天，即使敵人進犯時，也必來自陸地——九龍。但是到一九三五年以後，英當局對這種主張已改變態度，隨着便計劃了一個用五百萬鎊的防禦計劃，香港的自由港便一變而為與新加坡相伯仲的英帝國重要軍事根據地了。

香港的常備軍，約有四團之衆，常年駐紮在九龍新界地方，設備極新，目前在人數方面，已形增加，上海新加坡方面都有英軍調防到港。除駐軍以外，香港還有義勇團的組織，這種義勇團歸英國陸軍部直轄，團中人材優秀，器械優良，作戰實力，不遜於正規軍隊。

在九龍界內，有著名的凱德飛行場與民用飛行場，專門訓練駕駛及技術人材，年來造就人員極多，英國空軍就駐紮在那裏。除了這公開的機場外，據傳還有秘密軍用飛機場兩處，而香港的空軍力量，說者謂至少有三百架飛機可以同時出動。

香港的幅員狹小，人烟稠密，據統計每一英畝地面的居民，要達一千數百人。香港的房屋多為高樓，容易成為敵人空襲的目標，為保衛這些人的生命起見，當局特別注意空防，前後已舉行過兩次大規模演習，成績尚佳。香港現在擁有最新式聽音機及四吋口徑射程可達二萬呎的高射砲數十尊，這種高射砲與聽音機分設於一定的區域之內。

香港港口內目前所停泊的英艦有航空母艦，驅逐艦，魚雷艦和運輸艦，另外還有最新式的潛水艇多艘。數目雖不多，但如果港中有事時，新加坡軍港所停泊的遠東艦隊，可用最快的速度在短時間內駛抵香港。

陸地上除了舊有的砲台以外，現在已秘密築成很多的新砲台，分佈在各據險要點上，這些工程是在極機密中進行的。據傳新砲的口徑為十六吋，雖沒有實據可以證明，但新加坡已在正式宣佈試放十八吋口徑的陸上大砲，則香港裝設十六吋口徑的大砲也不足為異。沿山的道路，有許多地方現在已不許不攀登，顯然的，這些地方都已被武裝起來。香港現在已有最新式的軍火製造廠，可以長期供給軍火，另外有一個海軍造船廠與兩個修船所，可以修理新式及最大的軍艦。

住過香港的人，都知道香港的水源為缺乏，不必遭到封鎖，如果遇到天旱，飲水便成問題。當局為補救這種缺點起見，已造成了新水閘一所，可以在非常時期之內，供給全市居民的水量。在太平時代，香港的糧食是不成問題的，但假如水陸交通斷絕，則食糧必起恐慌，因為香港並無米糧出產，然而在備戰日亟的當局心中，對於這最重要的一項，也許已有了解決的方法。

目前在表面上看來，香港的防禦力量已相當雄厚。可是香港有其天然的缺點在，這缺點就是缺少防守的條件與沒有後方源源的供給。為了彌補這種缺陷，省港公

嚴重的香港

路已築成了，這條路是防守香港的命脈，因爲廣九路橋樑太多，很易被飛機轟炸，難望在戰時供給軍需，戰時香港的一切必需品，祇有靠這一條公路來維持了。

香港是孤島，所以難於守而易於被攻，但如果它與內地的關係不斷，一切需要均可由內地源源供給，則可望長期固守。否則徒恃大砲，飛機與軍艦，恐亦難保此南海孤島的命運。

香港在東方侵略國的包圍中

The Fortnightey（十月號）

R. T. Barrett著
白　白　譯

日本正在向華南進攻。這本是英國的勢力範圍。現在日本人的看待我們（英國），正如我們看待十八世紀時的西班牙一樣。在這些強悍的國民心目中，我們乃是一種已經衰竭的勢力，一個無力拓殖而不敢作戰的國家。他們曾向我們挑戰，在爭奪中國市場的鬥爭中，一直是他們勝利的。而且據日本人看來我們老早就在中國逐步退却了。總之，在日本的心目中，英國無論在那方面受着挑戰，它總是退讓的。

在遠東，英國還保留着一件有無上價值的精美的戰利品，日本臨羨地注視着它，很想知道，在有人要求的時候，英國是否肯放棄。這就是香港及其對岸的九龍租借地——華南的商業上與軍事上鎖鑰。

香港約有人口一百萬，其中極大多數是中國人。面積，連九龍在內，共有三百四十方哩，它是一個自由港，是華南的貨物集散地，凡從外洋運來的貨物都先卸在此地，然後由廣九鐵路或者用淺水汽船或沙船，取道珠江運到廣州，轉運而至華南各地。同樣，華南所出產的豐富礦產與農產物，也都先集中於香港，然後運往外洋各國。

嚴重的香港

在軍事上，香港不僅是大英帝國在遠東的堡壘，而且也是歐洲人在中國的最後根據地，上海，對於日本的侵略者，是毫無防禦力的，這在五年間已顯示了兩次。香港握着通入華南的水道的入口，要想南下進攻海南島，法屬越南，暹邏，新加坡，或荷屬東印度，都有它(香港)在側面監視着。

香港在軍事上地位雖如此重要，但對於大規模的攻擊，要防守它却是非常困難的，第一，它孤立海中，沒有後方供給必要的接濟。第二，牠離台南的日本重要軍事根據地僅四百里，飛行約三小時就可到；而香港的人口却非常稠密，據官家正式報告，在西部的華人住宅區中，每英畝竟有居民一千八百人之多，其他各區也很擠擁，極少林木與空曠之地。所以，如果敵人派空軍來大舉轟炸時，香港就將陷於不堪設想的境地。有人主張在戰事發生時，令華人全體撤退；其實不但在短期間要近百萬的華人完全撤退，決沒有充分的運輸工具，而且在危急時放棄托庇其下的人民的保護責任，將使英國在全世界的聲望受一致命的打擊。

跟香港有切身利害關係的，不止英國一國。沒有了香港，越南的稻田與熱帶種

香港在東方侵略國的包圍中

植據就失去了屏障，暹羅也同等地被削弱了，而荷蘭東印度將比現在更易被人侵佔。即在目前，日本已經開始着手來遮斷香港了。它的佔領香港東南一百七十哩的普拉泰斯群島(Pratasislands)除此以外還有什麼目標呢？所謂普拉泰斯群島。其實不過是一些高出海面不多的礁石，圍在一個直徑八哩的礁湖四周，湖內多沙洲與岩石，湖口祇能通行吃水十五呎的船舶。這群島絕沒有商業上的價值，香港政府一向在此地設有一個觀象台以預告颶風的來臨；但這地方也可以作為潛水艇，驅逐艦，與水上飛機的根據地。我們看吧，日本是否將繼續佔有着這些小島，而英國是否將默許在牠的門檻邊建設一黃蜂巢。

對於在香港西南，處於越南與中國交界處的海中的海南島，日本也決不會放過的。該島面積約等於半個愛爾蘭，礦產與日本所缺乏的熱帶產物都很豐富。同時，它又是對着英法兩國的殖民地的一枝手槍。最近中國政府計劃開發海南島，據說曾得到英美的援助，但它忘了請求日本合作。如果那些孤懸海外的普拉泰斯群島都値得光顧，那末海南島當然更不會逃過日本的青睞。

英國將接受這種挑戰呢，還是馴順地退出中國，好像羅馬帝國從幼發拉底河一步一步退後一樣？我們必須忠勇地，勇敢地正視着這個問題，一切陳腐的愛國言論是用不着的。我們能與日本俄國以至中國本身的工資廉低的工業相競爭嗎？如果把遠東讓給中國人與日本人，任他們自己去解決他們的爭端，是不是更好呢？照我們近年來的貿易記錄與前途的希望看起來，是不是值得在香港防禦的工程上化大量的金錢呢？如果把這些錢化在海軍上或印度的門戶——新加坡上，會不會更好呢？勝利後的中國對于英國的企業會不會比日本親善些呢？

總之，香港雖是一件值得保有的戰利品，但只能用強有力的臂膊來保住。牠需要戰艦與要塞，砲隊與空軍，以便在必要時擊落敵人的轟炸機。在和平時世，牠也需要能夠守住自己的陣地的工商業者，聯合一致，努力研究它所服務的市場。

日本威脅下的香港

英國的小直布羅陀

C.M.M.

過去幾月來上海一直佔世界新聞的第一欄地位，今後香港將取而代之嗎？這問題，由最近發出的大批日軍由滬寧前綫調至華南的電訊，已給予一個肯定的回答。香港本已吸引全世界的注意，尤其是在最近，因爲牠正感受日本的威脅。但牠是大不列顛的屬地，是大不列顛的「小直布羅陀」，而且是「世界最富饒的小島」。

就當筆者在寫這幾行時，倫敦方面已傳來消息，說香港的防務還要增強，新架坡及檳榔嶼方面依照新的太平洋海軍防禦計劃，現在將近完成的早先的防禦計劃還要增添，並追加二千萬鎊的巨欵用於新加坡築港和檳榔嶼的炮台。英國主力戰艦被派永遠駐在地中海，倘屬第一次，而遠東的軍力，也將有更多的潛艇，飛機，驅逐艦和補助巡洋艦補充。一般甚至相信英國正在與葡萄牙會商，企圖將數十年來與香港有密切關係之澳門也包括在共同防衛計劃之下，因澳門離香港只有四十哩。

日本威脅下的香港

外界很少有人曉得，香港現在正偷偷地在從事軍事活動，以使這『小直布羅陀』更加名符其實。這活動，在不經意的觀察者的，甚至普通住民的眼里都看不出來。而英國當局對於香港戰畧上的山岡位於何處，以及將來情形如何也全都諱莫如深。香港不久將成爲英國在遠東軍事上制勝之點，而與新加坡處於同等重要的地位，這樣牠也許是日本統治整個遠東的歷程中的滑鐵盧（拿破崙最後被威靈吞擊敗之地——譯者。）

由此，此處的香港並不只是一八一四年割讓予英國和只有三十二方哩面積的香港島本身，而是在英國控制下的整個戰畧地帶的香港。牠包括許許多多的小島，緣本身比香港大的南頭（Lantas）和面積達三百六十方哩的『新界』（New Terriories）。『新界』是一八九八年向中國租借的，租期爲九十九年，與廣東相連接，是『殖民地』（指整個香港——譯者）最重要的部份。這個英國遠東主要航路的前哨，因形勢險要，不僅是海路必經之地，且是中國最富饒人口最稠密的珠江三角洲的鐵路與水路經過的地方，因此牠控制了華南一切的貿易。如果香港是貿易的與商業的中心，那麼牠自然有成爲軍事根據地的可能性。現在牠已不只是可能的了，在香港的各山岡上，在周圍的各小島上，以及在『新界』上，已密佈着新近造成，用以應付武力威脅的

日本威脅下的香港

巨大軍事建設。從軍事和商業上着眼，香港是堪稱稀有的。

許多年來，香港都在微睡的狀態中；那時英國認爲攻擊必定來自中國大陸，這牠是抵擋得住的。不管過去二十年來——省港大罷工和一九二七年的革命——雖曾援害過牠，但牠始終是鎮定的，只有到了一九三五年，當日本龐大的暗影隆然在中國出現時，香港才開始一個精密的防務計劃，其預算爲五百萬鎊。

防務計劃的喇叭聲一響就消逝了去。但從那時候起，實際的計劃却在預定的時間內竭力經營，現在已快完成了全部的進行是極端隱秘的，只有偶爾有限度地洩漏了一點點，使整個的故事露出一點端倪來。

最先顯示出整個計劃將近完成的，是一九三七年春季舉行的演習。這演習除軍部照相師外不准任何人拍照，新聞片攝影師也未能獲得拍攝演習情形的准許。當局對全部經過只有極簡單的說明，末了說到對這次的演習『很爲滿意』。如此而已，香港又再度被遺忘了。

但過去兩年來做了些什麼呢？建築了許多的路，在香港本島上有着無數的道路，要好幾個月才能够完全走完。那些大小的道路是很富詩意的，但有許多却另有目的。一切重要的路建築是使大小的炮能够拉到事先小心决定的地方去。過去兩年不

嚴重的香港

只是香港，其他各小島，九龍和『新界』上都建了許多的路。當你向這些新路走去時，一個守兵就問你要幹什麽。要是你是一個新聞記者，那就頂糟糕。沒有一個人准許在這些路上行走。但……『沒有但是的，』他回答，於是你只得走開。

從維多利亞城中央的滙港銀行大厦的窗戶里望出去，新建的路向前伸展，一望無際。牠們趨向每一戰略的地點而這些據點都是未知的威力，有一天日本終要失算的。

除這些防務的分析之外，還要指出一點，就是香港的義勇團。這義勇團過去已不但是一種社會事業，現在管理更越發嚴格，而且有極大的擴充。牠經常檢閱，每一團員都要參加。義勇團團長由英國軍政部特派，現在的人員和武裝上都很健全，所以實際上已經名不符實了。

香港的要塞現已大大增強，並擁有最新式的武器。這種裝備的骨幹據說是十六吋的和較小的重炮，裝設在香港各個難以攻陷的地方。只要你走訪香港一個放棄了的炮台，就可以曉得新炮台的實力如何。我曾在一個礮炮台里看見一架八吋的重炮，設在鋼甲和混凝土築成，顯然很可以抵擋一切的陣地，這放棄了的陣地——控制着里蒙門 (Lyemoon Pass) ——佈置周密，有地下道和通至該處的平路。牠的形勢非常威嚴，當局爲什麼要放棄牠，實在令人莫名其妙。

就是現在，軍政部的技師們還都堅苦地從事於完成架設新炮和建築隱藏的和更加有力的陣地的工作。天一放亮，技師們就出發，直到黃昏才回來，他們全都精疲力竭。問他做些什麼。『啊，沒有什麼，亂得很。』但他的衣服却證明他是在污泥，荊棘和泥凝土中，在香港九龍某些未知的地方工作。他絕不會告訴你說他做些什麼或是在什麼地方工作，他也不會告訴你說他的十六吋重炮是在夜里運到要架設的地方，但在辯論中，他也只能這樣說：『只叫日本在香港完蛋』只這一句話他覺得他已多言了。但他的語氣已顯出在這簡短的話語後面，正有着鋼鐵與火藥。

也許防空是香港防禦計劃中最主要的一部份。這空襲是由台灣或航空母艦等空軍根據地來的。現在香港的市民都曉得香港的防空義勇團和高射炮至少已增加了一倍，但他們還不曉得保護他們的乃是最新式的聽耳機，與最新式的高射炮隊在每一戰略要點配合起來。這些高射炮隊的炮據說都是四寸口徑一類，而且數量很多，所以整個的香港可以施行『分區防空制』(Box-System)。分區防空制是最科學的防空制，簡單說來，就是依照空間的地位，把整個預先分爲若干大小有嚴密規定的區，每區通常是一平方哩。每一區里的高射炮並不準確瞄準每一敵機，這樣做總百無一小。牠由聽耳機自動地決定飛機的地位，速率，方向，航程和高度。舉例說，命令發至『一九五B區』，幾秒鐘後，那一區的炮隊就依照預先決定的『一九五B區』的方向，馬上密射那一區的上空，發射出夠足的炮彈，連蚊子也給打下來。

但英國陸軍當局並不單靠這些炮來防禦敵機。香港皇家空軍（R.A.F.）的軍力，已有相當的增加。香港除開德飛機場（Koi Took汎美飛剪號和大英航空號飛機停降之處）外，據熟悉香港者說，此外至少尚有一飛機場。有人說且有兩個機場，大概是在『新界』里。據說該處至少有三百架飛機隨時可以動員，而且各機場都有不可少的航空及地下的職員團和種種的設備。

此刻，我可以看見空中七支移動的燈，這指出空中至少有七隻飛機，但另外還有三隻沒有燈的。從香港的各處放射的探海燈在四面掠掃着。驟然有一股燈光發見了一隻飛機，隨即就有五股光照射牠，不管那飛機怎樣飛。那六股燈光始終追着不捨，另外還各有六股燈光射着別的兩隻『敵』機。這黑夜的演習差不多已繼續了兩星期，風雨不改。

但香港主要還是一個海軍根據地，在這一方面，香港的準備是很明顯的。艦隊的演習接踵不停；巡洋艦，航空母艦，潛水艇和別的軍艦時常駛出險要的里蒙關到各地方去。

香港主要的海港是被認爲世界最好港口之一，寬約十哩，四面繞以高逹三千呎的高山，因此香港確可以稱爲「小直布羅陀」。在主要海港的進口之內，是許多軍用船塢和海軍倉庫。這些在需要的時候，不僅足以容英國中國艦隊的二十五隻軍艦，還可以容納更大和更多的戰艦，香港的浮船塢可以應付現存的任何戰艦，而機械船也能以從事各種最重要的修理工作。

現在英國的遠東艦隊，不像英國的亞細亞艦隊只有一條新艦（巡洋艦旗艦阿加斯塔。八一三後曾停在黃浦江——譯者，）牠全部是最新式的。在香港的海港里停泊的是最新式的潛水艇，航空母艦，驅逐艦，魚雷艇和掃雷艇以及補助巡洋艦。在英國的船塢里，還有許多用以增强香港的軍艦即將完工。

最重要的是如下的事實，假如需要的話，香港將供英國的同盟國前用，如法國或美國。新聞已經證實英國海軍部正在嚴重考慮這件事。美國除夏威夷（檀香山，也即火奴魯魯）外，在太平洋上實際並無海軍根據地，而法國在安南的也比不上香港或新加坡。馬尼拉與關島（Guam馬尼拉羣島最大之島，一八九八年歸美國——譯者，）在防禦與設備上都非常薄弱。倫敦在遠東艦隊的合作上已允給荷蘭負某種義

日本威脅下的香港

務，但這是否包括香港在內，還不知道。

香港的防禦準備的另一要點，就是牠的兵工廠是新式的和分散的，牠的出產足供長期之用。無綫電台有許多座，而且謹愼地安置於各處。水的準備不能認為充分，但也許能够適應戰時的環境。糧食供給的狀況如何，則很難知道。

這里，也許可以得到這樣的結論，香港現在已準備着迎合任何種事變。也許是這樣。但遠東的事件却不斷擊動倫敦的軍政部，所以就是現在，內閣也討論着更進一步加強殖民地的防禦和增加其要塞威力。過去，作家們在分析英國對日的陣勢時，時常得到這樣的結論：說香港是英國的第一道防綫，因此，在激戰之後，牠將落入日人之手。新加坡才是眞正的堡壘，才有眞正的威力。但一切的指示却使這說明有修正的必要，香港不只是第一道防綫，而且是一道在任何環境下都應當固守的防禦綫。現在此地從事的各種準備使已指出牠就是爲着這個的目了。

這就是今日香港的畫圖。由於各國要保障牠們的權益，也許上海要成為遠東的沙拉底瓦（Sarajeva 一九一四年六月二十八日奥太子在塞爾維亞被刺之地，由此促成歐戰——譯者。）如其不是上海，那麼就是香港了。而香港正準備着。

The China Weekly Review （美懿）

日本在港居民座談會

改造（十二月臨時增刊號）

岡本等
胡倜爾譯

高垣　鄙人爲香港日本人會會長，謹先就香港的一般狀況，加以申述。慨自七月七日蘆溝橋事件爆發以後，香港民情，極爲激動。加以自上海避難來港的外人，將上海的情形帶到了香港。遂使一般外人對日的感情日益惡化。其後，更發生了英大使許閣森事件以及日本飛機轟炸廣州而使該地居民，潮擁般避難到香港來，遂至情勢益甚惡化。英國當局，認爲日本僑民有聚居以備萬一的必要。乃於九月一日，送到了通知書來。經日本人會協議的結果，決先令大部婦孺歸國。但從那時直至今日，亦並無何種意外發生。

山本　最近中國方面軍需品的輸入激增，這，究給與香港的金融經濟界以怎樣的影響？

鹿野　其到九月底，於海關的統計中，從未有軍需品的輸入數字記出。因之，其金額亦不明瞭。

虜捕，於是悉數逃避到香港來。此種船舶，爲數究有多少呢？

莊司　約二十多艘吧。

大宅　其後此等船舶又如何呢？

莊司　聽說大部份轉入英國籍或巴拿馬籍。

山本　然則，照各位就當地的情勢加以觀察，認爲中國的長期抗戰，究能支持到什麼程度？

沼田　孔祥熙氏在倫敦時，曾作播音演說。內稱中國的抗戰，足可支持兩年而有餘。

山本　然則，英國的態度果如何呢？英國對此次事件的態度，實給與一般日本人的感情以非常的刺激。例如東京的演講會，講題若爲有關蘇聯的問題，則聽衆極少。反之，若以『反英』爲講演題目，則會場每次都有人滿之患。

松本　英國的反日運動，已不自最近始。自『九一八』事變以來，英國隨時隨地無不表現了反日的態度。日本人對這點的感覺，可說是非常遲鈍。到現在才有如是感，眞可說是『明日黃花』。而英國，實是一個陰險萬分的老奸巨滑呢。

松本　英國不會與日本戰爭的，英國爲了保障拉加斯亞(保守黨的地盤)的紡織資本家的利益，固然不能不時時對日本加以牽制，但是卻無與日開戰的決意。蓋英國若與日本開戰時，它真是連戰場都無法找到。

大野　以英國的弱兵與日本戰，實絕無勝利的希望。

山本　還有，上海若失去了商業貿易港的性能，香港會否取而代之呢？於這點，不知目前海運界顯現了何種趨勢？

沼田　香港的對外貿易，輸出與輸入都顯示了增加；而日本對香港的貿易，則是日趨沒落，這是今年一至八月的發展方向。事變爆發後的初期，日本對香港的貿易，是更趨減縮。可是，後來又漸趨復活。此何故？原來香港為一自由港，從該港轉輸到中國內地乃至馬居坡及南洋方面的貨品，數不在少。而日本的棉織物，於其中是佔有極大的數量。這種根深蒂固的地位，是不易崩潰於一旦的。

山本　香港的貿易，與全中國的貿易，究有怎樣的關係？

沼田　中國輸出入貿易總額，年達十六萬萬元。其中輸入佔九萬萬元，輸出則為七萬萬元。至於香港的輸出入額，去年度達八萬萬元。總計這些數字，則中國沿岸輸出入的總額，當是二十四萬萬元了。預料今後香港將會把華南的輸出入貿易，全部拿到手上。此外，英國若更於香港廣東間設立工業地帶，充分地供給以資本與技術，則華南不難完全陷於英國資本的支配之下。這點，是日本所不能不大加警戒的。

山本　若將來華北特殊政權成立，使英國對日感情日益惡化時，香港於對日貿易上，將會採取何種報復手段呢？

沼田　除非香港變爲非自由港，那種報復實無由發生。

山本　於此，再談到日本的南進政策。它的實行，將有若何的優越之點？

足利　南進論誠是偉論！大概日本應當對南進政策的施行步驟，作好腹稿，而且於進行中實無須對香港加以過份的重視。我們僅須每年兩三次從日本派一些大人物到香港，拍着港督的肩膀，於談笑中宣揚日本的南進政策，那不就已經游刃有餘了嗎？依愚見，深以臺灣恰可爲南進政策的根據地。但考諸事實，則懦弱無能的臺灣總督，可說尚未從臺灣向華南及南洋方面跨出半步。而其他與此事有關的各機關，也不約而同。前些時，曾聞小林臺督有視察南洋一帶之說。因事變勃發，恐怕就這樣沒有下文了。

水澤　一般地說來，南進政策以臺灣爲中心之說，固甚冠冕上，但所謂南進政策，是具有經濟發展意義的。然而，從臺灣究竟能夠拿出什麼東西去呢？

足利　所謂南進政策，並不是以臺灣的波羅密或香蕉爲中心工具，祇是以說臺灣爲日本國內產業向華南及南洋伸展的根據地罷了。

今日香港的地位

The Fortnighly Review

日本把戰事蔓延到了南中國，這地帶是英國的勢力範圍，那些昨天讚美墨索里尼征服阿比西尼亞而今日扶助日本帝國主義的人士所下的担保現時已失信用了。如果讓日本在華北自由行動她就能用鐵棒來安定中國。她將尊重我們華南的權利，並替我們防禦布爾雪維克主義？這是他們的論調，但這些預言家一點也不瞭解日本人的精神。日本的子民之視我們正如十八世紀我們之視西班牙一樣。在這些好戰的人民眼中，我們是太柔弱太怕戰了。他們爲要爭奪中國的市塲，向我們挑戰，而勝利却是他們的。英國棉織貿易，於一九三二年二十億美金。降落至一九三五年的一億五十萬美金。從日本人看來英國人的退縮，已是長遠的歷史。比如日本郵船會社意國郵船公司北德輪船公司聯合起來向英國航業進攻，直到英國這條航綫的郵船不得不請求津貼。因此在日本眼中，任何地方向英國挑戰，英國總是屈服的。

然而一個有着無比的價值與光榮的遠東地方還是在英人之手。這是日本極其嫉視的，同時日本也考慮着如果要求起來，英人是否也會屈服。這地方就是香港。這是英人在南中國商業上軍事上的要塞，同時又是英國文化的燈塔與新嘉坡以東極美麗的城市。香港是與中國海岸隔開的岩石島嶼。和一條在中國大陸上的土地，在一八九七年，一同租給英國，裏面包含一個海港比英國斯匹海峽稍大。在高達二千英尺山嶺的掩蔽下之一個大的城市在海岸蜿蜒而上至七英里之長。在這城市上面，好些美麗的住宅掩映於山坡的林中。有些住宅則聳立於摩天的懸崖中間。這一城市，差不多有一百萬的居民，而在海港那面的新城九龍，差不多也有英國紐爾塞那樣大

除開香港島以外，這殖民地包括三百英里陸地及在海港西端的幾個荒島，其面積總數約三百四十英方里，等於英國的一個小州。香港位於珠江之口，有三條廣濶的河道，造成可廣通源的孔道。這些江都是不深的。而香港卻是海水很深的口岸，爲帆船吃水淺的商船以及各國大輪船集中之區。在他方面，九龍亦爲廣九鐵路的終點與礦產農產業富庶的區域相銜接。

香港的一切利便與世界人士共之。它是一個自由港，它歡迎一切人種的人，而對任何給予着無差別的待遇。它的繁華蓋賴在貨物的安全貯藏，以及對內地的貿易關係。

就軍事的意義講，香港不但是英帝國的遠東要塞，而且也是歐洲在遠東的據點。奪去了香港，歐洲人在中國就無完成的立腳地，至於上海則早已對於日本的侵犯

毫無防禦了。香港保障廣州及侵署者南進的水道；它同時爲海南島，法屬安南新嘉坡或荷屬東印度的側翼。那兒有兩個修船所可以修理巨大的船隻，又有一個海軍造船廠，與其他幾個公司可以修理較小的船舶。有強固的砲位保衛海港的入口，對面大陸的翠山中間也有好多砲台密佈着，在接境的中國土地上，沒有一個敵對的軍隊可以開進。不過那條通廣州的鐵路因爲橋樑多的原故，很易遭受燬壞，一旦有事定將失其效用。

香港雖然有這些優點，但要防衞敵人大舉來犯香港却是一個困難問題。海軍大將馬衡 (Admiral T. H. Mahan) 在他的名著海軍戰術中規定海軍軍港的三個要件：(一)險要地位(二)可資防守的條件(三)有供給軍需的後方。香港對付於上述第二第三個條件，都付缺如。爲了這一殖民地的重要性，就防禦香港問題尋覓有效方法是急不容緩的。在目前這樣軍備競爭時代，日本竭力要染指香港，同樣，我們也竭力強化香港的防禦工作，以抵禦日本商業上海軍上的霸權。日本在這一帶主要的海軍根據地自然是台灣。台灣南部的台高，那重要軍事根據地離開香港，只有四百英里，但香港眞正的弱點却最易爲一般根據地圖作計劃及根據報告作戰畧的人所忽畧。香港城及九龍爲人烟稠密之區。在香港華人區域，房屋雖然高至四五層，然而街道

嚴重的香港

狹隘，小街縱橫，這帶房屋都如兎籠一樣，一分再分，一小間中，全家住在裏面。據官方調查，每一英畝差不多要有一千八百人住在裏面。所以這樣一個城市是飛機轟炸理想的目標。不但華人住區如此，卽香港市中心，也是進攻者轟炸最好的目標。要塞區域是在幾里路以外，那末幾百架飛機的轟炸就勢必發生。空軍轟炸的悲劇決非一般人對於倫敦所想像的情形一樣。一百萬的中國人托庇於英人之下，住居在這一城中，火燒，驚慌等將驅使成千成萬的人跳海而死。無法維持秩序，更使這災禍的嚴重性增加。

曾經有人提議，一當戰事發生，全部中國人卽須退出，但是一百萬之多的人口，其中還包含着婦孺老弱，要在短時間內退盡，事實上亦不可能，並且假定保衛香港而不保護中國人民，讓這些無辜人民遭受屠殺，英國的榮譽，不但在中國，卽在全世界，也要完結了。因此，決定着香港的最後命運的不是適當的防衛，而且是等到嚴重戰爭發生，軍隊退至新嘉坡以後戰爭的結局。然而香港不僅是英國單獨所應關心的。沒有了香港，印度支那的稻田與熱帶農塲就將失其防衛，暹羅也同樣削弱下去，而荷屬東印度要更比現在易爲強者的口中物。日本已採取併吞香港的步驟。佔領香港東南一百七十英里的西沙羣島，就是這種目的。這地方並無商業價值，但其足為潛水艇驅逐艦與海上飛機的根據地，自無疑問。英人臥榻之旁，是否容他人鼾睡，那倒是一個有趣的問題。

日本自然沒有忽視了海南島。這島上有礦產及生產豐富的日本所缺之的熱帶植物。此外海南島剛突出於英國殖民地之間。如果那荒涼的西沙群島，她的占領不過告訴英國人暴風雨之將至的話，海南島自不能希望逃出日人的掌握。

英國是不是願意接受這些軍事商業的挑戰呢，還是馴良地退出中國，像古代羅馬帝國最初退出倭勿拉底河流域。然後接連從邊境退出，從那邊境退出呢？是不是退出遠東，讓日本在中國予取予求呢？是不是過去貿易的紀錄與未來貿易的希望，值得我們化很大的費用來在香港設防呢？把我們的錢全用在軍艦的建造上或多用些在印度的門戶，新嘉坡設防上是不是更值得呢？

這就是香港目前的眞實情形。一個值得占有的勝利品，但我們必須用鐵腕來保持，它的居民需要軍艦與砲台砲隊與軍隊，以擊燬敵對的飛機。在平時需要着從事企業的商人，它歡迎着一切人種的人，它也需要着祖國人士有了解它的意識，有工業家研究它所能供給的市場，學者欣賞它的文化的成就，因此英國人民應該決心保持他們的遺產，而對一切挑戰表示大無畏的態度。

光華叢書第一種

『嚴重的香港』

中華民國二十七年五月發行

發行額：四〇〇〇冊

嚴重的香港

實價國幣一角二分

編輯者：殷楊

發行者：光華出版社

經售處：漢口交通路 中華圖書公司

上海雜誌公司

生活書店

廣州漢民路 生活書店

大正六年五月刊行

香港事情

外務省通商局

銅　像　四　辻

中央ヴィクトリヤ女皇の銅像左方高等法院右方プリンスビルヂング(此中に三井、正金、臺灣銀行等あり)女皇銅像の背後に見ゆるは香上銀行、女皇銅像の左方に見ゆるは市公會堂

市　公　會　堂

羅馬加特力寺院

聖ジヨンス大會堂

香港大學

海軍工廠の景（對岸は九龍半島の尖端竝九龍連山）

歐洲人商業區域の海岸

背面はヴィクトリアピーク、左方はスターフェリー埠頭、右方はブレークピーア

皇后大道の支那街（中央魚業市場附近）

丘陵地方住家の景

中腹の住家及飲料水濾過所　(歐洲人商業區域の上部)

港の東部

（市街地は灣仔、最も左方に突出せるはノースポイント）

九龍城の舊城趾

漁業の景

香港島筲箕灣（漁村）

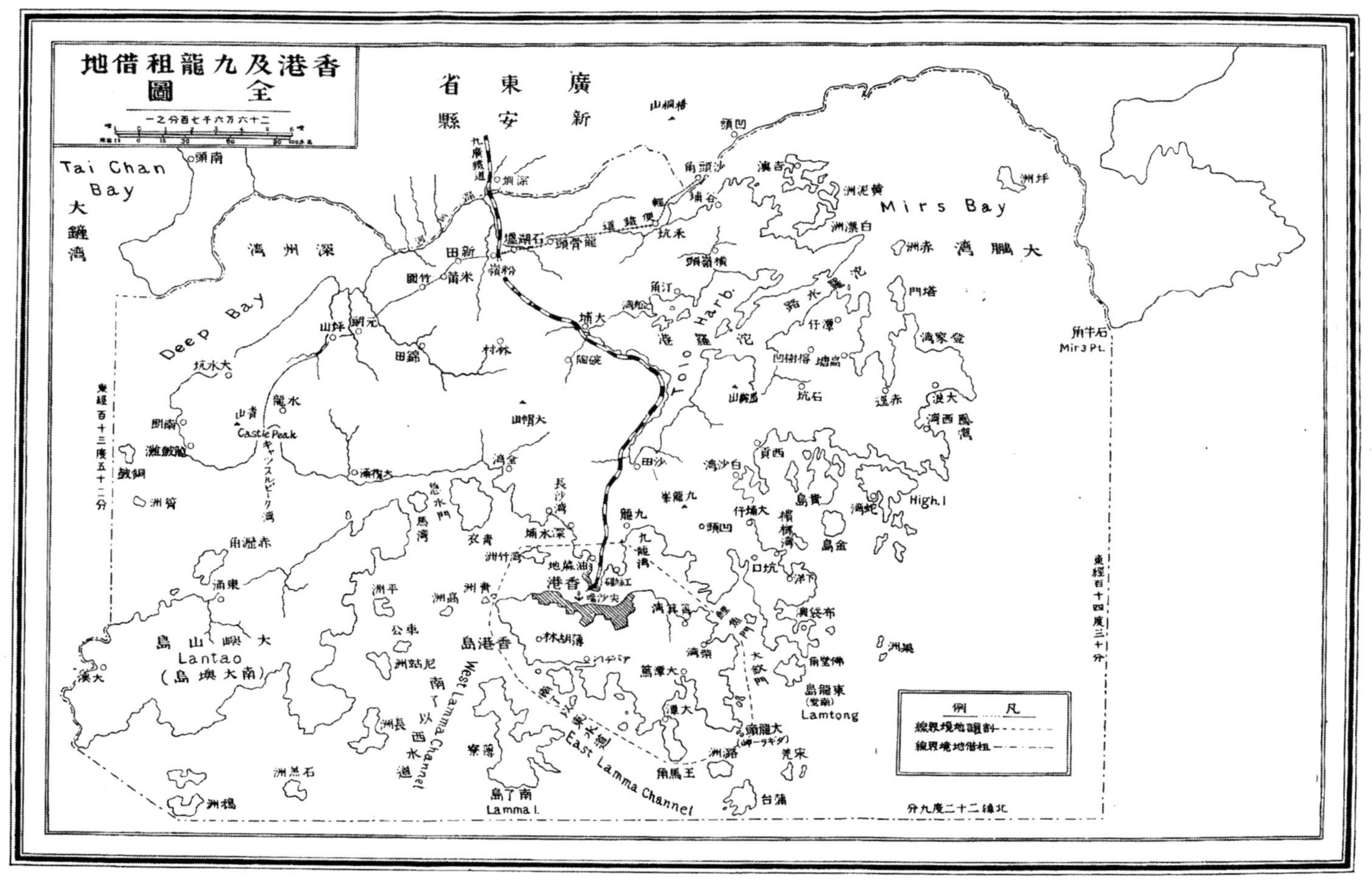
香港及九龍租借地全圖
Tai Chan Bay
大鏟灣
廣東省
新安縣
九廣鐵道
深圳
Deep Bay
深洲灣
Castle Peak
青山
Mirs Bay
大鵬灣
Tolo Harb.
吐露港
九龍
香港
香港島
大嶼山島
Lantao
West Lamma Channel
East Lamma Channel
南丫島
Lamma I.
東龍島
Lamtong
High I.
石牛角
Mirs Pt.
東經百十三度五十二分
東經百十四度三十分
北緯二十二度九分
凡例
租借地境界線
割讓地境界線

香港事情目次

第一編　地　理

第二編　沿　革

第三編　衛　生

第四編 政治

第五編 財政

第六編 治安

第七編 港灣

第八編　交通

第九編　通信

第十編　土木

第十一編　貨幣及金融

第十二編　商事

第十三編 貿易

第十四編 工業

（終）

香港事情

第一編　地理

總説

香港植民地は英國皇領植民地の一にして英國の領土たる香港島及舊九龍竝に英國の租借地たる九龍半島及其附屬諸島を包括す。

香港島　阿片戰爭の結果千八百四十二年南京條約により清國より割譲せられたるものにして北緯二十二度十分乃至十七分、東經百十四度六分乃至十八分に位し廣東省の南岸、珠江口に在る一小島嶼にして廣東省城を隔ること約八十餘哩、葡領澳門を隔ること四十哩餘なり、而して支那大陸の一部たる九龍半島の南端は近く香港島に面して此間自ら天然の一大良灣を形成す之れ即ちヴィクトリヤ港(香港港)なり、香港島と半島最南端との距離は僅に一哩三分の一に滿たず其東方は展開して約三哩の幅となり更に鯉魚門（Lyemun Pass）に至りて再び相接近し幅員纔に四分の一哩餘に過ぎず。

香港島は周圍二十七哩、面積約二十九平方哩にして最長東北より西南に十哩半、幅南北に二哩乃至五哩半に過ぎず、全島殆ど花崗岩の丘陵を以て充され海濱より急傾斜を以て隆起し千呎乃至千八百呎の山脈となり東西に蜿蜒し全島は南北の二部に區分せらる、共最も高峻なるものをヴィクトリヤ、ピークと稱し海拔千八百呎に達す、ヴィクトリヤ市街は島の北側に沿ひ香港港に面し山麓を繞りて建てられ延長約五哩に亙る、島内に筲箕灣(Shaukiwan),Stanley, Aberdeen, Pokflum, Cuarry Bay, Little Hongkong 等の村落あり、香港港の前面に横はるStone Cutter's I. は香港島と同時に清國より割譲せられたるものとす。

舊九龍　千八百六十年北京續約により割譲せられたる九龍半島の尖端約四平方哩の平地にしてヴィクトリヤ市と相對す、九龍市街地は此區域に在り初め英國の領有に歸するや之を如何なる目的に使用すべきやに就き當地當局者の間に意見の相違あり總督は商業の發展を圖る爲め市街地となさんことを希望し駐屯軍司令官は兵營、練兵場其他陸軍用地となすべきを論じ又海軍當局者は其大部分を海軍工廠、貯炭庫、其他海軍用に充てんことを本國政府に上申せり、斯くの如くにして數年間之が解決を見ること能はざりしが遂に是等の主張を折衷して各其用途に分用することゝなり、海軍工廠の一部、貯炭所等設けられたると同時に兵營竝に練兵場も設置せられ其他は倉庫、石炭置場及市街地として一般商業上の目的に使用せらるゝに至れり。

九龍租借地　千八百九十八年の九龍地方租借條約により九十九年間清國より租借せるものに係り New Territories と稱す元と清國廣東省新安縣の一部たりし九龍半島及附屬島嶼を包括す、其境界線は（北は大鵬灣（Mirs Bay）の東方石牛角（Mirs Point）より起り北岸に沿ひて西に向ひ同灣の西極端に達し夫れより陸上九龍半島の咽喉を横貫して深州灣（Deep Bay）の東岸に出で更に同灣の北岸に沿ふて其西方に突出する小半島を橫斷して外海に出で（西）夫れより南下し南大澳島（Lantao I.）の西岸を通過し（南）直線的に東に走りて（東）石牛角より南下する線と會合す、卽ち西部の直線的境界は東經百十三度五十二分、東部は東經百十四度三十分、西部は北緯二十九度九分に相當す、卽ち九龍半島全部、香港附近の大小島嶼四十餘、大鵬灣及深州灣竝に香港四近の水面は悉く英國の租借する所にして租借地としては其範圍頗る廣く殊に大鵬、深州の二灣は水深く且廣く軍事上極めて重要の地點たり。

附屬島嶼中最も大なるは南大澳島にして面積香港島よりも大にして大澳（Taiho）、東涌（Tungchung）等の村落あるも全島殆ど山嶽を以て蔽はれ些の平地なし、其他南丫島（Lamma）、長州島(Chenngchau)、クルックド島(Crooked)、ハイ島(High)、坪州島(Pinchau)、青衣島(Chunghue)、蒲臺島（Putoi）等を主なるものとす。

租借地の面積は三百五十六平方哩にして內四分の一は島嶼より成る、地勢山嶽多く一帶の山脈海岸に沿ふて東西に走り其一大支脈は中央部より西南の方向を取りて南大澳島及附近諸島を形成す、東部には數條の支脈を出し馬鞍山より九龍峯に至るまで南北に走り其主なるものを九龍山脈とす此等丘陵の北部に當り數個の谿谷東西に連り諸多の村落を有す、其西北端の國境をなせる深州灣及深州河附近は濕潤の地にして不毛の小丘國境に沿ふて東方に連れり。

地勢敍上の如くなるを以て耕作地極めて少く租借開始當時は僅に六十七平方哩卽總面積の一割八分のみ私人の所有たりしが現今に於ても耕地と未耕地との比は畧々同樣の狀態に在り、租借地內村落の數は一百に上り各村落平均人口百二三十名の割合とす、今租借地內の主なる村落を擧ぐれば左の如し。

大埔(Taipo)、沙田(Slatin)、深水埔(Shamshnipo)、西貢(Sai-kung)、沙頭角(Shataukok)、上水(Sheungshui)、凹頭(Autau)、坪山(Pingshan)、新田(Santin)、粉嶺(Fangling)、長沙灣(Changsha-wan)、元朗(Unlong)、青山(Castle Peak)、全灣(Tsunwan)、南朗(Namlong)、錦田(Kamtin)、碗陶(Untu)、高塘(Kotong)、東涌、大澳、長州、吉澳(Kat-au)、等。

二

市街及附近の概觀

ヴィクトリヤ市

香港市は植民としての英國人の努力及成功を語る好箇の記念物と謂ふべく街路整然として清潔に家屋亦宏壯にして諸般の設備整頓せり、市街は海岸帶狀の平地と山腹とに亙りて建設せられ海軍工廠によりて東西に中斷せらる、ヴィクトリヤ市の延長は東西約五哩に亙り幅員は中央部の廣き部分に於て約半哩、東西兩端に於て其幅狹く僅に二三百碼に過ぎず、海岸に竝行して三條の大道走り海岸通をプレヤ（干諾道及東海傍街）と稱し幅員五十呎あり、其南方に竝行せるを德輔道とし、次なるを皇后大道と云ふ、德輔道以北の陸地は大部分埋立により出來上りたる部分にして海岸は花崗石の石堤を以て堅固なる護岸工事施さる、右三大路と交叉して多數の街路あり、地域狹隘なるを以て街路の多くは幅員廣からざるも車馬の往來極めて少きを以て左したる不便なし、市內の交通機關としては東西に通ずる一條の電車の外は人力車、轎子、荷車及少數の自動車、自轉車とす

歐洲人商業區域は市の中央に位し海軍工廠の西壁よりボッチ

ンヂャー街に至る約五十噠の小地域とす、此部分は三階乃至六階の宏壯なる純西洋造を以て充され、歐米都市の如き外觀を呈す、高等法院、香港上海銀行、市公會堂、郵便局及政廳官署、香港ホテル、電信會社、香港倶樂部等の建物駢立し、各國領事館、銀行、會社、大商店、ホテル、新聞社等あり、我總領事館、本邦諸會社、銀行、商店も亦此區域に事務所を有す、市公會堂内には圖書館、博物館及劇場の設けあり、海岸にはスター、フエリー棧橋あり絶えず小蒸汽船を往復せしめて香港九龍間の連絡を保つ、又ブレーク、ピーア及スタッチュー、ピーアは共に船舶よりの最好上陸地點なり、高等法院附近に銅像四辻（スタッチユースクエアー）あり其中央にヴィクトリヤ女王の銅像（一八九六年設置）あり石造の天蓋内に安置せられ其周圍に左の四銅像あり。

東北方	エドワード七世陛下	一九〇七年設立
西北方	アレクサンドラ女皇	一九〇九年設立
東南方	皇太子殿下（現皇帝）	一九〇七年設立
西南方	皇太子妃殿下（現皇后）	一九〇七年設立

此外ブレーク、ピーア附近にコンノート殿下の銅像（一八九〇年設立）あり又香上銀行前面に前同行支配人トーマス、ジヤクソン氏の銅像あり。

歐洲人商業地の背面山腹は海拔約七百呎迄住家散在し歐洲人日本人の住宅多く我總領事官舍、諸會社銀行の社宅亦其附近に點在す、其下方平地に近き部分に總督官邸、政廳事務所、駐屯軍司令官々邸、聖ジョン大會堂、聖ジョセフ寺院等あり、總督官邸の上方は植物園にして熱帶溫帶各地の樹木草花類蒐集せられ瞥見の價値あり園内に千八百七十年代の名總督アーサー、ケネヂー氏の銅像を有す。

歐洲人商業地域の西方一帶は支那市街にして各種の支那商店軒を竝べ支那人頗る雜閙す、其中央部南北行（ナムパクホン）附近は支那人商業中心地にして多數の問屋集合し香港に於ける支那人貿易の大部分は此處に於て行はるゝものとす、中央警察署及監獄は其東部山麓に位し港務局及輸出入監督局は海岸通に在り其他支那市街中に皇仁書院、拔萃書院、アリス記念病院、東華病院、國家病院、水夫宿泊所等あり、支那市街の西部をウエスト、ポイントと稱し支那人料理店等多數集合し支那人歡樂の地たり、最西端には倉庫、製網會社、屠畜場、病院等を存す、支那市街前面の海岸には河船用棧橋多數あり廣東、江門、梧州、澳門、其他近海内河航路の小型汽船の發著頻繁なり、又此等棧橋附近には戎克、舢板等の碇繫するもの頗る多し。

支那市街の背後即ち海拔二百呎より六七百呎に亙る山腹は支那人、外國人の住家頗る多し、此部分は槪して傾斜急峻にしてラッダース、トリートの如きは其著しきものなり、二三百呎の高さ迄は家屋密集する處多きも高度を增すに從ひ家屋減少し上部には華麗なる住家點在し葛折（ツヅラ）の道路によりて達することを得此地域の東方に加特力寺院、伊太利コンベント等あり、又西方に香港大學あり。

海軍工廠は市の中央を中斷し比較的廣大なる地域を占むるも大半は埋立地とす、内に船渠、機械工場、繫船池、倉庫等を設く其附近及山腹に駐屯軍司令部、兵舍三、彈藥庫、陸軍病院あり海軍工廠の東方は灣仔（ワンチャイ）と稱する支那市街にして本邦人の居住する者最も多き部分とす、佛蘭西コンベント及電燈會社工場あり海岸には多數の私有倉庫併列す、灣仔沖には石炭船及戎克舢板等の碇泊頗る多し、灣仔の東部はモリソン丘及イーストポイントにして海軍病院、瓦斯工場、製氷工場、支那精糖會社、舊紡績工場等あり、又市の東端銅鑼灣（Causeway Bay）には戎克及舢板等を避難せしむる防波堤を有す。

ピーク及丘陵地方　聖ジョン大會堂附近に有名なるケーブルカーの起點あり七八分を以て海拔千三百呎のヴィクトリヤ、ガップに達すべし、此附近一帶の高臺を丘陵地方と稱し歐洲人の住家多く又數個の病院、敎會、官宅等あり、此等丘陵に於ては市街地よりも溫度五六度の下位に在り夏季炎暑の候市街にては汽船の煤煙の爲め空氣不潔なるに際し高臺に於ては空氣清潔にして涼風あり生活愉快なるを以て斯く發達を見たるものとす、但し冬季に於ては寒冷を覺え且春季濕潤の時期には丘陵は日々濃霧に覆はれ到底居住に堪え難き程なり、山頂行電車の終點よりピークの頂點に達するには西方の坂路を取り約十五分を要す、頂上に船舶信號所あり、此所より瞰下すればヴィクトリヤ市、港內、九龍等一眸の中に在り點々指摘すべし、又北方には九龍の連山連なり西南には廣東デルタの靑海打擴がり其間に多數の島嶼點在するを望見すべし、ピーク頂點の少しく下方に總督の別墅　Summer Lodge あり、高地の家屋は孰も劇烈なる颱風に耐ゆる堅牢なる建築物なり。

香港島內

ヴィクトリヤ市街の東方に比較的廣大なる平地ありハッピーバレー又は黃泥涌谷と稱し野外運動に好適の場所とす、此中央に競馬場あり每年二月香港競馬俱樂部は四日間競馬を開催し市民を集中す又ゴルフ、フートボール、クリケット、テニス等の遊戲行はる、其背面の山麓には廣大なる墓地あり植民地墓地、加特力墓地、プロテスタント、モハメダン、パーシー、ヒンズー墓地等宗派により區別せらる。

筲箕灣は香港島の東北方鯉魚門に近き一漁村にしてヴィクトリヤ市の東端銅鑼灣より電車にて約四十分を要す途中石切灣附近に太古船渠會社及太古精糖工場あり、筲箕灣には漁業用戎克及舢板の入港するもの頗る多し、香港島の東南方にスタンレーあり是亦漁村にして曾て軍事上に使用せられたることあり、其西北方三哩にして深水灣あり夏季水泳行はれ又ゴルフリンクあり、同灣の西方約二哩の所にアバヂーンあり四圍波を遮ぎる一小良灣にして漁船の出入頗る多く船渠、製紙場及煉瓦製造所あり、アバヂーンよりヴィクトリヤ市西部に出づるに二條の道あり一は山麓の海濱附近を迂回するものにして他は中腹を近距離に繞るものとす此附近風光明媚なり、途中ポクフラムを通過す此附近には香港デイリーファーム社の廣大なる牧場あり。

九龍側

香港側よりスターフェリー會社の渡船により八分間にして九龍の尖端に達すべし、九龍は逐年進步を示し家屋の新築せらるるもの少からず、若し粤漢鐵道完成し汽車にて北京と連絡し又廣西其他支那內地の鐵道と直接連絡を有するに至らば九龍は一層の發達を見るべしと期待する者少からず、先づ九龍半島西岸の設備を見るに渡船埠頭に隣接して香源九龍埠頭及倉庫會社の廣大なる倉庫及數個の埠頭あり大洋航行船の埠頭に碇繫するものは專ら此等の埠頭に於てす、北方に海軍工廠の一部ありて水雷艇格納庫、船渠及貯炭所等あり其北方は油蔴地、芒角嘴、大角嘴の市街地にして此地域の支那市街は漸次發展を告げつゝあり瓦斯工場、私有貯炭所、石油タンク等あり共前面海中に二千三百餘呎の防波提最近完成せられたり、戎克舢板漁舟等の颱

四

風時に於ける避難所とす、大角嘴には香港黃埔船渠會社のコスモポリタン船渠あり、スターフエリー埠頭の右方は九龍停車場にして華麗なる建築物最近に完成せり其東方に太古洋行の廣大なる鐵骨倉庫及埠頭あり其尖端ブラックヘッドポイント附近に船舶信號所及報時信號所あり又其北方の高地エルヂン丘には香港氣象臺高く聳え此附近に印度兵の兵營竝各國人の住家頗る多し、其北部にはキングスパークあり各種の運動場として用ひらる、東岸紅磡灣(ハンホム)には香港黃埔船渠會社の九龍船渠及工場あり附近には多數の舢舨、小型戎克等集合し海岸には多くの機械工場排列す、九龍船渠の北方に鶴園(ホウン)と稱する一村落ありてグリーンアイランド、セメント會社は此所に工場を有す、是より概ね東海岸に沿ひ二三の村落を經て進むこと約二哩にして九龍城(カウルンシチー)に達す、九龍城は曾て支那領たりし時代には稍繁華なりし處なるも千八百九十八年英領となりて以來全く衰微し目下は小城壁の一部と不潔なる支那家屋の一群昔日の面影を留むるのみ。

人口及戶數

人口

當植民地の人口は諸種の人種を包有するも其大部分は支那人にして總數の約九割六分を占め、其他は英國人、葡萄牙人、印度人、日本人、馬來人、獨逸人（戰前）、比律賓人、波斯人、米國人、佛國人等の順序にして墺國人、伊太利人、土耳其人、猶太人、希臘人等少數あり、當地は廣東との關係密接にして日々支那人の往復極めて頻繁なるのみならず、戶籍制度無きを以て人口調査は至つて困難なり、千九百十一年五月の調査によれば香港植民地總人口は四十五萬六千七百三十五人（外に軍人六千七百三十七人）にして千九百十四年中頃に於ける推定人口は五十萬千三百四人とす。

其内譯左の如し。

非支那人	白皙人種	六、〇三五	一二、〇七五
	有色人種	六、〇四〇	
支那人	ヴィクトリヤ市（ピークを含む）	二九、三八六	四四四、六六四
	香港島內村落	一六、二一一	
	九龍（新九龍を含む）	六七、四九七	
	租借地（陸上）	八〇、六二三	
	海上生活	六〇、九四八	
合計			四五六、七三九

此外駐屯軍隊の平均數左の如し。

英國海軍	二、三一三
英國陸軍	二、三六〇
印度軍隊	二、〇五四
計	六、七二七

註　有色人種とは印度人、葡萄牙人（亞細亞生れ）、日本人、比律賓人、馬來人、波斯人等とす。

今上記の人口を人種、地域竝に男女別に示せば左の如し。

		香港島及舊九龍	租借地及新九龍	海上生活	計
歐米人	男	二、九一九	三五	—	二、九五四
	女	二、二〇〇	三一	—	二、二三一
	計	五、一一九	六六	—	五、一八五
葡萄牙人	男	一、一五六	一	—	一、一五七
	女	一、四〇一	—	—	一、四〇一
	計	二、五五七	一	—	二、五五八

印度人	男	一、四四〇	一〇八	—	一、五四八
	女	四五三	一一	—	四六四
	計	一、八九三	一一九	—	二、〇一二
其他の非支那人	男	八一七	—	—	八一七
	女	六五三	—	—	六五三
	計	一、四七〇	—	—	一、四七〇
非支那人計	男	六、三三二	一四四	—	六、四七六
	女	四、七〇七	四二	—	四、七四九
	計	一一、〇三九	一八六	—	一一、二二五
支那人	男	二〇〇、一六〇	四八、六一一	三四、五〇五	二八三、二七六
	女	八九、三一〇	四五、六三五	二〇、六五二	一五五、五九七
	計	二八九、四七〇	九四、二四六	五五、一五七	四三八、七七三
合計	男	二〇六、四九二	四八、七五五	三四、五〇五	二八九、七五二
	女	九四、〇一七	四五、六七七	二〇、六五二	一六〇、三四六
	計	三〇〇、五〇九	九四、四三二	五五、一五七	四五〇、〇九八

商船乗組員	男	女	計
英國人	三五二	一	三五三
其他の非支那人	四九六	一	四九七
計	八四八	二	八五〇

六

支那人	五、五五一	二四〇	五、七九一
合計	六、三九九	二四二	六、六四一
	二九六、一五一	一六〇、五八八	四五六、七三九

香港總人口

人口増加率　千八百四十一年に於ては住民は主に香港島内二三の村落に住せる支那人漁夫及農民にして其の數僅に四千を算するに過ぎず、又九龍半島の尖端に約八百の住民を有せり、然るに翌年には二萬三千に増加し六十一年には十一萬、而して目下は五十萬を超過するに至れり、今其の大要を數字を以て示せば次表の如し。

一八六一年	一一九、三二一
一八七一年	一二四、一九八
一八八一年	一六〇、四〇二
一八九一年	二二一、四四一
一九〇一年	二八三、二〇五
一九〇六年	三一九、八〇三
一九一一年	四五六、七三九
一九一四年	五〇一、三〇四

尚ほ左に千九百一年、千九百六年、千九百十一年の人口統計を比較表示すべし。

歐米人及	一九〇一年 男	一九〇一年 女	一九〇一年 計	一九〇六年 男	一九〇六年 女	一九〇六年 計	一九一一年 男	一九一一年 女	一九一一年 計
ヴィクトリヤ市	二、四三三	二、〇九七	四、五三〇	二、七七九	二、三〇〇	五、〇七九	二、七五〇	二、五三六	五、二七六
ピーク	二三六	一八六	四二二	三三〇	二四六	五七六	三一〇	二五三	五六三
香港島村落	一三九	三八	一七七	一五五	六九	二二四	一七八	一〇七	二八五
舊九龍	三九四	二六三	六五七	七八九	六七八	一、四六七	八三七	七一五	一、五五二
新九龍	—	—	—	一四	八	二二	一九	二六	四五

葡萄牙人 租借地(北部)	—	—	—	—	—	—	一三	四	一七
同(島嶼)	—	—	—	—	—	—	四	一	五
計	三、二〇二	二、五八三	五、七八五	四、〇六七	三、三〇一	七、三六八	四、二一一	三、六三三	七、七四三
商船	六二九	七	六四六	九八七	四〇	一、〇二七	三九二	一	三五三
其他の非支那人 ヴィクトリヤ市	…	…	…	一、七一二	八九七	二、六〇九	一、六七三	九七五	二、六四八
ピーク	…	…	…	一五	一〇	二五	二二	一	二三
香港島村落	…	…	…	一三一	三	一三四	九七	一〇	一〇七
舊九龍	…	…	…	六四〇	一六二	八〇二	四六五	一二〇	五八五
新九龍	…	…	…	二一	四	二五	二一	三	二四
租借地(北部)	…	…	…	—	—	—	六七	三	七〇
同(島嶼)	…	…	…	—	—	—	二〇	五	二五
計	一、六四一	九三五	二、五七六	二、五一九	一、〇七六	三、五九五	二、三六五	一、一一七	三、四八二
商船	三五三	二	三五七	四二三	二	四二五	四九六	一	四九七
合計(陸上)	四、八四三	三、五一八	八、三六一	六、五八六	四、三七七	一〇、九六三	六、四七六	四、七四九	一一、二二五
合計(商船)	九九二	九	一、〇〇一	一、四一〇	四二	一、四五二	八四八	二	八五〇
支那人 陸上 ヴィクトリヤ市	一二九、三九六	四五、六六〇	一七五、〇五六	一二四、九九五	四八、二九四	一七三、二八九	一五一、四〇八	六六、三六五	二一七、七七三
ピーク	—	—	—	一、五二四	一二四	一、六四八	一、五一四	二〇四	一、七一八
筲箕灣	六、九〇八	二、二七六	九、一八四	八、二五九	三、一三二	一一、三九一	八、〇八六	三、一九一	一一、二七七
アパヂーン	一、九九四	八四八	二、八四二	二、五六五	一、〇八九	三、六五四	二、三〇八	九六五	三、二七三
スタンレー	四六二	三四三	八〇五	九三六	三四〇	一、二七六	四一四	三〇九	七二三
ボクフラム	四四一	一六一	六〇二	四七六	二三五	七一一	五八〇	二五三	八三三
舊九龍	三二、八六〇	一〇、一一六	四二、九七六	三六、七六五	一五、五六六	五二、三三一	三五、八五〇	一八、〇二三	五三、八七三
新九龍	—	—	—	二、六〇一	六、二三五	一七、八三六	七、九九九	五、六二五	一三、六二四
租借地(北部)	—	—	—	—	—	—	三四、三八三	三四、七三九	六九、一二二
同(島嶼)	—	—	—	—	—	—	六、二二九	五、二七一	一一、五〇〇
其他	一、六八四	一一四	一、七九八	—	—	—	—	—	—

七

一	計	一七三、七四五	五九、五一八	二三三、二六三	一八七、一二一	七五、〇一五	二六二、一三六	二四八、七七一	一三四、九四五	三八三、七一六
海上	商船	一、一八〇	—	一、一八〇	二、五〇八		二、五〇八	五、五五一	二四〇	五、七九一
	香港港、	一八、九四二	九、五九七	二八、五三九	一九、二二〇	一〇、八八六	三〇、一〇六	一九、一一九	一〇、七七一	二九、八九〇
	筲箕灣	三、〇一〇	二、四二九	五、四三九	三、八四〇	二、四六六	六、三〇六	三、六五三	二、七八七	六、四四〇
	スタンレー	五二〇	三六一	八八一	四二〇	二七五	六九五	三四	三八	七二
支那人	アバヂーン	二、九四〇	二、三一一	五、二五一	三、一三一	二、五〇六	五、六三七	五、九三九	二、九六一	八、九〇〇
	長洲島	—	—	—	—	—	—	二、六〇一	一、八四一	四、四四二
	南大澳島	—	—	—	—	—	—	三、一五九	二、二五四	五、四一三
	計	二五、四〇二	一四、六九八	四〇、一〇〇	二六、六二一	一六、一二三	四二、七四四	三四、五〇五	二〇、六五二	五五、一五七
支那人口計		二〇〇、三二七	七四、二一六	二七四、五四三	二一六、二四〇	九一、一四八	三〇七、三八八	二八八、八二七	一五五、八三七	四四四、六六四
總人口計		二〇六、一六二	七七、七四三	二八三、九〇五	二二四、二三六	九五、五六七	三一九、八〇三	二九六、一五一	一六〇、五八八	四五六、七三九

人口の密度　千九百十一年現住人口を當植民地總面積に比すれば平均一方哩に對し約千百二十五人の割合にして之を香港島、九龍、租借地に細別すれば、香港島は平均一方哩に對し約七千六百六十人にして九龍は三千七百七十二人とし租借地は二百二十七人なり。

人口の男女別　千九百十一年現住人口を男女の二に區別すれば總人口の六割四分八厘は男にして卽ち女百人に付男百八十四人四に當る、斯く男女の差著しく且つ歐洲諸國と全く正反對を呈するは植民地たるが爲めなり、然れども千九百〇一年以降十年間の男女の割合は

	男	女
一九〇一年	七三・六%	二七・四%
一九〇六年	七〇・一	二九・九
一九一一年	六四・八	三五・二

にして年と共に女の數增加しつゝあり、是れ明に家族生活をなすものゝ增加を示すものなり。

又總人口の半數以上は壯年者にして支那人の五割二分九厘非支那人の五割五分七厘は二十歲乃至四十五歲なり。

海上生活者　支那人海上生活者（租借地を除く）は千九百十一年の調査によれば四萬五千三百二人にして千九百十四年中頃に於ける推定數は四萬九千二百人なり、香港港內及香港島內に於ける支那人船舶數は左表の如く一萬千九百十隻にして一隻の乘組人員平均四人一の割合なり。

客船	一、一三八	港內艒板	四、五三四
貨物船	一、四六六	漁業用艒板	一、四三一
小蒸汽船	三四三	貿易用戎克	二、七七六
艀船	一八〇	計	一一、九一〇

此外千九百十一年の調査によれば、港內商船に雇はれたる支那人は五千七百九十一人にして其千九百十四年の推定數は六千百人なり、從て租借地を除き水上生活を爲す支那人は總計五萬

五千三百人に上る。

戸　數

千九百十四年の調査に依ればヴィクトリヤ市の住家は兵營警察署を除き九千八百二十四戸にして千九百十三年には一萬九戸、千九百十二年には九千八百三十二戸を算せり又九龍側市街地（新舊九龍及深水埔）の戸數は千九百十四年には五千五百七十五戸、千九百十三年には五千五百八戸、千九百十二年には五千四百七十四戸なり。今之を細別すれば左の如し。

地名	非支那人住家 一九一三年	非支那人住家 一九一四年	支那人住家 一九一三年	支那人住家 一九一四年	合計 一九一三年	合計 一九一四年
ヴィクトリヤ市	一、〇二四	九三八	八、九八五	八、八八六	一〇、〇〇九	九、八二四
ピーク	一六八	一七二	—	—	一六八	一七二
九龍市街地	三五八	三八六	五、一五〇	五、一八九	五、五〇八	五、五七五
計	一、五五〇	一、四九六	一四、一三五	一四、〇七五	一五、六八五	一五、五七一

尚千九百十四年中住家の新築數は二百九十七戸（ヴィクトリヤ市一六七、九龍九五、ピーク一、其他三五）。前年は三百三十五戸前々年には二百三十一戸にして戸數は年々增加の傾向を有す、但し千九百十四年に於てヴィクトリヤ市の戸數減じたるは從前住家として使用せしものを一時倉庫に流用したるもの多かりしによる是れ歐洲動亂の開始に當り香港の砲擊せられんことを杞憂し一時廣東に避難せる支那人約六萬に上りし結果なり。

千九百十三、四年、ヴィクトリヤ市內居住支那人住家數及居住人員との關係を表示すれば左の如し。

	一九一三年	一九一四年
一階建住家	三六五	三一八
二階建住家	一、九二八	一、六九九
三階建住家	四、三五八	四、四二八
四階建住家	二、二六九	二、三五三
五階建住家	七五	七七
計 住家數	八、九八五	八、八八六
計 階數	二六、七四六	二六、七九三
一住家内の平均階數	二・九	三・〇
一住家内の平均居住者數	二六・四	二七・八
一階内平均居住者數	八・九	九・二

千九百十三、四年ヴィクトリヤ市家屋敷地と人口との關係左の如し。

	一九一三年	一九一四年
總面積(噎)	一、五〇二	一、五〇二
家屋敷地面積(噎)	七四六	七四六
支那人住家	八、九八五	八、八八六
非支那人住家	一、〇二四	九三八
支那人人口	二三七、五〇〇	二四七、五〇〇
非支那人人口	九、四七〇	九、二六〇
家屋敷地一噎内の人口	三三一	三四四

千九百十三、四年九龍市街地に於ける住家數と人口との關係は左の如し。

		一九一三年	一九一四年
一階建住家	支那人	二、三四三	二、三四八
	非支那人	二三	二五
二階建住家	支那人	一、四〇二	一、四〇七
	非支那人	二九〇	三〇二

三階建住家	支那人	一、一九九	一、二三一
	非支那人	四三	五九
四階建住家	支那人	一九六	二〇三
	非支那人	二	二
計	住家數	五、五〇八	五、五七五
	階數	一〇、三〇六	一〇、四七九
支那人住家一戸の平均階數		一・八	一・八
支那人人口		六八、五〇〇	七〇、〇〇〇
支那人住家一戸の居住者數		一二・四	一二・五
同　一階の居住者數		六・六	六・六
面積（噎）		六、八三八	六、八三八

氣候

溫度

香港島は北緯二十二度九分乃至二十一分に位し、卽ち北回歸線より南方に在りて我臺灣の鳳山地方と其緯度略々同じ。斯く熱帶圈內に位するも一小島嶼なるを以て大陸的氣候は稍々緩和せられ、廣東省城と比較し寒暑共に數度の差異あるを見る。夏季は五月より十月に至る間にして、冬季は十一月より翌年三月に至る。一年中の最高溫度は暑氣最も烈しき、八、九月にして平均溫度八十一度乃至三度の間にあるも、時に九十四、五度に達することあり。最低溫度は一年中の嚴寒の時期たる一、二月にして六十度前後を昇降するに過ぎざるも、曾て二十餘年前三十二度に降下せしことあり。

今一年中の氣候の概況を述ぶれば十二月より翌年二月迄は最

も寒氣を覺ゆる期間にして室內にて暖爐を欲し外出には外套を用ふること屢々あり。然れども氷雪は見ることなし。三月より七月までは降雨期に屬し且つ六月までは殊に濃霧多し。遲速は多少あるも普通雨量最多の時期とし、殊に五月より七月までは暑氣漸く盛にして陰雲四方を鎖し空氣は濕潤にして重く、諸物一夜にして黴を生ずること多く、人をして堪へ難き不快を覺えしむ。七月より十月迄は颱風時期にして又炎暑最も甚し。且つ晝夜の氣候に高低の差なく、日沒後海上より涼風の吹き來ることもなく、普通夜半に至りて漸く溫度降下す、又時々夕立あるも夫れにより暑氣を忘るゝに至らず。斯く晝夜、間斷なく而も長期に亙りて暑熱を感じ、且つ濕氣甚だしきを以て健康を害すること多し。十月末より十一月に亙りては秋風の至るあり且つ連日快晴にして一年中の最好期節なり。

今千九百十三、四年に於ける各月溫度を表示すれば左の如し。

	一九一三年 最高	一九一三年 最低	一九一三年 平均	一九一四年 最高	一九一四年 最低	一九一四年 平均
一月	六四・五	五四・八	五九・二	六七・四	五八・八	六三・八
二月	六四・六	五七・三	六〇・五	六六・九	五九・九	六三・一
三月	六五・八	五八・五	六二・七	七一・七	六三・五	六七・二
四月	七五・八	六七・七	七一・二	七六・三	六八・〇	七一・五
五月	八二・五	七三・八	七七・二	八二・八	七五・三	七八・五
六月	八五・六	七七・六	八一・二	八六・六	七八・九	八二・〇
七月	八八・一	七八・八	八三・八	八六・九	七八・一	八一・九
八月	八六・五	七七・七	八一・六	八七・九	七八・二	八二・三
九月	八四・七	七六・七	八〇・四	八五・四	七六・二	八〇・四
十月	八〇・三	七三・二	七六・一	八一・二	七四・三	七七・五

十一月	七四・〇	六六・〇	七〇・〇	七三・五	六六・四	六九・九
十二月	六四・九	五六・五	六一・〇	六七・七	六〇・五	六四・〇
平均	七六・四	六八・一	七一・九	七七・九	六九・八	七三・四

千九百十四年の平均濕度は前表の如く日蔭にて七十三度四分を示し過去十年間の平均よりも一度三分高し。最高溫度は八月三十一日の九十四度、最低溫度は一月一日の四十七度四分とす最も炎暑甚しき月は八月にして平均八十二度三分、最低溫度の月は一月にして平均六十二度八分なりき。

但しピークは前記平均溫度より常に三度乃至六度低し。

雨量

千八百九十五年より千九百四年に至る十年間の平均雨量は七十四吋九にして千九百五年より千九百十四年に至る十年間の平均雨量は八十一吋八なるを以て過去二十年間の平均は七十八吋三五なり。尙從來の觀測によれば一箇年の雨量最高は千八百九十七年の百吋三とし最低は千八百九十五年の四十五吋八とす。

一箇年中の降雨量の七割以上は五月より九月に至る期間に降下す。今細說すれば一年を降雨期と乾燥期とに大別するを得。卽ち降雨期五月末より十月に亙り空氣は濕氣に富み、其濕度時に百「パーセント」に達することあり。此期間の降雨量は平均七十吋位なり。殊に七八兩月の降雨最も甚しく、强雨は暴風雨を伴ひ來り、時には一時間三吋位の割合を以て二三時間も連續することあり。十一月より翌年五月迄は乾燥期にして殊に十一月より一月上半に亙り乾燥甚しく濕度平均四十「パーセント」を超ゆること稀なり。又時には三十「パーセント」に降ることあり。此期間に於ては各月の降雨量十分の八吋を超過せず。又稀には雨量皆無の月あり。

左に最近の雨量竝に濕度に關する各月の比較表を示す。

	一九一四年					一九一三年	一九一二年
	比較的濕度 %	絕對的濕度 吋	曇天 %	快晴時時間	雨量 吋	雨量 吋	雨量 吋
一月	六九	〇・四〇	三九	二四〇・四	—	一・〇二五	二・七一〇
二月	七九	〇・四七	七七	一一七・六	三・二四〇	二・三九〇	二・四三五
三月	八三	〇・五六	七七	一三三・四	一・一九〇	六・九四五	四・三四五
四月	八三	〇・六五	八五	一一四・四	四・四六五	二・一七五	三・九九五
五月	八〇	〇・七九	七二	一九一・五	一二・六二〇	九・三〇〇	三・九四〇
六月	七九	〇・八六	七四	一七四・四	一三・二三五	一六・〇三五	一四・一六〇
七月	八三	〇・九〇	六九	一八〇・一	二六・三〇五	一五・〇五〇	七・五五五
八月	七九	〇・八七	六三	二四四・九	四・二〇五	一〇・五六五	一五・七一五
九月	七三	〇・七六	五一	二二五・〇	一九・九八〇	一四・五七〇	三・八八〇
十月	七七	〇・七三	六五	一九二・五	六・四五〇	三・五五〇	〇・〇一五
十一月	七四	〇・五五	七八	一一三・一	八・八一五	〇・七四〇	〇・二八五
十二月	七三	〇・四五	七五	一一一・四	〇・七二〇	一・三八五	四・九〇〇
平均及計	七八	〇・六七	六九	二二八・七	一〇〇・二一五	八三・七三〇	六三・九二五

右によれば千九百十四年の雨量は過去二十年の平均に比し頗る多く、反之千九百十二年の雨量は頗る少なきを見るべし。千九百十四年中雨量最多の月は七月にして二十六吋三、最少は一月にして雨量皆無なりき。雨量最多の日は六月二十二日にして五吋二五、全年中二百十九日は降雨を見ず。大氣の濕度は七十八「パーセント」にして過去十年間の平均と等しく日光放射時間の平均は一日五時三十六分にして日出時間の四割六分に當る。

尙參考迄に過去三ヶ年の降雨、雷雨、强風の各月に於ける日數を表示すれば左の如し。

	降雨日數 一九一二年	降雨日數 一九一三年	降雨日數 一九一四年	雷雨日數 一九一二年	雷雨日數 一九一三年	雷雨日數 一九一四年	强風日數 一九一二年	强風日數 一九一三年	强風日數 一九一四年
一月	一三	五	—	—	—	—	—	一	—
二月	一一	六	八	—	二	—	—	—	—
三月	一一	一六	六	—	—	—	—	—	—
四月	七	五	一五	二	二	八	—	—	—
五月	一八	一七	一六	六	四	九	—	—	—
六月	二七	二三	一七	一〇	一三	八	—	—	—
七月	二〇	二〇	一七	五	一一	一〇	—	一	—
八月	一九	一五	一六	八	五	一〇	—	一	—
九月	一一	一八	一三	一	七	四	一	二	一
十月	一	六	一七	—	一	二	—	—	—
十一月	二	四	一六	—	—	二	—	—	—
十二月	八	九	五	—	—	—	—	—	—
計	一四八	一四四	一四六	三二	四四	五三	二	六	一

備考　强風は速度一時間に四十哩以上とす

風

九月より翌年四月に至る八箇月の風向は東又は東北に多くして五月より八月に至る四箇月は年により異なり一定し難きも南又は東南の方向を取ること多し。七月乃至十月は有名なる颱風の期節にして颱風又は旋風の襲來は九月以後を最も頻繁とす。香港は從來屢々大風の慘害を被り、其の最も悲慘を極めたるものは千九百六年九月十八日に來襲せるものにして人畜の溺死船舶の沈沒其他海陸の損害尠なからず、實に戰慄すべき光景を呈したりき。然れども今は氣象觀測の進歩と颱風警報の敏捷との

爲め、其被害を避くること多し。今最近三年間の風向及速度(一時間を單位とす)を各月別に從ひ掲ぐれば左の如し。

	一九一二年 方向	一九一二年 速力 哩	一九一三年 方向	一九一三年 速力 哩	一九一四年 方向	一九一四年 速力 哩
一月	東北東	一三・二	東北東	一一・五	東微北	一三・四
二月	東	一三・五	東微北	一一・三	同	一四・四
三月	同	一五・六	同	一四・五	東	一三・〇
四月	同	一二・九	東	一三・七	同	一三・八
五月	南東微東	一三・七	東微南	一三・五	東南東	一二・四
六月	南	一三・一	南微西	九・六	南微東	一〇・八
七月	南東	一〇・六	南東	九・三	南東微南	一一・五
八月	南南東	六・九	東微南	八・七	南南西	八・六
九月	東北東	一〇・二	東	九・五	北東微北	九・〇
十月	東	一二・三	東北東	一一・七	東	一三・三
十一月	東微北	一二・七	北北東	一三・五	東北東	一二・三
十二月	北東微東	一三・〇	北東	九・九	同	一〇・七
平均	東	一三・〇	東	一一・三	東	一二・六

尙ほ風向を日數を以て示せば左の如し。

	北	北東	東	南東	南	南西	西	北西
一月	一	三	二五	一	—	—	—	二
二月	一	四	一八	二	二	—	—	二
三月	一	二	二〇	一	三	一	一	三
四月	二	二	一六	二	五	二	一	—
五月	一	—	一六	一	九	三	—	一
六月	一	—	九	四	九	六	一	—
七月	—	—	一〇	四	四	七	六	—

八月	一	二	五	七	三	六	四	三
九月	六	三	九	二	—	一	五	四
十月	一	三	二五	二	—	—	—	—
十一月	九	六	一四	—	—	—	—	一
十二月	六	七	一八	—	—	—	—	—
計（一九一四年）	三〇	三三	一八五	二六	三五	二六	一八	一三
（一九一三年）	三六	二五	一九三	二二	一八	三五	三一	五
（一九一二年）	四〇	三三	一八一	三三	二一	三三	三三	一五

颱風

支那海及日本支那間の諸海に起る旋風を一般に颱風（ダイフーン）と云ふ。蓋し支那語の大風より來れるものならん。此暴風は北半球に於ける各旋風と同一にして其風は低氣壓部の中心に向つて螺旋狀に彎曲しつゝ該部位の周圍を時計の針と反對に旋回し且つ之と同時に其全體は前方に進行す。其速度は時に大なるも亦時に一時間數哩に過ぎざることあり。

颱風中心の平均進行速度は北緯十一度に於ては一時間五哩、同十三度に於ては六哩半、同十五度に於ては八哩、同二十度に於ては九哩、同二十五度に於ては十一哩、同三十度に於ては十四哩なり。北緯十三度以內に於ては中心の進行速度に著しき差異なきも北緯十三度以北に於ては其差異漸く著しく、北緯三十二度半に於ては其差六哩より三十六哩に至る。

是等颱風の擴延せる面積は直徑二十哩より數百哩に至る。而して陸地近傍に於ては風力の配置甚だ不規則にして颱風中心附近は該中心より稍々隔りたる場所よりも風力弱きことあり。

颱風中心の進行する軌路を颱風進路と名け、此進路に向ひて右側の部分を右半圓と云ひ、左側の部分を左半圓と稱す。該右半圓にある船は颱風進路の方に追ひ遣られ得べく、殊に此半圓內に於て風に乘じて航走する船は該進路を横切らざるを得ざるに至るべし。又颱風は北西及北方に進行せし後其進路を北東方卽ち該右半圓の方に彎曲するを常とす。是を以て該半圓を以て危險半圓と名く。

一分類法に依れば一の颱風を其の中心より外部に至る距離に應してA、B、C、Dの四部分に分類す。而して各部分は晴雨計の運動に著しき相違あるを認む、卽ち颱風の中心を基點として五箇の同心圓を畫き、第一Aは颱風の外周にして中心よりの距離百二十哩乃至五百哩の地域を指し此部分に於ては晴雨計は初め下降するも其運動遲々たるを特質とし、日々の昇降量は明白なり。第二Bは中心より六十哩乃至百二十哩の部分にして晴雨計の降下Aよりも大にして昇降の有樣も一層顯著なりとす。第三Cは十哩乃至六十哩の場所にして晴雨計急激に降下す。第四Dは最も內部の環狀部分にして晴雨計は最も急激に降下す。

颱風を時期により三期に大別することを得。第一種は十二、一、二、三月、第二種は四、五、十、十一月、第三種は六、七八、九月に起るものとし夫々特質を有す。又颱風發生の場所により、之を太平洋に起るものと支那海に起るものとの二種に大別するも前者は東經百二十四度以西を通過すること殆どなきを以て之を省き支那海の颱風に就て前記三種類の特徵を記すべし。

第一種の颱風は南支那海に現はるゝこと多く初めより西微北の方向を維持し佛領印度支那附近に於て大陸に達す。第二種の颱風は前者よりも稍々北方に向ひ略々北西微西に進行し安南の北部及香港の海岸に至るものにして十一月に起るものは大陸に達すること稀なり。第三種は所謂颱風の時期にして北西に進み初期に於ては南支那の沿岸を吹き、季節の進むに從ひ漸次北方に移轉す。七、八月には其方向略々一定し、北西の方向を執りブレーカーポイント(汕頭の南方三十餘哩)北方の海岸に當り更に大陸に進入し或は海岸に沿ひて進行し或は途中方向を轉じて黃海又は朝鮮海峽に入り、或は又臺灣海峽より彎曲して日本海に向ふものあり。概して第一種に屬するものは拋物線狀の進路を有せず、然れども第二種中には之を有するものあり。臺灣海峽以南、南支那海にて屈折す。第三種卽ち六、七、八、九月の颱風は最も方向の轉換多く、單に其轉換回數多きのみならず屢々高緯度に達することあり。斯の如く方向轉換後颱風が如何なる方向をとるかは亞細亞大陸の大氣の運動の支配を受くること多く、而して大氣の運動は時期によりて差異あるも颱風は其最も抵抗少なき方向を選びて進行するものとす。

颱風を豫知するものゝ內最も精確なるは晴雨計に若くものなし。これ總べての場合に於て必ず晴雨計に大變動を呈すればなり。故に晴雨計の昇降定らざるか、若くは其日々の昇降に不規則を生じたる時は警戒を要す。颱風の最も早き前兆は卷雲式の雲(美髮、羽毛或は蒼白を帶べる羊毛の小束の如く見ゆるもの)にして此雲西流して更に南方に逆轉し晴雨計微昇し天氣快晴且つ乾燥して暑し而して無風若くは至輕風あるときは颱風來るべし。卷雲は颱風中心より千五百哩內に現出し晴雨計は該中心より六百哩外に於て上昇するを常とす。其他日月に暈を生じ、海上燐光を放ち夕陽美色を呈して異彩の光を放つ等は總ての颱風前兆とす。

颱風中心より三百哩乃至六百哩又は其外方に於て濤の增大するを見ることありと雖是れ大に最近陸地の位置如何殊に船舶と颱風中心との間に陸地の介在すると否とに關係す。此濤は颱風に隨伴せる强浪より起り船舶危險となるべきものなれども是れに由りて颱風の中心を決するを得ず。

其他積雲又は卷積雲等の出現の模樣、氣溫の昇降、空氣の乾濕等に依り、颱風中心の位置を觀測し又は颱風の前兆と見做すべき幾多の現象を看取することを得。

暴風警報信號

暴風警報信號は九龍角水上警察署前面の信號柱に之を揭ぐ。但し必ずしも香港に荒天の來る前兆あるを示すものに非らず。

晝間颱風信號は左の如し。

晝間信號

一、圓錐形(尖端上に向ふ)　香港の北方に颱風あり
二、圓錐形(尖端上に向ふ)及圓筒形　香港の北東方に颱風あり
三、圓筒形　香港の東方に颱風あり
四、圓錐形(尖端下に向ふ)及圓筒形　香港の南東方に颱風あり
五、圓錐形(尖端下に向ふ)　香港の南方に颱風あり
六、圓錐形(尖端下に向ふ)及球形　香港の南西方に颱風あり
七、球形　香港の西方に颱風あり
八、圓錐形(尖端上に向ふ)及球形　香港の北西方に颱風あり

此信號は颱風の中心が香港より三百哩以外にありと思考せられたる場合には紅塗形象を用ひ、同三百哩以內にありと思考せらるゝ場合には黑塗形象を用ふ。

前記の信號は從前の如く香港植民地又は出港船舶に颱風の位置若くは其進路の方向を知らしむるの必要ありと認めたる時に

限り施行するものとす。

前記の信號を掲揚したる時は、又港務局、英艦テーマー、グリーンアイランド信號柱、香港九龍倉庫會社建物の旗竿、茘枝角にあるスタンダード石油會社の建物の旗竿及鯉魚門兵舍附近の旗竿に於て繰返し信號す。

緊急信號　風勢劇增して純然たる颱風とならんとする兆候ある時は前記の信號の外、更に水上警察署に於て左記の緊急信號を施行し港務局に於て之を繰返し行ふ。

十秒を隔てゝ爆聲三發

同時に各信號所にては前記形象の上に黑塗十字標を掲ぐ。

夜間信號　九龍に於ける水上警察署の屋上、香港港務局の旗竿及英艦テーマーに左記の夜間信號をなす。

一、綠　綠　綠　（垂直に三箇の燈光）
颱風の中心香港より三百哩以外にありと思考せられたるとき。

二、綠　紅　綠　（垂直に三箇の燈光）
颱風の中心香港より三百哩以内にありと思考せられたるとき。

三、紅　綠　紅　（垂直に三箇の燈光）
風勢劇增して彌々颱風襲來の前兆あるとき。

夜間初めて第三項の信號を掲ぐる時は此と共に前述の如く爆聲緊急信號をなす。

晝間信號は日沒時に至り夜間信號に代ゆ。但し必要の際は夜中之を變更す。

追加信號　戎克漁船及近海航行汽船の爲め前記の晝間信號掲揚中は左記の各所に於て一個の凹錐形信號を掲げて警戒せしむ。

ガップロック　アバヂーン
ワグラン　筲箕灣
スタンレー　西貢（サイカン）
コリンソン岬　沙頭角
大埔（大埔灣內）

右の信號は支那海中何れかに低氣壓ありて香港港內に暴風警報の掲揚せられあることを示すものとす。

航洋船舶にして更に暴風信號を詳細に知らんと欲せば諸燈臺より常に信號を以て其需に應ずべし。

天氣豫報信號　天氣豫報はブラックヘッドヒル上の旗竿より信號す。而して其詳細は何時にても海底電信會社事務所若は九龍水上警察署より氣象臺に通じ電信又は電話にて得らるべし。但し電信及電話は無料とす。

掲示板　暴風豫報及天氣豫報は毎日左記六ヶ所の各掲示板に掲示す。

海底電信會社事務所　郵便局
港務局　ブレークピーヤ
渡船會社の香港棧橋　渡船會社の九龍棧橋

又毎日の氣象觀測の成績も日々正午に同樣掲示す。右の觀測成績は香港及極東に於ける多數氣象臺に於けるものを示し、且つ之を基礎とし注意事項、天氣豫報、颱風の存在及運動をも併記す又日々發表する天氣候は港務局、渡船會社の香港棧橋及ブレークピーヤに告示す。

最近六年間に於ける暴風警報信號掲揚時間左の如し。

	總時間 紅燈信號（時間）	總時間 黑燈信號（時間）	爆 發火回數
一九〇九年	二三三	四五八	一
一九一〇年	八〇	一九六	一
一九一一年	七三	三七七	二
一九一二年	一五一	一六四	一
一九一三年	一四六	一八九	一
一九一四年	一四六	一七八	一

備考　本表の時間には晝間の信號に相當する夜間の信號時間をも包含す。

報時信號

報時信號所は千九百七年の設立に係り氣象臺を距る南方二千三百呎のブラックヘッドヒルに在り。北緯二十二度十七分五十二秒、東經百十四度十分二十九秒に當る。高さ約百呎の一柱あり。日曜日及香港政廳祝祭日を除き毎日報時信號を行ふ。報時球は黑色にして毎日零時五十五分に柱の中央に揭げ、同零時五十七分に柱頭に揭げ、氣象臺より電氣裝置により香港標準時午後一時即ちグリーンウイッチ午前五時に於て墜落せしむ、香港にては東經百二十度の標準時を用ふるを以てグリーンウイッチ平時より八時間早く香港地方時に比し二十三分十八秒早し。

又千九百十二年末官報を以て必要の場合には依頼により何時にても落下せしむる旨布告せられたるを以て出航せんとする船舶の船長にして港內碇泊中クロノメーター矯正の時間を有せざる時は港務局長に出願して右の時間以外に使用を請ふことを得べし。

香港氣象臺

一六

香港氣象臺は千八百八十三年の設立に係り翌年一月一日より觀測に從事せり。初め千八百七十九年 Kew Committee of the Royal Society は香港の位置の一般氣象研究、特に颱風を研究するに適當にして氣象臺設立の極めて必要なるを說き、又當時の香港總督も其有益なるを認め本國政府に上申する所あり、千八百八十一年、一設計書出來上りたるも多大の經費を要するを以て實行せられず。依て翌年稍々規模を縮少し單純なる設計書を作製して國務大臣に送附し、其許可を得て設立せるもの卽ち是なり。

右設計書によれば第一流の氣象臺にて行ふ一般氣象の觀測にして毎時間觀測及磁氣測定に在りしも、其後東洋各地の氣象臺及支那海關の協力を受くるに至り、目下二回宛東洋各地より氣象電報を受け、天氣豫報をも行ひつゝあり。最近一箇年の經費は二萬弗乃至二萬五千弗を要す。

氣象臺の位置は北緯二十二度十八分十三秒二、東經百十四度十分二十七秒九（七時三十六分四十一秒八六）に當り、九龍半島の尖端にあり。香港港より約三千呎、東海濱より千五百呎、西海濱より二千七百呎に位する二箇の小丘（Mount Elgin）の頂上に設置せらる。主なる建物は海拔百三呎の東部小丘にあり。煉瓦造の矩形の建物なり。磁氣測定は右建物の西方約四百七十呎の西部小丘上の建物（北緯二十二度十八分十二秒、東經百十四度十分二十八秒）にて行はれ海面上百十三呎とす。新嘉坡以北香港附近に至る間唯一の觀測所なり。磁氣測定の建物は總て木造にして全く鐵類を用ひず。

本氣象臺にて發表する報告の主なるものは左の如し、

一氣象日報　(Daily Weather Report)

支那、印度支那、日本、比律賓に於ける約四十の氣象臺より到着する毎日午前六時及午後二時の各種氣象觀測を掲ぐ。

一極東氣象圖　(Weather Map of the Far East)

毎日前記地方に於ける低氣壓の所在、風向、颱風の進路等を記入す。

一天氣豫報

香港及附近、臺灣海峽、香港、海南島間の支那沿岸、香港及チモック間の支那沿岸に於ける日々の天氣を豫報す。

一氣象月報　(Monthly Meteorological Bulletin)

日々の各種氣象觀測を一箇月分づゝ集めたるもの、毎年十二月分には其一年間の統計を添附す。

以上諸種の報告は總て關係官廳及各地氣象臺に配付せられ又前記の如く當地所々の掲示板に掲示せらる。因に最近六年間の當地天氣豫報の成績を示せば左の如し

	全然適中 %	一部適中 %	一部失敗 %	全然失敗 %
一九〇九年	五六	三二	八	二
一九一〇年	五八	三三	九	一
一九一一年	五五	三二	一一	二
一九一二年	六二	三四	三	一
一九一三年	六六	二八	三	三
一九一四年	六二	三二	五	一

本氣象臺に備付けたる氣象觀測用諸機械概要次の如し。

氣壓計 (Barometers)——a Small Fortin Standard by Negrette and Zambra (No. 1368) of 0.5 inch bove.

右は設置以來標準として使用せしも千八百九十七年以後 a station barometer (Casella No. 1323) of 0.5 inch bove. を使用す。

自記氣壓計 (Barograph)——Kew pattern.

自記風力計 (Beckley Anemograph)

同　　(Dines-Baxendell Anemograph)— Mr. Baxendell が Quarterly Journal of the Royal Meteorological Society. Vol. XXIX, P. 289 に説明したる式。

寒暖計 (Thermometers)

自記雨量計 (Beckley Pluviograph)——Professor K. Kamakura 發見の考案を採用し居れり。

同　　(Halliwili Pluviograph)——本機使用の結果不良なりしを以て千九百十二年九月限り中止せり。

同　　(Nakamura Pluviograph)—— 千九百十三年一月日本より到着し前項 Halliwili Pluviograph に代用しつゝあり。

雨量計 (Standard Rain guage)——An 8 inch Copper guage the London Meteorological Office pattern.

日射登錄機 (Sunshine Recorder)—普通使用の式

無液氣壓計試驗機 (Aneroid Barometer Tester)——千九百十四年八月到着。

寒暖計比較器、　千九百十四年三月完成

磁力計 (Kew Magnetometer No. 83.)

赤道儀 (Lee 6 inch Equatorial)—— 久しく取りはづしありたるも千九百十四年四月グリーンウイッチ天文臺に返還せり。

第二編 沿革

阿片戰爭前

第十七世紀の初頃以來約二百年間英國の東洋貿易は英國東印度會社の壟斷に歸し此間支那貿易は專ら廣東にて行はれ同地のみは開港場として外國船舶の入港を許されたり、當時香港島は海賊島（Ladrones）の一として僅に航海者に其存在を知られ廣東に航行する船舶は飲料水を求めて屢本島に寄港せるが如し。

千八百三十三年に至り英國政府は自由貿易を主張し海外貿易は司法裁判權を有する官吏の監督に屬せしめ以て其發展を期すべしとなし同年十二月 Lord Napier を支那貿易監督官（Chief Superintendent of the Trade with China）に任命し翌年廣東に駐剳を命じたり、ナピール卿は翌年六月澳門を經て漸く廣東に到著し本國の訓令に基き卽刻其著任を兩廣總督に報し告ぐるに自己の使命を以てせり、然るに總督は卿を蔑視して直接氏と文通することを拒絶し卿は支那商館の仲介を經ずして直接書面を總督に呈するの權限あることを主張し其結果支那商は八月十六日貿易中止を公言し次で九月二日に至り總督は支那と英國臣民との貿易杜絶を宣布し且外國商館より支那人使傭人の引揚を命じ步哨として軍隊及小舟を配置して廣東との交通を遮斷しナピール卿及英國商館に食料品を供給すべからずと嚴命せり、依て卿は一と先づ廣東を引揚げ徐に善後策を講ぜんとし九月二十六日澳門に到著し同二十九日に至り廣東との貿易は再開せられたるも卿は不幸熱病に罹り遂に澳門に客死せり。

Mr. J. F. Davis ナピール卿の後を襲て監督官となり澳門に止まりしも間もなく辭任し Sir G. B. Robinson 其任に當れり千八百三十五年十一月同氏は英國船舶の便宜を計り澳門を去り虎門に近き伶仃島錨地に移れり、之れ英國の對淸貿易上獨立の地步を與ふるものとして一般英商の滿足する所なりしも同錨地は風波を遮る障壁なく船舶の碇繫不安なりしを以て翌年錨地を一層安全なる香港島に移すべしとの議論現はれたり。

千八百三十六年末監督官廢止せられ Captain Elliot は支那駐剳官（Chief English Authority in China）に任命せられたり、同大佐は文書を以て廣東の總督に通知し其職務遂行の爲め廣東に居住の許可を請求したり、該書面には臣下より稟申するの意味を以て『稟』字を表書し支那商館を經て總督に致されたり、翌年三月右に對する淸國皇帝の勅許ありしを以て同大佐は直に廣東に赴けり。

千八百三十七年中淸國皇帝は阿片貿易に關する報告を徵し更に本貿易を全滅する爲嚴酷なる方法を執るべきこと竝に阿片を取扱ふ商人及其船舶は淸國の領海以外に立退くべきを命ぜり、依て廣東官憲はエリオット大佐を訪問して阿片商及船舶の放逐を要求したるも該船舶は當時大佐の管轄以外に碇舶し居りしを以て右は自己の權限外なる旨を回答せり、同年十一月本國より同大佐に到達せる命令によれば爾今廣東總督に宛てたる書面には『稟』字の使用を廢止すべしとありしを以て此旨總督に通知したるに總督は之を承引せず大佐は於玆澳門に引揚げたり、次で翌年七月英艦 Wellesley 號澳門に到著したるを以て大佐は同艦が平和の訪問を爲すべき旨廣東總督に通知せんと試みたるも『稟』なる文字を添記するに非ずんば通信を接受するを得ずとの回答を得たるに過ぎざりき。

同年中清國官憲は阿片販賣の廉を以て死刑の宣告を受けたる支那人を外人商館の門前に於て死刑に處せんと企てたり、右は直に防止せられたるも阿片貿易禁止命令の如何に嚴重なるかを外國人に周知せしめんとの目的に出でたるものにして當時に於る廣東官憲の外人に對する氣風の一斑を示すものと云ふべし。

千八百三十八年支那商は阿片の輸入及販賣を公許せられんことを上申したるが北京に於て討議の結果拒絶せられたり、翌年二月阿片賣買の廉にて捕縛せられたる一支那人は突然多數の護衛兵を附して態と洋館前面の廣場に引致せられ忽ち絞罪に處せられたり、依て外國旗は總て引下され當時澳門に滯在したるエリオット大佐は直に廣東に來り此侮辱に對し總督に抗議する所ありたり。

阿片戰爭

同年三月勅使林北京より到著し勅命により船舶に貯藏せる阿片全部の引渡を要求し且船主をして再び阿片を輸送せざるべきを誓約せしめ又外人の澳門に行くを禁じ黃埔との交通を遮斷し軍艦を以て洋館を包圍せり、一旦澳門に引返したるエリオット大佐は英商保護の爲め再び廣東に赴きたるが英國商館は其使傭支那人を取り去られ食料品の供給を遮止せられ宛然籠城の姿となれり。

其後數日にして林は英國臣民の所有に係る阿片全部を燒却の爲め引渡すべき旨大佐に要求せり依て大佐は英國政府に對し全責任を帶び清國政府の命令に應ずべしとなし英國臣民に通知を發し各自所有の阿片全部を其手元に持參せしめ四月十日より五月四日に亙り虎門に於て之が引渡を了し五月五日普通貿易は再開せられたり、右の引渡阿片二萬餘函（六百萬弗）は五月三日より二十三日まで三週間を費して全部燒却せられたり、而して歐洲人は同二十四日エリオット大佐引率の下に廣東より澳門に引揚げ且英國と清國との關係全然根本的に改善せらるゝに非ずんば英人及英船の廣東港域内に入るは危險なりとなし港内に入ることを禁止するに決せり。

玆に於て多くの船舶は香港に集合したるが偶々船員間に爭鬪起り支那人一名死亡せり、大佐は關係者六名を一英船に於て裁判に附し有罪と認め夫々禁錮及罰金に處したり、之を支那に於ける英國刑事裁判の嚆矢とす、此裁判は林之を喜ばず二千の兵を率ゐて香山に赴き英國人に對する食料品供給を停止し其使傭人を奪ひ澳門の住民を脅迫して英國人を幇助せしめず、依て澳門總督は英國人を保護する能はずとなし八月二十六日正午を期し英國人全部に乘船を命じたれば英國人は總て英船に乘込み香港に到著せり。

千八百四十年に入りても支那に於ける英國の地位は依然不安侮蔑の狀態に在り澳門政廳も亦清國を憚りて敢て英國人の依賴に應ぜず英清間の危機益接近するの傾あり、遂に英國政府は東印度會社と交涉の結果會社は政府の負擔を以て遠征軍を派遣することに決し約四千の陸軍は Sir Gordon Bremer 統率の下に十五隻の軍艦、四隻の汽船、二十五隻の運送船に分乘し六月末到著せり、遠征軍の目的は(一)英國が獨立せる文明國なることを承認せしめ(二)ナピール卿虐待に對する謝罪をなさしめ(三)從來再三貿易の中止により英商の被れる損害を賠償せしめ(四)尙將來の保證を得るに在りたるが清國官憲と交涉の結果商議纏らず清國を覺醒せしむるには最早干戈に訴ふるの外途なきに至れり、次で七月七日 Admiral Elliot 本國より到著しパルマストン卿の信書を北京に送達せんと種々試むる所ありしも終に其方法なく其結果英國軍艦を以て寧波より揚子江口に至る海岸一帶を封鎖したり、同將軍は八月十五日白河々口に到著し清國官憲と商議したるが本問題は事件の發生地たる廣東に移すことに決せり。

然るに右は清國側が時日を遷延せしめ以て英國兵を倦怠せしむるの策略より出でたるものにして平和的解決甚だ困難となり千八百四十一年一月六日清國政府は布告を發して外人の請願は全然拒絶すべく若し外國船舶の來航するものあらば砲火を以て擊退すべしと命ぜり、玆に於て英軍は一月九日虎門を攻擊し忽にして之を占領し汽船はアンソン灣に侵入して十一隻の支那戎克を擊沈せり此交戰に於て支那側の戰死者約五百と算せらる英國軍には一名の戰死者なし、其後三日間の休戰後千八百四十一年一月十九日英國全權エリオット大佐は清國全權と會し假條約を締結せり。其要點左の如し

一、清國は香港島及香港港を英國に割讓すること。

二、清國は六百萬弗の償金を英國に仕拂ふこと。

三、對等の地位に於て兩國間に直接公文書を交換すること

同一月二十五日 Sir Edward Belcher 及び數人の士官は英艦 Sulphur 號より香港島 Possession Point に上陸し Possession Mount に於て女皇陛下の萬歲を三唱せり、其翌日英艦隊も亦到著し同丘上に英國旗を樹て Commodore Sir Gordon Bremer は香港島の占有を宣せり。

香港島獲得及其後

エリオット大佐は貿易監督官として香港島の政務を執り千八百四十一年一月三十日同大佐は陛下の全權として又サー、ゴルドン、ブレーマーは司令長官として連名にて布告を發し香港に在住する總ての土著民は爾今英國臣民たること並に彼等は總ての外敵に對し保護を受け自由に宗教上の儀式及一般の慣習を守ることを許され且私有財産其他の權利を享有すること、英國警察裁判官の監督の下に當分支那の法律及習慣により村落古老の支配を受くべきこと、貿易の爲め香港に來往する支那船舶及商人は英國政府より何等稅金を賦課せらるゝことなし等の事項を公示せり。

然るに清國皇帝は前記假條約の批准を拒絕し清國全權を獄に投じ間もなく極刑に處したるを以て兩國間再び敵意を生じ英國軍は千八百四十一年二月二十六日虎門を奪ひ次で廣東より澳門に至る通路の諸砲臺を略取し五月二十五日廣東省城附近の諸高地を占領し賠償金五十萬弗を受取り一先引上げたり、次で八月二十六日廈門の占領を宣布し十月寧波を陷る、翌年六月英軍は上海を占領し英國全軍は七十隻の帆船に乘じ揚子江を溯り鎭江を奪ひ同地に鞏固なる守備隊を設置し殘餘の部隊は南京に進み八月十一日將に攻擊を開始せんとするに當り清軍降伏し數回の商議を經て二十九日英國全權 Sir Henry Pottinger と清國全權との間に平和條約を締結せり。これ卽ち南京條約にして其主要なる點を擧ぐれば左の如し

一、清國は香港島を英國に割讓すること。

二、廣東、廈門、福州、寧波及上海を開放すること。

三、阿片燒却の賠償として六百萬弗を支拂ふこと。

四、英軍遠征費として千二百萬弗を支拂ふこと。

本條約は千八百四十三年六月二十六日香港島に於て批准交換せられたり。

南京條約締結後 Sir H. Pottinger 香港總督として初政時代の行政を掌り、香港植民地は千八百四十三年四月五日附英國女皇の勅許狀を以て設立せられ行政會議及立法會議も同時に組織せられたり、是より先ポッチンヂャー氏は千八百四十二年二月六日香港を自由港と宣言せり、當時香港は衛生狀態頗る不良にして加ふるに强盜殺人頻出し人をして恐怖戰慄せしめたり、千八百四十四年 Sir Davis 總督に任ぜられ四十八年迄其職に在り行政一般に良好なりしが如し。氏の後任は Sir George Bonham にして六年間香港に止まり植民地の發達すること大なりしが此間犯罪、天災、疾病相次で起れり、就中海賊事件は五十二年に香港のみにして十九件を數へ翌年には香港附近にて七十餘件の多數を算せり、當時清國には長髪賊の亂起り地方不穩の爲め香港の人口急劇に增加せり、此頃澳門より多數の苦力秘露に出發せしが移民運送船は槪ね香港を根據地とするに至れり彼阿汽船會社 (P. & O.) は千八百四十五年以來英本國と香港との間に一個月一回航行せしが五十三年より二週一回の郵便船を航行せしむることに改められたり、四十八年より五十四年に亙り風土病最も猖獗にして軍隊の損害頗る大なりき。

英佛軍侵入時代

千八百五十四年 Sir Bowling 總督となり五十九年迄其職に在り五十六年十月英國船 Arrow 號廣東に入港するや清國官吏は犯罪人捕縛の爲めと稱し同船に侵入し支那人船員を逮捕したるより英清間に再び葛藤を生じ廣東の支那官憲は此兩國間の反感に際し外人の首に賞を懸け暗に毒殺を奬勵せり、千八百五十七年一月汽船 Thistle 號は船客に扮裝したる清國軍人により占領の上火を放たれ歐人船員十一名、支那人數名死亡せり又同月中支那人の麵麭屋は其製出する麵麭に亞砒酸を混用し以て香港在住外人を毒殺せんとの計畫ありしも藥品の分量過多にして臭氣を發せし爲め多數は之を食用せずして止みたるも少數の者は之が爲め著しく健康を害せり、同年三月清國官吏は香港澳門間の清人交通を杜絶するの方法を講じ又清國人に對し香港引揚を命じ四月に入りては廣東に於て海賊、殺人、土匪、火災、毒殺を以て香港を攻撃せんとの一大陰謀發覺したり、當時是等の事件續出し香港在留英人間には不安の空氣充滿したり。

千八百五十七年九月清國駐劄全權 Lord Elgin は Major-General Straubenzee 及幕僚を從へて香港に著し十二月二十八日廣東攻擊を開始し翌日之を陷れ數日後兩廣總督を捕虜とせり依てエルヂン卿は佛國全權 Baron Gros と共に軍隊を率ゐて北京に進むことに決定し防備嚴重なる白河々口に達せり、而して同河兩岸の砲臺は Admiral Sir Seymour の占領する所となり天津に進軍し此所に於て清國全權と會見し條約の締結を見んとせり、然るに清國全權は事を構へて遲延せしめんとせしもエルヂン卿は毫も屈せず五十八年六月天津に於て其提議せる條件を以て條約に調印せり。

該條約の締結せらるゝや清國人の香港を引揚げて廣東方面に去るもの頗る多數に上れり之れ廣東官憲が布告を發し彼等に對し一箇月以內に歸鄉を命じ若し之に從はざる時は其鄉里に殘せる妻子を處罰すべき旨通達せるを以てなり、其結果歐洲人は北使傭支那人を奪はれ食料品の供給を斷たれたるを以て總督はセに對する對抗策を講じ清國の不法なる命令撤去せられざるに於ては香港政府は香山新安地方に對し復讎的手段を執るべき旨を公布したり、英艦 Starling 號は本布告を配布の爲め休戰旗を飜し新安縣南頭附近の沿岸を進行中清國軍隊より砲擊を受けたり、於玆 General Straubenzee 及 Commodore Stewart は陸海軍を率ゐて南頭に向ひ忽にして之を占領せり此戰に英軍は十八名の死傷者を生じたるが之が爲め從前の如く再び糧食の供給を受くるに至れり。

Sir Bowling 總督の時代にも海賊は依然として近海を橫行したり、此頃一英艦は海賊と激烈なる交戰を爲し二十三隻の戎克を破壞し千二百名の海賊を殺せり、又他の二英船は澳門附近にて海賊の一大集窟を發見し砲火を交へ戎克二十隻を擊沈し海賊二百名を斃せり。

九龍割讓及其後

千八百五十九年六月英國艦隊は支那兵の奇襲を受け白河々口に退却せりとの報あり、廣東人は更に戰爭の繼續す可きを恐れて悲しめり、當時廣東は尙英佛聯合軍の占領に屬したるが廣東駐在英國領事 Mr. Parkes は英國政府の爲めに兩廣總督より九龍半島一部の永久租借權を獲得せり、然れども千八百六十年十月二十四日英國全權エルヂン卿は清國全權二人と北京條約を締結し之により清國は九龍半島の一角（香港島の對岸）を割讓し香港の屬領として英國の保有に屬せしむることを約したればパークスの租借契約は取消されたり。

Sir H. Robinson は千八百六十年より六十五年まで香港總督たり、當時植民地の進步著しきものあり、郵便局は本國政府の管理を離れて香港政廳の管下に歸し教育局新設せられ中央學校（現今の皇仁書院）の設立を見たり、又土木工事盛にして水道工事初めて行はれ公園を設け道路を布設せり、又一時當地に在りし造幣廠は此時代に設立せられたるが數年の後日本に賣渡されたり、此頃海賊の近海に出沒すること依然盛にして掠奪、殺害頻々として行はれたり、千八百六十五年政廳は布告を發し、『夜間外出の支那人は必ず燈火を携帶すべし、午後八時以後通行劵と燈火とを有せずして步行する支那人は拘引す』と規定せり以て當時如何に物騷なりしかを想像するを得べし。

Sir R. G. MacDonnel は千八百六十六年より七十二年迄總督として香港の施政に當れり、當初賭博館を特許し重稅を課したるが後之を閉鎖し其課稅より得たる收入三十萬弗は一般收入と區別し千八百七十二年支那人施療の爲め設立せられたる東華醫院の費用に充當せり、六十六年より六十八年まで商業界は大沈衰を來し歲入著しく減少せるを以て新に印紙稅法を發布し又造幣廠を閉鎖せり。

千八百七十二年 Sir Arthur Kennedy 總督となり五年間在任せり歷代總督中人望高かりし一人なり、六十九年蘇士運河開通と相前後して香港歐洲間の海底電信開通し商業上に著しき影響を及ぼせり、從前禿山たりし香港島の植樹の大計畫は此時代に建てられたり、七十四年九月香港未曾有の颶風の襲來あり、港內の船舶及陸上の家屋に甚しき損害を與へ人命の損失亦空前の數に達せり、同年中一英船海賊の難に遭ひ船長以下數名の歐人殺害せられたり。

千八百七十四年總督 Sir Hennessy 著任し八十二年迄香港の施政に當れり、同總督は在留英國商人を目するに一時的出稼民又はモグリ商人を以てし土木工事、教育制度、犯罪人處分及歐洲人區域に支那人の居住禁止等の問題に就き全く在留英國人の見界と希望とに正反對の意見を有せり、然れども財政上には成功を示し土木工事を延期し歲出を緊縮して剩餘金を夥しく蓄積せり、七十八年は盜難事件の多數なりしを以て顯はれ其最も大膽なるは一夜多數の武裝せる土匪の一隊市内の支那銀行を襲擊したることにして巧に街路を阻止し掠奪物を携へ逃亡し一人の縛に就きしものなかりき。

千八百八、九十年代

Sir G. F. Bowen 千八百八十三年總督として著任す、前總督時代の反動として盛に土木工事を起し大潭（ダイタム）貯水池工事、學校、氣象臺、防波堤建設等行はれたり、同總督の重要なる事業の一は立法會議の組織に改良を加へたることにして此時より非官吏議員中一名を商業會議所選出議員、一名を治安判事と爲すことに改められたり、八十四年淸佛間の關係逼迫し遂に干戈を交ゆるに至りたれども英國は局外中立を宣言したり、同年中英國船の海賊遭難事件あり多數の海賊は乘客に扮して乘船し出帆後船長を殺害し掠奪を逞うし戎克により遁走したり。

千八百八十五年 Sir Bowen 香港を去り八十七年總督 Sir Wm. Des Voeux の著任迄代理者を置けり、八十六年香港淸國間に阿片密輸入防止問題起り兩國は委員を擧げて討議せしめたる結果香港に出入する阿片は其都度屆出を爲さしむることゝし且附帶事項の取極をなしたり、當時香港の人口及出入船舶の增加著しく商業は活氣を呈し多數の鑛業、開拓、工業會社相次で設立せられ香港は恰も海峽植民地、佛領東京、ボルネオ、濠洲等の開拓及鑛業會社に對する放資の中心たるが如き觀を呈し總督も香港の發展目醒しきに刺戟せられ香港の地位、壯觀及富力に關し遠大の筆を以て本國に報告せり、然るに之に對して起りたる第一の障害は從來本國に對して送付し來れる年額二萬磅の軍事費を四萬磅に增加を命ぜられたることゝす、右は總督が香港の繁榮に關し過大の報告を爲したる爲め、不當の收斂を受くるものなりとして一般非難の的となれり、千八百八十九年プレヤ埋立條例發布せられ市の前面約二哩に亙る大規模の埋立工事は Sir Paul Clnter により開始せられ十三年を經て完成せり八十七年十一月ヴィクトリヤ女皇の御卽位五十年祭を擧行し支那人も自ら十萬餘弗を醵出して祝賀費に充て英國政府の公平自由に對する感謝の意を表示せり、八十八年淸國政府と交涉の結果ガップロック（目下英領）に燈臺を設置するに決し九十二年完成し又ワグラン燈臺は九十四年設置せられたり、八十九年五月香港稀有の颱風あり損害高二十萬弗に上れり。

九十年英艦 Namoa 號の乘客として乘込める海賊の一團途中蜂起して一大悲劇を演出せり、海賊は船長を擊殺し船荷手荷物を掠奪し豫め待ち居たる戎克に贓品を搭載して巧に逃走せり、九十一年頃に於てはデブー總督初政時代に橫溢したる商業上の活氣は既に消失し投機の旺盛、爲替相場の變動、其他の原因により香港は再び商業沈衰の域に陷れり、

Sir Wm. Robinson 總督九十一年末著任し九十八年迄在任せり、九十四年ペスト初めて香港に發生し其猖獗凄まじく其最も激烈なる時に於ては一日百餘名の死亡者を出し同年中死者總計二千五百餘名を算せり、之が爲め香港の貿易は一時少からざる打擊を受けたり、

九龍半島租借及其後

千八百九十八年總督 Sir H. Blake 著任す、此年淸國との間に九龍半島九十九年間租借の條約調印せられ翌年四月十七日引繼の筈なりしも支那人暴徒起りて警察部を攻擊せる爲め四月十六日民政長官は大埔に英國旗を樹てたり、當時支那人の態度は頗る險惡なりし爲め軍隊を出動し同十八日深圳（國境）に於て暴徒を擊ちて之を平定せり、條約に據れば九龍城は淸國に保有し置く旨定められたるも是等の騷擾に淸國官吏の關係せること證明せられたる爲め九龍城は英國の領有に歸することゝなれり、此時に當り北淸に於ては拳匪の亂起り千九百年香港駐屯軍の一隊を天津に派遣して Admiral Seymour の活動を援助せしめたり、又香港は印度より派遣せる遠征軍の根據地となり軍隊及軍需品の輸送は總て香港に於て行はれたり。

千九百二年 Major-Gen. Gascoigne 總督代理となり好評あり同年飲料水著しく缺乏を告げたるを以て大潭貯水池の擴張工事其他給水上の改良を計畫せり、次で民政長官一時總督代理となり千九百四年總督 Sir Mathew Nathan 著任せり、同總督は活動の人なると同時に溫情に富み一般住民の尊敬を博せり、其最も偉大なる事業は九廣鐵道英國區域の布設工事にして千九百五年工事を開始し中途幾多の困難に遭遇せり、千九百六年は香港に於ける颱風の被害最も大なりし年として記憶せらる、九月十八日猛烈なる颱風襲來し氣象臺の警報時を失せる爲め之に應ずる準備の暇なく多大の死者と損害とを生ぜり、ヴィクトリヤ僧正其他十四名の歐洲人溺死し支那人の行衞不明者二千三百八十五名の屆出ありしも實際の溺死者五千に上れるが如し、西洋型商船五十七隻（總噸數七萬二千噸）は沈沒又は破損し小蒸汽船八十隻亦多少の損害を蒙り戎克舢板の覆沒二千四百十三隻を算せり、之が救濟義捐金募集高約二十八萬弗に達せり、

同年十月支那航業會社汽船漢口號八百人の乘客を搭載して入港し火を失して荷物及船體の內部殆ど全燒し支那人百餘名燒死せり、此頃廣東、梧州の航路には海賊猖獗にして船舶屢々其襲擊に遇へり。

總督 Sir Nathan は千九百七年ナタルに轉任し Sir F. Lugard 其の後を襲へり、當時廣東政府は盛んに惡質の小銀貨を鑄造し香港に於て流通を許されし爲め香港の貨幣制度を紊亂し香港補助貨は紙幣及本位貨に對し割引を生じ商家の打擊少からず政廳は補助貨の回收を開始するの已むなきに至れり、千九百八年辰丸事件に基く日貨排斥起り日本の香港及南支那貿易は著しき打擊を受けたり、當時土木工事費等の支出多く一方阿片特許による收入減退の見込なりしを以て千九百九年香港が多年持し來れる自由貿易主義を破りて酒稅を賦課するに至れり、九廣鐵道英領區域は千九百十年十月一日開通し支那區域は翌年十月開通を告げ茲に香港廣東を連絡する鐵路の完成を見たり、十一年十月支那第一革命起り廣東方面より香港に避難せるもの約十萬人に上れりと稱せられ地方不穩警察の繁忙を來せり、香港大學は英淸人の寄附金を以て建設せられ十二年二月開校式を擧行せり。

千九百十二年四月ルガード總督ニジェリヤに轉任し現任總督 Sir Henry May フィージー島より來任せり、七月四日著任の際轎子に乘り埠頭より官邸に進行中一支那人の爲に狙擊せられたるも幸に無事なることを得たり、同年中革命亂の爲め廣東地方

不穩にして八月中約四十名の海賊は長洲島警察署を襲撃し現金數千弗及武器等を掠奪せり、十三年中頃第二革命發生し廣東は獨立を宣言したるも間もなく失敗に終り龍都督の下に廣東省の秩序恢復せられたり、然れども省內は兎角物騷にして土匪海賊の横行繁く且廣東紙幣甚しく暴落し香港貿易は少からず惡影響を受けたり、十四年に於ても廣東デルタは海賊猖獗にして最も著しきものをチルダー號及泰安號の遭難事件とし（治安の部參照）遂に海賊豫防法の制定を促せり、香港貨幣制度の不備は從來屢々論議せられたる所なるが現總督は漸次之が改善を計り前總督時代より實行せる補助貨回收政策を繼續し又外國銅貨禁止規則、外國紙幣禁止規則、外國銀貨禁止規則等を制定したり、十四年七月西江の大洪水あり翌年再び氾濫し七十年來になき大洪水と稱せられ大損害を與へたり、政廳は兩年共五萬弗宛を支出して救濟資金に充て他に香港に於ける一般の義捐金は夫々三十五萬弗及五十五萬弗に上れり。

千九百十四年八月歐洲大戰爭勃發し香港も亦戰時狀態に一變せり、敵國商館の取締に關しては開戰當初の方針は敵國領內に物資金員の到著するを防止し且一般的に敵國人との貿易を禁止するに在りたるを以て契約濟の取引を終了する目的に於ては營業を許可せられたるも十月末に及び敵國臣民は拘禁又は退去を命ずることに決定し其結果敵國人資産清算法の制定を見たり、又開戰と同時に敵國との商業禁止法、港灣閉鎖及港內取締規則、輸出禁止品目表等を制定し次で幾多の戰時法規逐次制定せられたり。

第三編　衛生

概説

英國が初めて香港を領有したる當時に於ては香港は世界に於て有名なる不健康地と認められ殊に惡性の「マラリヤ」の流行甚しく千八百四十年第一回の猖獗あり、次で四十三年には更に激烈にして五月より八月に至る四箇月に軍隊の二割四分及在留歐洲人の一割は「マラリヤ」の爲めに斃れたる有樣にして當時英國人士間に香港植民地放棄論の沸騰を見たるも宜なりと云ふべし。

如斯當時一般衛生狀態は頗る惡く千八百五十年には第五十九聯隊の總人員五百六十八名中百三十六名の死亡者を出し六十一年に於ける在留歐米人の死亡率は六分四厘八毛の多きに上りたるが當局者は絶えず衛生上の改良進歩を圖りたる結果十年後には歐米人の死亡率三分三厘に下れり、「マラリヤ」の外赤痢、痘瘡、「コレラ」も流行し千八百五十四年には赤痢の猖獗あり、痘瘡は每年冬季の風土病にして屢々流行を見たるが「コレラ」は比較的猖獗ならず、當地各種傳染病中現今最も恐るべきは「ペスト」にして本病の初めて當地に發生したるは千八百九十四年（明治二十七年）にして廣東より輸入したるものと信ぜらる、共最も激烈なりしは六月七日にして同日の死者百七名、患者發生數六十九名を算し軍隊も亦警察と協力して本病の撲滅を圖りたるも同年中の「ペスト」死亡者二千五百四十七名の多數に上れり之が爲め當地貿易は著しき打撃を受け約十萬の支那人は廣東澳門等に避難し市街寂寞を感じたり、此年我國より北里青山兩博士等の當港に出張研究せられしは世人の記憶する所なり、爾來當政廳は種々の手段を講じ本病の撲滅を圖りつゝあるも初發以來毎年多少の發生を見ざることなし。

如斯當地は初政時代より惡疫流行し到底歐洲人種の居住し得ざる土地なりと迄思惟せられたるも當局者は銳意衛生上各般の進歩改良に苦心したる結果現今當植民地の衛生狀態は著しく改善せられたるは以下述ぶる所により其一斑を窺知することを得べし。

香港に於て衛生行政上他地方に比し最も苦心するところは左の三點なるべし。

一、密集生活　元來ヴィクトリヤ市は海濱より千八百呎の高所に隆起せる急斜面に建てられ居るを以て人口僅少の時に於ては海岸の狹小なる平地に平屋又は二階建を造り之を以て宅地の不足を感ぜざりしも市の發達と共に漸次人口の增加を來し家屋は密集して造られ平屋二階建は四階五階に改築せられ、室內通風及日光の透射等を考慮するの餘裕なく、又各室は更に區劃して數個の小室に分ち是等小室は窓を有せざるもの少からず支那人家族は此一小室に居住するもの多き狀態にして其結果支那人市街に於ては密集生活行はれ不衛生に陷り傳染病發生蔓延の傾を有す。

二、衛生思想の幼稚　人口の大多數を占むる支那人殊に下層支那人は衛生思想極めて幼稚にして假令傳染病患者發生するも醫師を招致せずして自然に放任し、若くは所謂草根木皮を服用せしめ死亡する時は死體埋葬許可書を得んが爲め初めて屆出で或は其死體を隨所に投棄し或は患者に若干の金錢を與へて發病家屋を去らしめ或は患者を見捨てゝ家人は他に移轉すること多く爲めに傳染病患者を初期に發見すること困難なるのみならず患者の多數は生前竝に死後にも發見せられざるが如し、殊に死體投棄の惡風は逐年減少の傾あるも尙千九百十三年には四百二十五名、十四年には四百五十四名を算し此弊習の全滅を見るは前途尙ほ遠きが如し、其他住家不潔、道路、階段、屋內の唾棄、其他一般衛生思想の進歩せざる全く想像外なり。

三、隣接地方との關係　香港は地域支那と近接し殊に廣東附近との間には各種船舶の往來頗る頻繁にして病毒の容易に運搬せらるゝ虞あり、殊に隣接地方の衛生狀態は香港に比し遙に劣り居るを以て當地にて如何に傳染病防止の方法を講ずるも流行時期に於ては附近地方より病毒を輸入し易し故に隣接地方の衛生狀態の一層進歩するに非ざれば當地のみ如何に努力するも惡疫を根絕すること極めて困難なる狀態に在り。

衛生機關

千八百八十三年前に於て香港の衛生行政は Surveyor General 及 Colonial Surgeon の管下に屬せしが當局者の交迭頻繁にして施政上の一致を缺き非常なる混雜を來せり、依て英本國より視察官派遣せられ當地の衛生狀態を調査することゝなり其結果衛生委員會（Sanitary Board）組織せられ同時に一法律を制定して各種の必要なる衛生上の改革を行へり、其後千八百八十七年衛生委員會の組織を改め諮問機關とし官吏委員四名、納稅者の選擧せる委員四名、總督の任命せる委員四名（內二名は支那人）合計十二名の委員より組織せられたり、次に千九百一年香港市民は政廳を經て英本國に對し衛生狀態調査の爲め技師の派遣を歎願し、二名の技師來港調査の結果千九百三年勅令を以て醫官長（Principal Civil Medical Officer）をして醫事行政を司らしめ又同年公衆衛生及建築條例發布せられたり、然れども當時本條例施行の爲め土地及建物の價格下落し幾多の非難攻擊を受けたるが千九百六年に至り調査委員會を設け制度の不備に一大改革を行へり。

現今香港植民地中衛生行政を布きつゝあるは香港島、新舊九龍のみにして其面積約五十平方哩に過ぎず、其中香港ヴィクトリヤ市を十區（第一區より第十區まで）に舊九龍を二區（第十一區及第十二區）に分ち其各行政區に衛生監視官（又は其代理者）を配置し其他市街掃除、埋葬場、消毒所に關する事務に對し一名乃至四名の衛生監視官ありて各衛生事務を取扱ひつゝあり、是等衛生監視官約二十名は衛生醫官（Medical officer of health）の監督に屬し之に對し中央衛生機關として衛生局及醫務局あり、衛生局は傳染病及地方病の豫防及撲滅、水道、下水掃除、墓地、屠畜場、魚菜市場等の事務を司り衛生局長を其長官とし、又醫務局は醫師、藥劑師、産婆、病院、檢疫、種痘、藥品等の事務を司り醫官長を醫務局長とす。

出産

千九百十四年の出産登錄數は左表の如く三千一名にして現人口に比すれば一千人に付七・三に當る。

	男	女	計
支那人	一、七四一	九二七	二、六六八
非支那人	一七九	一五四	三三三
計	一、九二〇	一、〇八一	三、〇〇一

過去六年間の出産率は左の如し（千人に付）

一九〇九年	四・四	一九一二年	七・一
一九一〇年	四・三	一九一三年	九・四
一九一一年	四・七	一九一四年	七・三

右に據れば千九百十三年には出産率著しく高し、之れ第二革命の爲め支那人の香港へ避難し來りし者多く其の結果出産數增加せしと、支那人間には分娩の爲め鄉里に歸るの風習あるも同年に於ては地方不穩の爲め多く歸鄉を見合せ當地にて分娩したるに因る、千九百十四年には歐洲戰爭の爲め支那人人口減少し爲めに再び從前の率に復せり。

一般出産數の中非支那人の出産率左の如し（千人に付）

一九〇九年	一五・四	一九一二年	一六・二
一九一〇年	一四・四	一九一三年	一五・八
一九一一年	一九・二	一九一四年	一六・八

又非支那人出生數の國籍別を示せば（此中には屆出の洩れたるものあるが如し）次の如し

英國人	一三七	葡萄牙人	七六	馬來及比律賓人	一三
獨逸人	二	米國人	五	西班牙人	五
猶太人	五	和蘭人	二	佛蘭西人	二
阿弗利加人	二	西印度人	二	伯剌西爾人	二
墺國人	一	ルーマニヤ人	一	日本人	一

又上記支那人の出産屆出數は正確なりと云ふ能はず、何となれば支那人は一般に生後一箇月生存せざれば出生の屆出をなさず殊に女兒にありては全然屆出を爲さゞる弊風あり、故に支那人出産兒登錄數の中男は女兒の二倍乃至四倍あり、今右出産登錄數にコンベント（貧者の小兒を養育す）に收容せる小兒中一箇月未滿の者及放棄小兒死體數を加算する時は支那人の眞の出

産數に稍々近き數字を知るを得べし而して千九百十四年中には斯る小兒の數九百六十七名（男四百七名、女五百六十名）ありしを以て之を出産登錄數に加ふる時は總計三千九百六十八名となり人口千人に對し出産率は九・七、支那人のみの同出産率は九・三なり。

死亡

千九百十四年に於ける死亡登錄數は九千五百八十五人にして之を現在人口に比すれば死亡率千人に對し 二三・三四（十三年二一・二六、十二年 二五・六七、十一年 二〇・七四、十年 二一・七六）に當る、但し千九百十二年及十四年に死亡率高きはペストの大流行ありしに基因し十二年には千七百六十八人、十四年には二千二十人のペスト死亡者あり。

千九百十四年中の死者總數中支那人は九千三百十六人にして死亡率は千人に對し 二三・八八（十三年 二一・七五、十二年二六・三三）に相當す、又非支那人は二百六十九人にして 內二百十六人は一般市民とし二十七人は陸海軍、二十六人は英國以外の軍人及汽船乘組員とす、卽ち一般非支那人の死亡率は千人に付 一二・九九（十三年 一〇・九、十二年 一四・五）にして當地在住非支那人（商船乘組員は人口を九百人と見積り）の死亡率は 一七・八五（十三年 一五・六）に相當す。

死亡者を國籍別にすれば左の如し

英國人六四、印度人八二、葡萄牙人四八、日本人二四、米國人六、馬來人及比律賓人三〇、獨、佛、猶太人各三、西班牙人二、露國、瑞西、白耳義、安南人各一

卽ち死亡率は歐米其他の白色人種 七・九（十三年 七・一）、印度人 一三・六（十三年 一〇、四）、黃色及雜種人 一八・七（十三年二〇・四）なり

死亡年齡別　千九百十四年死亡總數中一歲未滿の小兒二千三百九十八人にして全數の二割五分（十三年二割八分六厘、十二年二割三分五厘）に當る今之を支那人と非支那人とに別ちて觀察するに非支那人間に於ける乳兒死亡率は左の如し（千人に付）

一九〇九年	一一一	一九一二年	一一三
一九一〇年	八〇	一九一三年	一五六
一九一一年	一三三	一九一四年	九三

支那人間の乳兒死亡數は千九百十四年には二千三百六十七人（十三年二千三百六十人）にして同年中の出産登錄數は僅に二千六百六十八人に過ぎず、前項出産の部に述べしが如く出産數を訂正して假に三千六百三十五人とするも約三分の二は一歲未滿の乳兒期に於て死亡する割合なり、然るに千九百十一年の戶口調査に據れば香港に於ける一歲未滿の乳兒總數は千百八十人、五歲未滿の者二萬四千七百三十八人にして同年に於ける一歲未滿の乳兒の死亡登錄者は出産登錄者に超過し居れり、之に依りて見れば當地居住支那人小兒の多數は香港に於て生れず支那內地にて産れ後當地に入込むこと明白にして夫れが爲め出産數に比し死亡數遙に多數となるものと認めらる。

死亡原因　千九百十二年より十四年に至る三年間の死亡數を死因に從ひ區別すれば左の如し

死因	一九一二年	一九一三年	一九一四年
痘瘡	五六五	八四	九一
痲疹	八	四	四
腸窒扶斯	八七	七四	

實布垤里	二	二八	六〇
虎列拉	—	一六	八四
赤痢	二八六	一〇六	一一〇
下痢症	一八一	一九七	二一二
ペスト	一、七六八	二、〇二〇	三八六
マラリヤ	四三二	二四一	二九〇
産褥熱	一二	一五	一七
膿毒症	六四	八一	八一
黴毒	一四〇	二〇〇	二八四
中毒	一三	一〇	一七
外傷	一五七	一〇六	二〇九
酒精中毒	二	四	三
發育學上の疾患	三七八	六四五	三六五
老衰	三五五	三九〇	三六二
結核(肺以外の)	三八五	二七五	三八一
脚氣	二三一	三九九	三三九
癌	四三	三六	五一
麻痺及搐搦	五五八	二七五	四二三
心臓疾患	一九〇	一六〇	一六三
肺炎	一、一一三	九九六	一、一六四
肺結核	七三八	七六九	九二一
腸炎及胃腸炎	九七	三九七	二二一
肝臓硬化	二六	二六	二八
腹膜炎	二三	四〇	五四
腎臓炎	八三	六七	一五六
其他の原因	一、三九八	一、四八一	一、三三二
不明	三三〇	四二六	五七五
計	九、六八七	九、五八五	八、四三五

疾病

傳染病

香港政廳にて認められたる法定傳染病は左記の八種にして最近七年間に於ける發生數を表示すれば次の如し

病名	一九〇八年	一九〇九年	一九一〇年	一九一一年	一九一二年	一九一三年	一九一四年
ペスト	一〇七三	一三五	二五	二六九	一八四七	四〇八	二一四六
腸窒扶斯	三八	七五	六七	一〇七	一三八	二〇一	一四八
虎列拉	五六	二	九	五	一	一一六	一九
痘瘡	四七二	三八	三一	二七三	七〇九	一一一	一一〇
實布垤里	一四	二三	三二	三六	三八	一四八	七八
産褥熱	一五	一九	一三	七	一三	二六	一八
猩紅熱	—	—	—	一	八	三	一
再歸熱	—	一	—	五	三	—	一
計	一、六六八	二九二	一七六	七〇二	二、七五七	一、〇一三	二、五二一

左に上記傳染病發生の概畧を記載すべし。

一、ペスト　千八百九十四年本病初めて當地に發生し非常の猖獗を極めたり爾來政廳は本病の豫防撲滅に努めつゝあるも初發以來毎年多少發生を見ざることなく平均四五百名の患者あり蓋し當地は各國人種の集合地にして各市民の公衆衛生に關し他を顧みるの觀念薄く殊に人口の大部分を占むる支那人の衛生思想極めて幼稚にして且つ土地の關係上他よりペストを輸入し易きを以て之を根絶すること殆ど不可能ならん、千九百十四年中に發生したる本病患者數は二千百四十六名にして内支那人二千七十四名、非支那人七十二名とす、支那人患者の死亡千九百六十九名、非支那人の死亡四十八名にして非支那人患者の人種別左の如し

	患者	死亡		患者	死亡
印度人	二五	二〇	葡萄牙人(亞化)	四	四
馬來人及比律賓人	一八	一六	歐亞雜種人	一	一
日本人	一三	七	阿弗利加人	一	一
英吉利人	一〇	二	計	七二	四八

即ち支那人患者の死亡率は九割五分にして非支那人の死亡率は七割八厘とす、尚從來の死亡率(百分率)を示せば次の如し

一九一一年	支那人	九三・八〇	非支那人	
一九一二年	同	九六・〇	同	七七・〇
一九一三年	同	九四・〇	同	八〇・〇
一九一四年	同	九五・〇	同	七〇・八

斯く支那人患者の死亡率高きは患者中死したる者は然らざる者よりも比較的容易に發見せらるゝに因る從て正確なる死亡率を支那人患者に求むる能はず。

千九百十二年及十四年に本病の蔓延著しかりしは各其前年に支那第一及第二革命ありし爲め支那人の當地に避難したる者多く從て市內住家は何れも普通以上に充實せられ家賃は暴騰し貧者は普通居住する能はざる所に居住し食物の散亂は自然鼠の繁殖を促し以て本病の大流行を來したるものとす、然るに大流行の翌年には患者發生數著しく減少するを常とし千九百十三年及十五年は患者數減退を見たり之れ蔓延せる年に殘存せる鼠は大部分有菌鼠に非ざるものと說明することを得べし。

從來の統計に徵するにペスト流行期は三月より七月までとし八月に入り炎暑甚しきに至り減少し九月より一月までは其數少し一年中最も流行の劇烈なるは三月乃至六月なるも或は五月或は六月又は三月を最高とすることありて年により一定せず。

捕鼠及斃鼠の檢査は香港及び九龍の官設人體剖檢所 (Public Mortuary)にて行はる、檢査官は腹部胸部を切開したる鼠死體に就き肉眼檢査を行ひペスト有菌鼠なるや否やを判定し決して鏡檢せず。千九百十四年中檢査の結果左の如し

	檢查鼠數	有菌鼠數	千頭に付
ヴィクトリヤ市	八三、七一五頭	四七一頭	五・七頭
九龍	一八、九四三	一八一	九・五
計	一〇二、六五八	六五二	六・四

當地の鼠には Mus Decamanus, Mus Ruttus 及 Mus Musculus の三種あり、右の中 M. M. は四季を通じてペスト菌に侵さるゝも、M. R. は只人類間にペスト流行せし時期に屢々ペスト菌に侵さる、統計の示す所に依れば此兩鼠にペスト有菌鼠を發見する場合には人類間にも本病患者多し。今其一證として最近三年間に於ける有菌鼠と人類患者とを比較すれば次の如し

	市內有菌鼠發見頭數	M. R.の頭數	有菌鼠の檢査數に對する千分率	人類患者數
一九一二年	三九〇頭	三六頭	五・五	一、三三三人
一九一三年	二四九	二二	二・九	三二九
一九一四年	四七一	三三	五・七	一、一八三

豫防　鼠とペスト病との關係は密接にして本病の豫防撲滅には鼠の驅除の最も肝要なるは既に明なる事實なり。當政廳に於て豫防方法として採用しつゝある方法は左の如し

(イ)住家の基礎面をコンクリートにて固め下水口及通風口に鐵格子を設け飾天井及空虛ある壁を造ることを禁じ又は取除か

しむ。

（ロ）斃鼠又は捕鼠を集めて細菌檢査を行ふ。

（ハ）殺鼠劑、捕鼠器、黐札を配布す。

（ニ）猫飼養を奬勵す。

（ホ）少くも三箇月一回支那人住家の大淸潔法を行ひ殺蚤の爲めケロシン乳劑を使用せしむ。

（ヘ）街路等を毎日掃除し各住家には蓋を有する金屬製塵箱を備へしめ毎日之が取除を行ひ鼠の食すべき食物の殘片を少からしむ。

（ト）患者發生したる家屋はケロシン乳劑を以て消毒し寢具、衣服及絨氈等は蒸氣消毒を行ふ。

二、腸窒扶斯（パラチブスを含む）千九百十四年中の發生患者百四十人にして内歐米人三十八人、支那人九十二人其他亞細亞人十人とす、死亡者は英國人四、葡萄牙人一、支那人五十九とす。

同年中パラチブス患者八人發生せり、英國人四人、支那人三人、印度人一人とす、内支那人患者一名死亡せり。

腸窒扶斯の誘因は當地附近にて人糞を以て栽培せる生蔬菜のサラダを食用する爲めなるが如し、腸窒扶斯の外コレラ、寄生蟲等は斯かる媒介に原因すること多きを以て當地方の在住者は生蔬菜を食用せざる樣注意を要す、又近海に産する牡蠣の媒介に因ることもあり。

三、コレラ　從來當地にて流行と稱する程に本病患者の發生せしこと殆ど無かりしが千九百十三年には稀なる流行を見たり發生數百十六名にして内非支那人五名とす、八月中香港島筲箕灣（漁村）に屬する漁船及貨物船中に約五十名の患者發生せりとの報あり、次で九月中二十八名十月中二十六名の患者發生して終熄せり、其他一月頃五名の患者汽船にて輸入せられしも右の流行とは何等の關係を有せず非支那人の場合には本病感染の主要原因は魚類に因るものと信ぜらる千九百十四年には附近諸港より十九名の患者輸入せられたるも當地にては一名も發生を見ざりき。

四、痘瘡　千九百十四年の發生數百十名内英國人四名、葡萄牙人二名、獨逸人一名、日本人一名、其他は支那人とす、又總數中八名は輸入なり、英國人一名、葡萄牙人一名及支那人八十九名死亡せり、最近八、九年間に於て最も流行を見たるは千九百十二年にして患者總數七百九名に上れり、内歐人二十名、他の非支那人二十名、支那人六百六十九名とす、非支那人患者四十名中死亡者三名にして何れも種痘せしことなし、又支那人患者中死亡者五百六十二人にして中種痘せざりし者は僅に二名のみなり。

本病患者は冬期殊に一月より四月に至る間に多くして夏期炎暑の候には普通無きか又は其數少し。

千九百十四年中種痘人員は八千八百九十七名前年には一萬百七十七名、前々年には一萬六千百五十五名なりき、

豫防　各學生に種痘を無代にて行ひ各學校教師に說明書を配布し學生に對し種痘の效果を說明し、再種痘を奬勵しつゝあり種痘は重なる官立及私立病院、施療院等にて行はれ痘瘡流行時には醫師出張し施行することもあり、尤も陸海軍を除きては熟練せる醫師により行はれざることあり、從て正確なる成績を知ること困難なるも千九百十二年上半期痘瘡流行に際し行ひたる成績左の如し

の死亡者多きことと多大の關係あるが如し、然れども衞生思想の進歩は漸次本病の死亡數を減少することを得べしと思はる。

二、マラリヤ　千九百十四年中本病死者二百四十一名にして内非支那人五名其他は支那人とす、今最近十年間の死亡數を示せば左の如し

年	死亡數		年	死亡數	
一九〇五年	二八七		一九一〇年	五九一	
一九〇六年	四四八		一九一一年	三三八	
一九〇七年	五七九	平均 四四七	一九一二年	四三三	平均 三七八
一九〇八年	四九九		一九一三年	二九〇	
一九〇九年	四三三		一九一四年	二四一	

本病に對する罹病率を比較的精確に知らんが爲め千九百五年以降十年間に當地巡查にしてマラリヤの爲め入院したる者の數を示せば次の如し

	巡查平均數	患者數	百分率		巡查平均數	患者數	百分率
一九〇五年	一、〇一八	一二七	一二・〇	一九一〇年	一、〇三九	一三五	一三・〇
一九〇六年	一、〇四七	七四	七・〇	一九一一年	一、〇三一	一一三	一一・〇
一九〇七年	一、〇四九	一〇五	一〇・〇	一九一二年	一、一二〇	八八	八・〇
一九〇八年	一、〇一八	一〇八	一〇・〇	一九一三年	一、一七〇	一六三	一四・〇
一九〇九年	一、〇五〇	八七	八・〇	一九一四年	一、二〇六	一六二	一五・〇
五箇年平均			九・七	五箇年平均			一三・三

マラリヤの流行は降雨量と密接の關係あるが如くにして若し五月より八月に至る四箇月降雨多量なる時は蚊の發育する所は雨水の爲めに氾濫し蚊は從て發育すること少なく其結果本病患者の發生少きも降雨量少きときは反之蚊の繁殖を促し患者の發生多きを常とす。

一豫防　千八百九十九年以降本病の豫防に對し多大の注意を拂ひつゝあり、衞生監督官をして蚊の孵化する所を搜索せしめ人家に近き藪、草叢等の如き蚊の發する所を切り開き地區によりては學生にキニーネを服用せしめ、排水溝を定期に掃除し、排水を良くし所々の水溜には毎週ケロシン又はクレオソート、石炭酸を投入し又他方に於ては衞生局は病院及開業醫より本病患者の週報を徴し發生地區の蚊の發生防止法を取らしめつゝあり此外本病豫防に關する小冊子を英文、支那文にて印刷し無代配付し又當局者の編纂書により學生に對し本病に關する知識を敎へしめ住家に於て發生防止に注意せざる時は罰金を課する等本病の撲滅に努めつゝあり。

三、脚氣　千九百十四年本病死亡者數三百九十九名あり、二名の日本人船員の外全部支那人とす過去數年に亙り苦力の雇主中主なるものに本病が主に白米のみを食用するに基因することを訓戒し本病豫防策として米と共に新鮮なる豆類を食せしむることを奬勵しつゝあり、過去二、三年脚氣病患者の增加せるは支那隣省より當地に入り込みたる支那人多數に上り從て患者數の增加を來せるものとす。

四、神經病　千九百十四年本病患者は六百六名にして内四百七十一名は五歲未滿の支那人兒童とし此内三百三十五名は一歲未滿の小兒とす、是等支那人小兒の死亡數中には破傷風、牙關緊急、搐搦に因る者二百三十七名、腦膜炎に因る者九十三名を包含す、九箇所の支那人公衆施療院の外、政廳産婆を設けて貧者の求めに應ぜしめつゝあるを以て本病の發生は漸次減少を見るに至るべし。

五、精神病　當地官立精神病院にて加療したる患者總數は千九百十四年百八十七名（前年二百五十九名）にして共内死亡者

十一名とす、加療患者は支那人最も多く次は歐洲人なり。今二年間の加療精神病患者及死亡數を示せば左の如し

病名	一九一三年 加療患者數	一九一三年 死亡數	一九一四年 加療患者數	一九一四年 死亡數
癡鈍	三	—	五	一
白痴	四	—	—	—
精神の一般的麻痺	—	—	一	—
躁狂	九一	七	六四	六
憂鬱症	二〇	—	一九	二
麻痺狂	二三	三	一四	二
妄想狂	二	—	三	—
計	一六一	一〇	一〇六	一一

死體剖檢所

死體剖檢所（Public Mortuary）は香港島內ケネヂータウン及九龍に各一箇所あり、前者をヴィクトリヤ死體剖檢所、後者を九龍死體剖檢所と稱す英人檢查官各一名之に當り送付せられたる死體を一定の剖檢臺上に置き苦力執刀し檢查官の命により腦其他內臟全部時には一部を剔出し疾病の有無を檢查す、檢查後死體は概ね土葬に附す、又別に鼠の檢查をも行ふ。最近二年間の死體剖檢總數左の如し。

ヴィクトリヤ	一九一三年	一九一四年
男性	一、三七六	一、二八八
女性	八〇一	九五〇
不詳	七	二
計	二、一八四	二、二四〇

九龍	一九一三年	一九一四年
支那人	一、〇六〇	一、三一八
印度人	二	四
其他	一	二
計	一、〇六三	一、三二四

消毒所

消毒所はヴィクトリヤ市と九龍とに各一箇所あり、公私の各病院、警察署、コンベント、軍隊及一般市民の依賴により衣服寢具等を蒸氣消毒し又は器物を硫黃燻蒸す、兩消毒所に於ける千九百十四年の蒸氣消毒數八萬千四百五十四點にして十三年の四萬八千百十八點に比し著しき增加なり、ヴィクトリヤ消毒所の機械を運轉せし日數は千九百十四年には二百八十二日にして八千三百二十五點の器物を洗滌し、九十九輛の車輛を消毒せり、又九龍消毒所の機械を運轉せしは二百二十七日とす。

患者の輸送

患者運搬用擔架に二種類あり、何れも本邦の荷車に類する二輪車にして支那人用のものは鐵製車輪を有し非支那人に用ふるものは護謨輪を有す車上支柱を以て支へたる白帆布を張り患者を橫臥せしめ三、四人の苦力をして靜に牽引せしむ、前記擔架は公衆用としてヴィクトリヤ及九龍消毒所に常置し、其他警察署、病院、公共建築物等十四箇所に配置しあり、市民の依賴により晝夜に拘らず隨時出動して患者の輸送に從事す、前記の外市外にも八箇所の擔架常置所あり千九百十四年中擔架を使用せしこと香港消毒所にて六百六十一回、九龍消毒所にては二百六十一回に及べり。

官立細菌檢查所

支那市街太平山（Tai ping shan）に在り英醫一名ありて支那人醫を使用し以て痘苗の製造、排泄物、分泌物其他の檢查及上

水の檢查を行ふ。

千九百十四年には犢十二頭（前年十九頭）を以て痘苗を製造せり、其痘苗數七千三百七十二個（前年八千三十五個、前々年一萬六千四十三個）にして賣下價格三千三百弗（前年三千五百弗）なり、製造高の減少せるは痘瘡の流行せざると歐洲戰爭の爲め駐屯軍の減少せるが故なり。

排泄物、分泌物其他の檢查件數は千九百十四年に九萬四千六百二十六件にして前年の九萬千三百三十六件に比すれば著しき增加なり。

其內には動物試驗を要するもの培養試驗を要するもの又は鏡檢に止むるもの等あり、又此所に於て每月九龍、大潭（タイタム）及薄胡林（ポクフラム）三貯水池の上水を試驗しつゝあり其試驗には理化學的檢查と細菌學的檢查とあり。

一 保健

市街撒水

千九百十年までは苦力を使傭してヴィクトリヤ市及九龍市街地に撒水せしめたるが同年ヴィクトリヤ市の平地部及九龍に於て試驗的に從來苦力十名、苦力頭一名を要したる撒水車を其儘牛二頭に曳かしめ之に馭者一名を附し撒水せしめたるに一臺の撒水車に對し人力による時は經費一箇月七十五弗なりしも牛車による時は一箇月三十弗に過ぎざりしを以て千九百十一年以後主に牛車を以て撒水せしめ只ヴィクトリヤ市の山腹地方は坂路なるを以て牛車を用ふる能はず從て苦力に水罐を擔はしめ撒水せしめ居れり、其用水は公衆用共同栓より濾過水を汲み取るものにして乾燥期には排水溝の水又は井戶の水を使用す、ヴィクトリヤ市には撒水牛車十四臺、牽引用牛三十頭、九龍には撒水車四臺と五頭の牽引牛とあり撒水費は一箇年約千四百弗とす。

塵芥掃除

ヴィクトリヤ市　千九百九年末迄は塵芥掃除を一名に請負はしめ以て市街表面の掃除により集りたる汚物及家屋內にて生じたる汚物塵芥、食物の殘片等を海濱に於ける一定の汚物溜所に集めしめ夫れより海上遠く運搬し海中に投ぜしめたり然れども右は甚だ不十分なりしにより後三人に請負はしめ其中二人をして市を東西の二區に分ちて汚物を收集せしめ他の一人をして之を海中に投棄せしめ著しく失費を減じたるも成績佳良と云ふ能はず、偶々九龍に於て塵芥掃除を衞生局の直營となしたるに成績非常に佳良なりしを以てヴィクトリヤ市にても千九百十一年初より衞生局の直營とし從來市に五箇の塵芥船碇泊所ありしを三箇所に減じ二隻の汽艇と五隻のライターにて海上遠く搬出し投棄しつゝあり、現今塵芥溜所は何れも海濱に在り同時に塵芥船碇繫所となし一名の番人を置く。

九龍　千九百十年迄は九龍にては市街の表面掃除、住家內汚物塵芥食物の殘片及糞便の搬出、排水、溝掃除、市街撒水を私人に請負はしめたるが同年三月より塵芥掃除は衞生局自ら行ふことゝなり成績良好にして經費を節約することを得たり、其掃除の方法は九龍を五區に分ち五人の長と九十人の苦力とにより掃除せしめ塵芥を集むるに十一臺の牛車（牛二頭馭者一名宛）を使傭し海濱に設備せられたる五箇所の塵芥船碇繫所に運び汽船に積込み海上遠く搬出するものとす。最近三年間の塵芥掃除費左の如し

	一九一二年	一九一三年	一九一四年
ヴィクトリア市	五三、〇四〇弗	四七、三三〇弗	四六、三八七弗
九龍	一三、五三五	一四、六六一	一四、八六九
塵芥處分	一六、九六三	二二、一一八	一九、三七九
計	八三、五三八	八四、一〇九	八〇、六三五

尙千九百十四年初より市街掃除に加ふるに排水溝及地下溝の掃除をなし排水を良好にすることに努めつゝあり又同年二月にては一日一回午前三時より午後三時までの間に市街掃除を行ひしも同月時間を改正して午前九時乃至午後一時及午後六時乃至九時の二回に行ふことゝなせり、之れ支那人の朝食及夕食終りたる時間に掃除を行ひ以て塵芥及食物殘片を取除くの目的に出でたるものにして右はペスト病の媒介たる鼠族の繁殖を防止せんとの趣意によれるものとす。

千九百十三年末に於ける塵芥掃除及撒水用牛の見積價格は二千七百四十五弗にして其頭數及一箇年維持費左の如し

	頭數	費用	一頭當
香港	六三頭	九、二七七弗	一四九弗
九龍	二九	四、一六八	一五四

糞尿仕末

當地にては天然の飲料水不足にして水道工事に多大の經費を支出し居る有樣なれば到底上水を便所に使用することを得ず從て當地便所は大部分置便所とし苦力をして一日一回排泄物を取除き容器を洗滌せしむ、衛生局にては海岸數箇所に糞尿船碇泊所を設け各住家より此所に集められたる糞便を一定の請負人に賣却す、請負人は糞尿船に積込み租借地（新九龍を除く）又は支那領土に運搬し肥料用とす、目下の契約は一箇年約六萬二千弗なり。

各住家より糞尿を一日一回糞尿船碇繫所迄搬出するは現住者又は家主の義務なりと定められ居るを以て各市民は一定の料金を仕拂ひ苦力（右請負人は多數の苦力を使傭す）をして搬出せしむ、運搬時間は夜十二時より午前六時までと規定せらる。千九百十三年及十四年に於て糞便船及塵芥船の香港に出入したる隻數及噸數左の如し。

一九一三年	九、九二三隻	六三四、〇九〇噸
一九一四年	一〇、三三〇	五〇三、九三三

少數の官廳、病院及歐洲人商業區域（平地）にては置便所に非ずして水を以て排泄物を流下せしむる裝置の便所を設けたるものあるも私人のものは水道を用ふる能はざるを以て海水を汲上げて使用す、是等の便所は下水と連絡せしめ海中に放出せしむ又市街地に約六十の共同小便所及十數個の共同兩便所あり、其多くは日々前記請負人の使役する苦力をして排泄物を糞尿船まで運搬せしむるものとす。

公衆用浴場

當政廳は灣仔と太平山の磅巷（Pound Lane）との二箇所に永久的公衆用浴場を建設し又第二街（Second Street）常豐里（Sheung Fung Lane）の二箇所に支那人家屋を借入れ一時的公衆用浴場となしつゝあり、而して此四箇所の浴場に於て入浴したる總人員は千九百十三年三十七萬七千餘人、千九百十四年四十萬五千餘人にして逐年增加しつゝあり。今細別すれば左の如し

浴場地名	一九一二年	一九一三年	一九一四年
灣仔	一〇七、八四八人	一一三、三三七人	一三二、四一九人

磅巷	一七七、五三七	一六一、六四〇	一六九、一六〇
第二街	七三、四八九	七三、二〇六	七一、九六〇
常豐里	二九、三八九	三〇、七八三	三一、六〇〇
計	三八七、二六三	三七七、九六六	四〇五、一三九

各浴場共男女を區別し湯水を豐富に供給して無料にて入浴せしむ、灣仔浴場は男子用、第二街浴場は男子及小兒用、磅巷浴場は男子用と女子及小兒用と建物を異にし、常豐里浴場は女子及小兒用とす、入浴者は何れも下等支那人のみにして殊に灣仔浴場には港內石炭苦力最も多し。

屠畜

官立禽獸留置場　屠殺して食用に供する目的にて當地に輸入せし牛、羊、山羊、豚等の食獸は屠殺前必ず官立留置場に入れ獸醫の檢査を受けしむ、獸類を留置場に入るゝには料金を要せざるも一旦此所に入れたる時は之に附屬の屠場以外の場所に移動せしむるには一定の料金を徵す。

目下二箇の留置場あり、一はヴィクトリヤ市の西部堅尼地城（Kennedy Town）他の一は九龍馬頭角に在り、最近二年間の收容家畜頭數を擧ぐれば左の如し

	堅尼地城留置場 一九一三年	堅尼地城留置場 一九一四年	馬頭角留置場 一九一三年	馬頭角留置場 一九一四年
牛（犢共）	三三、〇三〇	二九、六四五	六、六四七	三、六二四
豚	二一七、〇四四	二〇〇、七〇五	—	—
羊（山羊共）	三三、五五〇	三二、一二七	—	—
計	二八三、六二四	二六二、四七七	六、六四七	三、六二四

屠場　屠場は政廳自ら經營し又は私人に一定の料金を納付せしめ一定の條件の下に貸下つゝあり、動物を屠殺し販賣し得る迄に處置したる時は獸醫は之を檢査し官印を捺す、屠殺に對し牛一頭四十仙、羊一頭二十仙、豚一頭三十仙宛の料金を徵す。

目下屠場數四箇所あり、堅尼地城及馬頭角の二箇所は規模大にして政廳自ら經營し他の二箇所は私人契約者の手に委ねつゝあり。今四箇の屠場にて屠殺したる食獸の頭數を表示すれば左の如し

屠場名	一九一三年 牛	一九一三年 羊及山羊	一九一三年 豚	一九一四年 牛	一九一四年 羊及山羊	一九一四年 豚
堅尼地城	三一、二三〇	一七、二七八	一九七、一八九	二九、〇五〇	一七、〇〇三	一七八、九〇一
馬頭角	六、六五九	三〇八	三七、五九二	三、五九二	二四二	四〇、二〇五
アバーデン	—	—	三、五一七	—	—	三、二七〇
西灣河	—	—	六、四四五	—	—	五、七六〇
計	三七、九〇九	一七、五八六	二四四、六〇九	三二、六四二	一七、二四五	二二八、一三六
總計	三〇〇、一〇四			二七八、〇二三		

尙過去十年間の屠殺數平均を示せば次の如し

	牛	羊及山羊	豚
自一九〇五年至一九〇九年平均	二六、三九八	一八、〇八三	一九三、一五八
自一九一〇年至一九一四年平均	三三、〇三七	一七、六一三	二三三、四〇〇

墓地

墓地は衞生局の監督の下にありて死體を埋葬せんとする者は墓地監視官に屆出づることを要し塋穴の發掘等には夫々一定の料金を政廳に納付せしむ、墓地は其數多く三十前後あり就中廣大なるは市の東方ハッピーバレーに在るものにして植民地墓地羅馬加特力墓地、モハメット敎徒墓地、パーシー人墓地竝に日本人墓地あり、されど支那人は絕對に火葬を爲さゞる舊慣あると非支那人も槪ね土葬を爲すを以て各墓地何れも狹隘を感じ居

れり、依て政廳にては羅馬加特力墓地に於ては死亡者又は關係人の判明せざる墳墓を發掘して新に埋葬の地所を設け又九龍には歐人用、印度人用、支那人用の墓地を新設し、或は大規模に支那人墓地の舊墳墓の發掘を行ひ遺骨を市街より遠隔の墓地に移葬することゝし以て市街に近き墓地に於て十分の埋葬用地を設けつゝあり。

日本人墓地は頗る狹隘なるを以て千九百十二年末より𢫕管埔(スーカンポー)に火葬場を設け爾來日本人の死體は多く火葬に附し居れり、目下當地にては小規模なる日本人火葬場及シーク教徒火葬場の外火葬場の設備なし。

今參考迄に千九百十三、四年當植民地の主なる墓地に於ける埋葬數を表示すれば左の如し

	一九一三年	一九一四年
非支那人墓地		
植民地墓地	七一	七七
羅馬加特力墓地	一、二二四	一、二七四
モハメット教徒墓地	六八	八四
パーシー人墓地	一	四
日本人墓地	一六	一五
計	一、三七〇	一、四五四
支那人墓地		
カロリン丘墓地	五八八	五六三
鷄籠灣墓地	一、〇三二	一、七一六
東華醫院墓地	三、〇〇四	二、九七三
プロテスタント墓地	四八	五〇
歐亞雜種人墓地	四	六
筲箕灣墓地	一九八	一七四
アバーヂン墓地	一九七	二〇〇
スタンレー墓地	二三	四二
石奧墓地	三	二
馬頭圍墓地	一、四三九	三六
區排龍墓地	二四三	二、〇一七
沙灣石墓地	一一六	九四
同　基督教徒墓地	一	一五
九龍塘墓地	一三	一五
九龍城基督教徒墓地	一一	一
灣仔墓地	二	一四
祥良田墓地	一	三
計	六、九四八	八、〇六〇

此外同年中火葬に附せる死體數四十二あり內二十五はシーク教徒寺院、十五は日本人火葬場、二は九龍とす。

羅馬加特力墓地の埋葬中約千八十六は支那人小兒の死體として其內四百二十五はコンベントにて洗禮を受け後間もなく死亡したる小兒とす。

醫務

醫師

千八百八十四年醫師登錄法(Medical Registration Ordinance)發布せられ當植民地內にて醫業を營む者は政廳備附の登錄簿に登錄することを要すと規定せらる、而して本法により登錄し得る者は左の二種に分たる。

一、英本國と香港を除きたる以外の英國領土の法律により開業醫として登錄し其領土內にて醫業開始の資格を附與せ

られたる者。

二、大學、分科大學、其他の團體、香港醫學校、英國領土若くは英國領土外の政府により其土地にて醫業開始の資格を與へられたる證として卒業證書、學位、會員證、免許醫術開業權證明書若くは其他の文書を有するもの。

日本人醫師は醫學士に限り登錄を許されつゝあり。但し本法は支那人を除外例とし又當植民地內にて奉職しつゝある醫官若くは陸海軍々醫は登錄開業醫と見做さる。

故に香港には登錄醫と非登錄醫とあり、前者は醫師登錄法により登錄を受けたる支那人以外の各國人開業醫及該法に從ひ登錄せざるも前記開業醫と同等の權利を有する政廳醫官（約十四名）及軍醫（陸海軍）を云ひ後者は該法により登錄せずして開業又は奉職しつゝある支那人醫にして內に洋式の醫學を修めたる者と支那式の所謂漢法醫との二種あり。

千九百十五年八月迄に登錄せられたる開業醫の總數は三十七名にして大部分は歐米人及葡萄牙人とし外に日本人二名、支那人三名、印度人一名あり。

醫師配置の割合を見るにヴィクトリヤ市及ピークに開業しつゝある者三十三名、九龍に四名にして此外當政廳醫官十四名を加算するときは總數五十一名にして醫師一名に對する人口の割合は五千八百六十一人に相當す、然れども人口の大多數は支那人にして前記非支那人醫に依賴すること少く彼等の診察を乞ふ者は比較的上流の支那人に限られ又支那人中には洋式の醫學を修得せし非登錄開業醫に依賴する者多し、當地醫學校（目下香港大學に合併）にて洋式の醫學を修め當地に開業し又は奉職しつゝある者二十三名あり之に前記非支那人醫五十一名を加へ且支那人中洋式の治療を受くる者を二割五分として醫師一名に對する割合を求むれば比較的正確なる數を知ることを得べし、此方法によれば醫師一名に對し人口千百八十七人即ち人口一萬に對し醫師八人となる。

齒科醫師

從來當政廳にては齒科醫師に關する法規皆無にして何人にても開業することを得何等の取締なかりしが千九百十四年六月五日附を以て齒科醫師法（Dentistry Ordinance）を發布し總て當地に於て齒科醫師を開業せんとする者は總督に於て當地齒科醫會（Dental Board）の諮詢を經て其資格を認定の上政廳備附の登錄簿に登錄を要する旨規定し而して右法令に基き更に千九百十五年一月二十九日附を以て齒科醫の資格に關する規定を設け總て香港に於て齒科醫として登錄し得るは英本國に於ける General Council of Medical Education and Registration に備附けたる登錄簿に登錄するの資格ある者に限ることゝし只右英本國の登錄要件に相當すべき一定年限の修學及試驗を經齒科醫術に關する十分なる智識と熟練とを有する者は總督に於て齒科醫會の諮詢を經て右の事實を認定する時は除外例として登錄を許可すること、竝に該規則施行の過渡期に際し現に一箇年以上當地に於て齒科醫師を營み居たる者は齒科醫會の諮詢を經て總督に於て適當と認むる時は其登錄又は除外例登錄を認許すべき旨規定せられたり。

右規定中英本國に於ける登錄の要件は認定學校に於て滿四箇年以上の課程を修了することにして之に依れば我齒科醫術開業試驗合格者は勿論、齒科醫學專門學校卒業者も亦當地に於ては開業の資格なきことゝ解釋せらるゝも斯くては本邦齒科醫は當地にて開業すること困難となるべきを以て少くも齒科醫學專門學校卒業者に對しては右資格を得る樣日本總領事館より香港政廳に交涉中なり。

千九百十五年九月二十四日の官報を以て當地齒科醫師名簿初めて公表せられたるが齒科醫師として登錄せられたる者は八名にして英人、米人、葡萄牙人及支那人とし除例外登錄を認許せられたる者は十三名にして大部分は支那人とし其他は歐亞混血人及日本人各一名とす。

藥劑師

當地に於て調劑し又は調合したる毒藥を小賣するために開店し化學者藥種商なる稱號を使用し得るものは英本國の製藥所條例(Pharmacy Act)により藥用化學者(Pharmaceutical Chemist)化學者（Chemist）若くは藥種商（Druggist）として登錄せられたる者又は當地の製藥所法（Pharmacy Ordinance）により同樣の登錄を受けたる者とし尙當地製藥所法發布當時に化學者兼藥種商として開業しつゝありて其技能は化學者又は藥種商として職務を取るも差支なしと總督より認められ登錄せられたる者及英國又は諸外國の認定藥學校卒業者と同等なりと總督が認め登錄せられたる者竝に製藥所條例に規定したる學課及試驗と同等の學課及試驗を經て藥用化學者又は化學者兼藥種商として登錄せられたる者は藥用化學者及び製藥者（Pharmaceutist or Pharmaist）なる稱號を使用することを得。

千九百十五年十二月の調査によれば當政廳より藥劑師たる資格を附與せられたる者總數十八名にして一名の支那人を除きては何れも歐米人又は葡萄牙人にして日本人なし、藥劑師の多數（十二名）は製藥會社（ワトソン商會に十一名）にて製劑又は調劑に從事し四名は開業し二名は市內の病院に雇はれつゝあり。

産婆

千九百十四年の調査によれば産婆法(Midwives Ordinance)に從ひ登錄し公認産婆たるの資格を得たるもの總數四十一名にして前年に比し八名の增加なり內二名の外人を除きては總て支那人とす、總數中九名は政廳の雇入れ居る者にして三名は病院に雇はれ其他は概ね開業し居れり。

當政廳にて雇入れ居る産婆九名は何れも洋式に産婆の教育を受けたる支那人にして貧者の求めに應じつゝあり、千九百十四年中是等産婆の取扱ひたる分娩回數は二千百五十七回にして內流産八十五回、死産四十八回、産褥熱を來せしこと一回なり、又前記分娩後赤兒の死亡數七十人、支那に歸還せし者及他に移轉し行衛不明の者六百三十四人にして其他の赤兒は壯健なり、又前記の産婦中六人は分娩に因る疾患にて死亡し二人はペスト及心臟痲痺にて死亡せり。

病院

病院には公立と私立とあり、公立病院中陸軍病院、海軍病院監獄病院を除けば主なるもの十三院にして其病床數合計八百六十一床あり。今各病院の維持法、病床數、入院患者數（千九百十四年）を表示すれば左の如し

名稱	位置	維持法	病床數	入院患者數	
國家病院	市內	官立	一五〇	二、七四二（外に外來患者一三、八二八）	—
産婦病院	同	官立	一六	三六一	—
ヴィクトリヤ病院	ピーク	官立	四一	一六六	—
堅尼地城病院	市內	官立	三六	九	—
精神病院	同	官立	一四	一八七	—

東華病院	市内	寄附金並に政廳補助	三六四、六八三(一〇二、一五八)		
東華痘瘡分院	同		五八	一七	—
興華病院	九龍		二〇一、七八七(一〇、一三五)		—
興華痘瘡分院	同		二〇	—	—
アリス記念病院	市内	倫敦傳道會の監理	—	一八	—
ネザーソール病院	同		—	四八二	—
アリス記念産婦院	同		—	四二四	—
何妙齡病院	同		—	三四五	—

他にペスト區病院四、支那人公衆施療院九及私立マチルダ病院、ピーク病院等あり。

前記中傳染病患者に對する傳染病院及隔離病舍は堅尼地城病院、東華痘瘡分院、興華痘瘡分院及ペスト區病院等のみにて當地の如き年々傳染病の流行を見る所にては其病床數少きが如きも自宅療養をも許す位なるを以て餘り多くの避病院を要せず。

以下各病院に就き概要を記述すべし。

一、國家病院（Civil Hospital）　國家病院は市の西部皇后大道の上方に在り、官立病院中最も主なるものにして產婦病院、ヴィクトリヤ病院、堅尼地城病院の三院之に附屬す、病舍數十九棟、病床數百五十あり千九百十四年中入院患者數二千七百四十二人、外來患者數一萬三千八百二十八人內マラリヤ患者の入院せしもの三百二十四人、入院患者の死亡率は七分一厘とす、入院患者の人種別は歐洲人六百二十人、印度人其他有色人種七百八十九人、亞細亞人千三百三十三名の割合なり、入院料を仕拂ふ一般患者の外無料にて官吏、警察官、各國船員及亞細亞人等を收容す。

二、產婦病院（Maternity Hospital）　產婦病院は千八百九十七年の設立にして病舍數五棟、病床數歐米人用十二床、亞細亞人用四床あり、各國人を收容す、千九百十四年本病院にて分娩せる回數二百六十一回にして內歐洲人七十三人とす出產兒は男百二十二人、女九十四人、死產八人なりき。

三、ヴィクトリヤ婦人及小兒病院（Victoria Hospital for Women & Children）　ヴィクトリヤ婦人及小兒病院は海拔一千呎のバーカー路に在り、千九百三年故ヴィクトリヤ女皇陛下の御卽位五十年記念に設立せられ後政廳の管理に移されたるものにして婦人及小兒のみを收容す、病舍數八個にして其一棟は小兒用とす、病床數合計四十一床あり、入院患者は歐洲人多く千九百十四年の施療患者百五十八人にして內一人死亡せり。

四、堅尼地城傳染病院（Kennedy Town Hospital）　堅尼地城傳染病院は市の西端に在り、東華病院附屬痘瘡分院に隣接す、初め警察署用建物なりしが千八百九十四年ペスト初發に際しペスト病院に變更したるものとす、支那人以外の患者を收容す、病舍數六棟、病床數二十八床を有し、千九百十四年施療患者は八人にして何れも痘瘡患者なり。

五、精神病院（Lunatic Asylum）　精神病院は市內文咸路の下方に在り、病舍數二棟、病床數歐人患者用八床、支那人患者用十六床あり、千九百十四年入院患者數百八十七人にして內十五人死亡せり、患者を人種別にすれば歐米人三十三人、印度人六人、支那人百三十五人其他十三人とす。

六、東華病院（Tung Wah Hospital）　東華病院は市內普仁街に在り、千八百七十二年の設立にして其後千九百三年大に擴張せられ千九百九年ペスト病舍造られたり、香港に存する病院中最も大なるものにして支那人委員十五名により監理せられ委員の任期は一年とし其任命には總督の認可を經るものとす、支那人紳士の義捐金により維持せられ又政廳より每年八千弗の補助金を受く、本院は其名稱病院なるも疾病を治療するに止まらず支那人貧民の死體を無料にて埋葬し或は無料にて棺を給與し、支那人難民を鄕里に送還し或は不慮の出來事に際し貧民を救助する等支那人に對する各種の慈善事業に從事す監督醫師歐人二名、支那人醫師にして洋式醫學を修得したる者二名、他は所謂漢法醫のみなり、病床數三百二十三床を有し、內六十五床はペスト患者用なり、尙此外六十名の患者に非ざる貧民を收容し得る貧民收容所あり、千九百十四年中の入院患者四千四百七十二名(內ペスト患者五百二十名)、外來患者十萬二千百五十八名に上れり。

本病院は支那人患者のみの治療院にして洋式及支那式(漢法醫式)二種の治療法を用ひ、患者又は其友人の希望に從ひ洋式又は支那式に治療し傍ら兩式の成績を比較研究しつゝあり。今試に最近二箇年の比較表を摘記すれば左の如し

	入院患者		外來患者	
	一九一三年 人	一九一四年 人	一九一三年 人	一九一四年 人
支那式	三、〇一四	二、七七三	九六、四八七	九一、八八七
洋式	一、六九二	一、六九六	一〇、九〇八	一〇、二七一
計	四、七〇六	四、四七二	一〇七、三九五	一〇二、一五八
百分率				
支那式	六四・一	六二・二	八九・九	九〇・〇
洋式	三五・九	三七・八	一〇・一	一〇・〇

支那人の頑迷なる斯く多數の患者今尙支那式治療を希望し居るを見る、其比較研究の成績は病症により區々なりと雖支那式治療法に因る死亡率は洋式に於けるよりも遙に大なるにも拘はらず尙當局者は總ての患者に對し洋式治療法を强ひざるのみならず支那式治療法は決して捨つべき療法にあらず、若し洋式に加味せば其成績佳良ならんと公言しつゝあり、然れども右の折衷法に付ては現今何等研究し居らざるが如し。

七、東華病院附屬痘瘡分院　東華病院附屬痘瘡病院は市の西端に在り、千九百十年の設立に係り支那人痘瘡患者のみを收容す、其病床數五十八床にして千九百十四年中十七名を治療せり。

八、興華病院(Kwong Wah Hospital)　興華病院は九龍油蔴地に在り、千九百十一年の創立にて支那人の患者のみを收容す、支那事務局長を委員長とする十餘名の支那人委員之を管理し且寄附金の募集に任ず、目下政廳より一箇年八千五百弗の補助金を受く、監督醫師歐人一名、支那人の洋式醫學を修めたる者一名、他は漢法醫にして現下病床數七十床にして二百十人の患者を收容するに足る、千九百十四年中の入院患者千六百九十九名にして內洋式治療を受けたるもの五割八分に上れり又同年中の外來患者は一萬百三十五名にして內四割は洋式にて治療せられたり。

九、興華病院附屬痘瘡分院　興華病院附屬痘瘡分院は九龍油蔴地に在り、千九百十年に起工し千九百十二年十一月落成せり、病舍數二棟、病床數二十床にして興華病院委員により管理せらる、本病院の落成後は痘瘡患者を九龍より香港側の堅尼地城痘瘡分院に移送するの不便除かれたり。

一〇、雅麗記念病院(Alice Memorial and Affiliated Hospitals)

當地有力なる支那紳士故何啓氏（Sir Kai Ho Kai）夫人アリス（英人）の記念として設立せられたるものにして倫敦傳道會に屬する香港在留の宣教師により管理せられ毎年政廳より三百弗の補助を受く、左記の四院より成り一箇年經費一萬八千弗を要す（最後のものは伍廷芳氏夫人の寄附金によれり）。

名稱	所在	設立年	入院患者數 一九一三年	一九一四年
雅麗記念病院 (Alice Memorial Hospital)	市內皇仁書院附近	一八八七年	一八人	六五人
ネザーソール病院 (Nethersole Hospital)	市內文咸街	一八九三年	四八二	五五九
雅麗記念産婦院 (Alice Memorial Maternity Hospital)	市內西部	一九〇四年	三四三	三五〇
何妙齡病院 (Ho Miu Ling Hospital)	市內文咸街	一九〇六年	一五五	四六〇

一一、支那人公衆施療院（Chinese Public Dispensaries）目下九箇の施療院あり、市內に三院、市外に二院、九龍側に四院とし公衆の寄附金により維持せられ、十九名の委員の管理に屬し、支那事務局長其委員長たり、監督として歐人醫師一名あるも直接患者に接するは洋式醫學を修めたる支那醫にして無料にて患者を診察し患者の家に往診し種痘を行ひ患者の疾病診斷書及死亡診斷書を作り或は貧者の病兒を收容してコンベントに送り或は死後に來院せる赤兒を埋葬し又は擔架により傳染病患者を傳染病院に移送し或は死體を運搬車により剖檢所に送付し其他無料にて棺を供與し、或は產婆を周旋し或は英語に通ずる支那人書記をして傳染病患者を出せる家屋の消毒に際し通辯の勞を執らしむ千九百十四年中治療したる患者數七萬七千二百七名、內小兒九千六十八名、種痘を行ひたる數五千四百九十三名、死兒及病兒收容千二百四十三名、死體の移送千五百六十九件、經費二萬九千弗なり。

一二、ペスト區病院（District Plague Hospital）ペスト區病院は市內に二箇所、九龍に二個所あり遠隔の場所に在る傳染病院にペスト患者を收容するの不便を除かんが爲め設けられたるものにして公衆寄附金及政廳補助金（年額二千弗）により維持せられ前記支那人施療院委員の管理に屬す。千九百十二年ペスト流行時に市內區病院に收容加療したる患者數左の如し

名稱	設立年度	普通患者	ペスト患者
ウエストポイント、ペスト區病院	一九一〇年	四四人	二八人
灣仔ペスト區病院	一九一二年	三六	四

一三、マチルダ病院（Matilda Hospital）マチルダ病院はピークのケレット山の南傾斜面（海拔千五百呎）に在り、千九百七年 Mr. G. Sharp が其妻の記念として建設せしものにして葡萄牙人及支那人以外の各國人貧困者を收容するを目的とし私立病院中設備最も完全なるものとす、千九百十四年中百五十八人の患者を收容せり。

一四、ピーク病院（Peak Hospital）ピーク病院は私立病院にして設備完全なり、山頂通ひ電車の終點附近にあり、海拔千三百呎とす、香港在留外人醫師組合の設立に係る。

一五、其他　伊太利コンベントは市內中央警察署の上部に在り、又佛蘭西コンベントは市の東方競馬場附近に在り、共に遺棄せられたる赤兒又は赤兒患者を收容す、又海員病院（Seamen's Hospital）及西營盆孤兒院（West Point Orphanage）Hildesheim Mission Blind Asylum, Sanatoriumdes Missions Etrangeres 等の慈善團體あり。

四三

第四編　政治

統治

香港植民地の一般施政は英國皇帝の任命する總督兼司令長官(Governor and Commander-in-Chief)の管掌する所にして總督は又海軍中將を兼ね其下に祕書官一名、武官副官一名あり外に平時に於ては員外名譽副官として印度人將校一名を置く、行政は行政會議(Executive Council)の諮詢により總督之を行ひ、立法機關としては立法會議(Legislative Council)あり、香港總督の權限並行政立法兩會議の組織等に付ては千八百八十八年一月十九日附ヴィクトリヤ女皇の勅許狀(Letters Patent)(千八百四十三年の勅許狀は此時廢止せられたり)及同日附勅令(Instructions)並千八百九十六年七月七日勅令(Additional Instructions)に規定せらる。今左に總督の權限並兩會議の組織の概要を記述すべし。

總督

總督は勅許狀其他の勅令、國務大臣を經て下されたる命令又は當植民地の法律に遵據し香港植民地政府に屬する諸般の事務を執行することを英國皇帝より委任せられ立法會議の協贊を經て香港植民地の安寧秩序及行政改良の爲め法律(Ordinances)を制定することを得、英國皇帝は右法律に對し否認權を留保し皇帝の否認は總督が之を香港植民地に公布したる日に於て效力を生ずるものとす、又皇帝は香港の安寧秩序及行政改良の爲め必要と認むる時は樞密院の協贊を經て法律を制定するの權利を留保す、總督は皇帝の名に於て土地の拂下貸下及處分を爲すこと

を得、但し何れも植民地現行の法律に遵據すべく且勅令又は國務大臣を經て與へられたる命令に遵據することを要す、總督は植民地の裁判官、事務官、保安判事其他必要の官吏及布教師を任命することを得、共犯者が密告したる結果主犯者又は其他の犯人が處刑を受くるに至りたる場合には總督は此者を赦免することを得、又當地法廷にて有罪の判決を受けたる犯人を條件附又は無條件にて赦免し或は宣告を取消し又は其執行を猶豫し若くは罰金科料の仕拂又は沒收を免除することを得、但し總督は是等刑事上の恩赦を爲す場合に其犯人を香港より退去せしめ又は犯人をして任意當地を立去らしむることを條件となすことを得ず、總督は十分の理由ありと認むる場合には植民地內官吏の職務執行を中止せしむることを得、其效力を有するは皇帝の認可の到著迄とし其以後に於ては總督は嚴密に勅令に遵據することを要す、總督(又は總督代理)は其職務に就くに當り高等法院長(又は他の判事)及行政會議議員の面前に於て莊嚴に皇帝の御委任狀を朗讀せしめ且規定の式により宣誓を爲すべきものとす。

總督は皇帝の親任に係り皇帝の嘉納せらるゝ期間職務に服するものなるも普通は六箇年を略其任期とするが如し、總督はCommander-in-Chief にして且 Vice-Admiral を兼ぬると雖特に任命ありたる場合の外は皇帝の正規軍を直接統率するの權を有せず故に植民地駐屯軍並海軍に對し直接の命令權なし、又危急の場合の外は軍隊指揮官の同意なくして公式に其部下の軍人と通信することを得ざるものとす、而して植民地が外寇を受け交戰の必要ある場合には駐屯軍司令官は全軍隊の總指揮官たるべく若し植民地に謀反起り又は其他不穩の形勢ありて軍隊の出動を要する時は總督は之が鎮壓に充つべき軍隊の數及軍隊を用

ふべき目的を決定すべし、其他の行動に至りては駐屯軍司令官其責任を負ふものとす。

行政會議（議政局）

行政會議は副總督（若し有る場合には）、駐屯軍司令官、民政長官、檢事總長、財務局長及今後勅令により任命せらるべき其他の議員を以て組織すと規定せられ現今に於ては總督の外駐屯軍司令官、民政長官、檢事總長、財務局長、土木局長、支那事務局長の六人の官吏議員と二人の非官吏議員とより成る、而して各議員の任期は皇帝の嘉納せらるゝ期間と定めらる、官吏議員又は非官吏議員中一時不在の者ある時は總督は之が代理者を任命することを得、此場合には總督は植民大臣を經て皇帝に上申すべく皇帝は之に對し否認權を有す、行政會議は總督により召集せられ、總督（又は議長）の外二名の議員出席するに非ざれば議事を開くを得ず、總督は病氣又は重大なる理由なき限り行政會議の開會毎に出席して之を主裁すべきものとす、缺席の場合には適當なる他の議員を議長に任命するを要す、總督が勅許狀により附與せられたる權限を執行するには其都度行政會議に諮詢すべし、但し總督が行政會議に諮詢するは國家に取り不利益なりと認めたる事件又は諮詢するには餘に瑣細なる事件或は緊急を要し諮詢の暇なき事件は此限に非ず、緊急の事件に付ては總督は成るべく速に行政會議に對し其執れる措置竝理由を通知すべきものとす、總督は勅許狀により附與せられたる權限を執行するに當り若し之を正當と認むる時は行政會議の議員により與へられたる助言に反對して行動することを得、此場合には其理由を具し速に皇帝に對し詳細の報告をなすを要す、總督は議事錄を作製し一箇年二回植民大臣を經て皇帝に送致すべし、各議員は議案に對し自己の與へたる助言又は意見の理由を全部議事錄に登載することを要求することを得。

立法會議（定例局）

立法會議は總督、副總督（若し在る場合には）、駐屯軍司令官、民政長官、檢事總長、財務局長、其他勅令により任命すべき三名以下の官吏議員及總督が勅命に準據して任命すべき六名以下の非官吏議員を以て組織すと規定せられ現在に於ては總督を議長とし、駐屯軍司令官、民政長官、檢事總長、財務局長、支那事務局長、土木局長、港務局長、警務總監の八名の官吏議員と六名の非官吏議員とより成る、而して非官吏議員の一名は商業會議所選出議員とし一名は治安判事より選舉し他の四名は政府の任命とし其內二名は英國籍の支那人たるべきものとす、非官吏議員の任期は六箇年とし死亡、辭任、不在等の爲め缺員を生じたる場合には總督は一時適當の者を任命することを得、總督は其任命の都度植民大臣を經て皇帝に報告し其是認又は否認を受くべし、議長を併せ五名以上出席者ある場合には議事を開くことを得、總督は病氣又は重大なる理由なき限り立法會議に出席し之を主裁すべし、總督缺席の時は首席者を議長とす、議案の裁決は多數決により總督又は議長たる議員は他の議員と同様に投票權を有し可否同數の場合には裁決權を有す、立法會議は勅命に反せざる範圍に於て議事常規を制定することを得、各議員は議案を提出することを得べく而して他の一名の議員の賛成ある場合には議事常規に遵ひ討議すべきものとす、但し當植民地の收入の一部を處分し又は其支出を必要とする法律、決議等は總督が特に之を許可し又は命じたる場合の外は總督自身之を提議すべきものとす。

法　律

前述の如く香港總督は立法會議の協贊を經て香港植民地の安寧秩序、行改良政の爲め法律(Ordinances)を制定するの權限を英國皇帝より附與せられたるも英國皇帝は右法律に對し否認權を有し且香港の安寧秩序、行改良政の爲め必要と認むる時は樞密院の協贊を經て法律を制定するの權利を留保す、又英本國の法律も一定の範圍に於て香港に於て效力を有す、千八百四十三年四月五日附香港植民地の第一回勅許狀によれば『現に英國にて施行せらるゝ法律は植民地竝其住民の事情に照し適用し難きものを除くの外は總て香港に於て效力を有す』と規定せらる、故に當時英本國に施行せられたる法律は特種のものを除き香港にも適用せらるゝ次第なり、然れども當時現行の英法律中何れが香港に適用せられ、何れが適用せられざるかに關しては英國の裁判所に於ても將又香港の裁判所に於ても何等決定せられたることと無きが如く此點に付ては屢々疑義を生じたるが千八百四十六年に至り香港に於て一法律を發布し『千八百四十三年四月五日に於て施行中なりし英國の法律(但し香港及其住民の情況に照し適用し難きものを除く)及英國法廷の慣習は同日以後香港に於て効力を有す』と規定したるのみにして其後何等此疑點を明確ならしむる法律の制定を見ず、而して千八百四十三年以降英本國に於ては多數の重要なる法律制定せられ其多くは香港に於て施行し得べく且香港に有用のもの少からざりしも當地立法部に於ては殆ど法律修正の勞を執らず、只時々英本國に於て制定せらるゝ重要なる法律に遵據して法律を制定するの方針を取り多數の法律は香港にて發布せられたり、如斯一般的に香港に效力を有する英本國の法律は千八百四十三年四月五日施行中なりしものに限られ居るも而も香港の法律を以て同日以後英國に於て制定せられたる法律を本國政府が香港に適用するの權利を剝奪したるものなきは言を俟たざるところなり。

香港に於て法律を制定するに當り總督及立法會議は實行し得べき限り左記の規則を遵守すべきものとす。

一、總ての法律は　Ordinances　と稱し且制定用語は　enacted by the Governor of Hongkong, with the advice and concent of the Legislative Council thereof と記載すべし。

二、各法律は題目により明に區別し各條項は順を逐ひて番號を附し各條項には側面餘白に其摘要を揭ぐべし、各法律は每年第一號より始め順次に番號を附して區別すべし。

三、各異なりたる事項に關しては夫々別箇の法律に規定を設け相互に關係なき事項を同一法律中に混淆すべからず、又題目と全然關係なき條項を一法律中に挿入し或は永久的條項を一時的法律中に附加することを得ず。

又總督は當該法律の實施を皇帝が認可を表示せらるゝ迄中止すとの一項を包含せしむるか又は緊急の場合にして同法律の即時實施を必要と認めたる時の外は左記各項の一に當る法律に對し皇帝の名を以て協贊することを得ず、但し後者の場合には同法律が英國の法律又は條約に違反せざる時に限り總督は皇帝の名に於て協贊することを得、然れども總督は此場合速に該法律竝之に協贊したる理由を具し皇帝に送致すべきものとす。

一、神聖なる婚姻による夫婦の離婚に關する法律。

二、之によりて土地、金錢又は其他の贈與を自己に對して爲すべき法律。

三、之れより官吏の定員、俸給又は給與に增減を來すべき法律。
四、香港の通貨に關し又は銀行紙幣發行に關する法律。
五、銀行設立に關し又は銀行の組織、權限を修正又は變更する法律。
六、差別的課税を賦課する法律。
七、條約による義務に違反するが如き法律。
八、海陸軍の規律又は統御に妨害となる法律。
九、重大なる性質を有する法律にして皇帝の大權又は植民地に任せざる英國臣民の權利及財產又は英國及英領土の貿易及海運に害あるもの。
一〇、歐洲人又は其子孫に非ざる者をして無能力者たらしめ又は制限を受けしむべき法律にして歐洲人又は其子孫には影響なきもの、
一一、皇帝が曾て同意を拒絕し又は否認したる規定を包む法律。

註　尚香港の法令書類に付ては後段、政廳印刷物の項參照

司法

英國は千八百三十三年東印度會社の特權廢止と共に廣東地方に於ける裁判制度に關する法律を制定し貿易監督官をして清國內に在留する英國臣民に對し裁判權を行はしめたるが千八百四十二年の南京條約に據り香港は英國領土となり且正式に支那に於ける裁判權を獲るや千八百四十三年一法律を發布し香港總督及香港立法會議に對して前記法律の實行を委任し又清國及其沿岸百哩以內に在る英國臣民の安寧秩序及行政改良に必要なる法律及命令を定むる權能を國王より是等機關に與へられたり、爾來幾多の變改を經て今日に至れるものとす。

當地に於ける裁判所には高等法院及警察裁判所の二あり、高等法院（Supreme Court）は民事及刑事裁判を行ひ、民事に付ては民事第一審（Original Jurisdiction）及び民事簡易裁判（Summary Jurisdiction）に分たれ前者は千弗以上の事件を審判し、後者は千弗以下の事件に限られ主席判事（Puine Judge）之を主宰す、高等法院長（Chief Justice）及主席判事は總督が植民地の官印を押捺したる特許狀により任命するものにして他に登錄官一名、副登錄官二名、書記長二名、書記通辯其他總督が適當と認むる人數の官吏を置き又總督は一名又は一名以上の執達吏を任命することを得。

上訴裁判所（Appeal Court）は二人又は三人の判事より成るFull Court にて審判するものにして普通高等法院長をして之を主宰せしめ一年二回判事一名上海より來り、高等法院長又は主席判事若くは警察裁判官の判決に對し上訴を許すものとす。

當地裁判所に對する最上級裁判所は英本國の樞密院（Privy Council）なり、英國に於ては國王は正義の本源なりとの觀念より最終の裁判權は國王に屬するものとし國王は樞密院をして之を行はしむ、故に Majesty in Privy Council に上告すと稱す、樞密院にては各植民地裁判所よりする上告事件に對し The Judicial Committee of the Privy Council なるものを設けて之を審判せしむ、而して上告を許す事件は高等法院の許可を得たるものに限らる。

尚高等法院にては海軍裁判、破產裁判、遺產管理、會社登錄等の事務を行ふ。

警察裁判所（Police Magistrates' Court）は保安判事たる一名又は一名以上の警察裁判官（Police Magistrates）を以て組織し其權限内の裁判を行ふ、警察裁判官は總督の任命に係る。

今左に千九百十四年及十五年に於ける高等法院及警察裁判所の取扱事件に關する統計の大要を摘記すへし。

甲、高等法院

	一九一四年	一九一五年
一、民事第一審		
舊受件數	六五五	七八五
新受件數	三四三	三三一
判決件數	二一三	一四〇
公判前に和解又は取下	五七	四五
未決	七八五	八三一
總金額	弗 二、一四九、九〇七 磅 五、一八九	弗 一、一三八、七二三 磅 九八七
仕拂高及賠償額	弗 一、四三七、四一七 磅 四、五一九	弗 四三七、五八九 磅 —
裁判所手數料	弗 一九、四八五	弗 一三、五〇三
他に捕獲審檢件數	一〇	一七
二、民事簡易裁判		
舊受件數	四一三	八九六
新受件數	二、三八〇	一、六〇一
和解又は取下	一、〇〇六	六三八
原告勝訴	八〇六	五五五
被告勝訴	四九	三八
裁判中止	七	三
却下令狀執行不可能等	四八	三〇
未決	八九六	三三八
總金額	弗 四五六、〇二一 磅 一二四	弗 二九〇、〇八〇 磅 二五
仕拂高及賠償額	弗 一七九、一九三 磅 二八	弗 一〇七、〇九〇 磅 —
裁判所手數料	弗 九、四七四	弗 六、三三九
三、刑事裁判		
受理件數	三一	五九
公判に附せられたる者	五〇	一〇四
控訴せられたる者	四九	一〇〇
有罪人員	三五	七〇
無罪人員	一四	三〇
免所人員	一	四
四、上訴審判		
高等法院長の判決に對するもの	四	二
主席判事の判決に對するもの	一	二
警察裁判官の判決に對するもの	一	—
上訴件數計	六	四
高等法院長の判決に對するもの	三	—
主席判事の判決に對するもの	一	一
警察裁判官の判決に對するもの	一	—
處分件數計	五	一

千九百十五年中樞密院に上告を許可せられしものなし

五、海軍裁判

	一九一四年	一九一五年
件數	五	五

判決數	二	一
六、破産裁判		
申請數	七四	三二
內 債權者の申請	四九	一八
內 債務者の申請	二五	一三
管財命令書	五七	二三
內 債權者の分	三五	二
內 債務者の分	二二	二
臨檢數	一六	三
破産宣告	三八	五
請算決定	五	一
七、遺産管理		
遺言の檢認	九四	一〇三
遺産管理證書	一三五	一一六
遺産總額	三、九六一、七七〇弗	五、九三三、六五〇弗
檢認手數料	二〇四、七四〇	三三七、〇八九
裁判所手數料	九、九八六	一一、五七七
遺産管財官手數料	八六三	一、〇四一
乙、警察裁判所		
件數	一一、〇三四	一三、三六三
手數料	九三、一〇九弗	七五、一三〇弗

官廳

香港政廳所屬官廳の組織に關しては我國に於ける官制及分課規程の如き統一したる規則なきを以て之を明確に記載すること困難なるも先づ當政廳歲出豫算款項の分類を參酌して大體を表示すれば左の如し

總督
- 民政長官部
- 支那事務局
- 會計檢查局
- 財務局
  - 財務局長部
  - 地價評定官
  - 印紙部
- 港務局
  - 港務部
  - 海員部
  - 船舶檢查部
- 輸出入監督局
  - 輸出入監督部
  - 阿片專賣部
- 氣象臺
- 裁判所等
  - 高等法院
  - 警察裁判所
  - 租借地事務官
  - 檢事總長
  - クラウン ソリシッター
  - 破産管財官
- 土地局
- 警察監獄部
  - 警察部
  - 監獄部
  - 消防部
- 醫務局
  - 病院
  - 細菌檢查所並死體剖檢所
  - 分析所

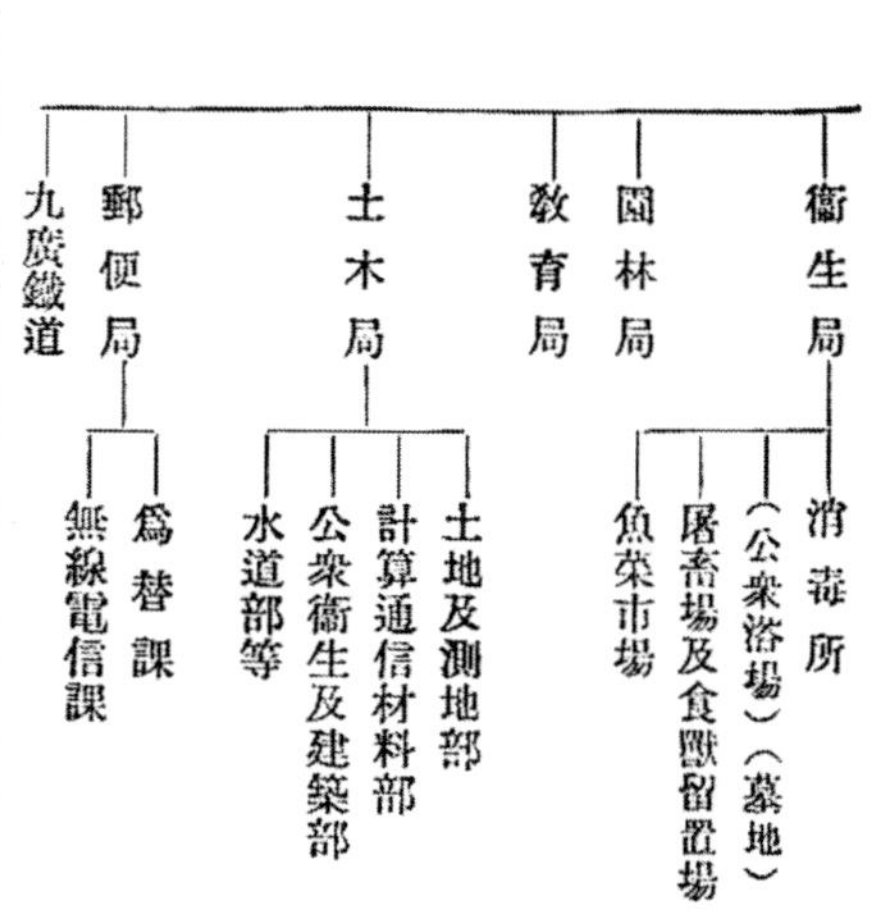

以上各官署に屬する事務の大要を左に記述すべし

一、民政長官部（Colonial Secretariat）　民政長官（Colonial Secretary）は總督を補佐し各行政官廳の事務を監督總括し又各國領事に對し政廳を代表して交渉に當る、又民政副長（Assistant C. S.）は立法會議及行政會議の書記を兼ぬ。書記約十八名、植民地見習官吏（Passed Cadets 及 Unpassed Cadets）約十名、之に附屬す。

一、支那事務局（Secretariat for Chinese Affairs）　其長官は支那事務局長（Secretary for C. A.）にして先きに撫華道（Registrar-General）と稱せしが千九百十二年右の如く改稱したるものとす、Assistant 三名、書記約十一名の外通譯課に四名、移民課に五名の屬吏を有す、其事務は婦女子保護法及保良局組成法に依る誘拐並に人身賣買防止、移民事務、支那人家長の登録、District Watchmen 事務、爆竹、宗教上の行列及興行物等の取締、結婚の登録、書籍の登録、東華病院、興華病院、支那人公衆施療院及ペスト區病院に關する事務、支那文英文飜譯事務、倶樂部及團體取締、新聞取締、ボイコット取締等頗る多岐に亙り警察事務と關係密接なるもの多きを以て常に警察と相協力して活動しつゝあり、其名稱は支那事務局と稱せらるゝも必ずしも支那人關係の事務のみに限らるゝに非ずして前記の事項に屬する事務は各國人に關して行はるゝものとす、只支那人は當地人口の大部分を占むるを以て自ら其事務も支那人事務を主とするのみ。（治安及衛生の部參照）

一、會計檢査局（Audit Dept.）　長官を Auditor と稱し二名の Assistant 約七名の書記あり、會計檢査事務を管掌す。

一、財務局（Treasury）　財務局長（Colonial Treasurer）は當植民地の財政事務卽ち歳出入、公債、貨幣等の事務を掌り局員約二十一名より成る、本局の分課に地價評定官（Assessor of Rates）及印紙部（Stamp Office）あり、前者には書記二名後者には書記及 Shroff 六名あり。

一、港務局（Harbour Master's Dept.）　港務局は港務部（Harbour Office）、海員部（Mercantile Marine Office）及船舶檢査部（Marine Surveyor's Office）に大別することを得べし、港務局長は出入船舶事務、輸出入貨物、移民運送船、船長運轉士及機關士の試驗、水先案内人の試驗、日曜日荷役料徴收、船舶登錄、燈臺税其他の徴收、漁業事務等諸種の事務を掌り、又港務局長は海事警察裁判所（Marine Magistrate's Court）及海事裁判所（Marine Court）の各裁判官を兼ぬ、前者に於ては港規違反、港務局長よりの命令違反、燈光表示の怠慢、航路規則違反、船客輸送規則違反等の事件を審判し後者に於ては船舶衝突、海賊遭難、船員の職務怠慢等の事件を審判す、海員部は海員の雇入、解雇等の手續を爲し疾病、負傷其他の出來事の爲め難澁せる海員を Sailors' Home に收容し又は本國に送還する等の事務を執り船舶檢査部に於ては移民輸送船の檢査、船底檢査、其他各種船舶又は船内部分の檢査に從事す、港務局長の下に Assistant 一名、書記共他の屬官約二十三名あり、又海員部には五名の書記及三名の技師あり、又船舶檢査部には小蒸氣船六隻附屬す、此外政廳又は私人の彈藥を保管するグリーン アイランド彈藥庫を管理し又グリーン アイランド、コリンソン岬、ガップロック及ワグランの四燈臺は港務局の管轄に屬し前記以外の雇員の數多し。

一、輸出入監督局（Imports and Exports Office） 輸出入監督官（Superintendent of Imp. and Exp.）の下に副監督官兼專賣技師一名あり、本局は輸出入監督部と阿片專賣部との二に區別することを得べく、前者にては輸出入の一般的取締、酒税、煙草税徴收及酒、煙草の輸出入取締、阿片、砂糖、武器彈藥等の輸出入取締等の事務を行ひ書記二十一名、英人收入官吏約十名、巡査をして收入官吏を兼任せしむるもの約十三名、支那人收入官吏約六十名あり、阿片專賣部は阿片の精製、包裝及販賣の三部に分たれ約二十二名の官吏と五十餘名の雇員及使用人とあり、初め本局は港務局に附屬せる一分課なりしが戰時に際し輸出入の取締嚴重となりたると千九百十四年三月政廳が阿片專賣を開始したる結果其事務漸次繁多となり同年獨立したる一局を設くるに至れるものとす。

一、氣象臺（Royal Observatory） 氣象臺長を Director とし一般の氣象觀測、方位角測定に從事し又天氣豫報、暴風警報及報時信號等の附屬事務を行ふ。（氣候の部參照）

一、租借地事務官（District Officers） 租借地を北部（North District）及南部（South District）に分ち目下北部には一名の租借地事務官を、南部には一名の租借地副事務官（Assistant District Officer）を置き各其管下の行政に當らしめ又千弗以下の民事裁判をも行はしむ、南北共に十名乃至十數名の屬官を有す。

一、破産管財官（Official Receiver） 破産管財官は又商標登錄官（Registrar of Trade Marks）を兼ね、三名の書記之に附屬す。

一、土地局（Land Office） 土地局長（Land Officer）は土地に關する登錄事務を掌り其下に Assistant 一名、書記六名を置く。（土木の部參照）

一、警察監獄部 警察部の長官は警務總監（Captain-Superintendent of Police）にして三名の Deputy 及 Assistant あり、一般警察事務を管掌し又度量衡器の取締、飲食物藥品取締、危險物取締、車輛類取締、諸種免許事務を取扱ふ、歐洲人、印度人及支那人の警官を有す。（治安の部參照）

監獄部長は Superintendent と稱し警務總監之を兼任し專任の Assistant Supt. あり、書記四名、歐洲人看守約三十名、印度人看守約五十名之に附屬す、消防部長も亦 Superintendent と稱し警務總監の兼任とす、Deputy 及 Assistant 三名あり。（治安の部參照）

一、醫務局（Medical Dept.）　局長を醫官長（Principal Civil Medical Officer）とし海港檢疫官兼移民檢疫官二名、國家病院長一名、醫官五、六名を其幹部とし醫師、藥劑師、產婆、病院、檢疫、種痘、藥品等の事務を司り國家病院、精神病院、堅尼地城病院、產婦病院、ヴィクトリヤ婦女子病院、東華病院、アリス記念產婦病院、支那人公衆施療院、細菌檢查所、死體剖檢所、分析所（Government Laboratory）等は醫務局の所管に屬す。（衞生の部參照）

一、衞生局（Sanitary Dept.）　局長は Head of S. D. にして其下に書記長並に十二、三名の書記附屬す、又別に衞生幹部と獸醫幹部とあり、前者には衞生醫官（Medical Officer of Health）一名、衞生副醫官三名、衞生監視官（Sanitary Inspectors）二十餘名あり（他に通辯十八、九名、Foremen 二十二、三名、其他使用人頗る多し）、傳染病、地方病の豫防、撲滅、水道、下水、掃除等の事務を司り消毒所、公衆浴場、墓地の監督も亦之に屬す、獸醫幹部には獸醫官（Veterinary Surgeon）一名、通譯一名、屠畜場監視官三名、屬官三名等を有し屠畜場、食獸留置場及十數個の魚菜市場（Markets）を監督す。（衞生の部參照）

一、園林局（Botanical and Forestry Dept.）　長官は Superintendent と稱し一名の Assistant 七、八名の書記、約十名の山林事務員あり、植物園其他の公園、花園、官廳建物附屬の庭園の監理並に林、植林事務を掌る。

一、教育局（Education Dept.）　教育局長（Director of Education）の下に英語學校視學官、支那語學校視學官、女學校副視學官各一名、支那語學校副視學官三名（內一名は租借地勤務）、書記三名あり、教育事務を司る。（教育の部參照）

一、土木局（Public Works Dept.）　局長（Director of Public Works）の下に二名の Assistant、技師約二十名、技手、書記、監視、Foremen 等約九十名あり、以上を以て幹部とし他に土地並に測地部、計算通信材料部、公衆衞生及建築部、水道部等の分課あり、各技師、書記其他の官吏、雇員を備ふ。（土木の部參照）

一、郵便局　郵便局長（Postmaster General）の外一名の Assistant、約百名の官吏、百餘名の配達夫を有す、又爲替課及無線電信局之に附屬す。（通信の部參照）

一、九廣鐵道　九廣鐵道英國區域は監理官（Manager）により監理せられ十三、四名の官吏の外は殆ど全部監理官の任命せる屬吏、雇員又は使用人とす。

官吏

英國植民大臣は植民地官吏の任命權を有す、而して植民地官吏は普通三種に大別することを得べく總督は下級官吏に關しては絕對的任免權を有し其地方の候補者を任命することを得、又高級官吏に缺員を生じたる時は總督は之を植民大臣に報告し且同時に一時的の補缺として任命したる者の姓名、性質等を大臣に具報するを要し此場合には概ね改めて正式の任命を見るを常とす、又最高級官吏に缺員を生じたる時は總督は前の場合と同樣一時的任命者を大臣に報告し且其採用方を推薦することを得るも植民大臣は全く別人を任命するの權を有す、尤も各植民地には夫々固有の官吏多く互に相共通すること能はざるを以て實際に於て植民大臣は一植民地の官吏を他植民地に轉勤を命じ得るは高級官吏に限らる。

植民地の高級官吏は概ね昇進によりて補充せられ特種の技能を要せざる下級官吏は其地方の候補者を採用するものにして英本國より補充を要するは主として特種技能を有する官吏に止まる、而して土木技師、測量師、職工長等は普通在倫敦植民地事務官（Crown Agents for the Colonies）を經て候補者を得るを常とし尙植民地事務官は鐵道其他公共事業に要する書記、醫官等の任命に對しても人選の任に當るものとす、又植民大臣は植民地の爲めに屢教育關係の官吏を採用し時には新聞廣告により て募集することあり、司法官には概ね地方の候補者を任用し登錄官、裁判官、判事又は裁判所官吏等には辯護士（バリスター）を採用す、港務局の官吏には時々海軍々人を任命し、陸軍々人は警察官に任命することを得。

香港にては錫蘭、海峽植民地、馬來聯邦等に於けると同樣植民地官吏候補生（Cadetship）の制度を有し特に植民地官吏を養成し其成績により漸次植民地官吏の重要なる地位に昇進せしむるものとす、當地英國人官吏中には候補生出身者頗る多く、現に香港總督も其一人なり、候補生は生來の英國人たるを要し年齡二十一歲乃至二十四歲の者を本國の競爭試驗にて選拔して採用し最初は Unpassed Cadets として香港に派遣せられ專ら語學（廣東語多し）を研究せしめ或は職務の傍ら指定課目を研究せしめ三、四年にて最終の試驗を卒へ Passed Cadets となり種々の植民地官吏に任命せらるゝものとす。

官廳の項に述べたるが如く當地には一般的の官制なく從て官吏の種類、階級及定員等を知ること困難なるも知り得たる範圍に於て大要を左に摘記することゝせり。

各局課の主腦たる官吏は總て英國人にして其數約百七十名とし之に隷屬する各種官吏の大部分は支那人にして葡萄牙人、印度人等も亦少からず、今先づ當地主要なる文官二十餘名の俸給年額を試に摘記すべし。

	英貨（磅）	香港貨（弗）
總督	四、八〇〇（他に宴會費一、三〇〇）	—
總督祕書官	三〇〇	—
總督副官	三〇〇	—
民政長官	一、六〇〇	—
民政副長	六〇〇	—
支那事務局長	—	六、六〇〇
財務局長	—	七、二〇〇
地價評定官	—	四、二〇〇
港務局長	九〇〇	—
輸出入監督官	六〇〇	—
氣象臺長	四六〇	—
高等法院長	二、〇〇〇	—
陪席判事	—	八、四〇〇
登錄官	六四〇	—
警察裁判長	—	七、二〇〇
租借地事務官	—	三、九〇〇
檢事總長	一、五〇〇	—
クラウン、ソリシッター	九九〇	—
破產管財官	四六〇	—
土地局長	—	五、四〇〇
警務總監	—	六、〇〇〇

醫官長（醫務局長）	九〇〇	—
衛生局長	六〇〇	—
獸醫官	六〇〇	—
園林局長	四六〇	—
教育局長	一、〇〇〇	—
土木局長	—	七、八〇〇
郵便局長	—	五、四〇〇
九廣鐵道監理官	七八五	—

前記主要なる官吏及其他樞要の地位は總て英國人を以て充され其下に左記の屬官隸屬するものとす、但し定員不明なるを以て多くは最近に於ける實際の人員を記入し併て俸給年額を附記して參考に供す（特種の官吏は除外したるもの少からず）。

一、英國人書記（クラーク）

	人員	一箇年俸給額
英　貨にて俸給を受くる者	三三	六〇〇磅——一〇〇磅
香港貨にて俸給を受くる者	二〇	二、四〇〇弗——四八〇弗
計	五三	

二、書記（クラーク）（主に支那人）

	人員	一箇年俸給額	
高等書記	七	二、六四〇弗—三、〇〇〇弗	増給（二年一回、一二〇弗増給）
一等書記	一三	一、九二〇—二、四〇〇	（同）
二等書記	一六	一、四四〇—一、八〇〇	（同）
三等書記	四一	九六〇—一、二〇〇	（同）
四等書記	五五	七二〇—九〇〇	（一年一回、六〇弗増給）
五等書記	一一五	四八〇—六六〇	（同）
六等書記	一五	三六〇—四二〇	（同）
計	二六一		

三、Shroffs

三等シユロツフ	一三	九六〇弗—一、二〇〇弗	（二年一回一二〇弗増給）
四等シユロツフ	八	七二〇—九〇〇	（一年一回　六〇弗増給）
五等シユロツフ	二四	四八〇—六六〇	（同）
六等シユロツフ	一五	二四〇—四二〇	（同）
計	五〇		

四、其他諸種官吏

教育局

助教員	二	一、六八〇弗—二、〇四〇弗	（二年一回一二〇弗増給）
同	六	一、三二〇—一、五六〇	（同）
同	一一	九六〇—一、二〇〇	（同）
同	一五	七二〇—九〇〇	（一年一回　六〇弗増給）
同	一三	四八〇—六六〇	（同）
教生（女）	四	二四〇—四八〇	（一年一回一二〇弗増給）
同（男）	一三	二四〇—五四〇	（一年一回　六〇弗増給）
支那語教員	六	四八〇—六六〇	（同）
同	三七	三〇〇—四八〇	（同）
計	一一七		

土木局

職工長	三六	八四〇磅—二四〇
其他	二三	一五〇—二四〇弗
計	五九	

郵便局

電信技手	六	一、二〇〇弗—二四〇弗

鐵道部

譯長	一二	九六〇—四八〇	
切符發行係	一〇	四二〇—二四〇	
切符蒐集係	八	四二〇—二四〇	
其他	五七	九〇〇—二四〇	
計	八七		
其他諸種官吏	五八	三、〇〇〇—二四〇	
通譯	五〇	六六〇—一二〇	
以上通計	三八七		

五、警察官

一等警視(歐人)	九	二四〇磅	
二等警視(同　)	一〇	二〇〇	
歐人警官			
警部長	一		八六四弗
警部	三〇	一七五—一五五	
巡查部長	三〇	一四五—一三〇	
巡查	八七	一二〇—一〇〇	
印度人警官			
警部長等	五	七八〇—六〇〇	
警部	二〇	二七〇—二三四	
巡查部長	四四	二一六—一九二	
巡查	二八九	一八六—一五〇	
支那人警官			
探偵長	一		四八〇
巡查部長	二二	三〇〇—二四〇	
巡查	三三三	一八〇—一五〇	
計	九七三		

總計　一、七二四

右官吏中現金を取扱ふ支那人よりは五十弗以上七千弗迄の保證金又は擔保を提供せしめ居れり、其人員約百名に上る、又英國人たると支那人たるとを問はず恩給制度ありて目下恩給を受けつゝある者約六百名に上り一箇年支給額三千六百五十磅及十六萬六千餘弗に達す、此外寡婦及孤兒約八十名に對し扶助料として五百餘磅及一萬五千餘弗を給與しつゝあり。

割讓條約等拔萃

一、南京(江寧)條約（香港割讓に關するもの）

本條約は阿片貿易禁止に關し英、清兩國間に多年交戰を重ねたる結果千八百四十二年八月二十九日（道光二十二年七月二十四日）兩國間に結ばれたるものにして清國は英國に香港を讓與し上海以下五港を初めて外國の互市場となすことを決定したるものとす、本條約は千八百四十三年六月二十六日香港に於て批准交換せられたり。

大不列顚愛蘭聯合王國の女王陛下は兩國間に起りたる不和敵意を息止せんと欲するにより之が爲めに條約を締結せんと決定せり、故に其全權を指定したり即ち大不列顚愛蘭女王陛下は東印度會社少將サー、ヘンリー、ポッチンヂャーを特派することゝせり。

清國皇帝陛下は欽差便宜行事大臣、太子少保鎭守廣州將來宗室耆英及頭品頂戴花翎前閣督部堂乍浦副都統紅帶子伊里布を任命せり。

兩全權は互に其全權委任狀を示し良好妥當に屬するを認めたる後左記の條項を協定決議せり。

第三條　英國臣民が其船舶損壞ありたる時之を修補し及び之に要する材料を保藏せんが爲め一港を所有すべきことは明らかに必要にして願はしきことなるを以て今清國皇帝陛下は大英女王陛下に香港の一島を讓與し永久に女王陛下と其後嗣者に占有せしめ女王陛下が適當なりと認むる法律規則を以て之を治理せしむ。

……………………

千八百四十二年八月二十九日南京に於て英國船コルンウォルス號に於て兩國全權記名調印す卽ち清曆道光二十二年七月二十四日なり。（本條約は千八百五十八年天津條約により改訂せられたり）

二、天津條約

本條約は千八百五十八年六月二十六日（咸豐八年五月十六日）英國全權エルヂン伯と清國大學士桂良尙書花沙納と天津に會同して締結したるものにして清國官吏が廣東に入港せる英船アッロー號にある清人を捕縛したる結果兩國の間意外の葛藤を惹起せし善後策を定めたるものなり。

大不列顚愛蘭聯合王國女王陛下と大淸國皇帝陛下とは兩國間に存する誤解を止め兩國の關係をして將來一層滿足なる基礎を有せしめんことを希望し兩國間の現行條約を修正改善せんことを決せり、其目的を以て左の如く其全權大使を任命せり。

大不列顚愛蘭女王陛下の任命せる聯合王國貴族最古最貴シッスル勳位伯爵エルヂン、エンド、キンカルヂン、大淸國皇帝陛下の任命せる欽差大臣東閣大學士正八旗滿洲都統總理刑部事務桂良及經筵講官吏部尙書鑲藍旂漢軍都統稽察會同四譯官花沙納

五六

は其全權を以て相互に協議の後適宜と認めたるを以て左の條款を締結せり。

……………………

第一條　千八百四十二年八月二十九日江寧に於て記名せる兩國間の和親條約は本條約を以て反覆決定せらるゝものなり。

通商補遺條約及一般章程は修正の上其條項の要領は之を本條約中に網羅したるを以て前述通商補遺條約及一般章程は廢紙となすべし。

……………………

其徵證として雙方の全權大使は本條約に記名調印せり。

千八百五十八年六月二十六日（清國咸豐八年五月十六日）

三、北京續約（卽ち南京條約補遺條款）（九龍割讓に關するもの）

前揭天津條約は其調印の日より滿一年以內に北京に於て批准の交換をなすべき旨條約末條に明記しあるも兩國間に再び葛藤を生じ千八百五十九年英、佛兩國は問罪の大軍を起し翌年六月舟山列島を陷れ更に進んで天津を占領し十月同盟軍は終に北京に入り清帝は百官と共に難を熱河に避けたるが露國公使の居中調停に務むるあり恭親王遂に英、佛と平和條約を締結せり、本條約是れなり

大不列顚愛蘭女王陛下と大淸皇帝陛下とは現今各自の政府間に存する誤解を結了し今後の障礙に對して兩國の關係を確實ならしめんとする同一の希望を以て左の全權大使を任命せり。

大不列顚愛蘭女王陛下の大使伯爵エルヂン、エンド、キンカルヂン及大淸皇帝陛下の大使恭親王は互に其全權を以て會見協議したる後適當と認めたるを以て九箇條より成る次の條約を決

定せり。

第六條　香港灣內若くは其周圍に於ける法律及秩序を維持する爲め清國皇帝陛下は大不列顚愛蘭女王陛下及其後嗣に對し廣東省內九龍の市街地の部分にして英國政府の爲め兩廣總督勞崇光より在廣東英、佛同盟代辦委員勳三等ハーリ、スミス、パークスに其永代借地權を附與せる部分を英國女王陛下の香港植民地の屬領として保有せんが爲め割讓することに同意す。

其借地契約は本條約によりて無效とす、九龍に於ける前記の部分の所有權に對する淸人の要求は英國及淸國官吏の混合代辨によりて研究せらるべく又其賠償は淸人の要求が前記の代辨によりて確立せられたるものに對し英國政府より仕拂ふべし、但し其所有權の移動が英國政府によりて必要と認められたるものに限る。

…………………………

千八百六十年十月二十四日北京禮部省に於て之を作る。

四、九龍租借條約

本條約は香港領土擴張に對する英淸間條約にして千八百九十八年六月九日北京に於て調印せられ同年八月六日倫敦に於て批准交換せられたり。

第一條　香港の領土を擴張することが植民地の保護防衞上必要なることは多年認められたる所なるを以て今や英國政府及淸國政府は大要を議定し英國領土の境界を別添地圖に指定したる黠迄擴張して租借地となす、其詳細なる境界は兩國政府の任命したる官吏により劃定を再行し後決定すべし租借期限は九十九箇年と爲す。

第二條　又現に九龍城に駐在する淸國官吏は香港の武備を保衞するに妨礙たらざる範圍に於て其城內に在て管轄權を行ふことを約す、其餘の租借地は全く英國の管轄に歸す、淸國臣民は從來の如く九龍より新安に通ずる陸路を交通することを得べし。

第三條　又九龍城附近の碼頭は之を保存し淸國軍艦、商船及渡船の來往碇繫竝に城內官民の來往に便にする事を約す、將來淸國が鐵道を布設し九龍と英國領土との境界に至る時は其時に臨み商議すべし。

第四條　尙又今回擴張の境界內に在る居住民に公用徵收又は立退を命ずることある可からず若し公廳要塞又は其他の官用公用に要する地所は相當の代價を以て買取るべきものとす、兩國犯人引渡のことあるに於ては英淸間條約及香港章程に照し處辦すべし。

第五條　又別添地圖に指定したる英國の租借地域は大鵬灣及深州灣の水面を包有す、但し淸國軍用船は中立たると否とを問はず該兩灣を使用するの權利を保留すべき事を約す。

此條約は千八百九十八年七月一日卽ち光緒二十四年五月十三日以後有效なるべし、兩國君主之を批准し成るべく速に倫敦に於て批准を交換すべし。

千八百九十八年六月九日卽ち光緒二十四年四月二十一日北京に於て四通（英文、支那文各四通）を調製す。

備考　本條約第二條に據れば九龍城は淸國に保有し僅く官定めらるゝも租借地引繼前支那人暴徒の蹶擾起り淸國官吏も之に關係ありたること證明せられたる爲め英國の領有に歸することゝなれり。

政廳印刷物

當政廳印刷物の主なるもの左の如し

一、官報（Hongkong Government Gazette）　千八百四十五年二月二十日より千八百五十三年九月二十一日迄は英字新聞 China Mail を以て政廳の公布機關に充てしも千八百五十三年九月二十四日以降官報を唯一の公布機關とし以て今日に及べり、目下一週一回の發刊にして約三百三十部を出す（一箇年十八弗、半年十弗、一部五十仙）。

二、行政年報（Administrative Reports）　毎年一回當地各官廳の報告を蒐め本國政府に提出する行政年報にして千八百七十九年第一回を出し千八百八十四年之を Sessional Papers と改稱せり、後千九百九年に至り Adm. Reports と Sess. Pepers とを區別し前者は各官廳の報告のみを集め後者は立法會議に提出せられたる其他の書類を印刷に附したるものとせり（前者は購買するに政廳の許可を要す三弗、後者は二弗）。

三、立法會議議事錄（Hongkong Hansard）　千八百九十年以來毎年印刷す。

四、法令書類（Ordinances of Hongkong）　左の種類あり

（イ）千九百年の Statute Laws Ordinance の規定により曩に高等法院長たりし Sir Carrington の編纂せる法規輯覧にして千八百四十四年乃至千九百一年の法律を包含す。

（ロ）千九百二年乃至千九百八年の法律を政廳指定印刷所にて蒐集印刷に附したるものにして廢止せられたる法文は之を省略せり。

（ハ）Ordinances & Regulations 千九百九年以後の法律及規則は毎年一箇年分を一冊となし右印刷所にて發行し居れり、（一部三弗）。

（ニ）Index to the Ordinances of Hongkong　即ち法規輯覧附錄にして千九百七年までの分を含み高等法院首席判事たりし Mr. A. G. Wise の編纂に係る。

（ホ）Regulations of Hongkong　千八百四十四年乃至千九百九年に至る香港法律（Ordinances）に遵據し發布せられたる施行細則、布告等を包含し曩にクラウン、ソリシターたりし Mr. F. B. C. Bowley の編纂に係る（二十五弗）。

（ヘ）Regulations of Hongkong　千八百四十四年乃至千九百十四年分の Regulations を網羅し Acting Crown Solicitor, Mr. P. M. Hodgson の編纂に係る（二十五弗）。

（ト）Laws of Hongkong. New Revised Edition 再訂香港法令全書にして千八百四十四年より千九百十二年までの現行法令全部を包含し一時檢事總長代理たりし Mr. C. G. Alabaster の編纂に係り左の四冊より成る（一組五十弗）。

Vol. I.　Ordinances from 1844 to 1900.

Vol. II.　Ordinance from 1901 to 1912.

Vol. III. Selections from the Imperial Treaties, Statutes, Rules and Orders specially applicable to Hongkong.

Vol. IV. Chronological Table to the Ordinances from 1844 to 1912.

即ち當地現行法規の主なるものを蒐集するには（ト）四冊、（ヘ）一冊、（ハ）の千九百十三年分以降を購入するを要す。

五、Historical and Statistical Abstract of the Colony of Hongkong. 千八百四十一年乃至千九百十年分を民政長官部に於て編纂したるものなり。

六、Hongkong Civil Service List.　香港文官職員錄にして千九百四年初めて發行せられ當時 General Orders（千九百二年別に發行せられたることあり）をも包含せり、其後千九百六年二回目を發行し千九百十二年迄每年印刷せり、千九百十二年に至り香港文官職員錄と香港ゼネラル、オーダースとを別册にすることゝし爾來每年別箇に發行せらる（前者は購買するに民政長官の許可を要す二弗、後者は非賣品）。

七、其他政廳指定印刷所　Noronha & Co.　にて發行する主なるもの左の如し

Blue Book　政廳の各種統計類を蒐集し本國政府に提出するものにして前記行政年報と併せ見るべきもの、每年五百餘部を印刷す（三弗）。

Report on the Blue Book　前者に對する極めて概要の說明にして民政長官の執筆に係り行政年報の冒頭に挿入するもの（五十仙）。

Street Index　香港市內、九龍、ピーク等の土地家屋の番號を明記せるものにして購買には地價評定官の許可を要す（二十弗）。

Estimates　香港政廳の歲出入豫算にして每年一回發行す（三弗）。

History of the Laws and Courts of Hongkong.　二册より成り Mr. J. M. Norton-Kyshe の編纂に係る（二十五弗）。

Daily Weather Reports　一箇年分　十弗

Meteorological Bulletin (Monthly)　一箇年分　三弗

Postal Guide（郵便局にて購入し得）　一部　五十仙

前記政廳の行政年報（Administrative Reports）を購買するには政廳の許可を要するを以て入手し難き場合あるも各官廳の分を一々別册にして發賣するものあり。卽ち左の如し

Police Report	（警　察　署）	五十仙
Post Office Report	（郵　便　局）	二十五仙
Report on the Assessment	（地價評定官）	二十五仙
Botanical and Forestry Report	（園　林　局）	二十五仙
Education Report	（敎　育　局）	五十仙
Report on the Finance	（財　務　局）	二十五仙
Fire Brigade Report	（消　防　部）	五十仙
Harbour Master's Report	（港　務　局）	五十仙
Report of the Land Office	（土　地　局）	二十五仙
Annual Report of Magistracy	（警察裁判所）	二十五仙
Medical and Sanitary Report	（衞生局醫務局）	五十仙
Report on the New Territories	（租借地事務官）	二十五仙
Observatory Report	（氣　象　臺）	二十五仙
Prison Report	（監　　獄）	二十五仙
Public Works Report	（土　木　局）	五十仙
Report of the Secretary for Chinese Affairs	（支那事務局）	五十仙
Report of the Superintendent of Imp. and Exp.	（輸出入監督局）	二十五仙
Report of the Registrar of Supreme Court	（高　等　法　院）	二十五仙

尚當地法律にして一般の需要多きものは單行本を發行して發賣し居れり。其主なるもの左の如し

Arms and Ammunition Ordinance, No. 2 of 1900.
（武器彈藥取締法）……………………五十仙
Asiatic Emigration Ordinance, N°. 1 of 1915.
（亞細亞人移民法）……………………五十仙
Code of Civil Procedure, No. 3 of 1901.
（民事訴訟法）……………………………二弗
Companies Ordinance, No. 58 of 1911.(會社法) 二弗
Companies Winding-up Rules, 1913.
（會社解散手續法）………………………二弗
Copyright Act, 1911. （版權條例）…………五十仙
Dangerous Goods Regulations(危險貨物取締法) 一弗
Life Insurance Companies Ordinance, No. 11 of 1907.
（生命保險會社法）………………………五十仙
Limited Partnerships Ordinance, No. 18 of 1912.
（有限責任組合法）………………………二十五仙
Liquors Ordinance, No. 9 of 1911.（酒稅法）……一弗
Regulations for Examinaiton of Masters and Mates.
（船長運轉士機關士試驗規程）…………二十五仙
Merchant Shipping Ordinance, No. 10 of 1899.
（船舶法）……………………………………二弗
Opium Ordinance, No. 4 of 1914.（阿片專賣法）一弗
Public Health and Building Ordinance, No. 1 of 1903.
（公衆衛生及建築條例）…………………二弗
Stamp Ordinance, No. 16 of 1901.（印紙法）…二十五仙
Trade Marks Ordinance and Rules, No. 40 of 1909.
（商標法）………………………………………一弗

Tobacco Taxation Ordinance, 1916.（煙草稅法） 二十五仙
Hongkong Port Regulations（香港港規）………（非賣品）

尙此外 Ordinances 又は Regulations の發布せらるゝ毎に一部宛之を印刷發賣するものあり共價格は頁數の多少により一定せず、普通二十五仙乃至二弗とす。

第五編　財政

總說

當政廳の財政事務は財務局長（Colonial Treasurer）の所管に屬し本國政府の訓令に準據して處理せらる、初政時代には當植民地の經費は全部本國政府より支出を仰ぎしも植民地の收入は漸次增加を示し千八百五十年代に入りて財政上の補助は全廢せられ爾來當地の財政は本國より獨立するに至れり。

香港發達の順序は其歲入の逐年增加し來れるを以て其一斑を窺ふ事を得べく千八百四十七年には歲入僅に三萬千七十八磅に過ぎざりしも千八百五十五年に四萬七千四百九十三磅となり、千八百五十六年には三萬五千五百磅に減退し、千八百五十七年五萬八千八百四十二磅に上り爾來二三の例外を除きては每年增加を告げつゝあり。今千八百六十一年以降每十箇年の歲出入を記せば左の如し

年度	歲入 弗	歲出 弗
一八六一年	六一〇、七五七	五三六、二七四
一八七一年	八四四、〇七九	八九六、〇四〇
一八八一年	一、三二四、四五六	九六一、五六三

一八九一年	二、〇二五、三〇二	二、四四九、〇八六
一九〇一年	四、三三一、八九三	四、一一一、七三三
一九一一年	七、四九七、三三一	七、〇七七、一七七

歳入の主なるものは土地税、燈臺税、印紙税、阿片專賣、酒税、諸種の免許料、官業收入等にして香港は自由港なるを以て關税なく又營業税を賦課せず右の內阿片は特許税を課して私人の精製及販賣を許し多大の收入ありしが阿片販賣高漸減の方針を採り嚴重に取締れる結果特許税の收入減少し來れるを以て之が代用として千九百九年酒税を新設し次で阿片特許商の制度を廢し千九百十四年三月より政廳の專賣に移し歳入の增加を計りつゝあり。

香港は英國東洋艦隊の根據地たると同時に香港及支那駐屯軍の司令部所在地なるを以て陸海軍軍事費を要するも其經費は本國政府より支出せられ當政廳は每年歳入總額（但し土地拂下代を除く）の二割を軍事費として本國政府に納付することゝなり居れり。

最近十年間の歳入及歳出を示せば次の如し（因に會計年度は曆年と同じく一月一日に始まり十二月三十一日に終る）

年度	歳入（弗）	歳出（弗）
一九〇六年	七、〇三五、〇二一	六、八三三、六一〇
一九〇七年	六、六〇三、二八〇	五、七五七、二〇三
一九〇八年	六、一〇四、二〇七	六、五七三、三四一
一九〇九年	六、八二三、九六七	六、五四三、八三九
一九一〇年	六、九六〇、八六一	六、九〇七、一一三
一九一一年	七、四九七、三三一	七、〇七七、一七七
一九一二年	八、一八〇、六九四	七、三〇三、五五三
一九一三年	八、五三一、三〇八	八、六五八、〇一二
一九一四年	一一、〇〇七、二七三	一〇、七五六、二二四
一九一五年	一一、七八六、一〇七	一五、一四九、二六七

備考　九廣鐵道布設費及湖廣總督借款償還金は前表數字に包含せず。

千九百十五年十二月末日に於ける當政廳資產表左の如し

負債の部

	弗
流用し得ざる預金	四四三、四九八・八八
家屋勘定	三、九五〇・九七
在支那英國郵便局勘定	一一、八六一・七三
銀行當座借越	二、三九七、六九八・三八
クラウン、エージエント借越	七、七二二・三〇
計	二、八六四、七三二・二六

資產の部

	弗
補助貨幣	七五〇、一五二・八〇
前貸金	九八、八三四・三五
前拂金	六〇一・五〇
クラウン、エージエント當座預金	一、一三七、三九一・三〇
不能配賦貯藏品（土木局）	三一四、五八四・四四
同（九廣鐵道）	一〇九、八一八・四六
未決算勘定	六六二・五五
計	二、四一二、〇四五・四三
不足	四五二、六八六・八四
	二、八六四、七三二・二六

即ち千九百十六年初に於ては當政廳は四十五萬弗の不足を示せるが最近數年間に於ては歳計剩餘金二三百萬弗に上り千九百

十四年末には二百九十萬弗を有せしが千九百十五年中九廣鐵道特別建設費に三百六十萬弗を要したると戰時費其他雜支出等に於て支出の增加を來したる爲め斯くの如く不足を見るに至れり千九百十六年の豫算に於ても歲出の歲入に超過する額四十七萬弗に上り更に捕虜輸送費等豫算外の經費を要するもの少からざりしを以て一方既製阿片小賣價格値上を爲し土木工事豫定計畫の一部を中止し土地拂下を增加し更に他方酒稅を增徵し次で煙草稅を新設し以て漸く歲入出の平衡を期するに至れり。

歲入及歲出

左に最近三年間の歲入及歲出を表示す（單位弗）

歲入の部

	一九一三年	一九一四年	一九一五年
燈臺稅	九三,六四九・四四	九〇,三九七・八七	七五,四七五・七五
特別燈臺稅	一〇四,六四八・四一	一〇三,六六七・九七	九三,〇〇八・四三
免許料其他	五,五一〇,五六〇・八九	七,九七九,四五九・五一	九,〇七五,三五九・〇四
裁判所其他 官廳手數料等	七一一,五三四・九四	七二七,七七七・五九	六九七,〇七九・九〇
郵便局	四三九,一八九・三七	三九八,四二六・三八	三七一,〇八一・〇七
九廣鐵道	三三五,一一五・三三	三八一,三一三・二八	三一六,六九六・一四
官有財產(土地家屋)賃料	八九八,四八〇・二七	九三六,六四八・〇二	九三三,八六六・五五
雜收入	一三六,八四四・八二	一二四,四一六・〇四	一二九,二六〇・〇〇
計	八,二二〇,〇二三・三六	一〇,七四二,〇八六・六六	一一,六九一,八二八・八八
土地拂下	二九二,二八五・四八	二六五,一八六・四三	九四,二七七・八五
總計	八,五一二,三〇八・八四	一一,〇〇七,二七三・〇九	一一,七八六,一〇六・七三

前表に依れば歲入の大別のみを列記し細目明らかならざるを以て今左に免許料其他裁判所其他の官廳手數料等及官有財產賃

料の三項中一箇年の收入約五千弗以上に上るもの丶詳細を掲ぐべし（弗以下切捨）

免許料其他の收入	一九一三年	一九一四年	一九一五年
武器免許料	八,四二〇	六,七九四	三,六二〇
土地稅	一,五八一,九五五	一,七二四,一八七	一,八二一,三〇二
小舟免許料	六六,七三九	九七,四五五	九二,三八八
車輛轎類免許料	一一三,三七二	一一三,五〇九	一一六,二四五
支那人會社登錄料	三五,二七七	三四,一三一	三三,八七九
犬飼養料	五,七七五	七,八一五	五,九四九
罰金	一五一,五四六	八八,二五四	七〇,一二〇
沒收	五五,〇六二	五七,一八一	一二,二〇一
呼賣人免許料	三三,二七〇	二六,九七六	三一,一八四
戎克免許料	七二,七六三	五二,一八二	五一,〇六二
酒稅	七二九,二三三	六五六,九五五	六三六,五七四
酒類免許料	二四九,八一五	二四一,三九三	二五七,八三〇
海軍々需品取扱免許料	一〇,八〇〇	九,六三〇	九,九九八
阿片專賣	一,一八三,二〇〇	三,七四一,五〇〇	四,七〇一,八七七
質屋免許料	一〇四,二四〇	一一一,一一八	一一二,四二七
印紙稅	一,〇六五,九一四	九六九,八二七	一,〇八〇,九三三
小蒸氣船免許料	五,〇五一	五,六一六	七,三八九
移民宿泊所免許料	五,六一八	五,〇三六	（規則改正）
裁判所其他の官廳手數料等			
分析手數料	八,八四六	一〇,三五三	二〇,七六四
船舶健全證明書	一〇,〇四四	九,〇三六	七,二九〇
會社登錄料	九,二七六	九,八三七	一三,三五四
裁判所手數料	四一,八四七	四九,六〇三	三九,五八四

	一九一三年	一九一四年	一九一五年
證書類登記料	五一、四三七	四四、二四六	三七、八九〇
彈藥貯藏手數料	一五、三四一	一三、三一五	七、六九三
移出民檢疫手數料	九四、六八一	五五、四七一	四六、〇三一
醫療による收入	三五、四六三	三五、〇〇三	二九、二五六
破産管財手數料	九、三〇七	一三、〇三七	一一、七九五
警察官前貸金返還	一〇、四四三	一四、〇六四	一〇、三一七
官立學校授業料	三八、九九六	四四、三三七	五四、八三一
皇仁書院授業料	三一、二四五	二八、〇六五	二七、五四五
日曜日荷役許可料證	七一、四〇〇	六六、九五〇	八五、二五〇
汽船檢査料	二九、四一九	三〇、六四四	二七、〇三〇
商標登錄料	六、〇四三	四、七三七	五、四九一
水道税メートル貸料	一六一、五九五	一八九、四四〇	一六九、一四八
船員雇用解雇手數料	三一、五七六	三三、四八九	二九、二七八
官有財産（土地家屋）貸下料			
建物	四四、〇五五	四八、三四四	三三、四八五
一年以下土地使用料	六五、七三九	六四、九二九	七二、八三六
土地收入（租借地）	一一九、三六八	一三一、八五〇	一三一、六五三
土地貸下料（租借地以外）	三四五、九六七	三六八、〇一九	三六四、〇二四
魚菜市場	一四八、八四五	一六三、五〇六	一六三、一一〇
馬頭角屠畜場	一三、九八三	一三、六五九	一五、〇五三
埠頭	四三、二一五	四二、八九一	四五、二五〇
屠畜場	八九、一九二	八三、八二六	九〇、四二六
石切場	二四、二四九	二六、八八三	二五、九一八

歲出の部

	一九一三年	一九一四年	一九一五年
總督	八三、〇五一・〇五	八五、九八六・二九	八二、三五一・六三
民政長官部及立法部	七九、九七七・七三	七〇、八九四・四〇	八五、三八〇・八二
支那事務局	四一、六七四・〇四	五一、一七八・〇四	五三、一八八・七三
會計檢査部	三〇、八一七・八九	三二、六九七・二三	三一、〇五八・九九
財務局	六六、一六一・九二	六六、九四三・六〇	六七、六九三・二五
港務局	二二八、五一六・八〇	一七六、二八七・九八	二五七、三二五・二四
輸出入監督局	—	九九一、〇九六・四六	七七七、九三五・五二
氣象臺	二四、二五五・四九	二五、三九八・三一	二三、二三三・一三
雜支出	三八七、七八三・七九	九四五、一三一・六二	一、七二四、九九三・七八
司法部	二五三、六三六・一八	二五九、一八一・九四	二六八、　六七・九四
警察監獄部	九〇九、四二一・〇九	九三二、一五六・五二	九四〇、二一四・二九
醫務局	二二七、三〇七・〇三	二三〇、八九六・八六	二二八、二〇〇・一七
衞生局	三三一、二三四・五五	三五三、五二一・五三	三四三、九〇三・一九
園林局	四八、七四五・八八	九七、〇七六・一四	四九、四〇四・五六
教育局	二六九、一六四・三三	二九二、八二〇・八三	三二八、〇七二・〇九
軍事費	一、六一五、六八三・三二	一、八八六、三四六・三一	二、一五一、三八八・七〇
土木局	三六七、五四四・五三	四一四、五〇一・五七	三九九、七〇〇・七六
土木修繕費	五九九、八四三・二四	五六七、一〇〇・一八	五五八、四四八・〇三
土木臨時費	一、二四七、六八九・三四	一、六三九、五九四・七三	一、八三九、八八三・〇一
郵便局	六三二、五八七・五一	三七一、六四六・〇六	四〇七、七二一・〇九
九廣鐵道	二四五、八〇八・五八	二七四、三六六・三九	二九七、二六五・九七
九廣鐵道特別建設費	—	—	三、〇六二、三八八・五九
公債費	六七二、九六一・三六	七〇五、八〇八・五〇	七九四、〇〇二・八六
年金	二八〇、二三〇・八八	三〇五、〇三〇・六一	三三九、〇四七・四〇
慈善費	二四、九一六・四一	二七、五五三・七四	三八、二九六・八一
計	八、六五八、〇一三・九三	一〇、七五六、二二四・八二	一五、一四九、五六七・五四

備考　軍事費の大部分は本國政府に納付せらるゝものにし

て內五六萬弗は當地義勇兵費として當政廳より直接支辨せるものとす。

今千九百十五年香港政廳財政報告の大要を左に記述すべし

一、歳入　歳入は千百七十八萬六千百六弗にして豫算額に比し三十七萬八千四百七十五弗の增加、前年度歳入に比し七十七萬八千八百三十三弗の增加とす、前年度に比し增加せるは免許料其他及雜收入の項にして其他は孰も減少を示せり。

二、歳出　歳出は千五百十四萬九千二百六十七弗に上り豫算額に比し二百六十六萬二千四百九十七弗、前年度歳出に比し四百三十九萬三千四十二弗の超過とす豫算に比し減少を示せる項二十、增加を示せるもの五とす雜支出に於て八十一萬二千七百三十二弗を增加せるは主として本年度五百九十萬弗の補助貨を鑄潰したる損失に因るものにして之が爲め四十八萬八千五十七弗の豫算超過を來し又戰爭の結果豫算外の支出二十五萬三千三十弗に上れり鐵道建設費に對しては更に多額の支出を議決し且二十五萬磅の公債募集を中止したる結果鐵道特別支出金三百六十萬二千三百八十八弗の豫算外支出を要せり又鐵道建設費前貸金利子多かりし爲め公債利子の項に於て五萬五千百五十二弗の超過を示せり軍事費は豫算に比し十六萬七千二百三十弗の減少とす輸出入監督局の支出は阿片購入高少かりし爲め二十萬六千五百八十三弗の減少又港務局は港內浮標買上を一部次年度に延期せる爲め特別費に於て十六萬七百五弗を節約したり其他の減少は重に俸給の節約より得たるものとす又土木臨時費に於て工事を延期したる爲め三十八萬九千九百三弗を節減せり。

三、歳計　歳出の歳入に超過すること三百三十六萬三千百六十一弗にして前年末には剩餘金二百九十一萬四百九十四弗なりしも本年度末には四十五萬二千六百八十七弗の不足となれり土地拂下を差引きたる本年度歳入は千百六十九萬千八百二十九弗にして歳出は千五百十四萬九千二百六十八弗なれば此內より臨時支出たる土木臨時費百八十三萬九千八百八十二弗鐵道特別支出三百六十萬二千三百八十八弗合計四百九十萬二千二百七十弗を差引く時は經常費千二十四萬六千九百九十八弗となる故に經常費によりて算出する時は歳計剩餘金百四十四萬四千八百三十一弗に上る尙港內浮標買上費及補助貨回收費百三十四萬五千三百五十二弗を臨時支出と見做すことを得るを以て此分をも差引くときは剩餘金二百七十九萬百八十三弗に達す。

四、九廣鐵道　鐵道建設費は千九百十五年末を以て千四百六十萬二千七弗に達し共內千九百十五年中五十萬六千三百四十七弗を支出し主に九龍停車場建築に使用せられたり右鐵道建設資金は前武昌總督より回收せる百十萬磅（香港貨　一一、五三九、六一九弗）の前貸金及香港植民地經費として三百六萬二千三百八十八弗を支出したり。

五、概說　收入制度に於て本年中著しき變化なく只既製阿片の賣價を七月及十二月の二回値上したることのみ本年中財務局長の現金總收入は六千七百九十四萬九千五百十六弗、總支出は七千三十五萬四千九百三十七弗とす但し右數字には預金前貸金、鐵道建設費、補助貨、特別資金等の項目に屬する收入支出を包含せず回收の目的の爲め補助貨の手許保管中のもの及現に倫敦に輸送中のものは千九百十五年度末に於て額面七十五萬九十二弗七八に達せり。

土地税

土地税は千九百一年土地税法により規定せられ地價評定官は毎年（七月より翌年六月迄を一年とす）四月迄に各土地の評定を爲し又家屋の新築、破壊其他施設の變更ある場合には臨時評定をなし臺帳に記入し之を標準として一定率の課税をなすものなり而して土地税を仕拂ふべき土地は主として宅地にして家屋の有無に拘はらず人の居住に適する土地とし其評定價格は之を他人に貸與したる場合に定め得べき賃貸料を標準とす故に土地税の大部分は家屋税と見做すことを得其税率は地域により相違あり。概要左の如し

ヴィクトリヤ市及丘陵地方の大部	一三%
丘陵地方の一部及クオリー灣	八$\frac{3}{4}$
油蔴地、芒角嘴、紅磡、西紅磡	一一
其他	七―一一

尚評定價格は逐年順調に増加し過去十年間に千九十六萬九千二百三弗より千四百三十萬五千三百七十弗に増加し卽ち三割四厘一毛の増加を示せるは植民地發達の一證と云ふべし。

參考迄に最近十箇年間の評定價格を示せば左の如し

一九〇六―七年度	一〇,九六九,二〇三弗	一九一一―一二年度	一一,一六一,三九〇弗
一九〇七―八年度	一〇,七二六,一七三	一九一二―一三年度	一一,三一三,三〇六
一九〇八―九年度	一〇,八一六,七五三	一九一三―一四年度	一一,四三五,八一三
一九〇九―一〇年度	一〇,七五〇,九〇三	一九一四―一五年度	一四,四一〇,一〇三
一九一〇―一一年度	一一,〇八三,一七九	一九一五―一六年度	一四,三七五,三七〇

又最近（九一五―六年度）に於ける評定價格を地域により大別すれば左の如し

ヴィクトリヤ市	一一,七四,五三〇弗
丘陵地方	三三五,七三五
筲箕灣、西灣埔、クオリー灣	三八一,四九一
香港島諸村落	一七六,〇一六
九龍角	六一〇,八三五
油蔴地	三三〇,四六五
芒角嘴	二一〇,七一五
紅磡、鶴園	三〇一,〇四五
九龍諸村落	九〇,六二六
新九龍	一〇三,九二二
合計	一四,三〇五,三七〇

燈臺税

當港には噸税無きも燈臺税ありて當植民地領海に入港する船舶は總て登簿噸數に應じ之を仕拂はざるべからず（但し英國及外國軍艦竝に二十噸以下の船舶を除く）されど廣東、澳門又は西江流域との間を航行する河船は出入頻繁にして之に對し大洋航行船と同様の課税をなすは負擔極めて重く近海貿易を阻害する所以なるを以て其税率を低くせり。其税率左の如し

香港領海に入港する各種船舶	一噸に付　二仙
每晝間又は每夜間香港に入港する河船	〇$\frac{5}{6}$

千九百八年迄は普通船舶は一噸に付一仙、夜船は三分の一仙、晝船は無税なりしが收入増加の目的を以て千九百九年より右の税率に改められたり、從前の率による分を單に燈臺税（Light Dues）と稱し増徵の分を特別燈臺税（Light Dues, Special Assessment）と稱す。

今千九百十五年の收入内譯を示せば左表の如し

	航海數	噸數	燈臺税	特別燈臺税	合計
大洋航行船	四,五一〇	七,三四二,三三〇	弗 七三,四二三・三〇	弗 七三,四二三・三〇	弗 一四六,八四六・六〇
小蒸氣船	二,七一一	一四〇,七一八	一,〇四七・一八	一,〇四七・一八	二,〇九四・三六
河船(夜船)	四〇〇	三〇一,五七三	一,〇〇五・二七	一,五〇七・九二	二,五一三・一九
同（蛋船）	三,二一三	二,〇四三,六〇四	—	一七,〇三〇・〇三	一七,〇三〇・〇三
計	一〇,八三四	九,七九二,二二五	七五,四七五・七五	九二,〇〇八・四三	一六八,四八四・一八

酒税

香港に於ける阿片販賣取締の結果阿片特許による收入逐年減退し歳入に缺陷を生ずる虞ありしを以て千九百九年九月酒類税法を通過し直に之を實施したるが豫期の收入を得る能はざりしにより千九百十一年三月其税率を改正増加せり然るに千九百十六年に至り捕虜收容費其他に多額を要し歳入不足を來す豫算なりしを以て三月一日更に増徴に決し卽日實施することゝせり酒税は當植民地内にて消費する酒類に賦課するものにして再輸出品には之を課せず。今現行税率を示せば左の如し

甲、香港に輸入し又は香港にて釀造或は混合したる酒類税率

洋酒（一「ガロン」に付）

ブランデー及リキユール	弗 六・〇〇
ウイスキー及ジン	四・〇〇
ラム酒及其他の酒精含有飲料	四・〇〇
三鞭酒及其他の泡立つ酒	四・〇〇
ポルト・シエリー及マデイラ酒	三・〇〇
其他の罎詰非沸騰性葡萄酒	二・〇〇
其他の樽入非沸騰性葡萄酒	一・五〇
其他酔はしむる飲料（酒精、天然葡萄酒及火酒以外のもの）	〇・三〇
酒精及アラック酒	四・〇〇

支那酒（一「ガロン」に付）

（一）料本、雙蒸及左記の酒 糯米酒、黒糯米、茅根、玉蘭、檸檬酒、酸梅、木瓜、新豐、胡桃、雪梨酒、新桔、凌仙酒、歸谷、三鞭、鐵打、風濕、衛生（重量の二割五分又は以下の酒精を含有するもの）	〇・四〇
（二）三蒸　重量の三割五分又は以下の酒精を含有するもの	〇・五〇
（三）花酒及左記の支那酒 五加皮、玫瑰露、史國公、虎骨木瓜、茵陳露、高粱幹（重量四割五分又は以下の酒精を含有するもの）	〇・六〇
（四）汾酒　重量の五割又は以下の酒精を含有するもの但し五割乃至五割五分のものは一分を増す毎に二仙を加徴す	〇・八〇
（五）重量の五割五分以上の酒精を含有する支那酒、但し五割五分以上は一分を増す毎に八仙を加徴す	一・〇〇
（六）租借地（新九龍及長洲島を除く）内にて釀造し租借地内の消費に充てらるゝ支那酒	〇・一〇

乙、其他の規定

（一）前記分類の一に屬する旨明記したる支那酒は各項記載の率によ り課税するも政廳分析官が明記せる以上の酒精を含有せる事を發見したる場合には之に相當する税率を課す斯かる場合には各項の分類は其名稱の如何に拘はらず其含有せる酒精の量による又何等明記なき支那酒は分析官の檢査したる酒精

の量による。

(二) 租借地（新九龍及長州島を除く）内の釀造所は香港及新九龍に其製造酒を輸送することを禁ず但し免許釀造者にして之を輸送せんとする者は香港及新九龍に於ける課税を仕拂ひ且許可書の下附を受くべし。

(三) 香港に輸入し又は香港にて釀造又は混合したる酒類中酒精及アラック酒を除き酒精標準强度以下十八度以上のものはブランデーは十八度以上一度を上る毎に六仙其他の酒類は同じく一度を上る毎に五仙を加徵す。

前記酒類消費税の外酒類釀造販賣免許狀及税額に左の種類あり

蒸溜所免許狀	年額四百弗
釀造所	同　四百弗
一時的免許狀	不　　定
酒亭免許狀	ヴィクトリヤ市及丘陵地方にては土地評定價格の高下に從ひ年額千弗より三千五百弗まで六種あり其他の地域にては右の半額とす。
料理店及旅館免許狀	地域により年額四百弗乃至七百弗
取扱商免許狀	年額千弗
支那酒免許狀	地域により年額三百五十弗乃至六百五十弗
支那料理店免許狀	土地評定價格に從ひ年額三百弗乃至九百弗
其　他	（玆には省略す）

尙參考迄に最近三年間の酒類課税及特許保税倉庫料より得たる總收入は左の如し、卽ち千九百十四十五兩年に於ては戰爭の影響にて收入額の減少を示せり又千九百十六年三月酒税增徵の結果一箇年約十五萬弗の收入を得べき見込なり。

	一九一三年	一九一四年	一九一五年
洋　酒　税	弗 二五四,四六〇・五九	弗 二二二,〇三一・六八	弗 一七三,〇〇一・二四
支　那　酒　税	四六七,七四五・一八	四二八,一〇六・二一	四四七,五三三・七三
特許保税倉庫料	七,〇二〇・八三	六,七五〇・〇〇	六,〇〇〇・〇〇
右規定時間外使用料	一二四・〇〇	六八・〇〇	四〇・〇〇
計	七二九,三四〇・六〇	六五六,九五五・八九	六二六,五七四・九七

煙草税

前項記載の如く當政廳は歲入の不足を補ふ爲め千九百十六年七月十四日新に煙草税法を制定し當地に輸入する煙草に對し小賣値段の平均二割五分に當る課税を徵することゝなり、卽日より實施したるが七月二十八日に至り税率の一部を修正したり。

現行税率左の如し

(一) 葉卷煙草（一封度二弗二十仙以上のもの及價格の如何に關はらず嗅煙草）……………………一封度に付　弗 一・五〇

(二) 葉卷煙草（一封度二弗二十仙乃至一弗六十仙のもの）……………………同　〇・七〇

(三) 煙草及紙卷煙草（一封度一弗六十仙以上のもの）……………………同　〇・七〇

(四) 煙草、葉卷煙草及紙卷煙草（一封度一弗六十仙乃至一弗十仙のもの）……………………同　〇・三〇

(五) 煙草、葉卷煙葉及紙卷煙草（一封度一弗十仙乃至六十仙の

もの……………………………………同　〇・二〇

(六) 其他の煙草、葉卷煙草及紙卷煙草……………………同　〇・一〇

輸入煙草の課稅標準は送狀面に記載せられたる價格とす但し價格の記載なき場合又は記載價格が適當と認め難き場合には輸出入監督官の評價による。

左記の煙草に對しては課稅を免ず。

一、輸出する煙草（既に課稅せられたるものは輸出に際し稅金を拂戾すものとす。

二、船舶內貯藏品。

三、本法實施當日私人の所有に屬する煙草百封度まで。

四、個人用品として旅客荷物中に混じ輸入する煙草、一定量まで。(制限量は追て規定の筈)

同法律の規定によれば各船舶の船主、傭船者、代理者、船長及コムプラドルは煙草が直接保稅倉庫に入れらるゝ場合に非ざれば許可書なくして陸揚せしむることを得ず。

煙草を輸入したる船舶の船主、傭船者、代理者及船長は當港到著後四時間以內に輸出入監督官に對し輸入煙草を正確完全に記載したる書類を提出すべく又輸出の場合には出港後二十四時間以內に輸出煙草を正確完全に記載したる書類を同官に提出すべきものとす又手荷物を携帶し當港にて下船又は乘船せんとする者及陸路當港に到著又は出發する者は收稅官又は警察官の要求ある場合には其荷物を搜索せしめ又は警察署に同行して之を搜索せしむべきものとす。

特許保稅倉庫料及免許手數料一箇年分を示せば左の如し

特許保稅倉庫料	弗 二五〇・〇〇
製造免許料	二四・〇〇
輸入商免許料	四・〇〇
小賣商免許料	四・〇〇

本煙草稅は新設匆々にして未だ其成績を知る能はず又政廳に於ても其收稅の豫算を公表せざりしを以て幾何の收入を豫期し居るや明らかならず。

酒稅及煙草稅共に消費稅の性質を有するものにして一旦當港に輸入するも再輸出品には課稅せざる方針なるも此の種課稅は香港の自由港たる特質を漸次沒却せしむる第一步なりとて一般に反對の聲高し。

阿片專賣

從來香港政廳に於ては當植民地にて消費する阿片の精製及販賣を阿片特許商に請負はしめ一箇年百二十萬弗乃至二百萬弗に上る收入を擧ぐることを得て重要なる財源なりしが當政廳にて漸次其販賣を制限したる結果其收入も亦漸減の勢あり爲めに已むを得ず別項記載の酒稅を新設したる次第なるが千九百十四年二月末を以て阿片特許商の請負契約期間終了したるを期とし阿片の精製及販賣を輸出入監督局の直接管理の下に置くことゝせり其制度は大體に於て從前の特許商の制度を踏襲し之に幾分新嘉坡の制度を參酌したるものとす。

阿片精製所は市の東部灣仔に在り從來歷代の阿片特許商の使用したる建物にして政廳は之を借入れ從來の設備竝に使用人を全部引受け使用し居れり。

精製阿片の包裝兼販賣所は別に市內に在り又租借地內大埔に一支部を設置せり。

阿片の小賣は稍困難なる事業にして新嘉坡に於ては免許を得

たる請負人をして其販賣高の約一割に當る利益を與へて公衆に販賣せしむるも若し香港にて此方法を適用せば請負人は其販賣高を增加せんとし勢ひ不正輸出を奬勵するの危險あり又植民地內各所に支部を設くることは困難なるのみならず多大の經費を要すべし先づ不正輸入を防遏する爲めには需要ある地方の各中心點に政廳阿片を常に備へ置くこと必要なり依て香港にては二種の免許狀を下付し双方共小賣價格を政廳に於て決定するものとす阿片の販賣高大なる場所に於ては免許人には專賣部の爲め阿片を販賣するに對し毎月一定金額の報酬を政廳より支給す故に彼等は一面專賣部の雇員たるの姿にして只彼等は其阿片に對し前金を仕拂はざるべからざるのみ、阿片販賣高小にして且不正輸入の危險大ならざる地方に於ては免許人は其販賣高に應じて手數料を受け土地の繁劇邊鄙の程度により其率を異にす而して其販賣高が一定の限度を超過せざるや否やを注意し其販賣高大に增加するの兆ある時は手數料の步合を遞減するものとす。

免許人の手により販賣する既製阿片は總て運搬に不便なるやう造られたる土製の壺に入れ以て密輸を困難ならしむ又別に品質優良なる阿片を製出し三兩（重量）入の鑵に入れ專賣部自ら販賣す本品は上流者のみ購求するものにして之が密輸を防止するには只登錄せられたる人のみに販賣するにより其目的を達することを得べし。

被登錄人に對する販賣高により常習阿片喫煙家の消費量の大體を窺知することを得べし千九百十四年中一人にて最多量に購入したる者は六十八鑵卽ち二百四十兩にして若し全部同人の消費したるものとする時は一日三分の二兩に相當す最多量購入者十七名にして平均四十九鑵を購入したれば卽ち一日二分の一兩の割合とす此種阿片は富有なる階級のみ消費するものにして右は香港に於ける最多量喫煙家と見做すことを得べく且當地の平均消費量は是れよりも遙に少量なるべしと思はる。

專賣部の使用する原料生阿片は當地英商 David Sassoon &Co. をして印度より購入せしめつゝあり當地に於ける阿片消費量は正確に之を知ること能はざるも毎年の精製量によりて見れば漸次減少せるを見る卽ち千九百十二年には千百十三函、千九百十三年には六百六十七函を精製したるが千九百十四年には四百四十九函、千九百十五年には三百四十五函に下れり尤も千九百十五年に於て百函餘り減少せしは小賣相場を値上したると戰爭の影響とに因るものゝ如し。

阿片專賣が千九百十四年三月一日政廳の直營に歸してより同年末に至るまでの總收入は三百五十九萬四千二百八十四弗に上り此內より生阿片購入費及諸費用を控除し大約九十萬弗の純益を示したるが千九百十五年には罰金並に沒收入によるものをも包含し總收入四百七十六萬五千二十八弗の多額に上れり、

既製阿片の小賣値段は收入增加の目的を以て屢々値上せられたるが本年二月五日改正現行小賣値段左の如し

				弗
Kamshan Opium	（香山煙）	三兩鑵入	一個	三五・〇〇
Hongkong 〃	（香港煙）	（一兩）		一一・五〇
Persian 〃	（波斯煙）	（同）		九・〇〇
Dross 〃	（烟　灰）	（同）		四・〇〇

當政廳は阿片密輸出入を嚴重に監督し阿片の押收は其額頗る多きにも拘はらず香港を經て行はるゝ密輸は毫も減退の跡なきが如し。參考迄に過去二年間阿片押收件數、有罪件數及阿片沒收の數量を示せば左の如し

	一九一四年	一九一五年
押收件數	一七一件	二三〇件
有罪件數	一三七	一六三
阿片沒收數量 生阿片	三四、二三三両	二〇五、六七八両
阿片沒收數量 既製阿片	九、六九〇	一九、四九九
阿片沒收數量 煙灰等	三四二	二九七

公債

當植民地には少額の公債を存す第一回は千八百八十七年の募集に係り土木費に充てられ二十萬磅四分利附なりしが内六萬磅は間もなく償還せられ殘額十四萬磅は千八百九十四年三分五厘利附に借換へ第二回公債と同一に整理せられたり。

第二回は千八百九十三年の三分五厘利附二十萬磅にして五十年間据置とし海岸埋立、中央魚菜市場、屠畜場、水道、下水工事等の土木費に充てられたる記名公債とす。

第三回は前記第一回借換の費用に充てたる三分五厘利附千七百九十九磅十五志一片にして千八百九十四年の發行に係る。

第四回は千九百六年政府が倫敦に於て三分五厘利附百十四萬三千九百三十三磅一志四片の公債を平均九十九磅一志にて發行したるものにして此内百十萬磅は湖廣總督に貸與し粤漢鐵道布設權を回收するに用ひしめたり本借款は四分五厘利附にして十年間の年賦償還と定め湖北、湖南、廣東三省の阿片收入を擔保とす而して千九百十五年末を以て滿十箇年に達し元金及利息は全部償還せられ其償還額は其都度九龍鐵道（英國側）布設費に充てられたるものとす本借款により當政廳の得たる利益は四萬七千百六十三磅にして右は全部減債基金に拂込まれたり。

即ち右四回の公債現在高は左の如し

	原發行高	現存高
	磅 志 片	磅 志 片
第一回	二〇〇,〇〇〇・〇〇・〇	一四〇,〇〇〇・〇〇・〇
第二回	二〇〇,〇〇〇・〇〇・〇	二〇〇,〇〇〇・〇〇・〇
第三回	一,七九九・一五・一	一,七九九・一五・一
第四回	一,一四三,九三三・〇一・四	一,一四三,九三三・〇一・四
計	一,六四五,七三三・一六・五	一,四八五,七三三・一六・五

香港總督は公債の利子として每年歲入の一部を割きて英本國の Crown agent に送付すべしと規定せられ又歲入の一部を以て公債額面總額の百分の一に對し十志の割を以て減債基金を積立つることを要し此積立金を Crown agent に送致する時は Crown agent は記名公債又は市價が額面以下なる場合には國務大臣の認可したる他の證券を購入し以て公債元金償還の基金となさしむ、減債基金は目下全部英國植民地の公債に放資せられ千九百十五年末に於ける放資額總計は左の如し

	磅 志 片
額面總計	二三四,四六一・一四・三
購入費總計	二一〇,八五五・八・三
市價	一九〇,八二七・一・七

左に參考迄に粤漢鐵道回收に關する英清間の契約文を附記すべし。

粤漢鐵道回收に付英國より借款の契約

此契約は清國太子少保湖廣總督張之洞と大英國香港政廳との間に締結せられたるものなり張之洞は特旨を奉じ粤漢鐵道の回收を計畫するにより此借款は清國皇帝に上奏し允許を經たるものにして湖北、湖南、廣東三省の總督巡撫の現任及後任者の爲めに之を締結せり。

粤漢鐵道に關する一切の事務案件は皆張宮保の處理に歸せるを以て張宮保は曩に米國會社に附與したる鐵道布設權買戻に資金を要するに因り英國政府に協議して其資金を借入れ之を米國會社に仕拂ひて株式を買戻し以て其責任を全くし英國政府は香港總督をして必要なる資金を貸與せしむることを承諾し本契約即ち成る。

一、香港政廳は湖北、湖南、廣東三省に計金百十萬磅を貸與することを承諾す其拂渡の方法は左記第七條に規定す三省の分擔額に付ては確定數を議定したる後更に之を通知すべし。

二、借款は十年を以て期限となし光緒三十一年九月八日より起算す本借款元金は十回分にて償還し每年一回十一萬磅を仕拂ふ、千九百六年八月十九日を以て第一期となす、但し第五期迄返濟したる後若し三省にして尙返濟を終らざる殘額を仕拂はんとする時は元金及償還の日に至る迄の利子を同時に仕拂ふべし元金完濟の後は此契約は無效に歸す。

三、本借款の利息は每年百磅に付四磅半として計算し半年每に殘餘の元金に對して利息を計算す。

四、元利償還の金額及期日は皆本契約附屬計算表（玆には省略す）に從ひ隨時香港に於て財務局長に交付す英貨は爲替相場に從ひて授受し或は香港政廳に於て各期の英貨相場により現金に換算し其金額を授受すべし。

五、本借款は湖北、湖南、廣東三省の阿片稅を以て擔保として其抵當に入る此阿片稅金は優先に該借款元利の返濟に充つるものにして此金額未だ全く返濟せられず又は未だ返濟し終らざる間は此稅金を以て他款の元利の擔保となすことを得ず今後三省の阿片稅を以て單獨に又は兼て擔保とする借款契約を結ぶことあるも本契約の前に有效ならしむることを契約することを得ず又本契約と同時に有效ならしむることを契約することを得ず必ず其契約書中に元利完濟のことは本借款の後に於て辨理することを記載すべし尙將來三省の阿片稅にて仕拂に不足なるときは湖廣總督は湖南、廣東と協議し孰の省が償還額不足なるかを調査し其省より他種の稅金を加へて之を償還せしむ若し又各期の元利を償還し能はざるときは英國政府は湖廣總督に照會し湖南、廣東に通知し孰の省の償還額が不足なるかを調査し其省よりは他種の適當なる稅金を以て海關の管理に歸せしめ本借款の擔保とす。

六、本借款に對し英貨債券を在漢口英國總領事に預け置き以て擔保となす此券は本借款元利總數と同額にして券面には湖北總督の官印を押捺し漢口稅關長之に署名するものとす若し元利償還期限に及ぶも香港に於て仕拂をなさゞる時は香港財務局長は此券を以て湖北、湖南、廣東省內に於て釐金稅納付に用ふることを得依て此事に關係ある三省內一切の官吏に通知し一般に之を遵奉せしむべし。

七、本借款は西曆本年十月六日香港政廳に於て締結し同時に英貨四十萬磅を漢口の香港上海銀行に送付の上之を轉交し張宮保名義を以て之を受領す又英貨七十萬磅を紐育に送付し米國駐劄梁公使に交付す香港政廳は漢口駐在の英國總領事に依賴し張總督に請ひ其證書を受領し以て借款は以上に定めたる用に供するものなること即ち確實に粤漢鐵道權利回收の用となすことを證す。

八、本契約は調印の前に既に張總督より上奏して裁可を經たるを以て本借款契約は外務部より公文を以て北京駐劄の英國公使に照會すべし。

九、本借款には既に廣東の阿片税を兼ね擔保となすことに定めたり本借款は張總督より電報を以て廣東に商議の結果兩廣總督は該阿片税を擔保となすこと及本契約にして廣東に關係ある各條項は將來必ず異議なきことの承認を經たるものとす。

一〇、本契約は漢文及英文を用ひ六通を作り一通を湖廣總督衙門に交付し一通を北京駐在サトウ公使に交付し一通を漢口駐在英國總領事に交付し保有するものとす將來本契約に疑義あるときは英文を以て證とす。

光緒三十一年八月十一日
西暦千九百五年九月九日　締結

第六編　治安

防備

陸軍

歐洲戰爭勃發前迄は英國は支那に於て二個の駐屯軍を有し北支那軍は天津に南支那軍は香港に各本部を置けるが開戰後支那及香港の駐屯軍減少の結果兩者を合併し香港を共本部となせり。

駐屯軍司令官は少將とし幕僚は普通參謀少佐一名、中尉一名、副官大尉一名より成り、庶務及補給部、砲兵部、工兵部、運輸部、兵器部、衞生部及經理部を置き其長を佐官又は佐官相當官とし平時約四千の軍隊を有す。

駐屯軍の編成は時期により一定せざるも戰前のものを示せば左の如し

輕步兵　一個大隊（八中隊）
重砲兵　三個中隊
要塞工兵隊　二個中隊
印度步兵　四個大隊（一個大隊は八個中隊）
山砲兵（十吋砲）一個中隊（四門編成）
香港新嘉坡獨立砲兵大隊（三個中隊）
印度補給輸送團の一部
其外兵器支廠、英人軍樂隊、印度軍樂隊、英人軍隊用運輸部支部

各部隊の所在左の如し（戰前）

ウエリントン兵舍（海軍工廠の東隣）
要塞工兵隊（二個中隊）
ヴィクトリヤ兵舍（前舍の南方）
司令部
重砲兵一個中隊
火藥火具庫、兵器支廠、工兵廠、下士卒集會所（重砲兵）、兵卒俱樂部
マレー兵舍（クリッケット、グラウンド附近）
輕步兵　四個中隊
該隊將校集會所
營倉、司令官官舍、下士家族官舍
オースチン兵舍（山頂電車の終點の上方）
輕步兵　二個中隊
將校集會所
九龍兵舍
輕步兵　二個中隊

印度歩兵　二個中隊
香港新嘉坡獨立砲兵大隊（三個中隊）
山砲兵　一個中隊
病院分院
將校官舍、各兵種將校集會所、下士家族官舍
ストンカッター島
重砲兵一個中隊
鯉魚門兵舍（香港島東端）
重砲兵　一個中隊
鯉魚門北岸（大陸側）
印度歩兵一個大隊
荔枝角（ストンカッター島の對岸）
印度歩兵　一個大隊
陸軍病院はヴィトリヤ兵舍の上方、ボエンロードにあり。
要塞は警備頗る嚴重にして其所在左の如し
西水道地區
Pine Wood 砲臺（Richmond Terrace の西方丘上）
Belcher Point 砲臺
Flying Point 砲臺
ストンカッター島（西南砲臺、中央砲臺、東砲臺）
東水道地區
Devil's Peak 砲臺（鯉魚門の北岸卽ち大陸側）
Saiwan Hill 砲臺（鯉魚門の南岸卽ち香港島）
港　内
Black-head Hill 砲臺（九龍半島東南端）
江礁角砲臺（江礁角本部）

North Point 砲臺（香港島最北端）
其他所々に探照燈及水雷發射管あり。
演習は通常毎年十一月より翌年三月末迄とし其外は營庭の小演習に過ぎず、平時に於ける規律は比較的自由且寛大なり、兵舍は宏壯にして酒保、娛樂場を備へ軍曹、伍長、兵卒の三階級各集會所を有し又兵卒の倶樂部等あり。

義　勇　兵

千八百六十二年義勇兵に關する法律發布せられ國籍の如何を問はず當植民地在住の男子は義勇兵たることを得べきを定め同年中先づ砲兵中隊を組織し軍樂隊を設け翌年銃隊を增設し千八百六十四年香港義勇隊附屬の銃隊に廣東在留外人よりも募集することとせり、其後幾多の變遷を經たるが千八百九十三年に至り新に義勇兵條例を設けて英本國の義勇兵と同じく陸軍條例に遵據せしめ香港總督の監督を受くると同時に英本國陸軍大臣の管下に屬せしめたり、而して國家有事の際又は香港植民地の襲擊を受け或は襲擊を受くるの虞ある場合には總督は義勇隊を軍務に服せしむることを得と規定せり。

其人員は戰前四百名内外にして幹部、騎兵隊、砲兵中隊、工兵中隊、軍樂隊等より成りしが目下戰時に際し其人員遙に增加せるが如し、事務所は千九百六年に落成し Garden Road に在り。

尙千九百五年、年齡三十五歲以上の者より成り射擊の奬勵を目的とする豫備義勇兵協會なるもの設けられ其人員約三百名に上り豫備義勇兵は前記義勇兵と共に目下戰役に際し軍務に服し駐屯軍の減少を補充しつゝあり。

海　軍

香港は英國東洋艦隊の根據地として重要の地位を占め極東に於けるジブラルタル又はマルタなりと稱せらる。

海軍工廠は市の東部、九龍角と相對する所に在り、工廠長は普通 Commodore としテーマー號に住し港內各海軍建築物を監督し司令長官不在の時は諸艦に對する責任を有す、テーマー號は舊式の廢艦にして目下繋船場內に碇繋し他國軍艦入港に際し禮砲の交換をなし且我海兵團に類する任務を有す、巨砲演習は每年大鵬灣にて行ひ海軍小銃射的場はストンカッター島に在り此處にて施行す。

海軍工廠內の繋船場は中央附近水深三十三呎乃至三十五呎にして岸側は三十呎より淺からず防波堤全長二千九百呎あり、繋船場の內側及兩側に起重機、工場、發電所、排水工場、兵營、倉庫、船渠、船圖場、船架等あり、又九龍に水雷艇格納庫及多量に石炭を貯藏し得る海軍庫あり。

香港黃埔船渠會社の九龍第一船渠は海軍船渠と稱し政府より補助金を給與して建造せしめしものにして英艦は入渠の優先權を有す。又海軍工廠內の船渠は千九百九年完成したるものにして其の大さ左の如し

渠			
長さ	盤木上		五五二呎 七/一六
	全長		五六八 七/一六
幅			九八 六/一二
通常大高潮時水深	渠口底上		三九 三/一二
	盤木上		三九 三/一二

海軍病院は市の東部小丘上に在り、設備完全なり、又海軍工廠東方に酒保、水兵及兵卒俱樂部、海員俱樂部あり。

參考迄に戰前に於ける英國東洋艦隊の編成を示せば左の如し

司令長官	海軍中將	
戰闘艦	Triumph	一一、九八五噸
巡洋艦旗艦	Minotaur	一四、六〇〇
同	Yarmouth	五、二五九
同	Newcastle	四、八〇〇
同	Hampshire	一〇、八五〇
附屬艦		
通報艦	Alacrity	一、七〇〇
砲艦	Britomart	七一〇
同	Bramble	七一〇
同	Thistle	七一〇
スループ	Clio	一、〇七〇
同	Cadmus	一、〇七〇
河用砲艦（揚子江警備）		
	Kinsha	六一六
	Teal	一八〇
	Woodcock	一五〇
	Widgeon	一九五
	Woodlark	一五〇
	Nightingale	一八五
	Snipe	八五
河用砲艦（西江警備）		
	Robin	八五
	Moorhen	一八〇
	Sandpiper	八五

驅逐艦

水雷艇	Usk	五九〇噸	Welland	五九〇噸
	Ribble	五九〇	Colne	五五〇
	Chelmer	五六〇	Jed	五六〇
	Kennet	五六〇	Fame.	三六〇
潜航艇	O 35.	O 36.	O 37.	O 38.
潜航艇母艦	Rosario	九八〇噸		
潜航艇	C 36.	C 37.	C 38.	
Receiving Ship	Tamar（港內碇繫コムモドア坐乘）			
測量艦	Merline（スループ）			

警察

沿革　千八百四十二年香港領有確定當時に於ては歐洲人巡査約三十人に過ぎず、其頃に於ては秩序未だ整はず强盜海賊の被害多く晝間に於ても竊盜事件少からず、爲に夜間外出の支那人は燈火を携帶すべきを命じ稍犯罪數を減少せり、但し土地の關係上犯罪は他の領土に比し夥しく之を抑壓するに足る警察力を設くるの經費なく大困難を見たるが漸次各方面の改善を圖り千八百四十八年探偵部を設け警察署を增設し巡査の服裝を改正し秩序の維持稍見るべきものあり、千八百六十五年には歐洲人巡査七十六名、印度人巡査三百六十九名、支那人巡査百六十五名合計六百十名に增加せり。

然るに當時に於ても犯罪數少からず公衆の不平絶えず千八百七十五年に至り警官の給料を增し歐洲人及印度人巡査に支那語を教授することゝし其他の方面にも一段の進步をなし支那人巡査の能力も漸く發揮せらるゝに至れり、然るに千八百七十七、八兩年に於ては清國の饑饉、物貨の騰貴、罪人取扱の寬大、私刑の中止等の原因より犯罪の增加を來せり、因て翌千八百七十九年水上警察署を新設し又陸上警察署も增設したり、千八百九十五年に至り支那人は夜間燈火を携帶すべきを規定し再び之れが取締を嚴重にしたり、其成績も甚だ良好にして夜間の犯罪數を減少することを得たり、當時人口二十四萬八千餘人に對し警官六百二十七名なりき、千八百九十九年に至り新に租借地の廣大なる面積增加し勢ひ警察力の擴張を必要とし漸次租借地內に警察署を新設したるが同年に於ては附近支那領地方の不穩と秘密結社の活動とにより犯罪數增加し盜群新領土に出沒せり然れども警察署及警官の增加竝に租借地の開發に伴ひ漸次犯罪數の減少を來しつゝあり。

警察署　目下當植民地內警察署左の如し

市內	中央警察署	荷李活道（Holy wood Road）
	第一警察署	イーストポイント
	第二警察署	灣仔
	第五警察署	皇后大道中（消防本部）
	第七警察署	皇后大道西
	第八警察署	六街道（Bonham Road）
	第六警察署	ピーク（山頂軍車の終點）
香港島內	ガフヒル警察署	Gough Hill
	ポクフラム警察署	Pokfulum
	アバヂーン警察署	Aberdeen
	スタンレー警察署	Stanley
	筲箕灣警察署	Shaukiwan
	七姉妹警察署	Tsat Tsi Mui

此他に堅尼地城(Kennedy Town)に警察用の Block

house あり。

水上警察署	尖沙嘴	（九龍停車場附近）
油蔴地警察署	Yaunati	
紅磡警察署	Hung-Hom	
深水埔警察署	Shom Shui-Po	
九龍城警察署	Kowloon City	
西貢警察署	Sai Kung	
沙頭角警察署	Sha Tau Kok	
上水警察署	Sheung Shui	
大埔警察署	Tai-Po	
凹頭警察署	Au Tau	
沙田警察署	Sha Tin	
坪山警察署	Ping Shan	
新田警察署	San Tin	
長州警察署	Cheung Chou	（長州島內）
東涌警察署	Tung Chung	（ランタオ島）
全灣警察署	Tsun Wan	
榕樹灣警察署	Yeung Sha Wan	（ランマ島）

（九龍側 / 大陸）

此他に沙田ガップ及太沽嶺（Ta Ku Ling）に警察用 Block house あり。

以上各警察署は租借地內島嶼にあるものを除くの外中央警察署との間に電話の連絡を有す。

水上警察署には九隻のランチあり、港內竝に香港島附近を巡邏するものとす、尙租借地の警察署に附屬し香港より遠隔の海面を警備するランチ及帆船二三あり。

警察官の總數は千九百十四年に於て歐洲人百七十五名、印度人四百八十七名、支那人六百二十一名合計千二百八十三名にして內租借地內に勤務するもの歐洲人十六名、印度人百四十一名、支那人四十九名、合計二百六名にして約十七箇所の警察署に分駐す、此外警察に屬するものに請願巡査印度人八名、支那人十三名、電話交換手六名、小使及苦力九十名あり。

警察費一箇年約七八十萬弗を要す。

尙戰爭の結果千九百十五年二月義勇豫備巡査隊なるものを編成し目下總人員五百五十名あり英人最も多く印度人、支那人、葡萄牙人等少からず每日約五十名宛巡邏の任に當りつゝあり。

警察學校　警察署屬員及監獄所屬員に對し必要なる科目を敎ふる所にして支那語及英語を敎ふるを主なるものとし殊に印度人巡查及監獄員に英語會話を敎授するに多大の注意を拂ひつゝあり、學校として特別の建物なく中央警察署の一部及皇仁書院內の三敎室を使用し居れり、各生徒は一方に職務を有することとて規則正しく出席せしむる能はざるも大體に於て好結果なるが如し。千九百十四年中の授業日數及平均出席數左の如し

	授業日數	平均出席者數
歐洲人巡査	七七日	三三・〇人
印度人巡查	九二	二四・六
監獄員	九四	三〇・一

犯罪數　千九百十四年中警察に屆け出でたる犯罪件數は八千八百十七件にして前年の一萬二千十一件に比し三千百九十四件（二割六分五厘九毛）の減少なり。過去五年間の屆出件數は平均一萬五百十三件なり、今總件數を重罪及輕罪に區分して前年と比較するに重罪は四百六十七件卽ち一割三分五厘四毛の減少、輕罪は二千七百二十七件卽ち三割一分八厘五毛の減少なり。

今屆出件數を各犯罪別にし有罪の判決を受けたる人數及放免せられたる人數を示せば左表の如し

		一九一三年			一九一四年		
		屆出件數	有罪	放免	屆出件數	有罪	放免
重罪	强盜	一〇四	三三	一六	四九	二二	二一
	夜盜	一〇八	三三	四	九一	一三	三
	竊盜	二,四五九	八六二	二二七	二,三五五	七四一	二四三
	其他重罪	二四五	九四	四六	二〇七	九二	六七
	毆打及亂暴	六一五	八二七	九一	四七九	六五七	一二六
	賭博	七六六	四,四八九	一六八	五三一	二,五六四	二七九
輕罪	誘拐	二四	二一	一三	六	四	七
	婦女子保護法違反	一二三	一〇〇	五六	六四	四三	三一
	不法占有	三八八	三七六	九六	三一二	二七九	八六
	酩酊	五六	五四	二	五五	五一	四
	ニューサンス	一,四八九	一,四八八	一	一,一五七	一,一五六	一
	其他輕罪	五,六三五	八,四五三	七〇〇	三,六二二	四,三六四	五三七
	計	一三,〇二一	一六,八一九	一,四一九	八,八一七	九,九六六	一,四〇四

右總件數を人種別に示せば千九百十三年には歐米人百四十二件、印度人百七件、支那人一萬千七百六十二件とし千九百十四年には歐米人百二十一件、印度人九十二件、支那人八千六百四件とす。

右の內千九百十四年に謀殺十四件あり內十件は犯人逮捕せられず他の四件に關し十二名逮捕せられたるも總て放免せられたり、殺人六件の內一件は犯人の逮捕を見ず他の五件に就ては五名逮捕せられ內一名は有罪となれり、徒黨强盜十七件の內十一件は犯人逮捕せられず三件に關しては九名逮捕せられ六名有罪となり他の三件に關しては九名逮捕せられしも總て放免せられたり、街路の强盜十六件の內八件は犯人逮捕せられず他の八件は犯人逮捕せられ內四件に關しては逮捕せられたる六名中四名有罪となり、二名は放免せられ又殘りの四件に關しては逮捕せられたる五名は孰も無罪となれり、舢板戎克の强盜七件の內五件は犯人逮捕せられず一件は一名の有罪犯人を出し他の一件は一名捕縛せられたるも放免となれり。

同年中泰安號及チルダー號に關し支那領海に於て大膽なる海賊遭難二件を出せり。(別項參照)

其他重罪犯百八十六件中六十件は有罪の判決を見たり、其內最も多きは押入强盜六十九件、監守盜四十七件、傷害罪二十二件、贓品收受罪二十五件、文書僞造罪十一件等なり。

賭博により逮捕狀を執行したるもの二百四十件の內十五件は有罪とならず。又富籤二十八件ありたり、阿片に關し搜索狀を執行せるもの二百四件にして內六十八件に關しては八十名の犯人逮捕せられたり、阿片喫烟所を設けたる爲め逮捕狀を發せる數七十三件にして內四十件は有罪となり一件は放免せられ三十二件は犯人の逮捕を見ず。

同年中の盜難品見積價額は十九萬弗餘にして前年に比し八萬六千弗餘の減少なり、過去五年間の平均は二十九萬三千弗餘とす、內回收せられたるもの二萬七千弗にして前年に比し四萬三千弗の減少なり。

當地警察署にては指紋法を採用し居り千九百十四年に四百七十四名は指紋により再犯者なること發見せられ內百三名は前に犯罪の爲め當地より退去命令を受けたるものとす。

浮浪人等　千九百十四年中當警察署の乞丐其他浮浪人等の取

七七

扱數左の如し

乞丐を廣東に送還せる數　九九人

香港より退去を命ぜられし者　七七七

新嘉坡被退去者にして香港にて更に行先地に轉送せられし者	七三六
英領北ボルネオ被退者にして香港にて更に行先地に轉送せられし者	八
新嘉坡より送致せられ當地より更に他に送屆けられたる浮浪人	四〇七
英領印度より送致せられ當地より更に他に送屆けられたる浮浪人	五九一
英領北ボルネオより送致せられ當地より更に他に送屆けられたる浮浪人	一〇八
西貢より送致せられ當地より更に他に送屆けられたる浮浪人	一、二八六
新嘉坡より送致せられ當地より更に他に送屆けられたる苦力	一四、一九五

監獄

監獄は Victoria Gaol と稱し中央警察署に隣接す、男監女監に區別し獨居監房主義に據る、囚人多數に上る時は此監獄のみにては狹隘を感ずるを以て銅鑼灣に一小分監あり。

千九百十三、四年中の入監者數左の如し

種類	一九一三年	一九一四年
普通裁判所の判決による者	五、七九二	三、〇三四
軍事裁判所の判決による者	一	三
支那朝鮮に對する高等法院	六	三
負債の爲入監	五二	六一
留置命令及保證人を發見し得ざりし者	一、〇三四	九四九
計	六、八六五	四、〇五〇

卽ち千九百十四年には二千八百三十五名の減少を示し竊盜犯人は五百九十五名にして前年の七百二十六名に比し百三十一名の減退なり。

右の內刑事以外の犯人は左記の如く合計千九百九十一名なり（十名以下のものは省略し其他の項に計上せり）

賭博法違反	三四九	車輛法違反	三〇
港則違反	三一六	富籤印刷發行	三〇
無免許呼賣	二二六	樹木伐採	二五
阿片喫烟所開設	一三九	密航	二三
阿片法違反	一三五	鬪爭	二一
富籤所有	一二一	乞食	一九
毆打	七九	衞生法細則違反	一四
負債の爲め入監	六一	惡意損傷	一四
妨害	五五	浮浪罪	一三
亂暴	五二	危險貨物法違反	一三
小菜市場法違反	五一	娼家開設	一一
武器法違反	四五	其他	一一二
禁止區域侵入	三七	合計	一、九九一

卽ち入監者總數中刑事以外の犯人は六割五分（前年は七割七分）に當る、又總數中未成年者六十人あり。

入監者總數中再犯者又は再犯以上の者一割一分七厘（前年一割三分一厘）を占む、又總數中租借地內警察裁判所の判決による者百十三名（前年百三十六名）を含む。

今過去五年間十二月末日在監の犯罪人數及一日平均在監者總數を示し全人口との割合を見るに左の如し

	推定人口	犯罪人	人口との割合	一日平均在監者數	人口との割合
一九一〇年	四三五、九八六	二〇八	•〇四八%	五四七	•一二五%
一九一一年	四六四、二七七	二四一	•〇三五	五九五	•一二八

一九一二年	四六七、七七七	二二三	・〇四七	七〇一	・一四九
一九一三年	四八九、二一四	二五三	・〇五二	七〇二	・一四四
一九一四年	五〇一、三〇四	二一六	・〇四四	六〇〇	・一二〇

卽ち在監者一日平均六百名にして前年は七百二名、從來の最高數は千九百四年の七百二十六名とす、在監者の一日平均數の全人口に對する割合は一厘二毛にして過去十年間の平均は一厘三毛なり、但し海上住民は絕えず香港廣東間を往復するを以て香港植民地在留者中の犯罪の割合は正確なりと云ふ能はず。

囚人の規律は良好にして囚人一人に對する處罰の割合は一分三厘四毛なり。

二年以上の長期の在監者に對しては印刷、製本、錫職、蓆職、裁縫、大工、洗濯、製粃等の作業をなさしめ其工作物は一箇年六萬六千弗に上る、但し短期の在監者に對しては作業をなさしめず。

一箇年經費十萬八千弗、收入七萬弗にして差引純支出三萬八千弗に上り囚人一人當り經費六十二弗五十八仙とす。

消　防

千八百五十九年在住歐洲人及支那人の志願者より成る消防隊初めて組織せられたるも當初は甚だ幼稚にして十分の効果を發揮すること能はず後千八百六十八年に至り巡査と市民とより成る消防隊を編成し漸次改良を加へたるも尙豫期の効果を擧ぐるを得ず、千八百九十五年に至り初めて消防部を警察署の一分課とし逐次改良の結果漸く其効果見るべきものあるに至れり、消防隊は巡査より選拔したる歐洲人と經驗ある支那人火夫とより成り右巡査は特別の手當を受け毎月消防上の訓練を怠らず大火を除き通常一火災に歐洲人約二十名、支那人約二十六名出場すべきものとす、消防隊本部は皇后大道中（中央市場の西方）に在り、本部には自動蒸汽ポンプ一臺、蒸汽ポンプ三臺、油藏地に蒸汽ポンプ一臺あり、是れに附屬する梯子と小型ポンプ・ホース・ジーア等の用具を備ふ、目下 Despatch box は市內各所に三十八、九龍に十二あり、市內各要所には警鐘を設け其數十二を算し又電話の設備を有し最も迅速に各所より本部に通知することを得、市內に火災警報器十二箇所あり、尙警察分署には消防隊派出所の設あり、蒸汽ポンプ及消火栓に接合すべき裝置あり。

此外水上に消火船二隻、モートル救火艇一隻あり、港內は勿論陸上の火災に應ず、消火船は每月一回練習をなしつゝありモートル救火艇は已に千九百十二年より使用し千九百十四年には四十回の火災に赴けり、其速力大なる爲め警報あるや直に市街何れの部分にも出場するを以て市街の平地に於ては Despatch box を要せざる位なり。

消防隊の勢力は千九百十五年の初に於て陸上歐洲人四十八名支那人四十四名、水上歐洲人二名、支那人十二名にして合計百六名なり、小火に對しては十分なるも十八時間乃至二十四時間に亙る大火の場合には勢力不足なるが如し。

千九百十四年中火災數三十四回、小火五十回にして前者の損害見積高六十五萬餘弗、後者の損害見積高六十萬餘弗とす、又同年中消防隊は四十三回出動せり、經費一箇年約三萬六千弗を要す。

婦女子保護

當地方支那人間には誘拐人身賣買等惡弊盛なるを以て之が取

締を嚴重にするの要あり、目下婦女子保護に關する法規としては千八百九十三年保良局構成法（Po Leung Kuk Corporation Ord.）及千八百九十七年婦女子保護法（Protection of Women & Girls Ord.）を主要なるものとす、今其の大要を左に摘記すべし。

保良局構成法大要

初め誘拐を防止し婦女子を保護する目的を以て千八百七十八年保良局なるもの設立せられ主に一般の寄附金を以て維持せられたるが其結果誘拐の事實を發見し其犯罪を防止し又は被誘拐者を救助し或は親族に返還し若くは之に食物を給する等政廳を補助せしこと少からず依て永久的に法律上の權限を與へられ且財務局より資金の支出を仰がんとの希望を以て會員中總督に上申する所ありたる結果千八百九十三年本法の制定を見るに至れり。

保護局は一定の寄附金を醵出したる者を以て組織する團體にして誘拐防止、婦女子保護竝に關係犯罪人に對し法律制裁を受けしめ又救助せられたる婦女子を其家族及友人に歸還せしめ又婚姻、養子緣組等の交涉成立する迄住所を與ふる等の事務に對し政廳を補助するを以て目的とす。

其事務は五人乃至十人より成る役員會及委員にて行ひ支那事務局長は總員會長とす、又委員會は會員六名以上十二名以下を以て組織す。

政廳は本團體の目的の爲め一時婦女子を留置すべき家屋を設備し庇護所として婦女子を保護する爲め二萬弗以內の補助金を支出することを得。

婦女子保護法大要

香港植民地又は他に於て醜業に從來せしむる爲め婦女子を誘拐したる者又は同目的を以て婦女子を輸送し或は賣買、雇入の契約を爲したる者或は情を知りて之を輸送し又は其賣買雇入等によりて利益を得たる者は總て輕罪とす、醜業婦にあらざる二十歲未滿の女をして植民地の內外に於て醜業を營ましめたる者又は婦女子をして醜業婦たらしめ或は之を企てたる者若くは同樣の目的を以て婦女子を當地より出發せしめ或は誘拐し又は之を企てたる者亦同じ、十二歲以下の少女を姦したる者又は之を企てたる者は重罪とし終身懲役とす、婦女子を其意志に反し留置したる者、脅迫、欺瞞其他の手段により不法の醜業に從事せしめんが爲め藥品を使用して女を愚鈍ならしめたる者は輕罪とす。

男子にして全部又は一部醜業の利益を以て生活する者及衆人の去來する場所に於て不道德なる目的の爲めに婦女を勸誘する者は三箇月以下の禁錮に處す、家屋の全部又は一部が婦女子醜業の爲めに使用せられたる疑ある場合竝に男子が其收入に依りて全部又は一部生活する場合には警察裁判官は該家屋を搜索せしめ其男女を逮捕せしむることを得、男子が醜業婦と共同生活をなし又は醜業婦の行動に對し監督命令をなし得ることを證明し得らるゝ場合には醜業の收入に依り生活し居る者と見做す、女子にして收益の爲め醜業婦の行動に對し監督命令をなし得る者は三箇月以下の禁錮に處す、誘拐せられたる婦女子を受取り又は隱蔽したる者は輕罪とす、移出の目的を以て强奪、誘拐したる者亦同じ、女子を財産上の關係より收益の爲めに其意志に反し誘拐したる者は重罪とし十四年以下の懲役に處す、强姦の罪を犯したる者は重罪とし終身懲役とす。

養父母、後見人及代償を受けて女子を委託せられたるものは親權を有せず、其女子の法律上の親權は支那事務局長に之を附與す、同局長は女子にとり最も幸福と認むる行動をとるべく若し同局長が其女子を他人に委託する場合には女子を好遇する旨一人以上の保證人と共に誓約せしむべし。

婦女子が賣買せられ又は誘拐の上香港に伴れ來られたる時又は恐怖、無智等の爲め右の實情を語る能はず又は自覺し得ざる時は支那事務局長は之を糺問探査し適當の者をして監督せしむることを得、又右監督者に對し該婦女子の寫眞を提出せしめ同局長の同意なくして婦女子を他に送らざるやう擔保を提出せしむることを得、右の寫眞及擔保を提出せざる時は支那事務局長は婦女子を庇護所に送致せしめ、其舊住所に送還するか又は其利益及自由保護の爲めに何等かの手段の講ぜらるゝ迄此所に留置せしむべし、庇護所に送られたる婦女子が十六歲以下なる時は十九歲に達する迄又は結婚、養子緣組の成立する迄或は他の命令ある迄留め置くものとす。

取締成績

千九百十四年中前記法律に準據し保良局に送られたる婦女子の數は百十一名（前年は百九十四名）にして内八十二名卽ち七割三分八厘（前年は八割七分六厘）は留置の必要を認めざる者及取締の結果歸還せしめたる者とす、其殘數中二十名は鄕里に歸還せしめ一名は結婚し四名は其夫又は親戚に引渡され殘りの四名は年末に於て尙調査中の者なりしなり。

同年中少女の醜業婦たることを强要せらるゝを防止する爲め一年一回、二回又は四回支那事務局長に少女自ら出頭せしむることを關係者に誓約せしめたるもの十三名あり、又從來斯かる誓約の下に在りし少女中二名は誓約を取消したり、其一名は結婚し一名は鄕里に送還せられたるを以てなり、千九百十四年末に於て誓約の下にある少女六十七名あり。

香港在住者より保良局に屆け出でたる行衞不明者は百二十七名にして内三十四名は已に發見せられたり、右の外廣東及澳門より屆出の分を合すれば行衞不明總數は二百二十三名にして内四十五名は發見せられたり（前年は二百九十三名中四十三名發見）。

海賊防止

香港近海殊に西江流域に於ける海賊の横行は香港領有以來今日に至るまで屢々傳へられたるところにして汽船及戎克等の悲慘なる運命に遭遇せるもの枚擧に遑あらず、近くは支那第一革命以來三四年間に於ても遭難事件頻出の有様にして千九百十四年にもチルダー號及泰安號事件の如き大膽なる海賊襲擊二件あり、參考の爲め右二件の大要を左に記述すべし。

チルダー號事件　諾威船 Childer 號（一、五〇〇噸）は三月十五日約二百二十名の支那人乘客を搭載し汕頭に向て香港を拔錨したるが當地を距る約五十哩の地點に至る際豫め掠奪の目的を以て乘客に扮裝し乘込み居たる約六十名の海賊は各自拳銃其他の武器を以て突然上級船員を脅迫し乘客が何事かと怪み居る中早くも船長以下數名の歐人高等船員を縛し船室内に押込め次で船客を脅迫して之を威壓し同時に機關部を占領して針路を彼等の欲する方向に轉じ進行を繼續し數時間に亙りて船内各部を普く捜索し船員の所持品、船客の手荷物其他一切の有價物を掠奪せり、此海賊の一團は正貨五萬弗を本船にて運送すべきを探知し之が掠奪を圖りしが如くなれど右貨幣は已に前航海にて輸送せられたる後なりしを以て捜索の結果主要目的物を發見し能はざるや失望と憤怒との餘暴行を逞うし斧、短刀の類を以て窓硝子、手荷物、卓子、椅子其他の設備を亂打破壞し約五千弗に上る損害を與へ一方貨幣、衣類、寶玉類總計二萬千弗の物品を掠奪し同船がバイアス灣內トップル島附近に來るや豫め待ち居たる二隻の戎克に掠奪物を移し最後に機關の一部を破壞し同船の自由を失はしめ然る後戎克に分乘して陸上に遁走せり、海賊の引揚後乘客は初めて船員等の縛を解き機關の應急修理を了り翌朝に至て香港に歸來せり、此遭難に於ては乘客船員の抵抗するものなかりし故一人の死傷者もなかりき、其の後澳門及支那官憲の協力により十五名の犯人逮捕せられ內九名は支那官憲の爲めに死刑に處せられたり。

泰安號事件　當地廣安汽船公司所有の英國船泰安號（四三八噸）は香港江門間を航行する河船なるが前記チルダー號事件發生後月餘にして海賊の襲擊に遭ひ約二百五十名の慘死者を出せり、同船は四月二十七日乘客船員約四百三十三名を搭載し香港發江門に向て出帆したるが同夜十時頃澳門附近なる洪澳附近に到著せし際乘客に混じ香港より乘込める海賊の一團は機を見て蜂起し船舶の占領を圖りたるを以て船長以下高等船員等極力之に反抗し死傷者數名を生じたるが抵抗劇烈にして船橋を占有する能はず掠奪を逞うする能はざるを以て目的齟齬の爲め大に憤怒し機關を破壞し電燈線を切斷し且船舶內の石油を撒布して荷物及船內所々に放火したれば乘客、船員及海賊共に船上に留る能はず相次で海中に投じ多數の死者を生ぜり、是れより先き同船の遭難信號により附近航行の船舶三四隻救助に來り百八十名を救助したるが共他は溺死又は燒死せり、其の後澳門及支那の官憲の助力により二十三名の犯人を逮捕し內十七名は支那官憲の爲め死刑に處せられたり。

當地附近は斯くの如く海賊の橫行盛んなるを以て當政廳にては古くより之が防遏方法の研究を怠らず、千八百六十八年海賊防遏法を設け「他人をして海賊を行はしめ又は之を幇助したる者は十五年以下の懲役に若し其場合に殺人行はれたる時は終身懲役に處す、情を知りて海賊と貿易したるもの又は武器、彈藥等を給したるものは十年以下の懲役に處す」等を規定し次で千八百九十年ランチ(六十噸以下の各種船舶)に對する海賊防遏法を發布しランチ被免許者は警務總監の認めたる二人の保證人と共に千弗の契約をなし其船主、船長及船員をして海賊豫防に對する相當の注意をなすべきことを約せしめ又警察裁判官は犯人の捕縛如何に拘らず、海賊事件の審問をなすの權利を附與せられ更に千九百十三年法律第十八號を以て右法律をランチの外香港、澳門及兩廣各地間を航行する河船に及ぼすことゝせるが當地は澳門及支那領土に接近するを以て犯人の逮捕頗る困難にして法規の效果薄弱なるを免れず海賊事件依然として頻出せしを以て千九百十四年海賊豫防法(Piracy Prevention Ord.)竝に同細則を發布したり、其大要は左記の如くにして極めて有效なるが如し。

海賊豫防法大要

本法は香港と廈門、汕頭、澳門、廣州灣、海口、海防、廣東河又は西江の地點或は廣東、廣西兩省の地點との間を航行するランチ及船舶に適用するものにして其船主（又は代理者、傭船者、被免許者）は航行に先だち警務總監の認可したる二人の保證人と共に政廳に對し船舶は五千弗、ランチは千弗の額に對し誓約をなし其使用人又は借受人が本法の規定を遵守することを條件とすべし、本法に違反する場合には警察裁判官は右誓約者に對し召喚狀を發し其辯明にして不滿足と認むる時は右の金額を沒收す。

海賊豫防法細則大要

汽船（六十噸以上）

一、構造　彈丸の透徹せざる障壁を船橋甲板上の舵輪室の前方に設くること、金屬製又は棘ある線を以て造れる强固なる船を橫斷して障扉を障壁の後方に設くること、船橋甲板に上る場所は棘ある線を以て防禦すること、機關室及汽罐室の各入口には强固なる金屬製扉を備ふること。

二、設備　船橋甲板に火箭、信號用品、裝彈せる回旋銃、獵銃及彈藥等を備ふること、拳銃及彈藥、旋條銃及彈藥、警笛を各守衞に携帶せしめ且備附くること。

三、危險區域　（一）香港及廣東河、西江其他廣東、廣西兩省內の河川にある地點を連ぬる普通航路（二）香港、澳門間の普通航路、（三）香港、廣州灣間普通水路、（四）香港と廈門、汕頭、海防又は廣東、廣西省の地點との間の普通航路但し普通航路により香港より百二十哩以上を距る地點を含まず。

四、守衞　各船少くとも四人以上の守衞を乘込ましむべし（香港より廣東、廣西各地に至るものは少くとも六人）、船舶が危險區域を航行中は少くとも二人の守衞當番たるべし。

其の他船員の執るべき行動、船客の乘込むべき時間、船客手荷物の措置、警察の搜索、客引の監督等に關する規定あり。

ランチ（六十噸以下）地方貿易區域以内を航行するもの

地方貿易區域とは香港島を中心とし其周圍一定の海面を指すものにして東西約十五哩、南北約十哩の地域を指す。

發航の時間及場所は必ず豫め警務總監に屆出づべし、警察が搜索完了の旨を船長に通告する迄は發航することを得ず、右通告後は貨客の積乘を許さず中途に寄港地あるときは豫め通告すべし。

ランチ（六十噸以下）地方貿易區域以外を航行するもの

車輪を防禦する金屬製楯を附すべし、二個の甲板を有するランチは下甲板より上甲板に至る通路を遮斷する格子を設くべし二人の武裝せる番人を警備せしむべし、又船長の熟知せる貿易者及商人を除く外支那人男客を上甲板に入らしむることを禁ず、單甲板のランチに於ては操舵輪の後方に甲板及船緣の全幅員に亙り障壁を有する格子を附設し該格子の前方に當り車輪の兩側に二人の武裝せる番人を警備せしむべし、船長の熟知せる貿易者及商人以外の支那人男客を格子の前方に入らしむることを禁ず、其他は前項に同じ。

要之當地の海賊は武器を隱匿し乘客に扮裝して乘込み航行の途上夜間に乘じて事を擧げ船員及船客を脅迫し船橋、甲板及機關室を占領して自己の欲する地點に向て航行中掠奪を全うし遁走するを常とす、又最後に機關を破壞し船の自由を失はしむるを常とす、故に右法律は（一）出港前に警察は乘客貨物及手荷物を十分に檢査すること、（二）船員をして海賊豫防に十分の注意をなさしむる爲め船主に對し誓約せしむること、（三）船舶の構造は船橋及甲板を下甲板と遮斷するに十分の設備をなさしむること（四）守衞をして絶えず警戒せしむること、高等船員が十分防禦し得る樣武器、彈藥を備ふること等を主要なる點とす。

千九百十四年中右法律により誓約したる數百六十件、守衞の雇はれたる者百五十八名、本法の適用を受けし船舶約百五十隻に上れり、又二人の歐人警官及二十六名の支那巡査は船舶竝に乘客の檢査に從事せり。

支那人取締

支那人の取締に關しては種々の規則ありと雖特に支那人取締法（Regulation of Chinese Ord. 1888）なるものあり、本法規定の概要を記し併て之れに關する統計を少しく附記すべし。

家長登錄

家長（House holder）とはヴィクトリヤ市内の家屋の現住者又は家主たる支那人を云ひ家長登錄の目的の爲めに市内を堅尼地城、石塘咀、西營盆、大平山上環、中環、下環、灣仔、寶靈頓及掃管埔の十區に分ち又九龍を尖沙咀、油蔴地、旺角嘴、大角嘴及紅磡の五區に分ち支那事務局長は各區に對し夫々登錄簿を備ふることゝし各家長は同局長に對し十五日以内に左記の事項を届出づることを要す。

一、其の家所在街名及家屋番號
二、姓名、宛名及職業
三、其の家一部を一箇月以上の期間他人に貸與するときは其借受人の姓名、職業、貸借の條件及支那事務局長の要求する其他の事項

而して家長は其家の一部の住者に變更ある毎に一週間以内に届出づべく又各家長は支那事務局長より英文及支那文にて記せる登錄證明書の下附を受け同局長、警察裁判官又は警察官が要求する時は之を示すことを要す、當地に永久住所を有せざる家長は同局長の承認する一人の保證人と共に誓約書に署名し本法規定に違反の場合には五百弗の仕拂を約すべく又各家屋に對して代理者を設くべし、支那事務局長は召喚狀を發して家長又は其代理者を召喚することを得、而して家長又は其代理者は同局長の要求する詳細の事項を陳述すべし、而して家屋の住者が酒稅法等に違反し罰金を課せられ其全部又は一部が納付せられざる場合には該家屋の家長より徵收することを得。

千九百十四年中家長の登錄數二千五百二件（前年は三、二五九件）の內初めて登錄を受けたる者九十二件（前年は二六四件）とす、住者の變更届出は一萬百二件にして前年の一萬五千九百八十七件に比して非常の減少なるも千九百十二年に比すれば遙に多し、之れ千九百十三年中は法規の一部を改正して届出手數料を廢し罰則を嚴重にしたる結果なり。

District Watchmen

市內を十區、九龍を五區に分つことは前述の如くにして總督は各區の代表的支那人を Chief District Watchmen に任命することを得、而して支那事務局長に直屬せしめ其區に於て警察官たる權能を有せしむ、又總督は各區の代表的支那人に適宜の數だけ Watchmen に任命することを得、而して支那事務局長の監督の下に Chief Watchmen に隸屬せしめ其區に於て警察官たる權能を有せしむ、而して支那事務局長は總督の同意を經てディストリクト、ウォッチメンの遵守すべき規則を設くることを得。

千九百十四年中ディストリクト、ウォッチマン委員は十四回會議を開き平均九名乃至十名の出席あり、討議事項中主要なるものは市の中央部に新に支那人料理店の開設を禁止すること、油蔴地にウォッチマン舍宅を建設すること、移民宿泊所の分類、支那藝妓の許可等に關するものとす。

ディストリクト、ウォッチメンの勢力は千九百十四年末九十九名にして、支那人市街を巡邏し各區歐洲人警察官の監督に屬し警察事務を輔佐しつゝあり、一箇年經費約三萬弗を要し多くは支那人の寄附により又政廳より年額二千弗の補助金を給しつゝあり、千九百十四年中右機關により逮捕の上有罪の判決を與へられたる者百九名にして千九百十三年は二百二十六名、千九百十二年は四百十五名なりき。

儀式並に興行物

市内に於て許可證を有せずして宗教上の儀式を擧行し又は祭祀に關し樂器類を鳴らすことを得ず、又午後十一時より午前六時迄の間に市中宅地内に於て支那簧管、太鼓又は銅鑼を打ち鳴らすことを得ず、又市内の街路に於て行列を準備し、組織し又は是に加はることを得ず但し葬儀及婚姻に關する音樂及行列は此限にあらず、許可證を有せずして家屋より百碼以内の距離に宗教上の祭祀及其他祝祭儀式の爲めに可燃性の構造物を造るを得ず、又爆竹及花火を市内又は市の海岸三百呎以内の海面にて用ふることを禁ず、芝居等の興行物は豫め其筋書内容を支那事務官に報告し許可證の下附を受けざれば之を興行し又は廣告し或は引札を配布することを得ず。

尚右は主に支那に關する規定なるも芝居の興行に對しては一般的の法規(Theatres Regulation Ord. 1908)あり、同法に據れば芝居、活動寫眞其他各種の興行を行ふ定屋又は場所を有する者は免許證の下附を受くるを要す、違反者は一日毎に二百弗以下の罰金に處す、活動寫眞を興行し又は興行することを廣告する者は豫め其筋書を支那事務局長に提出して許可證の下附を受くべし、違反者は五百弗以下の罰金に處す等の規定あり。

千九百十四年中爆竹使用許可證の下附數四百八十件に上り内二百九十七件は結婚に使用せしものなり、其他宗教上の儀式擧行に對する許可證下附二十件、行列許可證下附六件又私人住宅及建物にて芝居興行許可證下附百二十一件に上れり。

又同年中一般的芝居興行に關する法規に據り各種興業免許證を下附したる數二十四件にして内一部は特に興行用に建てたる建物とし一部は普通住家を興行向に修築したるものとし其他は戸外に於て興行したるものなり。

集會取締其他

支那文の貼札、掲示等は支那事務局長の許可を得ずして街路、障壁等に貼布掲出するを得ず、支那人は總督の許可を得ずして宗教上の禮拜以外の目的の爲めに集會を催し又は之に出席することを得ず、集會を催す家屋の住者又は主催者に對しては許可證を交附す。

總督は市内の一部を繞る構圍を造り一定の期間出入を禁ずることを得、又夜間一定の時間市内に於て通行證を所持せざる支那人の交通を遮斷することを得、夜間外出の支那人（一般又は特種の支那人）に對し一定の時間内洋燈又は提灯の携帶を命ずることを得。

刊行物取締

刊行物取締としては印刷者及發行者法(Printers & Publishers Ord.)、新聞電報法(Telegraphic Messages Ord.)、書籍登錄法(Colonial Book Registration Ord.)、誹毀禁止法(Defamation & Libel Ord.)、猥褻書類禁止法(Obscene Publication Ord.)等を主なるものとす。今其の概略を簡單に記述すべし。

新聞紙　當地にて新聞紙を印刷發行するには其印刷者及發行

者は高等法院內登錄官の面前に於て其姓名、住所、新聞紙の名稱、印刷所の所在、所有者の姓名、住所、職業等を記載したる規定様式の宣誓書を作製署名して登記錄に登記を受くることを要し右記載事項に變更ありたる場合には宣誓書の更新を要す之に違反したる者は千弗以下の罰金又は六箇月以下の禁錮に處せらる。新聞紙の印刷者或は發行者又は他人をして印刷發行せしむる者は之に先たち登錄官の面前に於て保證人二名と共に千二百弗に對する誓約書に署名し若し誹譏の記事を印刷又は發行したる場合には其罰金及裁判所費用の仕拂に充つべきことを記載することを要す。

新聞紙、書籍及其他の印刷物を營利の爲め印刷する者は少くとも各一部を保存し之に印刷者の住所姓名を明記し印刷後六箇月以內に要求ある場合には警察裁判官に提出することを要し之を怠りたる者は百弗以下の罰金に處せらる。

新聞電報　當植民地以外より當地新聞紙に掲載の爲め當地在留者に到著したる電報は之を接受したる者の書面に依る同意を得るにあらざれば初めて之を公表したる時より三十六時間以內に何人も其電報全文又は一部或は要點を新聞紙、信書、回章及其他の印刷物に印刷し又は公表することを得ず、之を犯したる者は初犯に於て百弗以下再犯以上百五十弗以下の罰金に處せらる、電報を僞造し又は變更したる者及電報に非らざることを知りて之を電報として發信し又は行使する者は人を欺瞞する意志ある場合と否とを問はず不法行爲と認め五十弗以下の罰金に處し公訴の上有罪となる時は更に一箇年以下の禁錮とす。

書籍登錄　支那事務局內に書籍登錄部を設け當地に於て印刷せられたる書籍、地圖等は總て登錄することゝし印刷者又は發行者は一箇月以內に各三部を登錄部に送附し登錄を受くる義務を負ふ、登錄部に於ては各書籍に付き表題、用語、著者、飜譯者の姓名、印刷及發行所、印刷者又は發行者、發行日、頁數、版の大小、發行部數、初版再版等の別、印刷又は石版の別、賣價版權所有者の住所姓名を記載せる目錄を作り三箇月一回官報に掲載するものとす。

千九百十四年中登錄せられたるもの四十九冊（前年二十五冊）に過ぎず。

誹毀印刷禁止　他人の誹毀を印刷し又は印刷せんと脅迫し又は金錢其他のものを强取する目的を以て直接間接に印刷發行せんとし又は代償を得るときは印刷發行を見合すべき旨提議したるものは三箇年以下の禁錮に處す、不實なることを知りて故意に他人の誹毀を印刷したる者は二箇年以下の禁錮とし更に裁判所の命ずる罰金を課す、又故意に他人の誹毀を印刷したる者は一箇年以下の禁錮とし更に別に罰金を課す。

猥褻書畫禁止　治安判事が何人かの誓言により猥褻なる書籍、繪畫、表象等が販賣、配布、展覽、貸與の爲め當地の家屋、場所船舶內に保存せられ又は發行中なるを疑ふ十分の理由ありと認むる時は治安判事は搜索狀を發し警察官をして搜索せしめ且之が押收を命ずることを得、而して警察官は搜索の爲め家屋の內外の障扉を破壞し又は强力を以て船舶に侵入し搜索の妨害をなす者は一時留置するの權能を有す、右の方法により押收したる書畫、表象等が警察裁判官に提出せらるゝ時同官は該家屋の家主、居住者又は船長、船舶被免許者に對し召喚狀を發し押收品破壞に反對ならば其理由を說明せしむべし、若し被召喚者が指定の時間に出頭せざるときは之を沒收し七日間經過後之を破毀すべし。

版權　千九百十一年英本國の版權條例 (Copyright Act 1911) は千九百十二年七月一日以降全部香港植民地に適用すべき旨布告せられたるを以て本國法と毫も異なる所なし。

ボイコット取締

香港及南支那に於ける支那人ボイコットは明治四十一年辰丸事件に基く日貨排斥以來著名となり爾來屢々大小のボイコットを經驗したるが最近に起れるものは大正四年日支交渉に基く日貨排斥にして未だ世人の耳目に新なるを以てこゝに詳記するの必要を見ず、大正二年には當地に三、四の小規模なる同盟罷工を見たり、卽ち六月中米問屋苦力約二百名が煽動せられて同盟罷工をなし給料增加を要求したるが此種の苦力は臨時雇入るゝこと容易なるを以て差したる影響なくして沈靜せり、又請負師と石工との間に賃銀上の爭論起り一商店に屬する石工は同盟罷工を行ひたるも是亦何等の影響なく支那事務局に於て和解せられたり、又同年十月に石炭苦力賃は一日平均五十仙より一弗三十五仙に引上げられ一種のボイコットの結果と見做されたるが元來石炭苦力は一定の階級に限らるゝものなるが石炭船の入津頗る多かりしに際し恰も多數の苦力が一時歸鄕したる爲め需給の關係上斯かる賃銀の暴騰を來したるものにして他に特別の原因なかりしものゝ如し、此外三、四年前市內の車夫及轎夫が政廳の取締嚴重にして科料又は禁錮に處せらるゝ者頻出したるに憤慨して同盟罷工を企て一、兩日間は市民の不便少からざりしも元來彼等は貯蓄少なく忽にして糊口に窮する者多く一致團結薄弱なれば瞬く間に破壞するに至れり、是等の小ボイコットは孰も差したる影響を見ざりしも大正元年に起れる市內電車のボイコットは其團結强固にして遂に政廳に於てボイコット防止法の發布を見るに至りしものなるを以て參考の爲め其大體の經過並に同法の概要を左に記述すべし。

千九百十三年三月當政廳が外國銀貨の流通を禁止したる以前に於ては廣東小銀貨滔々として當地に流入し其質粗惡なる爲め香港小銀貨は殆ど其影を沒し當地幣制を甚しく混亂せしめたり當時香港政廳及電信會社に於ては既に廣東小銀貨の收受を拒絕し居たるも其他市內一般の取引に於ては盛に使用せられ小銀貨は殆ど全部廣東小銀貨なるの奇觀を呈せり、之を以て政廳は右流通禁止の手始めとして渡船會社、市內電車會社及ピーク電車會社をして千九百十二年十一月十八日以降支那小銀貨を收受せざることに決せしめ政廳に於ける外國小銀貨流通禁止の瀨踏を爲さしめたり、然るに右實行は著しく支那人の感情を害し渡船及ピーク電車は殆ど影響を受けざりしも市內電車は支那人のボイコットに遭ひ支那人は殆ど乘用する者無く或は彌次馬の一團が電車及乘客に對し瓦石を投じ電車を利用せんとする支那人を脅迫惡罵し或は市內到る處にボイコット煽動の貼紙を爲す等種々の防碍を試みたり、勿論英國政廳は嚴重に取締る所ありたる爲め是等暴擧は阻止せられたるもボイコットは依然として繼續し容易に終熄の模樣なかりしを以て十二月十九日ボイコット防止法 (Boycott Prevention Ordinance) を制定して直に之を實施せり、其概要左の如し。

強力、脅迫、示威を以て他人に正當なる行爲を爲さしめず又は不正なる行爲を爲さしむる者或は斯かる團體の一員たる者は有罪とす、又ボイコット（廣義に定義せらる）を行へる者は有罪とす、ボイコットを敎唆、煽動、勸誘し又は之を企電車ボイコットの悬なること等を指摘し且一部煽動家の爲めに乘人が特別税を負擔するものなれば速にボイコット停止の必要なるを說き先づ其方法として會議列席者進で乘車を實行することを決議し又同日支那人代表者はボイコット中止に極力盡力すべきを以て十二日間課税の延期を總督に請願し政廳側と支那商と相俟て之が鎭壓に努めたる結果十日頃より漸次乘客を增し十六、七日頃に至りボイコット全く終熄するに至れり。

團體取締

當地の團體取締に對しては千九百十一年制定の Societies Ordinance あり同法に據れば團體(Societies)とは其性質及目的の如何に關せず十人又は十人以上の俱樂部 組合、協會等の團體を云ふと規定し(但し會社法による會社、命令法律により成立せる團體、共濟組合支部等を除く)合法の目的を有する團體は本法により登錄を受け又は除外例登錄を受くることを得、登錄官は支那事務局長を以て任じ同官は除外例登錄團體をして團體現行の組織及規則書の寫並に役員名簿及正確なる會員數を記載したる書類を提出せしめ且團體に關する其他の事項を報告せしむることを得、又同官は其適當と認めて設けたる規則に規定したる報告を登錄團體より徵收することを得、右登錄團體及除外例登錄團體以外の團體は不法團體と見做し其管理者又は之を幇助したる者は一箇年以下の禁錮に處し其會員は五百弗以下の罰金及六箇月以下の禁錮に處せらる、又其會合に出席したる者は百弗以下の罰金及三箇月以下の禁錮に處せらる、總督が登錄團體又は除外例登錄團體が不法の目的に用ひられ又は香港の安寧、秩序に害ありと認めたる場合又は賭博を目的とする場合或は支那の動亂を誘致し若くは支那に於ける犯罪を煽動する者とてたる者も亦同じ。

本法違反者は輕罪とし千弗以下の罰金又は一箇年以下の禁錮又は此兩者に處す、而して煽動的の印刷物等は之を沒收す、治安判事又は警察裁判官は住家其他の建物を搜索する爲め警察官に對し搜索狀を發行することを得。

ボイコットの防止、發見及犯人の處罰の爲め必要と認むる時は官報を以て當植民地の一地域をボイコット煽動區域と宣布し又此區域に對し特別の率を以て課税する旨を宣布することを得、但し該區域內に住する者と雖課税を免除せらるゝことあるべし。

ボイコットに因り金錢上の損害を被りたる者ある場合には右特別税徵收額中より其全部又は一部を補償することを得、又ボイコットの防遏、發見、犯人の處罰等に對し有效なる通知をなし又は本規定を實行するに有力なる援助を爲したる者には報酬として適當の金額を特別税徵收額中より支出することを得。

右の法律を發布したるも支那人は依然强硬にしてボイコット繼續せられ電車會社は日々千餘弗の損失を重ねたるを以て政廳は一月三日の官報を以てボイコット煽動區域十箇所を指定し特別税を賦課することゝし又煽動者を密告したる者には千弗以下の報酬を與ふる旨を公布したるが支那商等は各自の利害より打算し特別税負擔の患なるを覺り且時日の經過と共に最初の意氣込も稍緩和せられたるが如く其結果支那商數十名は同八日會議を開き議長はボイコットの分子は下流支那人の一部に存すること、電車會社の廣東貨幣拒絕に正當の理由あること、支那人は當政廳の下に生計貨殖の途を得て大なる利益を享受し居ること、見做さるゝ場合には斯かる團體の解散を命ずることを得。

其他尚詳細なる規定ありて嚴重に取締を行ひつゝあり、各社交俱樂部、遊戯俱樂部、宗教及慈善團體、商業會議所、實業協會、同業組合、各地方商人團等概ね本法の適用を受く。

今千九百十六年四月現在の團體數內譯を示せば左の如し

一、除外例登錄團體

團體	區分	數
社交俱樂部	非支那人	一〇
	支那人	四五
遊戯俱樂部	非支那人	三八
	支那人	三
宗教及慈善團體	非支那人	二四
	支那人	一三
同業組合、會所等	非支那人	二
	支那人（店主）	二八
	支那人（雇人）	一九
一般商人の團體	非支那人	五
	支那人	一
雜種團體		一六
合計		二二七

二、登錄團體

團體	區分	數
社交俱樂部	（支那人）	一四
宗教及慈善團體	（同）	二
同業組合、其他	（同）	一〇
各地方商人團體	（同）	一八
演戯團體	（同）	四
一般商人團體	（華商總會）	一
合計		四九

千九百十四年中登錄又は除外例登錄を申請したるもの三十七件あり、內十八件は除外例登錄を受け、五件は登錄を要求せられたり、九個は規定により登錄を拒絶せられ六個の俱樂部は會員十名に滿たざる爲め本法の適用を受けざるものなること判明し、殘五件は未登錄の中に解散せられたり，又三個の團體は虛僞のもの及不法の目的を有する商組合と認め拒絶せられたり、從來除外例登錄を受け居たる團體中五個は本年中事實存在せざること發見せられたるを以て登錄を取消されたり。

旅客制限法竝人事登錄法

當政廳は千九百十五年七月旅客制限法 (Travellers Restriction Ordinance) を制定し又千九百十六年六月人事登錄法 (Certain Persons Registration Ord.) を發布したり、前者は戰時に際し主として敵人の取締を嚴重にするを目的とするものゝ如く又後者は支那人、外國領事及館員、英國陸海軍人及政廳の職務に從事する者等を除く一般在留民の人事登錄を目的とす、蓋し從來當地には支那人家長登錄の外には一般住民に對する人事登錄に關する法規皆無なりしを以て之が缺陷を補ふと同時に旅客制限法と相俟て敵人及關係者の取締を一層嚴にせんとの目的に出でたるものゝ如し、今兩法の概要を摘記すべし。

旅客制限法大要

第三條　當植民地に到着したる者は警察官に於て其乘船の檢閱を終了するに非ざれば離船することを得ず，但し警察官又は檢閱官の許可を得たるものは此限りに非ず。

第四條　本法第十條の規定の適用を受くべき者當植民地に到著し警察官又は檢閱官の檢閱を受けざりし場合には到著後十二時間以內に自ら警察署に届出づべし。

第五條　當植民地に到著したる船舶は警察官の檢閲を受けたる後に非ざれば之を波止場棧橋又は他の船舶に横付け若くは他の船艇を之に著くることを得ず、但し警察官又は檢閲官の許可を得たる場合には此限に非ず。

第六條　(一)當植民地に到著したる船舶の船長は檢閲官又は警察官より命令を受けたる時又は警察官より呼掛けられたる時は警察信號旗(國際信號のS字記號)を掲揚すべく警察官の許可ある迄は之を取下ぐるを得ず。

(二)警察官の許可を得るに非ざれば何人も警察信號旗掲揚中の船舶を去るを得ず。

(三)警察官の許可なくして警察信號旗掲揚中の船舶を波止場棧橋又は他の船舶に横付け或は他の船艇を之に著くることを禁ず。

(四)本條の規定は船舶が警察信號旗掲揚を命ぜられ又は警察官の船舶を呼掛くる前右船舶に對し與へられたる許可の有無如何に拘はらず之を適用す。

第七條　(一)當植民地に到著し又は之を去らんとする者は警察官又は檢閲官の質問に對し何等の事情あるに拘はらず十分にして且眞實なる答辯をなすべく又直接間接其身元、國籍、職業及兵役關係を立證すべき一切の書類を提示することを要す。

(二)本條は千九百十四年八月四日以後當植民地に到著したる疑ある者及今後當植民地に來著する者並に今後當植民地を去らんとする疑ある者に對し一樣に之を適用す。

第九條　當植民地に到著し又は之を去らんとする船舶の船長は警察官又は檢閲官の要求ある時に

一、完全なる船員名簿を提出することを要す。

二、完全なる船客名簿を提出することを要す。

三、檢査及質問の爲め船員及乘客を官憲の面前に差出すことを要す。

第十條　(一)警務總監の發行したる通行許可書を有せる者は總督の許可なくして當植民地を去り又は去らんと企つることを得ず。

(二)本條は附屬第一表記載の者(非亞細亞人種又は非亞細亞臣民及印度人以外の者)にのみ適用す、但し總督は右第一表を修正することを得。

第十一條　(一)船舶警察官の檢査を經るに非ざれば當植民地を出帆することを得ず。

(二)警察官又は檢閲官の許可を得るに非ざれば何人も出帆前檢査の開始後船舶に乘込むことを得ず。

(三)警察官又は檢閲官の許可を得るに非ざれば出帆前檢査の開始後船舶に物品を搭載することを得ず。

第十二條　當植民地に到著し又は之を去らんとする船舶の船長は本法違反の事實ありと信ずる時には之を警察官又は檢閲官に報告することを要す。

第十三條　(一)總督に於て其法律に基く權能により在留者に退去を命じたる時は其當植民地出發に至る迄之を逮捕監禁することを得。

(二)退去を命ぜられたる者は指定の日附、船舶、汽車又は航路によりてのみ出發することを得。

第十四條　(一)各旅館、下宿屋の主人及倶樂部の書記は本法第十條の適用を受くる十四歲以上の者の姓名、國籍、著發日附、目的地及警務總監が定むべき其他の事項を宿泊帳に記入するの義務を負ふ。

（二）彼等は又警務總監の規定すべき時期に於て規定の樣式に遵ひ前記詳細事項を記載せる宿泊人名簿を作製すべし(以下略)。

第十五條　（一）警察官は警務總官の令狀を以て

（イ）嫌疑を受け更に訊問の必要ある者は之を四日以內拘留することを得

（ロ）本法の規定を犯し又は犯さんとしたる疑あるものは之を逮捕して官憲の面前に差出すことを得

（ハ）前項に基き警察官に於て拘留又は逮捕するを得べき者又は當植民地に到著し又は將に之を去らんとする者に就き其身體財產、所持品を檢査することを得、但し婦人の檢査は婦人の檢査官によりてのみ之を行ふべく又何人と雖も其承諾なくして公共の場所に於て檢査を受くることなし。

（ニ）警察官に於て本法違反の證據となるべき物件の存在を信ずべき理由ある場所又は船舶（軍艦を除く）或は警察官に於て拘留又は逮捕し得べき者の所有若くは管理に屬する場所船舶を檢査することを得。

（ホ）本法違反の證據と見るべき物件又は更に檢査の必要ある物件若くは拘留逮捕を受くべき者に屬する物件を差押へ押收し又は留置することを得。

（二）警察官は警務總監の令狀を以て

（イ）前項（ニ）に揭ぐる場所の外部又は內部の扉を押開くことを得。

（ロ）前項（ニ）に掲る船舶及其各部へ强制的に侵入するを得。

（ハ）合法の逮捕、拘留、檢査、差押、押收に對する一切の反抗を排除する爲め强力を用ふることを得。

（ニ）前項（ニ）に掲ぐる場所又は船舶の檢査を終る迄其中に在りたる總ての者を留置することを得。

第十六條　本法の規定に違反し又は服從することを怠り若くは情を知りて其違反に與する者は一箇年以內の禁錮又は五千弗以內の罰金に處す。

尙香港政廳は千九百十五年七月九日左の布告を發布せり。

英國人、同盟國人又は中立國人の旅行者は次の書類の提出を命ぜらるることあるべし。

A、官憲の捺印ある正當旅劵（歐洲行旅行者の場合には必須とす）又は

B、旅行者の姓名、行先地、乘船名及出帆期日を記載せる領事又は他の相當官憲の發給せる國籍證明書。

然れども旅客制限法第七條及前記告示を當地に旅行する本邦人に適用せらるゝ場合には甚しき不便を生ずるを以て我總領事より英國官憲に對し本邦人に對する除外的取扱方を交涉し其結果左記の如き取極を見たり。

（一）該告示に關しては日本人に對しては書類の提出を命ぜざるべし、但し日本臣民の國籍に關し疑ある場合には日本總領事に照會解決すべし。

（二）旅客制限法第七條に關しては日本人には質問を爲さゞるべく若し本人に關し疑問あらば前項末段によるべし。

人事登錄法大要

一、當植民地に在住する者は左記の者を除くの外一箇月以內に規定の樣式に遵ひ（一）姓名、（二）男女の別、（三）年齡、（四）既婚、未婚、鰥寡の別、（五）出生地、（六）國籍、（七）住所、（八）職業、（九）當植民地に傭主ある場合には其者の姓名、事

務所、職業、(一〇)英國の陸海軍、義勇兵、警察豫備隊に關係の事項を警務總監に屆出づべし。

(一)英國正規陸海軍人

(二)永續して當政廳竝に陸海軍の事務に從事する者

(三)香港義勇隊、義勇豫備隊、警察隊、竝に特別警察豫備隊に屬する各員

(四)外國領事館員

(五)以上四項の一に該當する者の妻及娘

(六)支那人

(七)十八歲未滿の者

二、當植民地に到著する者(前記除外者を除く)にして一週間以上滯留せんとする者は一週間以內に同樣屆出を要す。

三、屆出書には本人明瞭に署名をなし且當植民地に住居する丁年以上の者一名之が保證を爲すべきものとす、右保證人は住所を記し署名すべし。

四、屆出書には虛僞の記載を爲すことを得ず。

五、前項除外者を除く外警察署より召喚狀を受けたる時は指定の時、指定の場所に出頭すべし(以下略)。

諸營業取締

生命保險業

香港に於て生命保險業を營む外國及香港の保險會社又は香港にて登錄し支那にて生命保險業を營む會社は先づ總督の認可する五萬弗の擔保を會社登錄官に供託することを要し尙其後更に二十萬弗に達する迄擔保を增加することを要す、供託せる擔保が二十萬弗に達する迄は香港に於て契約せる保險料收入額を每年登錄官に報告せざるべからず、茲に生命保險業を營むものと

は頗る廣き意味を有し單に保險料の取次を爲すものをも包含す違反者は違反の事實繼續せる期間一日に付五百弗以下の罰金に處せらる、其他詳細の規程は千九百七年生命保險法 (Life Insurance Companies Ordinance) に詳なり。

質商

質商を營まんとする者は警務總監より免許證を受くるを要し免許證の期間は一箇年とし每年更新するものとす、質商は警察官より要求ある場合には質物及帳簿を點檢せしむべし、利息は左記の範圍による。

	初メ一ケ月間	二ケ月以後
一弗以下	一〇%	三%
一弗乃至七弗	八	三
七弗乃至十四弗	五	三
十四弗乃至四十二弗	三	二
四十二弗乃至百四十弗	二	二
百四十弗以上	二	一½

但し綿蒲團、靴、鞄、銅、鐵、鉛、錫、金又は銀時計、翡翠及寶石に對しては特別の利率を用ふることを得、免許料は一箇年市內中部は千五百弗、其他は千弗又は七百五十弗、租借地は四百弗とす。

食品藥品販賣商

食品及藥品販賣規則ありて販賣の目的にて食品に有害なる物質を混入したる者又は藥品に其效力を害する成分物質を混入したる者又は之を販賣したる者は五百弗以下の罰金に處せらる、購買者の要求したるものと異なる食品、藥品を販賣し其食品藥品が購買者の害を受くべきものなる時は之を販賣したる者は二

百弗以下の罰金に處せらる、又當地にて Condensed, Separated 又は Skimmed Milk を販賣するには其容器に貼紙を附し之に「此は Skimmed Milk にして滿一歲以下の小兒に飲用せしむ可からず」と英字及支那字にて記載することを要す、之を犯したる者は百弗以下の罰金に處す等の規定あり。

其他

當地に於ける一般營業は概して自由主義により放任せられ何等の取締を受けざるもの多きも危險物、遊戯に關する營業、車輛類、船舶、其他に關しては一般住民保護上必要なる取締を行ひつゝあり、是等は主に免許狀の制度によりて間接の取締を爲すものとす。今主なる免許料を摘記すれば左の如し

武器取扱	一ヶ年	一、一〇〇弗	支那人葬儀社	一ヶ年	二〇弗
獵銃取扱	同	一〇	石油貯藏	同	四
競賣人	同	六〇〇	花火製造	同	一〇
玉突臺、玉轉し場	同	一〇〇	彈藥製造	同	二五
呼賣人	同	八	其他危險物貯藏	同	約 四
兩替商	同	五〇	海軍需要品取扱	同	約 三六〇
水先案內人	同	三〇	演戯場		不定

酒及煙草に關する免許料は財政の部參照、各種船舶免許料は省略す、又車輛類及運轉手の免許料は交通の部參照。

千九百十四年中警察にて下付したる免許證の主なるもの丶件數左の如し

香港人力車	一、一五〇件	自動車運轉手	六五件
九龍人力車	三四五	自動自轉車	一九
香港轎子	六六五	同　運轉手	二〇
丘陵地方轎子	六〇	競賣人	二
車夫及轎夫	一三、四〇六	支那酒釀造者	四四
荷車	一、三六四	獵銃	二一
自動車	五三	石油貯藏	一、二九五
海軍々需品貯藏	三五	呼賣人	六、七四四
兩替商	二四七	飼犬免許	三、六〇五
質商	九六	番犬免許（無料）	一一四
タンク石油貯藏	八	武器彈藥輸入	七
酒精	三三一		

其他彈藥、危險貨物等の貯藏免許多數あり。

第七編　港灣

港界及水深

ヴィクトリヤ港は香港島の北側と九龍半島尖端との間に位せる天然の良錨地にして南は香港島の北岸に沿ひ西は香港島西端より Green Island 西端に及ぶ線及同島西端より灣竹州 (Stone-cutter's Island) の西端に引ける線を界とし、北は灣竹州南岸及同島北角より深水埔に在る港務局に引きたる一線及九龍半島沿岸を界とし東は香港島の最北端 North Point より舊九龍棧橋に引ける直線を界とす

九龍半島の尖端は大陸より香港島に向ひて南方に突出すること約二哩半にして東側に九龍灣東南側に紅勘灣 (Hunghom Bay) を抱く、港の東方は一旦開灣し最も廣き部分に於て南北約三哩に上るも鯉魚門に至りて再び兩岸相迫り其間僅に二鏈四

分の一に過ぎず、當港は只西方に開くのみなるも西江の下流は遠く海上十二哩の地に注ぎ、其間大小の島嶼散在し偏西強風の風力を減殺す、斯くの如く香港港は周圍殆ど陸を以て鎖さるゝを以て四時風波を防ぐに適し極めて安全の錨地なり。

港內面積は干潮時約七平方哩三四にして內三平方哩五は二十七呎以上の水深を有す、最深六十四呎なるも陸岸附近に水深稍淺き箇所あり、九龍棧橋附近は約三十呎香港側諸棧橋附近は二十呎乃至三十呎にして普通船舶の碇繫に差支なきも若し歐洲戰爭前の如く逐年益々吃水大なる船舶の建造せらるゝ傾向ありとせば香港現在の水深にては寄港に不便を感ずる船舶を見るに至り香港の海港たる價値を減ずるに至るべしと憂慮するものなきに非ずと雖目下の處にては棧橋會社又は政廳にて小規模に一小部分を浚渫する位に止まり未だ大規模の浚渫工事の計畫なし。

三月より六月に亙りては一般に海霧多く七月乃至十月の颱風時には北東の貿易風吹くを常とす、颱風以外の場合には港內至極靜穩にして荷役に困難を感ずること少し、晝夜を問はず繫留容易にして夜中にても港內比較的光線に富み、雨天又は曇天に非ざる限り浮標の發見に苦しむことなし、但し香港側の棧橋と棧橋との間隔狹き場所にては戎克舢板の類多數繫留し居るを以て滿潮の際是等棧橋の西側に繫留するには幾分の不便あり。

港內航路

香港に通ずる航路に次の三條あり

南航路は其西方瓦斯會社沖に起り東方廣東汽船埠頭の西方四百呎に終り此處より中央航路に連續す其南側は香港島北岸に界し、北側は支那船錨地なり。

中央航路は每三秒の白閃光を發する二個の紅白橫線塗浮標間を其西口とし、此處より東方に向ひ碇置せる二列の浮標の間に在り、是等の浮標は航路の南北を示すものなれども當港に寄港する各汽船會社の所屬船に使用せらる。

此航路は Causeway Bay の防波堤を Kellete Island より開き百十三度に望む方位線を其南界とす。

船舶南航路を通航する時は其最高橋に紅旒若くは萬國船舶信號のF旗、中央航路を通航する時は白旒若くは同信號のC旗、北航路を通航する時は綠旗若くは同信號のD旗を揭揚すべし。

船舶は其軍艦なると否とに論なく總て一般船舶の航路として定められたる航路內に投錨すべからず、若し之に反し航路內に投錨するか或は航路を妨害するときは五十弗以下の科料に處せらるべし。

潮汐及潮流

潮汐　香港の潮汐は極めて複雜にして大なる日潮不等即ち連續せる高低兩潮の潮昇差を生じ此差は太陰月中小潮時の皆無より大潮時の最大限に達するまで不規則に變化し大潮時には事實上唯一日一潮となるに至る、然れども稍小潮の際に見る實際の最小昇降差は大潮に於て常に正確に起らず。

潮汐は又風の影響を受け昇降差に一呎若くは一呎以上の增減あり、一日中の最高潮は通例最低潮に先んず更に之を詳言すれば其運動の次序は最高潮より最低潮に下るの後低き高潮に上り次で高き低潮に下りて又最高潮に上る、小潮の數日間は運動の次序之に反す。

太陽北赤緯に在る時は大潮前後は晝潮高く、太陽南赤緯に在る時は夜潮高く大潮約十時に起る、朔望高潮は約九時なり。

大潮昇降差は其最大極九呎にして太陽南或は北の最大赤緯に

達せし後直に起り其最小極は約六呎にして晝夜平分時に生ず。

太陰月中一大潮の昇降差は通例他の大潮の昇降差よりも大にして此の大なる昇降差は概ね太陰の下經過に次げる高潮と該高潮に次げる低潮とに因りて起り而して此の大昇降差は太陽南赤緯に在る時は滿月に、太陽北赤緯に在る時は新月に起るを通例とす。

香港に於ける毎月の最高潮時は左の如し

一月午後五時乃至正午	七月午前五時乃至午後一時
二月午後三時乃至正午	八月午前三時乃至正午
三月正午乃至午後十一時	九月正午乃至午前十時
四月午前九時乃至午後六時	十月午後十時乃至午前九時
五月午前七時乃至午後五時	十一月午後六時乃至午前六時
六月午前六時乃至午後三時	十二月午後六時乃至午前三時

最高夜潮は最高晝潮より約一呎高く前者は十月より一月の間に後者は五月より九月の間に起る。

驗潮竿は海軍工廠繋船池口に在り。

潮流　鯉魚門、グリーン　アイランド間航路及港內に於ては**漲潮**は西方に落潮流は東方に向ひ約高低潮時に其方向を轉換し其速度は屢々二節に達し鯉魚門に於ては順風を伴ふ時は三節に達す。

浮　標

從來香港に於ては港務局長の許可を得て私有浮標の設置を許され右設置者は一箇年六十弗の錨地使用料を納め居りしが私有制度には之に伴ふ不便多く設立舊き會社は多く小型の沿岸貿易船を有し又は比律賓、日本、暹羅間の近海航路を經營せるにも拘はらず港內水深き良錨地を專有す、反之新會社所屬の船舶は假令歐洲、加奈陀、米國間の貿易に從事するが如き大型汽船と雖商業の中心地に遠かれる地點に碇繋せざるべからざるを以て一般航海業者の不自由少からず且浮標の官有は各國の採用し居る處にして最も公平且進歩したる制度なるを以て當政廳は千九百十三年末本國政府の認可を受け私有浮標四十三個の買上實行に決せり。

其後歐洲戰爭の勃發に會し本計畫の實行は稍遲延したるも千九百十五年より千九百十六年一月に亙り政廳は私有浮標全部の買上を了し其標識及料金等に關し同二月十一日の官報を以て左の布告を發せり。

一、官有浮標は總て紅色を以て官有浮標（Government Buoy）と記し黑色を以てA、B又はCの字を記す

二、A級の浮標は長さ四百五十呎乃至六百呎の汽船に使用すB級の浮標は長さ三百呎乃至四百五十呎の汽船に使用すC級の浮標は長さ三百呎又は其以下の汽船に使用す

三、官有浮標の使用に對しては左記の料金を徵す

A級	一日又は一日以內に對し	八弗
B級	同	六弗
C級	同	四弗

四、港務局長は自己の判斷により官有浮標一箇月の料金を二十一日分より少からざる率に定め貸與することを得、但し右の貸與は何時にても取消すことを得、月極借受人は之を更に第三者に貸與することを得ず而して同浮標を現に使用し居らざる場合には港務局長は他の船舶に對し一時之を使用せしむることを得。

目下A級八個、B級十三個、C級十九個、合計四十個の浮標

あり、一般船舶を繋留せしむ、其大部分は港內中央部に散在し一部は濟仔沖に在り。

此外海軍浮標約十個あり、海軍工廠前面及九龍半島西方の海軍錨地に在るものにして英國軍艦及外國軍艦の繋留に充てらる

水先案內

香港に出入する船舶は普通水先案內を使用す港內に變化を生じたる場合等には殊に必要あり、水先案內は東口にては Cape Collinson 燈臺及 Cape D'Aguilar 附近，西口にては Sulphur Channel の南方一哩內外の所に水先案內旗 P を振りて船舶の來航を待ち居るを常とす之を招致するには P、T の旗を掲揚するものとす、但し水先案內には著しく巧拙あるを以て豫め當地支店又は代理店を經て信用ある者を雇入るゝを便とす、初め當港には水先案內に關する法律なく當港の水路に通ずる者は何人にても任意水先案內業を營むことを得たりしが千九百四年水先案內法 (Pilot Ordinance) 制定せられ一定の試驗を經たる者に非ざれば本業に從事することを得ざらしめたり。同法に規定せられたる水先案內料左の如し

植民地領海內出入汽船	出入各一回	一〇弗
植民地領海外出入汽船	同	一五
港內に於ける汽船の移動	一回	五
植民地領海內出入帆船(曳船なき場合)	出入各一回	一五
植民地領海外出入帆船(同)	同	二〇
港內に於ける帆船の移動	一回	一〇

帆船にして曳船を有する場合には總て汽船に準じ料金を徵す。

尙ほ水先人免許料は三十弗とし每年更新することを要し更新料は五弗なり。

澳門廣東及西江流域に至る水先人は香港に於て雇ふとを得。

棧橋

棧橋は大小三十有餘あるも皆私有にして中に大船を繋留し得るものは九龍倉庫會社所有の三個及太古洋行所有の一個のみにして其他は沿岸航路及河船の使用に供するものなり。今其主なるものを列記すれば次の如し

九龍倉庫會社所有

第一	長五〇〇呎	幅四五呎	兩側水深二五呎
第二	長五〇〇呎	幅四〇呎	兩側水深二五呎
第三	長五六〇呎	幅四四呎	兩側水深二七呎

外に建造中のもの一個小棧橋二個あり、

太古洋行所有

長六〇〇呎　幅五〇呎　兩側水深　三六呎

右の外香港廣東航路の河船は香港島北岸に設けられたる棧橋の兩側に繋留す。其概略を記せば左の如し

香港廣東澳門汽船會社及支那航業會社(永樂碼頭)

長三五五呎　幅四五呎　兩側水深二三—三三呎

粤航公司(Canton Navigation Co.)

長二七三呎　幅三二呎　兩側水深二五—三三呎

元安兆安輪船公司

長二四一呎　幅三〇呎　兩側水深二三—三三呎

長安汽船公司

長三〇〇呎　幅三〇呎　兩側水深二五—三三呎

志和公司

長二〇〇呎　幅二二呎　兩側水深二〇—二三呎

其他香港側には河船用戎克又は小蒸氣船用のもの多數あり。今主なるものを左に列記すべし

沿岸船又は河船用

ドグラス碼頭　沿岸航路

旋業公司碼頭

東側　和益輪船公司及中和公司（廣州灣、赤坎等行）

西側　大阪商船會社（臺灣、南洋航路）

厚德碼頭　廣東、泊靖、海門行

平安碼頭

東側　江門、甘竹、九江、肇慶、德慶、都城等行

西側　三水、肇慶、德慶、都城等行

利記碼頭（廣安輪船公司）江門、甘竹、九江行

海安碼頭　三水、肇慶　德慶、都城、梧州行

楊泰與碼頭（四邑輪船公司）廣東、澳門行

源遠碼頭

東側　三水、德慶、都城、肇慶行

西側　梧州行

西江碼頭

東側　三水、梧州行

西側　都城、梧州、三水、肇慶、德慶行

平安貨倉碼頭（聯安輪船公司使用）

香港九龍埠頭倉庫會社碼頭

招商局碼頭　沿岸船用

小蒸氣船又は戎克用

聯昌碼頭（福海輪船公司）

東側　渡船（九龍、紅磡、深水埔行）

西側　平海、媽宮、汕尾行及澳頭行

常有小輪船公司碼頭　渡船（油蔴地行）

廣榮碼頭　汕尾行

瓊山輪船碼頭　渡船（紅磡、筲箕灣行）

兩榮碼頭　南朗行又は廣州灣、赤坎、硇州等行

同和輪旋公司碼頭　南頭、西鄉、固戍、太平、福永、沙井、茅州、大鏟行

スターフェリー會社埠頭

Star Ferry Co. Ld. の埠頭にして港内を横斷して香港歐洲人商業地と九龍停車場附近とを連絡し又九廣鐵道とも接續す。

ブレークピーア (Blake Pier)

前者の少しく西方に在り一般公衆の使用に充てられ、港內碇泊の汽船より又汽船に乘船手荷物を運搬する小蒸氣船の碇繫所とし又郵便局に隣接し郵便物の積卸も此埠頭に於て行はる。

スタチューウオーフ (Queen's Statue Wharf)

スターフェリー埠頭の東方に在り、一般の小蒸氣船又は舢板の乘客昇降に充てられ、前記ブレークピーアと共に最好の上陸地點とす其東方に Murray Pier と稱する英國海軍專用の汽艇用小埠頭あり。

倉庫業

倉庫は香港の東部及西部海岸に其數頗る多きも概ね私有にして小規模のものなり其中最も整頓し手廣く倉庫業を營むものは香港及九龍埠頭及倉庫會社 (Hongkong & Kowloon Wharf &

Godown Co., Ld.）にして香港輸入貨物の約六割を取扱ふと稱せらる。其倉庫の容積左の如し

九　龍　三十四棟　二十八萬四千立方呎

香港西部　十　棟　五萬五千立方呎

之に次ぐものは太古洋行の倉庫にして九龍に在り、四棟容積六萬立方呎を有す倉庫料は前者と同率なるも右洋行は他の汽船會社と競爭敵手なるを以て荷物を托するもの少なく從て營業思はしからざるが如し。

其他主なる汽船會社は孰れも各倉庫を所有し又 China Provident Loan & Mortgage Co. なる貸付會社あり、一部倉庫業を營み居り容積六萬立方呎の倉庫を有し多くは支那人相手なり。

香港九龍埠頭及倉庫會社は千八百八十四年の設立に係り當初小規模の倉庫業を營みしが爾來漸次擴張發展し以て今日の盛大を致すに至り、目下資本金三百萬弗（一株五十弗六萬株全部拂込濟）とし營業成績良好にして近年六分乃至七分の配當を繼續し居れり、九龍倉庫は外國輸入品を全部九龍に集中せんとの趣意を以て建築せるものにして三十五萬噸以上の貨物を容るゝに足る、其前面海岸には大棧橋四個（一個建築中）小棧橋二個を有し倉庫と是等棧橋との間には貨物輸送用の軌道を布設し船艙より二十五噸を引き得る Sheer legs 及重量貨物用 Cranes 數個あり、貨物の積卸、庫入極めて便利に行はれ毎月會社埠頭に繫留し貨物の積卸をなす船舶三、四十隻に上る、又艀船約七十隻曳船用小蒸氣船十數隻を備ふ、貨物船到著する時は船の Slings により貨物を直に會社のトラックに移し軌道により假倉庫に運び貨物の種類に應じ各別に庫入し七日間は倉敷料を徴せざるも此期間に荷受人が引渡の申出を爲さゞる時は本倉庫に移送す、

目下約一千五百名の使傭人を有す、會社の最も不便を感じつゝあるは埠頭附近の水深稍淺く吃水深き船舶の接近に不便なることにして偶々附近海底の浚渫を爲しつゝあるも未だ大規模の浚渫計畫なきが如し。

今參考迄に千九百十五年中の本社營業成績に關し株主總會に於て議長の述べたる大要を左に摘記すべし。

營業狀態は戰時の惡影響ありしに鑑み比較的良好なりしと云ふことを得べし、埠頭業は歐洲より來港の船舶減退の結果大に減少し荷物陸揚の爲め埠頭を使用せし汽船數は三百十一隻にして前年に比し百八隻の減少なり、艀船業による利益には差して影響なかりしが之れ太平洋岸行船腹拂底の爲め積換荷物を一時當地に倉入したるもの多かりし爲めなり兎に角本年度の營業成績の案外良好なりしは艀船業及倉庫業の二者に因るものとす。

目下一埠頭を九龍に建造中にして本年末迄に完成の筈なり、香港政廳は本社埠頭附近を浚渫することを約したるが本社自身に於ても社費を以て二箇所の浚渫をなしたり、新埠頭の長六百呎にして干潮時吃水三十呎の船舶を横付けすることを得べし、又新倉庫建築の計畫あるも鋼鐵類頗る高價なるを以て同樣の設計にて上海に鐵筋コンクリートの倉庫建築の費用及方法を研究したり、然れども香港上海共莫大の經費を要するを以て着手前尚一層の考究を要すべし云々

今參考迄に倉庫會社の規定せる倉入苦力賃及倉庫料中主要商品に關するものを摘記表示すれば左の如し

品名	單位	一ケ月倉敷料	倉入苦力賃
麥酒（罎入）	一箱（大）	七仙	五
同（同）	同（小）	八	六

同（樽入）	一立方呎	一	三/四
漂白粉	一箱（百封度入）	四	二
苛性曹達	一樽（一擔入）	三	三
同	同（五擔入）	一〇	一〇
臺灣樟腦（危險物）	一箱（一擔入）	五	三
樟腦油（最危險物）	一箱（二罐入）	八	—
蓖麻子油（危險物）	一箱（百五十封度入）	七	四
セメント	一樽（四百封度入）	六	五
同	一袋（三百五十封度入）	四	四
時計	一箱（二立方呎以下）	三	二
煉乳	一箱（四打入）	二	一
印度棉花（危險物）	一俵（四百封度入）	三	六
刄物	立方呎	三	二
耐火煉瓦	千個	二,〇〇〇	二,〇〇〇
麥粉	一袋（五十封度入）	一	三/四
落花生	一袋（一擔入）	五	四
ガンニー袋	一千立方	一-1/四	一-1/二
硬木（戸外貯藏）	一噸（四十立方呎）	四〇	六〇
重量貨物（一噸以上の包裝）	一噸（二十本）	二五〇	不定
麻（壓縮セル）（危險物）	一俵（三百八十封度入）	八	五
銃器	一樽（五百封度入）	三	一〇
鐵及鋼棒	一擔	二	五
鐵及鋼カッチング	同	一	五
鐵及鋼鐵（戸內貯藏）	同	四	五
同（戸外貯藏）	同	二	五
鐵及鋼板（戸內貯藏）	同	二	五

鐵及鋼屑（戸內貯藏）	一擔	四	五
同（戸外貯藏）	同	二	五
ワイヤロープ（戸內貯藏）	同	四	五
同（戸外貯藏）	同	二	五
ランプ類	平方呎	一	一
鉛（戸外貯藏）	塊（二十封度）	一	一
燐寸（最危險物）	一箱（三十六哥入）	三	八
廣東花蓆（危險物）	一卷（百封度）	六	二
モルヒネ	一箱	二,〇〇〇	二五
針	同	一〇	三
水銀	フラスコ（九十封度入）	六	二
馬鈴薯、玉葱	一擔	二	三
阿片（印度波斯）	一函	二,〇〇〇	二五
紙、古新聞紙	平方呎	一	三/四
塗料、油、ワニス等（危險物）	同	三	一
籐	一擔	三	三
米	同	二	三
硝石（最危險物）	一袋（一擔-1/四入）	五	三
生糸	一俵（一本入）	二五〇	一〇
棒石鹼	一箱（五十六封度入）	一	三/四
曹達灰（樽入）	一擔入	三	三
同	二擔入	八	六
亞鉛	一擔	二	三
硫黃（袋入）（危險物）	同	五	三
同（撒積）（同）	同	四	三
硫酸（危險物）	一箱（三百封度入）	二	二

砂糖（籠入）	一擔	三	三
同（袋入）	同	二	二
酒精（最危險物）	一立方呎	二	一
チーク材	一噸（四十本）	四〇	四七
錫	一塊（七十五封度以下）	六	二
鉄力板	一箱（百封度入）	一・四	二
同	同（百二十封度入）	一・二	二一・二
綿糸	一俵（四百封度）	三	七
日本綿糸	一俵（二百二十五封度以下）	九	五
酒類（罎入）	一箱（小）	五	二
同（同）	一箱（大）	一〇	三

船渠業

香港は世界有數の商港なると同時に造船並に船舶修理業の設備亦良好にして商船の外英國及外國軍艦も入渠修繕し得るの便あり、第一は香港黃埔船渠會社（Hongkong & Whampoo Lock Co.,Ld.）にして千八百六十三年の設立に係り以後漸次資本金を增加し二百五十萬弗とせしが千九百十六年更に增資して三百萬弗に達せり、本社は九龍紅磡灣に三船渠及二船架を有し大角嘴（油蔴地）にコスモポリタン船渠、又アバヂーンにホープ及レーモンド船渠を有す、第二は太古船渠會社（Taikoo Dock Yard & Engineering Co., Ld.）にして當地代理店を太古洋行とす、香港市より東方約五哩なる Quarry Bay に壯大なる船渠一個及引揚船臺三個を築造し千九百九年より業務を開始せり、前者に比し規模大なるを以て成績漸次良好を見るに至らん、第三は英國海軍船渠にして海軍工廠內に在り、英國東洋艦隊の修繕に應ずる十分の設備あり、右の外 Bailey & Co., Macdonald & Co., Jack & Co. 又支那人の經營に係るものに同興隆、廣協隆（有限公司）廣德昌等の鐵工場あるも河船又は小蒸氣船の製造及修理を主なるものとす。（工業之部參照）

今左に各船渠及船架の大さを比較對照すれば左表の如し

船渠及船架表

船渠名	長（呎）盤上	長（呎）全長	渠幅（呎）	通常大高潮時深水 渠口底上	通常大高潮時深水 盤木上	扛動（噸）	建設年	所屬
第一號船渠（官設）	552 7/12	568 7/12	98 6/12	39 3/12	39 3/12	—	—	英國海軍
第一號九龍船渠	561	563	83	29	27 6/12	—	1903	香港黃埔船渠會社
第二號同 同	371	371	74	19 3/4	17 1/4	—	1899	同
第三號同 同	264	264	49	13 1/4	10 1/4	—	1899	同
Cosmopolitan 內船渠		210	61 6/12	—	—	—	1903	同
同 外船渠		210	78	—	—	—	—	同
內及外船渠を通じて一船渠となしたる時	435	460	61 6/12	20	18 1/2	—	—	同
Cosmopolitan 第一號船架	240（架臺長）	—	29（架臺幅）	前方 後方	13 2	1.200	1903	同
同 第二號船架	200（同）	—	37（同）	前方 後方	8 15	1.000	1903	同
Aberdeen Hope Dock	430	430	81	23	21	—	1896	同
Aberdeen Lamond Dock	333	430	64	16	13	—	1896	同
Quarry Bay Taikoo Dock	787	790	86 6/12	34 6/12	34 6/12	—	1904	太古船渠會社
Quarry Bay 第一號船架	250（架臺長）	—	—	前方 後方	15 1/3 25	2.700	—	同
同 第二號船架	230 同	—	—	前方 後方	15 1/2 24	2.700	—	同
同 第三號船架	230 同	—	—	前方 後方	15 1/2 24	2.700	—	同

英海軍工廠の船渠は渠扉を外方特別の處に移す時は全長五百

七十六呎及五百九十二呎となる。

九龍第一船渠の渠扉を外方特別の處に移す時は全長五百七十三呎及五百七十五呎となる。

石炭貯庫

當港の石炭輸入年額は百萬噸乃至百六十萬噸にして内日本炭約七割を占め其他は開灤炭、撫順炭、佛領印度炭、英國炭、ボルネオ炭等とす、貯炭量の増減は時期により一定せざるも普通十一月頃より翌年三月頃迄は北支那諸港の結氷期に當り支那沿岸、海運閑散にして運賃低落し石炭輸入増加し從て貯炭量嵩まり四月頃より十月迄は船腹缺乏を感じ貯炭量減少するを常とす各炭の最大貯炭量に付ては統計の據るべきものなきも九龍、油蔴地及芒角に於ける各貯炭場の容積より判斷すれば合計貳拾萬噸の貯炭をなすことを得べく他に海軍貯炭場六萬噸、旗昌、太古等の自家用貯藏場五六萬噸、香港側支那石炭商の各所に散在せる倉庫二、三萬噸を容るゝに足る。今油蔴地方面各貯炭場（防波堤内面）の最大貯炭量を示せば次の如し

英商モクソン、テラー	四萬五千噸
三井物産會社	三萬噸
支那商同昌號	七千五百噸
三井物産會社假貯炭場	一萬八千噸
支那商黃金福	五萬噸
同　廣順號	四千噸
三菱合資會社	二萬五千噸
支那商三益	二萬五千噸

又從來各種石炭の最大貯藏量見積を左に表示すべし

外國炭		
英炭	六七、〇〇〇	主に英國政廳輸入す
煉炭	四〇、〇〇〇	同
山東炭	一〇、〇〇〇	獨商ブラックヘッド商會（戰前）、三井物産會社
開平塊炭	五、〇〇〇	英商ドットウエル商會
同　粉炭	五、〇〇〇	同
ホンゲー炭	八、〇〇〇	英商怡和洋行
撫順塊炭	三、〇〇〇	三井物産會社
同　切込	二、〇〇〇	同
同　粉炭	一、〇〇〇	同
濠洲炭	五、〇〇〇	英商ヒユースハフ商會
ボルネオ炭	五、〇〇〇	獨商ブネ（戰前）
日本炭		
高島塊炭	七、〇〇〇	一〇一
相知塊炭	三、〇〇〇	
金田塊炭	二、〇〇〇	
赤池塊炭	三、〇〇〇	
赤池粉炭	二、〇〇〇	
大ノ浦三尺塊	三、〇〇〇	
同　切込	二、〇〇〇	
同　粉炭	一、〇〇〇	
鯰田塊炭	五、〇〇〇	
同　切込	三、〇〇〇	
同　粉炭	三、〇〇〇	
田川塊炭	五、〇〇〇	三井物産會社、三菱合資會社、鈴木商店、湯淺商會、古河合名會社、ブラ

ッドレー商會、ギルマン商會等にて取扱はる

三池塊炭	五、〇〇〇
同　切込	四、〇〇〇
同　粉炭	三、〇〇〇
夕張塊炭	八、〇〇〇
日本二等塊炭	一〇、〇〇〇
同　切込	一〇、〇〇〇
同　粉炭	一〇、〇〇〇
同　三等塊炭	一〇、〇〇〇
同　同　切込	一〇、〇〇〇
同　同　粉炭	一〇、〇〇〇
雜　炭	四〇、〇〇〇

燃料炭積込の方法は普通艦船側に數段の棚を設け一段二人宛乘り手揚方法による仕役力は船體の大小即舷門或は艙口の多少竝に船體の高低により異なり、通常一口の仕役者五十人一時間十五噸一晝夜平均三百五十噸と見ば大差なからん、晝間の仕役力一時間十七、八噸、夜間十二、三噸なり、されば最大型の商船にて十口仕役し得べきものにて三千五百噸仕役し得べきも香港に於ける石炭苦力其數多からず、苦力總數三千人と稱すれど其中陸上人夫或は本船人夫各職を異にし互に融通すること少なき故に一時數隻の大型汽船入港する場合の如き大に人足の不足を感じ從て仕役力大に減少す、通常商船に在りて燃料炭積込の最大速度二千五百噸と見ば間違なからん、尙大型のものにありては十口以上の人足を掛け得べくばより以上の仕役力あるべし。

港費及荷役費

當港に入港する船舶の支拂ふべき諸費用の主なるもの左の如し

燈臺税　外國軍艦、英國軍艦及二十噸以下の船舶を除くの外は入港船舶は總て登簿噸數一噸に付二仙の燈臺税を納付せざる可からず、但每日晝間又は夜間入港する河船は一噸に付五/六仙とす。（財政の部參照）

日曜日荷役料　船舶が日曜日に荷役せんとする場合には豫め左記の料金を支拂ひ港務局長より許可書の下附を受くるを要す、之を犯したる者は一千弗以下の罰金又は一箇月以下の禁錮に處す、而して許可書の申請は土曜日午後五時迄に爲すべき規定あり、但し郵便物、旅客手荷物、食糧品、家禽等は此の限りに非ず。

登簿噸數四百噸以下		七十五弗
同	四百噸乃至七百噸	百　弗
同	七百噸乃至一千噸	百二十五弗
同	一千噸乃至一千五百噸	百五十弗
同	一千五百噸乃至二千噸	百七十五弗
同	二千噸以上	二　百　弗

水先案内料　（別項參照）

小蒸氣船小舟雇料　小蒸氣船は一時間三弗乃至五弗、一日二十五弗以上なり、小舟は陸岸より碇泊錨地迄片道三十仙乃至六十仙、一日の雇賃一弗五十仙位なり。

水料　九龍棧橋繫留の船舶は各船舶に布設しある大小の鐵管により給水を受け一時間の最少量百二十五噸即一日十二時間の水量は一千五百噸なり、沖繫船舶へ給水する香港唯一の機關は Union Water Boat Co. にして蒸氣喞筒を備付けたる二百噸積の給水船八隻竝に二百五十噸積一隻を所有し一日即十二時間の給水全量は一千八百五十噸にして常に九龍荔枝角水道を利用す

るに因り水量豐富なり、其他支那商の所有に係る少數の給水戎克あれど規模小且給水方法幼稚にして云ふに足らず、前記給水會社の給水料は一噸に付定期船三十五仙不定期船四十仙とす。

バラスト 土砂バラストは一噸に付六十五仙乃至八十仙なり。

領事館手數料 各國領事館により其率を異にす。

健康證明料 香港檢疫官の發行する健康證明書は六弗とす其他各國領事に於て證明書を下付し又は右檢疫官證明書の裏書をなす料金は一定せず。

棧橋繫留船料 九龍棧橋及倉庫會社の棧橋は一回に付六十弗なり、又廣東通河船の棧橋使用料は月額五百弗とす。

艀船賃

甲板を張りたる大艀船(容積百噸乃至百五十噸)

朝より夜半迄　五十弗

普通無甲板のもの　(容積五十噸內外)　同　十弗

小　艀　(容積五噸內外)　同　五弗

但颱風警報信號揭揚中は總て二倍を徵す。

貨物積入陸揚費 貨物の種類により一定せざるも普通雜貨の積入陸揚費は大要左の如し

貨物輸出入地		本船より棧橋を經て倉庫迄沖繫り其他艀を要する時は外に艀賃を要す	倉庫より棧橋を經て本船の船側迄、又は艀にて本船々側迄	甲船より乙船々側迄艀にて直き移し
歐洲米國貨物	(四十才一噸)	六〇仙	八六仙	三六仙
	(二千二百四十封度一噸)	六五	六五	二九
上海日本貨物	(四十才一噸)	四五		
	(重量一噸)	六〇		
濠洲印度貨物	(四十才一噸)	五〇		
	(重量一噸)	六〇		
海峽植民地貨物	(二百封度未滿)			
	(一個)	一〇		
印度海峽貨物	(四十才一噸)		五四	二四
	(重量一噸)		六九	二九
日本、馬尼剌及沿岸貨物	(四十才一噸)		四八	二四
	(重量一噸)		六九	二九

但颱風信號揭揚の時は總て倍額なり。

船內人足賃は通例晝間一日に付七十仙、夜間は十二時迄を一日と算し十二時より翌朝迄を更に一日に數ふ。普通賃率左の如し(積荷目錄に記載せる噸數一噸に付)

雜　貨　十一仙

材　木　十三仙乃至二十三仙

重量品　十三仙乃至五十仙

コークス　五十仙內外

石炭人足賃は艀湊船の多寡に應じ著しき高低あり通例一噸に付二十三仙乃至二十五仙なるも繁忙の時は倍額より三倍にも上ることあり是れ石炭苦力は或階級の者に限られ其數略〻一定し居るを以てなり、又夜業は五割增とす。

貨物陸揚に雜貨荷役と石炭荷役との二種あり、人足は各自部門を定め共通して働かず、前者は各艙片側一と口に勞役する苦力十八人乃至十五人にして午前七時より午後六時迄(午前八時半と午後一時と二回休憩)の荷役高は元より取扱貨物の難易により一樣ならずと雖普通二百五十噸乃至三百噸位なり、後者は石炭船錨地にて之を行ひ一と口に付百五十噸より二百噸位なり、石炭人にて荷役高一日一と口四十人又急速を要するときは五十荷役は午前七時より午後四時迄(休息前者と同じ)を一日とし夜業は午後七時より翌朝四時迄とす。

此外荷物數取人を雇ふ時は一人一日賃銀二弗を要す

港規摘要

出火及暴動 船內に於て出火若くは暴動騷擾勃發し船長及高等船員之を鎭定する能はずして警察官の援助を要する場合は晝間は萬國船舶信號旗Sを揭揚し夜間は紅白紅の三燈火を縱揭すべ

し、而して晝間は信號NM（我火災に罹れり）若くは信號YF（暴動起れり救助を要す）を附加し夜間は火災なれば毎分發焔し暴動なれば綠光數個を附加するを要す、又何れの場合を問はず注意を促す爲め霧警號を以て音響を連發するを得。

外國兵員上陸　外國軍艦は其軍艦より又は端艇其他のものによりて當植民地の海岸又は領海を檢査測量する事を得ず、外國の兵員は武器を帶びざる場合には豫め總督の同意を要せずして當港々界內の植民地に上陸することを得、一時に百名以上を上陸せしめんとする時は民政長官に通知すべし、葬儀又は特別の公式に列する爲め武裝せる一隊の軍人を上陸せしむる場合には民政長官を經て總督の許可を受くべし、士官の場合には許可を申請するに及ばず、外國の兵員は總督の許可なくして當港々界外の植民地に上陸す可からず、總督の許可を受くるには其軍隊を指揮する上長官より出願すべし、外國の兵員は其國の領事館又は官吏を通じて得たる總督の許可なくして一時に百名以上を休養する爲め艦船より上陸せしむることを得ず。

武器取締　當港にては武器の取締嚴重にして護身用、獵銃等目的の如何に拘らず之を所有し又は運搬するに許可書を要し假令拳銃一挺、懷劍一振にても之を輸入するに夫々官廳の許可を必要とす、單に當港を通過するに過ぎざる旅客にても船舶より武器を携帶上陸せんとする場合には豫め警務總監に屆出で許可書の下付を受けざる可からず。

ストンカッター島　軍事上の理由により何人も豫め官憲の許可を得ざれば同島に上陸することを得ず、又各種船舶は同島の沿岸より百呎以内に接近することを禁ぜらる。

戰時取締　船舶に對する戰時取締は開戰以來屢々改正せられたるが今其大要を摘記すれば左の如し。

香港港を英國海軍監視下に置き各種船舶の取締に當らしめ若し其命令に從はざる時又は之を無視したる時は豫告を與へずして發砲すべし、東西の兩口に檢閲錨地を設置し檢閲船は入港船舶に近寄りて船舶の行動に對し命令を爲すべし、若し檢閲船接近せざるときは入港船舶は檢閲錨地に於て停船すべし、總ての船舶（河船を除く）は晝間のみ入港を許可せられ又大洋航行船は東口即鯉魚門を通航すべく兩口より出入することを禁ぜらる。

政廳所有の船舶又は公衆用渡船の外各種船舶は許可書を有せずして夜間移動することを禁ず、濃霧の場合には政廳船舶の外各種商船の移動を禁ず、又危險を避くる目的の外各種船舶は碇泊中晝間夜間を問はず許可を得ずして移動することを禁ず。

出港せんとする船舶は豫め豫定出港時間其他規定の事項を具し海軍官憲より出港許可書の下付を受くべし、出港の申請は午前九時より午後四時四十五分迄に之を爲すべし、船舶は其許可書に指定せる晝間又は夜間に出港することを要し、若し然らざる場合には新に許可書の下付を受くべし、船長は如何なる信號ある場合防禦區域を通過し得るかに關し海軍官憲より心得を聽取すべし、夜間出港する船舶は各二個の紅色燈及白色燈を點ずべし。

當港に到著したる者は警察官に於て其乘船の檢閲を終了するに非ざれば離船することを得ず、當港に到著したる船舶は警察官の檢閲を受けたる後に非ざれば之を棧橋に横著け又は他の船艇に之を著くるを得ず、船長は檢閲官又は警察官より命令を受けたる時は警察信號旗Sを揭揚すべく、右信號旗揭揚中何人も船舶を去るを得ず、當港に到著し、又は當港を去らんとする者は警察官又は檢閲官の質問にして且眞實なる答辯をなすべく又直接間接其身元、國籍、職業及兵役關係を立證すべき一切の書類を呈示することを要す、船長は警察官又は檢閲官の要求ある時は完全なる船員名簿、又は完全なる船客名簿を呈示することを要す、又檢査官及質問の爲め船員及乘客を官憲の面前に差出すことを要す。

警務總監の下付せる出發許可書を有せずして何人も當港を去り又は去らんと企つることを得ず（支那人及日本人は除外せらる）船舶は警察官の檢査を經るに非ざれば當港を發航するを得ず、警察官又は檢閲官の許可を得るに非ざれば何人も出帆前檢査の開始後船舶に乘船し又は物品を搭載することを得ず。

危險物

當港にて危險物と定められたるもの丶品目は左の如し

石油、ナイトログリセリン、綿火藥、雷汞及雷酸鉛屬ダイナマイト、爆發粉藥、砲火藥、導火線（安全導火線を除く）、火箭、雷管、彈藥筐、各種の彈藥（發火子蓋、裝藥筐及無塡の狩獵用彈藥筐を除く）、燐、硝酸、硫酸、揮發油、ベンヂン、ゼラチンダイナマイト、チエダイト、膠狀火藥、燐發性ゼラチン、ボビナイト、壓搾火藥、ラカロック、ラカロック混合用鹽酸加里、ナイトロベンヂン（重量一封度以上）

ピクリン酸化合の爆發物（一封度以上のピクリン酸鹽、ピクリン酸及ピクリン酸鹽の混合物をも含む）にして其分量の半分以上の水を混入せざる時。

炭化石灰(a)一封度の容罐に容れて嚴密に封印したる正味五封度以上の時(b)完全なる構造の瓦斯發生機に容れて直に使用し得る樣裝置したるもの又は總督が公安に危險なきものと認めたるもの五封度以上なる時。

エーテル（重量一封度以上）、酒精（二瓦以上）、メチール酒精（二瓦以上、重量の七十パーセント以上）を含有する酒精液（私用なる時は二瓦以上小賣なる時は五十瓦以上）

ベンヂン（重量一封度以上）

ナイトログリセリン、綿火藥、水銀等の雷酸鹽、ダイナマイト爆發粉藥、砲火藥、ゼラチンダイナマイト、チエダイト、膠狀火藥、爆發性ゼラチン、ボビナイト、壓搾火藥、ラカロック、ラカロック混合用鹽酸加里及ピクリン酸、壓搾酸素、壓搾アセチリン、溶解アセチリンに類似せると否とを問はず、其目的が同類の結果を來さしむる爲めに準備し若くは應用せんとするもの。

船舶が前記危險物を搭載して香港に到著したる時若くは船舶が輸出の目的を以て斯かる物質を搭載せんとする時は何れも其前檣頭に紅旗を揭揚し危險物の船内に在る間之を下ろすべからず港内に於ける危險物錨地は左の四箇所あり。

一、北方錨地　二、東方錨地

三、西方錨地　四、南方錨地

船舶が火藥若くは其他の爆發物を搭載し或は是等（物品を積換する間其最高檣頭に紅旗を揭ぐべし、而して斯かる船舶は港務局長の許可なくして他船の五百碼以内に投錨すべからず、又港務局長の許可なきものは十月より三月までは午後六時より午前六時迄の間、四月より九月までは午後七時より午前五時までの間火藥若くは其他の爆發物を搭載し陸揚し又は積換すべからず箱詰油を搭載して香港に到著せる船舶及免許區域より斯かる油を搭載せんとする船舶は總て紅旗の前檣頭に又萬國船舶信號旗THE（石油を意味す）を大檣頭に掲揚し石油搭載中及陸揚後港務局長が船舶清潔にして通風よく何等危險なしと認むるまで晝間之を掲げ置くべし、又斯かる船舶は夜間甲板上の高二十呎以上にして最も見え易き所に二箇の紅燈を連掲すべし。

海港檢疫

當地港務局に海港檢疫官三名あり、船舶の檢疫の外移民檢査醫官として移民の身體檢査を兼務す、港務局附屬病院は茘枝角に在り一千九百十一年に完成せるものとす、病床數三十床あり、船舶檢疫により發見したる傳染病患者は本院又は堅尼地城傳染病院に收容す、本院と共に隔離所ありて傳染病患者を出せる船舶の乘員及乘客を隔離收容する所にして千五百人を容るゝに足る。

檢疫官は毎日午前六時より午後六時まで執務し檢疫方法は流行病指定地より來るものと否とにより相違あり、流行病地と指定せざる地より來る船舶の場合は簡單にして檢疫官は船舶に赴き傳染病患者の有無を尋ね一定事項を記載したる報告書を受取るのみ、但澳門、廣東、西江流域より來る汽船及戎克には右の檢疫を行はずして傳染病患者の發生したる時に限り檢疫を行ふ、又英國其他外國軍艦には檢疫を施行せず、反之船舶が流行病指定地より來る時は手續複雜にして黄色旗を掲げつゝ入港し檢疫官の來るを俟ち檢疫官より陸上交通許可書を得る迄は陸上及他船と交通する能はず併し船舶にして引續き他港に至らんとするものにして檢疫官の許可したる以外陸上と交通せざる時には其同意書を受取り航海を繼續することを得。

傳染病流行指定地より來りし船舶にして病毒に汚染せられざるものは檢疫官之に赴き船員乘客を檢査し傳染病患者無き時は直に陸上との交通を許可せらるゝも檢疫官の意見により必要と認むる時は船底水及飲料水槽の消毒及汲み出しを命ぜられ或は指定地發航の日より起算し十日以內監視の下に置かるゝことあり。

傳染病流行指定地より來り病毒に汚染せられたる疑ある船舶が檢疫錨地に來れる時は檢疫官は之に上船し乘客船員を檢査し傳染病患者無き時は乘客船員の上陸を許し其居所に於て監視す、其監視期間は到著の日より起算し十日以內（コレラは五日以內）とす而して其船舶、船內貨物、及荷物を消毒し船長に對し船底水を消毒して汲み出さしめ且飲料水槽を消毒して新鮮なる水に換へしむ。

傳染病流行指定地より來り病毒に汚染せられたる船舶が檢疫錨地に來れる時は檢疫官は之れに上船し乘客船員を檢査し傳染病患者を病院に送り死體を埋葬場に送致し其他の乘客船員は其儘船內又は隔離所又は陸上の居所にて監視す、監視期間及消毒は略前項と同じ。

傳染病流行指定地より來りし船舶中に傳染病患者は有らざるも疑似症患者を有する時は果して其患者が傳患病により侵され居るや否やを決定する爲め二日以內船內又は病院又は他の場所に收容し其期間船舶の傳染病毒を以て汚染せられつゝあるものの如く取扱はる。

當港に著したる船舶中不潔なる乘客又は過度に移民等を搭載し居りて傳染病毒輸入防止の目的により監視の必要を認めたる時は檢疫官は其旨を告げたる後其船舶を檢疫錨地又は他の場所に進行せしめ其乘客船員を著港の日より十日以內監視し傳染病毒を以て汚染せられたる疑ある船舶又は汚染せられつゝある船

船と同様に取扱はる。

檢疫により生じたる失費即患者又は監視せんとする者を病院等に移したる時醫師の治療費及食費、移されたる者の家賃、食費船內に於ける死體竝船舶以外の所にて死亡せし者の埋葬費、船舶及貨物の消毒費、檢疫に要したる勞働者、小舟戎克等の賃銀の失費は船主又は代理人より政廳に支拂はざるべからず。

以上の如く傳染病流行指定地より來る船舶に對しつゝあるも船長及船醫より一定書式により傳染病患者の發生せざりしことの證明書を呈出するときは檢疫上の束縛を受くることなし、然れども檢疫官の判斷により檢疫錨地又は他の場所へ轉泊せしめ其乘客船員を著港の日より十日間監視せらるゝ事あり此際政廳の蒙りたる失費に對しては船主又は代理人は辨償の責に任ず。

（備考）

傳染病とはコレラ、コレラ下痢、發疹窒扶斯、黃熱、ペスト及乘客船員を危險の狀態に陷らしむる他の流行病を云ふ。

傳染病に汚染せられざる船舶とは傳染病流行港又は流行地より來りたる船舶中傳染病流行港又は流行地に碇泊中又は斯かる流行港又は流行地より當港への航海中又は當港に到著したる時傳染病患者又は同死者を有せざる船舶を云ふ。

傳染病毒に汚染せられたる疑ある船舶とは當植民地領海內に到著する前十二日（コレラ七日）內に傳染病患者發生せざりしも其期限外に於て航海中又は出發時に發生したる船舶を云ふ。

傳染病に汚染せられたる船舶とは現に傳染病患者を有するか又は當植民地領海內に達する前十二日（コレラは七日）內に傳染病患者の發生したる船舶を云ふ。

檢疫錨地はグリーンアイランド及ストンカッター島の間に在る一定區域內の碇泊所にして此錨地に入りたる船舶は檢疫官の許可を得るに非ざれば他の場所に轉泊する能はず、但天候不良の場合は一時他に避難することを得。

消毒には燻蒸と普通消毒藥との二方法あり、硫黃燻蒸はペスト患者船內に發生したる場合にて一千立方呎の容積に對し硫黃三封度を燻じ十二時間密閉し然る後斃鼠を搜索す、フォルマリン消毒方法はフォルマリン一「パウンド」及パーマンガネード、オブ、ポッタシユ八「オンス」を千立方呎の容積に對し蒸發せしめ六時間密閉するものとす。

第八編　交通

海運

船舶出入狀況

香港は東洋の咽喉を扼し世界海運上の要衝に當るを以て出入船舶頗る多數に上り入港船舶の噸數は世界に於て第三乃至第四位を占むるの現狀なり、而して外國貿易に從事する各種船舶のみに就いて見るに其隻數約五萬隻、噸數約二千五百萬噸の多きに達す。

今最近四年間當植民地內諸港に入港したる各種船舶の隻數竝噸數を表示すれば左の如し

船舶種類		一九一二年 隻數	一九一二年 噸數	一九一三年 隻數	一九一三年 噸數	一九一四年 隻數	一九一四年 噸數	一九一五年 隻數	一九一五年 噸數
大洋航行船	英國	三、九五六	七、七七九、九七〇	四、二一〇	八、四四九、五三三	四、三六五	八、三三一、六九二	三、九八八	七、三五八、五八六
	外國	四、三六七	八、五九二、三三〇	四、六七九	九、二七二、六三五	四、一九九	八、五九二、二二二	三、六七三	七、〇三三、二二一
河船	英國	六、九六八	四、一九七、七四四	六、六二四	四、〇七八、六三五	六、六四三	三、九九〇、七一二	一、六七六	四、〇二二、八五三
	外國	一、七三八	八九四、三四九	一、七八〇	九四九、三二八	一、七七七	九一三、二七〇	一、八九二	九二八、一四七
六十噸以下の汽船（外國貿易用）		三、九八一	一五〇、六一二	四、五七四	一八九、〇〇三	六、八五六	二五一、九八三	六、八二二	二二八、五一〇
戎克（同上）		二五、五九三	二、六五四、二七五	二五、六五三	二、八八二、五一八	二七、四七四	三、二〇九、七四五	二七、〇九七	二、九五三、七〇五
外國貿易船計		四六、六〇三	二四、二六九、二七〇	四七、五二〇	二五、八二一、六五三	五一、二一四	二五、二七九、六二四	五〇、一四八	二三、五一五、〇二三
香港領海内航行の小蒸氣船		四一一、九九〇	一〇、六〇九、四〇四	四一六、四三八	一〇、七二〇、六〇四	四三八、一七四	一〇、二七九、四五六	四四六、九三八	一〇、〇二三、八〇六
戎克（當地方貿易用）		三〇、〇五六	一、八五六、四七五	二六、二七〇	一、二〇〇、七二六	二八、〇五一	一、一九七、八七一	三四、五一六	一、三四七、〇九〇
總計		四八八、六四九	三六、七三五、一四九	四九〇、二二八	三七、七四二、九八二	五一七、四三九	三六、七五六、九五一	五三一、六〇二	三三、八八四、九一九

前表中最近二年間外國貿易に從事したる船舶の隻數及噸數を船舶の種類により比例を示せば左の如し

種類別		隻數 一九一四年	隻數 一九一五年	噸數 一九一四年	噸數 一九一五年
大洋航行船	英國	八·五%	七·九%	三三·〇%	三一·七%
	外國	八·二	七·三	三三·九	三一·一
河船	英國	一三·〇	一三·三	一五·九	一七·八
	外國	三·五	三·八	三·六	四·一
小蒸氣船（六十噸以下）		一三·四	一三·七	一·〇	一·一
戎克（貿易用）		五三·六	五四·〇	一二·六	一二·二
計		100·0	100·0	100·0	100·0

千九百十五年中香港に入港したる西洋型船舶中大洋航行船は三千八百二十隻、帆船四隻、河船四千二百八十三隻、小蒸氣船三千四百三十七隻にして一日平均入港數は三十一隻六に當る（前年三十二隻四、前々年二十九隻九）。

當港に入港せる大洋航行船一隻當り平均噸數は前年の二千六百三十六噸三より二千五百十九噸九に減少せり又河船の平均噸數は前年の五百八十二噸一より四百八十六噸九に減退したり。

左に最近四年間當港に入港したる船舶の國籍別を表示すべし

國籍別	一九一二年 隻數	一九一二年 噸數	一九一三年 隻數	一九一三年 噸數	一九一四年 隻數	一九一四年 噸數	一九一五年 隻數	一九一五年 噸數
英國	五、四六三	五、九九五、〇一二	五、四一三	六、二五五、六一三	五、四三六	六、一七二、一四八	五、三二九	五、六八七、四五三
米國	七〇	二六〇、五九七	七三	二七〇、九八七	六一	二三七、六六七	三九	一六九、三〇四
墺匈國	四六	一五三、六二四	五一	一六八、〇六三	三〇	九八、六九三	—	—

支那	六一六	三七八、三五四	八六三	五九一、四五二	九八七	七〇八、二二九	一、〇四一	七二三、一八五
丁抹	一一	二八、九二七	一三	三四、四三三	一六	四六、九〇六	六	一八、六三四
和蘭	一一三	二四六、三五二	一二八	二四二、九二八	一二四	二五二、七〇〇	一三三	二九三、〇〇二
佛國	四九六	五五一、三一八	三〇七	四三二、七九六	一五四	二四八、二八〇	一六四	二三〇、二四二
獨逸	六三六	一、一二九、〇五四	五九七	一、一〇七、四五三	三五〇	六九一、八五三	—	—
伊國	一三	三一、四〇三	七	一八、三一二	—	—	—	—
日本	五九二	一、五七二、一九四	七四〇	一、九〇七、三〇七	八二六	二、一一四、四九四	九七四	二、二五三、四一四
諾威	一六八	一七三、一四五	一八九	一八二、六三三	二〇五	二一八、七二一	一九九	一九九、三四一
荷國	二三三	七〇、八七八	二三三	六九、六六七	一九八	五三、五四二	一九九	五七、二二二
露國	三五	一〇三、九九八	三四	八六、〇二一	二〇	五四、七二一	一五	一六、五七一
瑞典	一四	三七、二六二	一三	三一、四九七	一三	二四、〇九三	九	二〇、三四二
戎克	一三、一八三	一、三六四、四九九	一二、八〇六	一、四四七、〇二七	一三、六二七	一、五九九、五〇三	一三、四四二	一、四九五、九四四
小蒸氣船	一、九七六	七三、五一八	二、二六七	九三、七二三	三、四〇三	一二三、六四一	三、三八五	一一一、六九六
計	二三、六六五	一三、一七〇、〇三五	二三、七二三	一三、九二九、九二一	二五、四六九	一三、六四四、一九〇	二四、九三四	一二、二六七、二五五

主なる汽船航路・

左に香港を起點、終點又は寄港地とする主なる汽船航路を列記すべし。

第一節　東洋歐洲線

一、日本郵船株式會社

國籍日本、本店東京、香港支店

（甲）横濱、安土府線（メール線）

寄港地　横濱、神戸、門司、上海、香港、新嘉坡、マラッカ、彼南、古倫母、蘇士、ポートサイド、馬耳塞、倫敦、安土府、ミッドルスボロー、復航にはミッドルスボロー、彼南、門司を除く。

定期　二週一回　香港發　西行水曜日、東行火曜日

但戰爭開始以來定期を維持せざること多し、又大正四年十二月地中海に於て八坂丸が獨逸潜航艇の爲め撃沈せられたる以來蘇士經由を廢止し喜望峯を經由（ダーバン、ケープタウン寄港）しつゝあり。

航海日數　蘇士經由横濱より倫敦まで五十四日、馬耳塞まで四十五日、南阿經由横濱より倫敦まで六十五日。

使用船　（新造船）諏訪丸、伏見丸、香取丸、鹿島丸

（舊　船）熱田丸、宮崎丸、北野丸、平野丸、賀茂丸、三島丸

（最舊船）伊豫丸、加賀丸、常陸丸

（乙）歐洲臨時船（貨物船）

寄港地　横濱、神戸、門司、新嘉坡、ダーバン、ケープタウン、馬耳塞（不定）、倫敦
途中大連、上海に寄港することあり。
復航經者に赴きパナマ經由歸航すること多し故に本線を一名「パナマ經由西廻線」と稱す。

準定期　月約一回

使用船　博多丸、河內丸、神奈川丸、但馬丸、富山丸、鳥取丸、德島丸、敦　賀　丸、讃岐丸、龍野丸、（此の內より繼續してパナマ經由東廻線にも使用す）

二、Peninsular and Oriental S. N. Co.
（鐵行火船輪船公司）
國籍英國、本店倫敦、香港支店

○倫敦橫濱線（Intermediate）

寄港地　倫敦、馬耳塞、ポートサイド、古倫母、亞丁、彼南、新嘉坡、香港、上海、門司、神戸、橫濱
茶期に福州に寄港することあり
平時には別に倫敦、上海間のメール線あるも目下古倫母以東に廻航せず
本線は古倫母にて濠洲行又孟買行メール船と接續す。

定　期　二週一回

航海日數　橫濱倫敦間、四十八日乃至五十一日

使用船
Nellore, Nankin, Namur,
Sardinia, Novara, Nagoya,
Nyanza, Nore, Malta,
Somali, Karmala, Kashgar,

一一〇

Khiva, Kashmir等

三、Ocean S. S. Co. and China Mutual S. N. Co.
國籍英國、本店リバプール Holt & Co.
香港代理店 Butterfield & Swire
兩社の共同經營に屬し一名 Holt Line 又は俗に Blue Fannel と稱す。

○橫濱リバプール線（貨物船）

寄港地　日本諸港、（浦潮）、（大連）、（太沽）、上海、（福州）、香港、マニラ、新嘉坡、倫敦、リバプール、（パナマ又は蘇土經由）
寄港地平時に於ても一定せず目下戰時なるを以て甚だ不規則なり。

準定期　月三、四回

使用船
Phemius, Cyclops, Helenus,
Agamemnon, Demoducus, Teiresias,
Neleus, Machaon, Agapenor,
Eurybates, Indraghiri, Euryades,
Glaucus, Eurymachus, Ping Suey,
Perseus, Mogune, Ajax,
Lycaon, Telamon, Pyrrhus等

四、"Ben" Line of Steamers.
國籍英國、本店スコットランド Leith. Wm. Thomson & Co. 香港代理店 Gibb, Livingston & Co.

○歐洲東洋線

純貨物船にして寄港地一定せず平時にはアンベルスを發航しミッドルスボロー、倫敦、彼南、新嘉坡、ボートス

エッテンハム、香港、日本諸港に寄港し、復航大連、浦潮、上海、マニラ、西貢、盤谷等に廻航し毎月約二回の不定期航海を行ひしが目下東洋への廻航船至つて少なし。

五、"Glen" Line of Steamers

國籍英國、本店リバープル　Elder Dempster & Co.

香港代理店　Shewan, Tomes & Co.

○歐洲東洋線

是亦貨物船にして戰前アンベルスを發航し、ミッドルスボロー、ハル、倫敦、彼南、新嘉坡、香港、上海、日本諸港に寄港し、シャトル迄廻航することゝなり毎月約一回の不定期の航海を行ひ居りしも戰時中極めて廻航少なし次記

"Shire" Line と joint service なり

六、"Shire" Line of Steamers

國籍英國、本社倫敦　Royal Mail Steam Packet Co.

香港代理店　Jardine,Matheson & Co.

○歐洲東洋線

純貨物船にして戰前は漢堡北米間に月約一回の不定期航海をなし漢堡より發航しアンベルス、ミッドルスボロー、倫敦、ポートサイド、古倫母、新嘉坡、香港、上海、長崎、神戸、横濱、シャトル等に寄港したるが最近歐洲東洋間は殆ど中止の姿にして目下月約一回位香港、(日本諸港)、タコマ、シャトル、晩香坡間の不定規を行ひつゝあり。

七、Messageries Maritimes

國籍佛國、本社巴里（實務上の本營は馬耳塞に在り）、

香港支店

○馬耳塞横濱線（メール線）

寄港地　馬耳塞、ポートサイド、蘇士、古倫母、新嘉坡、西貢、香港、上海、神戸、横濱

復航海防（戰時中）、ツーラン（同上）に寄港す。

定　期　二週一回

航海日數　馬耳塞横濱間　四十二、三日

使用船　Athos, Annam, Porthos, Polynesien, Paul Lecat, Amazone, Audre Lebon, Caledonien, Cordilliere, Atlantique, Armand, Nera, Magellan,

八、Ellerman Line.

國籍英國、本店リバプール　Ellerman & Bucknall S.S. Co.,Ltd.　香港代理店　Bank Line, Ltd.

○日本歐洲線

日本、支那、海峽植民地、倫敦等

荷物の都合により蘇士又は喜望峯經由

準定期　一箇月約一回

使用船　City of Bombay, City of Vienna, Keelung等, City of Norwich, Kansas,

第二節　東洋北米線

一、日本郵船株式會社

國籍日本、香港支店

○香港シャトル線

寄港地　香港、上海、門司、神戶、四日市、横濱、ヴィクトリヤ、シヤトル
（五月より九月迄茶期基隆及清水に寄港す）
シヤトルにて大北鐵道に連絡す
復航寄港地は往航に同じ
定　期　約三週一回
航海日數　香港シヤトル間二十二日
使用船　佐渡丸、横濱丸、靜岡丸、鎌倉丸（外に阿波丸、丹波丸、因幡丸の三隻日本米國間を航行す）

二、東洋汽船株式會社
國籍日本、本店東京、香港支店
○香港桑港線
寄港地（復航）香港、上海、長崎、神戶、横濱、ホノルル、桑港、
但し小型船は上海の代りにマニラに寄港し、大型船は四日市に寄港することあり、又六月より九月迄茶期に清水に寄港す
桑港にて西太平洋鐵道に連絡す
同　（往航）長崎迄は復航に同じく夫れより交互、上海又はマニラに寄港し香港に至る、但し小型船はマニラに寄港せず。
航海日數　桑港香港間二十八日乃至三十日
定　期　一箇月約三回
使用船　（大型船）天洋丸、春洋丸、サイベリア丸、コレア丸
（小型船）日本丸、波斯丸、

三、Canadian-Pacific Ocean Services, Ltd,
(Royal Mail S.S. Line)
國籍英國、本社倫敦、香港支店
○香港晩香坡線（メール線）
寄港地（往航）香港、上海、(呉淞)、長崎、横濱、晩香坡
小型船は長崎の代りに門司に寄港す
晩香坡に於て加奈陀太平洋鐵道に連絡して、クエベック(冬季はセント、ヂョン)に至り、夫れより同社連絡船又はAllan Lineに接續しリバプールに至る。
同　（復航）往航と同じ
定　期　二週一回
航海日數　香港晩香坡間大型船二十二日小型船二十五日
使用船　（大型船）Empress of Russin, Empress of Asia
（小型船）Empress of Japan, Monteagle

四、大阪商船株式會社
國籍日本、本店大阪、香港支店
（甲）香港上海タコマ線
寄港地（往航）香港、基隆(茶期)、上海、門司、神戶、四日市、清水（茶期）、横濱、ヴィクトリヤ、タコマ、シヤトル
同　（復航）シヤトル、四日市を除く、マニラ丸のみは往復共門司の代りに長崎寄港
タコマにて Chicago, Milwalkee & St. Paul Railway に連絡す。
定　期　四週一回
航海日數　香港タコマ間約三十五日

使用船　マニラ丸、カナダ丸、メキシコ丸

(乙) 香港・マニラ・タコマ線

寄港地　(往航) 香港、マニラ、基隆(茶期)、門司、神戸、四日市、横濱、ヴィクトリヤ、タコマ、シャトル、タコマ

同　(復航) シャトル、四日市を省く布哇丸のみは門司の代りに長崎に寄港

タコマにて鐵道との聯絡は(甲)に同じ

定期　四週一回　航海日數(甲)に同じ

使用船　布哇丸、シカゴ丸、タコマ丸

五、Java Pacific Lijn

國籍和蘭、本店和蘭

香港總代理店 Java-China-Japan Lijn.

Rotterdam Lloyd, Java-China-Japan Lijn, Netherlands S. S. Co. 三社の共同經營に係る

○瓜哇桑港線

寄港地　(往航) バタビヤ、チェリボン、サマラン、スラバヤ、マカッサー、マニラ、香港、長崎、桑港

同　(復航) 桑港、長崎、香港、マニラ、バタビヤ

船により先づマニラに寄港し次に香港に寄港するものあり。

定　期　一ヶ月約一回

航海日數　往航五十五日　復航四十四日乃至五十三日

使用船
- Arakan (ロッテルダムロイド社所有船)
- Karimoen. (和蘭汽船會社所有船)
- Tjisondari. Tjikembang. (瓜哇、支那、日本社所有船)

六、China Mail S. S. Co, Ltd.

國籍米國、本店桑港、支店香港

○香港桑港線

寄港地　香港、上海、長崎、横濱、ホノルヽ、桑港

準定期　約二ヶ月一回

使用船　China.

七、Ocean S. S. Co. & China Mutnal S. N. Co. (Blue Fannel)

國籍英國、香港代理店 Butterfield & Swire.

○香港シャトル線(貨物船)

寄港地　香港、(上海)、ロノ津、神戸、横濱、ヴィクトリヤ、シャトル、タコマ、晩香坡

寄港地一定せず又時に印度より發航することあり

準定期　二ヶ月 二、三回

使用船　Titan, Ixion, Nig Chow, Oanfa, Protesilaus, Talthy bins

其他東洋歐洲線の部に記入したる汽船を廻航することあり。

八、日本郵船株式會社

○香港紐育線(巴奈馬經由東廻線)貨物船

寄港地　横濱、比律賓、香港、上海、神戸、四日市、桑港、巴奈馬、コロン、紐育

寄港地は時に多少の變更あり

準定期　約四週一回

使用船　豐岡丸、若狭丸、德山丸、豐橋丸、對馬丸、常陸丸、

パナマ經由西廻線と共に配船せられ一定せず

九、Pacific Mail S. S. Co.
國籍米國
○香港桑港線
寄港地　香港、上海、基隆、長崎（又は門司）、神戸、淸水、横濱、ホノルヽ、桑港
定　期　一ヶ月一回位
使用船　Colombia,　Venezuela,　Equador

一〇、Dadwell Line of Steamers.
國籍英國、香港總代理店 Dadwell & Co.
American Oriental Line　其他三社の共同經營に係るものなり
○紐育香港線
蘇士又は巴奈馬經由（荷物の都合によりて印度、マラバル海岸に寄港す）
準定期　一ヶ月一回位
使用船　Munenster Castte,　Bolton Castte,　Egremont Castte等

第三節　東洋南米南阿線

一、東洋汽船株式會社
○東洋南米線
寄港地　（往航）香港、門司、神戸、横濱、ホノルヽ、桑港、サンペドロ（ロスアンゼルス）、サリナクルス（墨國）、バルボア（アンコン）、カリヤオ（祕露）、アリカ（不定）、イキケ（智利）、バルパライソ（智利）
同　（復航）サンペドロを省く、サリナクルスにて Tehuantepec National Railway に接續す。
定　期　隔月一回
使用船　安洋丸、紀洋丸、靜洋丸

二、Oriental African Line
國籍英國、本店倫敦　Andrew Weir & Co.
香港總代理店　Bank Line Ltd.
○東洋阿弗利加線
寄港地　日本（横濱又は神戸）、支那（上海）、海峽植民地、古倫母、ベイラ（葡領阿弗利加）、デラゴア灣（同）、ダーバン、東倫敦、ポルトエリザベス、ケープタウン
荷物の都合により尙モーリシアスに寄港す。
不定期
使用船　Salamis,　Gujerat,　Jeseric,　Surat　等
外にカルカッタ及古倫母より月一回の南阿航路あり。
カルカッタ發毎月十日　古倫母發毎月十八日

第四節　東洋濠洲線

一、日本郵船株式會社
○横濱メルボルン線（メール線）
寄港地　横濱、神戸、長崎、香港、マニラ、ザンボアンガ、木曜島、タウンスヴィール、ブリスベーン、シドニー、メルボルン
定　期　一ヶ月一回
航海日數　横濱、メルボルン間三十六日
使用船　安藝丸、日光丸、丹後丸

二、Eastern & Australian S. S. Co.

國籍英國、本社倫敦（實務上本營はシドニーの Gibbs Bright & Co. とす）

香港代理店 Gibbs, Linivgston & Co.

○メルボルン神戸線（メール線）

寄港地（北行）メルボルン、ジーロン、シドニー、ブリスベーン、ポルトダルウイン、マニラ、香港、上海（未定）、門司、神戸

同　（南行）マニラを省きチモールに寄港す。

定　期　三ヶ月二回位　各港出帆不規則なり

使用船　Eastern,　St. Albans

三、Australian Oriental Line

國籍英國

香港代理店 Butterfield & Swire.

○香港メルボルン線

寄港地　香港、マニラ、ザムボアンガ、ポルトダルウイン、木曜島、クックタウン、タウンスヴィール、ブリスベーン、シドニー、メルボルン

定　期　三ヶ月二回位

航海日數　香港、メルボルン間二十七日

使用船　Changsha,　Taiyuan.

第五節　印度線

一、日本郵船株式會社

（甲）神戸孟買線

寄港地（往航）神戸、門司、香港、新嘉坡、マラッカ、古倫母、孟買

同　（復航）上海に寄航し棉期にチュチコリンに寄港することあり但し門司寄港は都合により省くことあり。

定　期　二週一回　南行月曜日、北行木曜日

使用船　遠江丸、孟買丸、彼南丸、蘭貢丸、擇捉丸、天津丸

（乙）横濱カルカッタ線

寄港地　横濱、神戸、門司、香港、新嘉坡、彼南、蘭貢、カルカッタ

定　期　二週一回　南行土曜日、北行金曜日

使用船　辨天丸、古倫母丸、錫蘭丸、土佐丸、仁川丸、吉林丸

二、British Judia S. N. Co.

國籍英國、本社倫敦、香港代理店　Jardine,Matheson & Co.（本社の買收したる舊 Apcar Line の用船の三隻のみは從來の通り David, Sassoon & Co. を當地代理店とす）

○神戸カルカッタ線

寄港地　神戸、門司、香港、新嘉坡、蘭貢、カルカッタ

定　期　月約一回（戰時中）

使用船　本社の持船頗る多く本航路に使用する船一定し居らず。

三、Judo-China S. N. Co.

國籍英國、本社倫敦、香港代理店　Jardine, Matheson & Co.

○神戸カルカッタ線

寄港地　神戸、門司、香港、新嘉坡、彼南、蘭貢、カルカッ

タ

定期 約二週一回

使用船 {Namsang, Kutsang, Onsang, Yatshing,
Laisang

四、大阪商船株式會社

○四日市孟買線

寄港地 四日市、神戸、(大阪)、門司、香港、新嘉坡、ポルトスエッテンハム、彼南、古倫母、チュチコリン(棉期)、孟買

定期 二週約一回

航海日數 約四十日

使用船 印度丸、馬來丸、西貢丸、呂宋丸、瓜哇丸

第六節 香港及比律賓線

一、Judo-China S. N. Co.

國籍英國、本店倫敦

香港代理店 Jardine, Matheson & Co.

○香港マニラ線

香港マニラ直航にして他に寄港地なし。

定期 一週一回 毎土曜日 香港及マニラ發

航海日數 片道二日間

使用船 Loonsang, Yuensang.

二、China Navigation Co., Ltd.

國籍英國、本社倫敦

香港代理店 Butterfield & Swire.

○香港・マニラ・イロイロ線

寄港地 香港、マニラ、セブー、イロイロ(往復共)

定期 一週一回 毎火曜日、香港及マニラより發航す

一周航海(香港を發し再び香港に歸來する迄)十七日を要す。

使用船 Taming, Tean, Chinhua

第七節 南洋諸島線

一、南洋郵船株式會社 (South Sea Mail S. S. Co.)

國籍日本、本社神戸

香港代理店 Dadwell & Co.

○神戸スラバヤ線

寄港地 (往航) 神戸、門司、基隆、香港、バタビヤ、サマラン、スラバヤ(三十日を要す)、瓜哇碇泊十二日にして此間定期以外に蘭領東印度諸島へ廻航することあり。

同 (復航) サマラン、マカッサー(セレベス)、パリクパパン(蘭領ボルネオ)、香港、門司、神戸、(三十七日を要す)、日本碇泊約十八日にして此間定期以外に必ず横濱に廻航す。

準定期 二十二、三日に一回

使用船 旅順丸、北都丸、萬里丸、ボルネオ丸

二、Java-China-Japan Lijn.

國籍和蘭、本店アムステルダム、支店香港

○瓜哇支那日本線

寄港地 日本(神戸、門司)、支那(上海等)、香港、(荷物の都合により厦門、汕頭、新嘉坡等)、バタビヤ、チェリボ

ン、サマラン、スラバヤ、

不定期　月約二回位、現在航路、寄港地共に不定にして荷物の都合により極めて任意に前記諸港を航行す。

使用船 Tjiliwang,　Tjibadas,　Tjipanas,
　　　 Tjimahi,　Tjimanock,　Tjitaroom,
　　　 Tjikini,　Tjilatjap

三、大坂商船株式會社

○基隆瓜哇線

(甲)東廻（往航）基隆、厦門、汕頭、香港、マニラ、サンダカン、マカッサー、スラバヤ、サマラン、バタビヤ

同　（復航）バタビヤ、新嘉坡、サンダカン、香港、打狗、基隆

(乙)西廻（往航）基隆、厦門、汕頭、香港、マニラ、サンダカン、新嘉坡、バタビヤ、サマラン、スラバヤ

同　（復航）スラバヤ、マカッサー、サンダカン、香港、打狗、基隆

定　期　一ケ月一回

使用船　蕯取丸（東廻）、襟裳丸（西廻）

四、Judo-China S. N. Co.

國籍英國、本社倫敦

香港代理店 Jardine, Matheson & Co.

○香港ボルネオ線（香港サンダカン間直航）

定　期　月約二回

使用船　Hinsang,　Mausang.

五、Royal Packet Navigatian Co.（Kóninklyke Paketvaart Maatschappy）

國籍和蘭、本社アムステルダム

香港代理店 Java-China-Japan Lijn

○香港汕頭デリー線

香港を發航し汕頭に寄港し、スマトラ島、デウワン及デリーに航行す。

準定期　四十日一回位

使用船　S. Jacob

本社は新嘉坡、蘭領東印度諸島との間に定期航路を有す

第八節　香港海防線

一、China Navigation Co.

國籍英國、本社倫敦

香港代理店 Butterfield & Swire.

○香港海防線

香港、海口、北海、海防（往復共）

定　期　一週一回　毎水曜日香港及海防より發航す

航海日數　片道三日間

使用船　Sungkiang,　Kaifong

二、Cie de Navigatian Tankinais

國籍佛蘭西、本社海防、香港代理店 A. Marty & Co.

○香港海防線（メール線）

寄港地　香港、廣洲灣、海口、海防

定　期　月二回乃至三回

使用船　Hong Kong,　Hanoi

三、Judo-China S. N. Co.

本社倫敦、香港代理店 Jardine, Matheson & Co.

○香港海口海防線
定　期　二週一回
用　船　Taksang,　Loksang.

第九節　香港盤谷線

一、China Navigation Co.
本社倫敦、香港代理店 Butterfield & Swire
○香港盤谷線
荷物の都合により往復共汕頭及海口に寄港すること多し
準定期　約十日一回なるも目下頗る不規則なり、航程九日乃至十二日を要す。
使用船　Changchow,　Quarta,　Chengatu,
Tungchow,　Hupeh等

二、China Siam S. S. Co.（華暹輪船公司）
國籍支那
本社は在暹羅支那人の經營に係り北獨逸ロイドの專横に對抗して起りたるものなり歐洲戰亂前は諸威船四隻を傭船し盤谷香港間の航業に從事せしが現今傭船料騰貴の爲め僅に一二隻を以て辛うじて不規則なる航海を維持す。

第十節　廣東香港臺灣線

一、大坂商船株式會社
(甲)香港淡水基隆線
寄港地　香港、汕頭、厦門、淡水、基隆（往復共）
定　期　一週一回　每日曜日香港發　每水曜日香港著
使用船　開城丸、天草丸

(乙)廣東香港打狗線
寄港地　廣東、香港、汕頭、厦門、安平、打狗（往復共）
定　期　二週一回　廣東發日曜日　香港發水曜日
使用船　蘇州丸

第十一節　支那沿岸線

一、Judo-China S. N. Co.
國籍英國、本社倫敦
香港代理店 Jardine, Matheson & Co.
(甲)香港天津線
荷物の都合により汕頭、青島、威海衛、芝罘等に寄港す
定　期　二週一回位
使用船　Chipsang,　Cheonsing
(乙)廣東上海線（招商局との共同經營）
寄港地　廣東（又は香港）、（汕頭）、上海
定　期　二週一回位
使用船　Wingsang,　Choysang,　Hopsang,
Hinsang,　Kwongsang等
(丙)香港上海門司神戶横濱線
寄港地　荷物の都合により一定せず。
準定期　三週一回位
使用船　Katsang,　Namsang,　Laisang,
Fooksang,　Yatshing,　Kumsang

二、China Navigation Co.
國籍英國、本店倫敦、香港代理店 Butterfield & Swire.
(甲)香港天津線

寄港地・香港、上海、芝罘、天津（臨時汕頭に寄港）
定　期　十二日に一回
使用船　Huichow,　Kueichow
(乙) 香港上海線
定　期　一週三回　火、木、日曜日香港發航
使用船　Anhui,　Yingchow,　Luchow,　Chenan,
Shangtang,　Sinkiang

三、Douglas S. S. Co.
國籍英國、香港代理店 Douglas, Lapraik & Co.
(甲) 香港汕頭厦門福州線
定　期　一週二回　火及金曜日正午香港發
航海日數　香港、汕頭、厦門、福州、厦門、汕頭、香港の一周航海に九日乃至十日を要す。
(甲)(乙)兩線にて左の五隻を使用す。
使用船　Haitan,　Haiphong,　Haiyang,　Haiching,
Haimun
(乙) 香港仙頭線
定　期　一週二回　木曜日及水曜日正午發
航　程　一日（二十時間）
使用船　(甲)に併記

四、China Merchant S. N. Co.（招商局）
國籍支那、支店香港
○廣東香港線
定　期　戰前一週二回位なりしが目下頗る不規則にして寄港地發港地共に一定せず。
使用船　Kwangti,　Kwanglee,　Hsingchiang,
Chinyuen,　Taishun

五、南滿洲鐵道株式會社
國籍日本、總代理店香港
(甲) 大連香港線（香港代理店　三井物產會社）
大連又は牛莊より發航し、香港に來る復航荷物の都合により芝罘、青島、牛莊に寄港す。
準定期　二ヶ月三回位
使用船　阜月丸、泰平丸
(乙) 大連香港線（香港總代理店　三井物產會社）
大連又は牛莊より發航し香港に來り復航牛莊又は大連に歸航す、專ら運炭船なり。
準定期　月約二回
使用船　隆昌丸、泰昌丸

六、Hong Kong, Canton & Macao Steam Boat Co.
（省港澳輪船公司）
國籍英國、本社香港
(甲) 香港澳門線
定　期　每日二回
香港發每日午前八時及午後二時、但し日曜日には午前九時及午後零時半、澳門發每日午前七時半及午後二時、但し日曜日には午前七時半と午後五時半、孰も片道約四時間を要す。
使用船　瑞泰（Suitai）、大山（Taishan）
(乙) 香港廣東線
定　期　每日二回
香港發　午後八時（日曜日なし）及午後十時

廣東發　午前八時（日曜日なし）及午後五時
片道六時間乃至八時間を要す
使用船　河南（Honam）、金山（Kinshan）、
　　　　佛山（Futshan）、香山（Heungshan）
China Navigation Co. との連絡經營にして佛山は同社の所有船なり。

(丙) 廣東梧洲線
寄港地　廣東、三水、肇慶、(德慶)、(都城)、梧州（本社及支那航業、印度支那航業の三社合同の經營なり）
定　期　一週三回
廣東發　月、水、金曜日　午前八時
梧州發　月、水、金曜日　午前八時半
五日間にて一週航海を終へ出發港に歸着す。
使用船　西南（Sainam）、南寧（Nanning）

(丁) 廣東澳門線
定　期　一週三回
廣東發　火、木、土曜日　午後五時
澳門發　月、火、金曜日　午後十時
使用船　海山（Hoisang）

七、West River British S. S. Co.
國籍英國、香港代理店 Butterfield & Swire.
本社は香港廣東澳門汽船、支那航業、印度支那航業の三社共同經營なり。
○香港梧州線
寄港地　香港、三水、(肇慶)、(德慶)、(都城)、梧州
定　期　・一週間約二回　香港を發し三日目に梧州に著し共

二二〇

翌日梧州發香港に歸來す即ち一周航海に六日間を要す。
使用船　新會（San Ui）、連灘（Lintan）

八、四邑輪船有限公司（Sze Yap S. S. Co.）
國籍支那、本店香港
(甲) 香港　廣東線
定　期　每日一回香港發午前八時　廣東發午後五時
使用船　大利（Tai Lee）
(乙) 香港江門線
定　期　每月一回（土曜日なし）
香港發　午後六時半、江門發午後五時半
片道十二、三時間を要す。
江門に於て新寧鐵道に連絡す。
使用船　順利（Shun Lee）、安利（On Lee）
(丙) 香港澳門線
定　期　每日曜日一回
香港發午前八時　廣東發午前五時
使用船　安利（On Lee）

九、Canton Navigation Co.（粤航有限公司）
國籍支那、本店廣東、支店香港
(1) 香港廣東線
定　期　每月一回
香港發　午後十時（土曜日なし）
廣東發　午後五時（日曜日なし）
使用船　播寳（Paul Beau）、哈德安（Charles Hardouin）

一〇、其他河船諸航路
(甲) 香港廣東線

（イ）元安公司（Yuen On S. S. Co.）
兆安公司（Shiu On S. S. Co.）支那籍

定　期　毎日兩地より發航す。

使用船　廣東（Kwong Tung）、廣西（Kwong Sai）

（ロ）志安公司（Chee On Co.）支那籍

定　期　毎日兩地より發航す。

使用船　永安（Wing On）、永固（Wing Kii）

（乙）香港梧州線

（イ）天和公司（Banker Co.）英國籍、本店香港

使用船　新安（San On）、和貴（Wo Kwai）

（ロ）西江公司（Sai Kwong S. S. Co.）支那籍

使用船　廣英（Kwong Ying）、廣雄（Kwong Hung）

（ハ）濟和公司（Chai Wo S. S. Co.）同

使用船　昇昌（Shing Cheong）、昇平（Shing Ping）

（ニ）安益公司（On Yick S. S. Co.）同

使用船　利近（Licorne）、西富（Cerf）

（ホ）普泰公司（Poo Tai S. S. Co.）同

使用船　廣泰（Kwong Tai）、華安（Wah On）

（ヘ）廣永公司（Kwong Wing Co.）同

使用船　高洲（Ko Chow）、大明（Tai Ming）

（丙）香港江門線

（イ）和發公司（Wo Fat Co.）使用船　海生（Hoi Sang）

（ロ）聯安公司（Lun On Co.）同　海明（Hoi Ming）

（ハ）廣安公司（Kwong On Co.）同　南海（Nam Hoi）

（丁）香港澳門線

得利辨館（Tak Lee Compradore Shop）代理

使用船　泉州（Chan Chow）

戰前に於ける獨墺船航路

歐洲戰爭勃發の結果獨墺船舶は世界の海運界より全然其影を沒するに至れりと雖戰前當方面海上に於て如何なる勢力を有したるかを知るの一助として開戰當時迄經營せられたる獨墺船定期航路の一斑を左に記述すべし。

一、Nord Deutscher Lloyd（獨）

本社ブレーメン、香港代理店 Melchers & Co.

（甲）漢堡又はブレーメン　橫濱線（メール線）

寄港地　漢堡（隔航ブレーメンを起點として、ロッテルダム經由）、安土府、サゥンプトン、ジブラルタル、古倫母、彼南、新嘉坡、香港、上海、長崎、神戶、橫濱

定　期　二週一回

使用船　Buelow, Derfflinger, Goeben, Kleist, Lutzow, Prinz Eitel Friedrich, Roon, Prinz Ludwig, Prinz Alice, Yorck.

（乙）神戶シドニー線

寄港地（南行）神戶、香港、マニラ、ピリユー島、アンガウル、（隔回）、ヤツプ、フリードリヒ、ウイルヘルムスハーフェン（ニユーギニア）、ラバウル、ブリスベーン、シドニー。（北行）南行に同じ、但し香港より橫濱に直航夫れより神戶に至る又アンガウルには往航寄港せざりし月の船のみ寄港す。

定　期　四週一回

使用船　Prinz Waldemar, Prinz Sigismund, Coblenz

（丙）香港ボルネオ線

使用船　(甲)(乙)共使用船頗る多く常に一定せず。

三、Austrian Lloyd.（墺）

本店トリエストSocieta di Navigatione a Vopare del Lloyd Austrico.

香港代理店 Sander, Wieler & Co.

(甲)トリエスト神戸線

寄港地　トリエスト、ポートサイド、蘇士、亞丁、カラチ、孟買、古倫母、彼南、新嘉坡、香港、上海、横濱、神戸、（復航門司へ直航し夫れより上海以下往航と同じ）

定　期　月一回

使用船　Austria,　China,　E. Franz Ferdinand,　Nippon, Persia,　Vorwaerts.

(乙)トリエスト　上海線（メール線）

寄港地　トリエスト、ポートサイド、亞丁、古倫母、新嘉坡、香港、上海

（復航　以上の外彼南、蘇士に寄港）

定　期　月一回

使用船　Africa,　Bohemia,　Korber等

四、New York Conference Line.

極東より蘇士を經て紐育に至る純貨物船の同盟線にして寄港地一定せざれども多くは横濱を起點とし神戸、上海を經て香港（又はマニラ）、海峡植民地より時々印度のマラバル海岸（時に亞丁）を經て、蘇士を通過しグラスゴー、リヴァプールを經て多くはボストン、紐育の二港に至る此同盟に屬する各社十二、三を數へ獨逸船にては左の二線加入し居たり。

寄港地　香港、クダット、サンダカン

準定期　月一回

使用船　Borkeo

(丁)香港盤谷線

Butterfield & Swire　主管の下に支那商元發行專ら實務に當れり

香港汕頭盤谷線

香港海口盤谷線

香港盤谷線（直行）

不定期　以上三線を通じて約一週一回

外に香港、汕頭、新嘉坡線あり、使用船約二十隻を有し是等諸線に適宜配船せり。

二、Hamburg Amerika Line（獨）

本社漢堡、香港代理店 Carlowitz & Co.

(甲)漢堡横濱線

寄港地　漢堡、安土府、（ブレーメン、ロッテルダム經由安土府に至るものあり又此兩港を經由し安土府に寄港せざるものあり）、ポートサイド、彼南、新嘉坡、香港、上海、神戸、横濱、（大正二年航路を北米に延長しポートランド、シャトル、タコマ、晩香坡に廻航せり）

準定期　約月一回

(乙)漢堡青島線

寄港地　漢堡、安土府、ポートサイド、（臨時イロイロ）、マニラ、（臨時打狗、釜山、仁川、太沽）、青島、（臨時秦皇島、大連、漢口）

準定期　約月一回

（目下同盟は破壞し居れり）

Dampfschiffs-Rhederei "Union" Aetien Gesellschaft.

Hamburg America Line.

五、Jebsen & Co.　（獨）

本店獨逸　M. Jebsen Apenrade.

○香港海防線

寄港地　香港海防間に北海を選擇港とす、荷物船なれば或は蘭貢、彼南或は汕頭、淡水等にも至ることあり。

準定期　約一週一回

此外西貢方面に月四、五回、ツーラン、キンホン方面に月一、二回の不定期航路を有し使用船十一隻を以て以上各航路に配船し居れり。

戎克及小蒸氣船

廣東三角洲附近一帶は戎克の交通頗る頻繁にして從て戎克の香港に出入するもの亦少からず、一箇年香港に入港する戎克は約三萬隻二百十萬噸の多きに達し是等戎克は主として廣東、西江流域、澳門其他三角洲各地間を往復し又西は廣州灣、瓊州、北海等に及び東は汕尾、汕頭、厦門、福建省に至る、斯くの如く一方汽船航路の多數有るにも拘はらず戎克貿易の衰退せざるは河船に比し運賃遙に低廉にして重量又は容積の大なる商品、粗雜なる貨物は戎克に因るもの少からざると汽船は寄港地略一定し居るに反し戎克は苟くも水運の便ある所は隨時隨所に荷物の揚卸を爲すことを得るを以てなり。今千九百十四、五年に於ける出入戎克の隻數及噸數を示せば左の如し

入港戎克

	一九一四年 隻數	一九一四年 噸數	一九一五年 隻數	一九一五年 噸數
外國貿易戎克	一三、六二七	一、五九九、五〇三	一三、四四五	一、四九五、九四四
地方貿易戎克	一三、七九七	五九九、八四六	一七、一一二	六七二、三七五
計	二七、六〇六	二、一九八、三四九	三〇、五五七	二、一六七、三一九

右戎克の千九百十五年中輸入貨物數量左の如し（單位噸）

茶	三一	壌土及石材	二二、四七四
牛（一、七三三頭）	二〇三	一般雜貨	四六三、一一三
豚（八、三三七頭）	四八九	計	四八六、三九[illegible]

出港戎克

	一九一四年 隻數	一九一四年 噸數	一九一五年 隻數	一九一五年 噸數
外國貿易戎克	一三、八四七	一、六一〇、二四二	一三、六五二	一、四五七、七六一
地方貿易戎克	一四、〇七二	五九八、〇二五	一七、四〇四	六七五、八一五
計	二七、九一九	二、二〇八、二六七	三一、〇五六	二、一三三、五七六

右戎克の千九百十五年中輸出貨物數量左の如し（單位噸）

石油（一、五四四、三八五函）	四七、七九一	一般雜貨	七五五、〇〇四
米及籾米	三三五、六八四	計	一、一三八、四七九

次に千九百十五年中に於ける當港出入戎克の隻數、噸數、乘客數及貨物噸數を地方別に表示すれば左の如し（但し地方貿易戎克を含まず）

地方名	戎克 隻數	戎克 噸數	旅客數	貨物噸數
入港の部				
廣東	三、三九四	五七一、七六九	—	六六、二七七
西江	六、五七九	六七一、一〇一	三〇、二七八	一四四、六四九

	隻數	噸數	旅客數	貨物噸數
澳門	六七一	八一、八九〇	一	一七、八五五
東沿岸	二、三五〇	一四一、七九〇	三八六	九三、七五八
西沿岸	四四九	二九、三九四	四八	二、四五五
計	一三、四四二	一、四九五、九四四	三〇、七一三	三五四、九九四
前年計	一三、六二七	一、四九九、五〇三	六五、八九四	三五三、九八八
出港の部				
廣東	五、二一九	六一三、五七一	—	六〇七、一〇一
西江	六、三三〇	六二一、七七三	三一、一二八	三六五、四二一
澳門	五八七	七一、一二五	—	三六、八二三
東沿岸	二、一五六	一三〇、七二〇	一、二〇〇	二六、五七一
西沿岸	三七〇	二〇、五七三	四四	八、五九一
計	一三、六五二	一、四五七、七六一	三二、三九三	一、〇四四、五〇六
前年計	一三、八四七	一、六一〇、二四〇	六六、七三一	一、〇一七、二七〇

尚免許を受けたる小蒸氣船の千九百十五年中出入港隻數及噸數竝に旅客數、貨物噸數を表示すれば左の如し

	小蒸氣船 隻數	小蒸氣船 噸數	旅客數	貨物噸數
入港の部				
領海內	三三、四六九	五、〇一一、四〇三	三、七四六、八九七	二、四〇七
領海外				
廣東	一、四八二	三八、六四七	—	—
西江	二四三	八、〇六四	五八	一、六〇二
澳門	一二九	六、二九九	二、六八一	一、八三七
東沿岸	五〇六	二四、五〇七	一三、七一六	三一七
其他	一、〇二三	三六、一七九	一、八六一	—
計	三、三八五	一一三、六九六	一八、三一六	三、七五六
出港の部				
領海內	三三、四六九	五、〇一一、四〇三	八、七一二、二九八	三、一八九
領海外				
廣東	一、四八七	三八、五九三	二一三	四六三
西江	二五七	八、三八九	四七	二、二六二
澳門	一二九	六、二八七	三、二四六	二、九三三
東沿岸	五二四	二四、九三五	一三、七四九	二八八
其他	一、〇四〇	三六、六一〇	一、九八六	—
計	三、四三七	一一四、八一四	一九、六七一	五、九三五

傭船

元來香港を中心とする不定期船（tramp steamers）は其數甚だ多く當地著名の大貿易商は孰も競うて是等不定期船の代理店を營まんとし代理店專業の船會社も亦少からず就中太古洋行及怡和洋行の二を以て其尤なるものとす、是等不定期船の多くは傭船契約の下に積荷（若くは移民）の都合により各地に航行するものにして其航行區域は大凡香港を中心とし上海、北支那（牛莊、大連）、日本、南支那、佛領印度、支那、暹羅、比律賓、瓜哇、海峽植民地竝に印度方面に及ぶものとす。其主要なる貨物左の如し

日本より	石炭	蘭領東印度より	籐、堅材、コプラ
瓜哇、マニラより	砂糖	漢口、長江筋より	米、胡麻、豆、豆糟
西貢、暹羅、蘭貢より	米	安南より	鹽
新嘉坡、暹羅より	堅材、籐	マニラより	麻、コプラ
牛莊、大連より	大豆、豆糟	海防より	石灰石
印度より	麻袋、黃麻		

斯くの如く不定期船の目的とする貨物多しと雖一種にして能く四五千噸の船腹を充たすものは日本の石炭、瓜哇の粗製糖、西貢、盤谷、蘭貢の米、マニラの麻、滿洲の大豆等なり。

是等不定期船は十四、五年前迄は諾威船第一位を占め英、獨、日等之に次ぎ當時諾威船の極東に在るもの百五、六十隻の多きに上りたるが日露戰爭後勢力關係一轉し諾威船は減少し日本船之に代りて東洋海面に活動するに至れり、而して數年前に於ては諾威船は四十隻內外に減じ英獨の諸船主に屬するもの五、六十隻となり本邦船舶の香港に石炭を運送し復航米を積取るもの每月約二十隻に達せるの有樣にして其結果日露戰役前まで極東傭船界の中心たりし香港は漸次其勢力を神戶に奪はれ歐洲戰爭の發生に伴ひ諸威船其他歐洲船は益減退したるを以て本邦船の活動は愈々活潑となり現時日本人は極東海運界の實權を握るに至れり。

不定期船の運賃は其變動甚しく船舶の多少、積荷出廻の模樣及豫想其他諸種の原因により騰落常なく殊に歐洲戰爭に入りて以來船腹の拂底極點に達し運賃は暴騰に暴騰を重ねたり、運賃の騰落は必ずしも海運界の大勢に伴ふものに非ずと雖香港市場に於ては西貢香港間及盤谷香港間の運賃の變動を以て當地海運界のバロメーターと見做すことを得、今左に參考迄に大正三、四年中南方主要市場に於ける最高、最低運賃各月比較表を揭ぐべし（西貢及盤谷は米一擔の運賃率、紅甚（ホンゲー）及門司は石炭一噸の運賃率なり）

◎大正三、四年各月運賃比較表

		自西貢至香港 三年	自西貢至香港 四年	自西貢至マニラ 三年	自西貢至マニラ 四年	自西貢至セブラ 三年	自西貢至セブラ 四年	自盤谷至香港 三年	自盤谷至香港 四年	自紅甚至廣東 三年	自紅甚至廣東 四年	自紅甚至汕頭 三年	自紅甚至汕頭 四年	自門司至香港 三年	自門司至香港 四年
一月	最高	一七仙	一七仙	二七仙	三五仙	二九仙	—仙	三〇仙	五〇仙	二・七五弗	二・五〇弗	二・一〇弗	二・五〇弗	二・一〇弗	一・五〇弗
	最低	一二	七	二七	三〇	二九	—	三〇	二二1/2	二・一〇	二・四〇	二・一〇	二・五〇	一・五五	一・四〇
二月	最高	一六	二〇	三三	三〇	三二	—	三〇	四五	一・七〇	—	一・七〇	—	一・六〇	一・五〇
	最低	一四	一七	二九	三〇	三二	—	三〇	三〇	一・七〇	—	一・六五	—	一・六〇	一・五〇
三月	最高	三三	四〇	三〇	三四	三六	三七	三五	五五	—	二・八〇	一・七〇	—	一・五〇	二・五〇門
	最低	一七	一九	三〇	三三	三〇	三七	三〇	四〇	—	二・八〇	一・七〇	—	一・五〇	二・三〇
四月	最高	二一	五〇	—	六六	—	—	四〇	七〇	二・四〇	四・七五	二・三五	四・七五	一・七五	二・八〇
	最低	一九1/2	三四	—	四四	—	—	三五	六〇	二・二〇	四・二五	二・一五	四・二五	一・五〇	二・四〇
五月	最高	二〇	四六	二八	六二	三五	六六	三五	四五	二・二五	—	一・六五	—	一・八五	三・〇〇弗
	最低	一五	三三	二八	五七	三五	六〇	三〇	四五	二・一〇	—	一・六五	—	一・七五	三・〇〇

一三六

月																
六月	最高	一五	五〇	二六	五七	—	—	三〇	六〇	一・六〇	四・五〇	—	四・七五	一・八〇	三・三〇円
	最低	一一	三四	一九	五五	—	—	二九	五二½	一・六〇	四・五〇	—	四・七五	一・六五	三・〇〇弗
七月	最高	一六	五四	二六	五七	三〇	六〇	三〇	六〇	一・六五	—	一・六五	—	一・七〇	三・〇〇
	最低	一五½	四七	二三	五七	二五	六〇	三〇	五〇	一・六五	—	一・六五	—	一・七〇	三・〇〇
八月	最高	二三	四五	—	—	—	六五	五〇	六五	二・五〇	四・二五	—	四・〇〇	二・二〇	二・八〇
	最低	一八	二七	—	—	—	六五	四五	四五	二・五〇	四・二五	—	四・〇〇	二・〇〇	—
九月	最高	二〇	二五	三六	四二	三五	四六	三〇	四五	二・二五	三・〇〇	—	—	二・二〇	三・〇〇弗
	最低	一五	一四	三〇	三八	三五	四六	三〇	三五	二・二五	三・〇〇	—	—	二・〇〇	三・〇〇
十月	最高	二二	一四	三〇	—	—	—	四〇	三五	—	三・二五	—	三・一〇	一・八〇	二・八五円
	最低	一九	一二	三〇	—	—	—	四〇	三〇	—	三・二五	—	三・一〇	一・八〇	二・七五
十一月	最高	二三	三〇	三五	三六	—	—	三五	三五	三・〇〇	三・二五	三・〇〇	—	—	二・八五
	最低	二二	一四	三五	二九	—	—	三五	三〇	三・〇〇	三・二五	三・〇〇	—	—	二・七五
十二月	最高	二三	三五	三五	—	—	三八	三五	三五	三・〇〇	—	三・〇〇	—	一・八〇	二・二五
	最低	二一	三〇	三五	—	—	三八	二五	三〇	三・〇〇	三・二五	三・〇〇	—	一・六〇	三・〇〇

積卸費不要（八月最高～十一月最低）

荷揚費船持ち（八月最高～十一月最低）

九龍鐵道

總說

九龍鐵道は廣東、九龍を連絡する鐵道にして四呎八吋半の標準軌間として全長百十一哩四分の三なり、內英國區域は香港の對岸九龍より國境深圳に至る二十二哩二四の線路にして千九百五年初工事に着手し千九百十年十月一日開通せり、支那區域は廣東省城の東南大沙頭(廣東停車場)より深圳に至る八十八哩七三にして英國側に比し約四倍の線路を有し千九百八年工事を開始し豫定よりも遙に後れて千九百十一年十月完成し同月四日香港總督及廣東總督列席の上深圳に於て開通祝賀式を擧行し茲に漸く本鐵道全線の完成を見たり、支那側は多く平野を通過し二十七箇の停車場あり沿線中石龍は東江に臨める重要なる都會とす。

英國區域　初め英清組合(British & Chinese Corporation)は千八百九十八年中九廣鐵道の敷設權を獲得したるが久しく工事著手の運びに至らず屢々香港人士の非難を受たり、然るに千九百五年に至り二百萬磅の公債募集せられ一部は英國區域鐵道布設費に充て金貨六百七十五萬弗は湖廣總督に貸與して米淸企業會社より粤漢鐵道敷設權回收費に充てしめたり、本鐵道通過地方は山嶽重疊し山嶽は概ね岩石より成るのみならず工事中マラリヤ猖獗にして外人技師支那人勞働者の之に斃るゝ者多く隧道工事等に對し適當なる勞働者を得難く布設工事は多大の困難に遭過せり、而して當初は五百五萬三千七百二十四弗の豫算なりしも千九百九年には千百萬四千百二十八弗の増加を要し千九百十年末迄に建設費として支出せる額千百八十八萬四千四百二十七弗に上れり即ち一哩平均約五萬磅に當り世界に於ても有數の難工事たるを示せり隧道五個あり就中最も經費と勞力とを要したるは九龍山脈を通過する Beacon Hill 隧道にして長さ七千二百五十六呎（約一哩四分の一）其竣工に二十八箇月を費せり、英國側は本隧道を除く外總て複線の計畫にて布設せられたるも目下全部單線なり。

支那區域　清國政府と英清組合との間に交換せる借款契約により百五十萬磅の公債を募集し發行價格は額面高の九割四分、年五分利附にして千九百七年三月以降三十箇年間に全部償却を了する規定なり、鐵道事業の經營は廣東總督の任命せる支那人の支配人一名を置き英人技師長及會計監督各一名を附して之に當らしむ、英支兩國の協同經營に對し香港總督と廣東總督との間に事務の打合を爲すべき條項を設けたり、然れども共同經營に關する協議容易に纒らず特に運賃の點に付きて困難を見たり本線は千九百七年八月測量に著手し千九百八年土地買收を開始し同年七月を以て布設工事を起し三年三箇月を以て完成を告げたり、多く米田又は高原を通過し全線の約五割六分は傾斜を有し其他四割四分は水平面とす、從て英國側の如く工事困難ならず一哩平均二萬七百弗の建設費を要したりと云ふ、四十六個の構桁橋あり其間隔全長四千八百六十八呎とし二十九個のアーチ（五呎以上）あり其間隔全長五百四十六呎に上る、支那の九龍税關は國境深圳に一支署を置く外九龍停車場内に事務所を設け支那區域に輸入する商品の課税を取扱ひつゝあり、尤も收入高は極めて微々たるものとす。

粉嶺支線　九龍停車場を距る十八哩七三にして粉嶺停車場あり是より東北に向ひ大鵬灣に面する沙頭角に至る二呎幅の輕便鐵道を粉嶺支線と稱す、全長七哩四分の一にして途中孔嶺、禾坑、石涌凹、の村落を通ず主として政治的意味を以て布設せられたるものにして經濟上利益少し、若し本輕便線にして成功を見れば政廳は之を西部に延長し坪山を經て Castlepeak Bay に至る輕便鐵道を布設し租借地を東西に横斷する計畫なり。

驛名及距離

香港及廣東より各驛に至る距離を示せば左の如し

驛名	支那名	廣東よりの距離	九龍よりの距離
Canton (Tai Sha Tau)	廣東（大沙頭）	哩 〇・〇〇	哩 一一〇・一七
Shek Pai	石牌	三・六三	一〇七・五四
Che Pi	車坡	七・九〇	一〇二・〇七
Wu Chung	烏涌	一三・五八	九八・三九
Nam Kong	南岡	一七・九〇	九三・八八
Sum Tong	新塘	二一・六七	八九・三〇
Tong Mei	塘美	二三・六一	八七・三六
Nga Yee	雅瑤	二五・五四	八五・四三
Sien Tsun	仙村	二九・〇〇	八一・九七
Shek Ha	石厦	三二・二五	七八・七五
Shek Tan	石灘	三四・七七	七六・三〇
Shek Lik Kou	石瀝滘	三六・三四	七四・六五
Shek Lung	石龍	四〇・一五	七〇・八二
Sai Wu	西湖	四二・一四	六八・八五
Nam Sheh	南社	四五・七四	六五・三五

一二七

Wang Lik	横瀝	四九・七四	六一・二三
Sheung Ping, Muk Lun	常平、木倫	五三・三〇	五七・六七
Tu Tang	土塘	五六・二〇	五四・七七
Cheung Muk Tou, Shek Ma	樟木頭、石馬	六一・一四	四一・八五
Lam Tsun	林村	六五・八〇	四五・一七
Tong Tau Ha	塘頭厦	六八・四二	四二・五五
Shek Ku	石鼓	七一・一〇	三九・八七
Tin Tong Wai	天堂圍	七三・一五	三七・八二
Ping Wu	平湖	七六・五〇	三四・四七
Li Long	李朗	八〇・六二	三〇・三五
Pu Kut	布吉	八三・九〇	二七・〇七
Shum Chun Market	深圳墟	八七・七三	二三・二四
Shum Chun	深圳	八八・七三	二二・二四
Fang Ling	粉嶺	九二・二四	一八・七三
Lai Po Market	大埔墟	九六・四三	一四・五四
Tai Po	大埔	九七・七〇	一三・二七
Sha Tin	沙田	一〇三・七五	七・二二
Yaumati	油蔴地	一〇八・五六	二・四一
Hung Hom	紅磡	一〇九・九七	1・00
Kow loon	九龍	一一〇・九七	C・00

列車發著時間

九龍及廣東より毎日急行列車三回直通列車一回發車し別に九龍國境間に一日約三回の往復あり其時間表は左の如くなれども時々多少の改正あり、目下夜行列車なし。

◎列車發著時間表

九龍發廣東（又は深圳）行

	普通	急行	普通	普通	急行	土曜日のみ	土曜日以外	急行	普通
九龍	七、五〇	八、〇五	九、三〇	一〇、四五	一二、一〇	一、二八	一、四八	三、三〇	五、一八
沙田	七、二一	—	九、五六	一一、〇七	—	一、四八	二、〇九	—	五、三八
大埔	七、三三	—	一〇、〇九	一一、二〇	—	二、〇一	二、二二	—	五、五三
粉嶺	七、三七	—	一〇、二七	一一、三六	—	二、一四	二、三五	—	六、〇四
深圳	七、四五	八、五〇	一一、〇〇	一一、四五	一二、五五	二、二三	二、四三	四、一六	六、一三
廣東	—	二、四五	五、三〇	—	三、五〇	—	—	七、一五	—

廣東（又は深圳）發九龍行

	急行	普通	普通	普通	急行	急行	普通	普通
廣東	七、三五	—	八、三五	—	一二、三〇	三、二〇	—	—
深圳	一〇、二〇	八、〇五	三、三四	一二、〇五	三、二〇	六、一五	五、三〇	六、二五
粉嶺	—	八、一五	三、四三	一二、一六	—	—	五、四〇	六、三四
大埔	—	八、三五	四、〇〇	一二、三六	—	—	五、五三	六、四五
沙田	—	八、四四	四、一三	一二、四八	—	—	六、〇四	—
九龍	一一、〇〇	九、〇五	四、三五	一、〇五	四、〇〇	六、五五	六、三三	七、一〇

粉嶺支線

粉嶺發	六、〇五	八、二〇	一一、四五	三、五〇
沙頭角著	七、〇〇	九、一六	一二、四〇	四、四五
沙頭角發	七、一〇	一〇、〇〇	一、一五	五、一五
粉嶺著	八、一〇	一一、〇〇	二、一五	六、一五

旅客運賃

英國側の諸驛に於ける旅客運賃は香港貨幣を以て標準とし支那側は廣東小銀貨を以て計算す、往復切符は一、二等に限り發行し賃錢は片道の一倍半として通用期間は發行の日より二日間とす、十二歲以下半額、五歲以下は無賃なり。

香港——廣東石龍間急行運賃

	一等 香港貨	一等 廣東貨	二等 香港貨	二等 廣東貨	三等 香港貨	三等 廣東貨
香港—廣東	五,〇〇	五,四〇	二,五〇	二,七〇	一,二五	一,三五
香港—石龍	三,六〇	三,八〇	一,八〇	一,九〇	九〇	九五

上段は香港より發車下段は廣東又は石龍より發車の場合とす。

香港（又は九龍）より各驛に至る運賃（香港貨）

自香港（又は九龍）	一等	二等	三等
紅磡、油蔴地	二〇 [弗,仙]	一〇	五
沙田	六〇	三〇	一五
大埔、大埔墟	一,〇〇	五〇	二五
粉嶺	一,六〇	八〇	四〇
深圳	一,八〇	九〇	四五
布吉	二,〇〇	一,〇〇	五〇
李朗	二,二〇	一,一〇	五五
平湖	二,六〇	一,三〇	六五
天堂圍、石鼓	二,八〇	一,四〇	七〇
塘頭厦	三,〇〇	一,五〇	七五
林村	三,二〇	一,六〇	八〇
樟木頭	三,四〇	一,七〇	八五
土塘、常平、横瀝、南社、西湖、石龍	三,六〇	一,八〇	九〇
石瀝滘	三,八〇	一,九〇	九五
石灘	四,〇〇	二,〇〇	一,〇〇
石厦、仙村	四,二〇	二,一〇	一,〇五
雅瑤、唐美	四,四〇	二,二〇	一,一〇
新塘、南岡	四,八〇	二,四〇	一,二〇
烏涌、車坡、石牌、大沙頭	五,〇〇	二,五〇	一,二五

廣東（大沙頭）より各驛に至る運賃（廣東貨）

自廣東（大沙頭）	一等	二等	三等
石牌	二〇	一〇	五
車坡	四〇	二〇	一〇
烏涌	八〇	四〇	二〇
南岡	一,〇〇	五〇	二五
新塘	一,二〇	六〇	三〇
唐美、雅瑤	一,四〇	七〇	三五
仙村、石厦、石灘、石瀝滘、石龍	一,六〇	八〇	四〇
西湖	一,八〇	九〇	四五
南社	二,〇〇	一,〇〇	五〇
横瀝	二,二〇	一,一〇	五五
常平	二,四〇	一,二〇	六〇
土塘	二,六〇	一,三〇	六五
樟木頭	二,八〇	一,四〇	七〇
林村	三,〇〇	一,五〇	七五
塘頭厦	三,二〇	一,六〇	八〇
石鼓	三,四〇	一,七〇	八五
天堂圍	三,六〇	一,八〇	九〇
平湖	三,八〇	一,九〇	九五
李朗、布吉、深圳	四,〇〇	二,〇〇	一,〇〇
粉嶺	四,二〇	二,一〇	一,〇五
大埔墟、大埔	四,八〇	二,四〇	一,二〇
沙田	五,二〇	二,六〇	一,三〇

第二表

	一噸に付(鐵道部にて危險負擔) 廣東貨	香港貨	一擔に付(鐵道部にて危險負擔) 廣東貨	香港貨
危險物	四〇,一三	三七,五〇	三,一九	二,九九
一級品	三,六九	三,四五	三〇	二八
二級品	三,六三	三,四〇	二九	二七
三級品	二,四〇	二,二五	一八	一七
四級品	一,六〇	一,五〇	一三	一二

最低料金を五十仙とす

鐵道部に於て積卸を爲し又鐵道部は貨物の損害に對し責任を負ふ但委託せられたる貨物が適當に包裝せられ鐵道部にて運送を引受けたる場合は申告價格に應じ一個に付百弗以內に限る小荷物の運賃は一哩一擔に付一仙の割とし最低料金十仙、最低重量半擔なり五仙以下の端數は繰上又は切捨とす小荷物の運賃は重量又は容積により計算し三立方呎を以て一擔と見做す。

手荷物は左記の分量迄無料携帶を許す

	一等客	二等客	三等客
英國側(英封度)	一三三	一〇〇	六七
支那側(支那斤)	一〇〇	七五	五〇

收入支出

千九百十四年中本鐵道英國側建設費に支出したる額は五十七萬四千四百二十九弗に上り右は主として九龍停車場の建設費、軌道、機關車、車輛の購入費とす本鐵道建設費として當初より千九百十四年末迄に支出したる額は總計千四百九萬五千六百六十一弗に達せり。

同年中の運轉費用は二十四萬八千三百六十六弗にして收入は

油蔴地、紅磡、九龍、香港	五,四〇	二,七〇	一,三五

香港九龍間には渡船會社のランチにて接續す。

貨物運賃

未だ貨物列車を運轉せざるも客車の後部に連接して貨物輸送に從事せしむることとなしとせず、貨物としては沿線に產する生果實、乾荔枝、生薑、砂糖等を香港に輸送し又は香港より金巾、綿布類、海產物、砂糖、石油、酒精、燐寸、雜貨を沿線地方に分配する位に止まり香港廣東間を輸送する貨物は共數量多からず。

貨物は之を左記の五種類に大別し各其運賃を異にす、左に廣東石龍間の諸驛と英國側諸驛との間に於ける貨物運賃を示し其他の區間運賃は省略せり。

第一表

廣東、石龍間諸驛
英國側諸驛間貨物運賃表

	一噸に付(荷主に於て危險負擔) 廣東貨	香港貨	一擔に付(荷主に於て危險負擔) 廣東貨	香港貨
危險物	二六,七五	二五,〇〇	二,〇二	一,八九
一級品	二,四五	二,三〇	二〇	一九
二級品	二,四〇	二,二五	一八	一七
三級品	一,六〇	一,五〇	一三	一二
四級品	一,〇五	一,〇〇	〇九	〇八

最低料金を五十仙とす

荷主に於て危險を負擔し荷主自ら積卸を爲すものとす、半年間に危險物以外の貨物二百五十噸以上を運送する者には二分五厘又は五百噸以上を運送する者には五分の割引を爲す。

三十六萬四千六百八弗なれば僅に二萬餘弗の收入超過なり千九百十三年の支出は收入の七割三分六厘八毛なりしが千九百十四年には七割五分二厘五毛に當る。

千九百十三、四年度に於ける英國側收入の内譯を示せば左の如し

		一九一三年	一九一四年
英國側收入	旅客運賃	一〇七、七六八、六九弗	一〇八、三九八、五八弗
	貨物運賃	八、六九三、八六	一〇、一三一、三五
	雜收入	二二、七四三、九三	一三、八六一、五九
	計	一三九、二〇六、四八	一三一、三八一、四二
支那側收入	旅客運賃	一八七、九三八、六八	二一五、〇四五、六三
	貨物運賃	九、五八五、九一	一〇、六九〇、九八
	雜收入	—	—
	計	一九七、五一四、五九	二二五、七三六、六一
粉嶺支線收入	旅客運賃	六、四四四、一〇	七、〇一八、一四
	貨物運賃	四六八、一五	四七三、一五
	雜收入	—	—
	計	六、九一二、二五	七、四九〇、二九
總計		三四三、六三三、三二	三六四、六〇八、三三

本表中支那側收入と記せるは支那側の收入全額中英國政府の收入に歸したる分のみを指す。

尙兩年度に於ける旅客數を示せば左の如し

	一九一三年	一九一四年
英國側より支那側行旅客	二五〇、四三七人	二二七、五一二人
支那側より英國側行旅客	二九六、六一四	三五三、七三三
英國側のみの旅客(幹線)	二三〇、三三九	二四五、五二七
同(支線)	四七、一一九	四八、九九七
計	八二四、五〇九	八七五、七五八

鐵道の效果

廣東香港間の貨物は其數甚だ多く今玆に各品に就て汽車、汽船、戎克等の運賃を比較する能はずと雖も重量大なる商品は汽船又は戎克を選ぶ方鐵道に依るよりも運賃遙に安く又魚類其他日常食用品にして腐敗の虞あるもの及生糸等に對しては河船には共設備あるも汽車には未だ設備なく又假令設備をなすとも容積を取り運賃に於て到底河船と競爭すること能はず尙貨物運送に就て鐵道の一大缺點は貨物接續の不便なることにして例へば廣東より汽車にて香港に輸送し海外に輸出する場合には廣東沙面より約三哩を隔る大沙頭停車場(廣東停車場)まで運搬するを要し九龍著の上一旦倉庫に倉入し後倉庫より艀船にて汽船に積込むの手數を要するに反し河船に依る時は廣東沙面に近き埠頭より河船に積込み香港著の上倉庫に入るゝことを要せず、直に汽船に積み換することを得て荷主の便宜少からず尙九廣鐵道は未だ粤漢鐵道との聯絡線を有せざれば目下單に廣東と香港間を連絡するに止まるも若し汽船及戎克に依る時は西江流域廣東省三角洲一帶の開港場及重要都市に連絡を有し香港より是等地方に分散せらるゝ貨物及同地方より香港に聚集せらるゝ貨物は一旦鐵道に依り廣東に輸送して廣東より水運に依り各地に分配し又は是等地方より一旦廣東に集中し汽車にて香港に輸送するよりも直接香港各地間を水運に依りて運輸すること遙に便利なるのみならず是等貨物は目下鐵道に依ること殆ど不可能なり、次に運送の遲速を見るに汽船に依る時は約八時間を要し汽車に依る時は三時間半(急行)又は八時間を要し時間の相違極めて

少く斯る近距離の兩地間に於て一日を爭ふ如き貨物は殆ど無く又戎克に依るも僅か二日乃至三日を費すに過ぎず。

香港廣東間には旅客（主に支那人）の往來頗る頻繁にして一日六七千人の旅客兩地間を來往しつゝあり鐵道敷設以前に於ては是等旅客は總て河船に依りたるも鐵道開通後汽車に依る者少からざるに至れり、然れ共支那人乘客の運賃は河船の方鐵道よりも低廉にして又數時間の延著は支那人の毫も意とせざるところなれば現在以上に支那人旅客を汽車に吸收すること困難なるべく又一等旅客に於ては鐵道の設備河船に劣れるに運賃は兩者共略同額なり。

要之本鐵道は目下の處にては支那內地との連絡極めて不完全なる爲め貨物運送上の效果甚だ少なく僅に旅客の輸送を以て其生命となし居る現狀にして投下資本の回收は當分殆ど見込なきところなるも若し將來粤漢鐵道其他廣東より支那內地各方面に通ずる諸鐵道完成し香港と支那內地と直接の聯絡を有するに至らば貨物運送の經路に一變化を來し本鐵道の效果初めて發揮せらるるに至るべしと信ぜらる。

電車及渡船

電車　平地電車と高地電車とあり平地電車は香港電車會社の經營に係り、ヴィクトリヤ市の西端堅尼地城より市の東部銅鑼灣に至る市內線（複線）と銅鑼灣より筲箕灣に至る市外線（單線）と競馬場行短距離の支線を有し延長十四哩半あり、料金は均一とし市內市外共に一等十仙、三等五仙を徵し回數券を發行せず一箇年輸送客數八九百萬人に上る、又高地電車はピーク電車會社の經營に係り海拔百呎の St. John's Place より千三百呎の Victoria Gap に至る一哩弱のケーブルカー線路を有し歐洲人商業地とピーク地方とを聯絡す其最も傾斜の大なる箇所は四十五度に近き斜面を通ず途中四箇所の停留所あり、區間により料金を異にす此の電車は最も多くピーク在住の歐洲人により乘用せられ之に次いで寄港船舶の觀光客とす、全線片道の料金三十仙にして別に Season-ticket を發行す。（兩電車會社に就ては更に工事の部參照）

尙丘陵地方に家屋增加するに從ひ右高地電車より遠隔の地方に住する歐米人增加し不便少からざるを以て Battery Path より Glenealy Ravine に至る一ケーブル線路敷設の計畫ありて千九百八年其敷設を許可せられたるも輿論の反對に遇ひて中止せられ目下同樣の企畫なし。

渡船　Star Ferry Co. は香港島(歐洲人商業地)と九龍半島の尖端（九龍停車場）とを連絡する渡船を經營す同社は資本金四十萬弗（十弗株四萬株、全部拂込濟）にして營業成績は良好にして一箇年七分乃至一割の配當をなしつゝあり、前後に推進機を有する Double-enders 五隻あり此のフェリーは上下の二甲板を備へ上甲板には一等客、下甲板には三等客を收容し一回約三百人を輸送することを得、一回の料金一等十五仙、三等　仙として別に回數券及家族券を發行す、每日午前六時より夜零時十五分まで十分又は十五分每に香港及九龍より發船す、此の外常有小輪船公司の經營に係る香港及油蔴地間渡船竝福海輪船公司の經營する香港及九龍、紅磡、深水埗間渡船及瓊山輪船公司の香港及紅磡、筲箕灣間の渡船等あり孰れも主として支那人の乘用する所にして不潔なる一甲板の小蒸氣船を使用しつゝあり就中香港油蔴地間を往復する支那人頗る多し。

自働車、人力車、轎子等

香港島は面積僅に三十平方哩に過ぎず且全島丘陵に富み平地少く又對岸の大陸に於ても九龍市街地附近を除くの外租借地内には車輛を通ずる道路なきを以て當地に於ける車輛の數は極めて少なし。

自働車　數年前までは二十餘臺に過ぎざりしが目下約六十臺に增加せり多くは貸自働車にして市内に四五箇所の貸自働車營業者あり一時間料金四弗乃至六弗にして貸與に應ず、米國より輸入せるもの多し。

人力車　香港側に千五十臺、九龍側に三百五十臺、合計千五百臺の人力車あり、此の外自家用車約三百臺あり、辻車は多く當地にて製造せられ自用車は歐洲、日本よりの輸入品多し、貸人力業者數店あり、其最も大なるものは香港九龍膠車公司と稱し約八百臺の人力車を有す、公衆用人力車を所有する者は政廳に對し一箇年一臺七十二弗宛の稅金を支拂ひ一晝夜四十仙の貸料を徵して苦力頭に貸與し苦力頭は更に之を曳子苦力に貸下ぐるものとす。政廳にて規定したる料金表の一部を摘記すれば左の如し

	市内	九龍
十分間	五仙	五仙
十五分間	一〇	五
三十分間	一五	一五
一時間	二〇	二〇

自轉車　香港及九龍に五、六箇の貸自轉車業を營む支那商店あり各二十臺乃至四十臺を備付け居るを以て總數貳百臺に達せざる位なり此の外私用のもの四五十臺とす、乘用は學生の遊樂用又は商店ボーイ用にして一般紳士の乘用するもの少し、貸料は一時間二十仙乃至三十仙にして使用時期は夏期を最も多しとす從來主として英國品を輸入せり。

其他車輛　千九百十四年中免許を受けたる荷車は千三百六十四臺にして年々差したる增減なし、又約二十臺の自働自轉車あり馬車は殆ど使用せられず僅に數臺を存するのみ。

轎子（Chair）　轎子は籐及竹を以て作れる椅子形のものに二本の棒を通し二人又は四人の苦力を以て擔はしむるものにして香港の丘陵地方及山腹と平地との間を往復するに使用す、目下香港の平地に六百八九十臺丘陵地方に六十臺あり、其他私用の轎子頗る多く其數判明せざるも二三百臺に上るべし、當地の如く坂路多く車馬を通ずること困難なる處に於ては缺くべからざる用具たり。當政廳に於て規定せし料金表を摘記すれば左の如し

轎子雇賃（轎夫二人）

	市内	丘陵地方
十五分間	一〇仙	一五仙
三十分間	二〇	二〇
一時間	三五	三〇
三時間	五〇	七〇
六時間	七〇	一〇〇
一日（十二時間）	一〇〇	一、五〇

尚參考迄に車輛類免許料及運轉手、車夫、轎夫等の免許料を示せば左の如し

免許料

人力車（公衆用）	香港島内	一年	七二、〇〇弗
	九龍及租借地	同	一二、〇〇

荷車	同	10.00
自働二輪車及三輪車	同	一三.00
自働車（公衆用（積量二噸以下）	同	七三.00
自働車 私用（積量一噸以下）	同	二四.00
大形自働車（積量三噸以下）	同	一三0.00
大形自働車（積量三噸以上）	同	二四0.00
轎子（公衆用）	半年	1.00
其他車輛 公衆用）（香港島	同	一八.00
其他車輛 公衆用）（九龍及租借地	同	一三.00
運轉手免許狀		
自働二輪車及三輪車	一年	五.00
自働車	同	10.00
荷車、人力車、轎夫等	半年	0.三0

第九編　通信

郵便

當地郵便局は香港占領と同時に設けられ初め本國政府の管理に屬せしが千八百六十年に至り當政廳の管理に移され六十二年初めて郵便切手を發行し次で七十六年萬國郵便同盟に加入せり上海、厦門、芝罘、漢口、海口、汕頭、天津、威海衞（劉公島ポルト、エドワード）廣東に在る英國郵便局は總て香港郵便局長の管下に屬す、香港は各方面よりの郵便船の寄港するもの多く郵便物に於ても香港は中繼港たる狀況を呈す、英國行郵便線路は加奈陀、蘇士、西伯利の三あり總て三十日以內にて到著す（平時）、西伯利經由の郵便物に就ては郵便局が發信人より受領する料金の約五倍を要し、其他歐洲行の郵便物に於ては當地郵便局は損失を爲しつゝあるも香港政廳管內及近距離の地に運送する郵便物にて之を補ひ居れり、蘇士經由英國便は彼阿汽船會社（英）、メッサゼリー（佛）、ロイド（獨）に依り運搬せられ何れも二週一回定期入港す普通英佛船は同週間に獨船は他の週間に到著す（戰前）。

香港郵便局は Pedder Street に在り、九龍（光沙嘴）、下環（モリソン街 西營盆（ボクフラム路）、灣仔（皇后路東）、油蔴地（ウオタールー路）の五箇所に支局あり、本局は午前七時より午後六時迄執務し書留及小包の取扱は午前七時より午後五時迄、爲替課は午前十時より午後四時迄（日曜は午後一時迄）とし、日曜日及祭日は普通郵便事務は午前八時より九時まで一時間取扱ひ爲替課は休日とす、支局に於ては週日には普通午前七時より午後六時迄を執務時間とし各支局各執務時間に多少の相違あり。

配達は市內一日六回、九龍五回とし其他市內を遠ざかるに從ひ四回、三回、一回に減ず、但日曜日及祭日には各區共一日一回に限る、尤も例外として郵便船及西伯利郵便到著の場合には休日に拘らず直に配達す、配達夫は總て支那人にして英字を解せざる者ありて往々誤達の虞あれば私書函を使用するを便とす。

私書函は本局のみに其設けあり一箇年使用料十弗とす、又平時に於ては香港廣東澳門汽船會社の香港廣東間航行汽船に私書函の設置あり其使用料一箇年六十弗なり。

柱函は香港に二十四個、九龍に九個あり、取集は一日四回以內とす、切手は一仙、二仙、四仙、六仙、八仙、十仙、十二仙、二十仙、二十五仙、三十仙、五十仙、一弗、二弗、三弗、五弗及十弗の十六種を發賣す。

郵便物締切時間は日曜日及祭日以外は本局にて公示し一日二回之を修正す、普通郵便物の締切は汽船出帆の一時間前、書留郵便物の締切は普通郵便物締切時間の十五分前とす、但歐洲及米國行郵便船の場合には普通郵便物締切時間の四十五分前なり歐洲行書狀及葉書は特記なき場合には西伯利を經由せしめ印刷物は書狀に對する料金を前納せられたるものゝ外は蘇士經由にて發送す、西伯利經由又は馬塞耳經由と記せる書狀及葉書は例令次の便まで二週間の遲延ある場合と雖も指定の經路に依るものとす、斯かる場合には寧ろ By first Mail と記載するを可とす。

香港郵便局內に爲替課及無線電信局あり、但郵便貯金の設けなく、電話は私人の經營に屬し又陸上電信及海底電信も別項記載の如く郵便局と關係なし（香港郵便規則の詳細に就ては Hong Kong Postel Guide と稱する冊子を參照すべし）。

普通郵便物料金表

	書狀		葉書	書籍新聞相場表等	書留料
	一オンス以下	一オンスを増す毎に			
萬國郵便同盟加入國	10仙	六仙	四仙	二仙	10仙
英國及主なる領土	四	四	四	二	10
支那（支那但左記のものを除く）	四（半オンス）	四（半オンス）	一	二	10
廣東、佛山、陳村、黃埔、	二（半オンス）	二（半オンス）	一	二	10
威海衛（劉公島ポルトエドワード）及上海、厦門、芝罘、福州、漢口、寧口、寧波、汕頭、天津に於ける英國局	四	四	一	二	10
廣東（英國局）、澳門	二（半オンス）	二（半オンス）	一	二	10
英國郵便同盟以外の國（例外あり）	10	六	四	二	—
香港植民地內配達	二	二	一	二	10

備考

一、往復葉書は普通葉書の二倍とす

一、商用書類の料金は書籍と同じ但最底十仙とす

一、商品見本の料金は書籍と同じ但最底四仙とす

一、支那に於ける外國郵便局は萬國郵便同盟に加入す

一、香港にて發行する新聞を一部宛左記の地方に送附する場合には四オンス又は端數毎に二仙の低率を用ふ

濠洲、加奈陀、錫蘭、支那、臺灣、印度、日本、澳門、蘭領東印度、新西蘭土、比律賓、暹羅、海峽植民地、チモール及英本國

一、Chinese Postal Packets の料金は半オンスに付四仙とす

Chinese Postal Packets とは支那語にて「民局」と稱するものにして民間の郵便取扱所を云ひ一箇年五十弗の免許狀を收めて送信及受信を爲し一定の手數料を取りて營業するものとす、大抵厚紙を以て多數の支那郵便物を包み込み其取引先に送るものにして勿論內容の各郵便物は切手を貼らず、思ふに支那人の間には文盲の者多く自ら手紙を認め又は送金受金の方法を解せず從て郵便局の開設少なき所にては自然民間の郵便取扱所を必要とするものにして香港市內及九龍市街地に於ては稍完全に配達を執行し居るも足一歩村落に出づれば郵便の配達は全然皆無の狀態に在り之れ民局の設ある所以なり

一、商業報告書類及商品見本は書籍の料金と同じ但商業

報告書類は最低料金十仙、商品見本は最低料金四仙とす

郵便物取扱數

		行嚢	パケット	船舶内郵便函
接受	一九一三年	一二一、一四六個	一八、九九〇個	一、六二一個
	一九一四年	一二一、二二六	一三、五二八	一、三二二
發送	一九一三年	一二一、三九八	五四五	一、四七二
	一九一四年	一二四、七三三	八二七	八七九

即ち行嚢及パケット接受數は千九百十四年に於て一萬五千三百八十二個の減少なり、之れ戰爭の爲め郵便物運送船の入港減退したるに因る、但發送數は却て三千六百四十八個の増加を示せり。

		行嚢及パケット	小包及貴重品小包
中繼	一九一三年	七三、五一五個	一〇、六〇二個
	一九一四年	七三、九五五	一一、九九八

		香港著	香港發
郵便物運送船	一九一三年	四、九四四	五、八八六
	一九一四年	四、九一〇	五、二九四

		發送	接受	計
書留郵便(含小包)	一九一三年	四〇一、〇三六件	六三五、五二二件	一、〇三六、五五八件
	一九一四年	三五八、七二七	五五一、七六九	九一〇、四九六

千九百十四年の減少せるは戰爭の結果なるも同年九月支那が郵便同盟に加入したる爲め從來開嚢にて通過したるものが閉嚢郵便として南支那諸港に轉送せらるゝに至れるは亦其一因なり、前表中西伯利經由にて發送したる書留郵便物（小包以外の）は千九百十三年七萬四千三百二十三通、千九百十四年五萬八千九百九十五通にして右減少は多數船舶の軍用に徴發せられたる結果なり。

郵便爲替取扱高

爲替課は逐年發展しつゝあるが千九百十四年に於ては歐洲戰爭及墨國の革命の影響にて取扱高減少せり、當地にて仕拂ふものは英國、濠洲、米國、印度、墨國、海峡植民地、緬甸等在住支那人より送金し來るもの最も多く又當地にて發行するものは印度（約三萬五千磅）、日本（約三萬磅）、英國（約一萬五千磅）向を主なるものとす。

	一九一三年	一九一四年
發行高	九〇、七〇八磅	八八、五六九磅
仕拂高	一二〇、二四一	一〇五、二一七

此外英本國、香港、在支那英國局の間にのみ發行する小爲替（五十弗迄）あるも前表中には包含せず。

收入支出

郵便局の收入約九割は切手葉書類の賣捌代とし其他郵便爲替手數料、同爲替相場の利益、私書函貸料、爲替資金利子、不足税等少額あり、支出は郵便物運送費にして年により大差あり、其主なるものはP＆O汽船會社への補助金、西伯利經由其他郵便物の差立料、其他事業費とす。

過去十年間の收支對照表を見るに收入は四十萬弗乃至五十二萬弗支出は三十萬乃至六十二萬弗とし而して六箇年は二萬六千弗乃至十萬四千弗の收入超過四箇年は二萬三千弗乃至十八萬三千弗の支出超過を示せり。

海底電信

當地には大東電信會社及大北電信會社の支店ありて香港と他

地方とを聯絡する海底電線に左の七線あり

香港厦門間	大北局	(浦潮、長崎、上海、厦門、香港線の一部)	
香港福州間	大東局	(上海、福州、香港、西貢、新嘉坡線の一部)	
香港西貢間	同	同	上)
香港マニラ間	同	(香港、マニラ、ゼブー線の一部)	
香港ラブアン間	同	(香港、ラブアン、新嘉坡の一部)	
香港澳門間	同	(單獨線)	
香港海防間	同	(海防よりツーランを經て西貢に聯絡す)	

此外香港島北端 North Point より九龍半島尖端紅磡灣 (Hung-hom Bay) に至る知距離の海底線ありて香港島と大陸とを聯絡す、大東電信會社の所有に係る。

大東電信會社は千八百七十一年新嘉坡、西貢、香港間の海底電線の完成と共に香港支店を設けたり、前記諸線中香港、新嘉坡間には二線あり、歐洲行幹線の一部とす、又商業太平洋會社の線に依りマニラ經由、米國との連絡あり、電信料金は金貨法を以て定め其換算率は三箇月毎に改正す。

大北電信會社は千八百六十九年香港、厦門、上海間の海底電線完成と同時に當地支店を設置せり、本社の東洋に於ける本部は上海に在り、香港支店は上海支店の管下に屬す、電信料金は大東會社と同樣三箇月毎に爲替相場により少額の增加あり。

今左に香港より各地宛電信料金の主なるものを表示す

大東電信會社電信料金 (一語に付)

○地方電報	普通電報	間送電報	
澳門	弗 〇九	—	
關東州、滿洲	三六	—	芝罘廣東海底線又は天津經由
上海、福州	一八	—	
江西省、福建省	二七	—	上海又は福州經由
其他諸省	三六	—	同上
兩廣、雲南省	一,三五	—	Cape St. James 及海底線經由
	一,三〇	—	Cape St. James 及陸線經由
○亞細亞			
日本、朝鮮	弗 八〇	弗 四〇	
臺灣	四〇	—	
マニラ	四五	三〇	
波斯	一,六〇	—	
印度、錫倫、緬甸	八五	四〇	
蘭領印度	九五	五〇	
英領北ボルネオ	五五	三〇	
安南、東京	八五	四五	Cape St. James 經由
海峡植民地	五五	三〇	
暹羅	八五	—	Cape St. Jaems 經由
	一,四〇	—	Moulnein 經由
露領亞細亞	一,八五	—	テヘラン經由
	六五	—	浦潮經由
土耳古 (亞細亞)	二,一〇	—	蘇士經由
	一,七〇	—	ファオ經由
○濠洲、太平洋諸島			

一三七

濠洲聯邦	一,三五	七〇	
新西蘭土	一,五五	七五	
新カレドニア	一,七〇	—	
ノルフオルク島	一,四五	七五	
ヤップ(カロリン群島)	九〇	四五	上海經由
アンガウル(ヘリユ群島)	一,一五	六〇	同
ナウル(マーシャル群島)	一,三〇	八〇	濠洲經由
ボルトモンスビー(英領ニユーギニア)	一,四五	七五	
ラバウル(ニユーブリテン)	一,三〇	八〇	
○歐羅巴			
歐洲諸國	一,九〇	—	蘇士經由
露西亞高加索	一,八五	—	浦潮經由
	二,六五	—	テヘラン經由
土耳其	一,八〇	—	カラチ及フオア經由
英、佛、伊其他諸國	—	九五	

○亞米利加	太平洋經由普通電報	大西洋經由普通電報	大西洋經由間送電報
米國	二,四〇乃至二,六五	三,六五乃至三,八五	一,八五乃至一,九五
加奈陀	二,五五乃至二,七〇	三,五五乃至三,八五	一,八〇乃至一,九五
南米諸國	四,二五	四,八五乃至四,九五	二,四五乃至二,五〇
巴奈馬、コロン	三,八〇	四,七〇	—
玖馬(ハバナ)	二,八五	三,九五	一,九五
墨西哥	二,九〇	四,一〇	—

ホノルヽ	二,〇五	四,四〇	二,三〇

○阿弗利加	普通電報	間送電報	
東沿岸(マウリシアスを含む)	一,九〇乃至	九五	コロス又は印度經由
	一,九五	—	
北部(アルゼリア、チユニス、埃及)	一,八五	九〇	
	一,九〇	九五	
紅海諸港(亞丁ペリム)	一,七〇	八五	
	一,八五	九五	
南部(英領南亞)	一,九〇	九五	
	一,九五	一,〇〇	

大北電信會社電信料金

○地方電報		
上海、厦門	一八	
芝罘、漢口、北京、汕頭、天津、青島、威海衛	三六	
江西省及福建省	二七	上海又は厦門經由
滿洲、關東州	三六	芝罘大連線又は天津經由
支那各地	三六	上海又は厦門經由
○亞細亞		
日本(普通電報)	八〇	上海經由
同(間送電報)	四〇	上海經由
臺灣(長崎經由)	八〇	上海經由
馬來半島	二,一〇	
暹羅	四,四五	
同(ムールメン經由)	二,一〇	

地名	料金	經由
露領亞細亞	六五	キャクタ又は浦潮經由
土耳其（亞細亞）	一,一五	
波　斯	一,三〇乃至一,六五	
印度、錫倫、緬甸	一,六五	
蘭領印度	二,四〇	
英領北ボルネオ	二,三五	
安　南	二,四五	
交趾支那	二,三〇	
○濠洲、太平洋諸島		
濠州聯邦	二,四五	キャクタ又は浦潮經由
新西蘭土	二,六五	
新カレドニア	二,八五	
タスマニア	二,四五	
ノルフォルク島	二,五五	
フィジー	二,七五	上海經由及直通線
グアム	一,〇〇	
ホノルヽ	二,〇五	
ミッドウエー	一,五〇	
マニラ	三五	
ヤップ	九〇	
アンガウルナウル	一,一五	
○歐羅巴		
各國（バルカンを除く）	一,九〇	キャクタ又は浦潮經由
同（間送電報）	九五	
露西亞高加索	八五	

地名	歐洲經由普通電報	同上間送電報	上海經由普通電報
○阿弗利加			
東沿岸	三,二五乃至三,四〇		
北　部	一,四五乃至一,九〇		
紅海諸港	一,七〇乃至三,一〇		
南　部	三,二五乃至三,四五		
（以上 キャクタ又は浦潮經由）			
○亞米利加			
米　國	三,五五乃至三,八五	一,八〇乃至三,九五	二,四〇乃至二,六五
加奈陀	三,五五乃至三,八五	一,八〇乃至一,九五	二,五五乃至二,七〇
墨西哥	四,一〇	—	二,九〇
南米諸國	四,三〇乃至五,五〇	二,一五乃至二,四五	三,九五乃至四,七〇
玖馬（ハバナ）	三,九五	一,九五	二,八五
巴奈馬、コロン	四,七〇	—	三,八〇

陸上電信及電話

陸上電信　陸上電信の連絡は支那電信局の線に依るものにして清國政府は光緒七年（千八百八十一年）當地に電信局を設け目下上海局の管下に屬せしむ、香港島と大陸との間は別記大東電信會社所有の海底線に依り港の東部を横ぎりて九龍に渡り油蔴地局と連絡し夫れより陸線に依り廣東其他支那各地と連接す但し支那電信局は上記の如く支那各地との聯絡線を有するに止り香港島及租借地內各村落を聯絡する電線を有するに非ず。支那局の電信料金は左の如し

廣東省內各地	一語に付	九 仙
廣東以外諸省各地	同	十八仙

電話　香港市內の電話は支那日本電話會社（China and Japan Telephone & Electric Co., Ld.）の經營に係り千九百六年政廳より二十五箇年の電話布設權を得て設けたるものにして香港側のみならず對岸九龍との聯絡あり、目下電話加入者數香港側二千百九龍二百八十にして電話線の延長左の如し

	哩
電話線	兲一〇
地下裝甲線	二、〇二
地下管線	六、六六
地下管	四、八二
海底線（港內横斷）	一、九九

其他　右の外政廳が警察、水道、海軍上の必要に因り架設したる電線あり、船舶の通過を信號するガップロック及ワグラン燈臺に至る電線其他船舶事務に關する諸線は港務局に集中せらる、租借地內にては各警察署は概ね電信又は電話の聯絡あるも之は大陸に在る部分のみにして南大澳島、長州島、南丫島等の屬島との間には電線の連絡なく、海賊の出沒其他の事件の發生に際して公衆は電線架設の急務を唱へ居るも目下の處未だ斯かる計畫なきものゝ如し。政廳の架設に係る電線の主なるもの左の如し

電信及電話線	約二百五十七哩
海底線（港內横斷）	一浬
ガップロック海底線	三十四哩半
グリーンアイランド海底線	六百碼
ピーコン丘隧道電話線	二千四百四十碼、
ワグラン海底線	四哩
地下線	七百五十碼

無線電信

香港に無線電信局を設置すべしとの議は當地商業界に於て數年前より唱へられたるも容易に實行の運びに至らず遂に歐洲戰爭の勃發を見獨逸は各地に強力の無線電信局を有し大に軍事上に利用したるに反し英國の甚だ不用意なりしを當地方人士をして遺憾とせしめたるが、香港無線電信局は其後數箇月を經て香港島東南端ダギラー岬（Cape D'a Guilar）附近に設置せられ、大正四年七月十五日より航海中の船舶との間に限り一般の通信を接受することゝなれり。

電信局は香港郵便局內に在り日曜以外每日午前九時より午後六時まで船舶宛通信の受付をなす、又日曜以外每日午前七時より同九時まで及午後六時より同十時まで竝に日曜日祭日には午前七時より午後十時まで郵便局建物三階十六號室に於て事務を執る。

料金は左の如し

郵便局より當地無線電信局までの發送料及當地海岸局の料金

十語又は以下	香貨三　弗
十語以上一語を增す每に	香貨三十仙

右の外に船舶受信局（又は海岸局－他の船舶に轉電する場合に限る）の受信料（取次の場合には轉電料）を徵す其料金額は受信する船舶の所屬國により異なるを以て一定せず。

尙ほ通信達限は晝間三百五十哩、夜間七百哩位なり

此外從來より港內英艦テイマー號に在る無線電信は海軍用又は政廳用に使用せられ又戰爭發生後別に軍用無線電信をストンカッター島上に設置せり。

無線電信に關しては千九百十三年の無線電信法及同施行細則あり今其一部を摘記すれば左の如し

一、香港植民地に於て登錄したる英國船舶に於て無線電信局を設置し又は無線電信機を備付け又は之を運用せんとする者は場所、船舶、機械の種類、運用の目的を記載したる申請書を民政長官に呈出すべし、而して許可書を受くるには手數料二弗五十仙を支拂ふべし。

一、當領海內に在る商船上の總ての無線電信機を運用するには左記の二項に妨害を與へざる樣注意すべし。

(a) 海軍信號

(b) 當植民地又は領海內に於て合法に設置せられ運用せらるる無線電信局の運用

一、當植民地港灣內に在る商船上の無線電信機は民政長官より許可書を受けたる場合の外運用又は行使す可からず、總督が緊急の場合政廳が無線電信機を掌握すること、公共の爲め有益と認むる時は領海內に在る商船上の無線電信機の行使は總督の制定すべき規則に遵據することを要す、而して總督は一般的又は特定的に其行使を禁止し、又は之を制限することを得。

一、以上の規定は海難の信號をなし又は之に回答する信號を爲す目的にて無線電信機を使用する場合に適用せず。

目下英國は倫敦を基點として阿弗利加西岸のカメルン及同東岸トボラ竝に埃及に無線電信中繼所を有し印度のマドラス、新嘉坡を經て一は香港に他は濠洲北岸のポートダーザー及シドニーにマルコニー式强力の無線電信局を有し本國と極東及各植民地との通信を爲すことを得。

第十編　土木

總說

土木工事は香港領有以來英國官憲の最も力を用ひたる所にして現今に於ては年々歲出の約四分の一は實に土木工事の占むる所とす。蓋し香港の地たる其繁榮は全く通過貿易の盛衰に因るを以て、船舶を吸收する爲め諸般の設備を完備せしむると同時に當地の生活狀態を愉快ならしめ、多數の各國商人を集合せしむることを期せざるべからず。是れ歷代總督が土木工事に多大の注意を拂ひたる所以なるべし。今最近五年間の土木費を歲出總額と比較すれば左の如し

	土木局費	土木經常費	土木臨時費	計	歲出總額
一九一〇年	弗 三〇九、七八四	弗 四二九、八三五	弗 一、二二三、九〇九	弗 一、九六三、五二九	弗 六、九〇七、一一三
一九一一年	三〇八、四〇一	四八六、九四〇	一、〇九四、八一七	一、八九〇、一六六	七、〇七七、一七七
一九一二年	三一四、五九八	四四七、六五〇	一、〇五六、〇三四	一、八一八、二八二	七、二〇二、五五三
一九一三年	三六七、五五四	七五〇、六八四	一、二四七、八五七	二、三六六、〇九五	八、六五八、〇一二
一九一四年	四一四、五一〇	五七三、一三一	一、六四六、四〇七	二、六三四、〇四八	一〇、七五六、二二五

右の中土木局費は大部分俸給なるを以て之を省き、土木經常費(修繕費)及土木臨時費に付き千九百十三、十四年度の費途を示

せば左の如し

經常費（修繕費）

	香港 一九一三年	香港 一九一四年	九龍 一九一三年	九龍 一九一四年	租借地 一九一三年	租借地 一九一四年
建築物（各種建物營養）	七三、六一〇弗	七八、九九五弗	一〇、六五八弗	九、三八八弗	一一、〇四八弗	九、二四五弗
交通機關（鐵路橋梁電話）	一〇六、六六一	一五〇、六七五	三六、四四六	三四、四四〇	一五、六三六	一八、八五六
排水溝・及下水道	一六、七八二	一五、九〇一	五、二一二	六、六八九	三二〇	三二六
點燈（電燈瓦斯）	七〇、六九七	七一、七四四	一一、四二一	一一、六九二	—	—
雜（海堤、埠頭、墓地、運動場、浴場、大風大雨の被害等）	一〇〇、六九五	三五、四三七	一一、七七三	一一、一二八	三三、四六二	二一、一七〇
水道	八九、四九八	九二、三三六	一三、八八四	一三、七九三	五二、九八〇	一、五二六
計	四五七、九四三	四四四、八八八	七九、三九四	八七、一三〇	二一三、三四七	四一、二三〇

合計	
一九一三年	七五〇、六八四
一九一四年	五三三、一三三

臨時費（主に新工事又は擴張工事）

	香港 一九一三年	香港 一九一四年	九龍 一九一三年	九龍 一九一四年	租借地 一九一三年	租借地 一九一四年
建築物（官廳、學校、病院、監獄、市場等）	三三六、七四四弗	二八七、三七八弗	三四、二八二弗	七二、四八七弗	一五、二四二弗	一〇、三六〇弗
交通機關（道路布設）	二三、八五七	四四、一〇四	五、三九六	四、六七六	四八、七七三	五二、三三三
排水溝及下水道	三四、六六八	四六、七四五	一四、七五一	一三、六八九	二、一四五	二、三三一
點燈（電燈瓦斯）	九〇六	一、一六〇	六一	三八	—	—
雜（土地測量、墓地、防波堤、埋立、建物內の設備等）	四九、四二三	五七、五五四	四二三、〇〇九	五三六、七三五	六五、六三〇	三二、六七九
建築條例による賠償	二七、七六七	二九、五二六	—	二、九五四	—	—
水道	一六三、三〇四	四〇八、〇〇六	—	一、二二五	—	—
豫算外支出	八、九二四	二四、三九三	二、三六〇	一四八	一二、四九五	一九、一四六
計	六三五、六一三	八九八、七六六	四六九、七五九	六三〇、九九二	一四三、四八五	一二六、六四九

合計	
一九一三年	一、二四七、八五六
一九一四年	一、六四六、四〇七

今土木工事の主要なるものを記述するに當り、先づ土地に就きて大要を述べ、然る後、水道、下水、道路、點燈、建築物、埋立工事、防波堤、燈臺等に就きて概説すべし。

土 地

土地の私有

香港植民地内の土地は中央會堂、香港大學、海軍用地等を除く外政廳と個人（又は團體）との間に締結する貸下契約（Granted on Lease）又は拂下契約（Sold on Lease）により所有を許可せられ、而して貸下契約による地域は教育及宗教の目的に使用する場合に限り無料又は名義許の貸地料を徴して貸下ぐるものとし、拂下契約によるものは一般の私人又は團體に對し代價を徴して拂下げ年々一定の地代を支拂はしむるものにして拂下價格は普通競賣により決定す。但し地域邊陬にして鐵道又は大道を距ること遠く競爭者なき場合又は現に所有を許せる土地に隣接する地區を其の所有者に拂下げ或は既に所有を許可せる地區の必要に際し是を他の地區と交換する場合には競賣に依ること不可能なるを以て隨意契約によるものとす。

契約期間

貸下契約及拂下契約は共に香港島と租借地とに於て多少の相違あり。香港に於ては契約期間は最長滿七十五箇年とし期間滿了後更に七十五年間契約の更新を爲すことを得即ち百五十年後には改めて政廳と協議することを要す。香港施政當初に於ては現在の如く最長期間を七十五年と定めたるが民家に於て右期間は短きに失すとの非難多かりし爲め九百九十九箇年間の期間を許可せしも本國政府に於ては斯くの如きは甚だ長期に失すとなし千八百九十八年以降是を廢止し從前の如く最長を七十五年に改正せり。然れども現在の私有地區には九百九十九箇年の期間を以て契約せられしもの少からず。又最近に於ても特別の事情に依り舊地區に對して此の長期間の契約を締結せるもの毎年二三件宛あるを見る。

次に租借地に於ては租借條約締結以來七十五年の契約を許し滿期後二十四箇年延長することを得。是れ九龍半島の租借地期間は九十九箇年なるに基き斯く規定せるものとす。英國の租借に先だち已に土地及び家屋を所有せる者は一定の地租を支拂ひて引續き之れが私有を許すこととし若し政廳に於て該土地又は家屋の私有を許可せざる場合には其占有者は Tenant at Will と見做され政廳は何時にても之を收用することを得。

以上は香港及租借地共最長契約期間に就きて述べたるものなるが其の他多種の短期契約あり。多くは土地の性質又は使用の目的により區別せらる。香港島にては普通地(Inland lot)、沿海地(Marine lot)、プレヤ埋立地（Praya Reclamation）、庭園地(Gardenlot)、耕地（Farm lot）等にわかたれ租借地にては普通地、宅地(Buildinding Land)、耕地(Agricultural Land)、石切場、製鹽地等其他種々に分たれ其の目的に從ひ二十一年、十八年、五年、三年、一年等種々の契約期間あり。

外國人の所有權

外國人の土地所有權は何等英國人と異なる所なく千八百五十三年法律第一號、外國人不動産所有權法(Aliens Right of Property Ordinance)中左の規定あり。

外國人は本國植民地内に住する本來の英國臣民と同樣に政廳との契約、讓渡證書、遺贈又は其の他により當地植民地内の土地及其他の不動産を取得し且つ所有することを得、又之を處分することを得。

又外國會社に就ては千九百十一年法律第五十八號會社法に規定あり、其の第二百五十三條に依れば香港以外に於て成立せる會社にして

一、會社が其定款により不動產獲得の權限を與へられたること。

二、會社が會社登錄官に法定條件の登錄を爲したること。

三、總督の特許を得たること。

右三條件を具備する場合には香港に於て成立せる會社と等しく土地の所有、收益、處分をなすことを得。該條文には香港以外に於て成立せる會社とあるを以て英本國の會社も外國會社も香港に支店又は營業所を設くる場合には皆同様の取扱を受くるものにして外國會社と英國會社又は香港會社との間に何等の差別を設けざるなり。又地域により建築物、營業等に關する制限あるも此の制限は英國臣民及外國人共に遵守すべきものとす。

公衆衞生竝建築法（Public Health & Building Ordinance）によれば香港島中支那人村落を除き海面上七百呎以上の高地を丘陵地方（Hill District）と稱し、是を歐洲人區域と定め支那人以外の在住者の住宅地を設け其の使用人の外は此の地域に支那人の居住を禁止し居れり、然れども右は固と衞生上の見地より支那人の混合を禁止したるものにして居住を目的とせざる支那人の貸貸借は差支なきものとす。

土地の登錄

千八百四十四年土地登記法により香港內の土地家屋等に關する捺印證書、讓渡證書、其の他の證書、遺言、裁判所の判決は土地局に登錄することを要すと規定し土地家屋にして未登錄のものは登錄濟のものに對抗することを得ず。又前記證書、遺言等にして未登錄の場合には該土地家屋の善意の購入者又は有償抵當權者に對しては實際全然無效とす。登錄事項は證書又は遺言の日付、其性質及目的、兩當事者の姓名及肩書、證人の姓名及肩書、土地又は建物の說明、地位名稱及說明、代償及拂渡人、受取人其他必要の事項とし、登錄をなすべき時期は當地にて事故の發生せん場合には一箇月以內。當地以外に起りし場合には一箇年以內、又遺言の場合には被相續者が當地にて死亡したる時は一箇月以內、當地以外にて死亡したる時は一箇年以內とす。

貸下及拂下面積

當植民地總面積は四萬千八百八十噎にして千九百十四年末私有に屬せる總面積は六千九百二十五噎に上れり。此外契約證書に依らず許可證により一時的に貸下げたるもの幾分あり。

千九百十三、四年度に於ける土地拂下貸下等に關する統計を示せば左の如し

	千九百十三年 地區の數	千九百十三年 面積（平方呎）	千九百十三年 土地稅（年額）弗	千九百十三年 貸下拂下價額 弗	千九百十四年 地區の數	千九百十四年 面積（平方呎）	千九百十四年 土地稅（年額）弗	千九百十四年 貸下拂下價額 弗
競賣による拂下	二一四	四、〇八五、一八〇	五、七六一	二三八、二四五	二八二	四、八〇三、四八〇	五、一〇七	二〇九、三三二
競賣によらざる拂下	二一四	一四六、三八〇	三三八	二九、六三二	二六一	二四九、一四五	二六三	六、二四七
地區擴張許可	二八	二一、〇八〇	一、六六六	一一、三七八	三一	八三、四二七	五二七	一六、三六六

地區の變改及交換	二六	四五,五七四	一三	三五一	五九	三一〇,〇二七	五四八	八,二七四
名義上の地代による土地の貸與	二	二,〇七一,二四五	四八	—	五	一三三,八九九	四	—
短期契約の貸與	一七	六,二七〇,六九九	二七,五六一	—	一三五	一,八一七,三三一	一九,三八六	—
短期間の使用許可	二,二五六	—	二五,〇五七	—	二,五一七	—	二九,九〇〇	—
石切場の貸下	一六	一四,七四八,五四五	二〇,五〇九	—	一八	一九,三六六,七七六	二六,六三五	—
試掘及採掘權	四	—	二,〇〇〇	—	三	—	一,二五〇	—
計	二,七七五	二七,三八八,七〇三	八三,〇五一	二七九,四九六	三,三一一	二六,八二三,〇六六	八三,五〇九	二三〇,一〇九

又參考迄に千九百十四年中競賣により拂下げたる價格等を例示すれば左の如し

		面積(平方呎)	地租	拂下價額	一平方呎當り
香港	沿海地	一三五,〇〇〇	弗 一,九二九	弗 三七,五〇〇	弗 〇,三〇
	普通地	四二,〇〇〇	三八六	一二,九〇〇	〇,三一
	耕地	八六八,八七五	二〇〇		一噎 一〇〇
	同	六六五,六七〇	三〇六	五,四二九	同 二〇〇
	同	九六,〇〇〇	四四		同 二〇〇
九龍	普通地	一三,八六三	一九〇	四一,五八六	一平方呎 三,〇〇
	同	一一,六七〇	一三四	一一,六七〇	同 一,〇〇
	同	二九,五七〇	二四〇	二九,六二〇	同 一,〇〇

香港水道

香港島は面積狹少にして樹木多からず。雨量又少なきを以て自然に湧出する飲料水極めて乏しく、爲めに水道工事は當政廳の最も苦心せる所なり、千八百六十年以前に於ては、市內各所に穿たれたる井戶又は谿谷を流るゝ水を以て飲料用とせしが冬期乾燥の時季に於ては降雨少なく谿流涸れ易く、又井水は槪して質不良にして健康に害あり、依て當路者は給水方法に就き種々攻究するところありしが千八百六十年に至り當時の總督は懸賞を以て水道工事に關する最良設計を募集し、其結果、市の西南方約三哩なる薄胡林谷(Pokfulam Valley)に貯水池を設くる事に決し千八百六十二年より千八百六十九年に亙りて完成せり。其貯水能力は六千六百萬瓦にして其水は海拔約四百六十呎の山腹を通じ約三哩四分の一の鐵管にて市の西部配水所（容量百萬瓦）に導かる此貯水池は其後一二回擴張工事行はれ千八百八十七年に完成したるも當地市への給水量は一日一人平均五瓦四分の三に過ぎざりき。

然るに一方人口は逐年急激に增加し殊に山腹の高所に住家增

加し少量の水を平等且つ經濟に分配すること困難なりしを以て千八百八十三年市を去る東南五哩なる大潭谷(Tytam)に大規模の貯水池工事を開始し千八百八十九年完成せり。其工事費百二十萬弗餘を費せり、本貯水池より市中に送水するには丘腹を貫ける一哩三八のタイタム隧道によりハッピーバレー背部の山腹に導き夫れより延長二哩九三の水道溝により山腹に沿ひて市の東部濾過所及配水所(容量五百七十五萬瓦)に送らる、ボーエン路は即ち右水道溝を兼ね作られたる道路とす。本貯水池は當時三億一千二百萬瓦の貯水能力を有せしも、尙水量の不足を生じたるを以て、千八百九十五年擴張工事を行ひ堤を高くすること十二呎半に及び能力三億八千五百萬瓦に增加せり。

其後千八百九十九年三千萬瓦を容るゝ一貯水池、黄泥涌谷(Wongneichong Gap)に設けられ、又大潭貯水池の溢水を收むる爲めバイウオシユ貯水池は千九百二年より千九百四年に亙り完成せり。其貯水能力は二千二百萬瓦とす。又大潭谷下方(海拔約三百呎)にインターミヂエート貯水池を作りしは千九百四年より七年にして、約二哩に亙る吸水管を以て海濱のパンピングステーションに連結せしめ一日三百五十萬瓦の水を押上ぐる蒸氣力を用ひて海拔約四百呎の高所に在る大潭貯水池に押上げ、タイタム池の水と共にタイタム隧道によりて送水せらる。

本貯水池の能力は一億九千六百萬瓦を有し押上用鐵管は直徑十八吋延長三哩四分の一とす。

以上五貯水池の能力は左の如し

貯水池名稱	完成年次	貯水能力
Pokfulam	一八六九年	六六、百萬瓦
Tytam	一八八八年 一八九五年(擴張)	三八五、
Wongneichong	一八九九年	三〇、
Tytam By wash	一九〇四年	二二、
Tytam Intermediate	一九〇七年	一九六、
計		六九九、

即ち貯水能力合計六億九千九百萬瓦なるも貯水池にては滿水の際、溢水を防ぐ爲め堰板を用ふるを以て此分を加算するときは總計七億四千七百萬瓦に上る。

此外更に一億二千萬瓦の能力ある一貯水池を平地に設けんとの計畫あるも、之れには多大の經費を要するを以て未だ著手せらるゝに至らず。

上記の如く各所に貯水池を設け谿谷を流るゝ水を收容し濾過して後ヴィクトリヤ市及香港島內諸村落に供給しつゝあるが、香港は海濱の低地より海拔千八百呎の高地に至る迄住家散在し居り以て之れが配水には頗る困難を感じたり。依て配水上地域を左の如く三種に分つ。

一、市　內
- ヴィクトリヤ市　(海拔約五百呎以下の市街地)
- ハイ、レベル　(ヴィクトリヤ 市の中の海拔七百呎以下の部分)

二、ヒルヂストリクト　(海拔七百呎以上の高地)

三、香港島內の村落

右の中ヴィクトリヤ市(海拔五百呎以下)の給水は上部中部及下部に分ち濾過地は三四百呎に在るを以て下部に供給する水の壓力を以て高所に配水することゝし、中部は直接濾過池より配水し、何等配水の壓力を有せず。ハイ、レベルはコンヂット路及ピーク路地方とロビンソン路地方との二つに分ち、パンピングステーションより蒸氣力にて押上ぐるの裝置を有す。而して高臺に送水するには堅牢なる鐵管を設け、同じく蒸氣力を以て、一旦水を山上のタンクに押上げ、然る後更に鐵管を以て丘陵各所に配水するものとす。

九　龍

九龍の住民は千八百九十五年迄は私人の所有に係る井戸にて飲料水を得たるが、同年九龍山脈の一谿谷に水源を發見し之れが利用の方法を講じ、濾過の上鐵管にて油蔴地の水漕に送りそれより配水管を以て供給せり。當時其量一日約二十三萬二千瓦なりしも、住民（海上生活者を含む）約二萬六千人にして之にて充分なりしも、千八百九十八年英國の九龍半島租借以來九龍の人口急激に増加し千九百一年には九龍のみにて四萬四千人となり九龍附近の住民を合すれば六萬六千人となり到底滿足に給水すること能はざるに至り、千九百二年九龍貯水池工事を開始し同十年に至り完成せり。其貯水能力は三億七千四百瓦なり。

給　水　狀　態

ヴィクトリヤ市内に於ては歐人居住區域は勿論支那人區域にも給水しつゝあるも乾燥期に際し降雨少き時には一日中絶えず給水すること不可能なれば一年間の約七箇月間は支那人市街に限り一日二時間宛給水し或はライダー、メーン法を採用し以て上水の使用を節しつゝありしも尙上水の缺乏を來たすを以て千九百十二年にはライダー、メーン區域の各戸にライダー、メーンによつて給水する代りに街道へ新に公衆用共同栓二百三十個を作り、從來已に設けられし共同栓百二十四個を併せ合計三百五十四個の共同栓により上水を給し、各需要者には前記の共同栓より汲み取らしめ以て其の使用量を減ぜんと計りしに幸にも終日共同栓にて給水せるに拘はらず其の使用量はライダー、メーンによるより減少するを得たり。

九龍にては年中間斷なく給水しつゝあり。給水範圍は舊九龍、九龍市、深水埔、大角嘴、茘枝角とす。最近三年間の給水量地方別左の如し

市内及丘陵地方給水量

	一九一二年	一九一三年	一九一四年
濾過水			
薄扶林	二五一、〇六（百萬瓦）	二四九、一一	二五三、〇七
大潭三貯水池	一、二四四、〇六	九六九、六六	一、二一〇、〇五
黄泥埔	五五、一〇	七四、九二	九六、一四
溪流を集めたるもの	二二四、七三	二八七、四七	三〇七、八四
計	一、六七五、三五	一、五八一、一六	一、七四〇、〇八
非濾過水	二四、四七	二三、五六	二一、一三
總計	一、六九九、八二	一、六〇四、七二	一、七六一、二一
當年雨量	六三、九五吋	一〇〇、二五	八三、七三〇
人口見積	二五〇、五一九人	二五四、一九九	二五七、七一九人
一人一日平均消費量（濾過水）	一八、三瓦	一七、二	一八、五

右の内丘陵地方及ハイ、レーベルに押上げたる水量

	一九一二年	一九一三年	一九一四年
丘陵地方	三三、三三	三六、六〇	四〇、二四
ハイ、レーベル	八一、三九	八八、四九	九五、四九
計	一一四、七一	一二六、〇九	一三五、七三

市外及供水會社への供水量

	一九一二年	一九一三年	一九一四年
筲箕灣水道	二三、〇三	二五、四四	二八、〇八
アバヂーン水道	一一、〇八	二三、四八	二四、五八
茘枝角給水會社供水	七三、六六	九一、六四	九一、六八

九龍水道	一九一二年	一九一三年	一九一四年
供水總量	三六五、六三	三八三、三〇	四三三、三七

水道税

各家屋に對し政廳に納付せしむる税金(土地税)の額に應じ、政廳は一定量の飲料水を無償にて供給するも、其一定量を超過する場合には、水量一千瓦に付き五十仙宛を徴收す、又メートル貸與料として三箇月每に十弗乃至十一弗を徴し又メートルを檢査する時は一回十弗宛を徴收す。右收入は一箇年約十六萬弗乃至十九萬弗に上る。

下水及排水溝

港內の埋立工事の進捗と同時に一面に於て市街は漸次山腹より平地に擴りたる結果、降雨に際し、雨水の流下を容易ならしむるの必要生ぜり。其結果長年月を費して、地上又は地下に大なる石造の溝を作り、一方排水溝としての目的を達するの外、各住家より生ずる下水の排泄に利用することとせり。されど右は汚水の運搬に適當ならず、殊に乾燥期には降雨なき爲め、排水溝は乾燥し甚しき不便を感じたり。依て千八百八十八年排水溝の外に大規模の下水道布設計畫を建てたり。此計畫は下水を收容する爲め、直徑比較的小なる土管を埋沒するものにして下水を主とするも又雨水の浸入を全然防止し得ざるは勿論なり本工事は殆ど全市に亙りて行はれ千八百九十五年頃完成せり。而して下水は市の前面なる港內數箇所に導き、概ね海底深き所に排出せしめ潮流によりて分散せしむることとせり一方市街の發達絶えず家屋は續々高地に建築せられ山腹を切開きて宅地と成せる部分と連絡せしむる爲め、更に下水道を設くることを要し又新家屋に達する道路を布設することを要し、之れが爲め多數の下水道設けられたり。尙千八百九十九年よりマラリヤ豫防策として蚊の孵化を減ぜしめん爲、石造又はコンクリートの排水溝を作り以て雨水の停滯を防ぎつゝあり、平地、山上、谿谷に亙り設けられ終に海に注がしむ。目下延長約十哩餘に上り、現今尙ほ盛に作りつゝあり。

道路

香港政廳は早くより道路の修築に從事し、香港割讓の年即ち千八百四十一年黄泥涌(Wongneichong)筲箕道路完成したるを始めとし、次で千八百四十五年筲箕灣大潭間、翌年ヴィクトリヤ市アバデーン間、千八百四十八年アバデーン、スタンレー間完成し以後漸次道路開通せられて目下市內に約六十哩、市外に三十八哩即ち香港島內に合計九十八哩の道路を有す、一條の道路は島の周圍を繞り丘陵地方にも多數の道路相通じ市街村落各住家を連絡し山腹にも亦數條の道路縱横に走れり、其大部分は堅牢なるコンクリートを以て固められ、道路の良好なるは當地に來る者の等しく歎賞措かざる所なり。右の內市內に七十五呎幅の部分五哩、百呎幅のもの短距離あり。九龍及租借地側は千八百九十二年頃より道路の布設に從事し目下九龍に約二十八哩租借地內に約四十六哩の道路あり。內、九龍の四哩は百呎幅とす、租借地內に於ては千八百八十九年より千九百二年に亙り大道埔路(九龍角より大埔に至るもの)十六哩完成したるが行政上軍事上極て重要なるものとす。又九龍角より東海岸に沿ひて九龍城に至るもの相前後して修築せられたり。大埔道路に次ぎて重要なるは Castle Peak Bay より凹頭、新田、粉嶺を經て沙頭角に至る租借地を東西に貫通せる道路にして、千九百九年測量を行ひ、千九百十三年中全長二十三哩六九中、キャッスルピーク粉嶺間十六哩の完成を見たり。道幅は六呎乃至八呎にして狹きに過ぎ、車を通行せしむる能はざるを以て其後二十呎幅に擴張中なり。此道路は租借地の北部を東西に横切り、粉嶺にて九廣鐵道に合し夫より東方は沙頭角に至るまで目下輕便鐵道通ず。又本道路に連絡して、大埔粉嶺間四哩二〇の十六呎幅道路は、千九百十五年に完成し又粉嶺沙頭角間は現に修築中なり。其他租借地内重なる村落を連絡する道路は已に工事を終はれるもの又は工事中のもの少數あるも、餘り重要ならざるを以て詳記せず。其他は支那時代の道路其儘にして單に農民等が歩行し得るに止まる。

當政廳管内は山陵起伏するを以て、道路に急傾斜多く殊に香港島内 Victoria Gap には四呎に付一呎の勾配、Wanchai Gap には三呎四の一に付一呎の勾配、又 Wonneichong Gap には三呎半に付一呎の勾配を有する所あり。又石の階段を用ひたる場所市内に頗る多し。道路に花崗石の碎片を敷くときは殊に傾斜の急なる道路に於ては降雨の爲め表面破損し易きを以て香港島内に於ては道路の表面をコンクリートを以て固めたる所多し。是等の道路は車馬の往來少なきと風霜の害なきを以て保存比較的に長し。

目下市内の道路修繕は左の四式に依る。千九百十三、四年に修繕せる距離は左の如し。

	一九一三年	一九一四年（平方碼）
Substitution of Granite Setts for Macadam.	一,〇四三	一,一〇三
Substitution of Tar Macadam for Original Macadam.	一三,一四四	一〇,六八三
Application of a thin Coat of Tar Topping.	三,五五六	一一,五四七
Tarring and Sanding	二,一六三	一八,五三〇

又車道に瀝青を用ひたるが強雨の侵蝕を防ぐに最も宜しきが如し。又人道の破損する所には Granolithic Paving にて修繕するものあり。其他漆喰アスファルトを用ひ或は壓縮アスファルトを使用せることもあり。市外にては或はマカダム式に依り或はセメントコンクリートを以てし或は、タールマカダム式、Tarring and Sanding による等種々の方法を用ひつゝあり。工事は何れも政廳監督の下に入札により支那人請負人をして之れに當らしむ。

點燈

千八百五十七年市街に初めて石油ランプを點じて公衆の便を計りしが千八百六十五年に至り、香港瓦斯會社設立せられ營業を開始せるを以て政廳は市内の點燈を瓦斯會社に託し爾來石油ランプを取除き、瓦斯燈を以て之れに代へたり。然るに千八百八十九年、香港電燈會社（Hong Kong Electric Co. Ltd.）設立せられ翌年市内に多數の電氣アーク燈を點じ又瓦斯燈に代ゆるに白熱燈を以てしたるものあり。九龍にては千八百九十二年までは全く點燈の設備を有せざりしが、同年瓦斯會社が分工場を設けたる以來市街に瓦斯燈を點じ、又千九百一年に中華電燈公司（China Light & Power Co. Ltd.）設立せられ道路の一部は白熱燈を以て點燈せられたり、尚香港丘陵地方の道路には千九百五年以來白熱燈を點じつゝあり。

爾來香港及九龍共電氣及瓦斯を以て市街地及附近の點燈をなしつゝあるが租借地に於ては未だ全く點燈の設備を有せず。

千九百十四年末調査に依れば電氣及瓦斯燈の種類及個數如左

の如し

市內及附近	瓦斯ランプ	一,〇八六
丘陵地方	同	一三五
九　龍	同	三五七
香港の主なる街路	アーク燈	一七五
同	白熱燈	二二
九　龍	同	四一

建築物

政廳の所有に屬する建築物は概ね一、二回改築せられたるものにして、當植民地初期時代の建築物現存するもの極て少數なり。唯千八百四十八年に建築せられたる政廳事務所（目下民政長官部及土木局）は其儘存在し、千八百五十八年の建築に係る總督官邸は千八百九十二年に至り舞踏室を增築せられたるも依然當時の建物を使用す、近年建てられたる著名のものは高等法院政廳新事務所（郵便局建物）にして高等法院（目下法廷並附屬物、檢事總長事務所、土地局等あり）は千九百三年末定礎式を擧行し千九百十二年一月完成したり、全部當地に產する花崗岩を以てし石質と其の光澤の精選には多大の注意を拂ひたるものにして重量五噸以上の石材多數を使用し壯麗を極む、近世の英國式建築法に希臘式を加味したるものにして經費八十七萬弗を要せり。政廳新事務所建物は千九百二年地域二千五百四十餘平方呎（半噎以上）を購入し、千九百六年一月工事に著手し千九百十一年中頃に至り完成せるものにして、ルネッサンス式建築法により花崗石及赤煉瓦を以てす。地下室、一、二、三、四階を有し一階を郵便局に充て二階以上に財務局、支那事務局、地價評定官、衛生局、醫務局、教育局、會計監督局等の事務所あり建築費約百萬弗餘を費したる宏壯なる建物とす。其他政廳建物にして比較的近代式なるものは中央魚菜市場、西部魚菜市場、堅尼地城屠畜場並食獸留置所、諸學校、諸警察署等とす。

次に私人建物の構造を見るに煉瓦造又は石造にして、日本に於ける如き純木造又は土造なし。今其構造の樣式に從ひて分てば西洋造、支那造及び模擬西洋造の三種とす。歐人の住宅、店舖、會社、銀行等は歐米都市に於けると等しく西洋造なり。支那造は他の支那都市に於けるが如く純支那造とは異り頗る歐風に改良せられたるものにして其構造は香港政廳の規定せる公衆衛生並建築條例に從ふことを要するを以て他市に於けるものよりも遙に優れり。模擬西洋造とは前記兩者を折衷したるものにして上級支那造の更に改良せられたるものなり。故に其構造は純粹の西洋造に及ばずと雖、床、壁等內部の構造は別段に相違なし。今ヴィクトリヤ市、ピーク及丘陵地方、九龍の三區に分ち家屋の優劣の概要を述ぶべし。

ヴィクトリヤ市　之を東部中部西部に區分し、（A）中部は香港市街地の中心にして就中 Arsenal St. より中央魚菜市場（Central Market）に至る間は歐洲人市街地にして、純然たる歐米都市に於けるが如き外觀を呈し、會社、銀行、商店、ホテル等五階六階の大建物相並ぶ。其主なるものを擧ぐれば前記高等法院、郵便局建物の外、Prince's Building, Queens Building, York Building, St. George's Building, King's Building, Hotel Mansions, Hong Kong & Shanghai Bank, Hong Kong Hotel, King Edward Hotel, City Hall, Cable Companies, HongKong Club, Alexandra Building, Jardine Offices 等とす。歐洲人市街地に次ぐは其の西方南北行街、皇后路中、德輔道中の區域にして支那人市街地の中心點たり、支那人銀行、會社、問屋業等頗る多く家屋の構造前者に次ぐ其他の部分は二三級乃至以下にして皇后路の背後の如きは最も下等にして街路狭隘に加ふるに下級支那人密集す。(B)東部は Arsenal St. 以東にして其の大部分は灣仔と稱し多數の倉庫の外教會、倶樂部、優等なる住宅、工場建物數個等を除き他は多く支那人の店舗、住宅にして建物劣等なり。在留本邦人は此區域に住するもの多し。(C)西部は Wilmer St. 以西にして西端は會社の倉庫、個人所有倉庫相連接す。其他は支那人市街にして二級乃至四級の支那造多し。

ピーク及丘陵地方　官廳の別邸、ホテル、倶樂部、病院、會堂等を初め居住者の住宅皆堅牢なり。此方面に住する者は上流に屬し建物は颱風に耐え得るやう建築せられ且つ政廳は此區域に支那造を許可せざるを以て全部西洋造なり。

九　龍　香港第一の倉庫たる九龍倉庫三十四棟、ボルト倉庫四棟の外歐洲人の住居する區域は構造優等なる住宅益々増加の勢あり。此附近には多少の歐人商舗あり。建物一、二級に屬す其他は大部分支那市街にして、共多數は小賣商店とし、下流支那人多く家屋も劣等なり。

因に千九百十三、四年中建築條例の規定に基き家屋の新築及増築等の設計を屆出でたる數を示せば左の如し。

	一九一三年	一九一四年
歐洲人家屋新築	七四	一〇九
支那人家屋新築	三五一	二九一
其他建築物新築	一四一	一四〇
増築	二、七六四	一、七九〇
ベランダ	一一三	一五三
バルコニー	一六四	八五
日除	二七	一九
計	三、五三四	二、五九七

埋立工事

香港は平地極て少なき結果當政廳に於ては早くより海面埋立の必要を感じ、其最も古きものは香港領有後僅に十年を經過せし千八百五十一年に行はれたるものとす。千八百六十八年に至り市の稍西部威里麗街（Wilmer）及文咸西街（Bonham Strand West）間八噎半を埋立て千八百七十三年には市の東部海岸、海傍東街（Praya East）埋立工事完成し、千八百八十四年市の東端銅鑼灣（Causeway Bay）中二十三噎の埋立をなし又千八百八十六年には市の西端堅尼地城（Kennedy Town）二十二噎を埋立てたり。

埋立工事中最も大なるものは千八百八十九年の法律 Praya Reclamation Ordinance により認可されたるものにして海軍工廠西隣より西方約二噎に亘る大工事にして埋立面積六十五噎に上り千九百三年に完成せり。目下電車通りとなれる德輔道（Des Voeux Road）は概ね海濱なりしものにして其以北は全部埋立により出來上りたる部分とし、目下の海岸通なる康樂道（Connaught Road）は當時海中に在りし部分なり。又海軍工廠内の地面も埋立によれる部分少からず。

前記プレヤ埋立工事よりも更に大規模の埋立政廳及一部人士間に計畫せられたることあり。こはイーストポイントより海軍工廠の東隣軍器局街（Arsenal St.）に至り工廠内埋立地面と連接したる地面を作らんとするものにして此地域は街路に充つる部分を除きて敷地面積約八十四噎に上る廣大なるものなるが今日迄遂に共實行を見ず。

九龍側にても埋立てたる所少なからざるも九廣鐵道停車場敷地の爲に埋立てたるものゝ外は多くは造船工場、石炭商其他私人の設計に係り政廳に於て計畫せしもの少なし。

目下極めて小規模の埋立は斷えず行はれつゝあるも大工事のものなし。

因に Praya 澳門の海岸通 Praya に準じて名けたるものにしてヴィクトリヤ市の海岸中海軍工廠の西部を Rraya West 其東部を Praya East と稱す。

防　波　堤

香港は天然の良港にして一見防波堤の必要なきが如く思考せられざるに非ざるも當地方にて有名なる颱風の襲來あるや海陸共に其慘害を被り殊に艀船、戎克、舢板等の被害大なるを以て此變災に對し、是等小船の避難錨地を必要とす。從前當港には小灣入江頗る多く是等小船の避難所として適當なりしも、當港の發達に伴ひ港內諸所を埋立てたると、泥土堆積する個所あり且つ小船も增加し避難所漸次不足を告げたるを以て千八百九十三年港の東部銅鑼灣に長さ千四百呎に亙る防波堤設けられ其工事費として九萬六千五百弗を要せり。其面積五十七噸あるも大部分は水淺く船舶の增加に伴ひ漸く狹隘を感ずるに至れり。且つ港內の小船は颱風警報信號に接し直に此處に向はざれば入ること能はざるのみならず先に入りたる船は颱風の恐れなきに至るも直に出で來る能はずして後より入りたる船の出拂ふを待たざるべからずして爲めに港內荷物の揚卸に不便を來し一般船舶業者の不平甚しく、又颱風は初め必ず東方より吹き來るに右避難所は港の東方に位するを以て小船舶は風向に逆避難せざるべからずして頗る不便を感じたり。

共結果千九百三年に至りて更に一避難錨地を增設するに決したるも、當時水道工事等の急を要するものありて之れが經費を得る能はずして一時放擲せられしが、千八百八年に至り港の北方望角嘴(Mongkoktsui)に新避難錨地建設に決し本國政府の承認を經て千九百十年十月謙泰號なる支那人に之れを請負はしめ千九百十五年十二月に至り完成したり。

右防波堤には全部當地產の花崗石を以てし總噸數約八十五萬噸の石材を要せり、延長二千三百二十五呎(八分の五哩)、幅員底部百九十二呎、高さ四十四呎とし、防波堤により包容する面積百六十九噸、工事費約二百二十萬弗を要せり。

本防波堤は未だ颱風に際して實地に其效力を驗せられざるも當港從來の缺陷を補ひ、當方面を航行する數千の小船舶に安全なる避難所を提供すべく又其面積廣大なるを以て颱風警報信號に依り、直に避難して他に後れざらんことを競ふの要なく、天候險惡ならざる限り各自の業務に從事し最後の警報により初めて避難して何等危險なきに至れり。

燈　臺

當港に於て燈臺の設備完成を見たるは比較的遲く千八百七十五年初めて Cape D'Aguilar 燈臺設けられ次で數箇月の後 Green Ld. 燈臺の設置を見、千八百九十二年に Gap Rock 燈臺、九十三年に Waglan 燈臺建設せられたり。

ガップロック燈臺は香港港の東南約三十哩に在る一小島に在り。此小島は支那領なるを以て燈臺建設に對し、淸國政府の同意を必要とせり。又ワグラン燈臺に就いては淸國官憲と交涉の上淸國海關部をして建設せしめたるが、後者は千九百年に至り英國政府の所有に歸したるものとす。

横欄島の燈臺開設せられたる結果ダギラー岬燈臺は不用に歸せし故之を取り外しグリーンアイランドに設付けて使用し、グリーンアイランドにありしものをコリンソン岬(Cape Collinson)燈臺に移したり。

卽ち目下の燈臺は左の如し

一 グリーンアイランド燈臺(香港口の西口)

高さ五十八呎の白塗圓筒形塔、每二十秒の明暗白光とす、燈高高潮面上百十呎、晴天光達十六浬

一 横欄燈臺(蒲臺群島中最も東の島)

高さ五十二呎の鐵造圓形塔、每三十秒に二閃光を連發する群閃白光、燈高高潮面上二百二十五呎、晴天光達三十二浬

一 コリンソン岬燈臺(北緯二十二度十六分東經十四度十五分)

白塗塔、每十秒の明暗紅白光、燈高高潮面上二百呎、晴天達光十六浬

一 ガップロック(馬尾洲)燈臺(北緯二十一度四十九分東經百十三度五十六分)

白塗塔、每三十秒の回轉白光、燈高高潮面上百四十呎晴天光達十八浬

千九百十四年中各燈臺に於ける信號回數左の如し

一 ガップロック燈臺、船舶通過を電信にて通知せる回數、九百三十三隻(內百九十三隻はモルスランプにて信號せり)電信發信數三千五回(氣象臺に送れる氣象電報を含む)、同受信數五百十回、年內六十時間の濃霧あり。濃霧信號三百六十八回發火せり。

一 横欄燈臺、船舶通過を電信にて通知せる回數二千六百五十九隻、電信發信數千七百二十八回、同受信數五百九十二回、年內二百三十四時間の濃霧あり、濃霧信號二千四百十回とす。

一 グリーンアイランド燈臺、千四百十隻の船舶を信號し且つ電信にて通知せり。電信發信數七百五十一回、同受信數四百二十八回。

一 コリンソン岬燈臺、二千四百八十一隻の船舶を信號し且つ電信にて通知せり。電信發信數四回、同受信數七十六回。

第十一編 貨幣及金融

通貨

貨幣制度

(一) 法定通貨

香港の貨幣制度は千八百九十五年二月二日付 Hongkong Coinage Order (同年三月三十日香港政廳官報に掲載)により定められ墨銀(Mexican Dollar)を以て本位貨とし英弗(British Dollar)及香港弗(Hongkong Dollar)を以て之に相當する貨幣と見做すべき旨規定せらる、以上三種の弗銀竝銀貨五十仙、二十仙、十仙、五仙、銅貨一錢、銅錢一文を以て香港の通貨とす、右の中三種の弗銀卽ち墨銀、英弗、香港弗は無傷硬貨の意にして有傷のものは法貨として認められず、但し此三種の弗銀の外英本國

大藏總監事務取扱委員又は植民大臣が香港總督の報告に基き或る弗銀を標準貨幣と認むる旨公布したる場合には是亦同様法定通貨と見做すべしとの規定あり。今左に各種弗銀及補助貨幣の大體を説明すべし

（イ）墨銀　法律の規定によれば標準貨たる墨銀品位、法定量目及通用最輕量目は左の如し

品位　九〇二・七
量目　四一七・七四グレーン（二七・〇七〇グラム）
最輕量目　四一一・〇〇 〃（二六・六三三 〃）

墨銀には新墨銀及舊墨銀の二種あるも舊墨銀は墨西哥にて鑄造を中止せられたるを以て漸次支那市場より減少し當地に於ても目下流通しつゝあるは主として新墨銀なり、而して新墨銀は上海に於ける墨銀價格の變動と香港に於ける上海向爲替相場の高低とに順應して香港に流出入するを常とし當地に於ける流通額は之を豫測するを得ず。

（ロ）英弗　標準貨幣の相當貨たる英弗の品位、法定量目等左の如し

品位　九〇〇
量目　四一六グレーン（二六・九五七グラム）
最輕量目　四一一 〃（二六・六三三 〃）
量目公差　二 〃（〇・一二九六 〃）
品位公差　千分の二

本貨は孟買造幣廠にて鑄造せらるゝものにして現在に於ては寧ろ實際の通貨と見做され政廳に於ても之が流通に努めつゝあるが如し。

（ハ）香港弗　前者と共に標準貨の相當貨たる香港弗の品位、法定量目等左の如し

品位　九〇〇
量目　四一六グレーン（二六・九五七グラム）
最輕量目　四一一 〃（二六・六三三 〃）

本貨は千八百六十二年以降二箇年間舊香港造幣局に於て鑄造せられたるものにして其後全く鑄造せられざる爲め漸次市場より其影を沒しつゝあり、而して香港造幣局に於ける香港弗及五十仙銀貨(Half Dollar)の鑄造高は百四十二萬千四百八十七弗に上れりと云ふ。

以上三種の硬貨は後段記載の如く紙幣との間に差を生ずるに至りたるを以て普通取引に授受せらるゝ額に制限を生じ其制限額は銀行により一定せざるも大體一口四弗以下なりとす。

（ニ）補助銀貨　香港總督は銀、銅又は合金より成る或補助貨を鑄造せんと欲する時は本國政府の承認を經て英國或は英領印度の造幣廠に其鑄造を依頼することを得との規定あり（香港造幣局は千八百六十四年閉鎖せられたり）、先づ補助銀貨の種類及量目等を表示すれば左の如し

	五十仙	二十仙	十仙	五仙
品位	八〇〇	八〇〇	八〇〇	八〇〇
重量	二〇九・五二グレーン（一三・五七六グラム）	八三・八一グレーン（五・四三〇グラム）	四一・九〇グレーン（二・七一五グラム）	二〇・九五グレーン（一・三五七グラム）
最輕量目	一九九・〇〇グレーン（一二・八九五グラム）	七九・六グレーン（五・一五八グラム）	三九・八〇グレーン（二・五七九グラム）	一九・九〇グレーン（一・二九〇グラム）
品位公差	千分の三	千分の三	千分の三	千分の三

重量公差　一弗の公差英弗一弗の公差に超過せざること

以上四種の銀貨は二弗を限り法貨とす、總て孟買造幣廠の

鑄造に係り目下の流通額は二千六百二十九萬弗にして十仙銀貨大部分を占め他の三種は少額に過ぎず。

（ホ）補助銅貨　左の二種あり

	重量	
一仙銅貨	一一五・七五グレーン	（七・五〇一グラム）
一文銅錢又は青銅錢　同	一五・四三〃	（一・〇〇〃）

仙銅貨は一弗を限り法貨とす、英國政府の鑄造に係り其流通額比較的多からず、又一文錢は下流支那人間にのみ行はれ英國政府鑄造のものは少なく清朝の新鑄錢及古錢流通し居れり。

（二）銀行貨幣

（イ）紙幣發行制度　目下當地にて銀行紙幣發行權を有するは香上、渣打、有利の三銀行にして當地には銀行券發行に關する一般的の規定なく右三銀行は各英本國政府より特種の許可を得たるものにして未だ外國の銀行に對し紙幣發行を許可したる例なし、香港にて初めて許可を得たるは渣打銀行にして千八百五十三年(?)の Royal Charter によりて發行權を附與せられたり、香上銀行は千八百六十六年の香上銀行條例により許可せられ有利銀行は千九百十二年三月より發行を許可せられたるものとす。今紙幣發行權を有する三銀行に就き種類及發行制度の大要を示すべし。

香上銀行　一弗、五弗、十弗、二十五弗、五十弗、百弗、五百弗の七種あり、發行準備制度は同銀行條例に左の通り規定せらる。

(a)　拂込資本額の少くとも三分の一に相當する銀貨又は保證品を倫敦に於ける Crown Agent 又は植民大臣の任命したる trustee に供託する時は拂込資本と同額の銀行券を發行することを得。

(b)　流通額と同額の銀貨又は地銀を香港民政長官又は香港財務局長に供託する時は制限外の發行を爲すことを得。

渣打銀行　五弗、十弗、二十五弗、五十弗、百弗、五百弗の六種類あり、紙幣發行限度は四百萬弗にして若し銀貨を香港政廳に供託する時は定額以上の發行を爲すことを得るなり。

有利銀行　千九百十一年の有利銀行紙幣發行條例を以て當地に於て紙幣發行を許可せられ紙幣の種類は五弗、十弗、二十五弗、五十弗、百弗の五種とし Crown Agent に流通紙幣額面と同額の保證品を供託し又は香港政廳に銀貨にて同額を供託し或は上記兩者に同額の保證品及銀貨を供託して拂込資本額と同額迄の發行を爲すことを得、若規定の限度を超過したる時は超過額一萬弗に對し百五十弗以內の罰金とす、又毎月一回其月の最初の營業日の終りに於ける發行高及準備金在高を當政廳に屆出で官報に廣告すべきものとし發行期間は條例發布の日より十箇年を以て限りとす。

參考迄に最近五箇年間各十二月末日に於ける通流額を揭ぐれば左の如し（單位弗）

	一九一一年	一九一二年	一九一三年	一九一四年	一九一五年
香上	二一、七〇七、二四二	一九、七八四、四六九	一八、四一七、三三九	二三、四八二、九〇三	二一、七九三、八〇六
渣打	六、〇二四、九八七	五、三二九、四一九	五、四二九、六七一	六、〇七一、六三三	六、九七六、五四八
有利	—	四九六、三三三	七〇四、七四二	一、三〇八、一九一	一、〇七四、二三一
計	二七、七三二、二二九	二五、六一〇、二二一	二四、五五一、七五二	三〇、八六二、七二七	二九、八四四、五八五

而して是等の紙幣は請求次第法定通貨の支拂を約束するものなれども實際五弗以上の紙幣面には Promise to pay on Demand Ten Dollars or the equivalent in the currency of the Colony と記載し居るを以て一說には上記三種の法定通貨の外に「新に認めら

るべき貨幣」を支拂ふことを約するものなりと解する者あるも亦一說には法定通貨と同價の有傷弗銀を以てするの餘裕を存し居るものと解釋する者あり。

（ロ）曾て流通したる紙幣　中華銀行は香上、渣打と鼎立して紙幣を發行し千九百四年頃には四十餘萬弗の流通を見たるが其後漸次減少し千九百十年には二、三萬弗に過ぎざるに至れり然るに同行はもと英國政府より紙幣發行權を獲得せしものに非ざりしかば香港政廳より既發行高四十五萬弗を超えて新に發行することを禁ぜられ後同行の任意解散と共に發行紙幣は回收せられ千九百十一年六月以降其流通を見ざるに至れり。

澳門の葡國銀行（Portuguese Banco Nacional Ultramarino）は澳門支拂の銀行劵（主に一弗紙幣）を發行したるが當地の弗銀は取引に不便なるより一時當地に於て盛に流通を見たり、然れども千九百十三年八月外國紙幣流通禁止規則實施以來全く其影を留めざるに至れり。

此外廣東官銀錢局紙幣一時非常に流通したるも第一革命以來漸次回收せられ數年前より是亦全く流通を見ず、又萬國寶通銀行の紙幣も一時流通せられたり。

貨幣制度の不備竝之に對する政廳の施設

（一）紙幣と銀貨との間に開きを生じたる原因

香港は支那大陸に接近し金融上支那とは極めて密接の關係を有し且當政廳にては外國銀貨及紙幣の流通を禁止せざりし爲め從來當地に流通したる硬貨及紙幣は其種類頗る多く雜然として統一なく其間種々の弊害を生ぜり殊に法定通貨と銀行紙幣との間に相場を生じたるは其最も著しきものなり今其原因如何を尋ぬるに元來是等の銀行紙幣は何れも請求次第法定通貨の引換を約束する一覽拂手形なれども實際に其紙幣を發行銀行に提供して硬貨の引換を請求する者ある時は該銀行は三種の法貨中其當時に於て最も價格の安きもの（英弗、香港弗、墨銀弗は需給關係によりて其間常に多少の差あるを免れず）を以て支拂に充つるは當然なるべく且又當地の習慣によれば香港弗の一千弗は廣東重量兩の七百二十兩と同額とせらるゝを以て或銀行に於ては硬貨引換の際には之を秤量して七百二十兩の內より三兩を手數料として引去り結局七百十七兩に相當する弗銀を支拂ふ習慣あり尙其弗銀中には有傷のものを包含するを以て紙幣の引換を請求する者は常に引換により損失するを例とす從て硬貨需要者は之を銀行に請求せずして寧ろ市場に於て其欲する弗銀を購入する方有利なる結果となる、事實斯の如くなるを以て弗銀は一種の商品の如く取扱はれ遂に紙幣との間に相場を生じ其相場の高低は當市中に於ける需要供給の關係と上海に於ける墨銀相場の高低とに左右せられ或時は紙幣に對し打步を生じ或時は割引を生ずるに至れり、其結果割引となれる時は實際に於て紙幣は無限に通用せらるゝに反し本位貨たる弗銀は一口四弗以下に限り受授せらるゝの現狀にして主客顚倒せる如き奇觀を呈するに至れり、要之紙幣と硬貨との間に開きを生ずるに至れるは紙幣發行銀行が自衞上損失を防止する方法を採りたるを主要なる原因とし他に之を助長せしめたる幾多の原因あり。今最近三年間に於ける各弗銀の紙幣に對する相場を擧ぐれば左の如し

（一千弗に付）

	一九一四年	一九一五年	一九一六年（八月迄）
香港弗	割引 一〇六―一 打步	割引 一〇六―二四 打步	割引 三四―一三 打步
墨銀（新）	一二〇―五	一二五―六六	四〇―六

同　(古)　二九一平價　二〇一二　三三一一五

(英弗は其流通額少きを以て玆に省略す)

(二)　小銀貨と弗銀及紙幣との間に開きを生じたる原因

弗銀と小銀貨との間に開きを生じたる原因を述ぶるに先ち試に兩者の純銀分量を比較するに左の如し

		グレーン
墨銀	一個	三七七・〇九四
英弗又は香港弗	一個	三七四・四〇〇
五十仙銀貨	二個	三三五・三三三
二十仙銀貨	五個	三三五・二四〇
十仙銀貨	十個	三三五・二〇〇
五仙銀貨	二十個	

右によりて見るに墨銀と英弗(又は香港弗)との間にも純銀量に相違あるも此點は暫く措き兩者中純銀量少き英弗一弗と小銀貨一弗との純銀量を比較するに小銀貨は孰れも英弗に比し純銀量著しく少なく三九グレーン一六〇乃至三九グレーン二〇〇即ち一割强の不足に當る、故に之を補助貨として公稱價格にて流通せしむるには政廳は法律を以て强制せざるべからざるは勿論なり而して當初是等小銀貨は公稱價格を以て受授せられたるに拘らず千九百五年に至り小銀貨の價格下落し爾來今日に至るまで弗銀に對し絕えず割引を存するに至れり。今其原因如何を見るに大要左記三種の原因に歸するもの丶如し

(イ)　香港に於ける補助貨鑄造額過多なりしこと、千九百五年に至る迄香港政廳にて鑄造したる補助貨の總額は約四千四百萬弗に上り當植民地需要額を著しく超過したるが如し。

(ロ)　支那人間に於ける實價授受の慣習、香港は地勢上支那の一部に屬し且商業上に於ては香港及支那(殊に廣東省)とは其關係極めて密接にして香港住民の約八割迄は廣東人たる有樣なり、廣東香港兩地の貨幣の如きも相互に他方に侵入し互に混淆して流通せられたるものとす、然るに廣東地方にては從來銀貨を授受するには銀の純量に重きを置くの慣習ありて當地住民の大部分を占むる支那人も亦自然同樣の觀念を有し從て假令香港に於て名目貨幣たる小銀貨の實價以上の公稱價格を以て通用せしめんとするも實際に於て之を受取る者なく法律を以てするも之を强行すること困難なり。

(ハ)　廣東に於ける類似貨幣の鑄造多かりしこと、千九百六年頃以降廣東にては香港の小銀貨よりも品質稍劣れる二十仙(庫平壹錢四分四釐)及十仙(庫平七分二釐)銀貨を盛に鑄造したる爲め是等の貨幣は滔々として香港市場に流入し益供給過多となり廣東貨は弗銀に對し割引を生じ香港小銀貨も亦同じく下落したり其結果所謂惡貨は良貨を驅逐するの理により香港小銀貨は市場より影を沒し大部分廣東省に侵入したり。

是等諸原因の爲め香港小銀貨は弗銀との間に相場を生じ如何に法律により强制せんとするも公稱價格にては取引する者無きに至り勢ひ補助貨たるの本能を沒却し重量品位を標準とする一種の貨幣と化し了り需要供給の關係により相場の高低を生ずるに至れり。

以上は主として小銀貨の弗銀に對し相場を生じたる原因に就て述べたる所なるも已に弗銀に對し相場を存する以上紙幣との間にも開きを生ずるは當然のこと丶云ふべし。

今左に最近三年間小銀貨の紙幣及墨銀に對する割引率を表示すれば左の如し

小銀貨の紙幣に對する割引率

	一九一三年	一九一四年	一九一五年
五十仙銀貨	平價—三3/4%	1/4%—三1/4%	四%—五1/4%
二十仙銀貨	三1/2%—八	二—八3/4	五3/8—一〇1/2
十仙銀貨	六3/8—一二1/2	二1/2—九1/8	五3/8—一二1/4
五仙銀貨	一—六	二—四	三7/8—七1/2

小銀貨の墨銀に對する割引率

	一九一三年	一九一四年	一九一五年
五十仙銀貨	平價—一三1/2	一1/4—一三3/4	六1/4—一三1/4
二十仙銀貨	五1/2—一八3/4	二—一九1/4	七5/8—一八1/2
十仙銀貨	八3/8—一九3/8	三1/2—一九5/8	七5/8—一九1/4
五仙銀貨	三1/2—一三	二—一二	六1/8—一五1/2

因に香港銅貨も亦廣東其他支那政府鑄造の銅貨多數流入して當地に行はれたる爲め同樣の理由により價格下落し廣東銅貨は弗銀に對し百三十枚位に當り香港銅貨も自然下落して紙幣に對し八分乃至一割二分の割引を存するに至れり。

(三) 外國貨幣禁止法の發布及其效果

政廳は前述の如き貨幣制度の不備を矯正する第一步として先づ香港市場に流通する外國貨幣の流通を禁止することを必要なりと認め左記の諸法律を發布したり。

(イ) 外國銅貨禁止規則　千九百十二年四月十六日制定せられ同七月一日より實施せられたるものにして外國銅貨又は靑銅貨の輸入及流通を禁止し五弗以上の外國銅貨を輸入するには民政長官より免許狀を得ることを要すと規定し夫々罰則を設けたり、其結果從前盛に流通せし支那銅貨は全く跡を絶ち香港銅貨は漸次其價格を恢復し爾來全く割引なきに至れり。

(ロ) 外國紙幣流通禁止規則　千九百十三年六月二十七日公布せられ同八月一日より實施せられたり、同規則によれば紙幣發行銀行たる香上、渣打、有利の發行せる紙幣以外の紙幣は當地に於て流通を禁止するものにして銀行家又は免許を受けたる兩替商との間に非ざれば之を授受、行使又は賣買すべからざるものとす、從て當時盛に流通せし葡國銀行紙幣及其他の外國紙幣は全く流通を見ざるに至れり。

(ハ) 外國銀貨及ニッケル貨輸入及流通禁止規則　本法律は千九百十三年七月十日公布せられ翌十四年三月一日より實施せられたるものとす。其大要左の如し

一、本規則は千九百十三年外國銀貨及ニッケル貨(輸入及流通禁止)規則と稱す

二、本規則に於て外國貨幣とは香港政廳の法定通貨以外の貨幣にして全部又は一部を銀にて作れる各種貨幣を指す又ニッケル貨とは全部又は一部をニッケル或は銀以外白色の金屬を以て作れる各種貨幣を指す

三、各種の外國銀貨又はニッケル貨を當植民地に輸入し又は流通することを禁ず

四、(一)外國銀貨及ニッケル貨を當植民地に輸入し又は輸入を企てたる者は一千弗以下の罰金に處す、(二)右規定は民政長官の署名ある免許狀により輸入せられたる貨幣に適用せず該免許狀には該貨幣輸入に關する條件を特記すべし、(三)右免許狀により貨幣を輸入する者其條件の一に違反する時は免許狀を所有せざる者が犯せる場合と同樣の罰金及沒收に處す

五、當植民地に於て外國銀貨又はニッケル貨を流通し或は流通を企てたる者は五十弗以下の罰金に處す

六、第四條二項の規則に據り許されたる免許狀の條件に違反

し額面五十弗以上の外國銀貨及ニッケル貨を所有せることを當植民地内にて發見せられたる者は其所有を發見せられたる額面總計を超過せざる額の罰金に處す

七、本規則の規定の一を犯し起訴の結果有罪と決定したる者は裁判官に於て該外國銀貨又はニッケル貨の全部の沒收を命ず但第四條一項の規定を犯し有罪と決定せる場合に裁判官が其輸入せられ又は輸入を企てられたる貨幣が當植民地に於ける使用を目的とするものに非ざることを認めたる時は該貨幣は裁判官に於て沒收を命ぜず

八、本規則に關し(一)外國銀貨及ニッケル貨額面十弗以上の額を當植民地に持來り或は持來らしめたる者は之を輸入したる者と見做す(二)當植民地に於て外國銀貨及ニッケル貨を提供し使用し買入れ賣拂ひ受取り又は支拂ひ或は受取人の不知に乘じて受領せしめたる者は之を流通したる者と見做す

九、第五條及第六條の規定は善意の銀行家又は免許を受けたる両替人に對し之を適用せず(以下畧)

次で千九百十四年二月右規則改正法發布せられ「總督は其適當と認むる期間、當植民地内の或部分に於て主法の第四條及第六條規定の全部又は一部施行を中止することを得」との規定を設け尚右改正法を適用して「總督は三月一日外國銀貨及ニッケル貨輸入及流通禁止規則の實施と共に追て公布する迄同規則第四條及第六條の施行を中止する」旨告示したり、依て外國銀貨及ニッケル貨を當植民地内にて流通する能はざるも輸入に際し免許狀を受くるを要せず又當植民地内にて之を所有するも違法に非ざることゝなれり。

右法律實施の結果外國圓銀及小銀貨等は全部流通を禁止せられたるが就中最も顯著なる影響を受けしは廣東小銀貨の禁止にして同法の制定も亦主として廣東貨幣を其目的物とせり、其結果香港市場に流通極めて多數なりし廣東小銀貨は全く流通を見ざるに至り反之從來市場より驅逐せられし香港小銀貨は再び香港市場に出顯し來れる效果はありたるも從來小銀貨が重量品位を以て取引せらるゝ一種の貨幣として流通し居たる因襲は容易に之を改むること能はず今尚補助貨たるの本能を恢復するに至らず依然として弗銀又は紙幣に對し開きを存しつゝあり。

廣東小銀貨流通禁止の結果香港に於ける小銀貨の流通高減少を見越し該法實施當日に接近するに從ひ香港小銀貨は著しく騰貴し實施當時數日間は弗銀及紙幣との開き微少となりたるも價格の騰貴に伴ひ從前廣東地方に其影を沒せし香港小銀貨は漸次當市場に出現し再び供給過多となれると一面前段記載の實價受授の慣習は一朝一夕にして改むること能はざる爲め再び小銀貨は下落し右禁止規則發布前と畧同樣の狀態を呈し只右禁止規則と政廳の回收政策と相俟て幾分其開きを減少するの效果を示せるのみ。

(四) 政廳の小銀貨回收政策

政廳は前段記載の如く小銀貨に割引を生ずるに至れる原因の一は小銀貨流通額の過多なるに基因するものなりと思考し千九百五年小銀貨の鑄造を停止し千九百六年以降漸次回收の方針を取り爾來今日に至るまで此方針を繼續し(但千九百十一年中暫時中止したることあり)政廳が收入として受入れたる小銀貨は大部分之を倫敦に送付して地銀として賣却し一部は孟買造幣廠に於て英弗に改鑄せられたり、當政廳の小銀貨鑄造總額は額面

四千四百萬弗にして千九百十五年末迄に回收したるもの已に額面千七百七十萬七千四百五十九弗に上るを以て本年初に於ける流通額は二千六百二十九萬二千三百七十弗に上る、斯くの如く流通額を減少したると廣東小銀貨の通用を禁止したる結果多少改良の事實を認むることを得たるも今尙全然其目的を達する能はずして先に記せる如き相場を存する次第なり。

（五）　幣制不備改良問題

外國貨幣の流通禁止並小銀貨回收政策等の爲め當地の幣制は漸次改善の域に進みつゝあるは事實なるも現在の所にては未だ以て弗銀と紙幣との差違又は弗銀と小銀貨との差違を消滅せしめ得べき見込更に無く夫れが爲め商業會議所に於ても屢々之が救濟方法を討議し立法會議、保險業者組合等に於ても亦問題となし其他當地有識者は之が改良問題を討議し或は新聞紙上に於て互に意見を鬪はし種々研究する所あるも未だ衆人を首肯せしむるに足る名論なきが如く又政廳に於ても未だ幣制不備の救濟に對し確乎たる方針を有せざるものゝ如し。

金　融

一、金融機關

總　論

香港市場に於ける金融の繁閑は一に輸出入貿易により支配せらるゝは勿論にして就中廣東地方の生糸輸出期に際しては是等買入資金の需要勃興するを常とし輸入品に在りては米國の麥粉印度の綿糸及阿片、日本の石炭、綿糸等の輸入貿易盛なる時に於て最も金融界の繁忙を來すを例とす其他には金融界に繁忙を呈する特種の原因なし而して是等の金融を支配するものは一に外國銀行にして殊に紙幣發行銀行たる香上銀行の支配を受くること最も大なり、香港對支那貿易に就て見るに上海以北の九省より香港、廣東、廣西、雲南等南支那一帶に輸入せらるゝ各種商品頗る多く右代金支拂の爲め每年舊歲末に上海に送金するもの巨額に達し此外南支那より中央政府に納付する租稅等も甚だ多く是等送金の時期に於ては支那人間の金融繁忙を來すを常とし其金融を掌るものは支那銀行なるも支那銀行は其資金を外國銀行に仰ぐものなるを以て香港の金融は一に外國銀行により左右せらると云ふも過言に非ざるべし。

依て先づ當地の主要なる金融機關たる外國銀行の種類並に營業振の大要を記し次で支那銀行の一斑を記述すべし。

外國銀行

外國銀行の種類

現今東亞に於ける國際貿易上列强の金融機關として香港に存在するものを擧ぐれば左の如し

名稱	國籍	組織	本店	本店設立年 香港支店設立年	公稱資本金 拂込資本金	積立金（一九一六年）
渣打銀行（麥加利銀行）Chartered Bank of India, Australia and China	英	株式	倫敦	一八五三年 一八五八年	一,二〇〇,〇〇〇磅 一,二〇〇,〇〇〇	一,八〇〇,〇〇〇磅
香上銀行（香港上海匯豐銀行）Hongkong and Shanghai Banking Corporation.	英	株式	香港	一八六七年 —	一五,〇〇〇,〇〇〇弗 一五,〇〇〇,〇〇〇	三五,〇〇〇,〇〇〇弗
有利銀行 Mercantile Bank of India.	英	株式	倫敦	一八九二年 未詳	一,一二五,〇〇〇磅 五六二,五〇〇	五二〇,〇〇〇磅

佛蘭西銀行 （東方匯理銀行） Banque de l'Indo-Chine.	佛	株式	巴里	一八七五年 一八九六年	四八,〇〇〇,〇〇〇法 三六,〇〇〇,〇〇〇	四〇,四〇〇,〇〇〇法
橫濱正金銀行 Yokohama Specie Bank	日	株式	橫濱	一八八〇年 一八九六年	四八,〇〇〇,〇〇〇円 四二,〇〇〇,〇〇〇	三〇,四〇〇,〇〇〇円
獨華銀行 Dutsch-Asiatic Bank	獨	株式	上海	一八八九年 未詳	七,五〇〇,〇〇〇上海兩 七,五〇〇,〇〇〇	（一九一三年）〃 一,七九五,九三三
露亞銀行 （華俄道勝銀行） Russo-Asiatic Bank	露	株式	露都	一九一〇年 一九一〇年	四五,〇〇〇,〇〇〇留 四五,〇〇〇,〇〇〇	三五,五七五,〇五七留
萬國寶通銀行 （花旗銀行） International Banking Corporation.	米	株式	紐育	一九〇一年 未詳	五,三五〇,〇〇〇	五,六二八,九六八米弗
荷蘭安達銀行 Netherlands India Commercial Bank	蘭	株式	アムステルダム	一八六三年 一九〇六年	五〇,〇〇〇,〇〇〇フロリン 一七,四〇七,〇〇〇	九,三五七,一四九フロリン
荷蘭銀行 Netherlands Trading Society	蘭	株式	アムステルダム	一八二四年 一九〇六年	六〇,〇〇〇,〇〇〇フロリン 四五,〇〇〇,〇〇〇	九,九三五,四五五フロリン
臺灣銀行 Bank of Taiwan	日	株式	臺北	一八九九年 一九〇一年	二〇,〇〇〇,〇〇〇円 一二,五〇〇,〇〇〇	四,六八〇,〇〇〇円
廣東銀行 Bank of Canton.	支	株式	香港	一九一二年 —	二,〇〇〇,〇〇〇弗 一,五五七,八五〇	七〇,〇〇〇弗
American Express Co.	米	株式	紐育	一八四一年 一九一五年	一八,〇〇〇,〇〇〇弗 一八,〇〇〇,〇〇〇	九,〇〇〇,〇〇〇米弗

外に香上銀行の經營に係る香港貯蓄銀行（Hong kong Savings Bank）あり。

外國銀行の營業振

今左に外國銀行營業振を記述すべし

（一）渣打銀行

本行は千八百五十三年英國特許條例により設立せられたるものにして當地に於て最も古き歷史を有し香上銀行に次ぎて信用あり又當地に於て紙幣發行權を有し、其東洋に於ける古き經驗と確乎たる信用を利用して近來大に積極的方針を取り其活動見るべきものあり殊に南支那に於ては廣東の生糸、爲替福州の茶及新嘉坡の錫爲替等に大に意を注ぎつゝあり香上銀行と相竝びて東洋各地に於ける金融界に重きを爲す。

（二）香上銀行

本行は千八百六十六年當政廳發布の香上銀行條例に基き設立せられたるものにして香港のみならず極東に於ける金融及財界の牛耳を執るの大勢力を有す、而して當政廳の國庫事務を取扱ひ政廳より種々の保護特權を與へられ又紙幣發行權を有し其發行額は二千萬弗內外に上り渣打及有利銀行の發行額に比し著しき徑庭あり、本行は創立以來積極的方針を取り殊に幹部の組織に最も意を注ぎ支配人には識見才幹の卓越せるものを任じ拮据經營今日の地盤を作るに至りしものにして本行が單に香港に於ける金融の覇權を掌握するのみならず亦東亞財界に於て最も重きを爲す所以のものは全く本行が我國及支那、暹羅等の諸政府の爲め數次起債の勞を執り殊に近年五國借款團の一員として其成立に貢獻したることの偉大なるが爲めなるべし、其創立の當時に於ては僅に地方銀行として支那の一部分との通商竝印度及海峽植民地との貿易に關與するに過ぎざりしが爾來香港貿易の伸張と英國對外政策の發展と共に次第に營業範圍を擴張し遂に世界的大銀行たるの域に達したるものにして營業地域の廣大なる點に於て英國の諸銀行中本行の右に出づるものなきの現況を呈す、營業成績は頗る良好にして百二十五弗拂込の株は常に八、九百弗内外の價格を維持しつゝあり。

（三）有利銀行

本行の前身は千八百五十八年英國女王の勅許狀により設立せられたる Chartered Mercantile Bank of India, London and China にして本行は千八百九十二年其營業全部を繼承して登記せられたるものとす、其營業範圍は香上、渣打に比し甚だ狹隘にして主として印度貿易に力を注ぎ印度の阿片及綿糸爲替は其主要なる業務たり、但阿片は英清條約の規定に基き年年其輸入額を減少しつゝあるを以て其打擊少からざるもの、如し、又千九百十一年當地に於て紙幣發行權を許與せられたるも前記兩銀行に比し其發行高甚だ少額なり、本年一月本行は Bank of Mauritions, Ltd. を買收せり。

（四）佛蘭西銀行

本行は佛領印度支那に於ける特種銀行にして殆ど同地香港間の金融を獨占し居れるの觀あり之を以て東京米の輸入商たる東京米行とは最も密接の關係を有し其主要なる業務は東京米竝雲南產錫貿易の取扱に在り最近東京地方より日本に向け輸出せらるゝ鑛物類著しく增加したる結果本邦貿易にも亦手を染むるに至れり。

（五）正金銀行及臺灣銀行

正金銀行は日本、米國、濠洲、歐洲、印度及支那各地に對する本邦商人の活動を援護しつゝあるものにして就中日本向爲替の賣買に關して殆ど其全權を握り設立後已に二十年を閱し當地に於ける外國銀行中重きを爲しつゝあり又臺灣銀行は臺灣と南支南洋との貿易に對する金融機關たるを其要務とするも昨年倫敦に支店を設けて以來倫敦向爲替の賣買を開始し殊に近時各方面に對し新進氣鋭の勢を以て業務の發展を企て其活動目醒しきものあり。

（六）獨華銀行

本行は東洋に於ける獨逸の商權擁護の目的を以て設立せられたるものにして近來英國の壘を摩せんとする勢を以て進みつつある獨逸の東洋貿易の金融機關として漸次其根蔕を確立し來れり然れども香港に於ては獨逸商の主なるものは香上銀行の重役となり大に同行を利用し居たるを以て其取引振は支那各地に於ける同行支店に比し甚だ振はざるやの觀あるも近年大に支那方面の貿易に熱中し殊に上海爲替に對しては最も意を用ひつゝありしが歐洲戰爭勃發の結果當政廳は同行に對し當地に於ける營業全部の閉鎖を命じ其債權債務の整理を香上銀行の管掌に委ねたれば本行は目下其活動を中止し居れり。

（七）露亞銀行

本行は千九百十年露國法により露淸銀行と Banqua de Nord とを合併したるものにして其設立の目的は一は以て東洋と露國との通商貿易の金融機關となし一は以て支那に於ける經濟的利權を獲得するに在りて其營業項目の範圍も普通銀行と大に異る所あり、從て東洋各港の支店の外西比利に八十四箇所の支店を有し東清鐵道と相俟て滿洲地方は勿論北支那竝上海を中心として中部支那に於ては大に活動しつゝあれども當地支店は香上、渣打に壓せられてか特に營業の目醒しきものなし、但上海方面に對する當地支那人貿易商に取りては必要なる金融機關として信用厚きが如し。

(八) 萬國寶通銀行

本行は米國資本家が東洋貿易の機關として設立したるものにして米國人の當地及廣東に於ける商業の發展に裨益する所少からず、當地に於ける對米貿易商の組合なる金山庄(支那商)に取りては缺くべからざる金融機關として大に信賴せられつつあり、本年初 International Corporation が紐育に於て組織せらるゝや本行は之が爲めに買收せられ遂に National City Bank of New York 系のものとなれり。

(九) 荷蘭安達銀行及荷蘭銀行

此兩銀行は共に和蘭前皇帝の特別命令により設立せられたるものにして蘭領印度諸島より歐洲に輸出せらるゝ貨物の爲替決濟業務を掌りつゝあり、當地に於ては千九百七年六月二十一日に發布せられたる右兩銀行に關する法律第九號及第十號により營業を許可せられ且政廳の監督を受く、共に蘭領印度を中心として東洋及南洋に發展しつゝあるも荷蘭安達銀行の當地に於ける營業甚だ振はざるに反し荷蘭銀行は蘭領印度の金融の覇權を握ると同時に新嘉坡及當地に發展を企て其成績漸く見るべきものあり殊に瓜哇糖に對する重要なる金融機關なり。

(十) 廣東銀行

本行は廣東出身米國華僑の成功者により設立せられたる小銀行にして米國方面の取引を主とし桑港とは密接なる聯絡を保ち居るが如し、當地に於ける支那商の多くは廣東人なるが故に支那人間の取引は比較的盛にして殊に米國關係の貿易商組合たる金山庄の重要なる金融機關として萬國寶通銀行と共に盛に營業の擴張に努め居れども未だ其成績の見るべきもの無く大なる信用を得るに至らず。

(十一) American Express Co.

右は米國に於ける大會社にして銀行業を營むと同時に運送業、信託業等を兼營し今春當地に店舖を開き主として當地對米國關係の爲替業務に從事し居れるも開業日尚淺く未だ特筆するに足る活動を見ず。

(十二) 香港貯蓄銀行

本行は香上銀行の貯蓄預金部にして香港に於ける唯一の貯蓄機關なり、貯蓄者は主として支那人にして預金は一回二百弗を限り二千五百弗を以て極度とし其極度を超ゆる時は定期預金に振替ふるものとす、利息は年三分半の割合なり、又百弗以上の金額は貯蓄者の希望により定期預金に振替ふることを得、而して千九百十五年中の預金口座は六千百九十五にして同年中に於ける預入總高百五十萬六千二百六十一弗、引出總高百三十三萬二千三百六弗、同年末に於ける預金殘高實に二百七萬千九百四十七弗に達し居れり。

預金及貸付利息

普通預金は當座預金にして小口當座を取扱ふ銀行少し、當座預金利息は概ね年二分五厘迄にして定期預金は概ね三箇月二分五厘、六箇月三分五厘、一箇年四分なり、貸付金及當座貸金利息は擔保付及無擔保付によりて相違あるは勿論なれども凡そ年六分より七分迄の間に在り、其他チョップローン利息は時の資金需給の關係によりて一定せず支那歲末の如き金融逼迫の際には日歩二仙五厘位に達することあり又金融閑散の時には一仙位に下ることありチョップローンの需要者は總て支那商人若くは支那銀行とす而して支那銀行間の金融を支配するものは外國銀行にして支那銀行間に於て資金を需要する場合には之を外國銀行に仰ぐを常とす。

銀行休日

銀行休日は千九百十二年發布の Holidays Ordinance により規定せらる。卽ち左の如し

一、毎日曜日

二、一月一日、若日曜日に相當する時は其の翌日

三、支那正月六日、同上

四、グッド、フライデー(四月)

五、グッド、フライデーの翌日

六、イースター、マンデー(四月)

七、ホイット、マンデー(五、六月頃)

八、八月第一月曜日

九、十月第二月曜日

一〇、十一月九日に最も近き月曜日

一一、十二月二十五日、若し日曜日に相當する時は其翌日

一二、十二月二十六日、若し日曜日に相當する時は其翌日、又若し十二月二十五日が日曜日に相當する時は次の火曜日

一三、英國皇帝陛下誕辰(六月三日)、若し日曜日に相當する時は其翌日、但他に祝祭日を定めたる時は此の限りに非ず

總督は前記休日の外又は前記休日の代りに特定の日を官廳休日又は一般休日に指定する旨官報に告示することを得

備考　エムパイヤーデー(五月二十四日)又は若し其日が日曜日なる時は其翌日は官署學校の休日なるも銀行休日に非ず

支那銀行

概説

香港に於ける支那固有の金融機關は銀號、金舗及金銀找換商店の三種にして支那各地に於て最も勢力を有する山西票號なるもの無し、是れ香港は英國領土にして支那內地に於けるが如き最有利なる官報の保管及輸送の委託なきに因るものなり、右三者の中金舗は地金及外國金貨を買入れ金葉を製造して販賣するものにして直接の金融機關にあらず又金銀找換商店は市中處々に散在する兩替店にして其規模極めて小なり、獨り銀號は當地支那商人間の最重要なる金融機關にして普通銀行の業務を取扱ふものなり、當地に於ける支那商人の多くは廣東人なるが故に銀號の經營者も亦其大部分は廣東人なるが如し。

當地に於ける銀號の名稱左の如し

瑞　吉　永　生　鴻　發　明　新　醎　德

祥　安　大　有　瑞　源　天　福　永　德

如　隆　泰　豐　鴻　德　宏　祐　安　隆

昌　源　昌　隆(以上皇后大道)

怡　昌　裕　德　鎰　安(以上文咸西街)

日　昌　鉅　榮　肇　昌　誠　源(以上文咸東街)

孚　昌　廣　益　鉅　泰(以上安樂街)

金舗は和盛の外六軒あり又金銀找換商店は盧章記の外三十一軒あり

銀號の組織

當地に於て銀號を營まんと欲せば先づ開業に先ちて其資本額及營業主、營業の種類等を詳記したる願書を當廳に提出して許

可を受くるを要す、但支那各地に於けると異り同業者間の承諾を經ずして勝手に開業し得るものなり、而して個人經營のもの殆ど無く多くは數人の組合によりて成立せるものにして組合内部の關係に至りては深く知るを得ざれども二人以上の合資契約に基く銀號は組合員全部の無限責任なるを常例とするが如し。

銀號の資本金は五、六萬弗乃至二十萬弗位にして純粹の資本は大ならざれども多くは年々の收益の中より公積と稱して一種の積立金を爲し其額の大なるものに至りては資本金に十數倍するものあり、彼等の普通に資本金三十萬弗五十萬弗と稱するは此の積立金をも含みたるものと見て可なり。

使傭人の數は店の大小、事務の繁閑によりて一定せざるは勿論なるも大體の使傭人員左の如し

司　理（支配人）	一人	掌　櫃	二人
點銀兼數銀	一人	賬房書記	二人
管　銀	一人	出　街	二、三人
秤　銀	一人	學　徒	二、三人

小なる銀號に在りては點銀、秤銀、管銀の一人にて兼掌するものあり。

營　業

銀號の主なる營業は普通銀行の如く預金、貸金、爲替及銀の賣買等なり。

預　金　は當座預金及定期預金の二種にして別段預金通知預金等の如きものなし、當座預金を爲す場合は銀號より通帳（摺子）及小切手帳（支票簿）を受取り預金に際しては通帳に現銀を添へて銀號に持參すれば銀號は通帳の收欄に金額及日付を記入して入金の證とす、小切手には即時拂及期日拂あり、但小切手を發行したる場合には必ず其銀號に通知すべきものにして若しこれを忘るる時は銀號にて支拂を拒絶することあり、當座預金の利息は一箇月間の市中平均利息を以て計算するものにして普通一箇月百弗に付四十仙乃至五十五仙なり。

定期預金に對しては一葉の預金證書（存款單）を發行す定期預金と雖も必ずしも其支拂期日を明記せざる場合多く定期預金と稱するも寧ろ長期預金と稱する方適當ならん利息は預金日より支拂日迄一定のものにあらず各月の市中平均利率を參酌して計算するものにして平均一箇月百弗に付五十仙内外とす。

貸　付　は無擔保及擔保付の二種あり擔保付の場合と雖も土地家屋の如き不動産を擔保とすること少なく多くは棧單（倉庫證劵）を擔保とし貸出すものなり、期限は普通一箇月にして六箇月、一箇年等の長期のもの稀なり、利息は時により異なれども普通一箇月百弗に付七十五仙乃至九十仙位迄なり。

爲　替　當地銀號の取扱ふ爲替は殆ど廣東、上海、新嘉坡等に限られ其他の厦門、汕頭、福州等の沿岸各地に對する爲替は其地方の錢莊の出張員を一名若は二名位を當地に派遣し各自其地方の取引に從事する知人商店の一室を借り受け營業所となし爲替の賣買を爲すものにして損益の決算も其本店に於て計算せられ全く代理店の如きものにして公然市中に店舗を張れるものなし。

銀號の爲替を賣買するや直接自己の取引先なる各地錢莊に仕向くることあるも多くは支那人の依頼に係る小口爲替を纏めて外國銀行に賣買し相場の差を利するものにして各銀號は常に外國銀行の買辦と聯絡を保ち能く相場の變動に乘じて奇利を占むるものなり。

に$\frac{1}{8}$%にして賣手之を負擔するものとす尙銀行間の爲替賣買の仲立に對して等しく同一の口錢を受くるものなり

爲替及爲替相場

當地に於ける各外國銀行の爲替賣買は其營業の主要なる部分たるや論を俟たず今之を金貨爲替及銀貨爲替の二に區別し其大體を說明すべし。

銀貨爲替　玆に銀貨爲替と稱するは銀貨國向爲替の義にして上海爲替を以て其主たるものとす、其他北京、天津、漢口、山東、滿洲等に對する爲替は悉く上海經由決濟するを事實上便宜とせらるゝを以て是等の爲替も亦上海市場に集中せらる。

當地に於ける上海向送金爲替は中部支那以北の各省より南支那一帶に輸入せらるゝ諸種貨物代金の決濟及南支那より北京政府に對し租稅其他の賦課金等の納付を必要とする場合に其需要を喚起するものにして其高一箇年數千萬兩の多きに達す、反之上海向輸出爲替は南支那より揚子江方面又は北支那に對する輸出貨物案外少なきを以て其金額鮮少にして殆ど言ふに足らず而して爲替の需要者は支那商人を主なるものとするも大口需要者は中國、交通兩銀行其他の支那銀行なり是等の支那銀行は小口の支那商人の送金手形を取纏めて更に之を外國銀行より買入れ兩者の間に相場の利鞘を收得するものなり。

上海兩七十二兩は香港弗百弗に相當するものなれども上海向爲替相場は爲替の需要の多寡と上海に於ける兩銀並弗銀相場の高低に從ひて隨時變動し平時に在りては七十一兩乃至七十三兩の間を上下す。

金貨爲替　世界各地の金貨國向爲替相場は一に倫敦に於ける銀塊相場の變動に順應して變動するは勿論なるも南支那一帶の

銀の賣買　香港政廳が外國銀貨の行使を禁止して以來少しく打擊を蒙りたれども現今市中に流通する銀貨、小銀貨の相場は常に變動するが故に之が賣買或は兩替を爲し若くは各地に現送して得る所の利益は貸付、爲替等によりて得る所の利益と相匹敵すと云ふ。

買辦及仲買人

買　辦　當地に於ける外國銀行は支那人關係の取引に於ける仲介者たらしむると同時に一面銀行の出納事務を司らしめつゝあり蓋し支那商人にして外國語に通曉せざる者多く且諸種の商習慣の在るありて直接彼等と取引するは不便少からざる結果自然買辦制度の發生を見るに至れるものゝ如し、銀行が買辦を傭聘するには買辦の職責權限を定めたる契約書を交換し身元保證金を提供するを常とす、其契約書の內容は區々にして一定せずと雖も買辦の取るべき事務、職責の大要は左記の如し

一、現金保管及出納事務

一、賣買爲替、貸金の仲介並其保證

一、手形及通貨の眞僞鑑定

一、支那商人の信用調査

而して其收益とする所は賣爲替の周旋に對しては銀行より八分の一%の手數料を受け、割引貸付金の周旋に對しては銀行よりは手數料を與へざれども借手の利鞘を收得するを常とす

爲替仲買人　當地に於ては Brokers' Association の設けなく從て仲買人の數に一定の制限なきも現在の總數は十二名（組合七個）にして內外爲替の賣買を仲介す、是等の仲買人は總て白人なれども此外に數名のバーシー仲買人ありて爲替其他地金賣買の仲立を爲しつゝあり、仲買人口錢は金額の大小に論なく常

物資輸出期に在りては輸出爲替輻輳し相場昂騰するを例とし反之輸入爲替多き場合には相場下向の傾向を有す尙又香港の爲替市場は常に上海の氣配に支配せらるゝこと大なるを以て上海に於ける爲替市場に左右せらるゝこと多し。

當地に於ける輸出爲替の主なるものは歐米向に在りては廣東生絲、花蓆、錫、日本及北支那向に在りては米、砂糖、印度向に在りては絹製品、藥材、繭等なりとす。輸入爲替に在りては歐洲よりの綿布、綿、雜貨、鋼鐵及同機械、毛織物、硝子、小雜貨等、米國よりの麥粉、石油、金物類、日本よりの石炭、綿絲、海產物、燐寸、綿布、雜貨、印度よりの綿絲、棉花、阿片、麻袋、蘭領東印度よりの砂糖、佛領印度、暹羅よりの米及錫、中北支那よりの大豆、豆糟、藥材、石炭、蔬菜、果實其他支那人需要品等を主要なるものとし其高一箇年輸出入を併せ五億弗に上ると云ふ。

各地金貨國向爲替相場は毎朝九時三十分頃香上銀行其建相場を公表す、他の外國銀行は之を標準として夫れ〳〵實際の賣買相場を定む、而して是等の相場は主として上海に於ける金貨國向爲替相場と當地に於ける上海向爲替相場とを參酌し又は各地に於ける倫敦向爲替相場と當地に於ける倫敦向爲替相場とを參酌して建つるものとす然れども各地に於ける金融の繁閑及金利の高低等によりて爲替相場に多少の添色を爲すこと猶他地方に於けると其趣を同うす。今試に銀塊二十四片の時に於ける各地向爲替相場を擧ぐれば左の如し

EXCHANGE QUOTATIONS

THURSDAY, 28th OCTOBER, 1915

SELLING.

T/T	1/9 $\frac{15}{16}$
Demand	1/10
T/T Shanghai	76 $\frac{3}{4}$
T/T. Singapore	78 $\frac{1}{8}$
T/T. Japan	86 $\frac{1}{2}$
T/T. India.	137
T/T. San Francisco and New York	42 $\frac{1}{8}$
T/T. Java	106
T/T. Marks	Nom.
T/T. Francs	2.52

BUYING.

4 m/s. L/C.	1/10 $\frac{3}{16}$
30 d/s. Sydney and Melbourne.	1/10 $\frac{13}{16}$
30 d/s. San Francisco and New York	43 $\frac{5}{8}$
4 m/s. Marks	Nom.
4 m/s. Francs	2,63
6 m/s. „	2.68
30 d/s. on India	
Bar Silver ... ready	24

當地に於ける外國銀行は何れも各自取組の輸出入手形の出合の爲め各銀行間に於て倫敦、孟買、紐育向等の電信爲替を賣買せらるゝこと甚だしく他地方に於て其比を見ざる所なり、又近時當地に於ける支那銀行等が外國銀行買辦保證の下に倫敦爲替投機賣買を爲すもの現はれたれども其數大ならずして未だ上海に於けるが如く市場を左右するに足るものなし。

第十二編 商事

商業會議所

商業會議所には外商のものと支那商のものとの二あり外に香港輸出商及取扱商協會なるものあり其大體を左に記述すべし

香港商業會議所(Hongkong General Chamber of Commerce)は

千八百六十一年組織せられ香港又は支那貿易に從事する商社及個人は會員たることを得、其目的は一般商業上の利益を監視保護するに在り商業上利害關係ある報道を蒐集し惡事の排除に勗め取引を簡便ならしむる慣習を作る爲め當業者又は關係者と通信し商業上の爭議を仲裁するものとす、又政廳は商業上の問題起る每に常に本所の意見を徵するを例とす、會費は商社一年五十弗、個人二十弗とす、商業上の係爭問題ある場合には會員中より仲裁委員を設けて之が仲裁に當らしめ若し專門的知識を要する事件ならば適當なる報酬を以て會員以外の者を任命し檢查仲裁の任に當らしむ、仲裁委員は一回會議を開く每に五弗乃至十弗の手數料を受け會議所は一件に付十弗乃至百弗の手數料を徵するものとす。千八百八十四年以來立法部會議に商業會議所選出議員一名を出すことゝなり爾來會頭は常に非官吏議員の一員たり。當地有力なる外國商は殆ど之に加入し居り戰前には個人會員約二十名、銀行、會社、商店等百三十に上りしが內獨墺商の會員約二十名は開戰後全部除名せられたり。日本の銀行會社にて會員たるものは三井物產會社、正金銀行、臺灣銀行、日本郵船會社、大阪商船會社、東洋汽船會社等とす、一年一回（二月）總會を開き事業成績を報告し後印刷物として會員其他に配布す。又二週一回市況報告（Market Report）を發行す同報告にはメール船の發著、貨物船入出港表、廣東生絲市況、阿片輸入高、歐米向輸出貨物相場表、輸入品相場表等を揭ぐるものなるも餘り有力なる參考資料と云ひ難し、又商店の信用調查等も我商業會議所の如く取調行屆かず信用程度の照會に對しては回報を拒絕するを常とす。

香港華商總會(Hongkong Chinese Chamber of Commerce)は支那商の商業上の利益を保護し弊害を除去するを目的とし香港政廳に於て法律を發布する場合等には其要旨を翻譯して各商をして理會に易からしめ又支那商に關する事項に就ては當局に陳情の必要ある時には一般の贊否を問ひて文書又は口頭を以て事情を具申し又若し商取引上の紛爭あるに於ては本會に於て仲裁和解するものとす、香港に在る各地方團體、同業組合、各商店、公司、其他香港に於て營業し或は土地家屋等を所有する者は孰れも會員たることを得べく目下會員の總數六百餘に上る。其會費等左の如し

	入會金	寄附金(會費)
各邑商會	百弗	五十弗
各商業行頭（大）	二百弗	百弗
各商業行頭（小）	百弗	五十弗
行店、公司	十弗	五弗
共他	五弗	二弗

本會には會頭一名、副會頭一名、會計監督二名、委員十五名を選出して其事務を執らしめ別に約百名の理事を置き著名の商人を以て之に充つ、而して每年三月總會を開き一箇年間の事業成績を報告し役員の改選を行ふものとす。

香港輸出商及取扱商協會(Association of Exporters and Dealers of Hongkong)は千九百十二年十月の設立に係り輸出貿易上の利益を監視保護し且商業上の惡弊を芟除し相互の利益を增進せしめんとの目的を有し香港又は支那に於て輸出貿易に從事する商店及取扱商は會員たることを得、目下會員の多くは外商にして少數の支那商を含み會員總數約六十名に過ぎず、會費は一箇年二十五弗なり、一箇年一回總會を開き一年間の事業成績を報告

し且印行配布す本協會には仲裁委員の設けありて商取引上紛爭を生じたる場合には之が仲裁に任ず。香港を通過する支那輸出雜貨は從來其品種區々にして一定の標準なく輸出商は取引上多大の困難を感ぜしが本協會にては成るべく品質を一定し輸出の標準品を定むることに努力しつゝあり

支那商同業組合及地方商團

當地に於ける支那商同業組合左の如し（大正五年四月現在）

支那名	英名
坭水工業行廣義堂	Builders & Plasters Guild
建造研究所	Builders Association
九八行商業會所	Business Association of the Commission Agents Guild
同興堂打銅東家行	Copper-Smith Masters Guild
京菓行	Dried Fruit Guild
萬和昌生藥行	Drug Dealers Guild
同志堂顏料行	Dyeing Materials Masters Guild
普益商會出入洋貨行	Foreign Goods Import & Export Guild
公茂堂菓菜行	Fruit and Vegetable Guild
南北行公所	General Merchant Guild Club
參茸行	Ginseng Guild
香港廣肇客棧廣聯公司	Hongkong Kwong Shin Hotel Guild
香港銀業行商會	Hongkong Money Dealers Guild
香港當押行商會	Hongkong Pawnbrokers Guild Commercial Association
承辦煤炭咕喱工程東家行寄間會所	Kei Hon Wui Sho Employers' Guild for supply of coal coolies
公和堂	Kung Wo Tong of the Rattan Dealers
香港惠州新客棧行聯安社	Lun On Association of the Wai Chow Boarding House Guild (Assisted Emigrants)
公興堂	Marine Delicacy Guild
貽安堂蒲包行	Matting Packers Guild
彩致堂油漆行	Painters Guild
同安社生猪欄行	Pig Dealers Guild (wholesale)
永生堂鷄鴨行	Poulterers Guild
榮業堂籐椅行	Rattan Chairs Makers Guild
米行	Rice Guild
聯益社鹹魚行	Salt Fish Wholesale Dealers Guild
合知公司檀香行	Sandalwood Masters Guild
鮮魚行	Sea Fish Dealers Guild
香港疋頭綢緞行	Silk & Satin & Piece Goods Guild
照像美術研究所	Soceity for the Study of Photography
永勝堂	Stonecutters Employers Guild
敍理堂	Compradores Guild
敍賢堂（鴉片行）	Opium Guild
同益金銀首飾研究社	Tung Yik Society of Gold & Silver Smith
華安公所（金山行	Californian Merchants Guild
聯合堂東西家行	Washermen's Employers & Employees Guild

聯聚堂	**Washermen's Guild**
香港惠州客棧行惠安社	Wei On Association of the Hongkong and Wai Chow Boarding House
香港嘉屬客棧行義安社	Yi On Association of the Hongkong Ka Shuk Hak Chan Guild
香港理髮同業煥然工社	(Barber. Guild)
香港中國機器研究總會	Chinese Engineering Investigation Chief Association
漢文同業公益分社	Chinese Type-setters & Compositors Branch Association
永興堂	Hongkong Wicker-work Rattan grass and Hemp Furniture Manufacturers Guild
聯蓆堂	Mat Makers Guild
新同敬堂	Matshed Builders Eeployees Guild
仁義堂沙籐西家行	Rattan Employees Guild
忠信堂	(Rattan Guild)
集英堂	(Rattan Guild)

以上は主として營業主の組合なるも左に示すものは職人又は使傭人の組合なり

金勝堂打銅行	Brass Smith Guild
復成堂	(Brass-smith Workmen's Guilds)
合英堂	
儀玉堂	
同慶堂	
同藝堂	

會義堂	
廣悅堂木匠行	Carpenters Guild
廣勝堂	Coopers Guild
茶麵酒菜西家外寓協安公安館	(Eating House Employees' Guilds)
聯興外寓茶麵酒菜西家行	
和發生園工外寓	Gardeners' Club
香港平安公所	Californian Hung's Employees Club
協勝堂	(Masons (Men's) Guild)
瓊勝堂	
李聯盛堂	
聯發堂	
聯義堂	
會聯盛堂	
廣肇堂會館	Mat Packers Guild
綿益公會	Cotton Yarn Guild
合成公司	Pig-buyers Guild
慎餘堂	(Restaurant Employees Guilds)
赤安堂	
千 益	Sandalwood Men's Guild
復和祥	(Sawyers Guilds)
協和祥	
船藝學塾	Shipwrights Association
西福堂	Tailors Guild
聯勝堂	**Tea Boxes or New Boxes Makers Guild**

聯義堂 鴻　泰 樂義堂	(Tea House Guilds)
聯德堂	(Tin-smith Guild)
裕安祭	Ginseng Workmen's Guild

次に香港に於ける地方商の團體の主なるものを掲ぐべし

駐港寶安商會	Po On Commercial Association in Hongkong
駐港東莞闔邑總商會	General Commercial Association of Tungkun merchants resident in Hongkong
香港僑商會所	Heung Shan District Resident Merchants' Association
香港四邑商工總局	Hongkong Sz Yap Sheung Kung Chung Kuk.
旅港花邑商工會所	Industrial & Commercial Association of Fa Yuen resident in Hongkong
旅港鶴山商會	Hok Shan District Association
旅港南海九江鎮商務局	Nam Hoi Kau Kong Iudnstrial Association of residents in Hongkong
旅港番邑華僑工商公所	Pun Yu District Industrial and Commercial Association of residents in Hongkong
旅港三水商工務局	Commercial & Industrial Association of Natives of Sam Shui resident in Hongkong
旅港雲南商會	Commercial Society of Yunnan Merchants in Hongkong
南邑僑商樂善公局	Charitable Association of Namhoi resident abroad in Hongkong
香港籌賑八邑公所	Pat Yap Flood Relief Association in Hongkong
香港新寧商務公所	Sam Ning District Society
新會商務公所	San Wui Merchants' Association
順邑旅港商務局	Association of Shun Tak Merchants resident in Hongkong
駐港增城闔邑商會	Tsing Shing District Society
清遠僑港公會	Association of natives of Tsing Yuen resident in Hongkong
駐港惠州商會	Wai Chau Commercial Associaton in Hongkong

株式市場

當地に於ては株式取引所の設置なく株式仲介人が聯合して Stock Brokers' Association of Hongkong なるものを組織し會場を設けて日々此所に集合して取引を爲すに止まれり而して株式仲介人の主なるものは九名に過ぎず其取扱ふ株式も種類多からざれども取引高は比較的多きが如し。今當地にて取引せらるゝ株式の主なるもの左の如し(相場は本年八月十九日分)

	株券	拂込額	相場
銀行	香上銀行	弗一三五·00	弗七四0·00
	廣東海上	五0·00	三九五·00
	北支那海上	磅五·00	兩一五·00

保險	合同海上	一〇〇·〇〇	九二〇·〇〇
	揚子江海上	六〇·〇〇	二六〇·〇〇
	支那火災	二〇·〇〇	一五四·〇〇
	香港火災	五〇·〇〇	三八五·〇〇
船舶	ドグラス汽船	五〇·〇〇	一三三·〇〇
	スター、フェリー	一〇·〇〇	三六·二五
精糖	支那精糖	一〇〇·〇〇	二一一·〇〇
	マラボン精糖	一〇〇·〇〇	三九·〇〇
船渠及倉庫	香港黃埔船渠	五〇·〇〇	一二七·〇〇
	九龍埠頭倉庫	五〇·〇〇	八三·五〇
	上海船渠	兩 一〇〇·〇〇	兩 六七·五〇
ホテル	香港ホテル	弗 五〇·〇〇	弗 一一五·〇〇
土地建物	香港土地放資	一〇〇·〇〇	一〇〇·〇〇
	西營盤建物	五〇·〇〇	八八·〇〇
其他	デーリーファーム	六·〇〇	四一·〇〇
	青州セメント	一〇·〇〇	九·五〇
	香港電燈	一〇·〇〇	五一·〇〇
	香港製氷	二五·〇〇	一六〇·〇〇
	香港製綱	一〇·〇〇	三五·〇〇
	香港電車	五·〇〇	七·五五
	モーニングポスト	二五·〇〇	二九·〇〇
	ピーク電車	一〇·〇〇	九·五〇
	スチームラーンドリ	五·〇〇	三·五〇
	共同給水	一〇·〇〇	一六·八五

魚菜市場

魚菜市場（Markets）は孰れも政廳自ら建築したるものにして入札により一般商人に貸與し衞生局獸醫官の監督に屬し其取締嚴重なるを以て新鮮なる食糧品販賣せらる、目下市場數約二十あり就中最も大にして設備の完全せるものは市の中心に在る中央市場にして之に次ぐを西部市場とす、市場は獸肉、鳥肉（家禽及野禽）、魚類、果實、野菜等の諸食糧品販賣部に區劃せられ是等の諸品を小賣す貸下期間は數箇月又は一箇年以上とし五箇年以上の貸與は總督の許可を要す、普通一箇年間の契約多く借手は魚菜市場規則を遵守し市場內の衞生維持に注意することを要す。ヴィクトリヤ市內、港內、九龍、新九龍、筲箕灣、石切灣其他市外及村落一定の場所に於ては何人も魚菜市場を開くを得ず又普通に魚菜市場にて販賣せらるゝ食糧品を市場以外の場所にて販賣することを得ず、但特許を得たるものは此限りに非ず左記食糧品は市場以外に於て販賣するも差支なきものとす。

一、米、麵包、牛乳、鹹魚、菓子
二、生蔬菜、生果物、豆腐、コンヂー、スープ、免許を得たる街路行商人の販賣する調理せる食品
三、免許を得たる小舟住民が海岸より百碼以上の距離に在る海上にて販賣する魚類
四、免許を受けたる飲食店、寄宿所又は茶館に於ける調理せる食物
五、生獸肉以外の食糧品にて普通に雜貨商及食糧品商の販賣するもの
六、免許を受けたる競賣人の競賣するもの

今左に主なる市場名、設立年度、所在、一箇年間の收入等を表示すべし

市場名	設立年	所在	店舗又はストールの數		收入
中央市場	一八九五年	市内	店舗、ストール、魚槽	三〇六	弗 六〇、三四〇・二〇
紅磡市場	一八九五年	九龍	ストール	五七	三、八三一・四〇
芒角嘴市場	一九〇六年	同	同	四〇	一、二五九・九〇
西灣河市場	一九〇八年	香港島内	同	六八	二、二七四・八〇
西營盤市場	一九〇六年	市内	店舗、ストール	七一	一四、九五五・一〇
筲箕灣市場	一八七三年	香港島内	ストール	三五	二、〇三六・三〇
石塘咀市場	一八六四年	市内	同	三〇	八五三・二〇
掃管埔市場	一八五八年	銅鑼灣	同	六三	一、四七九・〇〇
大角嘴市場	一八九九年	九龍	同	三三	六三二・四〇
尖沙嘴市場	一九一一年	同	同	六五	四、二四三・七〇
灣仔市場	一八七五年	市内	同	八四	四、八六一・二〇
西部市場(新)	一九〇六年	同	店舗、ストール	八九	一八、八九三・一〇
同　(舊)	一八九五年	同	同	一一七	三〇、一八五・〇〇
油麻地市場	一八五八年	九龍	ストール	九〇	一〇、三三四・二〇
アバヂーン市場	一九一二年	香港島内	同		四六四・二〇
キャナール路	一九一三年	市内	同		五一六・〇〇
海傍東街	一九一三年	同	同		六八三・〇〇
レクラメーション街	一九一三年	同	同		三、六〇六・三〇
スタントン街	—	同	同		七一四・四〇
泰漢	一九一四年	九龍	同		三五一・二〇
計					一六三、五〇四・九〇

備考　店舗とせるは市場内に在る一軒の店、ストールは市場内の賣臺にして魚槽とは魚槽を置きて販賣するものなり

商　　人

一、外　國　商　人

香港貿易に從事する商人は外國商人及支那商人の二に大別することを得べし、外國商人の中に於ては英國商人最も勢力を

有し獨逸商人(戰前)第二位を占め日本商、米國商、佛國商、和蘭商、印度商、葡萄商等之に次ぎ其他露、伊、丁抹、諾威、瑞典等の商人あり、是等諸商人は或は汽船業、保險業或は其代理店又は工業會社の代理營業に任ずるもの尠からざれども大部分は一定の手數料を目的として物貨の賣買を營む口銭問屋にして十數名乃至數十名の店員を使傭す、各國商人中獨逸商の多くは信用ある大會社にして其取引範圍頗る廣く往々英國商を凌駕せんとするの慨を示し當港貿易上優秀の地歩を占有し來りたるが千九百十四年八月歐洲戰爭の勃發に遇ひ僅に開戰前の取引に屬する決濟のみを許され新なる商取引は全然之を禁止せられ更に十月末全く閉鎖を命ぜられたると同時に獨墺人は監禁又は退去の厄に遭遇し彼等は全く香港に其影を止めざるに至れり、而して獨墺商閉鎖後の整理は香港政廳監督の下に政廳の任命したる清算人(英國人)をして行はしめたり。

今左に各國商人中著名なるものを列擧すべし(日本商人に就ては在留本邦人の部參照)

英國商人

Asiatic Petro'eum & Co.	亞細亞火油公司	油類
Bank Line, Ltd.	鐵行輪船公司	船舶業
Butterfield & Swire	太古洋行	貿易業、船舶業
Canadian Pacific Ocean Services, Ltd.	昌興火輪船公司	船舶業
Canton Insurance Office, Lt.	諫當保險公司	保險業
Chartered Bank of I. A. C.	渣打銀行	銀行業
China & Japan Telephone & Electric Co.	德律風公司	電話業

China Fire Insurance Co.	中華火燭保險行	保險業
China Sugar Refining Co., Ld.	中華火車糖局	精糖業
Dodwell & Co., Ld.	天祥洋行	貿易業、船舶業
Gibb, Livingston & Co.	劫行	同同
Hongkong Canton Macao S. N. Co., Ltd.	省港澳輪船公司	船舶業
Douglas S. S. Co. Ltd.	德忌利士輪船公司	同
Hongkong Electric Co., Ld.	電燈公司	電燈業
Hongkong Fire Insurance Co.	香港火燭保險公司	保險業
Hongkong & Kowloon Wharfs & Godown Co., Ld.	香港及九龍碼頭及貨倉公司	埠頭倉庫業
Hongkong & Shanghai Banking Corporation	香上銀行	銀行業
Hongkong Tramway Co., Ld.	電車公司	電車業
(猶) David Sassoon & Co., Ld.	沙宣洋行	貿易業
Hongkong & Whampoa Dock Co.	香港黃埔船澳公司	船渠業
W. G. Humphreys & Co.	紹昌洋行	貿易業
J. D. Humphreys & Son.	堪富利士	貿易業
(猶) E. D. Sassoon & Co.	新沙遜洋行	同
Thomas Cook & Son.	通濟隆	船客仲立運送取扱業
Union Insurance Society	於仁洋面及火險保安有限公司	保險業
Jardine, Matheson & Co.	怡和洋行	貿易業、船舶業
Mercantile Bank of India, Ld	有利銀行	銀行業
Peninsular & Oriental S. N. Co.	鐵行火船公司	船舶業

Reiss & Co.	泰和洋行	貿易業
（以上を略第一流の會社商店とす）		
Banker & Co.	天和公司	貿易業 船舶業
Bradley & Co.	德記洋行	貿易業
Caldbeck, Macgregor & Co.	正廣和	酒　商
China Provident Loan & Mortgage Co.	—	貸付業
Commercial Union Assurance Co.	—	保險業
(猶) S. J. David & Co.	[illegible]	貿易業
Nestles Anglo-Swiss Milk Co.	—	煉乳輸入
Gilman & Co.	太平洋行	貿易業
(猶) D. Haskell & Co.	—	同
Hongkong China Gas Co.	煤氣公司	瓦斯業
Green Id. Cement Co., Ld.	青洲英坭公司	セメント業
Hongkong Land Investment & Agency Co.	香港置地及代理公司	土地物件貸付
Hongkong Rope Manufacturing Co., Ld.	香港纜公司	麻綱業
Hughes & Hough	曉士及何富	競賣人
J. D. Hutchison & Co.	和記洋行	貿易業
Lane Crawford & Co.	連架剌佛	雜貨店
W. R. Loxley & Co.	洛士利洋行	貿易業
Alex. Ross & Co.	羅士洋行	貿易業
United Asbestos Oriental Agency, Ld.	—	アスベスト
Union Water Boat Co.	—	給水業

Vacuum Oil Co.	域琴油公司	油　類
A. S. Watson & Co., Ld.	屈臣氏藥房	藥種店
General Electric Co. of China	萬國通用電氣公司	電氣機械類
W. A. Hannibal & Co. Ld.	—	貿易業
W. A. Jack, & Co., Ld.	威林麟有限公司	機械 造船業
Pentreath & Co.	昌利洋行	貿易業
Robertson, Wilson & Co.	大興洋行	同
Shewan, Tomes & Co.	旗昌洋行	貿易業 船舶業
H. Stephens & Co.	歐華洋行	貿易業
Wilkinson, Heywood & Clark, Ld.	吉星洋行	同
Harry Wicking & Co.	域景洋行	同
Arthur & Co.	公義洋行	輸出業
Brunner Mond & Co., Ld.	卜內門洋行	貿易業
Hongkong Ice Co., Ld.	香港雪廠	製氷業
(猶) Joseph Bros.	佐　什	貿易業
Whiteaway, Laidlaw & Co.	惠羅公司	雜貨店

備考　前表中（猶）を附したるは猶太人とす

獨　逸　商　人（戰前）

Arnhold, Karberg & Co.	瑞記洋行	貿易業 船舶業 諸雜品業
Blackhead & Co.	庇力乞洋行	貿易業 船舶用品業
Berblinger & Co.	保庇洋行	貿易業
Bornemann & Co.	波爾厘洋行	貿易商 商業
Carlowitz & Co.	禮和洋行	貿易業
China Export, Import and Bank Co.	謙信洋行	同
Garrels, Borner & Co.	咪吔洋行	同
Jebsen & Co.	捷成洋行	貿易業 船舶業

一七五

Wm. Meyerink & Co.	順全隆	貿易業
The Humburg-Amerika Linie	亨寶輪船公司	船舶業
R. Brockelmann & Co.	�鱗洋行	貿易業
Siemssen & Co.	禪臣洋行	貿易業 船舶業
Wendt & Co.	興盛洋行	貿易業
Melchers & Co.	乜洛士	貿易業 船舶業
Fromm, Hugo C. A.	富 林	貿易業
Bume & Reif	仁興及順利	同
Ulderup & Schulter	飛 輪	貿易業 小船製造業
A. Bune	濟 彌	船舶業
Kruse & Co.	告老紗	煙草商
Schuldt & Co.	些剌士	貿易業
Radecker & So.	利地架	同
Heuser Ecerius & Co.	―	同
米 國 商 人		
International Banking Corporation	萬國寶通銀行	銀行業
British America Tobacco Co.	英美煙公司	煙草輸入
Standard Oil Co. of NewYork.	美 富	石油輸入
Robert Dollar S.S. Co.	笠拔打剌公司	木材輸入業 船舶業
Amreican Express Co.	―	銀行業
Fisher Flouring Mill Co.	緝華麵粉公司	麥粉輸入
William Dunber.	―	同
Anderson Music Co.,Ld.	晏打臣琴行	樂器店
佛 國 商 人		
Bank de l'Indo-China	佛蘭西銀行	銀行業
Messageries Maritimes	佛蘭西火船公司	船舶業

一七六

Credit Foncière d'Extrême Orient	義品證券銀行	貸付業 銀行業
Socété Francaise des Charbonnages du Tonkin	東京煤礦公司	石炭輸入
A. R. Marty.	孖地洋行	貿易業 船舶業
Lapicque & Co.	黎壓洋行	同
支 那 商 人（別項に揭げざるもの）		
China Merchant S. N. Co.	輪船招商局	船舶業
Sincere Co.,Ld.	先施公司	勸工場
Hongkong Mercantile Co.	昌成公司	貿易業
Union Trading Co.	捷記洋行	同
Bank of Canton, Ld.	廣東銀行	銀行業
China Mail S. S. Co.,Ld.	中國郵船公司	船舶業
和 蘭 商 人		
Java-China-Japan Liju	渣華中國日本荷蘭輪船公司	船舶業
Netherlands India Commercial Bank	荷蘭安達銀行	銀行業
Netherlands Trading Society	荷蘭銀行	同
Holland China Trading Co.	好時洋行	貿易業
印 度 商 人		
Pabany, Ebrahimboy	人巴厘	貿易業
N. M. dy & Co.	麼 地	同
Cawasjee Palianjee & Co.	巴倫治	同
Apcar & Co.	萬 記	同
Arculli Bros.	合 德	同
Cassum Ahmed	―	吳服商

Wassiamull Assomull & Co.	—	絹物商
J. R. Michael & Co.	米架	貿易業
Ismail & Co.	伊士美	同
Chotirmal & Co.	—	絹物商
H. M. H. Nemazee	拈孖治	貿易業
葡萄牙商人		
De Sousa & Co.	梳沙洋行	貿易業
Soares & Co.	瑞利洋行	同
F. P. Talati	—	同
Bytelho Bros.	紹和洋行	同
Silva Nett & Co.	尼都	同
Aves & Co.	新興洋行	同
露國商人		
Russo-Asiatic Bank	俄華道勝銀行	銀行業
Russian Volunteer Fleet	俄國義勇艦隊公司	船舶業
諾威商人		
Thoresen & Co.	多利順(信亨)	船舶貿易業
伊太利商人		
G. Martini	孖天利	貿易業
瑞典商人		
Swedish Trading Co.	瑞典洋行	船舶貿易業
丁抹商人		
H. Skott & Co.	新中和洋行	貿易業

二、支那商人

香港に定住して中繼貿易に從事する支那商人は其數頗る多く到底枚擧に遑あらず、就中最も大なるものを南北行及九八行とす、南北行の名は南北各地の貨物を取扱ふの意味に基き九八行は二分の問屋口錢を收得するの意に基くものにして雙方合せて約百餘戸の商店を網羅す、其他特種地方との貿易關係を有する商店多數あり。今是等商店の概數を示せば左の如し

南北行及九八行(各地商品を取扱ふ)	約百餘
金山庄(桑港間貿易商)	約二百八十餘
石叻庄(新嘉坡同)	約七十餘
庇瓏庄(彼南同)	約十五
吉打庄(カルカッタ同)	約一
金堡庄(カムボヂヤ同)	約一
庇魯庄(秘露同)	約四
亞灣拿庄(ハバナ同)	約三
渣華庄(瓜哇同)	約五
南斐州庄(南阿弗利加同)	約一
吧拿孖庄(パナマ同)	約二
山打根庄(サンダカン同)	約四
呂宋庄(マニラ及西班牙同)	約三十一
安南庄(安南同)	約三十六
暹羅庄(暹羅同)	約十九
海防庄	約二
海口庄	約六
北海庄	約一
雲南庄	約二十五
汕頭潮州庄	約十二
福建廈門庄	約二十二
福州庄	約十二

上海庄　約五十八
山東庄　約三
天津庄　約七
漢口庄　約八
日本庄　約六十

今左に南北行、九八行、日本庄、其他の中一部分を摘記すべし

南北行及九八行

亢發行　鳴裕泰　金成利　均興隆
裕和隆　承興行　恒記行　協和行
裕德盛　華安行　炳記行　乾泰隆
昆茂行　廣茂泰　聚德隆　吳源興
榮發行　逢安行　愼生源　廣成興
泰順昌　成順棧　誠安行　廣永盛
泰生行　愼和祥　德榮行　萬和行
廣豐和　晋成行　集祥行　公發源
廣德興　兆豐行　祥安發　均安隆
廣生發　岐豐行　萬成興　振順興
德成行　永豐源　敬和行　亢和行
公源行　萬祥源

日本庄（日本雜貨取扱商）

廣永生　廣永昌　廣永盛　祐生隆
廣貞祥　廣日安　廣日隆　其盛
華昌盛　華裕盛　旋興隆　松利
廣恒益　新泰　東成昌　吉興
華日隆　廣安利　德源　廣興
永兆和　廣泰和　安昌　瑞興

同孚泰　益泰恒　同生隆　東盛隆

安南行（米）

承興行　萬祥源　萬發祥　元成發
公源行　集祥行

東京行（米）

廣興行　廣義行　廣泰興　廣恒興
寶興泰

暹羅行（米）

亢發行　金成利　廣美盛　乾泰隆
鳴裕泰　裕德盛　泰順昌　承興行

支那人勸工場

矢施公司　永安公司　大新有限公司　眞光公司

買辦及仲買人

買辦　當地外國商の多くは買辦を使傭す蓋し外國商は自ら支那商と取引を爲さんとするも支那語竝商習慣に通曉せざる者多きと支那商の信用程度不明にして取引に不安を感ずること少からざるを以て使傭人として英語を解する支那人を雇傭するよりも寧ろ買辦を傭聘して言語上の不便を除く外支那商の信用程度を保證せしむるものなり、而して一方外國商人は可成支那人間に勢力あり且營業上手腕ある買辦を傭聘して其商業の發展を計り又買辦は成るべく信用厚き會社。大商店に入りて其取引を輔佐すると同時に自己の信用を高めんとし互に相依りて益相互の信用を增進せんとを期するものとす、先づ買辦を傭聘するには買辦の職責權限等を規定したる契約書を交換し一定の身元保證金又は不動産を擔保として提供せしめ概ね俸給を與へ別に筆墨費を給するものあり、共契約書の內容は各洋行により區々に

して一定せざるも買辦の執るべき事務左職責の大要は略の如し

一、契約履行の保證
一、貨幣の眞贋、鑑定
一、使傭支那人を總括監督し之に對し責任を負ふ
一、荷物の受渡に對し責任を負ふ（洋行私有倉庫に支那人倉庫係を使傭するが如き場合）
一、支那商の信用程度調査
一、商況の調査等

而して洋行の賣る商品に對しては洋行は五厘乃至一分見當の手數料を買辦に仕拂ひ洋行の買ふ商品に對しては略同樣の手數料を賣手より買辦に仕拂ふもの多し然れども其手數料の多寡は洋行により又商品の種類により極めて不同なり、從來買辦制度は外國商人に取り殆ど必要缺くべからざる機關にして支那及香港等に於ける歐洲貿易發達上買辦の效果多きに居るは今更云ふを俟たずと雖も利の存する所亦弊害の伴ふは不得止ところにして買辦を通ずる取引は買辦手數料丈商品の高價となるのみならず買辦は他人の名を用ひて思惑を爲し利益ある場合には自ら收得し損失相重なる時は遂に彌縫の策なきに至り洋行に大損害を及ぼしたるの例少からず、思ふに買辦は土地の事情竝言語に通ぜざる結果必要を生じたる機關なるを以て若し當地の商況竝に言語に精通する店員を十分に有するに於ては買辦は必ずしも之を置くの必要なきものにして右は三井物産會社が多年買辦を使傭せずして其商業益發達を遂げつゝあるによりて證することを得べし。

仲買人　香港に於ける仲買人制度は其發達著しく他の支那開港場に於て見る能はざる所なり、當地に於ける總ての商取引は殆ど全部仲買人の手を通じて行はると云ふも過言にあらず、思ふに當地には英語を解する支那人比較的多數なると外國商人が支那語を研究する者少なき爲め仲買人を通じて取引するを便とすると同時に英本國の制度に模倣し仲買人制度の發達を促したるものと推察せらる、然れども仲買人は買辦と異り單に商取引の仲次を爲すに止まり契約履行に對し何等責任を負はず從て往往不確實なる商人と契約することを勸誘するを以て平常商人の信用調査を怠る可からず、仲買人手數料は商品の種類により一定せざるも五厘乃至一分を普通とし總て賣手の負擔に歸す、仲買人の多數は諸商店に出入して取引の仲介を爲し其仲立口錢を以て主なる收入とするも少數の仲買人は一商店より月々一定の手當を受け其商店に專屬せるものあり。

商　習　慣

洋　行　例

香港に於ける商取引慣習中特に注意すべきは洋行例及南北行例（及九八行例）の二種とす、洋行例は普通の洋式取引にして現今各地の開港場に於て行はるゝ慣例と大同小異なり、特に洋行例として規定せられたるもの無きも其大要は次の如し。

洋行若くは支那商店が支那商店より貨物を買ふ場合には總て現金取引にして普通一分引倉渡しとす即賣買契約の値段より一分差引きたる金額と引換に貨物を引渡すものにして貨物の種類により二分引のもの少數あり、又鉛、麻袋等は現金取引にても歩引せざるを例とす、次に支那商店が洋行より又は洋行が洋行より貨物を買取る場合には之亦前記と大差なきも綿絲、金物等は二箇月の倉期限にして歩引を爲さず此期間内は倉庫料保險料等は總て輸入商の負擔なり。

南北行例（及九八行例）

南北行及九八行

在香港の支那人問屋は二公所を作れり一を南北行と稱し他を九八行と稱す。前者は南洋北洋各地の貨物を取扱ふの意にして後者は荷主及買手より必ず二分の口錢を得るを以て斯く名づく此兩公所に屬する支那人問屋約百餘軒に上り（其主なるものは支那商人の項に記せり）孰れも大貨物の委託販賣を業とし信用資本倶に備はり當地支那商の中堅たり。取扱貨物の種類は米、豆及雜穀、油類、銅、錫、茶、檳榔、煙草、皮骨、落花生、海產物、籐、藥材、麻、棉花、雜貨等にして其取引範圍は支那、佛領印度、暹羅、海峽植民地、蘭領印度、英領印度、比律賓、濠洲、日本等に亙り其勢力牢乎として拔くべからざるものあり。南北行例及九八行例とは是等問屋の取引上に採用する商習慣にして彼等と賣買取引をなすに當り是非共會得し置くべきものとす、南北行例と九八行例とは殆ど同一なるを以て雙方を一括し其大要を記述すべし。

計算法

（甲）買手の代金仕拂法

（イ）原價　買主に買付委託貨物を引渡す際には封度(Pound)にて看貫し此の七五掛を以て擔（Picul）に換算す、此擔數に契約擔値段を乘じて原價を得

普通風袋を差引くも米、タピオカは風袋を差引かず、見本として西貢米、東京米は一百袋に付二十封度、暹羅、蘭貢米は同三十封度を差引く

（ロ）佣銀　問屋が買主より請取る賣上手數料にして原價の二分とす

（ハ）店銀（又は出店銀）　一般貨物は總て倉渡なるを以て船より陸揚費、倉入費及荷渡費は之を出店銀と云ひ毎擔三仙を買主に負擔せしむ、該店銀は盆及正月の二期に於て店員に與ふる賞與金に充つる由なり、契約後一箇月以內は倉庫料は問屋にて要求せず。

西貢米、暹羅米は著荷大口なるを以て、普通船渡行はる從て店銀は西貢米毎擔一仙五厘、暹羅米同一仙にて足る、但例外として上記二種米にして買主の引取遲延し船渡を行ひ得ざる時は買手の費用を以て問屋は其欲する倉庫（但し買手が特に選定せる場合を除く）に陸揚するものとす、此場合には店銀三仙の外倉敷料及火災保險料として倉入後引取迄毎月擔四仙を原價に込む

東京米、蘭貢米は著荷小口なるを以て倉渡のみ行はれ一般貨物に準し店銀は三仙とす、南北行例中船渡の例あるは右二種米のみとす。

（ニ）棧租其他　棧租は倉庫料の謂なり、倉渡貨物の引取期は普通賣買契約當日より一箇月以內とし此期間は倉敷料を要せず、之を過ぐる時は倉庫料及火災保險料（但倉庫會社にては火災保險は預主の負擔とし倉敷料を含まざるを常とす）として米は最初一箇月毎擔六仙（四仙は倉敷料及保險料、二仙は出店銀と解する者あり）、二箇月目よりは倉敷料及保險料共一箇月毎擔二仙宛、砂糖其他雜貨は一箇月毎擔三仙、錫は買手より二十五仙を仕拂はざる可からず。

以上原價、佣銀、出店銀及棧租の合計は南北行問屋が買主より當然請取るべき額にして假に之を請求額と名づけむ。

（ホ）九九揼及九九五揼　九九揼は一分引又九九五揼は五厘

引にして代金仕拂に際し一分又は五厘を控除するものを云ふ、代金仕拂方法は貨物の種類によりて異なり現金拂と期限拂とあり、期限拂には二十六日拂、四十日拂、六十日拂等の別あり（目下戰時に際し總て現金取引行はる）現金拂とは貨物を引取ると同時に代金を仕拂ふものにして此の間期限あるを許さず、期限拂とは所定の期間内に仕拂へば可なるものなれども期限拂の貨物にても現金仕拂取引を契約したる時相互の信用ある時は荷物引取後七日間内に仕拂へば現金拂と見做す（若し十日過ぐるも仕拂はざるに於ては以後取引を中止せらるべし）然る時は米以外は總て請求額の一分引を爲し米は必ず五厘引をなす。

毎年十二月十六日より同三十一日迄に契約する貨物の代金は假令現金仕拂を契約するも歩引なし但し取引絶えざる常客に對しては九九控なる貨物も特に九九五控として契約する場合なきに非ず。

期限拂にして各期限を超ゆる時は一日百弗に付十仙の利子を徴收し尚ほ荷物引取日より六十五日に及ぶも仕拂はざるに於ては之を該公所に通知し公所は之を各問屋に通達し以後の取引を中止せしむ若し私かに取引をなす者有る時は罰金二百弗を出さしむ。

（二）銀紙水　銀紙水を說明するに當り先づ其基礎となれる「省單」なるものに就き一言するの要あり、省單とは一に大員滙單と稱し廣東省城に於て香港宛の爲替手形を購入するに際し仕拂ふべき廣東本位貨「元」と香港弗との差額にして其相場は日々變動するも一千元に付四十元位を普通とす、此の四十元を指して省單相場と稱す、卽ち廣東に於て香貨一千弗の送金手形を購入せんとする時廣東圓銀一千四十元を要する次第なるも廣東の本位貨を代表する圓銀（一元）は現今極めて稀にして實際に於て右の如き計算は行はれざれども省單の相場なるものは常に存在し香港廣東間爲替の出合如何により其相場に變動あり。而して銀紙水なるものは右省單相場に起源するものゝ如く卽ち廣東に於ける商人が香港の問屋より香貨一千弗の貨物を購入する時は同商人は廣東圓銀一千四十元を仕拂はざるべからざるも一千弗に四十元の歩合を仕拂ふことは買手に取り負擔重きに過ぐるを以て雙方協議の結果其六割は賣手に於て負擔し其四割は買手に於て負擔することゝなり其賣手負擔の分を銀紙水と稱し遂に銀紙水なる特種のものを存するに至れるが如し、從て銀紙水の率は省單相場の約六割と定まり省單相場に連れ絶えず變動したるものなりと解釋せらる（銀紙水を紙幣と硬貨との開き又は香港紙幣と廣東貨との差額なりと說明するは誤れり）。

然るに大正三年舊正月に至り右銀紙水廢止問題起り當時南北行及九八行は一致して銀紙水廢止の決議をなし各買手に引札を配布して陰曆正月以後は各取引に於て銀紙水を廢止すべきことを通告したり而して其口實とする處は同年三月一日以降香港政廳は廣東銀貨の流通を禁止することを豫告せしを以て從來慣行し來りし廣東貨幣と香港貨との開きなる銀紙水も亦之を廢止するを至當とすと云ふに在りたるも銀紙水が香貨廣東貨との開きに非ざるは前述の通りにして且廣東「元」を代表する貨幣は香港には勿論廣東に於ても殆ど流通を見ず廣東元は從來只取引の標準として用ひられた

るに止まり三月以降禁止せる廣東小銀貨とは全然別物にして假令廣東小銀貨を廢止するも銀紙水は依然存在し絶滅するものに非ず只取引に際し之を使用すべきや否やが問題たるのみ。

然るに買手側は南北行及九八行の決議に反對し從來の習慣に準據して銀紙水を存置せんことを主張し一同團結して銀紙水を附せずんば取引に應ぜずと決議し雙方確く持して下らず正月明け後約一箇月間取引全く杜絶するに至れり、依て問屋側は貨物堆積して其處置に窮し遂に左の如く讓歩して解決を見るに至れり。

西貢米、東京米、暹羅米に就ては

一、代金仕拂は香港紙幣を以て銀紙水を控除す、銀紙水の額は省單價格の五掛に一弗を加へたるものとし最高限を二十弗（一千弗に付）とす、若し省單價格下落し又は皆無となるも異議ある可からず

一、仕拂は貨物引渡後三十日とし仕拂當日の銀紙水を以て計算し若し期限を後れたる時は利息を仕拂ひ銀紙水は正當仕拂期日の相場に依る

砂糖、海產物其他各種雜貨に就ては

一、米以外の貨物は總て省單の相場如何に拘らず銀紙水を一定不變のものとし一千弗に付十二弗五十仙と規定し代金より之を控除すること

斯くの如くにして從來銀紙水は普通省單相場の略六掛なりしが右の取極により米に就ては省單相場の約五掛となり且最高限を二十弗と定めたれば省單暴騰の爲め南北行及九八行側の損失を受くる場合無きに至り又米以外の貨物に就て

は銀紙水は常に十二弗五十仙と確定したれば南北行九八行側は銀紙水廢止論を唱へたる一部の目的を達したる次第なるも銀紙水は從來より稍變形して依然存續することゝなれり。

以上（イ）より（ヘ）に至る迄は南北行及九八行に於ける仕拂計算の標準となるものなり。今左に計算を例示すべし。

（例一） 契約——錫一號方印　毎擔一百二十五元　正現金拂のこと

引取——契約日より一箇月以內に引取の場合

仕拂——香港紙幣

100條=11,400封度（看貫量）=85.5擔

原價	85.00擔×125.00	10,687.50
佣銀	原價の二分	213.75
出店銀	擔に付三仙	+ 2.57
	（請求額）	10,903.82
九九扣	請求額の一分	− 109.04
		10,794.78
銀紙水	千弗に付　12.50	− 133.27

10,794.78÷(1+0.0125)=（實際仕拂額）　10,661.51

備考　契約に一百二十五元とあるも廣東本位貨の元に非ずして支那人は總て弗を元と記すものなり

（例二） 契約——西貢米　一千俵、毎擔六元五十仙、（倉渡の場合）

引取——契約日より一箇月後二箇月內に引取りたる場合

仕拂——香港紙幣　當日銀紙水十五元

1,000俵＝221,600 封度（看貫量）

－ 200 〃（見本百俵に付二十封度差引）

221,400 ＝ 1660.5擔

原價	1660.5擔 × 6.50	10,793.25
佣銀	原價の二分	215.87
出店銀	擔に付三仙	49.82
棧租	擔に付五仙	＋ 83.03
	（請求額）	11,141.97
九九五扣	請求額の五厘	－ 55.71
		11,086.26
銀紙水	千弗に付十五弗	－ 163.84

11,086.26÷(1＋0.015)＝（實際仕拂額） 10,922.42

（乙）委託主に對する仕拂計算

（イ）原價　買主が南北行に仕拂ふものと同額なり

（ロ）佣銀　各問屋が委託主より受取る委託販賣手數料にして原價の二分とす

（ハ）銀紙水　素と千弗に付五弗迄は問屋にて負擔し夫れ以上は委託主持なりしが現今銀紙水より起る相場の高低は總て委託主の負擔に歸す

（ニ）棧租　倉渡貨物に在りては一箇月間は倉敷料及火災保險料は委託主の負擔にて其の後は南北行の負擔なり、尤も南北行にては著荷後一箇月以後の分は買手より徴收するものとす、次に船渡荷物なれば委託主は決して倉庫料及保險料を負ふことなし、船渡貨物を萬一倉入したる場合は買手の負擔に歸すべければ同じく南北行は損する所なし

（ホ）荷爲替　初め荷主は南北行に委託せんとするや送狀面の七割乃至八割は銀行を通じ參著十五日拂（貨物の種類によりて一定せず）荷爲替を取組み得るは一般の例なるが如し（但し戰時中六、七割となれり）

南北行が該爲替全額仕拂後尙賣上げ得ざる場合には銀行に仕拂ひたる額に對し年四分或は五分の利息を委託主に請求すべきものなるも取引旺盛なる委託主に對しては此例を見ざるを普通とす

今左に一例を擧ぐれば

（例）　十號瓜哇糖一千俵、委託主仕切每擔七元五十仙とし香港賣上を每擔七元四十仙とせん、爲替は參著十五日拂にて八割を取組み、瓜哇香港間郵便日數を十日と見る（香港には三日間の仕拂恩惠日あり）

1,000俵＝145,000 封度（看貫量）

－ 1,850 〃（風袋一俵に付1.85 封度）

143,150″＝1,073,625 擔

原價	1,073.625 × 7.40	7,944.83
佣銀	原價の二分	－ 158.89
		7,785.94
銀紙水	千弗に付五弗（假りに）	－ 38.74
		7,747.20
棧租	擔に付三仙	－ 32.21
		7,714.99
爲替	1070擔（瓜哇看貫量）×7.50＝8,025.00	
	8,025.00×0.8＝6,420.00	
	二十八日間年五分の利子 24.62	－ 6,444.62
		1,270.37

(丙) 仲立人口錢

南北行と買手との間に賣買を仲立つ者の口錢は南北行自身之を負擔す。大約左の如し

米	毎擔	一仙
砂糖	同	二仙
錫、銅	同	二十五仙
其他は	價格の一分を以て標準とす	

買手が若し洋商にして買辦を有する場合は仲立口錢の一半は買辦の收入となり仲立人は他半を所得するに過ぎず

諸規約等

今參考の爲め南北行及九八行の規約等二、三を摘記すべし、是等規約類は折々變改あるを以て其各部分が總て現在行はるゝものに非ざるも直に之を訂正し難きを以て其儘玆に揭ぐることとし其制定の年月を附記し置けり。

○南北行規約(譯文)

蓋ふに貿易狀態は一定不變のものに非ず而して規約は一定のもの無かる可からず一定の規約を變態常なき貿易上に運用せんとす恰も白晝市場を開きて其準據する所を得んとするが如し、我南北行は取引口に盛にして店舗日に增加せんとす若し一定の規約を定むるに非ずんば何に因て貿易の準據と爲さん、玆に長老を集めて規約を議定し努めて遵守を期す、斯くして各行畛域分明ならずと雖も庶くは條規紊れず完全なる指鍼を得各場合を劃明し以て爭執を免る、議決する所の規約を左に列記す。

一、賣買は公平を貴び取引帳簿は宜しく明白なるべし同業者間の取引たると外來商との交易たるとの別なく收支銀兩は必ず本行(南北行)定むる所の公定秤を以て計算して爭執を許さず若し取引代金不拂の者ある時は其債務者及取扱人名を同業者に通知し彼等と取引するを得ざらしむ、若し之を徇情庇護し之と取引する者ある時は查出次第責を私かに取引したる者に負はしめ不拂代金を償還せしめ尙ほ罰金を公課して同業組合費に充つ、該債務者後日に至り能く不拂額を仕拂ふ時は從前通り之と取引を許し以て和好を敦うす

一、市況時に盛衰あり貨物品質亦一樣ならず若し商談申込を受くる時は先づ公平に相場を評議し一度相場定まりたる後は假令市價下落すと雖も妥協を申込むを得ず、貨物品質一樣ならざる爲め爭議ある時は果して標準とせる貨物と引渡貨物との差異あることを確めたる上一樣ならざる貨物を仕分け公平に價格を減ず、唯此貨物は全部買手に於て引取るを要し代金を直に仕拂ふ可し、若し勢に乘じて不當の申立を爲す時は永久我同業者は全部其者と取引せず以て爭端を防ぐ

一、本行(南北行)外客に替りて委託販買を爲す場合には口錢は素と定例あり委託者ありて貨物を其所有倉庫に引渡したる後は其貨物は某行より販賣す可きものにして委託者は之を他行に託して販賣するを得ず、而して該貨物は二箇月の久しき尙ほ販賣し盡さず委託者時價に見積りて代金を受取ることを欲せず貨物を引取りて他行に委託し若くは他港に運往せんとする時は其貨物の見積價格に對し毎兩に付口錢として銀二分及毎個月々の倉敷料毎擔銀一分、小なるもの銀一分五厘、大なるもの銀二分を差引き始めて貨物を返還す、又委託貨物販賣し盡し二箇月を經ざるものは只口錢二分を差引き倉庫料を要せず、而して運搬費及倉入費は委託者の負擔とす

一、磅(封度)を用ゐ秤を用ゆる素と自ら區別あり玆に豆、糖、

米、麥、棉花、鉛、銅鐵等は磅を用ふるも其餘の北頭（北方品？）、藥材、雜貨には倶に本行（南北行）の司碼秤を用ゆ、大口貨物あり改めて番磅（外國臺秤）を用ゐ快便を圖らんと欲する者ある時は一磅に付七五を以て換算し一%を加へ公平に照す

一、貨物は秤量する時は賣手は宜しく其場合に於て之を監視し互に錯誤を免れ秤量を終り量數を明記したる後に其貨物は買手自ら點檢を行ひ以て責任を明にす

一、貨物を委託する時は被委託者の管理に歸し引渡後は委託者は必ず捺印せる送狀を渡して證據とし以て妥當に照す其後或は目減り及意外の虞あるとも委託者と關係なく該貨物は必ず送狀に由りて計算し異議ある可からず其解船費用は被委託者の負擔とす

一、凡そ外客前金仕拂の場合は時日に照して利息を計算す可く以て取引の公平に照す

同治三年正月　　南北行公啓

〇南北九八兩行合訂規則（譯文）

公啓者現在中華民國成立し百般の制度新たなり前に大總統より陽暦に改用す可き電告あり廣東都督も亦有らゆる契約其他の證據書類に依然陰暦を用ゆるに於ては控告するの效力なきこと及租稅納入の場合或は一般商取引の場合元毫に改用して計算す可きことを布達せり、事國體に關し宜しく實行す可き事に屬す此の商務連年敗落し破產頻出し取引帳簿期を過ぐるも決算するを得ず損失實に甚だし加之家賃屢騰貴し經費浩繁種々なる困難枚擧に遑あらざるに際し其原因を究むるに皆衆情散漫にして良果收め難きに因るものなり、若し斯の如くして整頓を加ふるに非ずんば則ち我南北八九兩行の商務敗落其極に達すべし、茲に重ねて舊規約を改め相互聯絡遵守し以て積弊を除去し補救を圖らんとし普く各地諸君に告ぐ若し取引せんとする者あらば請ふ敝行（南北行、九八行）規約に準據して取引せられんことを之れ厚く望む所なり

一、壬子年（千九百十二年）一月一日（即陽暦二月十八日）より總て陽暦を改用し以て國體を尊重す

二、凡そ各客商と取引するに當り定むる價格は舊習を除去して兩數（テール）は總て元毫（元は弗、毫は十仙）を以て計算し換算の不便を省く

三、凡そ内外行の佣原口（手數料）は元毫に改用の結果毎兩二分を毎元二仙の割合に改む

四、各貨物を委託する時若し船渡なる時は每擔に付荷主の各貨各江（各地）に對する辦法は舊例による可く只五厘なりしものは一仙の割合に、一分なりしものは一仙五厘に改め又倉渡の場合は荷主は三仙の割合を以て計算す

五、各買手及仲買人は某屋號を以て買入れたる貨物は買入貨物受取の後は必ず某屋號を以て出荷し中途之を別人に分割し若くは別屋號を以て出荷するを得ず以て混亂の弊を免る

六、凡そ買手と取引の場合代金仕拂期限は米、砂糖、油、豆、銅、錫、酒、茶、檳榔、刻煙草等の別に期限あるものを除き其餘の各貨物は平常は六十日拂とし此期限を超ゆるを得ず若し期限を超ゆる一日なれば百元に付日歩十仙の割合を以て計算し斯くして更に五日を限りとし上記割合を以て計算し若し六十五日を超へ尙ほ仕拂はざる者は其屋號を同業者に通達し南北行九八行總て表明して之と取引を停止す、私情に拘泥す

るを得ず若し同業者中情に由り之と交易する者ある時は公議に由り其者より公費二百元を罰徴し其一半は檢擧人の所得とし其餘の一半は各行(南北行、九八行)の公箱に入れ以て組合の公費に充て異議を述ぶるを得ず

若し陽曆十二月十六日決算後に於て各買手と取引する場合には現金仕拂に對し九九控を爲すを得ず又各貨取引は陽曆年末に於ては規定の仕拂期限如何に論なく年內に淸算するを要す

辭を設けて仕拂を拒むを得ず

七、現金取引に對する割引の規定は須く代金仕拂を先にし貨物引渡を後にする場合のものにして尙各行信用を許すと雖も制限を嚴守すべく貨物引渡の日より起算し七日を限り代金の仕拂を爲す可し若し十日を過ぎて尙ほ決濟せざる者ある時は卽ち南北行事務所に通知し各南北行及九八行に通遞し表明して暫く之と取引を停止す

八、荷主に代りて貨物運賃を仕拂ひたる場合若し荷主より香港紙幣を以て返濟せる時は時價に照し該荷主に對し銀紙水を差引き以て公平に照す

九、我南北行九八行は聯同して各規則を規定し有らゆる權利は南北行九八行一樣に享受す只未だ九八行南北行何れにも加入せずして南北行九八行組合員を假冒し暗に利益を圖る者多し各買客注意あらんことを祈る

中華民國元年二月十八日　香港南北行九八行公啓

○暹羅米行規則(概譯)

我行(南北行、九八行)の從來販賣する暹羅玄米、白米及碎米、米糠等に關し曩に規則を設けて約一百包に對し見本として三十封度を差引くことに決定せること久しかりしが計らずも弊害を

生じて近來買客の船上に於て見本を取るに貪りて厭くなし、此を以て損害を被ること甚だしく今に於て之を改善せざる可からず、故に茲に公益の爲め規定すること左の如し

一、玄米、白米及碎米、米糠等は前例により毎百包に付見本三十封度を差引くこと

二、已に見本を引きたる後買客見本を取らんとする場合には五封度を以て限りとす

三、買手若し見本五封度以上を取る場合には其看貫帳に之を記入し超過額を計算す

四、買手若し故意に之に違反し見本を多量に取る場合には竊盜を以て論じ犯人及贓品を官憲に送り以て奸貪を戒む

五、艀船中の苦力、人足、艀人等若し私かに各家の米及碎米、糠等を盜めば何人を問はず之を捕へて官憲に送りたる者に褒賞金を例に照して給與す

六、規定以上の見本を取りたる者を發見し之を證明する者には褒賞金として百斤以內は三十元、百斤以上は更に之に優る褒賞金を組合より給與す

七、組合各店の店員船に赴き若し規定以外の見本を取る者あらば他行の貨物と雖も直に捕へて容赦するを得ず、組合各店の店員は互に相共力して例に違ふ者を發見するに努むべく自家の貨物に非ざるの故を以て之を看過するを得ず、褒賞は例により給與す

八、組合各店の店員若し故意に多量の見本を取るを看過したる時は直に調査の上必ず解雇すべし

九、以上議定せる章程を施行することに於て全然一致せり宣統二年一月一日より施行し永遠に遵守すべし

宣統元年十二月吉日

南北九八暹羅米行謹啓

○八九行商業會所章程(拔萃)

九八行商業會所創設の序

現今商戰の競爭最も劇烈の時に當り羣治腐敗し團體散渙する者は以て舞臺に優勝を競ふ可からざるなり、近く歐米富强の由因を贍るに皆商戰に勝つを以てなり、商政ありて以て公益を維持し敢て奸を作し科を犯す者なし、商法ありて以て實業を振興し輸出の利權を挽回し商律ありて以て權利を保護し國を越えて其虞なからしめ、商報ありて以て趣旨を發揮し恆に其耳目を聰明にし、商業會ありて以て羣情の散渙を團結し、商學堂ありて以て百物の理を研究す、想ふに昔英吉利一商會を以てして印度を撫有し伊太利市民を以てして國政に參與す猗なる哉、盛なる哉、是れ卽ち我九八行商業會所設立の緩を容れざるや甚だ明なる所なり、夫れ商は農工の樞紐、國家の要素たり、其國商人知識の高下を觀れば卽ち以て其國文野程度の高下を知る可し、優にして勝てば則ち國富み民强く、劣にして敗くれば則ち國困み民墜る、吾之を懼れ特に同人を集めて九八行商業會所を創設し藉りて以て群情を團結し公益を維持し商知商學の實力を開拓し、對外對內の方鍼を增長し、知識を交換し博く見聞を採り其志行日に高く德業日に進ましめば、庶幾自强、富國、裕家を圖存するに小補なからずや、易に曰く麗澤兌、君子自强を以て息まず又曰く同人野に大川を涉る夫れ野に得る所なきの地なり而して其誠意故と同じければ大難以て宏濟すべし、詩に曰く嚶其鳴くや猶ほ友の聲を求むるが如しと、此等は皆公等の瞯豎する所、然らば今日の事盍んぞ興らん乎、來れ、來れ、

光緒三十四年三月十五日　九八行商業會所同人公訂

九八行商業會所章程

第一章　綱　領(第一條乃至第十六條)　(省略)

第二章　權　限(第十七條乃至第二十七條)　(同　)

第三章　專　責(第二十八章乃至第三十七條)(同　)

第四章　權　利

第三十八條　各埠の貨客、來貨は時價を按じて代賣し買客貨物を全部引取りし後淸算す

一、百兩毎に佣銀(手數料)貳兩を取る(米穀及牛莊豆は此限にあらず

二、百兩毎に貯藏の保險料として雜貨四十錢、藥材五十錢を取る

三、代賣貨物は毎擔或は毎件に付行例章程に照して一箇月倉敷料を取る

四、代賣貨物は所有陸揚費用は貨客の算數に入る

第三十九條　各埠の買客は買ふ所の各貨物の善惡を先づ能く見分け旣に價を訂定して買ふの一言を以て實と爲す、異言反悔することを得ず

一、買客貨物を引取れば代價百兩毎に外佣銀(手數料)貳兩を加へ毎擔出店銀二分を加ふ貴重貨物は別に議す

二、買客は買落貨物にして海味鹹魚等の如く久しく貯藏し難きものは速に引取るべし若し延引して物質に變壞を及ぼすも買客の誤なれば異言あるを得ず

三、買落貨物にして若し貯藏し得るものは引取期限に遲るゝこと一箇月內には引取るべし若し期を過ぐる一日なる時は毎擔或は毎件行例章程に照して過期倉敷料一箇月銀若干を徵す、若し再び期を過ぎ屢催促するも引取らざる時は本會

所に報知し書記員をして代往催促せしむべく尚若し延引引取らざるにより該行該買客を標貼せんと欲せば本會所に報知すべし、本會所は代つて標貼を傳行し暫く交易を停むべし

四、買落貨物延引して引取らず若し該買客が貨物の販路なきによりて代價の下落は貨物の變質破壞による損失金及倉敷料等は一切該原買客より償還せしむ、若し該買客既に期限を經過するも貨物を引取らず又該行に港例に適する貨物再賣方を求めざる時は該貨物を競賣に附し或は該行別に代賣をなして損失金及一切の費用は原買客より追償せしむ

五、內外各埠買客買ふ所の各貨物香港渡なれば必ず香港現金拂として以て劃一にす、狥情に爲替券を受領することを得ず

六、買客貨物を引取り仕拂期を定むる時は糠、米は三十日を以て期限として仕拂ひ期限を超ゆることを得ず、各雜貨は四十日を限り仕拂ふべし若し期日に至り仕拂はざる者は猶五日を猶豫し期日經過後屢催促するも仕拂はざる時は卽ち該買客不拂高を本會所に報知すべし、本會所書記員代つて催促するも延引仕拂はず該買客を標貼して取引を停止せんと欲する時は該行より本會所に報知し本會所代つて標貼を傳行すべし

七、凡そ各埠買客本行に在りて貨物を買ふ者は自辦たると代辦たるとを論ぜず期を過ぎて代金を悉皆仕拂はず或は買落貨物を期を過ぎて引取らず或は休業破産に遇ひ轇轕未だ濟まざるものある時は該買客の屋號、司事及買手、或は經記(仲買人)各人の名字を本會所に報知し標貼を傳行せしめ會所員をして週ねく知らしめ取引せしめざる様すべし、若し他の店が彼の傭人を雇はんと欲する者ある時は會所員協力之を改むべし、但し本行に標貼取引を中止せられたる者の屋號及仲買人を我會所員は自己の賣手に通知して彼に抵制を實行し決して私かに交易す可からす、必ず彼が調停妥當を待て本會所に通知し標貼を撤去して再び取引すべく以て戒と爲す

八、凡そ本會所員若し某店或は某人を標貼し取引中止を傳行せんと欲せば該行より本會所に書面を以て報知すべし、其書面內に該行の印章あるを以て證據となし代つて標貼を爲すべし若し錯誤あらば該行自己の責任とし本會所其責に任ぜず

九、凡そ內外各所の買客の營業破産せし時は會所員若し其掛金あらば各異心を懷いて私かに相授受す可からず必ず協力籌議し對待の法を設け追究して以て將來を儆むべし

第五章　敍會(第四十條乃至第六十九條)　(省略)
第六章　間談、敍議(第七十條、第七十一條)　(同　)
第七章　議員資格(第七十二條乃至第七十五條)(同　)
第八章　例捐公費(第七十六條乃至第七十九條)(同　)
第九章　進款(經費)(第八十條、第八十一條)　(同　)
第十章　支款(同　)(第八十二條、第八十三條)　(同　)

以上の章程條例は草創に屬するを以て隨時酌議改良すべく尙後若し再び善良の規矩あらば公認を經て續て追加し克く完善に臻り以て永久を期すべし

物　價

商品は其種類頗る多く到底一々之を比較すること能はざるも

南支那及附近地方に產する農產物、林產物、未加工品等は概して日本に於けるよりも低廉にして歐米其他先進國より輸入する製品加工品、半製品等は概ね高價なるが如し、香港は自由港なるを以て歐米輸入品は日本に於けるよりも廉價なるべしとは何人も想像する處なるも香港にては關税を課せざる代り商店の營業費（殊に家賃の如き）不廉なる爲め本邦に於けるよりも却つて高價なるもの少からず、尙物價は世界的に漸騰の傾向に伴ひ當地に於ても逐次騰貴の趨勢を有す。今當地政廳の統計中千八百八十九年以降の分を比較表示すれば左の如し

日用食糧品の平均價格對照表

（單位弗）

品名	單位	一八九八年	一九〇三年	一九〇八年	一九一三年	一九一五年
麥粉	一袋（五十封度）	二・六二	二・七五—二・九〇	三・〇〇—三・〇〇	三・〇〇—四・〇〇	三・〇〇—四・五〇
麵麭	一封度	・〇五—・〇七	・〇四—・〇九	・〇六—・〇八	・〇七—・一〇	・〇七—・一〇
黃牛（大人食用）	一頭	四〇・〇〇—四五・〇〇	四〇・〇〇—六〇・〇〇	四〇・〇〇—六〇・〇〇	三〇・〇〇—七〇・〇〇	三〇・〇〇—七〇・〇〇
同（小）	一頭	五・〇〇—二〇・〇〇	一四・〇〇—三〇・〇〇	一五・〇〇—三五・〇〇	—　—	—　—
馬	一頭	五〇・〇〇以上	一〇〇・〇〇以上	一〇〇・〇〇以上	一二〇・〇〇—三〇〇・〇〇	一二〇・〇〇—三〇〇・〇〇
羊	一頭	七・〇〇—九・〇〇	一〇・〇〇—一四・〇〇	二〇・〇〇—一五・〇〇	一二・〇〇—一八・〇〇	一二・〇〇—一八・〇〇
山羊（食用）	一頭	三・〇〇—五・〇〇	六・〇〇—八・〇〇	七・〇〇—九・〇〇	八・〇〇—一四・〇〇	八・〇〇—一四・〇〇
豚	一擔	八・〇〇—一三・〇〇	一八・〇〇—二三・〇〇	一八・〇〇—二一・〇〇	一九・〇〇—二一・〇〇	一九・〇〇—二三・〇八
牛乳	パイント	・三〇（一クオート）	・一〇—・一三	・一〇—・一三	・一〇—・一二	・一〇—・一五
バタ（生）	一封度	二・〇〇（供給不足）	・九〇—一・一〇	・六〇—・七六	・六五—・八〇	一・四〇—一・六〇
バタ（鹽入）	同	・四五—・八五	・八五—一・〇〇	・三〇—・三八	・五〇—・七五	・八五—一・一〇
チーズ	同	・四〇—・六〇	・四五—・五〇	・四六—・五〇	・四八—・六五	・四八—・六五
牛肉（支那牛）	同	・〇九—・一五	・一六—・一八	・一八—・二〇	・二〇—・二四	・二〇—・二四
牛肉（濠洲凍肉）	同	—	—	—・四〇	—・四〇	*—・四〇
羊肉（支那羊）	同	・一七—・二二	・二二—・二四	・二〇—・二四	・二二—・二四	・二二—・二〇
同（濠洲凍肉）	同	—	—	・三〇—	・三五—	*・三五—
豚肉（土產）	同	・一四—・二〇	・二〇—・二八	・二二—・二四	・二二—・二四	・二二—・二四
同（濠洲凍肉）	同	—	—	・四〇—	・四〇—	*・四〇
米	同	・〇五—・〇七	・〇五—・〇六	・〇八—・〇九	・一〇—・一三	・一〇—・一二

珈琲	同	・四五―一・〇〇	・二五―・三〇	・二〇―・四〇	・三〇―・四〇	・四〇―・五〇
茶	同	・二〇―・五〇	・九〇―一・〇〇	・七五―・八〇	・七五―・八〇	・八五―一・〇〇
砂糖	同	・〇七―・〇八	・〇七―・〇八	・〇八―・一〇	・〇八―・一〇	・一三―・一四
鹽(卓上用)	一壺(二封度入)	・二五	・二六―・二八	・二七―・三〇	・二七―・三七	・三〇―・四〇
葡萄酒	一打(大瓶)	七・〇〇―四五・〇〇	九・〇〇―二五・〇〇	八・〇〇―二二・〇〇	八・〇〇―二二・〇〇	八・〇〇―二二・〇〇
ブランデー	同	六・五〇―二五・〇〇	八・〇〇―三〇・〇〇	一〇・〇〇―三〇・〇〇	一〇・〇〇―三〇・〇〇	二〇・〇〇―四〇・〇〇
麥酒	同	二・五〇―四・四〇	四・五〇―五・〇〇	二・〇〇―四・〇〇	二・〇〇―四・〇〇	四・〇〇―七・五〇
同	一打(小瓶)	一・七五―三・二〇	二・〇〇―四・〇〇	一・九〇―二・〇〇	二・〇〇―三・〇〇	二・五〇―四・〇〇
煙草(罐入)	一封度	一・一〇―一・一五	・六〇―一・〇〇	・六〇―一・六〇	・六〇―一・六〇	・六〇―一・六〇
同(箱入)	同	・六八―・四五	・二五―・五〇	・五〇―・六〇	・四〇―・六〇	・四〇―・六〇

＊印は濠洲政府にて輸出を制限せし爲め輸入少なく右は單にのみなるの相場なり

又當政廳管内土産品の卸賣價格に關する統計を摘記表示すべし、但し千九百十一年以降は政廳の統計無く又千八百九十八年分に價格の記入なきもの多きは租借地獲得の年に當り未だ統計を作らざりしに依る

土産品卸賣平均價格比較表

品名	單位	一八九八年	一九〇三年	一九〇七年	一九一一年
蕪菜ノ根	百個	―	(擔)二・〇〇―三・〇〇	・九〇―二・〇〇	一・〇〇―二・〇〇
甘藍	同	―	(同)三・〇〇―四・〇〇	二・〇〇―五・〇〇	五・〇〇―一〇・〇〇
胡蘿蔔	一擔	―	(同)二・〇〇―三・〇〇	二・〇〇―五・〇〇	四・〇〇―五・五〇
花椰菜	百個	―	(同)三・〇〇―五・〇〇	三・〇〇―六・〇〇	四・〇〇―六・〇〇
唐芹菜	一擔	―	(同)三・〇〇―五・〇〇	五・〇〇―一〇・〇〇	六・〇〇―七・〇〇
生薑	同	―	(同)三・三〇―四・〇〇	六・五〇―八・〇〇	四・〇〇―六・〇〇
野菜	同	―	(同)六・五〇―七・二〇	二・〇〇―六・〇〇	三・〇〇―三・〇〇
萵苣	同	―	(同)一・〇〇―二・五〇	一・〇〇―二・〇〇	一・〇〇―一・五〇
玉葱	同	一・五〇	(同)三・二〇―四・五〇	三・〇〇―四・〇〇	二・〇〇―三・〇〇
玄米	同	二・八〇	(同)四・〇〇―五・〇〇	三・〇〇―四・〇〇	三・〇〇―五・〇〇
鳳梨	一個	―	・三〇―・〇五	・〇三―・一二	・〇三―・〇五

砂糖	一擔	—	—五・〇〇	—五・〇〇	—八・〇七
甘蔗	一本	—	・〇二— ・〇三	・〇二— ・〇五	・〇三— ・〇六
甘藷	一擔	一・二〇	一・四〇—一・六〇	一・二〇—一・六〇	二・〇〇—三・〇〇
はいも	同	一・二〇	一・八〇—三・三〇	一・三〇—三・一〇	二・〇〇—三・〇〇
トマト	同	—	二・〇〇—三・〇〇	二・〇〇—六・二〇	三・五〇—六・五〇
みずたがらし	同	—	一・〇〇—三・〇〇	二・二〇—六・〇〇	四・〇〇—五・〇〇
山薯	同	二・〇〇	—二・八〇	一・五〇—三・五〇	二・〇〇—三・〇〇
薪材(松)	同	—	〇・五〇— ・七〇	・五〇—一・〇〇	・六〇—一・三〇
同(矮樹)	同	—	・三〇— ・四〇	・三五— ・七〇	・四五— ・九〇
同(草)	同	—	・二〇— ・三〇	・一〇— ・四〇	・一〇— ・〇四

次に當地に於ては歐洲戰爭の勃發と同時に食糧品小賣商人の戰時なるを口實として暴利を貪らんことを慮り當政廳は食糧品最高小賣價格を決定し若し規定價格以上に販賣したる者ある時は五十弗以下の罰金又は三箇月以下の禁錮に處する旨を布告せり、此の最高價格表は當地に於ける物價の大體を知るの一助となるべきを以て左に其大要を記載すべし（左表は千九百十五年二月改正のものにして今日に至るまで實行中のものとす）

諸食糧品最高小賣價格表

一、麥粉

一等品	一袋(五十封度入)	四・五〇
	一封度	・一〇
二等品	一袋(五十封度入)	四・〇〇
	一封度	・〇八
三等品	一袋(五十封度入)	三・五〇
	一封度	・〇七

二、鑵詰牛乳

有糖煉乳	一鑵(一封度入)	・三〇
無糖煉乳	一鑵(一封度入)	・二五
消毒牛乳	一鑵(十八オンス入)	・二五
同	一鑵(一リットル入)	・三五
鷲印煉乳	一鑵(一封度入)	・三三
脱脂乳	一鑵(一封度入)	・二〇

三、砂糖

角砂糖	一鑵(六封度入)	一・一五
頁目糖(精製)	一封度	・一二
精糖	同	・一二
一號糖	同	・一二
二號糖	同	・一一

四、デーリー、ファーム販賣品

牛乳(鮮)	小瓶一	・一二
消毒牛乳	大瓶一	・三〇
脱脂乳	小瓶一	・〇五

品名	單位	價格
バターミルク	小瓶一	.〇五
醱酵牛乳	同	.一三
クリーム(鮮)	硝子瓶一	.五〇
忍冬印バター	一封度	一.〇〇
濠洲バター(鮮)	一封度	.九〇—.六五
鷄卵	一個	.〇四
鷄肉(會社飼養)	一封度	.四〇
犢肉(同上)		
ヒレ肉	一封度	.八〇
脾肉	同	.五〇
チョップ、腰、カツレツ肉	同	.五〇
肩肉	同	.四〇
胸肉	同	.二二
豚肉(同上)		
脾肉	同	.四〇
腰肉	同	.四四
肩肉	同	.三〇
腎臟	同	.一二
乳兒	一頭	五.〇〇

支那產牛及羊肉

(後に記載の市場相場より一割乃至三割高なり)

品名	單位	價格
濠洲牛肉(凍肉)		
腰燒肉	一封度	.四五
上腰肉	同	.四五
リブ、トップサイド	同	.四五
ビフテキ、スチウ肉	同	.三五
首		.二五
濠洲羊肉(凍肉)		
チョップ	一封度	.四〇
脾肉、腰肉	同	.三五
肩肉	同	.一八
胸肉	同	.一八
濠洲山羊肉(凍肉)		
鞍肉、脾肉、腰肉	同	.四〇
チョップ	同	.四六
肩肉	同	.三六
ベスト	同	.二八
胸肉	同	.一八

五、獸肉(市場販賣)

(其他詳細に記さるゝも玆には省畧す)

品名	單位	價格
牛肉 腰肉	一封度	.一九
同(上等)	同	.二一
鹹牛肉	同	.一九
燒牛肉	同	.一九
胸肉	同	.一七
スープ肉	同	.一五
ビフテキ肉	同	.二〇
同(腰肉)	同	.三〇
ソーセーヂ	同	.二四
牛腦(去勢)	一個	.一〇
舌	同	.五〇
鹹舌	同	.六〇

	頭	一封度	一·〇〇
	心臓	同	·二四
	背肉	同	·三〇
	脚	一本	·一二
	腎臓	同	·一二
	尾	同	·一八
	肝臓	一封度	·三三
	胃臓	同	·〇六
犢	頭及脚	一對	一·〇〇
羊肉	チョップ	一封度	·三五
	肩肉	同	·二四
	脾肉	同	·二五
	鞍肉	同	·二七
豚	小腸	同	·二七
	腦	一個	·二四
	脚	一封度	·一三
	雜肉	同	·一五
	頭	同	·一六
	心臓	一個	·一二
	腎臓	同	·一八
	肝臓	一封度	·一八
豚肉	チョップ	同	·二四
	脾肉	同	·二八
	ラード及ファット	同	·三〇
羊	頭及脚	一對	·六〇
	心臓	一個	·〇八

腎臓	一個	·一二
肝臓	一封度	·二六
豚、乳兒	一封度	·三二
牛脂	同	·三〇
羊脂	同	·二六
犢肉	同	·二六
犢ソーセーヂ	同	·三二
ラード	同	·三〇

六、家禽（市場販賣）

鷄、去勢鷄	一封度	·三〇
家鴨	同	·二〇
斑鳩	同	·一八
鷄卵（厨房用）	一打	·一〇
同（新鮮）	同	·三六
廣東鷄	一封度	·三四
海南鷄	同	·二〇
鷺鳥	同	·二四
廣東白鳩	一羽	·一八
海口白鳩	同	·二五
七面鳥（牡）	一封度	·六〇
同（牝）	同	·四五
雉ジ	一羽	·四五
鷓ザ鳥	同	·三〇
鶉	同	·三〇
鷓鴣	同	·六〇

七、鮮魚類（漁業の部參照）

品名	單位	價格
八、果實		
杏仁	一封度	.三五
林檎(米國)	同	.一八
バナヽ(香山縣)	同	.〇三
楊桃	同	—
椰子	一個	.一二
檸檬(支那)	同	.〇八
同(米國)	同	.一〇
乾荔枝	一封度	.一八
蜜柑(廣東)	同	.〇五
同(廿)	同	.〇八
梨(廣東)	同	.一〇
落花生	同	.一〇
ジャボン(暹羅)	一個	.一四
核桃	一封度	.一五
葡萄	同	.二〇
九、蔬菜		
朝鮮薊	一封度	.〇八
豆芽	同	.〇八
蕪菜の根	一個	.〇六
苦瓜	同	.〇八
青茄子	同	.〇六
紅茄子	同	.〇八
甘藍(支那)	一封度	.一〇
同(上海)	同	.一四
膠筍(筍の根)	同	.〇八

品名	單位	價格
火菜(大)	一個	.一五
同(中)	同	.一〇
同(小)	同	.八〇
胡蘿蔔	一封度	.〇六
唐芹菜	同	.〇八
乾蕃椒	同	.三九
紅蕃椒	同	.一〇
青蕃椒	同	.〇八
カレー材料	同	.一〇
青瓜	一個	.〇三
蒜	一封度	.〇八
生薑(新)	同	.〇六
同(古)	同	.〇九
萵苣	一個	.〇一
馬蹄(ピオシニ)	一封度	.〇六
桂林馬蹄	同	.〇八
草菇(生)	同	.三五
玉葱(孟買)	同	.〇八
同(其他)	同	.〇六
同(上海)	同	.〇七
芹菜	同	.〇八
甘藷	同	.〇四
馬鈴薯(日本)	同	.〇三
同(米國)	同	.〇八
冬瓜	同	.〇三
大根	同	.〇五

菠薐草	一封度	·〇五
トマトー	同	·〇六
はいも	同	·〇六
蕪菁	同	·〇四
蕃南瓜	同	·〇四
みずたがらし	同	·一二
蓮根	同	·〇六
山薯	同	·〇六
一〇、食鹽	一封度	·〇三

備考　本表は最高小賣値段を規定したるものなれば平常販賣する價格は之れよりも低廉なり

保險業

歐米人は店舖又は倉庫貯藏の商品は勿論動產と不動產とを問はず其所有財產に對して火炎保險を附することは尙船積荷物に對して海上保險を附すると同じく必要的のものと爲すが故に彼等の財產にして火災の危險あるものに對して保險に附せざるものは殆ど無し、支那人の保險思想は尙未だ歐米人程に發達せざるも彼等の居住する建物の構造及周圍の狀態は歐米人の住家よりも遙に火災の危險多く且過去に於て屢蒙れる大火の慘害に鑑み財產を保全する唯一の手段として建物及商品に對して一般に火災保險を附するに至れり、皇后大道、德輔道、干諾道等の大街を始め中以上の支那人店舖にして保險を附せざるもの稀なり香港は保險の營業地として適當なる都市の一たるを失はず昔日に於てこそ大火災頻々として起り保險會社の損害尠からざりしも今日の如く防火上の設備竝に警察制度完備し火災の危險減少し保險業は有利なる營業となり其結果歐洲人竝に支那人間に多數の會社創設せられ若くは世界各國の保險會社は其出張員又は代理店を置きて業務を營み今や市の有力なる商事會社にして其副業として代理店業務を取扱はざるもの無きが如き勢にして代理店の數は實に百餘を算するに至れり、而して是等の各會社は孰れも優等の成績を舉げ居れり香港火災保險會社及支那火災保險會社の如き每年三割乃至五割の配當をなしつゝありて其成績良好なるは大に注目に値すべし何となれば成績は多く香港に於ける營業によりて得たるものなるを以てなり、其他支那人保險會社は大抵一年一割位の配當を爲す。如斯多數の保險會社營業の結果保險率に於ける激烈なる競爭の生ずるは免る可からず依て競爭より起る不利益を制止する爲め組合（Fire Insurance Association of Hongkong）を組織し危險の種類竝に其階級に應ずる一定の協定率及組合員の規約を制定し組合員相互の利益を保全することを努む、目下組合に屬する保險會社八十餘あり組合以外のものは單獨に保險率を高低し得るを以て法外の低率にて組合會社に對し競爭することあるも其多數は資本薄弱なる支那人小會社に過ぎず、且非協定會社は組合會社と再保險を締結することを能はざる爲め多額の保險引受に應じがたく又組合會社の被保險物は非協定會社と共同保險を許さゞるを以て組合に加入するに非ざれば營業上の活動力を減殺せらるゝが故に信用ある會社は孰れも組合に加入し居れり、我保險會社にては三井物產取扱に係る明治火災、日本火災、共同火災、東京火災等香港に於て營業し居れり。

以上は專ら火災保險に就て述べたる所なるも當地には生命保險會社及代理店約五、六十あり又海上保險會社も尠からず、然れども日本の生命保險會社は未だ支那人及外國人間に於て活動の見るべきものなし、思ふに支那人には戶籍なく其他醫師診斷書の如きも信賴し得べきものを得難きは此方面に業務の發展を見ざる一大原因なるべし、但し歐米の生命保險會社中には中々活動し居るものあり英國大會社、米國のエキタブル、加奈陀のサン等最も勢力を有す。

會　社　法

當地會社法は千八百六十五年初めて制定せられ其後會社に關する多くの法律竝修正法發布せられたるが千九百十一年に至り法律第五十八號を以て現行の會社法（Companies Ordinance）制定せられ從前の諸法規を廢止せり、右會社法は十三章二百六十八條より成る長編のものにして到底其大要をも茲に記す能はざるを以て其一小部分のみを摘記するに止むべし。

會社の種類　會社法は當地に登錄せられたる總ての會社に適用するものにして其業務の全部又は一部を當地以外の場所にて行ふと否とを問はず、二十名以上より成る會社、組合等は本法により登記を受くるか又は其他の法律條例により組織せられたるものに非ざれば銀行業又は收益を目的とする業務を行ふことを得ず。七名又は七名以上の者が定款要領に其姓名を記し且本法の規定に遵據し登錄を受くる時は有限又は無限責任の會社となる。其種類左の如し

一、株式會社（Company Limited by shares）　定款要領により社員の責任を各社員の分擔する株式の未拂込額を限度とするもの

二、保證有限責任會社（Company Limited by guarantee）　定款要領により社員の責任を其會社解散の場合各社員が會社の資產に拂込みの保證をなしたる金額に限るもの

三、無限責任會社（Unlimited Company）　社員の責任に制限なきもの

而して登錄を受くるに際し定款要領に記載すべき事項は會社の種類により左の通り異る

一、株 式 會 社

(a) 定款要領に左記の事項を記載すべし

（イ）會社の名稱の最後に Ltd.（有限公司）の文字を用ふべし

（ロ）香港に於ける會社の事務所

（ハ）會社の目的

（ニ）社員の責任が有限なること

（ホ）資本額及其株式の金額

(b) 定款要領に記名する者は一株以上を引受くべし

(c) 各記名者は其姓名の反對側に引受株數を記入すべし

二、保證有限責任會社

(a) 定款要領に左記の事項を記載すべし

（イ）（ロ）（ハ）（ニ）は株式會社と同樣

（ホ）各社員が會社解散の場合會社の負債仕拂又は解散諸費用仕拂の爲め一定の範圍內に於て必要なる金額を會社の資產に拂込みを保證すること

(b) 若し會社が株式の資本を有する場合には

（イ）上記の外更に定款要領に株式資本額及株式の數及金額を記載すべし

（ロ）定款要領に記名する者は一株以上を引受くること

（ハ）各記名者は其姓名の反對側に引受株數を記入すべし

三、無 限 責 任 會 社

(a) 定款要領の事項を記載すべし

(イ) 會社の名稱

(ロ) 香港に於ける會社の事務所

(ハ) 會社の目的

(b) 若し會社が株式資本を有する場合には

(イ) 定款要領に記名する者は一株以上を引受くること

(ロ) 各記名者は其姓名の反對側に引受株數を記入すべし

上記三種の會社の外 Private Company なるものあり二人又は二人以上の者が定款要領に其姓名を記し本法の規定に遵ひ登錄を受くるものにして定款中に (a) 株式讓渡の權利を制限し (b) 社員の數を五十名に制限し(但し會社の雇人を除く) (c) 會社の株式又は社債を一般公衆より募集することを禁ずる旨規定するものを云ふ。又會社法と別に支那人組合法 (Chinese Partnership Ordinance) あり千九百十一年の制定に係り支那人組合及其組合員は同法の規定に從ひ登錄を受くることを要す、登錄組合の各組合員は其組合に關し所有財產に付ては無限責任とし又登錄組合の非登錄組合員も無限責任とす、然れども登錄組合の各組合員の財產額以上の責任は其同組合に於ける利益が登錄又は非登錄全組合員の總利益に對する割合に於て同組合の負債及義務を負擔するものとす。

外國會社　當植民地以外に於て組織せられたる會社（外國會社の外英本國及英領土の會社を含む）に關しては會社法第二百五十二、三條に大要左の規定あり、本邦の會社が營業所を香港に設けたる場合には之を遵守することを要す。

一、當植民地以外に於て組織(incorporate)せられたる會社が當地に營業所を設くる時は其設置より一箇月以內に會社登錄官に左記の書類を提出すべし

(イ) 定款又は其他の會社の組織を記載したる書類の證明ある寫、而して其書類が英文に非ざる時は證明ある英譯文

(ロ) 會社取締役の姓名簿

(ハ) 當地に居住し會社の爲めに官廳の通達を受領すべき者の姓名、住所、而して前記書類、取締役の姓名、當地代表者の姓名住所に變更ある場合には一定の期間內に登錄官に變更の屆出を爲すべし

二、官廳の通達は前記屆出人に宛てられ同人屆出住所に送達せられたる時は完全に交付したるものとなす

三、本條の適用を受くる會社は每年一回登錄官に貸借對照表を規定の式により提出すべし

四、本條適用の會社にして有限責任なる時は

(イ) 其株式又は社債を募集する趣意書に會社を組織したる國を記載すべし

(ロ) 當地に於ける營業所には會社の名稱、組織せられたる國名を明記すべし

(ハ) 會社の名稱及國名は總ての勘定書、書簡用紙、貼札廣告其他會社の公表物に明瞭に記載すべし

五、本條適用の會社が本條の規定に違反したる時は會社及會社の役員又は代理者を五百弗以下の罰金に處し又連續違反の時は違反の期間一日五十弗の割を以て罰金に處す

六、當植民地以外にて組織せられたる會社は (a) 定款により不動產獲得の權限を與へられ (b) 會社法に遵據して登錄を了し且 (c) 總督の特許を受くるに非ざれば當植民地內に於て不動產を取得することを得ず

會社法修正　千九百十一年會社法は制定後四、五回修正を見たるも千九百十五年末發布の修正法は最も重要なるものなるを以て左に要點を說明すべし。

一、本修正法は勅令の補充たるものにして主法及勅令共に支那に於て營業する香港會社(香港にて登錄せられたる會社)の監督を十分にせんとの目的を有す

一、本法に於て香港會社を二種に分つ

一、支那にて營業するも香港にて營業の管理を爲す會社

二、支那にて營業し支那の一地方(例へば上海の如き)にて營業の管理を爲す會社

前者を香港支那會社、後者を支那會社と稱す

一、香港支那會社に在りては其取締役員(國籍の如何を問はず)は香港政廳及高等法院の管轄內に住するを以て香港法院は右取締役及役員を通して有效に會社の監督を爲すことを得、然れども支那會社に在りては其取締役及役員が英國領土以外に住し又其資產も香港以外に存する場合多きを以て少くも其取締役及役員の一部が英國臣民に非ざる限り之を有效に監督することを能はず、何となれば在支那英國高等法院の司法權は概して英國臣民及英國保護民に限らるゝを以てなり、本法及勅令は此不便を除去せんが爲め制定せられたるものとす。

一、在支那英國高等法院が支那に於ける會社を有效に監督する唯一の方法は只英國臣民たる取締役及社員を通じて監督するにあり此目的を以て制定せられたる本法及勅令の規定の主なるものは次の如し

(イ)支那の一地方より管理せらるゝ會社は一定數の英國臣民を其社員たらしむることを要す

(ロ)株式會社の株券は割當後三箇月以內に全部拂込を了することを要す又其取締役及監查役の大部分は英國臣民たるべく、株式會社の清算人又は社債權者の代理人は裁判所の許可を得たる場合の外英國臣民以外の者を以てすべからず、株券は全部拂込を了するか又は割當後三箇月以內に全部拂込の條件あるに非ざれば發行することを得ず、以上株券に關する規定は支那に於ける英國臣民以外の株主より未拂株金回收の困難を避けんとするに在り

(ハ)保證有限責任會社は其數少きも之に關する規定としては會社は在支那英國公使の承諾を得ずして營業するを得ず、同公使は承諾の一條件として英國臣民に非ざる者は社員たることを得ざること又は英國臣民に非ざる社員は其保證により責任を負ふべき金額に對して擔保物を提供すべきことを要することあるべし

一、勅令は亦香港會社法により裁判所に附與せられたる司法權は在支那英國高等法院により行はるべきこと及該司法權は勅令の規定及香港會社法の規定に準據して行はるべきことを規定す、本法及勅令は共に香港支那會社に關する事件に在りては香港高等法院の司法權と在支那英國高等法院の司法權とは共助的のものとし相互に他方の命令を施行すること、會社の解散に際し一方の裁判所に於て更によく解散の監督をなし得る場合には之を他の法院に移すことゝし其手續を規定す。

一、上海(在上海英國總領事館)に會社登錄簿を設け支那會社に關する書類を保管し且手數料を徵收せしむ、在支那英國高等法院の是等會社に關する司法權は香港に登錄せられたるものに在りては香港法律に遵據す可きこと勿論なり。

右修正法は表面敵人に關する規定なきも本法により所謂支那會社の監督を嚴重に勵行し支那に於ける敵人との商業禁止の目的を達せんとするものと認めらる。

會社登錄數　千九百十五年の統計に據れば千八百六十五年舊會社法實施以來香港に於て登錄せられたる會社數八百九十三個（千九百十四年末迄に八百四十六個）にして其中三十七個（前年三十八個）は解散手續中に屬し四百四個（前年四百十八個）は本年末現存のもの、殘りの四百五十二個（前年三百九十個）は既に登錄を抹殺したるものとす、本年中新に登錄せられたる會社四十七個（前年四十六個）にして之より得たる收入は左の如し

登錄手數料	七,二六〇・〇〇弗	（前年　五,六一七・〇〇弗）
其他の手數料	五,〇九四・〇〇	同　四,二二〇・一〇
計	一二,三五四・〇〇	（同　九,八三七・一〇）

又植民地外に於ける會社の營業地に社員の登錄を受けしむる爲め本年中會社に下付したる免許證（一年間有效）百五十二件（前年も百五十二件）にして其手數料收入額六萬三千三百八十二弗八三（前年七萬三千四百二十二弗六九）に上れり

商標登錄

日本より香港に輸入する商品の需要地は南支那を主とし香港にて之れを需要するものは其一小部分に過ぎずと雖支那內地に於ては尙民國草創の際に係り商標の保護上十分の制裁を要求することを能はざるが故に南支那に輸入する商品の關門たる香港に於て商標の保護を受くるは極めて有利なることとなるべし然れども內地製造家又は輸出商にして當地に於ける商標登錄手續其他事情不案內の爲め從來登錄を爲せる者極めて少なきが如く又相應實行ある商品にして他國商人の爲に其商標の登錄を先んぜらるゝが如き實例も之れあるを以て當地商標登錄規則の概要を記述し參考に資すべし

當地に於ける商標規則は千八百六十三年初めて制定せられ爾來數回の改正を經て千九百九年法律第四十號商標法（Trade Markes Ordinance, 1909）及其施行細則（Trade Mark Rules）發布せられ共に千九百十年四月一日より實施せられたるものを現行法規とす

商標專用權は登錄によりて發生するは勿論にして當地の登錄官（Registrar of Trade Marks）之れが登錄に關する事務を取扱ひ其官廳に登錄簿を備へ商標登錄の日附、商標權者の氏名及住所、讓渡及移轉の登錄を記載し置くものとす

商標の選定は原則として自由なりと雖登錄し得べき商標は少なくも左記の必要條件の一を含み又は之より組成せらるゝことを要すと規定せり

（一）特種の方法にて表はされたる會社、個人又は商店の名稱

（二）登錄申請者又は申請以前に其營業を爲せる者の氏名（支那字以外の）

（三）特に商標の爲に創作したる言語

（四）直接に商品の性質を現はすべき言語は許可せず又其言語は普通の意味に於て地名又は地名の代名詞に非ざるものたるを要す

（五）其他顯著なる記號　但し前四項に入らざる姓名、署名、言語は特に總督又は裁判所の命令による場合の外は顯著なる記號と云ふを得ず

而して國旗、軍旗又は外國の國旗、國家の符標と同一又は類似のもの、世人を欺瞞する虞あるもの、法律道德に反し又は其

他風俗を紊るが如き意匠等は之れを商標として登錄し得ざるは我商標法と大差なし

登錄に付ては公示主義を採用し商標登錄の申請ある時は登錄官が申請書を受理したる後申請者は登錄に先だち出願商標を官報に公示する義務を負ひ一定の期間他人より異議を申立てしめ異議なき場合之れを登錄するものとす

今其手續の大要を記せば先づ商標登錄出願者は規定の方式に遵ひ書面を以て登錄官に願出づる時は登錄官は審査の上之れを拒絕し又は受理し、受理する場合の中にも無條件若くは條件附、或は修正の上受理するものとす而して拒絕又は條件附受理の場合には出願者は登錄官に其査定の根據及査定に用ひたる材料の通告を要求することを得若し此査定に不服ある時は總督又は裁判所に申出づることを得、申請書が受理せられたる時は出願者は自己の費用を以て速に官報に公告の手續を取ることを要し其公告には申請書の受理せられたる總ての條件を記載するものとす公告の期間は一箇月一回(當地の官報は一週一回の發行に止まる)三箇月間に亘るものにして最初公告の日より三箇月以內は何人にても其商標登錄に對する異議を登錄官に通告することを得其異議は書面を以てし其異議の根據を記載することを要す登錄官は右通告を受けたる時は速に其寫を出願者に送付し出願者は之れを受取りたる日より一箇月以內に反對の理由を具し反駁書を登錄官に送付すべし若し之れを爲さざる時は該商標の申請は之れを放棄したるものと認む登錄官が反駁書を受取りたる時は其寫を異議者に送付し當事者雙方を査問の上登錄を許可するや否や又は如何なる條件により許可すべきやを査定すべし商標登錄の申請受理せられ異議受理期間に異議者なき時又は異議者あるも申請者に有利なる査定を與へられたる時は登錄官は玆に該商標を登錄すると共に登錄官は其記名調印ある商標登錄證を申請者に下付するものとす

商標權は財產權として我國と同樣其商品の營業と共にする場合に限り讓渡又は移轉することを得但し其商標權者が香港以外の英國領土又は保護國或は外國に於て商標權を讓渡する場合は此限にあらず

色彩は登錄に際し限定せられざる時は各種の色彩を登錄せられたるものと見做す但し商標は一部又は全部を一種以上特種の色彩に限定することを得

商品の種類は五十種に類別し一類別中に屬する數種の商品に同一の商標を使用する場合には一商標と見做す而して類別の異なる數種の商品に同一の商標を用ひんとする時は別箇の商標として登錄す

商標權の存續期間は我國の二十箇年なるに對し十四箇年とし其期間滿了の時は更に十四箇年登錄を更新することを得商標權の期間滿了前に登錄官は商標權者に對し期間滿了の日更新に必要なる手數料仕拂の條件を通告するものとし商標權者が其條件を履行せざる時は登錄原簿より登錄を撤去せらる

當地にて登錄せられたる商標に關しては香港政廳內に於て其登錄を受けたる商品に付商標專用權を有し法律上の保護を享受することを得るも香港に於て登錄なき商標の侵害に對しては損害賠償を要求するを得ず

當地に於て商標登錄出願の手續をなすには當地一般辯護士に依賴するを便とし一商標を登錄するに要する費用は異議者の有無、其他手續の繁簡により一定し難きも辯護士の費用、官報廣

告費等を併せ七、八十弗乃至百弗を要するもの多し若し同時に數種の商標を出願する時は各別に登錄手續をなすよりも遙に費用を節約し得べし今政廳に對する手數料中主なる場合を摘記すれば左の如し

一 類別中に屬する一種又は一種以上の商品に對する商標登錄の申請書	五弗
登錄官の査定の理由及査定に使用せる材料通告方の申請	五弗
異議者ありたる時其通告(異議者負擔)	一〇弗
異議に對する反駁書(申請者負擔)	五弗
申請者及異議者を裁判所にて査問する場合(雙方負擔) 各	一〇弗
一類別中に屬する一種又は一種以上の商品に對する商標登錄料	一〇弗
商標登錄證の讓渡又は移轉裏書の申請	五弗
商標登錄證更新の裏書申請	三弗
登錄原簿閲覧料(半時間毎に)	五十仙

以上は商標法及細則の極めて概要並に注意事項を記せるものなるも商標規則は極めて詳細に亙り複雜なるを以て之れを詳にせんとする諸子は當地の法令全書に就て參照するか又は當地にて發賣せる Trade Marks Ordinance and Rules thereunder(賣價香貨壹弗)なる冊子を購求し參照せらるべし

商標登錄代理業者は一般辯護士に於て取扱ひ本邦に於けるが如く特許代理業者なるもの特に存在せず

度 量 衡

度量衡に關する現行法規 香港に於ては千八百八十五年法律第二號度量衡法(Weights and Measures Ordinance)あるのみ、右によれば英本國使用の度量衡の外一定の支那度量衡を併用することゝし各標準器を香港政廳財務局に保管す、今同法に規定せる英國及支那度量衡の名稱命位を記せば左の如し但し、藥品、貴金屬、寶石等に關しては其他のものを使用することを得

英支度量衡の名稱命位表

(一) 英國のもの

衡

常衡(Avoirdupois)	金衡(Troy)
4 Ounces	$\frac{1}{16}$ Ounce
8 Ounces	$\frac{2}{16}$ do.
1 Pound	$\frac{3}{16}$ do.
2 Pounds	$\frac{5}{16}$ do.
4 do.	1 do.
7 do.	2 Ounce
14 do.	
28 do.	
56 do.	

度

1 yard (呎及吋に分つ)

量

1 half gill	1 half gallon
1 gill	1 gallon
1 half pint	1 peck
1 pint	1 half bushel
1 quart	1 bushel

各量器の內容物は共口緣と水平たることを要し口緣以上に堆積することを得ず

（二）支那のもの

衡

		常衡
一分(Fan)又は Candareen	=0.0133	オンス
一刄(T'sin)又は一錢(Mace)	=0.133	〃
一兩(Leung)又は Thel	$=1_{3}/^{1}$	〃
一斤(Kan)又は觔(Catty)	$=1_{3}/^{1}$	封度
一擔(T'an)又は Picul	$=133_{3}/^{1}$	〃

及二、三、四、五兩、十、十七、二十、三十、四十、五十兩、百、二百、三百、四百、五百、七百兩

度

一尺(Chek) =一四五/八吋

一寸(T'sun) =一尺の十分の一

一分(Fan) =一寸の十分の一

量

規定なし

右の中木製又は竹製の尺度は（英國より輸入する碼尺を除き）度量衡檢査官の適當と認むる程度に金屬を以て兩端を覆ふことを要す

因に千九百四年布告第七百十一號を以て發表せる英本國の長さ面積、容積と支那のものとの比較表左の如し（卽ち前記度量衡法規定の一四・六二五吋＝一尺＝十寸＝百分より推して算出せるものなり）

英支の長、面積、容積比較表

長(尺度)

碼	呎	吋	尺
0,四〇六三五	1,三二八七五	一四,六二五00	1,00000
1,00000	三,00000	三六,00000	二,四六一五四
—	1,00000	一二,00000	0,八二〇五一
—	—	1,00000	0,0六八三八

平方

平方碼	平方尺	平方呎	平方丈
一六,五〇三九一	一四八,五三五一六	一00,00000	1,00000
0,一六五〇四	一,四八五三五	一,00000	0,01000
1,00000	九,00000	六,0五九一七	0,0六0五九
—	1,00000	0,六七三二四	0,00六七三

立方

立方碼	立方呎	立方尺	立方丈
六,七〇四七一	一八一,〇二七三	一00,00000	1,00000
0,0六七〇五	一,八一〇二七	1,00000	0,01000
1,00000	二七,00000	一四,九一四八八	0,一四九一五
—	1,00000	0,五五二四〇	0,00五五三

普通使用する度量衡器の種類の主なるもの左の如し

（一）度（排錢尺、九八尺、碼尺、メートル尺等）

排錢尺とは廣東方面に使用せらるゝ一名廣東尺と稱するものにして香港法律により一尺を十四吋八分五と爲すもの之れなり長さは略我鯨尺に等し、布、器物共他各種のものを計るに支那人間に廣く用ひらる、唐木製最も多く竹製のもの多少あり一尺物最も多く次は二尺物とす又吳服商にては一碼の長さにて一面に英國碼を盛り他面に排錢尺を盛りたるものを使用す。九八尺とは排錢尺の九寸八分の長さなるを以て此の名あ

り支那人吳服商に於て使用する由なれども香港政廳の認めしものに非ず。碼尺は排錢尺に次で用ひられ唐木製のもの多く吋尺は外國より輸入の木製疊尺(摺尺と稱す)を主として用ひ香港にては其需要餘り多からず。三呎六吋物、二呎六吋物二呎四吋物等あり。メートル尺も多少賣行あり卷尺亦相當に使用せられ長さは十碼のもの多し。

(二) 量　當地に於ては雜穀液體に至るまで多くは目方を用ひ量を用ふること至つて少なし故に政廳に於ては特に支那量器に關し規定する所なし、但し呼稱は支那に準し十分を一升とし十升を一斗、十斗を一石となすものあり、一升以下は總て不規則なる竹筒を用ひ或は細くして長きあり太くして短きあり其形狀頗る不同にして容量も亦一定せりと云ふ能はず一升以上には方形の桝を用ふるも之を使用する場合至つて少なし此等は政廳にて何等規定なく只小賣商が各自思ひ〳〵のものを使用するに止まる。

(三) 衡　(洋磅、支那秤、支那戥等)

洋磅(臺秤)とは所謂看貫にして英國封度を計る臺秤とす重量多き商品の賣買には總て之を用ひ衡器中最も廣く用ひらるゝものとす、當地にて多く使用するは米國製地球印にして其種類は二千封度物、千四百封度、千二百封度、千封度、八百封度、六百封度、四百封度、七百五十斤、六百斤、四百五十斤物等とす。支那秤(桿秤)は日本式の桿秤に類似せるものにして多くは木製なり。支那藥店等にて多く用ひらる、其種類は二百八十斤物、二百四十斤、二百斤、百八十斤、百五十斤、百二十斤、百斤、八十斤、六十斤、五十斤、十斤物等なり。支那戥(桿秤)は重量小なるものに用ふる桿秤にして獸骨等にて造り寶玉商、藥店、兩替店等の使用する所なり、其種類は十二刄物、十刄物、八刄、六刄、五刄、三刄、二刄、一刄物等を主なるものとす。此外西洋式の衡器にして郵便物計量又は歐人藥種店用のもの其他種々使用せらるゝも其賣行高は極めて少數に過ぎざるが如し

度量衡に關する取締　香港度量衡法によれば政廳は適當なる官吏を度量衡器檢査官に任命することゝなし檢査官の任務は度量衡器を用ひて商品を販賣する者の營業所に入りて檢査し不正なりと認めし度量衡器を押收することを得と規定し尙罰則としては不正なる度量衡器を使用し又は使用の目的にて所有せる者は之に關する他の處罰の外二百弗を超えざる罰金に處し又度量衡器の使用上に欺僞を爲せる者は二百弗を超えざる罰金に處し使用せる度量衡器は之を沒收し又不正の度量衡器を故意に販賣せる者は初犯に於て二百弗を超えざる罰金、再犯以上は五百弗を超えざる罰金に處することを規定せり、然れども輸入、製造修繕等に關し何等の取締なく又之を營業とするも政廳より免許を受くるを要せず檢査官は隨時臨檢することを得るも政廳に於て檢定をなし又は證印を押捺することなく檢査官の檢査も亦餘り嚴重ならざるが如し。

度量衡器の供給地　支那尺は廣東又は附近にて製作し香港に輸入するもの多し其他支那式の量器、衡器は概ね廣東省其他支那內地より輸入せられ唯支那戥のみは香港に其製造者二軒あるも規模小なり。外國品中最も需要多きは洋磅即ち臺秤にして正確、堅牢なるものとして最も重視せらるゝは米國製地球印とす商品の量目の單位は大抵擔なるも一度此洋磅にて計量し之に七五掛けせるものを擔(Picul)として計算するを香港の習慣とす

例へば洋磅にて百五十封度（Pounds）なる時は之に七五を乘じ一捻一二五と稱するが如し、其他の度量衡器は英、獨より輸入すること多く開戰後は英國品主として輸入せらるゝが如し。

英國度量衡　今參考迄に主なる英國度量衡と我國度量衡との比較表を掲ぐべし。

英國度量衡		我國度量衡
哩(Mile)(一七六〇碼)		十四町四十五間八寸三分
碼(Yard)(三呎)		三尺一分七厘五毛二
呎(Foot)(十二吋)		一尺五厘八毛四
吋(Inch)		八分三厘八毛二
ガロン(Gallon)(水量)		二升五合二勺〇一四
物(Bushel)(穀量)		二斗一合六勺一一
噎(Acre)		四段二十四步一七一
クオーター(Quater)		一石六斗一升二合八勺九
ラスト(Last)乾モシャに用ふ		十六石一斗二升二合弱
ストーン(Stone)		一貫六百九十三匁四分一厘
重量 (Ton)噸	重(ロングトン)噸(二十本)(二千二百四十封度)	二百七十貫九百四十五匁九分 (但普通千六百八十斤二百六十八貫八百目を用ふ)
	輕(ショルトトン)噸(二千封度)	二百四十一貫九百十六匁 (千五百十二斤)
	本(Hundred Weight)(百十二封度)	十三貫五百四十七匁二分九厘
	封度(Pound)	百二十匁九分五厘八毛
	オンス(Ounce)	七匁五分五厘九毛八七
輕量	封度(十二唡)	九十九匁五分三厘一毛一
	唡(オンス)	八匁二分九厘四毛二六
	グレーン(Grain)	一厘七毛二七九七
ロード(Load)(材木量)		五十一立方尺弱
同	(皮を削らざるもの)	四十一立方尺弱
同	(厚板)	六百七平方尺强
倫敦クォーター	(石炭量)	七石三升三合三勺强
英領ゼルシー島 ブエルギース (Vergees)		一萬九千五百八十三立方尺弱

各國領事館

在香港各領事館左の通り

國名	階級	管轄區域	備考
日本	總領事館	香港及澳門	
米國	同	香港	
佛國	同	香港及澳門	
露國	領事館	香港	
伊太利	總領事館	香港及南支那	本館廣東に在り香港に事務所を有す
獨逸	領事館	香港	(戰爭に付閉鎖)
墺匈國	同	同	(同上)
和蘭	總領事館	香港及澳門	
白耳義	同	香港及南支那	佛國總領事館にて事務取扱
那威	副領事館	香港	
秘露	領事館	同	
西班牙	同	同	佛國總領事兼任
丁抹	名譽領事館	同	那威副領事兼任
パナマ	領事館	同	
葡萄牙	名譽領事館	同	パナマ領事兼任
瑞典	名譽副領事館	同	
墨西哥	名譽領事館	香港及南支那	
暹羅	同	香港	

智　利　名譽領事館　香港　　パナマ領事兼任
伯剌西爾　同　同　　智利名譽領事兼任
ボリビヤ　同　同
ニカラガ　同　同　　目下代理

此等各國領事館は概ね歐洲人商業區域に在りて普通上陸地點たるブレーク、ピーヤ及スタッチユーピーヤより近し、支那は當地に領事を置かず、但し外國官衙としては上記各國領事館の外九龍稅關(事務所)及支那電信局の二あり。

第十三編　貿　易

總　說

香港は英國の領有に歸してより僅に七十餘年に過ぎざるも英國人の堅忍不拔の意氣に富める香港を以て一大貿易港たらしめんとする有らゆる手段を講じ巨額の經費を投じて海港たるの設備と商人の吸收策に腐心すること多年遂に極東の一孤島をして好く東洋貿易の策源地たらしめ逐次澳門の商權を奪ひ廣東貿易を掌中に收め牢乎拔くべからざる根柢を作るに至れり、今や香港は世界有數の海港として入港船舶一箇年二千萬噸を超え貿易額五億弗を算するの狀態に在り、當港が單に一島嶼に過ぎずして貨物の產出極めて少なく又著しく消費するもの無きに拘らず貿易上斯くの如く發展したるは其中繼貿易上絕好の地位を占むるに基因するものにして東洋の咽喉、南支那の關門を擁し啻に東洋に於ける通過商業の中心點たるのみならず又世界物貨の接續點たり、乃ち南支那、中部支那、北支那、日本、蘭領印度、海峽植民地、暹羅、佛領印度、比律賓、英領印度との間を移動する貨物の中繼港たると同時に又歐洲大陸、米大陸、濠洲、南洋諸島との間を流動する貨物の通過港たるなり、然れども當港は自由港たるが爲めに何等據るべき統計無く各種の貨物が幾何或は如何に當港を通過せしかを調査するに多大の困難を感ず、隨て以下記述する處も或種の商品に關しては正確に近きを信ずるも他の商品に關しては必ずしも正確を保し難し。

先づ香港が如何なる地方と貿易關係を有するやを知らんが爲め千九百十五年中當港に入港及出港したる船舶の隻數、噸數、仕出地、仕向地、竝輸出入貨物の數量を當政廳の報告中より摘記すれば左の如し。

入港の部

仕出地	船舶 隻數	船舶 噸數	貨物噸數 陸揚	貨物噸數 通過
濠洲及新西蘭土	四七	一一六・四〇二	五四・〇〇〇	二八・〇〇〇
英領北ボルネオ	二八	四八・六〇四	三・〇〇〇	八三・〇〇〇
加奈陀	二六	一一八・八五六	三三・〇〇〇	五二・〇〇〇
支那沿岸 汽船	四・三三〇	三、六二四・五二一	七一七・〇〇〇	七九八・〇〇〇
支那沿岸 同(六十噸以下)	三・二五六	一〇七・三九七	—	二・〇〇〇
支那沿岸 戎克	一三・七七一	一、四一四・〇五四	—	三三七・〇〇〇
交趾支那	一五二	二〇三・九七八	八・〇〇〇	三一七・〇〇〇
歐洲大陸	三一	一〇七・三三三	五三・〇〇〇	二六・〇〇〇
埃及	一	二・五九九	六・〇〇〇	—
臺灣	八六	八六・八九七	九・〇〇〇	三一・〇〇〇
英國	一三〇	五八八・九一四	四五九・〇〇〇	二五三・〇〇〇

印度海峽植民地	二四六	六一三・七七五	四二〇・〇〇〇	三一一・〇〇〇
日本	五六三	一、五〇六・六五二	一、一二三・〇〇〇	九二〇・〇〇〇
蘭領印度	八七	二一三・三三六	六九・〇〇〇	一一六・〇〇〇
廣州灣	七五	四三・九二五	—	二〇・〇〇〇
澳門 汽船	一・三四三	八〇九・三三四	—	六三・〇〇〇
澳門 同(六十噸以下)	一二九	六・二九九	—	三・〇〇〇
澳門 戎克	六七一	八一・八九〇	—	一八・〇〇〇
マウリシアス	—	—	—	—
北亞米利加	—	—	—	—
南、北太平洋	一	三六七	—	—
比律賓	一三五	二八一・二三五	一三五・〇〇〇	八九・〇〇〇
旅順	二	三三・五六〇	七・〇〇〇	—
海南島・東京灣	四二三	四一九・五六五	一二四・〇〇〇	五〇九・〇〇〇
露領亞細亞	一四	四〇・七三三	二六・〇〇〇	七・〇〇〇
遜羅	二二六	二四二・七〇二	一三・〇〇〇	三九九・〇〇〇
南阿弗利加	四	一一・一八四	四・〇〇〇	一・〇〇〇
南亞米利加	六	三三・九六五	—	一四・〇〇〇
青島	五	七・一五二	一・〇〇〇	一〇・〇〇〇
北米合衆國	一三三	五七八・〇六〇	二三三・〇〇〇	一八七・〇〇〇
威海衛	一四	一七・六〇一	三・〇〇〇	四・〇〇〇
計	二四・九三四	一一、三六七・二五五	三、三六九・〇〇〇	四、四九六・〇〇〇

出港の部

仕向地	船舶 隻數	船舶 噸數	輸出貨物噸數
濠洲及新西蘭土	三七	九九・五六〇	三七・〇〇〇
英領北ボルネオ	四九	九五・〇五五	九・〇〇〇
加奈陀	四三	一八七・二七七	一二三・〇〇〇
支那沿岸 汽船	四・三七六	三、六三〇・八〇八	八一八・〇〇〇
支那沿岸 同(六十噸以下)	三・三〇八	一〇八・五二七	三・〇〇〇
支那沿岸 戎克	一三・〇六五	一、三八六・六三六	一、〇〇八・〇〇〇
交趾支那	一五六	二一三・五六四	四八・〇〇〇
歐洲大陸	二九	九〇・八三〇	一〇・〇〇〇
埃及	—	—	—
臺灣	一〇五	一一〇・〇六四	六六・〇〇〇
英國	一一〇	五一四・五九四	一一〇・〇〇〇
印度海峽植民地	三一〇	七二六・二〇三	三二〇・〇〇〇
日本	四九〇	一、四六〇・〇九六	一四一・〇〇〇
蘭領印度	五九	一六七・六五五	六三・〇〇〇
廣州灣	七一	四三・七五八	一八・〇〇〇
澳門 汽船	一・二九三	七〇五・三三五	六九・〇〇〇
澳門 同(六十噸以下)	一二九	六・二八七	三・〇〇〇
澳門 戎克	五八七	七一・一二五	三七・〇〇〇
マウリシアス	—	—	—
北亞米利加	—	—	—
比律賓	一三〇	一九三・〇六二	一八三・〇〇〇
海南島、東京灣	四八九	五〇五・五三〇	九七・〇〇〇
旅順	—	—	—
露領亞細亞	三六	八一・五六五	四・〇〇〇
遜羅	一八九	二〇一・〇五七	九三・〇〇〇
南阿弗利加	五	一三・三四八	一三・〇〇〇
南亞米利加	六	三一・七九三	二二・〇〇〇
南太平洋	二	一・九七六	—

青島	二	五・〇三七	一・〇〇〇
北米合衆國	一三一	五七五・七四三	三一・〇〇〇
威海衛	一五	二三・三〇四	一二・〇〇〇
計	二五・二二一	一一、三四七・七六八	三、五一七・〇〇〇

備考　出入船舶皆無の地方は平時は多少の汽船の往復あるも戰爭の爲め船舶不足し船舶の來往杜絕したるものなり

次に香港と貿易關係密接なる諸國との間に於ける主なる輸出入貨物を揭ぐれば左の如し

支那より
生絲、絹織物、其他支那織物、綿絲、錫、生獸、雜穀、果物、各種食糧品、油類、藥材、花蓆、包蓆、其他雜品

支那へ
綿織物、其他織物、綿絲、金屬及製品、砂糖、海產物阿片、煙草、酒類、石油、藥材、燐寸、染料、石炭、陶磁器、硝子、衣類及附屬品、製革、材木、其他雜品

日本より
石炭、綿絲、綿布、海產物、椎茸、燐寸、玩具、メリヤス絹手巾、陶磁器、賣藥、洋傘硝子器、浴巾

日本へ
米、砂糖、籐、棉花、包蓆天蠶絲、唐木、チーク材、豚毛、錫

佛領印度支那より
米、木材、(錫、亞鉛)

佛領印度へ
支那人日用品、一般小雜貨

暹羅より
米、木材

暹羅へ
陶磁器、燐寸、海產物、小雜貨

新嘉坡より
錫、護謨、籐、栲皮、海產物

蘭領印度より
砂糖、海產物、珈琲、籐、石油

比律賓より
砂糖、麻、

英領印度より
麻袋、綿絲、硝石、阿片、銑鐵

歐洲より
鋼、鐵、同機械、綿織物、毛織物、飲食料品、塗料、化粧品、骸炭、硝子、染料(煉瓦石炭)、其他雜品

米國より
麥粉、板材、罐詰、石油、鹽魚、鐵鋼材、アスファルト、ペイント、屋根葺材料、丸釘亞鉛板、煉乳

濠洲より
銅、鉛、枕木、革皮、獸肉、バタ

新嘉坡へ
支那人雜貨、麥粉、野菜、果物

蘭領印度へ
燐寸、海產物、煙草、綿織物、麥粉、茶、雜貨

比律賓へ
野菜、果實、支那人雜貨、綿布

英領印度へ
絹物、腕輪、藥品、砂糖、セメント、樟腦、繭、砂糖漬、爆竹、土器

歐洲へ
生絲、屑絲、花蓆、肉桂、鳥毛、人髮、生薑、蜜漬、落花生、茶、麻、竹、豚毛錫、高價油、爆竹、コプラ

米國へ
生絲、屑絲、花蓆、爆竹、肉桂、米、錫、支那人需要品、籐、籐家具、茶、砂糖漬

濠洲へ
竹簾、肉桂、生薑、砂糖、米、籐、籐家具、落花生、

南米より
　無し
加奈陀より
　麥粉、鹽魚

絹紬、蘭草
南米へ
　米、支那人雜貨
加奈陀へ
　米、支那人雜貨、肉桂、屑絲

尚當政廳の統計中最も主要なる貨物の種類、仕出地、及數量（噸）を三箇年分摘出して參考とすへし

品別	仕出地	一九一二年	一九一三年	一九一四年
豆	北支那諸港	四・八〇〇	七・二二六	一三・九一〇
石炭	日本、支那	一、〇五六・五〇〇	一、一三一・五一五	一、三〇三・一七九
棉花、綿糸	印度	六〇・〇〇〇	四〇・四〇五	四三・九四六
麥粉	加奈陀、米國	九八・六〇〇	六七・八八七	八〇・三九一
蔴	マニラ	一九・〇〇〇	一七・三二一	二〇・三三一
石油（タンク）	米國、スマトラ	六八・七八〇	五六・二四八	七七・五七六
同（函入）	同	三六・六〇〇	四八・八八三	四四・四六一
重油（燃料）	スマトラ	二〇・〇〇〇	一一・七九五	三九・〇五八
阿片	印度、波斯	七三	四七九	一九四
米	佛領印度、暹羅	五五一・五〇〇	七三八・一六六	六三六・〇八一
砂糖	瓜哇	二八三・三三六	一八三・三三三	一
檀香木	濠洲	（不明）	六・二〇七	四・八二五
木材	加奈陀、ボルネオ、暹羅	七一・〇〇〇	八一・〇二〇	六三・四七五
一般雜貨	各地	一、八七四・〇〇〇	二、五六五・八六〇	二、三六三・三一五
計	—	四、一四三・七七八	四、九五六・一三五	四、七三五・八〇五
通過貨物	各地	四、五七七・〇〇〇	四、九二三・〇九三	四、四〇九・三六六
合計	—	八、七二〇・七七八	九、八七九・二二八	九、一三五・一七一
輸出貨物	各地	二、一六一・〇〇〇	二、六八一・〇〇〇	二、三八五・〇〇〇

香港支那間輸出入品表

香港の繁榮を來したる所以は背後に無限の消化力を有する支那大陸を控ゆるを以てなり支那より粗製品を蒐集し是れを歐米各國に分布し精製品を歐、米、日本其他先進國より輸入して支那內地に分配するを香港の主要なる任務とす、從て輸出入品は各種の貨物を網羅して殆んと餘す所なし、今最近十年間の支那對外貿易額及支那對香港貿易額を示し以て香港對支那貿易が香港貿易中如何に重要なる部分を占むるやを知るの一助とすへし

（單位海關兩）

年度	支那對外貿易額			香港對支那貿易額		
	輸入	輸出	計	香港より輸入	香港へ輸出	計
千九百十年	四六二、九六四・八九四	三八〇、八八三・三二八	八四三、八四八・二二二	一七一、四六五・九七四	一〇八、七二二・九三五	二八〇、一八八・八九九
千九百十一年	四七一、五〇三・九四三	三七七、三三八・一六六	八四八、八四二・一〇九	一四八、二四九・三三五	一〇三、六六九・七四二	二五一、九一九・〇七七
千九百十二年	四七三、〇九七・〇三一	三七〇、五二〇・四〇三	八四三、六一七・四三四	一四七、八〇一・三六三	一〇三、三八四・一六五	二五一、一八五・五二八
千九百十三年	五七〇、一六二・五五七	四〇三、三〇五・五四六	九七三、四六八・一〇八	一七一、六三六・〇九九	一一七、一二八・六六一	二八八、七六四・七六〇

左に香港、支那間輸出入重要品を支那稅關統計中より摘記し品種別に列記すへし　（價格單位海關兩）

香港より支那へ輸入

品名	單位	大正元年 數量	大正元年 價格	大正二年 數量	大正二年 價格	大正三年 數量	大正三年 價格
一、綿織物							
生金巾	疋	四二四・三二四	一、一四九・三三七	四八〇・三五三	一、三一〇・五二三	四二〇・四六五	一、一九七・八九三
晒金巾（無地）	同	六〇一・五八二	二、四五二・五二一	七一五・八四三	二、九四五・五八四	七〇七・三五一	三、〇二一・〇〇三
同（形付縞物）	同	三、五八一	一八・五八八	六・九九〇	三三・九七七	一・七七八	九・七六五
雲齋布（綾木綿）	同	五一・四七二	二三四・五九〇	四一・四〇七	二〇三・九七〇	三二・八四一	一六四・〇四六
細綾金巾（ジーンス）	同	四四・八三一	一七六・九三五	四一・三七五	一五七・〇六五	四〇・〇七六	一五〇・七四七
天竺布（三十二吋）	同	二三三・七七六	五三五・七一六	二一四・〇五九	四七六・六六八	一九九・〇四二	四四四・七三五
同（三十六吋）	同	四六・一〇六	一三六・四八二	五三・二五六	一五四・五三九	三二・九八〇	九七・二一三
カンブリック、寒冷紗、モスリン	同	五七・五九九	六七・八六四	八六・四八二	一〇三・六一八	一〇七・三三三	一三一・五六三
羅布（レノス及パルザリン）	同	六四・二五六	一五一・六三五	一一一・三〇七	二四〇・五五〇	一二〇・七一一	二七五・三四九
捺染金巾	同	八九・一五一	二一九・六五三	一五三・〇四六	三四九・八八一	一四五・二七六	二三八・九二一
形付斜紋布	同	二・七八〇	八・三五七	三・一一七	八・〇四六	一・三二八	三・〇一八
形付綿繻子、畦織等	同	三・四四五	一六・六三六	五・七三八	三八・二五七	二・五四一	一八・〇〇〇
緋金巾、染色天竺布	同	四七・一〇二	一一六・一八二	五五・四九二	一三三・二八一	[illegible]五二・九七八	八九一・八六八
綿イタリアンス、ベネチアンス、クレープ、ラスチング（黒無地）	同	七七・七九二	五五一・〇八七	八三・六八三	六〇七・三三八	七三・二八六	四八二・〇三四
同（色物）	同	一一四・七三三	五九八・三八〇	一六〇・八二〇	六六一・三七五	一四四・六二六	六三六・二〇一
同（模様）	同	四七・二二三	二三七・九一九	六六・三五七	三五一・七九八	六八・二七〇	三六三・八七九
ポプリン（無地）	同	一六・六五二	八七・四八九	一六・一九七	七六・〇一七	一六・三三一	一〇八・八九九
染色金巾（無地）	同	一三・七六〇	五六・五二七	二四・九四七	一〇七・六三三	三五・五八六	一五五・一五五
香港染金巾（無地）	同	一〇五・八一三	三二五・五八〇	一一七・三八二	三五三・二六二	一一二・六五七	三五〇・〇五九
有紋金巾	同	九・七七八	五七・七三八	一七・八四八	八六・〇〇二	一九・八九七	一〇〇・九三〇
綿スパニッシュ、ストライプス（六十四吋）	同	五・八四[illegible]	二七・六八七	七・七四六	三六・三六六	六・七五九	三三・六一五
綿フランネル（無地、染色、形付）	同	一三四・八三九	四〇五・九七三	一三〇・九六九	四七四・一八八	一〇三・一七八	四〇一・八八一

綿フランネル（縞）	疋	五四·〇七六	一五八·四一五	八三·九六九	二六四·三〇五	七〇·六三五	二一〇·八七七
綾織本綿	碼	一,六三五·〇七七	一九七·六八九	二,四八八·七五四	二九四·九六五	二,四〇七·一〇二	二九〇·五三三
日本綿布	同	三四〇·二七二	三〇·三七〇	一,〇〇三·八八四	九〇·五六六	一,三三七·〇九六	九〇·八三八
日本綿縮	同	九六·六六六	九·六六七	一一九·一五一	一一·九一五	一五九·八二四	一五·四三三
天鵞絨（二十二吋）	同	三四一·七五二	八二·七五八	六七一·四七七	一七六·一七三	四六〇·四八三	一二九·六八九
ベルベチーン（十八吋及二十六吋）	同	五四·六八七	一一·八九二	六二·〇〇七	一四·八六四	四一·八二七	一〇·二八一
綿毛布	枚	一五二·四一二	一二四·五四七	一六·二三三	九八·七二八	一一六·六〇六	七三·二九〇
手巾	打	一二二·〇九七	五二·〇〇六	一八五·九八五	六三·一四八	一七九·五五六	六一·六四六
浴巾（蜂巣織）	同	一八七·一〇三	一一九·四〇八	二四四·六九九	一四四·六三七	三三七·六九〇	一四〇·七三三
同（其他）	同	三三六·〇四一	一五四·五六〇	三七一·〇四〇	一六七·〇七九	四八八·二二八	二〇八·九七六
雜綿織物	碼	五,〇三二·〇七八	七一三·三五八	八,一四七·九五三	一,〇八〇·九四八	七,九二八·二一六	一,〇一三·三七四
二、綿毛交織物							
アルパカ、ラスター、オルレアンス	碼	一六四·三二九	五〇·八五四	二八五·二三八	七八·一六一	一八六·六二〇	五〇·四二九
ユニオン及ポンチヨ布	同	二七四·四八六	一九三·七九八	二〇七·一七九	一三五·〇五三	六二·二〇六	四〇·〇四四
綿毛交織雜品	同	八三二·三五五	四三九·七〇九	七〇八·七八八	三二一·八二三	六七七·五九七	二五八·三九六
三、毛織物							
毛布及粗氈	封度	四五〇·七五六	一九〇·一二六	三四一·九六一	一七〇·五一六	二七六·三三一	一五三·一一七
カムレット	疋	七·八二七	一一八·〇五九	九·三一七	一三三·〇九四	七·七二〇	一一四·〇五六
羅紗（厚地、薄地、ハビツト及ルシアン）	碼	五三·三五〇	八八·一四七	四四·五六二	六七·〇五二	二二·九二四	三七·〇二七
毛織綾呉絽	疋	四·五七八	二六·七四二	六·〇九一	七四·一九九	五·八〇三	七八·一二二
ロングエルス	同	一五·四九一	九五·八一三	一七·〇七六	一〇六·四九三	一一·八六八	七一·六七五
毛織スパニッシュ、ストライプス	碼	六一·一三九	四一·三五二	九二·三七二	六二·二四三	六四·〇九九	四一·九一五
毛織雜品	同	二〇九·九一三	一六三·〇九〇	一八一·〇三九	一三五·五二〇	一八七·三〇七	一四九·二四四
四、其他織物							
絨線	擔	九九八	一一六·一七〇	一·五五八	一八二·九九三	一·三四二	一五一·四六八
麻綿帆布	碼	七八〇·八五三	二三五·〇七五	九六八·二〇七	二八三·〇九三	七八七·七四二	二六一·〇五四

ガンニー布及ヘシアン布	同	七七九・三四七	六三・一二七	六八〇・四一四	五七・六六〇	四三六・八五〇	三六・〇三五
絹、織物	斤	三三・五三六	二六一・五二八	三四・六一八	二四八・三三一	二六・四三三	一九〇・九八〇
絹交織布、	同	四・七〇九	二六・四〇〇	五・一一三	一八・三五九	九・二六三	三三・三六五
雜、反物	碼	六二二・〇四八	四一・〇四〇	七二二・三四五	五一・〇六二	七三六・八〇二	一二〇・一五九
寢臺布及食卓布	—	—	六四・三〇二	—	八〇・八三〇	—	五八・八八三
擬革及油布	—	—	一九・一五五	—	九・八〇三	—	八・五三二
五、糸縷繩索類							
棉花	擔	三一・四一七	六九一・四一五	九・〇八一	二一五・八〇〇	六・三七九	一四三・六三三
綿絲	同	七〇八・八四一	一九、四〇三・〇三五	六八八・六四四	一八、四七七・八一八	六八三・二六一	一七、一六八・二一一
綿縫絲（球作）	同	五一九	四四・六五三	一・〇〇七	八五・四六三	五七三	五〇・五三一
綿縫絲（木卷）	哥	二三三・三九六	五〇四・五五九	一九四・四〇四	三四六・四七三	二一九・六四三	三七〇・四八一
麻	擔	一〇・六五四	一五七・〇〇二	一五・七六一	一七九・七四一	一〇・三〇九	一四八・六一二
梳除絹糸（シルクノイルヤーン）	同	五九六	四三・九七五	五七一	四四・八三七	四五五	三六・〇五三
索	同	三・四三四	四四・一九〇	二・八七〇	四五・八四九	四・三三一	七二・六三二
六、金屬及製品							
眞鍮及黄銅、（條、竿、薄板、厚板、釘）	担	六・五八一	一八五・七四六	九・一〇九	二五八・一七二	九・九二七	二九四・八一三
同　線	同	七六	一・九五三	二二八	五・九一九	一七〇	四・六二三
同　其他	同	二・五二〇	五七・四七五	六・二四〇	一二四・〇六六	七・九〇七	一五六・一九一
銅　條、竿、薄板、厚板、釘	同	五〇六	一七・八一七	七二八	二四・〇九二	一七四	五・九四三
同　塊、錠	同	五・九五九	一七六・七六九	二・七四七	八三・一二三	三・五一八	一一三・六三七
同　線	同	一三三	四・三〇九	四七一	一五・八六二	二五五	八・三三七
同　其他製品	同	一四一	五・〇六二	二六三	七・九一二	一八九	六・二四三
同　其他雜品	同	六四〇	一一・七一七	一・五六六	二七・九三三	七六〇	一六・二一七
鐵及軟鋼（新）錨、砧、鑽、塊	同	一・一五六	七・四〇〇	九八三	七・〇六一	一・六八九	一一・一三三
同　肘角	同	三・四七〇	一〇・一六七	一一・四四一	三三・七八三	一〇・七四〇	三一・一一二
同　條	同	八三・一四五	二五一・一〇一	一一八・九四八	三八〇・〇九九	一〇八・三四四	三四五・九三三

同　コップル及線屑	同	一五・七四七	三八・七四一	二一・三二四	五三・二六七	一七・一六五	四四・七三四
同　箍	同	八・一一七	三三・六〇三	一〇・三一三	四四・〇〇八	八・〇八三	三五・一九六
同　竿	同	三九・七五五	九九・三五八	六六・六六三	一六四・九五一	六四・〇九一	一六六・九六五
同　釘、鉸	同	四八・二四六	二一三・七七七	七四・二一六	三三〇・九四八	五七・八四四	二六三・二九〇
同　銑鐵、鐵碑	同	七・九五一	一四・一五二	八・八六三	一六・三〇八	一二・五八二	二三・二四五
同　管	同	四・九九〇	二二・五一五	四・四一八	二七・九〇七	四・八一八	三一・七二四
同　厚板	同	一二四・〇六二	二四三・六二〇	一六〇・六一三	三三二・三九六	一三五・七六四	三〇二・六四四
同　螺釘	同	四九三	九・七二三	七一九	一三・八八七	八五六	一二・一〇〇
同　薄板	同	二六・〇九七	九六・一七四	二七・二四八	一〇〇・九二三	二四・三二九	八六・五九三
同　線	同	七・八〇八	三九・二三〇	九・九九五	四六・七七六	八・九四二	四三・二二六
同　其他	同	三・三三六	二九・〇八一	二・八三六	一六・八一〇	二・六七六	二六・三七三
鐵及軟鋼（古）	同	一二四・〇六七	二四六・〇二九	一一三・四九一	二〇八・〇〇九	九〇・七〇九	一六三・〇七三
電鍍鐵薄板	同	二・八三六	一八・一四〇	三・七二四	二三・三六五	三・四三八	二二・二八三
同　線	同	一三・五七一	六六・五五六	一七・七一〇	八五・六三九	一四・九二八	七一・七〇九
鐵及鋼製品	同	一〇・九八〇	八五・二七五	一四・二九二	一三三・五三一	一三・二〇一	一三三・四一六
鉛塊、鉛條	同	五五・三二〇	二四三・七一一	七六・四八四	五二一・二三〇	五〇・三三〇	三六一・〇八〇
茶鉛及鉛板	同	四四五	三・六五〇	五八七	四・六三四	七一〇	五・四六四
水銀	同	九七三	一一〇・六三三	七五二	七四・五三七	四四六	四九・二一八
鋼鐵　柱、條、箍、薄板、厚板	同	一五・七三七	七四・二〇一	二〇・三三一	九五・七六八	一二・五〇六	六一・九六五
錫塊	同	三八・四七九	一、四六〇・六六四	四九・八一四	二、一四二・七六九	六三・五八四	二、七一一・八一九
鉽力板	同	六五・七一三	四五一・〇四五	六六・九二八	四四四・三〇二	五六・四六〇	三五一・〇二八
白銅	同	六八一	三三・五七九	一・一六二	六一・八〇三	一・一〇九	五六・〇七一
亞鉛	同	一・〇三〇	一二・四九六	五三三	六・三八四	八三四	九・〇三五
亞鉛板	同	一・一九八	一七・一二九	一・四八七	二一・〇九三	一・五一〇	二一・三七二
其他金屬及鑛石	同	五・五四九	五八・八四四	四・七五四	四五・四八三	三・七五五	三七・八二三
琺瑯鐵器	一	一	一三六・八五三	一	一六八・〇二四	一	一五三・六九八

刄物及電鍍器	—	—	三六・三六八	—	二七・〇五八	—	二一・三〇〇
金庫及鐵扉	—	—	一〇・九八七	—	一二・九三六	—	一三・三一一
暖爐及鐵格子	—	—	六・九二四	—	五・五一八	—	七・四〇八
寢臺（鐵製）	個	一・五九三	一四・三八三	一・六一四	一四・六三一	一・九七八	二〇・九一七
縫針	千本	二二三・〇九一	五六・三七九	四五七・三六四	一三五・九八一	二六八・四八五	七五・〇三五
錫箔	擔	一・八八三	一四三・六九二	二・六一四	一八三・六九四	二・〇五七	一三九・九五八
七、動植物類							
豚（生）	頭	四・一五六	三三・二四八	五・七八四	四六・二七二	五・三九四	四三・一〇九
豆類	擔	九〇・五八八	三四八・〇九四	九九・七二〇	三〇〇・四二五	一二〇・三〇二	三八九・三八八
落花生	同	二四一・九二〇	一,〇二八・四七三	三三四・八一三	一,三七三・五五七	一九四・五三八	八一九・三三七
白豆蔻	同	七・一七七	二一八・九七〇	七・一五四	一九一・八三六	五・一六四	一四〇・五三六
大麥	同	五一	五七九	一・二九三	一五・九一六	一・三一二	一一・八一七
米	同	二,一二九・九六五	八,八八五・八二七	四,七八二・九八六	一五,五九〇・一五六	六,一五四・六八四	一九,〇一六・八八六
其他穀物	同	七八〇	四・二二八	八・〇五五	七六・八一五	九・九六五	七四・六〇八
各種種子	同	三八・五六三	三七〇・一二八	四四・六七三	四一二・五五〇	四二・七六二	四三一・五一二
麥粉	同	一,五七七・八八九	六,三八〇・七八九	一,四五九・二三九	五,八五九・七三四	一,〇六八・九二八	四,四八三・六〇〇
各種糠麩	同	九七一・〇一二	一,三九九・三八二	二,〇九四・〇九三	三,三〇一・六三四	一,七三六・九一八	二,七〇九・〇〇九
象牙及象齒	斤	一二・一七三	四六・九八八	一八・五〇五	五九・六八	一五・三一三	四九・四六六
獸毛及羽毛	擔	九・六一〇	五九・二九三	一一・二〇八	八一・〇八六	七・八八八	五五・二五八
生牛皮	同	四・七五四	八四・六二六	一三・九三九	二四三・一四六	一一・五六四	二六七・六六一
毛皮	枚	一八五・四二四	一一〇・四九五	一七一・一四八	九〇・九九七	一九四・一八三	七一・一〇五
鹿角	同	二〇二	二五・二六一	三〇四	二一・八八一	三八八	二五・三〇六
犀角	斤	一・七〇四	一〇九・三五七	一・二二九	六六・四八六	一,〇四五	六五・〇四二
八、飲食料品及嗜好品							
乾菜及鮮蔬	擔	一八・九六五	九七・七二三	二八・六〇〇	一一九・九三五	二八・五八八	一三〇・二六五
龍眼	同	五・三五八	六三・六六七	二・四〇八	二六・三一二	八・〇二七	一〇一・〇三二

檳榔	同	三四・九九六	一七三・三一七	五〇・六九一	二四八・二〇九	四一・一九九	二一一・九四〇
果實（乾）	同	六七・八七六	五四三・五四三	七七・一七三	六二〇・九三九	七九・一九五	七一九・七一三
同（生）	同	二一・九四一	五一・一四四	三三・四七五	五五・四七五	四三・五六四	一五五・七六七
茶	同	七・四九八	一九五・二〇八	九・七一九	二五八・三九三	一〇・四五八	二七三・六三八
珈琲	斤	二六・六五九	九・三三九	二四・一八〇	七・三三〇	三〇・二三六	八・五四三
胡椒（黑及白）	擔	三〇・〇五三	五八〇・七五〇	三三・一四六	六一九・九〇一	九・八二八	四二三・八六三
赤糖	同	一、〇五六・三三六	四、三七三・八八六	一、五五七・一五四	六、三一〇・一六三	一、三一七・七四七	五、二九九・一〇六
白糖	同	七四九・四一九	四、一一六・六三八	一、〇四八・四一六	五、九九一・三〇〇	九八一・三四九	五、四九〇・三八九
精糖	同	九三七・六一六	五、三五五・三六六	一、二〇九・六三八	六、六七〇・七四六	一、三〇七・七二〇	六、六六九・九七〇
氷糖	同	一七六・三一四	一、三三七・三三〇	一八三・〇〇一	一、三一九・四二六	一五三・一四四	一、一〇四・八六四
甘蔗	同	一六九・八四六	一七三・九二	一五三・六九三	一五六・四三六	一四四・三二七	一四六・七三〇
糖蜜	同	二〇七・〇四八	二〇八・六四一	二五〇・二二〇	二八五・一八八	四二九・八三四	五九〇・二七五
蜂蜜	同	四六四	五・四七〇	一・二一一	二八・〇八一	一・一〇三	一〇・一六八
ビスケット	—	—	三三・〇六六	—	六〇・一七六	—	六〇・一三七
蜜餞	—	—	三一・四一五	—	五〇・四二六	—	五三・二四〇
マカロン及索麵	擔	六九・三八五	五四九・四七七	八五・八九七	六八七・三五〇	八四・三五八	六九三・九一三
醬油	同	一〇・四六二	四八・六二一	一〇・六五九	三三・一九三	一三・八〇四	四一・五四九
海參	同	二五・一六五	六二七・八七五	二三・五四四	六一七・五六九	一九・一〇一	五四九・八七九
燕巢	斤	四六・四〇六	三二三・九五七	四五・五九四	三八三・一二八	四四・〇九〇	四四〇・三〇五
寒天	擔	七〇六	三七・〇二二	九〇二	四六・八四三	六八二	三五・八八九
魚類及其製品	同	六八一・六〇五	六、九三一・五五八	八三五・九三三	八、五七四・二九八	七八〇・五五五	七、七五九・四五〇
昆布及石花菜	同	二六・五二三	一〇二・〇九六	三三・一五七	一三一・二二七	三一・二〇五	一一六・四七三
椎茸	同	七・三〇〇	二九一・四二〇	九・〇三〇	三四九・七八八	八・二四八	三三四・八四七
バター	同	四八七	三三・一三八	六一六	二六・三八六	二・一六五	二一・六五三
乾肉及鹽肉（ラード及鳥肉を含む）	—	—	四八・四六四	—	七五・〇九三	—	一三三・三六八
煉乳	打	一三五・八七二	二〇四・七二六	一六六・〇四七	二九三・〇二一	一七九・五四一	三一〇・一六四

鳥卵（野禽及家禽）	個	二、九七五・八〇八	二四・九二五	二、七八四・二〇七	二四・七六四	二、四八三・七三三	二一・〇九七
汽水及鑛水	—	—	三三・七〇三	—	四九・一三〇	—	五〇・三一二
麥酒及黑麥酒	—	—	九七・九〇一	—	一〇三・八三一	—	一〇三・三三一
燒酒（酒精を除く）	—	—	一七六・一六三	—	一六一・一七六	—	一七三・二〇〇
葡萄酒	—	—	八七・七九九	—	七三・四五〇	—	九〇・二一九
紙巻煙草	千本	一八八・九八七	六一六・〇九五	二三一・二一四	六五三・二八四	三六八・七四〇	九三三・三一九
葉巻煙草	同	二七・六四五	二六四・五一八	二一・一八七	二五九・九九一	一六・一二七	二一八・五九七
煙草	擔	六五・九九四	八八一・二〇三	七一・〇二三	八五九・四四三	四七・三六六	六三五・六八四
阿片マルワ	同	三・五七四	七、八一九・八一四	五・三四三	一一、八一六・九七一	二・五四九	一三、四五四・五七九
同パトナ	同	六・一七五	一三、五五三・一三九	五・二四三	一一、六八五・四九三	一・四八六	七、二八六・六九四
同ベナレス	同	三・二〇五	六、六五一・二九六	一・一一三	二、四〇九・六七三	三八三	一、八七〇・五六〇
九、油脂、蠟類							
各種植物油（香油を除く）	米瓦	一、二九九・六七四	一、一四三・九八三	八七〇・七四七	九七四・二二一	五九八・六七四	四八四・一七三
各種石脳油	瓦	三九・〇二一	一一・七〇一	六〇・六二一	一六・一四八	五四・五七七	一五・七四三
重油（燃料）	噸	九八一	一三・四九〇	一・三七八	三五・八三三	二・三〇三	四四・三三〇
石油	米瓦	二八、三三六・一八三	三、六三六・一一三	三三、二七九・三二八	五、一七三・八二〇	三六、七九四・五八五	六、八九七・〇一七
機械油	同	二一六・三一〇	六六・九七五	二五二・四八九	七一・六七一	三二四・四五七	九九・七一八
パラフィン蠟	擔	四五・一七七	三五五・七六五	五四・九二一	四〇九・六三三	五四・一二三	四四〇・九七九
各種蠟燭	同	三・〇八五	四〇・〇五一	七・四六〇	八七・六五四	二七・二八七	三三五・八七五
石鹸	—	—	三二三・一五七	—	三八一・二九三	—	四〇三・三三〇
十、藥材、化學藥等							
各種丁香	擔	四・九一三	五〇・二三〇	七・一六六	七四・四八七	七・三七一	八四・三九九
大茴香	同	六・六九七	一二九・一〇九	七・八六五	一四八・一九五	七・二五九	一三八・一一三
人參	斤	一四六・七一四	七五八・九八五	一八九・八三三	一、〇〇一・一三三	二一七・八二〇	九八四・四三七
阿膠	擔	三・二一三	五六・二七七	六・五九六	一二三・三〇九	六・五七二	一二〇・八七八
沒藥乳香等	同	四・七二六	四九・三五六	九・一二七	九〇・七五六	六・八七六	七三・六六六

肉桂	同	五〇三	五一・八一八	六一〇	五八・二一四	七六三	七六・九五五
硫黃	同	一〇・九四三	三五・一一一	一三・九八六	三九・七三九	一三・三〇四	三九・九一三
硫酸	同	一・五四九	六・五九五	一・二五一	五・四四一	一・九〇一	九・一一九
硼砂（粗及精）	同	一・九九四	二一・三二一	二・四九五	二四・四七九	一・五三七	一五・〇三〇
曹達	同	二〇・八五〇	八五・五五五	四三・九六五	一五四・一五五	六三・二三〇	二〇九・五一〇
ステアリン（蠟燭用）	同	九・〇六九	一四七・五一六	八・六五九	一四四・〇八三	一三・八一四	二三四・六三三
化學藥	—	—	二九・三一五	—	二七・三七七	—	一六・三〇九
藥材	—	—	一、八三四・七六〇	—	二、三九五・三六九	—	二、三八四・二五六
硝石	擔	五四・九七三	五三六・五五八	五〇・九八七	三三二・一〇八	四九・一三八	三四六・六三〇
酒精	瓦	一三三・〇二〇	五三・五三七	二九四・七〇六	一三四・六二七	三七九・二七一	一五九・五三〇
燐寸	哥	六、五三三・一〇一	一、九四八・八〇一	六、四三二・八三四	一、七五三・三六六	五、四五三・九一〇	一、七二三・五五九
燐寸材料	—	—	一三七・四四一	—	七六・二五一	—	六三・五八六
爆發藥	擔	六三五	一一・五〇四	三一五	一四・六九三	六六五	一〇・四五四
十一、染料顏料類							
天然藍	擔	二〇・二二一	九七・七八〇	一二・二二一	五五・〇三三	八・七七三	四二・四五八
人造藍	同	四・一一六	一五三・四九〇	一三・八七五	五三三・〇一五	一七・九五五	七一九・二一五
朱	同	三・四六八	一八〇・一一四	五・五九八	二四一・四八三	三・五一四	一七五・八二三
朱砂	同	一・五六三	一二三・三五三	一・七一五	一三〇・三四〇	一・三六五	一〇四・四三七
アニリン染料	—	—	三七二・四五七	—	五四五・三三〇	—	六一八・三六四
椰皮（マングローブ、バーク）	擔	一三五・一五四	二〇〇・二五三	九七・七九九	一五七・一〇八	一三三・二一六	二〇七・六四〇
蘇木	同	二一・八六二	四八・一七八	二三・八九七	五一・六一五	一六・四五六	三五・六八五
其他染料顏料	同	四五・七四六	二六三・一六七	八一・七八〇	四三六・四九一	一〇一・六九二	四五〇・七三五
ペイント及ペイント油	同	二〇・一八三	一九三・一七三	二五・九三三	三五〇・九〇七	二七・八六六	二五〇・〇三一
ワニス	同	四・一三五	九五・一八七	四・九三三	一〇九・九六八	四・五九九	八六・一三三
十二、礦物、陶磁器硝子							
砂粉、砂布、砂紙	—	—	一五・七五三	—	一九・二四四	—	一八・九七六

石材（大理石、花崗石等）	—	—	一〇七・七五三	—	一〇六・六四三	—	八七・七三五
石膏	擔	三九・二五九	三六・九六六	五一・一八〇	四八・七七〇	三九・八六五	三五・八七二
石炭	噸	二二三・三三一	一、二九一・八〇四	二五一・四五九	一、六三七・七〇二	二五九・二五七	一、三八四・六四三
コークス	同	二・六二四	四〇・八三四	二・〇七〇	三一・六三五	二・三一〇	二八・一七七
セメント	擔	三三六・四七二	三三八・九五七	一三七・五九六	一三三・四五七	三一四・一〇四	三〇四・三八三
翡翠	同	六八二	二九・七四二	二・九八三	一四八・〇〇四	二・六六九	一三八・六八一
煉瓦及瓦	個	三三〇・五二八	五・一〇二	一、二一一・七五二	二一・三一六	五九四・八六五	一〇・四四九
磁器（粗及精）	—	—	二〇七・三三五	—	三七一・〇四七	—	三五二・九八六
窓硝子	函	二七・五九一	九九・五七一	四〇・一八六	一三一・五〇〇	三六・八五〇	一二四・三一七
硝子及硝子器	—	—	一三三・四三一	—	一六七・六五六	—	一四七・六一四
ランプ及附屬品	—	—	二一一・三六八	—	二五一・二五五	—	二七五・九一四
鏡	—	—	四六・一三三	—	六七・一六八	—	六二・八九九
空瓶	—	—	七四・一一七	—	八五・一六六	—	一〇二・一四三
十三、衣服及附屬品等							
衣服、帽子、靴、手袋	—	—	一、九九五・七九五	—	一、六六八・三三〇	—	一、三九八・五七七
釦（眞鍮製及模造付）	哥	一四二・七一六	六〇・一六四	二二三・五三六	九八・二八〇	一二九・九七四	七一・七六三
組絲類	—	—	一一七・一八一	—	一一四・七〇九	—	七二・四四四
首飾（眞及模造）	—	—	六・一七〇	—	一六・五二六	—	一九・一〇四
レース類	—	—	二二・一六一	—	三五・二六三	—	三三・三八〇
絹及綿リボン	—	—	八・九五四	—	一三・二三一	—	一五・〇〇六
靴下類	打	三七一・六六五	四三一・六五九	五二三・八二五	五五〇・三三四	四九八・九〇〇	五〇三・二三〇
護謨及ギユツタペルチヤ製品（靴ヲ含ム）	—	—	一八・二二九	—	二四・四八〇	—	一七・六八二
革靴	對	八七・二二一	九二・三一六	四三・二二八	三七・六二三	三二・〇九九	二八・七〇六
革製品（靴、手袋ヲ除ク）	同	—	六八・四五一	—	九〇・八三六	—	七三・九八六
十四、時計、機械諸材料							
掛、置及懷中時計	個	六一・八一三	九七・〇二七	一一七・一〇八	一八八・八〇四	一三四・二七七	一七八・三〇三

科學機械(醫用、光學、外科用機ヲ含ム)	—	—	六〇・二〇〇	—	六九・八九五	—	九二・〇五一
自働樂器	—	—	三三・〇七四	—	一七・一八二	—	二九・二四四
樂器(ピヤノ等)	—	—	一三・〇八七	—	一八・三五四	—	一二・五九二
手工器具	—	—	二五・四九六	—	二〇・七三八	—	一八・三四六
電信電話材料	—	—	一一・〇三七	—	四〇・七四七	—	九六・五九七
電氣材料及裝置品	—	—	一三七・二六五	—	一七三・九八〇	—	二四三・七八八
寫眞材料	—	—	三六・三三〇	—	四〇・九九三	—	四一・八七五
印刷石版材料(機械ヲ除ク)	—	—	二九・一八三	—	二七・四〇六	—	二五・六八〇
船舶材料(金屬及木材ヲ除ク)	—	—	一一・〇九〇	—	一二・九七九	—	九・六八九
建築材料(煉瓦ヲ除ク)	—	—	一二・四六九	—	六〇・〇〇一	—	一〇〇・八四七
鐵道材料(他ニ掲ゲザル)	—	—	七二・八九四	—	九一・七〇〇	—	一〇〇・八九八
ボイラー、タービン等	—	—	三三・九〇五	—	三三・一五七	—	一四六・三一五
織布、形付機械等	—	—	八〇・二一五	—	九・六〇八	—	二七四・一七四
其他機械及部分品	—	—	二九二・〇九三	—	二四〇・一三〇	—	二四四・四九〇
刺繡、メリヤス、裁縫機械	—	—	三六三・五六三	—	三二四・〇七五	—	二五五・四一六
車輛(機關車及炭水車用)	—	—	—	—	二・五五〇	—	二六八・八八五
同(客車及貨車用)	—	—	一四・四七四	—	一・〇三三	—	三五・六九一
同(自働車用)	—	—	七・〇九〇	—	七・九四四	—	三・五九二
十五、雜品							
香水及脂粉	—	—	一二三・八七九	—	一四三・四五五	—	一四九・三二八
化粧用品	—	—	一一六・九九九	—	一八一・二六三	—	一四一・二二五
煙草商雜品	—	—	二〇・五九七	—	三八・八八一	—	二九・二三五
玩具	—	—	三〇・三三八	—	四八・三一七	—	四〇・三九〇
各種袋包	個	一八、〇三八・一二六	一、二七五・五九一	一一、六三四・三三五	七四八・七七七	一〇、七五三・七九六	六六四・四五七
意匠函	哥	[illegible]・九八八	一三・七四〇	二九・二四六	二五・四三六	一〇・一四三	二三・六六三
家具及材料	—	—	一二〇・二九八	—	一一三・〇一〇	—	一二三・三一七

家內用雜品（別項ニ掲ゲザル）	—	—	三九三,五三四	—	三五九,二一七	—	三二一,八一六
洋傘	本	四七八,一七三	三二一,七〇四	七三七,一三七	四五四,五七四	七四一,三〇八	四四六,一〇六
葵扇	同	三五九,二二一,七〇〇	二三三,〇四三	四七,七四七,九三九	二八四,三三四	四一,九八四,九八八	三一六,一〇七
紙扇	同	六一八,〇六〇	一八,三一六	九六八,七五六	二九,七三八	一,一〇六,九七〇	三〇,五八三
製革	擔	八三,七四三	五,九六九,四四四	九三,八〇一	六,〇〇七,〇六二	七八,七九五	五,〇五六,五九六
翻革	—	—	一〇,五八一	—	一一,八七三	—	一五,九九六
ラマプレード	擔	八一三	一三四,六一九	八八七	一三四,六四七	七六三	一一七,六七七
金銀絲	立方呎	一四〇	二六,九一〇	二三〇	四三,四二七	二九	五,〇六〇
擬紙（從量）	擔	九九,九九九	八四二,四〇一	一八九,七四〇	一,二九一,一八七	一八七,三六一	一,三一八,四〇一
同（從價）	—	—	九〇,七三八	—	二三一,五九二	—	一八八,六九四
書籍樂譜	—	—	四〇,〇二五	—	五九,〇一九	—	六六,二〇一
文房具（紙ヲ除ク）	—	—	七九,八六五	—	一一八,九三六	—	九四,七三三
材木（硬木）	立方呎	六〇五,三一〇	二八四,一四四	九一五,二九九	五〇五,二三五	九三六,二五七	四五五,六七九
同（軟木）	平方呎	四八三,九五三	一二八,八八六	三一〇,〇三三	八,五五七	八八五,九一〇	二四,六七七
檀香木	擔	六二,四三六	五八四,一六九	七九,八五三	七六〇,四九〇	八一,〇二六	六八五,五四四
其他木材	—	—	三三四,六三六	—	四三九,七六二	—	五四四,一〇八
桶板	—	—	四,二一七	—	一三,〇五六	—	一三,〇〇六
木器（家具及機械ヲ除ク）	—	—	二七,〇六八	—	三七,六六三	—	三三,三三〇
鐵道枕木	本	一四,三〇三	一三,一一七	五〇,一三六	五一,一二四	五〇,七〇一	六八,五三一
コルク	—	—	二一,一六八	—	一三,〇八三	—	一七,六一五
空桶	—	—	一三,六一五	—	三六,八七七	—	四六,一三三
石油函	個	一一六,二九九	一一,五八七	一八四,五七四	一八,五〇〇	二一〇,四九三	二三,〇三〇
籐種（丸、割、皮）	擔	七三,五六一	四三六,〇七三	九五,〇九〇	五五九,三七三	八八,九六三	五三一,八六五
各種蓆	枚	五,八一九,九三九	二七五,〇六〇	五,五〇〇,五五五	三一一,一二八	五,六七五,六〇七	三三五,四四六
武器彈藥	—	—	四二四,一三七	—	三一三,三三三	—	二〇四,九三九
肥料（人造共）	擔	五八八,〇二〇	五九四,三四四	六五八,二六九	八三三,八八五	六〇一,九九二	七七八,一四三

二一九

支那より香港へ輸出

品名	單位	大正元年 數量	大正元年 價格	大正二年 數量	大正二年 價格	大正三年 數量	大正三年 價格
一、布帛及原料等							
生糸（白）	擔	二・七三三	一、三六二・六四四	一・七三一	八三〇・六九八	一・三四五	六七〇・三三三
同（白經糸）	同	三	一・五九〇	六四五	三二八・九六九	七九八	四四二・一九八
同（機械糸）	同	三三・七三〇	一九、一三九・一〇四	四五・四二九	二七、九〇九・四二三	三三・〇九九	二一、九七五・一二四
同（黄糸）	同	四三	一四・一四一	四九	一六・八二三	一八七	五八・〇六二
同（野蠶糸）	同	二四六	三七・七〇六	四三〇	五五・五六八	三九五	五〇・四一五
蠶繭	同	四・〇八六	二七五・一七五	五・二五四	四六八・八四八	二・六二一	二〇七・五五九
屑糸	同	二六・五三五	一、八三〇・七八七	三九・六四六	二、七二〇・五七一	二七・六八五	一、九三八・一六九
刺繍絹物	同	五六九	七六五・三〇〇	五六二	七六三・八二四	二五七	三六一・八九八
絹織物	同	一一・一四二	七、七〇九・七〇九	一三・三四三	一一、〇三八・九二〇	一〇・六四九	八、九七〇・七〇七
絹紬	同	三・四九六	一・四四三・五〇三	四・〇七九	一、六六一・九六四	三・八〇九	一、三七八・五五九
絹糸	同	二三一	一三〇・一六三	二七五	一六三・九五九	一七一	九五・五七〇
其他絹製品	—	—	五三三・〇七四	—	四七八・八一五	—	三一三・三六〇
夏布	擔	二・三五二	三七六・七一一	二・一二〇	三一九・五四八	二・四五六	三一三・二二七
土布	同	二七・八五六	一、三七三・五三九	三三・一二四	一、六六二・八一三	二四・五〇一	一、二五二・三九九
花土布	疋	六三・一一〇	一三九・八六六	七四・三九九	一六五・六三五	四三・五五七	九三・五〇六
綿糸	擔	三二九	一一・〇二三	八三	一・六九一	二三六	六・六九〇
棉花	同	四三・五一九	九一六・一四二	三七・三七八	八三九・七三五	二七・〇五八	四八六・五五八
屑綿	同	一・六五四	一六・〇二五	一・五〇八	一〇・九二八	一・三〇七	一〇・三八三
大麻	同	一五・六三四	一九二・六一七	二六・九三一	二〇五・六三三	三四・〇六一	三三一・四八六
黄麻	同	九・五一〇	四三・一一九	二・七六八	一三・一九三	一・九八九	九・八六四
苧麻	同	五・七七八	七八・一五二	一三・〇六三	一八三・四〇一	七・九九九	一〇九・七〇三
苧麻糸	同	二一四	五・九二六	一・〇五一	三一・四四〇	一・〇四五	三三・三三八

各種麻繩	擔	二四・〇一〇	一四一・二三五	二一・四四四	一三三・一二六	二一・三一八	一三三・三五三
レス	—	—	七三・〇三七	—	五一・八四七	—	八三・五九四
魚網	擔	四九九	二三・六五八	四九二	二四・二九一	七〇九	三三・〇六一
二、金屬及製品							
アンチモニー（純、粗、精）	擔	一一・四〇七	八八・五六〇	七・〇七一	七三・〇〇〇	五・八六四	四二・一八七
アンチモニー鑛	同	五・五二七	一一・九五〇	六〇八	一・一六八	一・八五〇	五・〇八七
鐵鍋	同	二・八三一	一六・七〇八	三・〇七〇	一九・六一〇	一・九四四	一三・〇九一
熟鐵	同	五・三四〇	三五・一四三	六・〇三三	三九・七五八	四・三三五	二九・一六四
水銀	同	五七	五・〇〇九	二七	二・七三八	五五一	五八・二九二
錫塊	同	一四四・六六四	一一、六八〇・二一一	一三六・一九五	一〇、八四一・九四〇	一一七・七八七	七、九一九・九七〇
其他金屬及鑛	同	七・八七〇	一一三・六七四	一〇・四四〇	一〇七・三五六	六・三八〇	五八・一六九
眞鍮箔	同	三三五	一七・八九九	三三八	一三・六六三	七七	四・二六〇
眞鍮器	同	二・九三三	一三四・八〇〇	三・一九二	一六〇・五〇七	三・三四五	一一〇・〇四一
金器及銀器	斤	七・九五五	一八四・二九一	九・五九四	二三五・〇三九	六・三三一	一四〇・一四三
錫箔	擔	一・七四五	一三三・四四四	二・五一三	一九〇・五一七	二・四七三	一八七・五八四
水煙草筒（眞鍮及白銅製）	個	九・一七九	七・五一八	一六・六四七	一一・九七七	一六・四九六	一三・八四四
三、動植物類							
花卉及植木	—	—	一〇・二八二	—	一二・七二八	—	一〇・五七二
麴	擔	九・二三五	三八・三一三	九・七五七	四〇・六〇六	八・八九二	三六・五四八
牛（生）	頭	一八・七〇三	四六三・二七六	三二・二四一	五五六・四〇八	二二・八五〇	五七九・三〇四
山羊（生）	同	七・八五六	三五・三五五	八・二四四	二〇・〇四〇	九・〇七七	二二・三七三
馬（生）	同	八八	五・六二七	一四一	八・七八五	一六五	九・八二二
豚（生）	同	二〇一・五六四	一・六五八・六六一	一八九・五三一	一、五九〇・七八九	二〇〇・六六五	一、五四八・九〇七
家禽（生）	羽	一、七七四・二八四	三七八・三一四	一、九二四・八六九	四〇〇・四八二	二、三五七・三三四	四三六・五六四
綿羊（生）	頭	二三・五五〇	一三二・四六八	二六・二三四	九一・六四五	二四・八七〇	九三・〇二六
米	擔	五・〇三七	一九・七八〇	五・八一七	一七・四五七	五・三二六	一五・九七九

品目	單位						
黑豆	同	四五・五〇七	一一〇・九三五	四三・一二三	一〇八・七九八	三九・二七七	八七・三五三
青豆	同	一〇一・八七三	二四四・八〇四	一三一・四四九	三一四・三三七	六〇・二八二	一六四・八四九
白豆	同	五六・三九八	一三九・七八四	二三・八一五	六一・七五六	一〇・五三七	二九・三〇三
黃豆	同	四三八・四五八	一,三三八・五七四	三六八・六八七	一,〇三八・八九三	二六一・五四四	七二三・一七三
其他の豆	同	二八・六三一	六六・一六〇	三三・一〇七	九一・二四六	三五・九五七	一〇四・七九八
豌豆	同	四・一二三	一一・五八三	—	—	八六・〇七五	二一七・四〇九
落花生(殼付)	同	二二三・九一八	七七八・七二八	二九九・五四三	一,一四八・二五二	一四九・四七一	五一六・八六九
同(殼なし)	同	五一・八九二	二五四・四七四	二二・三〇二	一〇九・六三三	二七・三七六	一四三・〇四四
落花生豆粕	同	三一・一五〇	一一〇・五三五	三七・四六八	一一一・七七四	二三・五〇〇	六九・四四七
馬鈴薯粉	同	三・七〇一	一四・〇二〇	四・六五四	一七・四八二	三六・〇三〇	一一・八六一
小麥粉	同	四・一五九	一六・六三六	三・七二三	一四・八九三	四・六五九	一八・六四三
其他穀粉	同	三・八一六	二二・七三八	四・二一三	二三・四六二	三一・一〇二	一八・三五六
麥糠	同	二八・六一四	三〇・六九〇	二〇・三八九	二九・四〇八	二〇・二九八	二六・三八六
杏仁	同	八・七二〇	二〇六・五八五	九・三一七	二五九・一九一	七・一六八	一九八・三七六
蓮子	同	五・一五七	八七・三三一	四・八八五	一〇一・〇六四	四・八八八	七四・〇二六
瓜子	同	三九・一六三	三一二・〇〇三	四二・三三〇	三五〇・〇四八	二八・七六四	三〇五・三二七
菜種子	同	五・三九一	四二・七二〇	三・八〇五	三六・六二六	三・九九七	四〇・二七〇
胡麻子	同	一六・六八〇	一〇一・〇八四	一七・四三四	一〇六・三七五	一九・八四二	一六二・〇八一
其他の種子	同	七・八〇九	三四・一三三	六・六七八	四四・四九三	八・八一三	四八・九四六
胡桃(殼付)	同	八・三七四	三三・五一八	九・三四二	三八・三〇〇	五・一一四	二八・五六九
生牛皮	同	五七・〇二七	一,二七二・三七五	七六・一〇八	一,八四九・八八六	五二・七五八	一,四二八・九一八
牛角	同	二・三五二	一八・四九〇	三・八五七	三三・一〇六	二・九二四	二六・二八五
羽毛(鷄、鴨等)	同	五一・一六二	六三三・一一八	五一・三七五	七四一・七三三	三〇・五七四	三八五・八五七
同(裝飾用)	—	—	一九・〇三二	—	二四・一二八	—	一一・四七七
人髮	擔	一五・九九五	九八二・三〇二	一七・五五七	八二一・七八九	八・〇一三	二五二・九一三
豚毛	同	八・一〇六	四四〇・〇一六	七・〇五三	四五九・四三七	四・七六二	二四六・九九二

四、飲食料品及嗜好品

蕪菁（乾鹹）	擔	二九・五五四	九六・二七五	三八・一五三	一三二・九一九	三六・八七一	一一八・九九七
髮菜	同	一・〇八六	三三・九四八	九一三	三〇・二八〇	一・一六四	三三・九八〇
馬鈴薯	同	六四・五〇三	六二・二一五	六二・三九二	七八・〇三三	五九・七七九	六四・七六一
蒜	同	一二四・八四九	三一三・三七四	一三三・五三五	三五五・三九八	一三四・一五四	三六八・六七〇
筍	同	一一・九三四	六七・三〇四	一〇・四七八	五九・〇七八	一〇・一二四	六七・四一〇
金針菜	同	四三・三一〇	三八三・六四六	三三・九五〇	三六九・四一九	三四・五三八	三三一・六八九
其他蔬菜（鮮、乾及鹹）	同	三四八・六六〇	七三八・〇四四	三四四・六〇四	七八六・六〇二	二九四・一四三	六一一・〇〇三
乾及砂糖漬薑	同	五六・五六一	一七三・八七五	六一・八九〇	一八四・九八二	五五・六八七	一七七・二一一
檳榔	同	七・八六二	五九・四三三	四・七八五	三四・〇二五	一〇・〇〇〇	七〇・六六一
栗	同	九・九四八	三八・三八〇	七・〇四二	二三・二四九	五・八六七	一八・九三三
橄欖（乾及鹹）	同	一六・〇五三	七五・一四三	一八・七二五	九〇・九二八	一三・七三三	六二・一五八
棗（黑及紅）	同	四〇・五六一	二八五・一六五	四八・三四二	二九六・八八九	四二・三七七	三三六・五二七
乾荔枝	同	二四・一〇一	六一六・八三三	一八・二二六	三七三・八〇五	二八・六二〇	七三四・四六〇
乾龍眼	同	三・〇四六	三七・六五六	三二・二八四	四〇・一一二	一・七九三	一七・二六九
乾柿	同	一八・〇九九	九四・四八五	一八・三一八	八九・〇七一	一三・九三一	六二・四四八
梨（鮮）	同	一四・一九七	四五・三三二	一九・六七一	四九・八七五	二三・八二六	四五・八六六
蜜柑	同	七〇・九一三	一三六・二九八	五六・〇三九	一一六・七四九	六八・六五四	一五三・七七〇
果實（乾及砂糖漬）	同	三四・七七三	三二四・七九三	三八・九四五	三三六・七六一	三六・二八四	三六一・三三七
同（鮮）	同	一八八・五一〇	三八二・一二九	一七三・五八三	三六三・一六九	一一七・〇三四	二四三・六五一
木耳	同	一一・五三六	三六九・〇一三	九・五一九	二九三・五九三	八・三六七	三五〇・九一六
香菌	同	一・七三九	一〇九・二六六	一・八三〇	一二六・一八七	一・二八〇	八八・二六〇
紅茶	同	九〇・一〇九	二,三七四・〇一九	九二・六三六	二,五三一・一七五	七九・三四九	二,〇四八・八九五
綠茶	同	二・三九〇	一〇〇・七一八	四・七九〇	二一七・七三一	三・三七二	一三七・八〇一
藥茶	同	二・二〇七	一八・八二一	五・〇七四	五六・六八二	二・八五九	二八・九一七
赤糖	同	二四六・八八二	九五三・二五八	九九・一三一	四〇二・三五六	一三〇・八七六	五三七・〇六四

白糖	同	一九・三九七	一三三・三三三	四六五	二・三四二	二・八九四	一五・七八三
甘蔗	同	一八〇・四一七	一八八・一七五	一五七・八二九	一六四・八七五	一三七・二八一	一三〇・八三五
蜂蜜	同	二・〇四八	二一・九四一	七二六	七・一七一	六九八	七・八二四
索麵及マカロニ	同	一九四・四九四	二、三三三・六〇九	二四一・〇四三	二、五四三・二一四	一九三・三六五	一、七〇七・五九〇
酢	同	三〇・九四九	六一・九三二	二九・三五四	五八・八四二	二六・四六九	五二・三三九
醤油	同	二・五九四	八・〇八八	二・七〇一	八・七九八	一・八二六	六・七二八
豆腐	同	二七・八五九	一六五・七二六	二八・九〇三	一六九・五八七	二五・八三九	一五三・八四二
鮮肉、凍肉等（牛、羊、豚等）	同	五七二	六・六七六	一・一三六	一三・三三一	一二九	一・五六〇
乾肉、鹹肉（鳥肉を含む、ハム及ラードヲ除ク）	同	一八・五六九	五六九・九六〇	一七・一九五	五七七・七四五	一三・一八五	四三三・九一九
ハム	同	三・六二四	九二・四一三	四・六四三	一一六・九七五	四・三六六	一一四・四五七
腸	同	—	四七・六二七	—	六七・四四三	—	六一・〇八七
乾魚鹹魚	同	五二・七四三	四〇二・五三五	七四・二四一	五〇一・三〇二	六八・七七七	四七〇・四九二
烏賊	同	一六・六〇六	三五三・五三一	一一・四八一	二六二・九四三	一四・八〇六	二七五・三二七
乾蝦（大小）	同	一・五〇二	三一・四〇九	一・〇八〇	二四・〇四七	八一五	二二・三二六
乾水母	同	七・六一三	三三・九三一	七・九二二	三一・六五六	七・〇四七	二九・二二二
其他魚類	同	一五・一八四	三〇二・三八五	一〇・七九一	一九四・一八五	八・一六六	二〇九・九九二
卵（鮮其他）	個	九〇、四六二・一〇一	八〇三・二八八	九九、七三三・四一五	七九九・〇三三	九六、四三二・三三二	七〇六・七九一
支那酒	擔	六四・三四一	二七五・八〇八	六五・三七〇	二九六・九三三	五六・二七一	二七四・二一七
薬用酒	同	四一・五〇六	四一五・二九六	三七・四六五	三八三・三〇一	三二・九五四	三四〇・〇四七
紙卷煙草	同	三・四三〇	二二三・〇〇五	四・一六七	二〇七・七八〇	三・九〇六	一五七・六五七
煙草（葉及莖）	同	四二・六七五	三〇九・八五七	三五・七二三	三三三・七二六	二八・九八一	二四〇・八六一
同（刻みたる）	同	六六・一二一	一、五八七・九八九	五二・二四〇	一、四三〇・五八一	五〇・四三六	一、三三八・四八七
五、油、脂、蠟等							
大豆油	同	三六・五八六	二八一・四〇一	三八・六五六	三三三・二一八	一一・六五五	九四・三六三
棉實油	同	一・四三四	一〇・〇三九	二・三一八	一九・四九〇	二九	二一五
落花生油	同	二六四・五五二	三、一四一・六九四	一九一・三七七	二、一八二・九七〇	一五二・九八六	一、六四六・二一五

胡麻油	同	一三·一三一	一三六·七六二	六·七〇六	八五·四八〇	八·八八九	九四·五八一
茶油	同	一二·二二六	一三三·二八四	六·〇五一	七一·〇九五	一〇·八三三	一三三·九七五
桐油	同	五三·〇四八	五四七·〇四四	二八·一八九	三〇七·三七〇	三六·三七四	三八〇·三五〇
其他植物油	同	一·七二七	一三·七九二	三·〇三二	二八·五八二	三·一七九	三一·一三三
香油（茴香油、桂皮油等）	同	三·七九六	八四九·二〇六	四·六八七	九三八·八三五	三·六一二	六三一·四九六
柏油	同	八一	八八七	一·一七三	一三·一一七	一·五〇五	一六·三八六
ラード油	同	二一·一六二	三〇七·三一六	二〇·七六三	三〇六·五三九	一九·七九〇	二四九·二八五
牛脂	同	二·八五〇	二八·八八七	三·二一六	三一·八九〇	二·九五二	二八·六〇〇
白蠟	同	六〇七	二一·三七〇	三九九	一五·六一九	三三四	一三·九一三
黄蠟	同	—	一八三·九九八	—	一七一·八〇八	—	一八七·三七五
蠟燭	同	三五六	六·四四三	二八三	四·七七六	九六六	一六·一一八
六、藥材染料等							
甘草	擔	一一·二九一	一一四·四一〇	一六·八七一	二四四·三六七	一三·三七二	一四六·四〇九
人參	斤	九三·二四九	三三四·七七七	八七·三一四	二三五·六一五	六八·〇六〇	一四八·八一九
大黄	擔	四·八一〇	五〇·五五四	八·四九九	九七·一四二	六·五二一	九七·四五三
桂皮	同	六八·九七〇	一、一五八·五四八	九九·七四九	一、三〇八·五〇〇	七九·八〇一	七八〇·七七八
茯苓	同	一六·八六七	一三六·一三一	一七·八九〇	一三五·四八五	一四·七七一	一二四·七四六
麝香	兩	二·〇三三	三五·四一一	三·一七一	四九·三七一	一·三三〇	二四·七三六
良薑	擔	一六·一九六	二四·二九四	一四·九七〇	二二·四九八	一四·一六四	二一·八〇九
五倍子	同	五·五二九	八六·六一一	五·三六四	八九·六七四	一·五五三	二五·七一六
牛皮膠	同	二·一二五	三九·〇四六	二·四六三	四八·一三七	二·四九六	四五·八七七
茴香	同	一五·二三八	三五〇·〇五七	一一·〇一四	二三六·八五九	八·五七三	一七一·六七三
明礬（白）	同	一三·九二五	二六·一九四	一八·九二六	四〇·四八七	二八·九一七	五八·一五〇
砒石	同	六〇七	五·五三三	六三三	五·六八八	一·三六七	一一·七五八
ボツターシユ	同	八·九九九	三九·八六七	一〇·三三六	四二·七八六	六·〇八〇	二八·四六九
樟腦	同	一·五七三	一〇九·二五八	一·二六七	八五·一七〇	一·一四八	七八·七七三

陳皮及柚皮	同	三・〇八〇	三二・〇三一	四・三四二	五八・五〇四	四・〇九八	五三・五一四
幼鹿角	對	一・五四二	一〇〇・九三三	一・六九四	一三二・九九六	六三五	四六・六五一
藥材	—	—	二,五三七・二九七	—	三,二 一・三八六	—	二,四〇六・五三九
松脂	擔	一四・三三四	五三・二六五	六・四七八	二四・一七〇	九・〇〇九	三三・四三六
銀朱	同	八四	九・八八三	一〇八	一二・一八〇	七〇	八・四三三
染料	同	四・〇八八	八・八一二	八・〇九〇	一六・二一二	九・三五三	一八・五四〇
水靛	同	二五・九七九	一三八・二九三	一八・八四二	一二六・二八六	一一・六八四	七八・一四三
墨	同	八九五	五八・四二七	四九五	三三・七一六	二七一	一八・六三一
ワニス	同	二六四	一四・七三五	二六二	一二・四四一	二四四	一二・三〇五
爆竹及花火	同	一五一・〇二五	三,〇八一・九一九	一五一・四四五	三,一三二・九二〇	一一六・九七一	二,三六九・九四〇
七、礦物及陶磁器							
石材（大理石、花崗石等）	—	—	三六・九〇五	—	一五・一六三	—	一一・〇一八
煉瓦及瓦	個	四九,二二〇・八四一	三二一・六二五	五三,七三二・五九六	三五九・五五八	六六,七六一・〇七三	四三一・五一四
石膏	擔	五九・六二七	二八・八五九	六五・八〇一	三五・九六七	六七・六一七	三五・八三七
磁器	同	六〇・二九七	五九一・八〇二	六一・五三五	六二四・三五三	五〇・五四五	五五一・八三四
陶器土器	同	一六六・五八五	五六〇・七九〇	一七六・九四〇	六〇五・七六九	一三四・九四三	四七八・六四六
セメント	同	一五五・四七五	一二一・七六〇	一九四・九五九	一六九・五〇一	一七八・九四七	一三三・九九八
石炭	屯	一一〇・〇七九	五二九・七三五	二〇〇・二四一	八六八・三八七	二七三・〇七三	一,一九九・八六七
コーク	同	一・四八一	一五・五四〇	三・一八〇	三三・八九〇	一・八四七	一七・二三三
八、衣類及附屬品							
支那服及靴	—	—	四九九・七七一	—	五二七・九三三	—	三七七・七七九
各種帽子	個	六五・九一九	一九・七二七	一五四・三八五	五五・〇六〇	一三〇・三二五	四三・四九七
草帽	同	三五・七四二	六・六二三	四八・〇六九	七・六五五	三一・七一〇	六・六九四
硝子腕環等	擔	一三・四二七	三七九・二〇四	一二・七九五	三六四・五〇七	一五・六六一	四〇五・七五七
眞鍮鈕釦	同	二八三	一七・一〇〇	一八三	一一・九一一	一〇九	七・一〇一
九、雜品							

木材（硬木）	立方呎	一六〇・八二三	五七・三五三	二三四・八五六	八五・五五〇	一七五・八七五	五八・七五七
同（軟木）	同	四、四四〇・五一〇	二二四・九七九	四、六八〇・四八五	二四〇・二一二	三、六五六・〇九九	一九二・〇四七
同（柱）	本	三五・三八〇	二六一・二七七	四六九・一八九	二八一・七三三	三八八・六九四	二三八・五一八
薪材	擔	一、三七三・四七〇	四八六・五八三	一、五八二・九四三	五六二・三〇二	一、三六二・七一九	四六一・六六四
木炭	同	六六・四四五	九八・六一四	七〇・二〇二	九九・〇六七	八〇・五七九	一四二・一二三
棕櫚毛	同	六一六	七・二二六	五三二	六・八五〇	七七二	七・〇七一
細竹竿等	本	七、八八六・一三一	一四二・七三五	一四、三三五・六四三	一七五・二九九	一、〇〇六・二五四	二一四・三八四
竹及竹細工	—	—	四七四・四六八	—	五四五・三一三	—	四一六・七三一
木器	—	—	一八三・九九八	—	一七一・八〇八	—	一八七・二七五
家具	—	—	一一四・三〇五	—	一三三・〇一五	—	六八・二〇七
籐（丸、割、皮）	擔	一三・一七七	九三・九二〇	一六・一二四	一一三・〇九二	一五・〇四一	九九・九〇一
骨董品	—	—	二四・〇〇八	—	二九・五三八	—	二七・四五五
各種扇	個	四二、三五三・五七一	四一六・五五二	四六、〇五七・〇〇〇	四二五・四六七	三七、八三三・九一六	三四四・三三〇
神香	擔	二三・八七二	一八二・二一一	二二・八四三	一六九・二七四	二一・一四一	一四五・七三三
玩具	—	—	六五・五四〇	—	三六・一三六	—	二一・四四五
紙傘	本	二、六四九・〇五二	三三三・三六六	二、六五三・〇五二	三六二・九〇二	一、九〇六・四〇四	二七三・一九二
各種袋包	枚	七、九六四・四九四	三〇四・〇二四	八、七三六・九一六	三六七・四六六	七、八六一・三〇一	三六九・四六七
製革	擔	一七・九九一	五七九・三六〇	一六・八〇九	五一九・一八九	一六・五三二	五〇七・八五八
革製品	同	二・二五〇	一一一・〇三一	二・八二八	一五二・九六一	二・五三九	一四五・七一四
包蓆	枚	一〇、一八一・七二九	一、〇四〇・〇六一	九、八三八・七八五	一、二九〇・八六八	九、〇四三・一八七	一、一六三・九八四
花蓆	卷	二八七・七〇九	二、一六三・一八九	二六三・九〇六	二、〇三八・三一四	一九一・二六四	一、四七七・六一五
馬飼料（青草、乾草）	擔	二五・一〇八	七五・二九八	三五・九九〇	一〇七・九六七	三四・八〇〇	一〇三・八七二
同（一等品）	同	一九・〇五三	三三六・二一九	一八・一九九	三一三・六五〇	一九・八一三	三四八・四二四
同（三等品）	同	七三・八一三	六四七・五三九	五九・五六八	五一二・七七九	五五・六九四	四七八・四五四
紙箔（錫箔）	同	一六・二八九	一六二・八五一	一六・三四〇	一五五・九八七	一七・四六一	一六七・四三七
其他紙類	同	五・四九〇	二七・二〇六	六・七五〇	三二・一四三	五・三三七	一九・一六五

筆	本	五、三三一・九九五	一二〇・五九八	四、二〇八・一六三	八九・七六八	三、六八九・七五九	七六・三六三
書籍	擔	二・六五七	一二〇・七〇一	三・九〇五	一八八・五五六	四・〇一一	二〇三・八〇三
脂粉	—	—	八三・〇二一	—	五九・二三九	—	七三・〇五八

香港對日本輸出入品表

日本と香港とは其距離極めて近く歐洲諸國に比し極めて有利の地位に在り印度に比するも遙に近距離に位し交通自ら頻繁にして近時我殖產工業の發達と海外貿易の奬勵により益發達を遂げ殊に歐洲戰爭の勃發以來長足の進步をなしつゝあり、然れども日本の海外貿易は歐米に比し遙に後進なると英獨商品の本邦品に優る數等なるが爲め從來香港に於ても彼等に一籌を輸したるも我商工業家の努力と戰後に對する周到なる準備とにより將來益我商權の發展を見るに至るべし、今過去十二年間に於ける日本對香港貿易額を示せば次表の如し。（單位圓）

年度	香港へ輸出	香港より輸入	計	輸出	輸入	計
	日本香港間貿易額			日本貿易總額ニ對スル百分率		
明治三十六年	二九、七三四・六九四	一、七三九・七二七	三一、四六四・四二一	一・〇二七	〇・〇五五	〇・五一九
同　三十七年	二八、一六〇・一〇三	二、四九五・四一〇	三〇、六五五・五一三	〇・八八二	〇・〇六七	〇・四四四
同　三十八年	二〇、二一五・〇八一	一、一二八・五九七	二一、三四三・六七八	〇・六二九	〇・〇三三	〇・二六三
同　三十九年	二七、〇六一・三二六	六八四・七四三	二七、七四六・〇六九	〇・六三九	〇・〇一六	〇・三二九
同　四十年	二四、三八四・七六二	八二〇・六一〇	二五、二〇五・三七二	〇・五六四	〇・〇一七	〇・二七二
同　四十一年	一八、五三八・七三九	一、一一五・五三〇	一九、六五四・二六九	〇・四九〇	〇・〇三六	〇・二四一
同　四十二年	二一、六七五・六三六	六二八・四〇四	二二、三〇四・〇四〇	〇・五二五	〇・〇一六	〇・二七六
同　四十三年	二三、四五九・九一一	六七四・六五一	二四、一三四・五六一	〇・五一二	〇・〇一五	〇・二六三
同　四十四年	二四、五三一・九八五	七〇一・六三一	二五、二三三・六一六	〇・五四八	〇・〇一四	〇・二六三
大正元年	二八、七一二・九〇五	八八五・五五〇	二九、五九四・四五五	〇・五四五	〇・〇一四	〇・二五八
大正二年	三三、六二一・九七八	一、二九四・七四九	三四、九一六・七二七	〇・五三三	〇・〇一八	〇・二五六
大正三年	三三、二七七・〇七一	八七六・〇二二	三四、一五三・〇九三	〇・五六三	〇・〇一五	〇・二八八

香港及日本間貿易品中主要なるものに付三箇年間の數量價格を我貿易年表中より摘記すれば左の如し。（價格單位圓）

日本より香港へ輸出

品名	單位	大正元年 數量	大正元年 價格	大正二年 數量	大正二年 價格	大正三年 數量	大正三年 價格

一、穀物							
精米	擔	七五一	六・六二三	六二四	五・九五七	四・五五九	五九三
一、飲食物							
昆布	千斤	一・〇九六	二二・六六八	一・二三六	二七・四四三	一・五七六	三一・一一五
乾魚 鰑	千斤	一三・四一六	二、三五三・九四九	一八・五三四	三、三一六・六一四	一三・六〇八	二、三三六・一二三
鰽	同	五・五三七	四一一・六〇三	六・九二五	五一三・二八四	六・九八六	五一四・四九九
鱸	同	九三	六・七九一	一五四	一〇・四一一	一七八	一三・四九一
其他	同	二・〇九〇	一三五・七〇五	一・七九五	一二七・五八九	二・五六九	一八八・一三〇
鹹魚 鱒	同	六〇三	三二・三〇九	四〇一	二〇・五五〇	七一八	三六・〇五八
其他	同			二三五	一三・一八四	三〇六	一九・八六〇
煎 鰛	同	一四五	九・九六一	二〇四	一八・三六五	一六三	一六・五九六
其他	同	五〇五	四二・四六五	四一四	三七・一九九	六五一	六四・六一六
乾 鮑貝	同	五七七	三六二・二六九	五三五	三三〇・五一九	六〇一	三七四・六三九
貝柱	同	一・四八二	六〇六・四五一	一・六五〇	五九六・二三一	一・一三九	四八三・〇〇四
淡菜	同	二六九	四一・六五四	二一六	四二・四八〇	一九九	四二・七〇六
蠣	同	一〇二	二一・六三六	八九	二一・〇一五	一三二	三三・八一九
其他	同	二九六	三二・六三九	四四二	五五・八七〇	三一六	四四・三五二
乾鰕	同	一・〇八七	二二九・〇四六	一・三〇三	二七七・一六七	一・二五七	二六三・八三七
鱶鰭	同	二九三	七九・四六四	三九七	一一三・四九六	二九九	七九・五六一
海參	同	一八	八・〇七一	三二	一二・〇三〇	三六	一八・二五九
寒天	同	三九八	二六三・〇二四	三五九	二三三・一七六	三三五	二〇二・二八〇
精糖	同	八五	八・五一五	二八二八	二七七・二七九	四〇	四・〇四〇

品名	單位						
清酒	升	二〇・〇〇三	一三・七〇五	一七・九七六	一三・九六三	一四・六六八	一〇・四八〇
麥酒							
小罎	打	一三・〇六〇	一五・九六九	一三・六〇〇	一七・六四〇	二六・六六〇	三四・五三一
大罎	同	一五・四三〇	三一・五三七	一八・三五三	三五・四五七	二九・一四四	五六・三四〇
蔬菜							
玉葱	千斤	二・九五二	八三・六五四	三・九七四	一二〇・七五四	三・〇五八	九二・四六八
蕃諸	同	三・九三九	七一・四七四	三・五三三	五八・七六三	二・一四四	三九・七三四
乾蕃椒	同	六三	八・三〇五	一三八	九・八六〇	三八	四・四五一
椎蕈	同	七九三	五三九・九八二	九二九	六三八・一〇七	一・〇三五	六九四・五三二
其他	同	—	一四・八四一	—	一五・三八九	—	二三・八六四
果實及核子							
林檎	千斤	七六	六・三七一	二〇七	一四・三五〇	三六四	二三・一九八
其他	同	—	四・七九〇	—	九・六一九	—	一一・六三五
醬油	升	一七・六六三	五・六九〇	一三・〇九四	四・〇四四	一六・七四四	五・三〇九
礦水	打	一三・〇九二	一〇・八八二	一二・〇七九	一〇・四九六	一五・九七二	一三・二三六
鑵、壜詰食物							
鮑	打	五一・四二五	一二四・八八六	三八・九八九	九五・九七一	三九・九〇五	一〇一・六六七
魚	同	二・一二八	三・六八七	四・八五九	八・一七一	九・三〇四	一三・八一三
蔬菜	同	一・五八二	二・七六五	二・五一七	四・三二六	三・五一九	五・七二一
一、皮、毛、骨、甲殼類							
毛皮	—	—	—	—	三四・〇七八	—	一九・三六〇
生皮	千斤	四九	一三・八二一	九二	三五・七九九	一九	七・七六四
革	同	八	一五・九九〇	三	五・一〇六	六	一〇・二〇二
羽毛	—	—	一〇・九七九	—	八・八四三	—	一・五六六
珊瑚（加工品共）	千斤	〇・五	二九・二三三	一二	三七六・四六三	四	八六・九〇六
其他	—	—	四一・三二一	—	三七・〇四六	—	二八・六三四

品名	單位						
一、油、脂、蠟及製品							
大豆油	千斤	七五	一〇・三七五	一六六	二二・七一三	一三九	二〇・四七八
椰子油	同	六四四	一〇三・二一四	一・七七八	二六三・一九〇	五	九〇七
薄荷油	同	三九	一二〇・七五一	三四	一〇五・八三五	九	二四・三三七
魚油及鯨油	同	二九七	二二・五八五	三三	二・〇三五	五	四八一
木蠟	同	三三七	七〇・二〇八	二八一	五三・一三〇	二五一	五三・七九一
蠟燭	同	一六八	五四・六四五	一八	四・五九八	四	九三八
石鹼							
化粧用	打	三八・二四四	一一・八〇七	九三・一三五	四八・二八五	一三一・七三九	五〇・九三七
洗濯用	千斤	三	三七九	五	五二八	六七	六・七五三
鬢附油	同	一九	七・三二八	二八	九・一八六	一五	四・九二九
香水及香油	―	―	三五・二四七	―	三六・三九七	―	三八・二八九
其他	―	―	七八・五六一	―	六七・九五七	―	一三・〇三八
二、藥材、化學藥、製藥類							
人參	千斤	一一六	一三〇・二八五	一一四	一一九・五七三	一五七	一三四・六二八
黃連	同	二九	一六・九三四	六〇	三四・七一八	四四	二六・六八二
大茴香	同	八六	七・三五四	一七三	一五・一五六	一五〇	一三・七五三
硫黃	同	一・九三三	四九・八七四	三・二一九	七七・六〇三	一・六三一	三八・〇三七
樟腦	同	二二	二二・二三一	一〇	八九・三八	一三	一〇・八五六
薄荷腦	同	〇・五	七・四五三	二	二〇・六四四	五	三三・五三〇
薄荷玉	打	八	八・五八〇	一四・二三三	一六・五三八	二九・七三三	二一・五二〇
沃度加里	千斤	―	三九一	―	三〇八	二	一五・三六九
硫酸	同	三八四	一四・〇二五	三〇九	一三・七〇七	二八〇	一〇・三一三
晒粉	同	一八七	一五・三七九	二七三	三三・〇六八	一八五	一三・五九〇
殺虫粉	同	八	三・六八三	一二	六・九四四	二〇	九・三六四
磨齒粉	―	―	九・一五〇	―	一〇・七三三	―	一一・〇四一

品目	單位	數量	價額	數量	價額	數量	價額
其他藥材化學藥及製藥	—	—	八一·五七三	—	一二〇·四八七	—	一三一·六〇四
賣藥	—	—	九六·六五九	—	二〇八·三九四	—	一九八·〇七八
燐寸							
安全製	千哥	九·三一九	二、九一四·五三八	九·五三九	二、九八〇·〇三七	八·〇〇八	二、四八九·八〇一
其他	同	一八七	四五·四三四	一二三	二七·六六九	一六	五·〇三七
一、染料塗料類							
インキ	千斤	五八	一三·三〇九	九二	二七·〇二五	一三一	五一·三六五
其他染料顏料	—	—	二一·一七三	—	三四·八七五	—	三五·一〇七
一、絲縷、繩索及材料							
綿織絲							
二十番迄	千斤	八·〇〇九	三、九九一·〇六七	八·三〇〇	四、三五〇·四四三	一八·三九九	八、〇六九·七五五
同以上	同	七一七	五五六·八六九	一·九〇九	一、四九六·三五五	一·五三七	一、〇九七·七六六
綿縫絲	同	七	六·四九一	一七	一六·〇三四	五一	四〇·六三四
毛絲	同	五三	七三·九〇九	八二	一一〇·九四三	九六	一三五·六五五
屑絲及屑綿絲	同	五〇九	七六·四七九	六六七	八五·九九六	一·三七三	一三一·一三〇
一、布帛及同製品							
羽二重							
平織	同	三	四九·一二七	五	七〇·八四一	三	四〇·五〇〇
紋織及綾織	同	一	一五·三〇八	〇·二	二·一六九	〇·七	七·九八四
繻子織	千碼	四	二·六五一	七	四·六一二	一〇	九·一八九
琥珀織	同	一六	一〇·八五一	二五	一六·五三一	一〇	七·五四〇
縮緬	同	(三百反)	九·〇六三	(七百反)	一一·五八七	一三	一三·三八五
縞木綿	千反	五	五·七九八	三〇	二五·四六一	一三	八七·一九三
手拭地	同	二六四	七五·九九二	三九	六四·八五七	一六一	四三·〇一七
白木綿	千碼	八(千反)	五·二五八	四一(千反)	二三·九六一	二·〇〇〇	八六·九三六
綾木綿	同	九九	一二·三一九	一四	一·五七一	一一〇	一〇·七六四

被布	千打	九	四五・二五七	一三	六九・二六二	七	三九・一一〇
綿縮							
幅二十吋以下	千碼	八四	七・一三四	一三一	一一・〇七一	一六九	一二・七〇三
同　以上	同	三九	四五・七〇七	四六九	六〇・七五三	一八七	三七・四〇三
綿フランネル							
幅廿九吋以下	千碼	五・六七六	五三六・〇四〇	八・〇三〇	六九二・五三三	五・五六七	四八二・九三〇
同　以上	同	六〇	八・八三四	三〇	四・三二一	七	一・二一七
生金巾及シーチング	同	一一二	一四・五四四	一〇二	一三・〇九八	二五六	二三・七六一
晒金巾及晒シーチング	同	二五	三・一五四	四五	四・〇九九	一七六	一六・八七二
緋金巾	同	三二二	二九・七四三	一八八	一七・五一八	一二五	一一・四一三
天竺布	同	五三四	五四・〇四七	四八六	五三・九八〇	一・一三一	九四・三五五
綿帆布	同	四六	一一・七一〇	一二六	三一・二一二	一九八	三七・九〇八
其他の綿織物	―	―	一七・六四六	―	六九・九六一	―	四七・四六六
モスリン	千碼	四七	一四・二一八	八八	二五・七三一	二九	七・六一五
ブランケット	千斤	一〇	五・三三七	五一	二八・〇四三	一三七	九一・七一一
手巾	千打	六	一七・二六四	一七	五四・五六四	四	一五・八四一
綿製浴巾	同	七一四	四四三・六二六	八二八	五三七・四一〇	八七三	五四九・六〇五
テーブルクロス	千枚	三	二・二四三	六	五・〇二三	九	六・一七二
一、衣類及同附屬品							
洋服用シャツ	打	八六八	九八四・一九三	三三八	四・八九五	一四五	三・二九五
カラー及カフス	同	七・八一三	一〇・五九八	二・一二七	一・九七三	二二一	四三一
肌衣							
綿メリヤス製	千打	五三二	四・五六一	六〇五	一、一四八・〇九八	五四四	一、〇四七・三三六
綿縮製	同	三	三七・〇五〇	六	一二・九六五	一三	二〇・八七七
絅製	同	五	四・五六一	七	九・七三五	六	六・九三六
其他	同	四〇	三七・〇五〇	二八	二六・九五〇	一四	二三・〇二一

二三三

品目	單位						
手袋	同	三三	三三・二九〇	二六	一五・一八三	一三	七・一九一
靴用足袋	同	二三三	一〇三・五三七	三六三	一七六・〇二六	二六三	一三八・八〇三
肩掛	千枚	一七	七・三二四	四五	一七・四三〇	六三	三〇・三三五
標飾	打	三・七八六	一五・三七九	三〇八	一・八八五	一〇九	五九七
帽子							
フェルト製	千打	—	—	—	—	六	二八・九六八
麥稈製	同	八〇	二五一・三九七	三五	七三・六三五	三三	四三・七九三
模造パナマ製	同	一	四三・五〇八	一	二六・三三三	一	三〇・三四七
其他	—	—	一〇七・三五八	—	七三・三七一	—	一五七・七八八
履物							
靴	千足	二八	三三・七五六	二八	一一・二一五	一〇	三・五九一
スリッパー	同	八八	四・四三三	二五一	一五・〇六三	一五八	九・五九一
其他	—	—	四・二〇四	—	四・九二五	—	六・二三五
鈕釦							
銅製、眞鍮製	千哥	三	一・二六七	一七	三・五四七	一四	三・一六〇
貝製	同	四三	一七・五二九	一六七	三一・二九七	六九	一六・八一一
骨角製	同	六四	一三・三四六	五五	一〇・二六三	五六	五・六八三
櫛類	千打	二八	七・〇三三	五八	九・三八五	六八	七・〇三三
帶	—	—	二三・五三九	—	三九・九八六	—	二七・四〇五
絹製寢衣	百枚	九	五・六五五	一〇	七・九七四	四	三・六〇二
洋服	—	—	二九・六五三	—	五・三三九	—	六・一五八
一、紙、紙製品、書籍、繪畫							
模造洋紙	千斤	一八四	二一・二五二	二四八	三〇・七〇八	一八一	三三・九六七
板紙	同	三五九	一三・六三二	四四七	一七・四一三	六五二	二〇・七〇四
半紙及美濃紙	同	一四	五・〇八九	一九	五・九七一	二六	八・〇三四
煙草用吸口	百萬個	・七	四八〇	四九〇	三一・七九三	一八九	一三・六三九

レーベル	—	—	五〇・二七六	—	六一・二九三	—	七四・三三〇
寫眞用台紙	—	—	一三・〇六五	—	一五・〇六七	—	一一・七四一
書籍雑誌	—	—	九・七〇八	—	四・二四二	—	七・八二〇
印刷物	—	—	九・六三六	—	一九・一八五	—	三〇・九八八
一、鑛物及同製品							
石炭							
塊炭	千屯	七二〇	四、四七三・九七六	八一七	五、一八六・五四〇	八三七	五、七二一・二七八
粉炭	同	一八七	八四七・二五六	二三二	一、〇九〇・三九八	一九三	一、〇五四・七七七
セメント	千斤	—	—	三四九	五・六八二	二・七七八	三六・四五五
一、陶磁器、硝子及同製品							
陶磁器	—	—	二四四・八八〇	—	四〇二・七一〇	—	三四九・五四三
硝子及同製品							
罎	千打	五二七	九七・八五六	五七三	一七〇・七五六	六四六	一六一・一九二
コップ	同	六四	一五・四四三	八四	二二・〇八七	七七	二〇・五三八
食器	—	—	—	—	—	—	一九・六四六
珠玉及球	—	—	四・五〇五	—	一〇・四五九	—	一三・四七四
鏡	千個	三六五	二〇・二七五	四四三	二五・四三〇	三三六	一九・四二八
眼鏡	同	二八九	一二・〇〇〇	四二八	一五・二七三	二六〇	九・一二〇
其他	—	—	二五・四九一	—	四〇・〇五一	—	一九・四六二
一、鑛及金屬							
銅							
塊及錠	千斤	一〇・八一二	三、六二〇・八五七	八・二三四	二、九二七・六六〇	四・三五〇	一、六二八・三二八
線	同	三	一・五六八	四一	一八・九一〇	二四	一〇・〇九八
眞鍮及黄銅							
板	千斤	—	—	一	六六二	二四一	九七・七八三
線	同	—	一八〇	八	三・〇一八	三三	一二・七二七

一、金屬製品							
絕緣電線	千斤	—	一五九	九	四・八三六	三	九・七四〇
眞鍮製品	—	—	九・七二五	—	九・四四三	—	一四・五五八
安質母尼製品	—	—	六・〇三五	—	七・五六〇	—	一九・五八七
青銅製品	—	—	八・六六四	—	六・三六五	—	二・四七三
アルミニューム製品	—	—	三・八七八	—	二二・二三八	—	九・二四三
鐵製品	—	—	一九・九四五	—	一四・七七九	—	三二・八四二
其他金屬製品	—	—	四九・三三九	—	六九・三〇六	—	八三・七〇九
一、時計、學術器、機械類							
掛置時計	千個	四四	八二・二五六	九五	一七七・五八六	八〇	一五七・六五一
學術用品	—	—	一五・八二四	—	二〇・九五〇	—	一九・八八八
電氣機械	—	—	二七・七一四	—	一二・九五〇	—	一二・九〇六
紡績織布機	—	—	一四・七五七	—	一六・一〇九	—	九・四一五
印刷機	—	—	三二・六二五	—	三二・二〇五	—	一八・八二〇
其他機械及附屬品	—	—	一二六・一二一	—	八九・三一四	—	五四・二八五
一、雜品							
蘇鐵葉	千枚	五・〇五九	一一・三一四	五・七一四	一二・一二九	五・二五五	一一・九二五
絲瓜	千個	一・一一二	二二・〇六七	四八七	八・六〇四	一九三	四・二八五
木材							
鐵道枕木	千石	六	一八・三三八	一	五・一五六	五	七三・九六五
燐寸軸木	千束	四	四〇・五七七	四・三八〇	四二・二一四	二・八七八	二九・五〇四
同函用經木	千斤	六九三	三五・七七八	七七〇	二九・九五九	五六六	二〇・三三一
其他	—	—	七三・七八二	—	一三・一〇七	—	一六・四七五
眞田							
麥稈製	千束	四六	一四・三四八	五四	一一・一三八	四八	八・四八八
紅木製	同	六	四〇一	四〇	四・三一五	二七	四・七一二

品名	單位	大正元年 數量	大正元年 價格	大正二年 數量	大正二年 價格	大正三年 數量	大正三年 價格
麻製	同	四	二・〇一〇	三	五・五四二	四四	一五・六七三
花蓆	—	—	一一・二六六	—	三五・三八七	—	五八・〇八六
竹製品	—	—	一八・三二一	—	三三・六一六	—	三七・〇七五
傘柄及傘手	千打	二二五	一三五・三三五	三六八	二〇三・九三四	三二〇	一三四・八一一
洋傘	千個	一八一	七四・六三四	一八四	六九・七八六	二一八	七八・八七三
木製品	—	—	二〇・一五八	—	三三・四八八	—	一三・七〇五
漆器	—	—	三五・五九二	—	三六・九九六	—	二八・二〇四
ブラッシュ	—	—	二一・三六一	—	一七・〇八九	—	一一・七一九
ランプ及部分品	—	—	九〇・四四八	—	一五三・八五八	—	一二五・六九五
屏風	—	—	九・八八〇	—	九・四八〇	—	五・〇六一
鞄、提嚢類	—	—	二八・八一五	—	二〇・七〇一	—	七・四九六
貨幣入	千打	二六	二六・九三三	四一	三六・八三八	二五	二一・八一三
扇子團扇	千個	三〇八	六・九〇三	六〇一	一三・八〇一	七一八	一三・四七五
玩具	—	—	八三・三六八	—	一七八・一八九	—	九九・三五七
飾	—	—	四一・五六九	—	六四・四八六	—	四四・七三三

香港より日本へ輸入

品名	單位	大正元年 數量	大正元年 價格	大正二年 數量	大正二年 價格	大正三年 數量	大正三年 價格
一、飲食物							
米	千擔	七	四二・五四二	二九	一一六・五五〇	三一	一三五・一五〇
砂糖							
十一號以下	同	五五	三一八・二四二	四六	二七三・〇六六	二〇	一一三・七八五
十五號以下	同	八	六〇・九〇七	三〇	二一五・〇五六	三三	二三五・一五九
其他	—	—	三・九六八	—	三・二四六	—	四・三九三
一、皮、毛、骨類							
豚毛	千斤	二〇	二四・七八七	三一	四一・四七八	四	七・一九六

二三八

獸骨	千斤	七三〇	一八・一六九	四〇三	一一・四九九	—	—
象牙	—	—	—	—	一・〇七一	—	三・六五〇
一、油、脂類							
獸脂	千斤	三六	三・九一四	四二	六・五五八	四八	七・五六七
植物性揮發油	—	—	一・四〇八	—	一・八六四	—	六四九
一、絲縷繩索類							
實棉	—	—	三・四三六	—	—	—	—
天蠶絲	—	—	—	—	一・五九三	—	—
マニラ麻	千斤	一三	三・〇三九	三	七一九	—	—
麻繩	同	二	四三〇	一	二・三八三	一四	二・五一〇
一、礦物							
鐵(屑及故)	千斤	二九一	一〇・八九九	四一九	一八・六七九	八六	三・〇四〇
鉛(塊及錠)	同	八四	九・〇五三	—	—	—	—
錫(同上)	同	一二四	一三四・二八四	一四二	一七四・〇五九	四三	三八・四一六
亞鉛(屑及故)	同	一	七八	七四〇	四三・三四八	一・四〇八	一〇一・二二〇
眞鍮及青銅(同上)	同	—	—	八五	九・七七八	二四	三・五三七
一、雜品							
籐	千斤	二六五	四四・五〇九	二三一	三九・六七〇	三八	六六・八八五
花梨木紫檀類	同	五〇五	一七・一七四	—	—	—	—
椶櫚竹	同	一六一	一三・七六七	七九	七・一四三	一六	一・三五〇
包蓆	千枚	一・〇八六	七九・一八五	二・七三五	一七四・五三五	七七九	五九・一四五
肥料							
菜子糟	千擔	二	五・五六三	—	—	—	—

最近五年間に於ける香港臺灣間貿易額を示せば左の如し。

	臺灣より輸出	臺灣へ輸入	計
明治四十三年	三五三・六一六	二五六・〇九九	六〇九・七一五
同　四十四年	三六八・一五三	二一五・〇四四	五八三・一九七
大正　元　年	三九三・九六二	一一九・三五八	五一三・三二〇
同　　二　年	三五九・一三七	九六・八二〇	四五五・九五七

同　三　年　三九一・九五一　四八一・〇五　四四〇・〇五六

臺灣は日清戰爭以前に於ては貨物の供給を多く香港に仰ぎし爲め兩地間の貿易盛んなりしも我領臺以來日本內地との交通頻繁となり又昔日の觀なし、故に香港より臺灣への輸入は極めて微々たるものにして貿易は主として香港向輸出とす、最近三年間に於ける主なる貿易品左表の如し。（單位圓）

臺灣より香港に輸出

	單位	大正元年 數量	大正元年 價格	大正二年 數量	大正二年 價格	大正三年 數量	大正三年 價格
烏龍茶	斤	一一七・八二一	三八・〇四四	一二一・〇〇五	三八・〇〇九	一二九・九六五	三九・六二七
包種茶	同	一九三・一七八	七五・〇六一	二三六・六二四	九一・三〇九	二〇八・四〇七	八五・二七六
莖茶	同	九九・〇四九	七・二二四	一三七・二七四	一〇・七八三	六四・六八一	五・〇九九
粉茶	同	七二・七〇四	五・九九一	一二九・二七五	六・六六五	七〇・六七四	四・三五六
葉煙草	同	一二〇・〇〇〇	六・三五〇	三〇〇・〇〇〇	一五・三五三	—	—
乾筍	同	四一〇・一二六	六二・九三三	三一七・七八三	五一・三八一	二七九・六三一	五〇・四五四
龍眼	同	一七七・八三四	二〇・七〇二	五五・五三九	一二・八九六	一二・六四八	三・四四九
生皮	同	四〇八・八三五	六二・七三三	一八一・一六一	二七・二八三	二一四・四三〇	三八・二八九
羽毛	同	九一・〇四一	九・六一六	一四四・四三三	一九・四七五	八四・四一四	一〇・四六二
硫黃	同	三六・〇六〇	七七七	二〇六・一〇〇	四・七五八	一,〇四〇・五〇〇	二二・二〇九
姜黃	同	一三二・〇三三	七・六五二	一一・五六〇	五四五	五・一六〇	二三八
絹布類	碼	一・五〇五	二・七四六	四・六五七	四・二四二	六・六〇八	六・五一五
林投帽子	個	二〇・五四七	三〇・二八〇	七九二	六三三	五〇四	六六七
其他の帽子	同	六・八五九	二・四四七	三〇〇	二〇一	—	—
石鹸	噸	一一八	五五七	一五	五五	二・九六一	一一・三五五
懷中電燈	—	—	一二・二三一	—	四・一七四	—	三・三三〇
諸草紙	斤	五・四三八	四・〇八二	三・五五一	二・六四八	三・四七八	三・三九二

香港より臺灣に輸入

	單位	大正元年 數量	大正元年 價格	大正二年 數量	大正二年 價格	大正三年 數量	大正三年 價格
色金巾及緋金巾	方碼	二四三・〇一四	四九・五八七	二九四・二〇五	五九・七四七	一五八・二八〇	三〇・七一〇
支那靴	足	一・七八五	一・七三六	一・二一二	一・二四四	—	—

包	蓆	枚	二〇・〇〇〇	七四〇	一二四・〇〇〇	八・四二四	二四〇	一	一

附記

當港の貿易品の大體を記するに當り便宜の爲め輸入品と輸出品とに二大別せり然れども當港は仲繼貿易を主とするを以て多くの商品は一方に於て輸入し他方に輸出するものなれば輸入品又は輸出品と稱するは甚だ無意義と云ふべし、茲に輸出入を區別したるは主として支那を基とし歐、米其他先進國より支那に輸入するものを輸入品とし支那より輸出するものを輸出品とし大體前掲の支那香港間輸出入品表を參照して記載せり、尤も記入の便宜の爲め輸入品を輸出品の部に併記し又は輸出品を輸入品の部に記せるものあり。

輸入品各說

布帛及製品

（一）綿織物　諸外國より香港に輸入せらるゝ綿織物は總額一千四、五百萬弗乃至一千九百萬弗の巨額に上る見込にして就中晒金巾、生金巾、綿イタリアンス類、天竺布、綿フランネル、浴巾等を主なるものとし英國品大部分を占む、日本品としては綿フランネル五十萬圓乃至七十萬圓、浴巾四、五十萬圓を筆頭とし手拭地、綿縮、天竺布、被褥布亦多少輸入せらるゝも他に未だ見るべきものなし、今當港に輸入せらるゝ外國綿織物（支那品以外）の輸入額概算を表示すれば左の如し。

品名	輸入額		
生金巾	一、七〇〇・〇〇〇弗	乃至	二、〇〇〇・〇〇〇弗
晒金巾	三、七〇〇・〇〇〇	—	四、五〇〇・〇〇〇
綾木綿	二四〇・〇〇〇	—	三五〇・〇〇〇
細綾金巾	二二〇・〇〇〇	—	二七〇・〇〇〇
天竺布	八〇〇・〇〇〇	—	一、〇〇〇・〇〇〇
羅布	二二〇・〇〇〇	—	四〇〇・〇〇〇
捺染金巾	三二〇・〇〇〇	—	五三〇・〇〇〇
緋金巾、染色天竺布	二〇〇・〇〇〇	—	一、三〇〇・〇〇〇
綿イタリアンス類（黒無地）	七五〇・〇〇〇	—	一、〇〇〇・〇〇〇
同（色物）	九〇〇・〇〇〇	—	一、〇〇〇・〇〇〇
同（模樣）	三五〇・〇〇〇	—	五五〇・〇〇〇
染色金巾	六〇〇・〇〇〇	—	八〇〇・〇〇〇
綿フランネル	九〇〇・〇〇〇	—	一、〇〇〇・〇〇〇
綾織木綿	三五〇・〇〇〇	—	五〇〇・〇〇〇
浴巾	七〇〇・〇〇〇	—	八〇〇・〇〇〇
雜綿織物	二、五〇〇・〇〇〇	—	三、〇〇〇・〇〇〇
計	一四、四五〇・〇〇〇	—	一九、〇〇〇・〇〇〇

以上の中重要なるものに就き左に概說すべし。

生金巾は百七十萬弗乃至二百萬弗の輸入ある見積にして殆んと全部英國マンチエスター製品とす、日本にては既に相當の品物を製出し得るも香港への輸入は僅に二萬弗位の少額に過ぎず當地輸入品の大部分は南支那の需要に充てらるゝものなるを以て其消費先の大要を知る爲め南支那諸港の本品輸入額を示すべし。

（單位疋及海關兩）

税關名	大正元年 數量	大正元年 價格	大正二年 數量	大正二年 價格	大正三年 數量	大正三年 價格
福州	四九・五八七	一三七・八五三	四五・四七四	一二九・八〇六	六一・六五四	一八四・一七五
廈門	六九・三九二	一七〇・五七九	六三・八三三	一五〇・四〇九	六三・七二八	一六〇・六六四
汕頭	一〇三・六〇二	三〇九・〇三七	一〇二・四二四	三一三・五八四	一一三・五〇三	三五八・七三一
廣東	八九・一四九	二二四・三三三	一一七・二五八	二九三・六一〇	一〇三・八六七	二七一・四四七
九龍	九一	一九三	一一三	二八八	二二五	五九七
九廣鐵道	三八七	七五一	三六七	九三六	一六〇	四二五
拱北	九六四	二・一〇五	六七三	一・五一〇	七〇八	一・五七八
江門	八・二九四	二〇・一〇五	一〇・三〇三	二五・一五一	五・七七〇	一五・一九二
三水	八・五四七	二三・八六二	一四・五五六	三九・八八一	一〇・六七一	三〇・二三三
梧州	七〇・六三八	二〇四・三一八	九〇・一三四	二六八・六四八	七四・七一七	二二〇・三三五
南寧	二一・二七七	六一・二九六	二一・七一八	六五・一二七	一四・一七三	四三・三九五
瓊州	三・七五七	九・八九三	六・一一四	一六・一五三	四・六二〇	一三・一八三
北海	九・七一二	二八・八二三	一二・七一八	三八・六八六	一〇・〇九六	三一・四五六
蒙自	二一・五四六	五八・六二六	二二・五三〇	五四・四九〇	九・六九八	二〇・一九九
計	四五六・九四三	一,二五〇・七七四	五〇八・九〇五	一,三九八・二七九	四七三・五九〇	一,三六四・一九〇

※ 海關兩を弗に換算するには約五割増とせば可なり、以下倣之

晒金巾　本品は綿製品中最も大なるものにして四百萬弗内外の輸入あり之亦總てマンチエスター製品とす、日本品は製品未だ粗惡にして英國品に比し甚だしく見劣り到底之と競争すること能はず、我國にては原棉及紡績法を改むるに非ざれば優良なるものを製出すること不可能なるべし、南支那の市場は一般に品質優等のものを需要する所なれば日本品の發展は前途尚ほ遠きが如し、南支那の輸入額を支那税關統計より摘記すれば左の如し。

（單位同上）

税關名	大正元年 數量	大正元年 價格	大正二年 數量	大正二年 價格	大正三年 數量	大正三年 價格
福州	一〇・六一七	四三・三一〇	[illegible]	[illegible]	一四・一九八	六〇・七六七
廈門	三一・四六五	一二八・〇六二	三五・三一六	一四五・八五五	四〇・四五〇	一七三・八五六
汕頭	一四〇・五九五	五七一・二三六	一七四・四四六	七三三・五〇三	一八七・〇一九	七九九・四八五
廣東	一七九・一三五	七二九・〇七九	二五〇・八三七	一,〇四四・二一七	二六五・九四四	一,一三八・二四〇
九龍	一・二九二	五・二五八	一・三三四	五・四六八	一・一八六	五・〇七六
九廣鐵道	三・八三八	一五・六三一	四六九	一・九三七	五五八	二・三八八
拱北	一・七一五	六・九七九	二・二九六	九・四八〇	一・八二〇	七・七九〇
江門	六・七四八	二七・四六四	九・〇〇〇	三七・一七〇	七・九九一	三四・二〇一
三水	二〇・八三三	八四・七五〇	二六・三〇三	一〇八・六三一	一九・五三三	八三・五九七
梧州	九八・二四四	三九九・八五三	一三五・一七八	五三七・六三八	一〇七・二三七	四五八・九七四
南寧	二六・三六七	一〇七・三一四	二三・八〇一	九八・二九八	二六・七三八	一一四・四三八
瓊州	一七・七七八	七四・六六八	三〇・三六七	[illegible]	三五・五四七	一四九・七四三
北海	九・五二八	三八・七七九	一三・五五一	五五・九六五	九・九四二	四二・五五三
蒙自	二・九六九	一二・九一五	三・一六四	一四・七四九	二・三四五	九・九七二
計	五五一・一一四	二,二四五・一七八	七一六・八四七	二,九三一・五九一	七二〇・五〇七	三,〇七六・二七九

色金巾　之亦大部分英國より其供給を仰ぎつゝあり香港市場にて需要せらるゝ色金巾は幅三十八吋乃至三十九吋のものなるに日本品は三十六吋以下又は四十二、三吋以上のもの多く我國には未だ當地向幅物を製出する織機なき爲め其輸入額極めて少なし、然れども日本品は已に英國品に劣らざる迄に進歩し且其需要額大なる商品なれば我製造家及輸出商の努力次第にて大に販路を開拓することを得べく將來頗ぶる有望なるものとす、依て參考迄に南支那諸港の港別輸入額表を示せば次の如し。

（單位同上）

税關名	大正元年 數量	大正元年 價格	大正二年 數量	大正二年 價格	大正三年 數量	大正三年 價格
福州	八·八八三	二九·三〇三	五·七四三	一八·二四八	五·二三三	一六·四二六
厦門	二·二二四	一一·九〇七	三·二二五	一三·六九八	三·五七五	一五·〇八六
汕頭	七四四	三·〇五五	八三三	三·〇〇八	二八三	九五五
廣東	五·二六六	二九·〇八五	一一·〇八九	四八·九七一	一三·九二〇	六三·八一六
九龍	一一七	五八四	二九〇	一·二六一	二一四	一·〇四六
九廣鐵道	三五一	一·四〇三	五·七七七	一八·二八一	一七·三九六	五五·七七九
拱北	七·八三三	三七·七六八	九·四九三	三七·九二七	一一·八二七	四七·三〇一
江門	二·四二七	七·六三一	四·四二〇	一三·七〇三	三·二一九	九·九八一
三水	一·二三六	三·五六七	一·三〇五	四·〇四六	三三〇	一·〇二四
梧州	一八·七七一	五九·六二一	七·五六三	二三·六九三	一一·六七三	三九·二七三
南寧	三三·五五〇	一四一·一八八	四六·八〇八	一五三·一七四	三五·三一九	一一九·八四六
瓊州	九·二八五	二五·九九八	一三·七九三	三八·八六二	七·七四六	三〇·九三四
北海	二·九三三	一〇·五六六	四·六八八	一五·六五四	三·三三〇	一一·八二五
蒙自	一·一〇五	七·五〇七	二·二七三	一六·三五四	一·九九一	一四·二七三
計	九三·三一四	三六九·一六三	一一七·二九七	四〇五·六七八	一一五·八四五	四一七·五六四

捺染金巾　本品は三十萬乃至五十萬弗の輸入あり總て英國品にして大部分南支那の需要に充てらる、日本にては捺染方法未だ思はしからず且英國品は世界の市場を相手として各種の柄を製出し夫々輸入先の異なる需要に應ずることを得るも日本品は製產高少なく從て柄の種類も僅少にして到底英國品と競爭し難し、南支那に於ける需要の大勢は左表によりて知ることを得べし。　(單位同上)

税關名	大正元年 數量	大正元年 價格	大正二年 數量	大正二年 價格	大正三年 數量	大正三年 價格
福州	八·〇五九	一九·一八〇	一三·三三六	二九·四七一	八·五〇〇	一九·三六八
厦門	一七·五一七	四一·六九一	二二·五五九	四九·八五六	三三·五一五	七四·二三五
汕頭	一〇·二三〇	二四·〇〇八	二三·四三三	五一·六三一	二四·三三八	五五·七七二
廣東	三六·五九一	八七·〇八六	六〇·五五五	一三三·八七四	五六·九七八	一二九·九一〇
九龍	一三〇	三〇九	一九六	四三四	二二六	五一五
九廣鐵道	三八	九〇	一六六	三六七	一三一	二九九
拱北	二·六一〇	六·三二一	三·三一七	七·三三〇	二·六六〇	六·〇六四
江門	六·〇九七	一四·五一〇	一〇·一四四	二二·四一七	六·八四〇	一五·五九四
三水	九九九	二·三七八	三·一一四	六·八八三	一·三六七	三·一一七
梧州	四·八七一	一一·八〇三	一〇·七四九	二三·八七六	一〇·三五七	二三·六三五
南寧	三·一五八	七·五一七	四·九六八	一〇·九八〇	二·二三三	五·〇〇六
瓊州	一·五一三	三·一七七	四·五三八	九·五三〇	三·三三二	七·六六三
北海	二九三	四九七	九三五	二·〇四四	七三〇	一·六六四
蒙自	一·四八四	八·九九九	三·三四三	一九·六四三	一·五七七	八·五一〇
計	九三·五八〇	二二七·四五五	一六一·三四三	三六八·三三五	一五一·七六三	三五一·二六五

綿フランネル　本品は年額九十萬乃至百萬弗の輸入あり內綿物（藍棒）は大部分日本品にして無地、染色、形付は孰れも歐洲品又は米國品とす、本邦品は鯨一尺六寸幅、十五碼の長さのもの最も多く上下を問はず支那人一般に需要せらる、近年綿物以外の日本品漸次增加する見込あり、需要地は主に南支那にして多少佛領印度、蘭領印度、暹羅等に再輸出せらるゝものあるも氣候暑きを以て其額多からざるが如し、支那稅關の統計によ り本品の品種別輸入額を見るに日本の貿易統計と符合せざる點あるを以て綿物及無地、染色、形付の區別を設けず綿フランネル全體の南支諸港輸入額を左に表示すべし。(單位同上)

税關名	大正元年 數量	大正元年 價格	大正二年 數量	大正二年 價格	大正三年 數量	大正三年 價格

稅關名	大正元年 數量	大正元年 價格	大正二年 數量	大正二年 價格	大正三年 數量	大正三年 價格
福州	一三·六〇一	一七·一二五	七·一〇六	三三·四九八	一九·〇三九	七四·三一七
厦門	五·九一六	一四·九二四	五·二〇五	二三·九四二	七·八七四	三四·四四四
汕頭	二五·一五五	一〇一·九七七	四〇·一九〇	一四二·七一三	二三·四五一	七八·一九九
廣東	六九·七七二	一三一·二八二	七九·八二九	二七五·七六三	九〇·三六五	三一三·二〇五
九龍	二六九	一·〇二五	二三九	九七一	二一三	七〇九
九廣鐵道	四五五	一·四三三	五七〇	一·七六九	三八八	一·五一五
拱北	一〇·五二七	三三·八四五	一〇·一〇七	三五·六七六	六·九〇九	二四·六二五
江門	三〇·〇四七	九六·六一六	三七·一六九	一二九·六五〇	二八·六四五	九四·八四二
三水	二·六九一	九·七一九	三·二六一	一三·五七五	一·三三八	五·〇〇五
梧州	一三·七七二	四四·七七六	一三·四五七	五六·一二〇	七·二七二	二九·五一九
南寧	四·四六二	一四·〇五五	三·七五一	一五·三八五	二·五二八	一一·一〇七
瓊州	四一〇	一·一八〇	三三八	九七七	三一八	一·〇〇三
北海	一一·一四六	一三六·五〇六	一二·四九〇	四六·一〇九	七·九五二	二八·六二九
蒙自	八·二七〇	二八·一〇七	七·〇七二	二五·九四一	三五·六二九	一三·九七九
計	一九六·四九三	六三二·五七〇	二二〇·七四四	七九九·〇八八	一九九·九一一	七二一·〇九八

天竺布　は年額八十萬乃至百萬弗の輸入額あるに拘らず日本品は其約一割を占むるに過ぎず、總輸入額の約七割五分は三十二吋物にして其他は三十六吋物とし孰れも英國品獨占の姿に在り、本邦品は三十二吋、三十六吋共に輸入せられ品質も案外良好にして値段引合ふを以て逐年增加の趨勢を示しつゝあり、需要地は大抵南支那にして港別輸入額は左表の如し。（單位同上）

稅關名	大正元年 數量	大正元年 價格	大正二年 數量	大正二年 價格	大正三年 數量	大正三年 價格
福州	八〇·二六五	一七六·九〇九	七四·三五三	一六七·四六三	九四·四九二	二一五·九三六
厦門	四三·六一八	九三·〇九二	四五·八〇五	一〇一·七四二	六〇·二八八	一三三·六四六
汕頭	一七·七三三	三九·五八七	一四·八七八	三四·九八九	九·六三八	二二·八四四

稅關名	大正元年 數量	大正元年 價格	大正二年 數量	大正二年 價格	大正三年 數量	大正三年 價格
廣東	三二·六四一	七八·六三一	三七·五四三	八八·九〇一	三六·五三二	八五·四一五
九龍	七三三	一·七八三	七九〇	一·九五八	五五六	一·四五二
九廣鐵道	六五九	一·五三八	七〇六	一·八三一	四四八	一·〇二〇
拱北	八·〇三三	二一·二四八	五·六五四	一三·九〇四	四·四六一	一一·三二〇
江門	八·七一九	一八·八三三	一一·七九三	二六·二九八	八·八二三	一九·七六一
三水	五·六四四	一〇·九七二	六·二六三	一五·一〇二	三·五二一	九·三〇二
梧州	一三·七三三	五六·一〇六	二六·八五八	六六·〇七八	二〇·二九四	五〇·三七〇
南寧	二二·九八六	五三·四二八	一九·三六七	四五·六八七	一三·六七九	三三·八一七
瓊州	一三·三五七	三一·七〇〇	一四·三八一	二九·七二四	一一·五九〇	二五·四一〇
北海	三·八三〇	八·九九五	三·五四五	八·三六四	二·六四五	六·四六三
蒙自	二七·一四一	七一·二一五	三六·〇四七	九六·六〇九	一九·四八七	五三·五二八
計	二六九·〇五一	六六一·〇三七	二九七·八四二	六九八·四五〇	二八六·四五三	六六九·二八四

浴巾　一年九十萬打、價格七、八十萬弗の輸入額あり、其大部分は日本品にして歐洲品多少あるも上等品及大形物少數あるに過ぎず、又廣東にては印度絲及日本絲を用ゐて製出するものあれども漂白不良にして到底本邦品に及ばず、其數量も亦多からず、故に南支那地方需要の約九割五分迄は本邦品の供給する所なり、今南支那諸港に於ける輸入額を見るに左の如し。

（單位打及海關兩）

稅關名	大正元年 數量	大正元年 價格	大正二年 數量	大正二年 價格	大正三年 數量	大正三年 價格
福州	二三·八三五	一三·五〇六	二六·三三〇	一四·三三六	四九·七七九	二四·六一八
厦門	三三·七九九	三三·二九七	二九·六三〇	一八·四四二	四七·六五〇	二六·八五八
汕頭	八七·七八四	三二·二七七	八五·二三四	三三·五六七	七四·一〇二	二九·八八三
廣東	二三九·五八七	一一三·一九一	二五四·八九六	一二一·〇九四	三五〇·三二九	一四七·六五六
九廣	八五三	五二八	七八九	三六八	一·八六七	八七七

九廣鐵道	七七四	五四二	五八九	三六四	四六四	二九八
拱北	九・四四九	五・三三二	一二・四六五	六・六五九	一三・九一四	七・五三八
江門	一七・四四一	八・七二〇	二三・六三一	一〇・六二九	一四・五六一	八・八八二
三水	四二一	一九六	八九七	四九六	二七五	一四七
梧州	五九・三〇九	三八・九七六	六七・四七四	四〇・五四九	八二・七八五	五六・四六九
南寧	二四・一七三	一六・九二〇	三八・〇七三	二四・三六七	四一・〇七六	二一・八七〇
瓊州	二四・三〇六	一〇・五六六	四八・七七九	一八・九七二	五三・四八一	二一・三三三
北海	一三・一二四	九・一八六	一七・一四三	一四・三五二	一二・九三七	一〇・七三九
蒙白	二六・九七五	一七・一六八	三一・九九六	一九・三八八	二七・五四四	一六・八五九
計	五五〇・八一九	二八八・四〇五	六三七・九二五	三三三・五六三	七七〇・七六四	三七四・〇一七

尚此外暹羅、佛領印度、新嘉坡、蘭領印度等にも相應再輸出あるが如く又前表の數字以外に香港より廣東三角洲各地に密輸入せらるゝもの少からざるが如し、之れ關稅を仕拂ひて輸入したるものよりも廉價なる日本品が廣東地方にて發見すること少からざると香港に於て開裝の上數打宛賣却せらるゝ額頗る大なりとの當業者の言により推測せらるゝ所なり。

其他の綿織物　金巾に次ぎて輸入額の大なるは綿イタリアンス、ベネチアン、クレープ、ラスチングの類にして總額二百萬乃至二百五十萬弗の巨額に達し之亦殆んど全部英國マンチエスター製品なり、黑無地及色物各四割宛を占め其餘の二割は模樣付なり、日本にては未だ本品を製出するを得ざるが如し、綿縮は日本より十萬弗以下の輸入額あるも支那人は槪して强き布を使用し縮の如き技巧を施したる比較的弱きものを喜ばざる傾あり、從來の處支那人の嗜好に適せざる爲め當市場に於ては目下の所有望なる商品とは認め難し、需要地は廣東、汕頭、厦門、香港、瓊州等を初め南支那を主とし二、三割は南洋方面即ち蘭領印度、新嘉坡、暹羅、佛領印度等に再輸出せらる、手拭（又は手拭地）は日本よりの輸入額は六、七萬弗に過ぎざるが逐年減少の傾向あり、浴巾の輸入增加に伴ひ一般支那人も漸次日本式手拭を使用せずして浴巾を要求するを以て本品は向後減退の外無きが如し、本品は多くは田舍又は下層支那人に使用せられ都會には餘り需要なし、綾木綿及細綾金巾は孰れも二、三十萬弗の輸入額あり、本品は北支那方面には其輸入頗る多きも南支那にては其需要遙に少し、兩品共英國品を主とす、以上列記の外日本製各種綿布約七、八十萬弗の輸入あるも一種類にて金額の大なるものなく精巧なるものは何れも外國品の獨占に歸し我國にては未だ製出し得ざるもの多し、要之當市場に於ては生地の需要は漸次減少し加工品殊に精巧なる加工を施したる品增加の趨勢あり、而して南支那は北支那と異り品質優良の品物を需要する所なれば現今に於ては日本品の勢力微弱にして從て將來大に發展の餘地あるを見る、綿毛布は約二十餘萬弗の輸入ある見當にして歐洲品（英、獨）及日本品を主とし最近日本品非常に增加しつゝあり、本品は流行の變遷迅速なるを以て模樣及品質に就き絕へず注意を怠る可からず、手巾は綿、絹、麻等總てを併せ約十萬弗の輸入あり、歐洲品、日本品並び行はるゝも最近日本品の方外國品よりも多し、之亦流行の變遷迅速なるを以て常に嗜好の變遷に留意し居ることを要す。

(二) 毛織物及綿毛交織物　香港に輸入せらるゝ毛織物としてはアルパカ類約十萬弗、ユニオン及ポンチョ布二、三十萬弗、其他綿毛交織雜品四、五十萬弗、毛布及粗氈二、三十萬弗、カムレット二十萬弗、羅紗十萬弗、毛織綾吳絽十萬弗、ロングエルス十萬弗、毛織スパニッシユ、ストライプス十萬弗、其他毛織雜品二十萬弗、絨線二十萬弗に上る見當にして毛織物及綿毛交織物總計大約二百萬弗の輸入ある見込なり、其大部分は英國品とし羅紗は獨品（戰前）多く毛布類は佛蘭西品多く其他墺國品露國品等少量あるが如し、日本品は當地には全く輸入なし、今參考迄に此等毛織物の南支那輸入額を示せば左の如し。

（單位海關兩）

稅關名	大正元年	大正二年	大正三年
福州	五九・九一六	四一・六七九	四一・五〇一
厦門	一二三・八三八	九九・一五三	一二七・八三一
汕頭	一六八・八九五	一三七・二〇二	一六二・〇九八
廣東	六六九・五一二	五五二・六二五	四一〇・一〇二
九龍	五・五三六	二・八六七	三・三二五
九廣鐵道	四・一〇四	七・九六八	三・八六六
拱北	七六・五九一	四三・八一五	三四・三四八
江門	八二・四六八	八二・九〇八	四八・七二一
三水	九・一五三	一六・六六四	六・五三一
梧州	七一・三四一	七一・九一七	五三・六三六
南寧	九〇・四三九	八〇・〇八七	四一・一六八
瓊州	四五・六六四	七一・四〇一	五六・五七九
北海	一五・〇四一	一六・〇八二	八・二九〇
蒙白	一一五・一九七	一七九・九四五	九〇・五四八
計	一、五三三・六九二	一、四〇四・三三二	一、〇八八・五四四

（三）其他織物　麻綿帆布は一箇年約五、六十萬弗の輸入あり、內厚地物六割、薄地物四割位の割合にして厚地帆布は麻製及綿製各半額宛を占め薄地帆布は總て綿製とす、從來英國、米國及獨逸品を主とし日本よりは四、五萬弗の輸入ありたるが綿帆布は漸次減少して麻帆布之に代りつゝあり、日本品は多くは品質外國品に劣り麻帆布は未だ之を製出すること六ケ敷假令製出し得たりとするも、價格高く外國品の販路に侵入すること困難なるが如し、厚地帆布の六割以上は香港にて需要せられ其他は廣東其他南支那方面に再輸出せらる、薄地帆布は日覆用又は支那人被服、製靴用に充てられ當地の需要至つて少なく約半額は廣東方面、約三割は佛領印度、約一割五分は汕頭、厦門等沿岸地方に再輸出せらるゝものゝ如し、ガンニー布及ヘシアン布は英領印度品を主とし七萬乃至十萬弗の輸入あり、南支地方にて麻袋製作用に用ゐらる、寢臺布及食卓布は輸入年額約十萬弗にして大部分英國品とし少量の本邦品あり香港、廣東、梧州、雲南其他南支那の都會用を主とす、絹織物は約四、五十萬弗の輸入ある見込にして佛國品最も多く伊太利及日本品等あり、平織及紋織の二種に分つ、羽二重は日本より年額七、八萬弗を輸入す大部分は平織にして紋織及綾織は少量なり、主に外人用にして香港又は附近都市に使用せられ又幾分他に轉送せらる、絹交織布少量の輸入あり之亦佛國品を主とす。

絲縷繩索類

棉花　棉花は一時三百萬弗餘の輸入ありしも大正三年香港紡績會社の繰業廢止以來輸入額著しく減退せり最も多きは印度棉花にして佛領印度の貢棉、支那棉花も相應輸出入せらる、印度及支那棉花は主に南支那及香港に需要せられ西貢、東京產貢棉は多く日本に輸出せらるゝが如し。

綿絲　當港輸入の綿絲は一箇年二十萬乃至二十三、四萬俵の多額に上り其價格大約二千五百萬弗內外にして香港の輸入重要

	大正三年	大正四年
十手（主に双女）	四・〇六五	七・三一六
十二、十四手	五六七	一二六
十六手（三馬）	二・二六八	三・五七八
二十手（谷佛最も多く寶來孔雀之に次ぐ）	三七・四四三	三三・一六四
中絲（三十手乃至四十八手）	三・三三五	七・九七四
細絲（五十手乃至八十二手）	五〇七	一・〇四七
計	四八・一八五	五三・二〇五

即日本絲の大部分は二十手にして既に三、四萬俵の輸入あり漸次印度絲を壓迫し目下二十手總輸入額の約八割は日本絲の占むる所なり、十二手は日本絲の輸入極めて少量に過ぎざるが印度絲に於ても十二手は逐次減少の趨勢にして此番手は遠からず當市場より其影を沒するに至るべし、最も將來有望なるは十手にして目下日本絲は七千俵まで增加したるが當市場十手の大部分は未だ印度絲の占領する所なれば今後日本絲は益發展の餘地あり、殊に日本絲は色澤純白なる上斤量多く從て印度絲に比し割安なれば到る處歡迎せられ逐次印度絲を驅逐すべし、大正四年中增加の著しきは中絲にして就中四十二手及四十手多し、當地輸入の中絲及細絲は已に日本品の獨占と云ふも過言に非ず。

毛絲　輸入額一箇年約三十萬弗に上る見込にして輸入國は戰前英、獨、日の順序なりしも開戰後日本絲は著しく增加し近來約七割位は本邦品なるが如し、用途はシャツ用最も多く帽子、肩掛向亦少からず、輸入品は概ね染色にして雜色取合せ輸入せられ白無地二割內外あるが如し。

綿縫絲　球作は八萬乃至十萬弗の輸入あり支那內地にて多く編物に使用せられ、大部分廣東方面に送られ汕頭其他にも輸入品なり、內約八割は印度絲にして二割餘は日本品の占むる所なるが本邦絲は近年輸入年々激增し印度絲の販路を侵蝕しつゝあり、數年前には英國細絲輸入せられたるも目下殆んど其跡を絕つに至れり。今左に大正四年中當港輸入綿絲の仕向地別表を揭ぐ。

（單位俵）

行先地	日本絲	印度絲	計
雲南省	三・二三〇	一九・四三八	二二・六六八
佛領東京	九・五三一	二・八七九	一二・四一〇
北海	二一〇	二・三五八	二・五六八
廣州灣	二三四	二・三〇一	二・五三五
海口	三五九	五・一八八	五・五四七
梧州	一六・六九一	五三・三六〇	七〇・〇五一
澳門	五・七五七	一一・二四八	一七・〇〇五
廣東	一一・三四一	二〇・〇四七	三一・三八八
汕頭	五・九七一	三八・四八八	四四・四五九
厦門	一・〇九八	三三・三九一	三四・四八九
福州	三三九	四・三二六	四・六六五
マニラ	四七六	三二〇	七九六
上海	五四六	一・一五二	一・六九八
北支那	四〇	—	四〇
計	五五・八二三	一四六・四八六	二〇二・三〇九

備考　本表中佛領東京行には雲南行を含むを以て雲南省の需要は前記數字より更に多き割合なり。

日本綿絲の輸入は最近數年間に長足の進歩を示し今後も益增加の趨勢に在り。今其種類を大別すれば　（單位俵）

せらる、木巻は香港、澳門、廣東等にある靴下製造工場の需要を主とし百萬乃至百五十萬弗の輸入あるが如し、靴下製造機械は米國品多きを以て米國製絲多く用ひられ之に次ぐは英國品とす、前記三地の外汕頭、南寧、瓊州、梧州、厦門、雲南等に輸入せらる。

麻　當港に輸入せらるゝ麻（支那産以外）は主にマニラ麻にして百萬弗内外に上る見込なり、當地製綱會社にて需要せらるる外支那、日本等に再輸出せらるゝもの多し、麻縄は當地製品最も多く又マニラ及英國より輸入するものあり、當地製マニラロープは支那各地、日本、海峽植民地、印度等に輸出せらる。

金屬及製品

諸外國より香港に輸入せらるゝ金屬及製品（支那産品を除く）の總額は大約六、七百萬弗の多きに上る見積りにして就中眞鍮及黄銅、鐵及軟鋼、鉛、錻力板多く英國品主位を占め其他歐洲品、米國品、濠洲品等とし日本品としては銅を第一とし銅以外の金屬は極めて少なく金屬製品は多少あり、今金屬及製品の輸入殘額概算を示せば左の如し。

眞鍮及黄銅	五〇〇・〇〇〇弗 ——	七五〇・〇〇〇弗
銅（各種）	二三〇・〇〇〇 ——	三五〇・〇〇〇
鐵及軟鋼條	五〇〇・〇〇〇 ——	七〇〇・〇〇〇
同　釘	五〇〇・〇〇〇 ——	五五〇・〇〇〇
同　竿	一五〇・〇〇〇 ——	二五〇・〇〇〇
同　厚板	八〇〇・〇〇〇 ——	一、〇〇〇・〇〇〇
同　薄板	一五〇・〇〇〇 ——	二五〇・〇〇〇
古　鐵	一六〇・〇〇〇 ——	二五〇・〇〇〇
其他鐵類	七〇〇・〇〇〇 ——	八〇〇・〇〇〇
鉛	六〇〇・〇〇〇 ——	八〇〇・〇〇〇
錻力板	六〇〇・〇〇〇 ——	一、〇〇〇・〇〇〇
其他金屬類	四〇〇・〇〇〇 ——	五〇〇・〇〇〇
金屬製品	四五〇・〇〇〇 ——	六〇〇・〇〇〇
計	五、七四〇・〇〇〇 ——	七、八〇〇・〇〇〇

今主なるものに就き大要を左に記すべし。

眞鍮及黄銅　條、竿、板、釘の輸入額は四十萬乃至五十萬弗に上り、其大部分は英國品にして所謂 Muntz Metal を主たるものとす、獨逸よりも少量輸入せられ又極上等品は墺國品少額の輸入を見たり、然れども歐洲戰亂發後歐洲品の輸入減少したるを以て、目下米國品多小輸入せられ香港の需要少量あり再輸出先は殆んど全部廣東佛山方面なり、條、竿は造船材料、格子等の製作に充てられ板は二、三千函（一函五百六十封度入）の輸入にして英國品多く近年日本よりの輸入漸次増加し大正三年には十萬弗に上れり、板は造船材料の外香港廣東等にて迦維、瓜哇、ボルネオ方面行食器、器物類を製造するに使用せらる、又釘、鋲類は船舶用を主たるものとす、線は極めて少量の輸入あるに止り多く田舍向の需要とし船舶需要品取扱高少量を使用す、日本品の輸入一萬餘弗に増加せり。

銅　條、竿、板、釘は一箇年僅に三、四萬弗の輸入あるに過ぎず、板は器物製造用地方の需要に充てらる、銅板は曾て支那内地に於て阿片の釜製造用に需要ありしも禁煙の結果大に減退せり、銅塊及銅錠は五千擔乃至八千擔の輸入にして其金額二十三萬乃至三十六萬弗位に當り中本邦品大部分を占め又濠洲銅及米國銅も多少の輸入あり、香港にては二船渠會社及小製作所の需要、其他雑用に充てられ一箇年四、五百擔に過ぎず、又西貢海防等へ七、八百擔の輸出あり其他は總て南支那に向けられ就中廣東を主とし同地造幣廠、軍器廠及小造船工場に需要せられ又福州、厦門及廣西造幣廠にも少量の需要あり、若し廣東、福州又は廣西等に於て銅貨を鑄造することあらば遂に多量の輸入あるべきも近年南支那に於て貨幣の鑄造稀なるを以て輸入額は上記の如く年額一萬擔に達せず、然るに我大藏省の貿易統計により日本より香港への銅(塊及錠)輸入額を見るに數量に於て四百萬斤乃至一千萬斤、價格に於て百六十萬圓乃至四百萬圓の多額を示し居れりと雖も香港及南支那の需要は前記の如く數千擔に限られ又南洋方面の需要も極めて少量に過ぎず、且斯る多額の銅が當港に於て積換へられたることは曾て無き所なれば當業者に於ても我貿易統計の數字毎年餘りに過大なるに對し豫てより不思議の感を懷ける次第なるが右は思ふに本邦より銅を輸出するに際し既に初めより歐洲向の商品を歐洲行外國船に積込み香港は單に船舶の寄港地たるに止まるものを商賈の祕密を保つ爲め殊更に我國稅關には香港行と申告したる結果に非ざるかと想像せらる、次に銅線は一箇年四、五萬弗の輸入ありて一般に細物多く大部分廣東方面にて細工に用ひ香港にても少しく需要あり、歐洲戰發生後日本品增加し約半額は本邦品なり、古及屑銅は相當に需要せらるゝも其輸入高明かならず或は二、三萬弗に上るべきか用途は之を鎔解して器物等を製造するものとす。

鐵及軟鋼　錨、砧、鎖、塊を併せ一萬五千乃至二萬弗の輸入にして主に英國品なり內鎖最も多く直徑二吋乃至七吋のもの多く錨之に次ぐ、錨は二百封度物需要多く艀船用を主とす、又輸入品の外英國より輸入する原料鐵を用ゐて香港及廣東にて製造するものあり、條は五十萬乃至七十萬弗の輸入あり英國品及米國品とす、太さは半吋より六吋に及び二吋半迄のもの最も多し、鐵工場及建築用に需要せられ南支那に其約七割を供給し其他は香港需要の外相場により日本、マニラ等に再輸出せらる、帶鐵は主に英國品にして四、五萬弗の輸入あり廣東、梧州方面に送られ輸出向支那產の荷造に用ゐらる、鑄鐵製品用の鐵は少額にして三、四萬弗の輸入なるべく廣東方面にて鍋其他の器物類を製造するに用う、釘鐵は輸入額十萬乃至二十萬弗に上り主に英國商の取扱に係るも白耳義、獨逸等の製品にして米國品も亦輸入せらる、洋傘用其他に用ゐられ南支那一帶に需要あり、釘類は約五十萬弗の輸入あり其三、四割は香港の需要とし其他は南支にて需要せらる長半吋より七吋位に及び最も需要多きは一吋乃至二吋位として從來主に英國品なりしが開戰後多少日本品の輸入を見たり然れども本邦品は高價にして引合はざるが如し當地方には硬木多く從て之に使用する釘も日本需要品とは太さを異にするを以て當港輸入品は總て當方面の需要にして日本等に再輸出せらるゝことなし、用途は大部分家具箱類用とす、銑鐵は英國及印度より三、四萬弗の輸入あり單獨に又は鑄鐵と混じ鍋等の製造に用ゐ又造船所等にても使用せらる、鐵管は之亦三、四萬弗の輸入あり水道、下水、雨筧等種々の用途あり、厚板は八十萬乃至百萬弗の輸入にして英國品多く四割位は香港にて造船材料に充てられ大半は南支那各地に送られ一部は日本等に再輸出せらる、南支那の需要額は廣東五、六萬弗、廣西省十二萬弗、三水方面三、四萬弗、廣東省西南部二、三萬弗、沿岸(汕頭、厦門等)六萬弗の割合なり、薄板は年額二十萬弗位の輸入ありて造船用多きが如く英國、白國(獨品)等よりの輸入品多かりしも戰時に際し目下米國品主として輸入せらる、鐵線は五、六萬弗の輸入に過ぎず細工用を主なる用途と爲すが如し、古鐵は二十萬弗以上の輸入あり造船所の屑、古船、古機械の部分等にして一旦鑄潰したる上農具其他を製出するものにして概ね南支那內地に需用せらる。

其他金屬　電鍍鐵板(亞鉛引板)は南支那に於ては北支那と異なり其需要多からず年額三萬弗位の輸入にして大部分は廣東方面の需要に充てられ屋根、壁用及塵入其他小器物を作るに用ひ平板を主として浪形少量あり、電鍍鐵線は前者よりも多く十萬餘弗の輸入あり電線、坍、束縛用等に充てられ標準ワイヤーゲージの第六號乃至第二十五號にして就中第十八號より第二十二號までのもの多し、鉛(塊)は年額六十萬乃至八十萬弗の輸入ありて其大部分は濠洲品(B、H、P印)とし英國品少量、米國品亦稀に市場に現はる、福州、廣東に於ける茶箱用を主要なるものとし又香港廣東にて鉛粉製造用に充てらるゝもの相應あり、上海以北に向ふ品は曾て香港を經由したるも目下多くは當港を經由せざるが如し、例年當港より日本には殆んど輸出なきも昨年中は日本に於て鉛の需要大なりしを以て多量に日本に仕向けられ香港の輸入額も例年の約三倍位に上れり、鉛條の輸入は極めて少なし茶鉛(茶箱用板)及鉛板は一箇年七、八百擔(約七千弗)の輸入あるに過ぎず大部分福州に輸入し少量廣東方面にて需要せらる、此外神佛用具等の鉛製品少額輸入あるも云ふに足らず水銀は西班牙品を主とし墺國品少量あり概ね倫敦より輸入せられ輸入額は約一千五百擔(約二十五萬弗)に上り內香港にて朱製造用に充てらるゝもの數百擔あり其他は厦門、北支那(牛莊、天津、青島、芝罘)及廣東等に輸入せらる、此外四川、湖南、雲南等の支那產水銀一箇年數百擔の出廻あり其一部は香港にても消費せらる、錫に就ては輸出品の部參照、錻力板は年額六十萬乃至百萬弗の輸入あり從來主に英國品とし少量の米國品ありしが最近米國品頗る增加したるか如し、米國品は英國品に比し品質優り少しく高價なるを常とす用途は罐詰用及各種錻力細工用にして殊に當地方にては罐詰用多きを以て厚物(百封度物)大部分を占め九十封度物は少量なり、需要地は廣東、香港、澳門を主とし輸入の約七割を占め其餘は汕頭、厦門其他に分散せらる、昨年より本年に掛けては契約高二十萬函(約十五萬擔)以上の多きに上り平常の二倍餘の輸入を見たる次第にて日本及新嘉坡等へ再輸出せられたるもの少からず、白銅は一箇年五萬乃至八萬弗の輸入にして板、珠、線等に分たれ板は主に細工用に充て珠は合金用とす獨墺國(戰前)及英國より輸入せられ廣東其他の南支那に少量宛需要あり、亞鉛は一萬乃至一萬五千弗の輸入あるに過ぎず船渠、鐵工所等の需要にして獨逸品多かりき、亞鉛板も亦少量にして二、三萬弗を輸入し細工物用を主とし白耳義及英、獨品なり。

琺瑯鐵器　年額三、四十萬弗の輸入あり從前墺匈國及獨逸品を主としたるが最近日本品の輸入激增し米國品も亦少しく輸入せらる、主なる品種は洗面器を第一としコップ、痰壺、蓮花、湯沸、手付鍋、其他食器類とす、日本品は製品未だ獨墺品に及ばざるも戰時に際し代用品として專ら需用せらる。

其他金屬製品　刃物及電鍍器は四、五萬弗の輸入にして英獨、白等の製品多く其他歐米、日本より少量の輸入ありたり、南支那各地の需要とす。金庫及鐵扉は二、三萬弗の輸入にして英國品最も多し、暖爐及鐵格子は一、二萬弗を和蘭、英國其他歐洲より輸入し、鐵製寢臺は主に英國品にして三、四萬弗の輸入あり此等は孰れも南支那の需要を主とするものゝ如し、縫針の輸入は年により著しき增減あるも十萬乃至二十萬弗位なるが如し、獨逸品を主とし(戰前)英國品亦幾分あり廣東其他南支那に需用するもの多し、日本品は歐洲品と形體を異にし支那人に使用せられず。

本邦製金屬製品　上記の外大正三年に於ける本邦製金屬製品の香港輸入額左の如し（單位圓）

絕緣電線	九・四七〇	アルミニウム製品	九・二四二
眞鍮製品	一四・五五八	鐵製品	三三・八四二
アンチモニー製品	五・五八七	其他	八三・七〇九
靑銅製品	二・四七三	計	一五七・八八一

電線は戰前には英、獨品を主とし南支那內地にては獨逸品の方勢力あり香港にては英國品需要せられたるが最近日本品著しく增加の勢あり種類は東京線、護謨線及電球線の三とす、眞鍮製品は花瓶、寫眞立、蠟燭臺、燈籠等多くアンチモニー製品は小函類、寫眞立、灰皿、白粉入、置物、ナプキン輪等の雜品にして主として外人向に需要せらる、靑銅製品は動物、人物の置物、花瓶、香爐、蠟燭立等の裝飾品多く外人及支那人向とす、此等眞鍮　アンチモニー、靑銅製品は香港に於ける美術雜貨店にて小賣せらるゝもの多し、アルミニーム製品は支那人臺所用品を主とし其他鐵製品、農具、銅製品、金銀器、小金庫等各少額の輸入あるも云ふに足らず、傘骨は一時二萬弗近くの輸入ありたるも逐年減少の傾あり本品は丸骨又は角骨の八本或は十本物多く需要地は傘柄及手と共に廣東及香港なり。

飮食料品及嗜好品

麥粉　本品の香港輸入額は四、五百萬袋價格七百萬乃至一千萬弗の巨額に上り其供給先は南支那を第一とし新嘉坡、彼南、瓜哇、マニラ、暹羅、佛領印度支那、北支那に及び上海よりも大なる市場を有す、大部分は米國粉にして最近加奈陀よりも輸入を開始せり、一時濠洲粉輸入せられたこともあるも高價の爲め米國品に壓迫せらるゝに至れり、千九百十五年に於て輸入額著しく減少したるは前年よりの持越荷物多量なりしと米國に於ける相場の高かりしとに基くものにして之が爲め同年には支那麥粉約二十萬袋の輸入を見たり、今最近三年間の香港輸入額を示せば次の如し。

千九百十三年	五、一七六、六二三袋
千九百十四年	三、三九三、七五四袋
千九百十五年	二、〇七五、一二九袋

左に參考の爲め南支諸港に於ける麥粉輸入額表を掲ぐ。（單位擔及海關兩）

港別	大正元年 數量	大正元年 價格	大正二年 數量	大正二年 價格	大正三年 數量	大正三年 價格
福州	一四三・二三二	五九三・三七四	一一六・八三八	四九〇・七一六	五六・二九七	二五三・三四〇
厦門	三一一・四七六	一、一一一・二二四	二五五・五一三	九〇四・一四五	一二七・二五九	四五四・三〇七
汕頭	三〇三・九一四	一、二七三・二三八	二四八・四九一	一、〇四三・六六三	二一六・六九五	九七五・一二七
廣東	三八三・二〇一	一、六〇五・〇五六	四二七・二一四	一、五〇七・六五六	三五九・九五五	一、四四〇・二四六

九龍	二〇・九五一	九一・四六八	二四・二五〇	一〇三・九九八	二三・九五五	一〇八・九一〇
九廣鐵道	一・一一三	四・七五八	一・二四八	五・三〇九	三・五九六	一六・九七七
拱北	二八・九三〇	一三〇・六〇一	二八・六七〇	一三〇・二四五	三一・〇四七	一三九・一〇六
江門	一一六・二四三	四九〇・六四一	一三〇・八五六	五四九・五九五	一一一・〇八二	四九九・八六九
三水	三九・三二二	一四八・八五三	四三・一八八	一八一・三九〇	三六・三九七	一六三・七八七
梧州	三一・三三三	一三五・三一九	四九・三三三	二〇〇・七一四	三九・六五三	一五三・一三〇
南寧	三・三六六	一四・一三六	六・九四三	二九・一六一	八・二七三	三七・二二四
瓊州	三六・二五三	一五三・二五一	三四・八四三	一四六・〇九二	三一・二六七	一三七・七一七
北海	一三・一〇八	七三・六四八	一五・五五五	九三・四三三	一三・六五九	七九・九五六
蒙自	一・二〇九	九・六五四	二・九一〇	一五・九三三	一・五六三	一二・七五八
計	一,四三五・七四〇	五,八二一・七二〇	一,三八九・八四〇	五,三九〇・九四八	一,〇九九・六九六	四,四五八・四五四

乾及鮮蔬菜　支那税關の統計によれば乾及鮮蔬菜（豆類及馬鈴薯を除く）の香港より支那への輸入額は二十萬弗以上に達し日本、歐洲、其他附近地方の産品なるが如く其品種別は統計になきを以て之を詳にすること困難なり、日本より香港に輸入するものは玉葱十萬弗餘、馬鈴薯六、七萬弗、乾薑數千弗、乾蕃椒一萬弗、罐詰蔬菜四、五千弗あり、玉葱は本邦品の外上海品及少量の孟買品輸入せらる日本品は發芽の虞ある爲め取引困難を感ずること多し本品の約一半は香港、廣東、澳門の消費に充てられ其他は廣州灣、海防、西貢、新嘉坡、マニラ等に再輸出せらる、馬鈴薯は支那沿岸一帶に産出ありて支那品の輸入日本品よりも多く我品物は減少の傾あり本品も亦香港の需要の外附近諸地方に轉送せらる、薑は廣東に其産多きを以て本邦品は藥用及藥味用として少量輸入あるに止まる、又乾蕃椒は料理に混用し或はソースとして一般支那人に用ひられ廣東方面其他南支那に於て需用せらるゝもの多し。

茶、珈琲、胡椒　外國茶は十五萬位の輸入額ある見込にして就中錫蘭茶最も多量を占む、支那には茶の産出多きを以て支那への輸入少く主に海港場に於て需要せらるゝもの丶如し、此外臺灣産茶の輸入少量あるも殆んど全部瓜哇方面に仕向けられ香港及南支那の需要に供せらるゝもの極めて少なし、珈琲は年額二萬弗位の輸入あり蘭領印度及歐洲より供給を仰く、胡椒は八、九十萬弗に上る輸入あり主に新嘉坡方面より輸入せらるゝが如く又蘭領印度よりも輸入す、中支那に供給するもの多く其他は北支那及南支那各地に需要せらる。

砂糖　香港に輸入せらるゝ砂糖は頗る巨額に上り其種類も極めて多し今輸入國別及數量を示せば左の如し。（單位噸）

	大正元年	二年（八箇月間）	三年（八箇月間）	四年
支那	三四・〇〇四	五・〇七〇	七・六七四	三三・七八〇
交趾支那	二・三四〇	二・八六〇	二〇七	四・六二一
瓜哇	一八四・七四四	一三七・三六三	一二〇・七二六	二二一・一七三

倫敦	一	六	一四	三
マウリシアス	八七九	二・四〇一	二・〇三三	二三五
九龍租借地	二	四	六	—
比律賓	六〇・二一〇	四五・五二〇	八・六一三	五七・六八八
海峡植民地	二九	—	—	—
計	二八六・二三八	一八三・二三三	一三九・〇七三	三〇七・四九九

備考　大正二年九月より大正三年四月迄の統計なし。

即ち一箇年二十萬噸乃至三十萬噸の輸入に上り瓜哇糖は十六萬乃至二十二萬噸を以て第一位を占め比律賓糖は五、六萬噸を以て之に次ぎ支那糖第三位を占む、今此三種糖の分類を示せば

瓜哇糖〔粗砂（白更目、中更目、赤更目）幼砂（白粉糖、中白粉、赤粉糖）

外に貢粉糖（赤更を取りし後）

椀糖、固形蜜、糖蜜

マニラ糖〔分蜜糖（瓜哇の中更目に相當す）玉砂糖（一號、二號、三號、四號、五號）

外に呂宋塔糖

支那糖　赤更目、玉砂糖、粉糖、板糖、氷糖

今右の瓜哇糖及マニラ糖を赤糖（十五號以下）及白糖（十五號以上）に大別するにマニラ糖は殆んど全部赤糖に屬し瓜哇糖の約四割は白糖なれば香港輸入の兩糖は白糖六萬乃至九萬噸にして赤糖十四萬乃至二十萬噸に上る割合なり、白糖は日本向輸出なく殆んど全部支那の需要にして大半は廣東方面に輸入せられ其約二割は廣東附近にて砂糖漬に使用せらるゝものとす、赤糖は香港精糖會社にて需要するもの頗る多く又山東、天津、鎮江、上海、漢口及日本に多量に輸出せらる、但し廣東方面は赤糖の産地なれば輸入少なし、日本へは年額二萬擔乃至十萬擔を輸出す、香港精糖會社は支那市場に於ける日本糖の發展により著しく打撃を受け一時の如く盛にならざるも尚ほ支那、佛領印度、海峡植民地、濠洲、印度等に販路を有す。（支那糖に就ては輸出品の項參照）

氷糖　は主として瓜哇より輸入せられ又新嘉坡よりも少量輸入せらる、南支那にては需要多からず大部分は天津、牛莊、漢口等の如き冬季寒冷なる地方に輸出せらるゝものとす。

糖蜜　南支那への輸入漸次增加を告げつゝあり目下輸入額約九十萬弗にして大部分は廣東方面の需要に充てられ少量汕頭にて消費せらる、用途は糖果用、酒精、酢、醬油等の製造を主とす。

食鹽　香港及南支那にて需要せらるゝ鹽は佛領印度及北支那より輸入せられ一箇年七、八千噸に上る、內大半は佛領印度より其他は青島、芝罘等より輸入す、本品は支那政府の專賣に屬し外國品の輸入を禁止し居る爲め支那稅關の統計には全然揭記なきも多くは澳門に輸送し廣東三角洲附近に密輸入せらるゝが如し、香港及澳門等にては漁業用に充つるもの多し。

海產物　海產物は當港貿易品中重要なるものにして其集散年額一千萬弗以上に上り就中本邦品最も多く其他南洋品、支那品、近海產等も少からず、今先づ日本品の種類及金額の大體を示せば

昆布	約三萬圓	淡菜	約四萬圓
鯣	約三百萬圓	其他乾貝	約八萬圓
鰭	約五十萬圓	乾鰕	約廿七萬圓
其他乾魚	約二十萬圓	鱶鰭	約十一萬圓

鹹魚	約三萬圓	海參	約二萬圓
煎魚	約八萬圓	寒天	約二十六萬圓
鮑	約三十七萬圓	罐詰鮑	約十一萬圓
貝柱	約六十萬圓	計	約五百七十萬圓

にして外國品は主に左記の如き種類とす其輸入數量及價格等は到底明確にし難きを以て茲に記載せず。

品名	産地	備考
鯣	香港近海、汕頭近海	數量少く價高き故日本品の競爭品として恐るゝに足らず
貝柱	寧波方面	數量極て少く度外視して可なり
乾蝦	安南及新嘉坡	外國品の方有勢なり
乾鮑	安南及米國	數量少く味亦劣り日本品の競爭品として論ずるに足らず
牡蠣	香港及澳門近海	日本品を壓倒する勢あり
淡菜	暹羅、寧波	前者の代用品として愛用せらる
鱶鰭	新嘉坡、マカッサ、暹羅	上等品は本邦品見込なし
海參	安南に多く暹羅にも少々	日本品は驅逐せらるゝ傾あり
鹽魚	香港及澳門近海 安南、暹羅、米國、寧波、芝罘	其種類數量頗る多し
燕巣	南洋方面	近年人造擬似品使用せらるゝ由

此等海産物の輸入經路を見るに殆んど總て諸外國産地に於ける支那商の手を經て當港に於ける支那商により輸入せらるゝものにして本邦品の如きも從來主として支那商の取扱に係りしが近時漸く日本商の輸入高逐年增加の傾向あるを見るに至れり、各種海産物の需要地は南支那各地を主とし又南洋方面即ち海峽植民地、蘭領印度、暹羅、佛領印度、マニラ等に再輸出せらる、今南支那に於ける海産物需要の大勢を知るの一助として南支諸港に於ける魚類及魚製品（海參、寒天、燕巣昆布等を除く）輸入額を表示すべし。（單位擔及海關兩）

税關名	大正元年 數量	大正元年 價格	大正二年 數量	大正二年 價格	大正三年 數量	大正三年 價格
福洲	四九・四七三	三八四・一七四	五八・九〇〇	四五七・二八七	七二・三三三	五五一・四一一
厦門	八一・〇九六	七九二・七二四	九二・六二六	八二八・五五八	一一四・二八六	一、〇一七・三〇一
汕頭	五五・一五六	六六〇・〇五一	七〇・六四六	八二一・五八七	八六・三八二	九九九・三〇三
廣東	一五九・一八二	一、二二五・二七一	一六八・四〇二	一、三一九・五三一	一八一・六三九	一、二七九・二四〇
九龍	二一三・三七二	二、六四三・七七一	二七七・〇七五	三、四四六・四九四	二四九・四二七	三、九六七・五八九
拱北	一九四・六八〇	一、三八七・六三七	一八七・五五〇	一、二七二・四三六	一四七・四九四	一、〇三三・一七五
江門	七〇・五六七	五九三・一五五	九一・六二二	七四〇・一〇七	九〇・六八九	六九五・八〇六
三水	五八・七一八	四〇八・六二三	七五・四〇四	五三九・三一二	六九・四九〇	四九二・四七四
梧州	四八・九九三	四五八・一〇八	四八・一三一	四二五・八二三	四一・三二六	四〇八・六三〇
南寧	一・二七四	二六・六九四	二・五四三	二四・三三四	二・五〇八	四八・三八五
瓊州	三三三	三・六〇八	四三二	七・〇七七	二・五九五	一六・〇六三

北海	二八	六・一四〇	二七四	八・〇九四	二七五	八・一三五
蒙自	一・七九九	四八・四三三	三・一〇五	六六・五六九	一・五一八	四六・七五二
計	九三四・七六一	八、五三六・三七八	一、〇七五・七〇〇	八、九四三・一八九	一、〇五六・八六一	九、五四八・一八〇

尚主なる海産物の仕向地及仕向品の極めて概略を示せば

一、省城(廣東)、佛山、陳村、海口、及水客(水客とは南支那各地の商店より當地に土産を搬送し來り歸りに所要の商品を仕入るゝ地方客にして其需要侮る可からざるものあり)

一般海產物殊に鯣(摸皮大面、拖沙、排)、三角貝柱、烏貝、干鯛、剝海老、櫻海老、小鰆(沙翅)、小女子(鰆仔干)、海鰻(大鰆干)、田作、熟田作、縮緬干、揚卷、棒鱈、鑵詰鮑等

二、西江筋及廣西省各地

鯣(拖沙尤　排尤共)、昆布(海帶)、貝柱(大及中に限る)、棒鱈、蝦米、蚪干、鮑、開鱈、田作、鯇、鹹魚、小女子、ヒスゴ類

三、汕頭、潮州、厦門、福州(福建方面)

鯣(摸皮大面、拖沙、中片、排、尾吼)、三角貝柱、貝柱耳、雀貝、馬鹿貝(西拖蜊)、烏貝、干鯏、明鮑、剝海老、櫻海老、小鰆、小女子、海鰻、田作、熟田作、縮緬干、揚卷、馬刀貝(蟶干)、棒鱈、鑵詰鮑等

四、佛領安南、呂宋、雲南省等

貝柱、排尤、鹽魚等

五、暹羅方面

福建方面と略同じ

六、蘭領印度、新嘉坡方面

二番鯣、貝柱、其他雜品

左に海產物中主なる品種に就き大體を記述すべし。

鯣　輸入海產物中第一位に在るものにして當地輸入額は我國總輸出額の六、七割を占む上下を問はず廣く支那人に愛用せらるゝものなり今主なる種類及價格を擧ぐれば次の如し。

	支那名稱	日本名稱	相場(擔に付)
二番鯣	函館排尤	函館二番	十九弗乃至二十三弗
	拖沙鱿	對州二番	前者より一弗乃至二弗高
	尾吼鱿	隱岐二番	上等 二十一弗乃至二十五弗 竹島(中)二十弗乃至二十三弗 三等・十五弗乃至二十弗半
	石見二辮鱿	石見二番	略對州見當
一番鯣	西基下面鱿	佐伯大形	三十五弗乃至五十弗
	西基中片鱿	同　中形	三十二弗乃至四十五弗
	仙奇中片鱿	仙奇中形	三十弗乃至四十弗
	長崎大面鱿	對州一番	三十五弗乃至五十二弗
	同　葡萄鱿	長崎太鯣	三十三弗乃至四十六弗
	同　小片鱿	同　小形	三十弗乃至四十弗
	豐後大面鱿	豐後大形	三十七弗乃至五十八弗
	同　中片鱿	同　中形	三十一弗乃至五十三弗

此外水鯣、笹鯣(竹葉品)、硫球鯣(琉球鱿魚)等多少來るもさしたることなし、日本品以外には著しきものなきも近海に甲付烏賊(墨魚)相應に產す又同樣の品時に暹羅方面より來ることあるも數量極めて少なし此外汕頭近海に鱿魚を產し其味頗る佳なるも之亦少量に過ぎず、而して日本品の輸入割合を見るに函館二

番略三萬擔、對州二番は其半分、殘りの大部分は一番中の磨鰑とし捌口は二番の五割迄は廣東筋に出され、二割は安南、暹羅及海峽植民地方面にして殘りの三割は當地に消費せらるゝもの及汕頭、厦門方面に出さるゝものと見て大過なからん。但安南方面に再輸出せらるゝものは二番中極上の乾燥十分なる品なり磨は之に反し安南其他に出さるゝものと廣東筋に送らるるものと五分五分の比例なり。

貝柱　殆んど總て日本品なり本品は支那人の嗜好する品にして上等の料理には餘り使用せられざるも日常家庭に於て豚肉汁の類を作るに用ふること多く比較的需要あるが如し、價格擔に付略左の如し。

小粒（圓）	七十五弗乃至百五弗
中粒	七十二弗乃至百弗
大粒	六十九弗乃至百弗
三角（四ッ割）	六十五弗乃至九十二弗

三角及大粒は安南、暹羅、新嘉坡、汕頭、厦門方面に需要あり圓は廣東方面に歡迎せらる。

乾鰕　安南產最も多く當業者の言によれば輸入年額約一萬擔四十萬弗內外に上り之に次ぐは新嘉坡方面より來るものにして五、六千擔を上下すと云ふ、七、八年前迄は日本品の聲價高かりしが其後漸次外國品優勢となるに至れり本邦品中最も賣行よきは神戶品にして所謂鮮紅蝦米と稱するもの之なり橫濱品は之に比し品質幾分勝るも高値なるが爲め多くの場合引合はず又長崎品は神戶品よりも色紅からず値段も亦二、三弗方下位に在り神戶品の大體の相場は

上等品	四十二弗乃至五十一弗見當
中等品	三十六弗乃至四十二弗見當
下等品	二十九弗乃至三十四弗見當

安南產と日本品とを比較するに前者は色の鮮紅なる點と粒の大揃なる點に於て勝るも鹽辛きに失し味は却つて本邦品より劣るが如し故に日本品は外觀に於て彼に一步を讓るも內容は勝れりと云ふを得べし而かも値段は槪して彼より高値に在り夫れが爲め漸次販路を奪はるゝものに非ざるなきか、因に安南產は中等品（三十弗見當）最も多く安きものは最低十三弗に至る。

乾鮑　本品の輸入は三、四十萬圓に上り我總輸出額の約八割を占め香港は乾鮑の重要市場たり他國品の輸入極めて少量にして殆んど本邦品の獨占と云ふべし、當業者の推定によれば總輸入額の七、八割は南支那に分配せられ其他は東京、西貢、暹羅等に送られ南支那の分は廣東及附近三割位、汕頭一割、福州、厦門約一割、澳門、江門一割、其他三水、梧州等の割合なるべきかと云ふ。

罐詰鮑　約十一萬圓の輸入にして總て日本品なり本品は乾鮑に比し味稍劣るも乾鮑の如く調理に長時間を要せざるを以て支那料理店等に於て需要多し支那商の言によれば其約三、四割は南洋方面即ち海峽植民地、蘭領印度、暹羅　佛領印度支那等に送らるゝもの、如く南支那及香港の需要其餘の七、八割を占むる割合なるべしと。

牡蠣　日本より三、四萬弗の輸入あるも本品は澳門及香港近海に其產出多く七分乾燥にて市場に出さる、値段は殆んど日本品と同樣程度なれども近海產は尙ほ值下の餘地あるが如し故に若し競爭的の態度に出でんか日本品は之に對抗すること困難なるべし、日本品の値段は略左の如し（擔に付）

朝鮮品　大　四十五弗乃至五十五弗
　　　　中　四十弗乃至四十六弗
　　　　小　三十五弗乃至四十弗
函館品　大　五十七弗乃至六十三弗
　　　　中　五十三弗乃至五十七弗
　　　　小　四十弗見當
三河品（略朝鮮品見當）
廣島品（同　　　　　）

淡菜　日本品より約四萬圓の輸入あり又暹羅より略同額の輸入あるを見る共に牡蠣の代用品として用ひらる、日本品は大概

大　二十七弗乃至三十六弗見當
中　二十二弗乃至三十三弗見當

位の値段にして暹羅品は多くの場合二、三弗方下値を示す、兎に角牡蠣に比して遙に安値なるが故に漸次其地步を擴めつゝあり又寧波に少しく產するも數量少く却つて當地より輸入し居るの現狀なり。

鱶鰭　日本品と外國品とは三分七分の割合にて約四十萬弗の輸入あり而かも本邦產は小さき安値のものに限られ上等品は到底外國品の敵に非ざるが如し、外國品はマカッサルより來るもの最も多く新嘉坡及暹羅よりも多少の輸入あり而して白色の胸鰭の如きは百二、三十弗に上ること稀ならず安きものも五十弗を下ること少なし、只南洋方面には小鰭の產少きを以て之れ丈日本品を以て補ひ居る有樣なり、日本品の相場を見るに左の如き安値に在り。（擔に付）

洗淨翅仔（小晒鰭）｛大　四十弗／中　三十弗

自翅仔（小白鰭）｛大　三十五弗乃至三十八弗／中　二十六、七弗／小　十五、六弗（賣行なし）
勿骨翅（青　鰭）｛大　二十弗乃至二十三弗／中　十七弗乃至二十弗／小　十二、三弗（賣行なし）

海參　日本より二萬圓位の輸入あるも元來日本品は長江筋を主たる需要とし當地にては南洋品輸入多し、南洋品は本邦品と異なり刺參少なくして光參多く値段は黑白大小によりて一様ならず、大體左の如し。（擔に付）

黑　大　百八、九十弗乃至二百弗以上
　　中　百五十弗乃至百七、八十弗
　　小　百四十弗以上
白　大　七、八十弗
　　中　五、六十弗
　　小　四十五、六弗

南洋產には一體に小さきもの少し、本邦品は南洋品に比し小さくして味惡く値段亦比較的高きが故に引合はず、南洋產は廣東及沿岸地方に需要せらるゝ外當港を經て北支那及長江方面に送らるゝもの少からず。

鹽魚　當地に輸入する鹽藏魚及鹽乾魚は年額三、四百萬弗に達すべく其中最も多きは米國鰊とし其他香港及澳門近海產、安南產、暹羅產等亦頗る多額に上る、日本品は近年多少輸入を見るに至りたるも未だ試賣時代の域に屬し其主なる種類は鹽鰤、開鹽鱈等にして樺太鰊も少量の入荷あり、然れども今後日本品の販路を擴張せんとせば鹽鰮の競爭品として米國鰊、鹽鰤の競爭品としては黃花魚（グチ）、帶魚、土產魚其他幾多の勁敵あることを覺悟せざる可からず殊に恐るべきは戎克にて突然入荷し相場にも一向頓著なく成行にて賣放さるゝ寧波及芝罘方面の鹽

魚なり、安南よりの鹽魚は太陰暦十一月より六月迄の間に約七十萬弗の輸入あり暹羅鹽魚は七月より二、三月迄約五十萬弗の入荷あり、又米國鰊は數年來輸入を見るに至りしものなれども支那人の嗜好に適し毎年十萬擔内外を輸入しつゝあり期節は十一月より三、四月に及ぶ、斯くの如く各地品年中相當の輸入あるのみならず氣候の關係もありて香港に於ける鹽魚賣捌めは上海に於けるよりも一層の困難事と云ふべし況んや鹽引の如き賣手に不利なる商慣習あるに於てをや。

寒天 日本より香港への輸入額は毎年約四十萬斤價格二十五六萬圓に上り大なる消長を見ず本品は例年舊正月後輸入を開始し十月頃に及ぶものにして夏季の需要最も多し右輸入額中約四割は香港及南支那の需要に充てらるゝものにして其他は蘭領印度行最も多く其他佛領印度、暹羅、海峽植民地等に再輸出せらるゝものとす、其用途は概ね食用にして夏季の清涼食品に用ひらるゝもの多し、本品は日本品以外全く輸入なし。

燕巢 本品は新嘉坡、彼南、比律賓、安南等所謂南洋の海上に棲息する海燕の巣にして支那人の賞美する高價食料品なり主に新嘉坡方面より輸入し年額四萬餘斤、約六十萬弗に上り大部分は上海に輸出せられ其他は南支那各地に分配せらる。

昆布及石花菜 雙方にて約十五萬弗の輸入あり内約三萬弗は昆布にして總て日本品とし石花菜は太平洋諸港、蘭領印度、新嘉坡等より輸入し共に南支那一帶に消費せらるゝも殊に福州地方の需要多きが如し、昆布は概ね長昆布にして少量の刻昆布を含む、南支那以外佛領印度支那、暹羅、新嘉坡等に轉送せらるゝものあるも極めて少量なり。

椎茸 殆んど本邦品を主とし年額約五十萬圓乃至七十萬圓の輸入あり我國總輸出額の大半を占む其需要地は廣東省を最とし輸入額の約六割を占め其他廣西、雲南、福建諸省、安南、暹羅、蘭領等に轉輸せらる、種類は大別冬菇、大香信、香信の三にして冬菇は冬期に多く賣行き他の二種は夏季に輸入多し相場略左の如し。（擔に付）

冬菇	一等	百十五弗乃至百四十二弗
	二等	百十弗乃至百三十五弗
	三等	百弗乃至百二十弗
大香信	一等	九十八弗乃至百二十弗
	二等	九十五弗乃至百十五弗
香信	一等	九十五弗乃至百十五弗
	二等	九十三弗乃至百十弗

然るに福州に產する建菇（香信の一種）は味良しからざれども相場常に安く五十弗乃至七十五弗位を唱へ居るが故に其出廻時期たる一月乃至五月頃には日本品の蒙る影響は決して尠少に非ず。

バター 年額三千擔内外、全額二、三十萬弗の輸入ある見積りにして最も多きは濠洲品とし之に次ぐは英、獨、佛、蘭にして其他歐洲、印度よりも少しく輸入せらる、供給先は支那にして上海、廣東最も多く香港及南支那にても夫々需要せらる、品種頗る多し。

煉乳 香港への輸入年額は一萬五千乃至二萬打、全額四、五十萬弗に上る輸入國は米、英、獨、加奈陀等にして品種によりて云へば鷲印及ミルクメード印の二種殆んど市場を占有し居るの觀あり、需要地は廣東を最とし厦門、汕頭、上海とし香港及澳門、マニラ、佛領印度支那、廣西省、福州等之に次ぐ、今參考迄に南支那諸港に於ける本品輸入額を表示すべし。

税關名	大正元年 數量	大正元年 價格	大正二年 數量	大正二年 價格	大正三年 數量	大正三年 價格
福州	三・三二八	五・一八一	四・四四九	七・八四五	四・九五八	八・四一〇
厦門	二一・三八六	三四・四三三	二九・三六七	五一・九七九	二九・五三五	五〇・二〇九
汕頭	二六・五四四	四二・七三六	二七・九二一	四九・一七四	三一・六九四	五三・七六〇
廣東	四五・〇三八	七三・五一一	六四・八六六	一一三・九三五	六七・九〇六	一一五・〇八九
九龍	七九九	一・二八五	一・二六七	二・二四三	八九一	一・五一五
九廣鐵道	八八六	一・四二六	七六九	一・三六一	七七四	一・三一六
拱北	四・七〇〇	七・五六八	四・五七五	八・〇九七	四・一三五	七・〇三〇
江門	六・七〇二	一〇・七三三	一四・七三一	二六・〇七四	一五・八八八	二七・〇一〇
三水	六四九	一・〇四五	八八三	一・三八六	三四〇	五七八
梧州	五・五一二	八・八二〇	七・八五六	一三・三五五	七・八一四	一五・六二八
南寧	二・三三一	三・五九二	二・七三二	四・三九八	三・六〇五	五・七七四
瓊州	二・二六一	四・七四八	四・〇二四	八・八五二	三・二五五	七・四八七
北海	一・〇二六	一・六五二	一・四六七	二・五九七	一・三六七	二・三三四
蒙自	七・九二四	一三・八一九	四・四四七	六・五五一	三・九〇九	六・七五八
計	一二八・八七六	二〇九・五三八	一六九・三五四	二九七・八四七	一七六・〇七二	三〇三・八八八

汽水及礦水　輸入額四、五萬弗乃至七、八萬弗に過ぎざるべし英、獨、佛等の歐洲品及日本品輸入せられ又當地に製出せらるゝものも亦少からず日本品にては炭酸水最も多く平野水、シトロン等少量あり、夏季香港、廣東、沿岸地方、北海海防方面、西江流域等の諸都市に於て需要せらる。

酒類　當港に於ては數年前より酒類の課稅を開始したるを以て酒類の輸出入等に關し詳細なる統計を有す今千九百十五年に於ける數字を曝ぐれば左の如し。(單位瓦)

洋酒

品名	前年末在荷高	本年輸入高	船舶ヨリ船舶ニ輸出又ハ倉庫ヨリ輸出	船舶供給高	香港消費高	年末在荷高
エール、麥酒、スタウト	六三・七五三	三七一・〇一三	一五五・六五四	二三・五七三	一九四・八六七	六〇・六七一
ピッター	二九四	七三四	六〇七	二四	二〇三	一八四
ブランデー	七・三一六	三三・六九六	二七・二四〇	八八二	四・三六二	七・五二八
カリフォルニア、ワイン	—	二・二二〇	二・二二〇	—	—	—
シャンパン	二・一九八	二・七〇〇	一・二二一	四七八	二・〇四一	一・一五八
クラーレット	三・二一二	一一・四〇一	六・九四六	四三九	五・〇二一	二・二〇七
サイダー酒	一五〇	四一七	七四	一九	二一三	二六一
ジン	四・五二四	一九・〇四〇	一二・三三五	三・三〇六	四・八三五	三・〇六八
ジンヂャー、ワイン	一三三	七六	三四	—	一〇二	七一
リキユール	二・五三九	四・九一〇	三・九六八	六九〇	七八六	二・〇〇五
マデイラ酒	一一四	一一八	四	一八	五三	一五七
マルサラ酒	一七三	二三〇	一四四	五	五一	一九三

藥用酒	一二〇	二七二	二六六	—	一〇	一一六
ムスカテル（葡萄酒）	—	七	—	—	七	—
ポルト	四・三八三	七・六七四	五・〇五〇	六三五	三・一七八	三・一九四
ブルーン、ワイン	七八	四二	—	—	—	・一二〇
ラム酒	三八〇	六・六一五	六九二	四八	五・〇〇四	一・三五一
清酒	三三八	八・三五九	一・一〇四	一・〇七四	六・二九五	二一四
シェリー	二・五〇四	三・五四〇	一・三八七	四九五	一・七〇〇	二・四六三
泡立ツ酒	四一七	六・一八一	五・八七二	三	二八四	四三一
酒精及アラック酒	二三・九〇八	二七九・七七一	二三一・五〇八	—	六九・〇三八	一三・一三三
其他ノ泡立タザル酒	三・〇八三	二三・二一七	一九・四三三	八四四	二・六六〇	二・三六三
トニック、ワイン	四	—	—	—	—	四
ベルモット	一・九一八	八・一六六	五・五七〇	六一三	一・八三三	二・〇七八
ピプロナ	九	四一	—	—	三六	一四
ウイスキー	一四・四二九	五二・七六四	二四・六四三	七・六〇〇	一七・九〇七	一七・〇四四
ウインカーニス	五四	五四	—	—	六六	四二
葡萄酒	—	三四・八九五	三四・八九五	—	—	—

支那酒

前年末在荷高	保税倉庫内	・一二〇・六九八
	釀造所內	二八・九七八
本年中着荷高	輸入高	一、三〇八・八六五
	當地釀造高	一、二二九・四二六
當地消費高	輸入品	六五七・二二四
	當地釀造品	九六〇・二九八
輸出高	保税倉庫又ハ船舶ヨリ船舶ヘ	六二三・五四七
	當地釀造品	一一九・一〇一
混合酒及酢製造用	輸入品	・八〇八
	當地釀造品	一四二・八九六
本年末在荷高	保税倉庫内	一四七・九八二
	釀造所内	三六・一四五

尙當地に於ける支那酒の釀造高、消費高、輸出高に就ては工業の部參照

洋酒は槪ね歐、米よりの輸入に依り日本品として麥酒を主とし少量の淸酒を輸入するに過ぎず、支那酒は南支那産品の外天津酒の輸入最も多く上海方面よりも亦相應の入荷あり、麥酒は開戰前に於ては獨逸品最も勢力を有し本邦品之に次ぎ一時靑島品、香港品に賣行ありしが開戰後歐洲品の輸入殆んど杜絕せしを以て日本品殆んど市場を獨占するに至り其の輸入額著しく增

加を示し蘭、米、丁抹等の品纔に餘喘を保ち居るの現狀なり、日本品にては朝日最も多く櫻印之に次ぎ札幌、麒麟等亦輸入せらる、淸酒は一萬五千弗位の輸入にして專ら當地方在留邦人の需要に充てられ大部分は香港の消費とし約七割は香港陸上の需要、一割位は廣東、其他は寄港日本船舶に供給し汕頭、厦門等に極少量轉送せらる。

煙草　紙卷煙草は一ヶ年百萬餘箇の輸入あり英國品最も多く全額の約七割を占め其他は上海、埃及、米國、日本等より輸入す又當地廣東南洋煙草會社にて製出する額亦少からず取扱商は英米煙草會社を主とし南支那一帶に供給しスリーキャッスル、パイレート、クロスカット等最も賣行よし、當地製品は瓜哇、新嘉坡、暹羅、蘭領印度等に輸出するもの多し、日本品は東亞煙草會社の手により輸入せられ漸次增加の勢あり、葉卷は約五十萬弗の輸入ありマニラ品最も多額を占め和蘭、白耳義（東印度產、ハバナ產等）等より輸入せらる、主に外人用にして八割迄上海方面に向けられ其他は香港及南支那の需要とし北支那へも少量轉送せらる、葉煙草は外國產品百萬弗內外の輸入あり米國品最も多くマニラ、瓜哇、露國等よりも輸入せらる當地煙草會社にては米國品を需要すること多く其他中部支那及南部支那各地に需要せらるゝものゝ如し。

阿片　阿片は當港貿易品中極めて重要なるものなりしが英淸間に阿片條約締結せられ淸國への阿片輸入額を漸減するに至りしを以て香港に於ける貿易額は漸次減退し千九百八年に四萬一千函を輸入せしが千九百十年には三萬一千函、千九百十三年には九千函、千九百十五年には一千八百函に減少するに至れり、品種はマルワ、パトナ、ベナレス及波斯阿片とし印度阿片中支那に輸入し得るは證明書付のものに限られ證明書なきものは香港及澳門等にて使用せられ又波斯阿片は主に臺灣行とす、今左に阿片輸出入に關する二、三の統計を摘記すべし。（單位函）

阿片輸出入表

種別	輸入 一九一四年	輸入 一九一五年	輸出 一九一四年	輸出 一九一五年
マルワ	八三四½	一二五	二・〇三三½	六〇七
パトナ	八八六	四四四	一・一一七	六二一
ベナレス	六六九	四五二	六〇九	四〇二
波斯	六七〇	八五二	一・一五三	八六〇
計	三・〇五九½	一・八七三	四・九一二½	二・四九〇

證明書付及證明書なき阿片の輸出入表（一九一五年）

	證明書付阿片 マルワ	證明書付阿片 パトナ	證明書付阿片 ベナレス	證明書付阿片 計	證明書ナキ阿片 波斯	證明書ナキ阿片 パトナ	證明書ナキ阿片 ベナレス	證明書ナキ阿片 計	總計
一月一日ノ在荷	八〇九½	七五三	三五四	一・九一六½	一三一	一〇八	一一	三四〇	二・二五六½
年內輸入高	一二五	四五	一二	一八二	八五二	*三九九	*四四〇	一・六九一	一・八七三
計	九三四½	七九八	三六六	二・〇九八½	九七三	五〇七	五五一	二・〇三一	四・一二九½
年內輸出高	六〇七	三七一	一四七	一・一二五	八三九	+二五〇	+二五五	一・三四四	二・四六九

差引	三二七1/2	四二七	二一九	九七三1/2	一二四	二五七	二九六	六八七	一、六六〇1/2
香港政廳專賣部精製高	—	—	—	—	—	八四	二五六	三四〇	三四〇
不正阿片ノ棄却	—	—	—	—	一七	—	—	一七	一七
十二月末日現在	三二七	四二七	二一九	九七三1/2	一一七	一七三	四〇	三三〇	一、三〇三1/2

＊香港政廳專賣部及澳門阿片商用
＋澳門阿片商用及五函は新嘉坡行

阿片輸出先別表（一九一五年）

行先地	マルワ	パトナ	ベナレス	波斯	計（函）	計（封度）
廣東	二四三	二〇六	四六	—	四九五	七二・六三九
海口	六	四	二	—	一二	一・七五八
江門	—	一二	六	—	一八	四・四八〇
澳門經由	三	四	一	—	八	一・一九九
上海	九二	一二八	九二	—	三一二	四七・四三六
汕頭	二三九	六	—	—	二四五	三二・七四七
其他	二四	—	—	—	二四	三・一九二
支那諸港計	六〇七	三七〇	一四七	—	一・一二四	一六三・四五一
倫敦	—	—	—	一二四	一二四	一六・九八八
澳門	—	二五〇	二五〇	—	五〇〇	八〇・〇〇〇
新嘉坡	—	—	五	五	一〇	一・四八五
臺灣	—	—	—	七〇	七〇	九七・二七〇
チモール	—	一	—	—	一	一六〇
支那以外計	—	二五一	二五五	八三九	一・三四五	一九九・九〇三

油脂蠟類

石油　年額三千萬瓦乃至四千萬瓦の輸入あり其金額五百萬弗乃至九百萬弗の巨額に上る總て燈火用にしてタンク油約六割、函詰四割位を占む主に米國スタンダード石油會社及英國亞細亞石油會社の取扱に係り二、三年來テキサス石油會社の製品少量輸入せらる、大部分米油にしてボルネオ油及スマトラ油之に次ぎ緬甸油は少量に過ぎず、輸入額の殆んど全部は南支那の消費に充てらるゝものにして其需要額増加の趨勢を有す、今參考の爲め南支那諸港の石油輸入額を左に表示すべし。

（單位米瓦及海關兩）

港別	大正元年 數量	大正元年 價格	大正二年 數量	大正二年 價格	大正三年 數量	大正三年 價格
福州	三、六九九・二二一	三八九・一八九	三、二三九・八二七	五二一・三四八	四、三三〇・五六五	八三九・九四〇
厦門	四、七〇二・二七二	五九六・一九七	四、九九七・五八四	八四三・五三一	四、二三三・七四一	八〇五・三一六
汕頭	六、二三六・〇八五	七一八・二五六	五、九五六・九五〇	九二二・〇九四	七、五二〇・〇〇六	一、三八五・二七〇
廣東	一三、九四四・四〇七	一、三八三・五三〇	一四、八八七・二五七	二、二二〇・二四七	二〇、六八四・六七三	三、九四〇・五〇四
九龍	一、三一三・七五〇	一五七・七四九	八五七・五四五	一五二・二九二	一、〇〇六・三四五	二〇五・〇九〇
九廣鐵道	二三五・七〇五	三一・四二四	一八五・七二五	三五・三六一	七九・六二〇	一七・〇六一

拱北	二、〇八八・六〇五	三三一・〇二八	一、八三四・九八五	三五一・二三五	一、三〇六・〇八〇	二八四・四七四
江門	一、七四三・二〇九	二四九・六七三	二、三三七・六三三	四三五・七六三	二、九六七・一九五	六三一・四八〇
三水	一八五・二一一	二六・二一〇	九八・二六〇	一七・〇二八	三四八・七二一	七三・九五八
梧州	四、七一八・九五二	六八三・六七九	四、六一七・五八〇	七九八・四二七	四、四七一・〇二三	八八九・三四六
南寧	九一二・七七五	一三〇・一七六	八八九・八二〇	一五八・九二四	一、三四二・二三〇	二八二・四八四
瓊州	一、五二三・九一五	二二七・七七九	一、八四〇・五〇〇	二八三・七二五	一、六〇一・七三〇	二六六・〇四八
北海	六三六・八二八	八六・〇一〇	八一七・六〇〇	一四四・一七五	六七三・三七五	一三七・三五二
蒙自	六四一・七五五	一九六・一九五	九四七・三六六	二七八・四二六	九二六・〇七四	二六五・三八三
計	四三、三九〇・六九〇	五、一七七・九九四	四三、五〇四・六二五	七、一四二・五九六	五一、四九一・三六八	一〇、〇一三・七〇六

其他油類　機械油は約三十萬弗の輸入ある見込にして之亦米國油を主としスマトラ、英、獨等よりも多少輸入せらる大半は香港に於ける需要にして其他は南支那に供給せられ廣東州最も多く江門、厦門、拱北、梧州等之に亞ぐ、重油は輸入額の增減常なきも八千噸乃至一萬五千噸位を輸入し汽船の燃料として用ひられ香港の需要約七割を占め其他は南支那に於て少量宛需要せらる、香油を除く各種植物油は年額七十萬乃至百五十萬弗の輸入あり歐洲諸國、新嘉坡、日本等より輸入せられ又支那產品にして當地にて積替へ更に支那の消費地に送らるゝものを包含す、其種類頗る多し。

パラフイン蠟　本品は其輸入額年により著しく增減あり約六十萬弗に上り多くは石油會社の取扱に係る蘭領印度及米國より多量に輸入せられ南支那に於て主に蠟燭製造用に供せらる、需要地は廣東三角洲を第一とし廣西省、沿岸(汕頭、厦門等)之に次ぐ。

臘燭　本品も亦輸入額に增減著しく四十萬弗以上を輸入せることあるも普通は十萬弗以下なるが如し、南支那の需要は三、四萬弗位にして其他は上海又は上海以北に供給せらるゝが如く其產地は英國、蘭領印度、新嘉坡、米國、獨逸等とす、曾てマニラ行を當地にて取次ぎし頃には其輸入額更に多かりしも目下マニラ行は殆んどなし。

石鹼　年額四十萬乃至六十萬弗の輸入あり英國品最も多く獨墺品、本邦品、其他各國品あり化粧用石鹼は米、佛、伊等のもの優勢なるも金額に於ては洗濯石鹼最も多額を占め英國品最も多大なる販路を有す、最近本邦品漸次販路を開拓しつゝあるも從來外國品の根抵堅き地方なるを以て稍困難を感じ居れり、他品と同樣南支那一帶の需要品なり。

藥材類及染料

硫黃　本品は全部日本品にして一箇年五萬乃至七萬圓を輸入す、其用途は八割迄は爆竹製造用にして佛山附近に需要せられ一部は澳門にて同用途に充てられ香港廣東にて上等品は銀朱製造用に供せらるゝも其量少く全輸入額の五分位なるべし又香港にて人參再製用其他雜用途あり故に總輸入額の約七割五分は廣東方面、約一割は香港、約一割は澳門にて消費せられ殘りの少類は汕頭及北海等に送らるゝものと見ることを得べし、本品は本時に於ても香港政廳の輸出禁止品なるを以て取扱高は豫め政廳の免許狀を得るを要し又廣東に於ても輸入禁止品にして硝磺局より許可を受くるを要し概ね香港廣益昌之が廣東輸入を請負ひつゝあり。

人參　香港に輸入する人參は日本產、米國產、朝鮮產、滿洲產の四種あり總額百萬乃至百四十萬弗に上る內米國品六割を占め品質最も優良にして價格頗る高し、日本產は二十萬弗より三十萬弗を輸入し會津物、信州物、出雲物の三種を主とし多く支那商の取扱に係る、香港輸入品の轉送先は上海方面、福州、厦門、廣西省之に次ぎ其他は上記以外の南支那地方、佛領印度等に分散せらる、日本品は二年、折肉、無數、鬚、大根等の種類あり鬚は汕頭方面最も多く次を廣東、梧州等とし、二年、及折肉は廣東附近を最多とし汕頭、海防、佛山、香港、澳門等順次之に次ぎ無數は廣東最も多く佛山、江門、香港等第二位に在り其他澳門、梧州、汕頭等に需要せらると云ふ。

硝石　六萬擔六、七十萬弗を輸入し大部分は支那に供給せらる、直接智利より輸入するもの殆んど皆無にして大抵日本に於て積替へらる其用途は成分により肥料用と火藥用との二種あり前者は廣東省內の桑、米、藺草等の肥料に充て後者は火藥及爆竹製造用に使用せられ廣東、佛山、澳門等に需要多し、本品は兩者共廣東に輸入するには豫め北京政府の許可書を受くることを要す。

其他藥材　上記の外各種丁香十萬餘弗、大茴香約二十萬弗、阿膠約十五萬弗、沒藥乳香等約十萬弗、肉桂約十萬弗硼砂約三十萬弗、曹達約二、三十萬弗、其他三百萬弗の多きに上る、是等は大部分南支那各地の需要に充てらるゝものと見て大過なかるべし、日本品の香港輸入額は黃連二、三萬圓、大茴香一萬圓、硫黃五萬乃至七萬圓、樟腦二萬乃至十萬圓、薄荷腦二、三萬圓、薄荷玉八千圓乃至二萬圓、硫酸壹萬圓餘、晒粉二萬圓、殺虫粉四千乃至九千圓、其他十萬圓餘、賣藥二十萬圓等とす、因に日本賣藥は七割位迄仁丹にして其他は各種の賣藥を包含す、仁丹の需要割合は廣東省五割、廣西省二割五分、廣東省西南岸一割餘、汕頭一割、安南其他約一割位の見當なり。

燐寸　香港への燐寸輸入額八、九百萬哥、三百萬圓近くに達し之を函數にて計算する時はす七萬函乃至十九萬函に上る而して當港に輸入する燐寸は總て日本製品にして南支那及南洋方面に分配せらる、其概算略左の如し。

	函		
南支那	一三〇,〇〇〇	廣州灣	六,〇〇〇
暹羅	一九,〇〇〇	澳門	二,〇〇〇
西貢	三,〇〇〇	瓜哇	六,〇〇〇
比律賓	四,〇〇〇	香港	八,〇〇〇
海防	三,〇〇〇	計	一八一,〇〇〇

尙廣東及佛山には數箇所の燐寸製造所あり、獨逸及日本より原料を輸入し一箇年三萬函位を製出しつゝあるも大戰勃發後原料不足を告げ製出高減少し居るが如し、今左に南支那諸港に於ける燐寸輸入額を表示す。

（單位哥及海關兩）

港別	大正元年 數量	大正元年 價格	大正二年 數量	大正二年 價格	大正三年 數量	大正三年 價格
瓊州	三八三・七五〇	一一四・三五八	三五七・八五八	九七・三三七	三三三・三七二	一〇三・五八〇
厦門	八七二・〇五八	二六四・五九二	八九九・三六〇	二四六・〇四四	七八七・七九五	二四五・〇〇四
汕頭	一,二二四・二三一	三六四・二六六	一,二〇六・六七八	三三七・八八八	一,一一四・四三三	三四六・一五一

廣東	五二四・一九三	一五三・九一四	四五三・二九二	一三三・九〇五	五〇五・六五六	一五六・五三九
九龍	九二・七九二	二二・五五五	一一一・一八二	二五・六八二	一三九・九二八	四三・五一八
拱北	一〇八・八三八	三〇・二一六	一一三・三三三	二九・八〇八	一四四・九一三	三五・三五〇
江門	四三七・六三七	一四一・一四四	五五六・七七一	一五一・四四二	五〇一・七二五	一五六・〇三六
三水	九二三・八二六	二七二・三三〇	九八六・六四六	二六八・三六八	七七八・一四七	二四二・〇〇四
梧州	九六五・九二五	二八七・八四六	八三六・五一七	二二七・五三三	七三〇・七五三	二二七・二〇四
南寧	三六八・七三〇	一〇九・八八二	二五九・二三一	七〇・五二一	二〇二・九二九	六三・一一一
瓊州	三七一・三三八	九六・五四八	三八三・二七四	九九・六五一	三二八・九六六	一一八・四二七
北海	一七九・九一七	五三・六一五	一八二・〇三五	四九・五一四	一六三・八八三	五〇・九六八
蒙自	一〇四・九三五	四八・八四〇	八一・七九二	四一・三五三	七三・一一九	三四・九五六
計	六、五三八・二六〇	一、九五八・九九六	六、四二七・九六九	一、七五八・〇三五	五、七七六・六一九	一、八三三・六六八

燐寸材料　日本よりは軸木三、四萬圓、函用經木二、三萬圓の輸入あり大部分は廣東附近の燐寸工場に需要せられ香港にも少量消費せらる、軸木は總て安全用にして白楊樹製を主とし長さ一寸七分、太さ七厘角、又は五厘角最も多く五厘五毛角、六厘角も亦多少需要あり、原料藥品は從來主として獨逸より輸入せられたり。

アニリン染料　年額五十五萬弗乃至九十萬弗の輸入額あり其大部分は獨逸品にして少量の英國品、瑞西品（佛國經由）を含む、南支那の需要は殆んと總て香港を經て輸入せられ總額中鹽基性及酸性染料各二割、硫化染料三割、直接性染料殘餘の三割を占むる割合なるべし、アニリンソルト及アニリン油は南支那の染色工業尙幼稚にして之を使用するの程度に達せざる爲め殆んと輸入なきが如し、次に直接染料中青色、黑色は相應に輸入あるも赤色は使用せられず又黑色硫化染料にては青黑色のもの多く赤黑色は少きが如し、此等染料の需要地は廣東、佛山を最とし汕頭之に次ぎ厦門、梧州、雲南等にも亦需要せらる、大戰開始以來輸入全く杜絕し價格は暴騰に暴騰を重ね南支那方面の在荷は殆んと全く上海及日本方面に吸集せられ頗る品不足を告げたり。

人造藍　本品も亦アニリン染料と略同類の輸入額あり、全部獨逸及白耳義を仕出地とし支那諸港一帶に供給せられ殊に上海漢口、天津、靑島、牛莊等への輸入多し、大部分は水藥及泥藍の二種にして粉藍の如きは極めて少なしとす、歐洲戰の初期以來歐洲よりの輸入杜絕し市價の日每に騰貴したるは前者と異なる所なし。

其他染料　栲皮即マングローブリーフは彼南方面に產出多く蘭領東印度よりも少量を產す香港への輸入額二、三十萬弗に上り轉送先は寧波、上海、廣東其他支那各港にして日本等へも時々仕向けらる、朱は香港に於て製造せられ支那、日本、南洋等にも供給せられ支那各地への輸入額二、三十萬弗の多きに達す但し廣東に於ては香港同樣に製出するを以て香港よりの輸入額多からず、朱砂は年額拾五萬弗內外を香港より廣東に輸入す、支那に於ては廣東附近に需要あるのみにして他地方には全く輸入なし、蘇木は十萬弗內外を當港より支那各地に輸入し就中廣東、上海、寧波行を多しとす、其他染料、顏料類の香港輸入額四十萬乃至六十萬弗に上り大部分は支那各地の需要に充てらる又ペイント及パイント油は英國品最も多く其他の歐洲品少量あり、年額三十萬弗內外に上り之亦支那一帶に分配せらる。

礦物陶磁器硝子

石炭　香港に於ける石炭輸入額は一箇年百二十萬噸乃至百六十萬噸にして金額一千萬弗乃至一千二百萬弗に上る大正四年に

於ても戰爭の結果燃料炭の需要減退せし爲め輸入額百萬噸に下れり、每年輸入額の約七割は日本炭にして其他は支那炭、佛領印度炭、ボルネオ炭、カーヂフ炭等なり。取扱高は三井最も大にして總輸入額の約五割弱を占め三菱二割弱、開濼礦務公司一割三、四分、其他二割位の割合とす、總額の約五割は寄港船舶及河船等の燃料に供せられ香港陸上の消費は約二十萬噸に上り二精糖會社、瓦斯、セメント、電鐵會社、二船渠會社、家內用及其他小工場用とし殘額は廣東、西江流域の需要にして同方面の各種船舶、造幣廠、諸工場、絹絲工場、石灰燒用其他雜用とす、今最近五年間の當港石炭輸入額を炭種別に表示すれば左の如し。

（單位噸）

炭種別	明治四十四年	大正元年	大正二年	大正三年	大正四年
筑豐炭	六一四・四九〇	五八九・八三九	六七三・一一〇	六七四・五二四	四五四・四六三
三池炭	二六九・五四〇	二五四・三三一	二七八・二一五	二六一・一〇六	二〇四・五三一
唐津炭	三七・〇四七	二九・七二五	四四・五七六	四一・六三〇	三六・七一〇
夕張炭	九・七〇〇	一三・〇四五	一四・九五〇	一七・三五〇	一一・四五〇
伊萬里炭	—	一二・〇八八	一二・七九六	一三・五一六	一・六〇〇
臺灣炭	二・〇八〇	—	一一七	八・一六四	二・五五〇
八重山炭	—	—	—	五・七六四	九・三一〇
其他	—	七・八四九	—	一五・九七〇	四・一〇六
日本炭計	九三二・八五七	九〇六・八五七	一、〇二三・七六四	一、〇〇七・九八四	七三三・八八六
カーヂフ炭	三六・二〇〇	三五・九五〇	三八・五六〇	九二・八九六	—
開平炭	四三・三三〇	五九・〇〇〇	一一九・七九四	二三九・〇〇五	一六七・二八〇
撫順炭	五〇・三七五	一〇二・三三七	一三五・六〇八	八五・八九〇	六三・一四七
佛領印度炭	一五五・七六〇	一一一・四六〇	一七〇・七七四	一四九・七三九	八一・五八一
青島炭	二・〇〇〇	—	三・五〇〇	一六・八七〇	—
ボルネオ炭	四一・一五〇	二三・五四〇	五・二五〇	一四・七二七	—
本溪湖炭	—	—	五〇〇	三・一〇〇	五九五
濠洲炭	—	—	—	二・九〇〇	六・三八〇
外國炭計	三二八・八一五	三三二・二八七	四六三・九八六	六〇五・一三七	三一八・九八三
合計	一、二六一・六七二	一、三三九・一四四	一、四八七・七五〇	一、六一三・一二一	一、〇五二・八六九
百分率					
日本炭	七三・九	七三・三	六八・八	六二・五	六九・七
外國炭	二六・一	二六・七	三一・二	三七・五	三〇・三

セメント　當地グリーンアイランドセメント會社の製品最も多く又歐米よりも多少輸入せられ當地製品は南支那一帶の需要を充し且北中支那、マニラ、新嘉坡等へも輸出し支那への輸入は一時七、八十萬擔の多きに達したるが、中、北支那に於ては日本品の勢力增大し又南支那に於ては近年廣東セメント工廠の發展著しきものあり爲めに當地製品は非常の打擊を受け支那への輸入は一時に比し二、三割に減退するに至れり。日本よりは香港に四、五萬圓の輸入ありて多少宛增加をなしつゝあり。

翡翠　翡翠細工は廣東に於ける一名產なるが其原料は緬甸と西藏との國境方面に產し主に印度より香港を經由して廣東に輸入せらるゝが如し、其年額約二十萬弗に上り廣東にて加工の上南支那の需要に充て又香港經由各地に輸出せらるゝもの多し。

陶磁器　日本より三十萬乃至五十萬弗の輸入あり、品種は四寸六分の丼最も多く次に四寸二分、三寸六分の蓋付丼、三寸六分の茶碗、枕、花瓶等多く又近年硬質陶器の皿類、珈琲茶碗等の輸入漸次增加を示しつゝあり。品種により再輸出先を異にするも其需要割合は廣東、廣西兩省約三割五分、暹羅行四割、安南及東京行（雲南省行を含む）一割五分、香港一割位の見當なるべし。上記日本品の外歐洲製硬質陶器數萬弗の輸入あり、英國ジョンソン、ブラザース製品最も多額を占め主に肉皿、スープ皿、珈琲茶碗とし其他戰前には墺、獨製品も可なり輸入を見たり、然れども目下歐洲品缺乏の爲め本邦品之が代用品として輸入せらる。

板硝子　輸入年額三、四萬函にして全額十八萬弗乃至二十五萬弗に上る、其大部分は南支那の需要に充てらる。歐洲戰爭前に於ては殆ど全部歐洲品にして就中白耳義(獨墺品を含む)を第一とし其他英、伊、佛よりも少量宛輸入ありたり、然るに開戰後は歐洲品の輸入全く杜絕し目下日本品市場獨占の姿にして他に米國より少量輸入せらる、本邦品は旭硝子株式會社の製品にして每月約千五百函の輸入あるも到底當地方の需要を充すに足らず、米國品は運賃高と船腹不足の爲め輸入困難を感じつゝあり、需要先は廣東及附近二萬函、福州五、六千函、厦門二、三千函、汕頭三、四千函、廣西省一千函、北海一千函、雲南省一千乃至一千五百函、佛領印度一、二千函位の割合なり。

硝子器　各種硝子器の輸入額は一箇年約三十萬乃至三十五萬弗に上り戰爭前に於ては日本品六、七割、其他は歐米品なりき、而して歐米品は白耳義、獨逸、英國、米國等より輸入するものにして概ね南支那の需要に充てられ品質優等のものとし本邦品は南支那の需要最も多きも暹羅、新嘉坡、佛領印度、及蘭領印度行も亦少からず、從來品質概して歐洲品に劣れり、然るに大戰發生後歐洲よりの輸入杜絕し本邦品の輸入額は著しく增加を來しつゝあり、大正三年中日本より香港へ輸入したるものは二十六萬餘圓にして內譯(藥瓶、化粧瓶等)十六萬圓、コップ二萬圓、食器一萬九千圓、珠玉及球一萬三千圓、鏡一萬九千圓、眼鏡九千圓、其他一萬九千圓とす、香港より南支那に輸入する各種硝子器は十八萬弗乃至二十三萬弗にして其分配割合は廣東及附近七、八割を占め殘餘は沿岸地方(汕頭、厦門、福州)、廣西省、廣東省西南岸(瓊州、北海を含む)、雲南省等の順序なり。

ランプ及附屬品　香港への輸入額三十萬乃至三十五萬弗なり、其約半額は日本品にして其他は獨、英、米等より輸入せらる、日本品の概して粗雜なるに比し歐米品は上等品多く從て數量に於ては本邦品の方外國品よりも遙に多し、本邦品を金高により類別すれば各種ランプ約半額を占め、火舍三分五厘、口金類一分五厘位の割合にしてランプの中最も多きは金屬製二分丸心手付(豆ランプ)にして次を柱掛丸ランプ及平心ランプとし折金付ランプ之に亞ぐ、火舍は三分乃至八分の竹火舍にして就中四分最も多く三分、八分、三分半順次之に亞ぐ、口金は二分のもの最も多く五分も亦輸入あり、尙廣東附近及香港に於ては十數年前より硝子工場勃興し盛に火舍を製造し其製品亦惡しからざるを以て日本の火舍輸入額は近年大に減退せり、需要地は南支那を主とし廣東及附近一帶三割、汕頭、厦門等三割、廣西省一割五分、雲南省八分、廣東省西南岸七分、佛領印度、暹羅等一割位の割合に分配せらるゝもの、如し。

雜　品

靴下　日本より貳拾參萬乃至三十六萬打、十萬圓乃至十七萬圓の輸入あり、又歐洲品は約十萬弗の輸入ある見込にして此外當地製品一箇年四、五十萬打の多きに達す、歐洲品は品質優等のものにして殊に白無地の如きは到底當地にて製出する能はざる爲め依然輸入を減少せず、以上三種を併せ香港より支那への輸入額約五十萬打、約七十萬弗に達し需要先は南支那各地に亙り又當地製品は上海、新嘉坡、マニラ等にも輸出せらる。

鈕釦　約十五萬弗の輸入額にして內日本品四、五萬弗を占め其他は從來獨品を專らとせり、日本品は貝製最も多く骨角製之に次ぎ金屬製は極めて少かりしが獨乙品は反之大部分金屬製にして殆んど市場を獨占し居たり、廣東にても粗雜なる金屬鈕釦製出せられ中部支那へ供給し居れり。

帽子　四十萬乃至八十萬弗の輸入あるもの丶如し、第一革命の際支那人は一時に斷髮せし爲め帽子の需要著しく增加し本邦品の如きも每年十萬弗位を輸入するの例なるに大正元年には四十萬弗を輸入したり、冬帽子は鳥打帽最も多く約七、八割を占め中折其他多少あり、又夏帽子麥稈製及模造パナマ多くヘルメット少量あり、歐洲品は槪して上等品にして本邦品は廉價の品多し。

時計　時計の輸入額は三十萬弗位にして本邦品約二十萬弗を占め其他は歐洲諸國の製品なり、掛置時計は日本品八割を占むるも上等の掛置時計及懷中時計は殆んど全部歐米品とす、又本邦品中掛時計は約八割置時計は約二割位の見當なり、懷中時計は十五乃至十七形流行し廉價なる品最も賣行多し。

電氣材料　南支那方面に於ける電氣業の發達に伴ひ金屬製、磁器製其他各種電氣用品の需要漸次增加しつ丶あり。目下槪算三百萬弗の輸入あるべし、從來多く歐洲品にして殊に獨逸品多く英國品之に亞ぎしが最近日本品も漸次其勢力を增加しつ丶あるは喜ぶべし。

玩具　年額二、三十萬弗の輸入あり、內日本よりは十萬乃至二十萬弗を供給す、戰前には獨逸品最も勢力を有し上等品は獨逸品、英國品又は其他の歐洲製品なりしが大戰勃發後日本品漸次輸入高を增進せり、從來本邦品は外見美なるも破損し易しとの批難多かりしも近來改善せられつ丶あるを見る。

化粧品　輸入額約三、四十萬弗にして本邦、英、米、蘭、獨白、佛等各國より輸入あり、本邦品は化粧石鹼五萬弗、鬢附油一萬弗、香水及香油三、四萬弗に過ぎず、今後益發展の餘地あり、最も好評あり、賣行よきは米國コルゲートの各種製品にして其販賣高中尤多きが如し。

各種包袋　一箇年百萬弗乃至百五十萬弗の集散あり若し之に本港通過貨物を加算する時は莫大の額に上るべし、各一包袋中最も多額を占むるは印度に產するガンニー袋にして當市場に於ては新袋と古袋との二種あり、古袋の需要も頗る大なり、本品は穀物の荷造用として需要多く需要地は汕頭、蕪湖、鎭江、北支那、佛領東京等に亙り又米國、滿洲行の通過貨物多し。

洋傘　三十萬弗內外の輸入額ある見込にして內日本品は十萬弗位を占むるのみにして、其他は英獨品を主とす、右の輸入額中一割五分乃至二割位は暹羅、佛領印度、蘭領印度等に再輸出せらる、此外原料を日本及歐洲より仰ぎ香港及廣東にて製出するもの頗る多く輸入品と共に支那內地に供給せらる、日本品は大部分黑骨物にして白骨物約二割を占む之れ白骨物は我製品到底英獨品に及ばざるを以てなり、而して黑骨物中最も多きは櫻の丸骨にして全額の半分を占め次は並受け丸骨物の約三割とし次は引上げ、構玉物の順序とす、左に南支諸港の輸入額表を揭記すべし。

（單位個及海關佛）

港別	大正元年 數量	大正元年 價格	大正二年 數量	大正二年 價格	大正三年 數量	大正三年 價格
福州	二〇・二四一	一四・一五七	三四・二二九	二一・〇二三	五二・三二七	三一・三八二

厦門	四三・四六五	三〇・四七三	三三・二九八	二〇・三一二	五二・五八三	三三・一三
汕頭	八九・五三九	五六・七四七	一二六・四〇七	七六・二七四	一三〇・三五七	七八・九一四
廣東	七六・〇〇六	五三・三八六	五六・三一二	三三・六〇三	四二・五九三	二四・三一八
九龍	二・〇六二	一・一六五	一・九四三	一・〇〇八	二・五〇一	一・〇六五
九廣鐵道	一・五九七	一・一一八	二・〇二五	一・二四七	一・九六八	一・二一三
拱北	六・〇〇九	三・一二八	一一・五七六	五・六九九	一〇・九〇七	四・八〇五
江門	七・八九一	三・三一四	一三・三八三	八・一六四	九・一四九	五・五八一
三水	二・五五六	一・七八九	五・九五二	二・六六六	五・三三七	三・二五六
梧州	九三・五五〇	六五・四八五	一八六・四〇八	一二四・八二六	一七一・六八二	一〇四・七二六
南寧	七〇・一五九	四九・一一一	一三六・七八七	六五・〇四一	一三五・五五四	六九・二六八
瓊州	九・九〇四	四・八九六	三四・〇一八	一七・〇五三	四二・八三四	二一・四二五
北海	九・七四〇	六・八一八	二二・八一三	一四・〇五三	二七・〇九三	一六・五二七
蒙自	七一・七一六	五〇・一六三	一一六・一八八	八二・七九三	七四・六九一	四五・六九六
計	五〇四・六三五	三四一・七四九	七七一・二八九	四六五・七六〇	七三六・五八四	四四〇・二一五

製革　支那税關の統計によれば香港より支那に輸入する製革は一箇年八、九萬擔、其價格五、六百萬海關兩の多額に上れり、此製革は初め南支那各地より集聚せられたる生牛皮を香港より彼南方面に送り同地に於て鞣したる上再び南支那に輸入し各用途に使用せらるゝものにして支那より香港へ送出すにも亦香港より支那に輸送するにも總て戎克により九龍稅關を通過するものとす。

紙　各種紙類の輸入額は一箇年百五十萬弗乃至二百萬弗に上り從來主に歐洲より供給を仰げり、就中獨墺品最も多かりしが如し、紙類中最も重要なるは模造洋紙にて全輸入額の大半を占むべく南支那にて之を紅色に染め紅紙として其需要頗る多く又新聞紙、廣告、包裝其他雜用として販路極めて大なり、日本品としては模造洋紙三萬圓、板紙二萬圓、半紙及美濃紙一萬圓以下にして模造洋紙は歐洲戰開始後歐洲品缺乏の爲め輸入額著しく增加せり、板紙は從來日本品主として輸入せられ香港及附近都市にて紙函及帳簿用として需要せらる、紙類は將來益本邦品の發展を見るべき商品なるを以て參考迄に南支那に於ける港別輸入額を示すべし。

（單位海關兩）

港別	大正元年	大正二年	大正三年
福州	三六・六九〇	三三・五五一	三三・二二九
厦門	四八・七九三	一三三・一四五	一〇四・五九〇
汕頭	一三四・二三九	一三三・二三三	一一八・一二四
廣東	四一八・三九三	八三一・六七三	九一六・三三七
九龍	一七・三四六	一一・二八四	一六・三八四
九廣鐵道	六五七	二五	一六七
拱北	一八・四三〇	二六・六〇三	三二・一七九
江門	三八八	七九四	九九八
三水	二六・〇一四	七一・三一三	七九・三一〇
梧州	六〇・六八四	九〇・二一二	八六・七六五
南寧	二七・六一三	三六・一四九	三三・〇〇五
瓊州	二三・二〇三	三九・三九九	二六・七六六
北海	一三・六九九	二〇・八三〇	一一・八三三
蒙自	七三・五〇三	九八・〇九三	八〇・九七八
計	八八七・六五三	一、五三六・三〇一	一、五四〇・六八五

材木　香港に輸入せらるゝ材木はボルネオより來るもの最も多く又廣東廣西省産、暹羅産、米國産等あり、ボルネオよりの輸入額は一年二、三百萬立方呎、百五十萬弗內外に上ると云ふ今當地に集散する各種材木の大要を示せば左の如し。

チーク　暹羅
杉材　廣西省、廣東省、(約五十萬弗)
樟木　廣西省
ヤーカル、カチヤ等　ボルネオ、馬來半島
オレゴン松　米國
紫檀黒檀　ボルネオ、暹羅

卽堅木は暹羅、ボルネオより又軟木は多く廣西省より輸入す、其中最も需要多きはチーク、カチヤ、オレゴン松、及杉材にして香港の需要約五、六割を占め造船材料とするもの多し、當地方にては白蟻の害極めて大なるを以てチーク材の需要殊に多し、今左に各種材木の當地に於ける用途を掲ぐべし。

蒸汽船及小蒸汽　チーク、ヤーカル、カチヤ等
艀、船　板　廣西杉、オレゴン松(少量)ボルネオ堅材
棧　橋　チーク、ヤーカル
屋　根　用　ヤーカル、カチヤの角材及板、支那人家屋には杉丸太、杉板
屋内造作　チーク、ボルネオ材、支那人家屋には杉材
家具什器　チーク、ボルネオ堅木、杉材
荷造用木箱　古箱主として用ゐらる
樟　木　箱　廣西產樟木(上等品)、ボルネオ產パーマ

木材の中日本に向けらるゝものはチーク材、ボルネオ材、唐木類(紫檀、花梨木、黒檀、縞黒檀)等にして總額十萬弗以上に上るが如し。

檀香木　檀香木の當港集散高は年額百萬弗内外に上り濠洲より來るもの最も多く又新嘉坡及蘭領東印度よりも輸入少からず本品は主として支那線香製造の原料に充てらるゝものにして北中、南支那各地に需要せられ香港より支那各港に分配せらる。

籐　各種籐類の香港に輸入さるゝものは年額約十八萬擔にして竹籐二萬擔、水籐十五萬擔、白籐一萬擔位の見當なり、其主なる仕出地は新嘉坡を第一とし瓜哇、ボルネオ、佛領印度等之に亞ぐ而して是等の籐は香港に於て割りて籐皮、籐心、沙絲、脚籐等となし各其用途に從ひ諸方に輸出せらる、今各種類に付大要を記せば次の如し。竹籐は二萬二千擔位の輸入あり、產地は新嘉坡(主に蘭領印度品)ボルネオ約半々を占め其八割は日本に仕向けられ下等品は香港及廣東に於て使用せらるゝ外尙籐脚及沙絲に使用さる、沙絲は竹籐より製せらるゝものにして百斤の竹籐より沙絲約二十四斤を得べし、其仕向先は米國八割、日本二割位なり、脚籐は百斤の竹籐より二十八斤を得べく香港に於ける脚籐製造高約八百擔に過ぎず其仕向先は上海、マニラ及日本とす、水籐の輸入額は十五萬擔にして約六割は新嘉坡より他の四割は瓜哇及ボルネオより輸入す、寧波、福州、日本等へ約八百擔を輸出するのみにして其他は全部香港に於て籐心及籐皮に製出す、籐心は水籐十五萬擔より約六萬擔を得べく專ら細工用として使用せられ當地の需要中々多く仕向先は米國を第一としマニラ、獨逸、濠洲等之に亞ぐ、品質の良否精粗により一號より十八號迄の等級あり、籐皮は水籐十五萬擔より約九萬擔を得べく主に荷造用に使用せらるゝものにして仕向先は專ら支那及日本なり、但此外に少量は米國、濠洲に仕向けられ又香港に於て荷造用に充てらるゝものあり、白籐仔は一萬二千擔の輸入にして主に安南の產品なり多くは日本に仕向けらる。

肥料　本品の輸入額は年額七十萬乃至百萬弗に上り就中最も多きは硫酸安母尼亞にして大部分英國品とし、日本及獨逸より

も幾分を輸入せり、殆ど全部廣東に轉輸せられ西江流域の桑田、米田等の肥料に充てらるゝものとす。

輸出品各說

布帛及原料

生絲　生絲は廣東に於ける輸出品中最も重要なるものにして廣東輸出貿易の約半額を占む、從て養蠶業の良不良及生絲市場の好不況は米穀類の豐凶よりも當地方經濟界に影響する所遙に大なり、而して廣東の生絲は殆ど全部香港を經て歐洲及米國に輸出せらる、但其取引は總て廣東に於て行はれ香港は單に金融上の關係を有するのみとす、今最近三年間香港經由歐米に輸出せられたる各種生絲及繭の數量價格を擧ぐれば左の如し。

	太正元年 擔	弗	大正二年 擔	弗	大正三年 擔	弗
生絲（白）	二·七三三	二,〇四三·〇〇〇	一·七三二	一,二四五·〇〇〇	一·三四五	一,〇〇〇·〇〇〇
同（白經絲）	三	二·三〇〇	六〇五	四九三·〇〇〇	七九八	六六三·〇〇〇
同（機械絲）	三三·七二〇	二八,六九三·〇〇〇	四五·四二九	四一,八六三·〇〇〇	三二·〇九九	三三,八六〇·〇〇〇
同（黃絲）	四三	二一·〇〇〇	四九	二五·〇〇〇	一八七	八七·〇〇〇
同（野蠶絲）	二四六	五六·〇〇〇	四三〇	八三·〇〇〇	三九五	七五·〇〇〇
蠶繭	四·〇八六	四一七·〇〇〇	五·二五四	七〇三·〇〇〇	二·六三一	三一四·〇〇〇
屑絲	二六·五三五	二,七四五·〇〇〇	三九·六四六	四,〇二〇·〇〇〇	二七·六八五	二,九〇五·〇〇〇
計	六七·三六六	三三,九七七·三〇〇	九二·一八四	四八,四三二·〇〇〇	六六·一三〇	三七,九〇四·〇〇〇

輸出先は總て歐米にして輸出割合左の如し。（單位俵）

	生糸 歐洲	生糸 米國	屑糸 歐洲	屑糸 米國	繭（穿口） 歐洲	繭（穿口） 米國
大正元年	二九·三一四	一三·五二九	一七·四五七	八·九八四	四·九六三	一·一五三
大正二年	三八·二四七	一八·七八六	二八·八〇〇	九·八二〇	六·八三九	—
大正三年	三三·九二八	一六·九六七	一四·九〇八	一二·〇四九	一·四三一	三三五

二七〇

尚參考迄に最近三年間廣東附近に於ける生絲生産高見積額を示せば左の如し。（單位俵）

	大正元年	大正二年	大正三年
第一回作	六·〇〇〇	五·五〇〇	七·〇〇〇
第二回作	七·〇〇〇	一〇·〇〇〇	六·〇〇〇
第三回作	四·〇〇〇	一二·〇〇〇	一〇·〇〇〇
第四回作	六·〇〇〇	六·〇〇〇	五·〇〇〇
第五回作	一一·〇〇〇	五·〇〇〇	八·〇〇〇
第六回作	六·〇〇〇	八·〇〇〇	六·〇〇〇
第七回作	三·〇〇〇	三·五〇〇	五·〇〇〇
計	四三·〇〇〇	五〇·〇〇〇	四七·〇〇〇

絹製品　支那より香港に輸入せらるゝ絹製品を示せば刺繡絹物は八十萬弗乃至百十萬弗にして殆ど廣東製品とし、絹紬は二百十萬弗乃至二百四十萬弗に上り主として山東省の產品に係り絹織物は千三百萬弗乃至千六百萬弗の輸入あり、產地は多く中部支那にして北支那よりも輸入少からず、絹絲は二十萬弗內外に上り又其他絹製品は五十萬乃至八十萬弗に達し廣東品の外蘇州杭州附近の製品とす、是等絹製品は夫々產地以外の支那各地に分配せられ又品種によりては外國人にも使用せられ、印度、蘭領印度、暹羅、比律賓、安南、新嘉坡、濠洲等にも輸出せらる。

其他織物　夏布卽苧麻布は四、五十萬弗の輸入あり、主に汕頭、上海等より輸入せられ南支那各地の需要に充てられ又幾分安南、マニラ、南洋方面に仕向けらる、槪ね支那人男子の衣服用とし又手巾、蚊帳其他雜用とす、南京布卽支那土布は支那醬地方に於て製織せらるゝものにして當港輸入額百六十萬乃至二百四十萬弗に上る上海、汕頭、梧州、佛山等より輸出せられ南洋方面其他支那人出稼先に輸出せらるゝもの多し、主に白布にして衣服用とす、花土布は約二十萬弗の輸入あり殆ど上海附近の製品にして支那婦人及小兒の下衣用として需要せらる。

纎維類　支那棉花は上海寧波等より一箇年三、四萬擔、七十萬乃至百三十萬弗の輸入ありたり、香港及南支那地方の需要に充てらる。香港紡績會社の當地に操業せる時には印度棉花及支那棉花を混用したり、大麻の輸入は二、三萬擔、價格三、十萬乃至五十萬弗に上り産地は廣東附近（陳村、東莞、開平、新會等）、瓊洲、南寧、梧州等とし又杭州方面より輸入することあり、少量宛各地に仕向けらる、黄麻は多くは汕頭の産品にして年により増減あるも二、三萬乃至九萬擔、二萬弗乃至六萬弗位の輸入あり、苧麻は中部支那の産品にして六、七千擔乃至一萬二千擔金額十萬乃至十五萬弗を輸入す、又苧麻絲少量の輸入あり、各種麻繩類は廣東、汕頭方面より年二萬餘擔、十七、八萬弗の輸入あり、孰れも當港附近の需要の外少量宛東洋各地に再輸出せらるゝものゝ如し、漁網は汕頭附近に其産多く又廣東、陳村等にても製織せられ香港及澳門等の漁民に需要せらる。

金屬及製品

錫　輸出金屬中最も重要なるものにして、主として雲南省に産し少量廣西省にも産す、雲南產は大部分雲南鐵道により蒙自税關を通過して海防に出て同地より海路香港に輸送せられ、又雲南品の極少量及廣西品は梧州を經て輸入せらる、一箇年輸入額七、八千噸に上り香港に於ける同德、志興、天興等數軒の錫精煉業者の手により精製の上、一等品（九九・五％）、二等品（九八・五％）、三等品（九六・五％）、瓜紅（上海寧波向）等に分ち歐米、日本、中部支那等に輸出せらる、今支那税關の統計により支那より香港への輸入額を見るに左の如し

大正元年	一四四・六四擔	一七、五三〇・〇〇〇弗
大正二年	一三六・一九五	一六、三六〇・〇〇〇
大正三年	一二七・七八七	一一、八七〇・〇〇〇

尚香港政廳の調査によれば千九百十五年中雲南より錫七千噸廣西より約一千噸を輸入し、香港よりの輸出は日本へ約一千噸上海へ八百噸、歐洲及米國へ五千七百噸に上り其他少量汕頭、廈門方面に輸出せりと云ふ、香港には時に相場の關係により新嘉坡錫の輸入せらるゝことあるも其數量多からず。

アンチモニー等　廣西省に産するもの數千擔乃至一萬擔の出廻りあり、歐洲日本等に再輸出せらるゝものゝ如し、アンチモニー鑛も亦數千擔の輸入あり、廣西產の外最近佛領印度より輸入せられ佛領印度品は日本に仕向けらるゝもの多し、亞鉛鑛は佛領印度の北部に産出し近年香港經由日本に輸入せらるゝもの漸次增加しつゝあり、鐵鍋は二、三千擔、二萬弗內外、熟鐵は五、六千擔、四、五萬弗の輸入あり、四川省及廣東省よりの輸入に係り當方面の需要に供せらるゝものゝ如し、水銀に就ては輸入の部參照、其他金屬及金屬鑛を支那より香港に輸入する額一萬乃至一萬五、六千弗に上る。

金銀器等　金銀器の支那よりの輸入は年約三十萬弗にして總て廣東品とす、金器は腕環、耳飾、首飾、髮飾、時計鎖、指環等各種に亙り支那婦人用品大部分を占む、又銀器は茶杯、酒杯茶椀蓋、煙草入、喪服用裝飾品其他諸種のものあり、廣東にて製出せらる、又香港にても此等金銀器を製出す、上海其他の支

二七一

那人向に需要せられ外人用は多からず、又支那產眞鍮器の輸入二十萬弗內外あり。

錫箔等　廣東及長江方面より年二千擔內外、金額二、三十萬弗の輸入あり、支那人祭祀用或は神佛供具花鳥等の裝飾に用ゐらるゝ外、錠製造、煙草、化粧品、藥品の包裝等を主なる用途とす、當方面需要の外、蘭領印度、新嘉坡、暹羅、濠洲、米國等の華僑需要の爲め輸出せらると云ふ、又眞鍮箔二、三百擔の輸入あり、產出地、消費地等前者と大差なきものゝ如し、水煙草筒は眞鍮及白銅製にして廣東にても製出するも上海方面の品優良なり、香港への輸入は一萬弗內外にして南支那地方の支那人用を主とす。

動植物類

生動物　牛の輸入は一箇年二、三萬頭に上り主に黃牛とす、產地は多く廣西省にして梧州より輸出し其數總輸入額の大半を占む、次は廣東省產にして廣東及九龍稅關を經由し之に次ぐを海南島產とし瓊州より來る、其他支那沿岸より多少の輸入あり而して其大部分は當地に於て屠殺の上食用に供せらるゝものとす、數年前には年約四萬頭の牛を輸入し、生牛の儘マニラ等に輸出したるもの多かりしが同地の檢疫嚴重なる爲め目下當港を經て輸出せらるゝものなし。山羊及羊は主に上海方面より輸入せられ一箇年三萬頭乃至三萬四千頭に上る、其約半數は當地にて屠殺食用に供せられ殘餘は南洋地方に再輸出せらるゝものゝ如し、綿羊の輸入は約二萬五千頭にして之亦多く上海より輸入し、一部は當地の食用とし、一部は再輸出せらる。南支那にては殆ど馬を飼養せざれば其輸出入極めて少なく只競馬用又は軍隊用等年々一、二百頭を輸入するに過ぎず。食獸中最も重要なるは豚なり、豚は支那人の常食とする所にして支那村落は至る所豚の飼養を見ざる無きの有樣なり、從て當地及附近村落にても相應に飼育せらるゝも其大多數は支那より供給を仰ぐものとす、輸入年額は二十五萬頭內外にして其內三、四萬頭は澳門經由支那より輸入せらる、輸出港は梧州八、九萬頭、瓊州五、六萬頭、北海二萬頭、廣東、九龍、江門十萬頭位の割合とし此等の豚は概ね當地に於て食用に充てられ再輸出は極めて少數に過ぎず。(當地食獸屠殺數に就ては衞生の部參照)、家禽の輸入は一箇年約二百萬羽、六十萬弗內外にして大部分は鷄とし、家鴨其他の家禽少數を含む、產地は廣西省最も多く、廣東海南島、澳門附近地方、北海、汕頭等よりも輸入せらる、多くは香港に於て食用に供せられ入港船舶への供給亦相應あるも他に轉送せらるゝもの多からず。

米　米は香港に於ける最重要輸出入品の一にして暹羅米、西貢米の二種を主なるものとし、東京米之に次ぎ、蘭貢米、支那米も多少集散せらる(日本米は在留本邦人用として少量輸入あるに止まる)。暹羅米は白米、碎米、玄米の三種に大別せられ碎米最も多く玄米は少量に過ぎず、白米は廣東方面、及當地需要の外米國、南米、北支那等に輸出せられ、香港より日本に仕向けらるゝこと極めて稀なり、碎米中二つ折は朝鮮(日本內地經由)及廣東行多く主に食用に供せらる、二つ折以外の碎米は日本、米國、廣東方面其他に輸出し當地にも需要あり、一號は主に食用とし、二號以下は多く菓子用に充て、米國行は酒精原料として用ゐらる、又玄米は多く廣東行なり、西貢米は丸粒白米長粒白米に大別し、丸粒一號、二號は日本、廣東に輸出せられ我國にては日本米に混用せらる、南支那沿岸にも多少需要あり長粒は廣東方面最多く、日本にも時に輸出せらる、又東京米不作の時はマニラ行多く北支那にも少量需要あり、東京米は白米と糯米とに分ち前者は廣東地方に需要多く日本、米國、マニラ等にも少量宛輸出あり、後者は日本向最多く、南支那及山東方面にも多少輸出せらる、蘭貢米は曾て多量に輸入せられたることあるも目下出廻極めて少なく稀に二、三千袋の輸入あるに過ぎず、支那米は多く長江附近の產米にして南支那に消費せらるゝものとす、又廣東米も少量輸入せらるゝを例とす、當港に於ける米貿易は其年に於ける產地作柄の豐凶と需要地の作柄狀況等により著しき增減差違あるを以て集散高に付標準とすべき數字を示す能はざるは勿論なるも參考迄に大正三年に於ける香港總輸入額を見るに左の如し。

西貢米	五,〇四〇,〇〇〇擔	蘭貢米	二五〇,〇〇〇擔
暹羅米	四,二九〇,〇〇〇	廣東米	五〇,〇〇〇
東京米	一,八〇〇,〇〇〇	計	一二,四三〇,〇〇〇

而して此內香港にて消費せられしもの九十九萬擔なり、殘額千四十四萬擔は日本、南支那、北支那、南米、北米、濠洲マニラ及附近地方に分布せられたるものとす、今前記總輸入額の各地分布の狀態を見るに左の如し。

廣東方面	四,六〇〇,〇〇〇擔	山東	四四五,〇〇〇擔
日本	一,八六五,〇〇〇	汕頭	三七五,〇〇〇
香港	九九〇,〇〇〇	澳門	二八〇,〇〇〇
米國	一,〇〇〇,〇〇〇	南米	二五〇,〇〇〇
廈門	五一〇,〇〇〇	天津	一四〇,〇〇〇
マニラ	四八〇,〇〇〇	寧波	二〇,〇〇〇
濠洲	四七五,〇〇〇	計	一二,四三〇,〇〇〇

尚前記各地に於ける各種米の向不向を示す爲め地方別各種米輸出表を掲げて參考に供す。

大正三年香港輸入米各地分布明細表（單位擔）

	廣東方面	香港	澳門	汕頭	廈門	馬尼剌	南米	濠洲	米國	日本	天津	山東	寧波	合計
西貢丸粒白米	五五〇,〇〇〇	一五〇,〇〇〇	四〇,〇〇〇	六〇,〇〇〇	一〇〇,〇〇〇	三〇〇,〇〇〇	五〇,〇〇〇	一〇〇,〇〇〇	二五〇,〇〇〇	四〇〇,〇〇〇	一〇〇,〇〇〇	一三〇,〇〇〇	—	三,〇二〇,〇〇〇
長粒白米	五四〇,〇〇〇	二〇〇,〇〇〇	四〇,〇〇〇	四〇,〇〇〇	—	一〇〇,〇〇〇	一〇〇,〇〇〇	二〇〇,〇〇〇	四〇,〇〇〇	—	四〇,〇〇〇	一五〇,〇〇〇	—	一,五二〇,〇〇〇
玄米	三〇〇,〇〇〇	—	—	五〇,〇〇〇	二〇,〇〇〇	—	—	—	—	一五〇,〇〇〇	—	—	—	五〇〇,〇〇〇
碎米	二〇〇,〇〇〇	—	—	—	—	—	—	—	—	五〇,〇〇〇	—	—	—	二五〇,〇〇〇
糠	七〇〇,〇〇〇	二〇,〇〇〇	四〇,〇〇〇	—	—	—	—	—	—	—	—	—	—	七六〇,〇〇〇
計	二,一〇〇,〇〇〇	三七〇,〇〇〇	一二〇,〇〇〇	一五〇,〇〇〇	一二〇,〇〇〇	四〇〇,〇〇〇	一五〇,〇〇〇	四〇〇,〇〇〇	二九〇,〇〇〇	六〇〇,〇〇〇	一四〇,〇〇〇	二八〇,〇〇〇	—	六,〇五〇,〇〇〇
シャム 白米	一〇〇,〇〇〇	一〇〇,〇〇〇	二〇,〇〇〇	四〇,〇〇〇	八〇,〇〇〇	八〇,〇〇〇	一〇〇,〇〇〇	一〇〇,〇〇〇	一三〇,〇〇〇	—	—	一〇〇,〇〇〇	—	九三〇,〇〇〇
碎米	八〇〇,〇〇〇	三一〇,〇〇〇	六〇,〇〇〇	八〇,〇〇〇	一五〇,〇〇〇	—	—	—	一五〇,〇〇〇	一,〇〇〇,〇〇〇	—	—	—	二,五五〇,〇〇〇
玄米	一〇〇,〇〇〇	—	—	二〇,〇〇〇	五〇,〇〇〇	—	—	—	—	五〇,〇〇〇	—	—	二〇,〇〇〇	二四〇,〇〇〇

糠	五〇〇・〇〇〇	一〇・〇〇〇	三〇・〇〇〇	—	—	—	—	—	—	—	—	—	—	五四〇・〇〇〇
計	一、四五〇・〇〇〇	五一〇・〇〇〇	二〇・〇〇〇	一四〇・〇〇〇	二八〇・〇〇〇	八〇・〇〇〇	一〇〇・〇〇〇	一〇〇・〇〇〇	四〇〇・〇〇〇	一、〇四〇・〇〇〇	—	一〇〇・〇〇〇	二〇・〇〇〇	四、二四〇・〇〇〇
東京白米	八〇〇・〇〇〇	三〇・〇〇〇	四〇・〇〇〇	七〇・〇〇〇	五〇・〇〇〇	一〇〇・〇〇〇	—	六〇・〇〇〇	三一〇・〇〇〇	八〇・〇〇〇	—	—	—	一、五四〇・〇〇〇
糯米	六〇・〇〇〇	五〇・〇〇〇	二〇・〇〇〇	三〇・〇〇〇	三〇・〇〇〇	—	—	—	—	二〇〇・〇〇〇	—	六〇・〇〇〇	—	四五〇・〇〇〇
計	八六〇・〇〇〇	八〇・〇〇〇	六〇・〇〇〇	一〇〇・〇〇〇	八〇・〇〇〇	一〇〇・〇〇〇	—	六〇・〇〇〇	三一〇・〇〇〇	二八〇・〇〇〇	—	六〇・〇〇〇	—	一、九九〇・〇〇〇
蘭貢白米	—	—	—	五・〇〇〇	四〇・〇〇〇	—	—	—	—	二〇・〇〇〇	—	一五・〇〇〇	—	八〇・〇〇〇
糯米	—	五・〇〇〇	—	—	一〇・〇〇〇	—	—	—	—	五・〇〇〇	—	—	—	二〇・〇〇〇
碎米	四〇・〇〇〇	—	—	—	—	—	—	—	—	一〇・〇〇〇	—	—	—	五〇・〇〇〇
糠	一〇〇・〇〇〇	—	—	—	—	—	—	—	—	—	—	—	—	一〇〇・〇〇〇
計	一四〇・〇〇〇	五・〇〇〇	—	五・〇〇〇	五〇・〇〇〇	—	—	—	—	三五・〇〇〇	—	一五・〇〇〇	—	二五〇・〇〇〇
廣東白米	—	五・〇〇〇	—	—	—	—	—	一五・〇〇〇	三〇・〇〇〇	—	—	—	—	五〇・〇〇〇
計	—	五・〇〇〇	—	—	—	—	—	一五・〇〇〇	三〇・〇〇〇	—	—	—	—	五〇・〇〇〇
總計	四、六〇〇・〇〇〇	九九〇・〇〇〇	二六〇・〇〇〇	五七五・〇〇〇	五一〇・〇〇〇	四八〇・〇〇〇	三五〇・〇〇〇	四七五・〇〇〇	一、〇〇〇・〇〇〇	一、八五五・〇〇〇	一四〇・〇〇〇	四五五・〇〇〇	二〇・〇〇〇	一一、二四〇・〇〇〇

豆類　各種豆類を合せ年額六、七十萬擔、二、三百萬弗の輸入あり、大連、牛莊、天津等より輸入するもの多し、其中最も多きは黃豆にして約半額を占め次は靑豆とし白豆、黑豆等之に次ぐ、南支那一帶に於て需要せらるゝ外蘭領印度、新嘉坡等に輸出するもの少からざるが如し、其用途は食用、味噌醬油類製造を主とし種類により藥用に供するものあり。

落花生　當地に集散する落花生は大部分支那產品にして年額三萬擔內外、百六、七十萬弗に上り、輸出港は天津、芝罘、靑島方面を最とし鎭江、上海方面とし汕頭、北海、瓊州、新嘉坡佛領印度等よりも多少輸入せらる、此等落花生は當地に到著するや當地に仕分けを爲し上等品は歐洲に向けられ其額、輸入額の大半を占むべく大部分は殼付なるも殼を去りたるもの幾分あり、其他は南支那一帶の需要に充てられ廣東附近最も多く、製油用食用及菓子用に使用せらる、落花生豆粕は三萬擔內外の輸入にして之亦滿洲及北支那より輸入し廣東方面に於て肥料に供せらるゝもの多し。

馬鈴薯粉　支那產馬鈴薯粉の輸入額は三、四千擔、二萬弗內外にして多く當方面の需要に供せらるゝが如し、食用を主とし洗濯用其他少量あり、日本品は近年輸入を試みたることあるも食用としては需要全く大ならず、又洗濯用としては一般に新嘉坡附近より輸入するタピオカ粉を嗜好するを以て未だ其販路を開拓するに至らず。

種子類　杏仁は支那料理に必ず用ゐられ又菓子製造及藥料にも使用せらる、多くは芝罘、天津より輸入し年額八、九千擔、三十萬弗内外に上り主に南支那の需要に充てらる、蓮實は約五千擔、十五萬弗位の輸入あり、揚子江沿岸の產品にして糖果として輸入せらるゝもの亦少からず、又廣東方面にも蓮實を產し新鮮の儘香港に出廻るもの少量あり、瓜子は北支那の產多く天津、牛莊、大連等より當港に輸入す、年額三、四萬擔、四十五萬弗内外に上る、支那人の絕へず食用するものにして大部分南支那の需要に充てられ幾分は南洋方面に再輸出せらる、菜種子は四、五十擔、六萬弗内外の集散あり、主に汕頭より輸入し各地方に轉送せらるゝが如し、胡麻の輸入額は二萬擔以內、價格十五萬弗位にして海南島及上海方面より集まる、其他種子類の支那各地より集散する高一箇年七、八萬擔、五、六萬弗に達す胡桃は五千乃至九千擔、三萬五千乃至五萬弗を北支那より輸入し南支那にて需要せられ、往々歐米にも多少仕向けらるゝものゝ如し。

生牛皮　香港に集まる生牛皮は概ね南支那の產品にして多くは廣西省及廣東附近より輸出せられ、少量は香港にて鞣さるゝも大部分は一旦新嘉坡彼南に送られ同地にて鞣したる上再び香港に返送し南支那一帶の需要に充てらる。

羽毛　本品の輸入は五萬擔、十萬弗位にして兩廣地方より集まるもの多く其中最も多きは鷄にして家鴨之に次ぎ其他諸種の鳥毛幾分を含む、佛、英、獨、日本等に再輸出せらる、又別に裝飾に用ゐる羽毛二、三萬弗、上海方面より輸入せられ主に歐米に仕向けらる。

頭髮　は四川、湖南、廣東、山東、貴州、雲南等より集收せられ一箇年八千乃至一萬七千擔、價格四十萬乃至百數十萬弗に上る、多くは當地問屋にて梳滌、精選し歐洲又は米國に向けらるゝものにして長さは五吋より三十六吋に及ぶ、絨氈、織物等に用ゐ又染色の上髢等に製す。

豚毛　は年額五千乃至八千擔（四十萬乃至六十萬弗）の出廻りあり、廣東品最も多く天津、四川等の品少量來ることあり、大部分歐洲（英、蘭、獨、佛）、日本、米國に輸出せられ刷毛、齒楊子の原料に充てらる、品種は白及黑に二大別し夫々左の五種とし又別にA、B、Cを一箱（一擔）に取交ぜたるものあり、其長さ略左の如し。

Extra Extra long	六乃至七吋
Extra long	五乃至六吋
A.	四乃至五吋
B.	三乃至四吋
C.	三吋半位

飲食料品及嗜好品

蔬菜　香港にては玉葱、馬鈴薯を除くの外、生蔬菜は附近支那諸港より集來するものにして其積出地は廣東、梧州、汕頭を第一とし澳門之に次ぎ其他廣東三角洲、東江附近一帶より輸送せらる、其品種別の統計は明かならざるも支那稅關の統計に現はれたるものを摘記すれば左の如し。

蕪菁（乾、鹹）	約三、四萬擔	約十五萬弗
髮菜	約一千擔	約四萬弗
馬鈴薯	約六萬擔	約十萬弗
蒜	約十三萬擔	約四、五十萬弗
筍	約一萬擔	約九萬弗
金針菜	約三、四萬擔	約四、五十萬弗
其他蔬菜（鮮、乾、鹹）	約三十萬擔	約百萬弗

計　約五十六萬擔　約二百二、三十萬弗

右の中金針菜は鎮江より輸出せらるゝものにして南支那に產せず、而して此等蔬菜類は香港及附近の需要に充てらるゝ外、時期により又品種により更に當地よりマニラ、新嘉坡、西貢等に輸送せらる。

乾及砂糖漬荳　廣東の一名產にして年額五、六萬擔、二十萬乃至二十五萬弗を香港に出す、又香港に於ても廣東と同樣に製出す、砂糖漬は榨詰、鑵詰、壺入等とし新嘉坡、蘭領印度、米國、布哇、歐洲等に輸出せらるゝものにして歐米向は主に菓子の原料に使用せらるゝを以て榨詰を普通とす。

果實類　香港に集散する果實は廣東、廣西、福建產最も多く北支那、マニラ、佛領印度、日本產も亦少からず、又米國、濠洲等遠路よりするものあり、今左に支那稅關の統計により支那より香港に輸出せる果物の數量價格の概算を示せば次の如し。

檳榔	約五千乃至一萬擔	約五萬乃至十萬弗
栗	約六千乃至一萬擔	約三萬乃至五萬弗
橄欖（乾、鹹）	約二萬擔	約十萬弗
棗（黑及紅）	約四、五萬擔	約四、五十萬弗
乾荔枝	約三、四萬擔	約六十萬乃至百萬弗
乾龍眼	約二、三千擔	約二萬乃至六萬弗
乾柿	約二萬擔以下	約十二萬弗以下
梨（鮮）	約二萬擔	約六萬弗
蜜柑	約七萬乃至十五萬擔	約十五萬乃至三十萬弗
果實（乾及砂糖漬）	約三、四萬擔	約五十萬弗
同（鮮）	約十一萬乃至十八萬擔	約三十五萬乃至五十萬弗
計	約三十五萬乃至五十四萬擔	約二百八萬乃至三百萬弗

今主なる果物に付產地を列記すれば左の如し。

林檎	米國產最も多く日本產、北支那產、濠洲產之に次ぐ
梨	廣東省及北支那
葡萄	芝罘其他北支那
鳳梨	廣東省
檬果	廣東省、福州、安南、マニラ、新嘉坡
バナヽ	廣東省一帶に其產頗る多く極めて豐富なり
檸檬	米國、安南、暹羅、佛國
枇杷	廣東省（產額多からず）
荔枝	廣東省各地に產出頗る多し、盛に乾荔枝を製す
龍眼	廣東省各地、廣西省、福州、厦門
楊桃	廣東省（專ら支那人の食用）
蜜柑	福州、廣東省各地
橙果及柑	廣東省、廣西省、福建
ジャボン	廣西省に產出多し、又廣東省にも產す
佛手柑	少量廣東省に產す
番石榴	廣東省（少量）
棗	天津、梧州に少量
栗	北支那
橄欖	南支那
檳榔	南支那、安南
柿	南支那（少量）
マンゴスチン	西貢、新嘉坡

木耳及香菌　木耳は一箇年一萬擔內外、四、五十萬弗の集散

あり、四川省其他揚子江地方に產多く廣西省にも其產あり、南支那に需要せらるゝ外、各地支那人向として新嘉坡其他海外に輸出せらる、又南寧等に產する香菌、福建に產する建菇（香信の一種）等出廻りあり、後者は我椎茸類似品にして椎茸の販賣上多少の影響を及ぼすを常とす。

茶　支那茶は紅茶、綠茶、葉茶、茶末等種々あり、曾て當港に集散する高頗る多かりしが目下年額十萬擔以下にして金額三百萬弗內外に減少せり、大部分は紅茶にして福州產を以て第一とし又長江方面よりも輸入せらる、南支那には產茶多からざるを以て南支那各地に相應の需要あり、海外への輸出は英國、米國、及歐大陸にして輸出高少からず、又臺灣より烏龍茶四萬圓包種茶八萬圓、莖茶及粉茶一萬圓位の輸入あるも多くは瓜哇其他南洋方面に轉送せらるゝものにして當地方に需要せらるゝものの極めて少きが如し。

支那糖　香港に集散する支那糖は十萬乃至二十五萬擔、價格六十萬弗乃至百五十萬弗に上る、白糖は廣東省にて少量產するも支那糖の大部分は赤糖にして廣東省（主に汕頭）福建省に產するものなり、香港を通じて支那人出稼先、及北部支那に輸出せらる、又板糖は廣州灣、北海、梧州、南寧等に產し主に支那各地に消費せられ日本にも少量宛絕えず輸出せらる。

甘蔗　二十餘萬弗の輸入あり、廣東省內の產品多く殊に廣州灣方面に多量を產す、未だ同地方の製糖業進步せざる爲め甘蔗の出來ばえ好きものは甘蔗の儘にて賣却せられ支那人の食用に充てらるゝものとす、輸出先は上海を主とす。

蜂蜜　普通年額一千擔の輸出入あり、廣東省從化の產最も多く梧州、南寧、海口等よりも輸出あり、又外國輸入品も少量あり、當地方にては主に藥材に使用せられ其他は汕頭、江門等に分送せらるゝが如し。

索麵　年額二十萬擔、三百萬弗內外の輸入あり、其大部分は芝罘より輸出せらるゝ豆索麵にして當地に輸入後約七割位は南支那諸港（廣東、梧州、北海、瓊州、江門等）に輸出せられ其餘は新嘉坡、蘭領印度、暹羅、其他南洋方面在住支那人向として轉輸せらるゝものなり、支那人に殆ど缺く可からざる食品にして他國の類似品を以て競爭するの餘地なきが如し。

豆腐及醬油　豆腐は廣東、寧波等に產出多く香港にても多少製出す、海外輸出高約二十萬弗に上る見込にして米國、新嘉坡蘭領印度、英領印度、暹羅等支那人の在住する地方に送らる又安南人、暹羅人、マニラ土人等も食用すと云ふ、醬油は廣東地方に製出せられ香港にても多量に製せられ、南支那に需要せらるゝ外英國其他歐洲へはソースの原料として送られ、又海外支那人用として輸出せらる。

肉類　最も多きは乾肉、鹹肉の八十萬乃至百萬弗にして廣東方面の產第一位を占め上海方面のもの之に亞ぐ、其中家鴨の乾肉首位に在り、乾肉に次ぐはハムにして年額十五萬弗位にして蘇州、杭州產最も多く雲南產少量を占む、支那ハムは主として支那人に需要せらる、此等肉類は更に支那に輸入せらるゝものあるも其他は南洋方面に輸出せらるゝが如し。

鳥卵　支那より香港に輸入する鳥卵は漬卵を含み年額一億百萬弗內外に上るが如し、此中家鴨等の卵約二割を占むるを以て生鷄卵の量は約八千萬個と見積らる、生鷄卵は廣東より三、四千萬個、天津より二千萬個、上海より四十萬個、其他汕頭、海南島、拱北等より三十萬個を輸入する割合にして大部分は香港、澳門等の消費に屬し二、三割はマニラ、新嘉坡等に轉送せらる、漬卵は主に家鴨卵にして支那料理に缺くべからざるものなるも其數量は餘り多からざるが如し。

支那酒　支那酒は一箇年六萬擔、三、四十萬弗の輸入あり、又藥用酒は四萬擔、五、六十萬弗の多きに上る、其種類頗る多く支那各地より輸入せらるゝも最も多量に輸入するは天津酒にして其他廣東地方に產するもの、紹興酒等あり、又香港に於ても多量に製出す、天津酒は米國、布哇、南洋方面に輸出せらるゝもの多し、支那酒の當地釀造高、輸入高等に就ては輸入の項參照。

煙草　支那產煙草（葉、莖、刻）の總量十萬擔、二百萬乃至二百五十萬弗に上る、其產地は廣東省最も多く鶴山、新會、南雄に其產多く又江西、湖北、湖南、河南、廣西、浙江よりも輸入す一部は當地煙草工場にて需要せられ又上海、浙江、杭州其他に送らるゝもの多し。

油脂類及藥材

油類　支那產油の香港集散高は略左の如し

大豆油	約一萬乃至三萬擔	約二十萬乃至四十萬弗
棉實油	約一、二千擔	約一、二萬弗
落花生油	約十五萬乃至廿五萬擔	約二百萬乃至四百萬弗
胡麻油	約一萬擔內外	約十萬乃至二十萬弗
茶油	約一萬擔內外	約十萬乃至十八萬弗
桐油	約三萬乃至五萬擔	約四十五萬乃至八十萬弗
香油	約四千擔內外	約百萬乃至百四十萬弗
桕油	約一千擔內外	約二萬弗內外
其他植物油	約三萬擔內外	約三、四萬弗
計	約二十五萬乃至三十八萬擔	約四百萬乃至七百萬弗

右の中大豆油は大連、牛莊、芝罘等より輸入し支那人の食用又は燈火用に充てられ落花生油は上海第一位を占め、廣東方面にても產出し多く食用に供せられ支那內地の需要の外北米、新嘉坡方面、英國、其他諸外國に輸出せらる、胡麻油は食用に充てられ中部支那より輸入す、桐油は漢口及廣西省品當地に集まり歐洲及米國に多量に輸出せらる、又香油は茴香油及桂皮油の二種を主とし主に廣西省の產にして石鹼、香水等の香料用として歐米に需要多し。

ラード　支那各地より當地に集まるもの二萬擔、三、四十萬弗に上り又香港にても多量に製出せられマニラ、米國、新嘉坡彼南、安南等に輸出せらるゝもの多く、用途は食用を主とし石鹼製造等にも用ゐらるゝが如し。

木蠟　支那產品約二十萬弗の出廻あり、大部分四川產にして雲南產、海口產極少量あり、又日本品五、六萬弗位を輸入す、當方面の用途は蠟燭製造用にして一部は綿布の光澤付け、藥瓶の封、支那丸藥の包皮等に使用す、少量宛各地に分散せられ幾分マニラ、暹羅、安南、歐洲にも輸出せらる。

桂皮　廣東輸出重要品の一にして年額七萬乃至十萬擔、金額百二十萬乃至百六十萬弗に上る、桂皮、桂枝、桂子等に分たれ桂皮七割餘、桂枝二割餘を占む、產地は廣西省を主とし一旦廣東に集り香港に輸送せらる、輸出先は米國、歐洲向多く南洋方面に輸出せらる。

茴香　一名八角と稱し廣西省南寧附近に產し香港に來集する額一萬乃至一萬五千擔、三十萬弗乃至五十萬弗に上る、歐洲其他に輸出せらる。

其他藥材　甘草は一萬乃至一萬六千擔、二、三十萬弗の高に上り主に天津、芝罘より輸入し、附近地方にて消費し佛領印度暹羅、彼南等に轉送す、支那人用煎藥なり、滿洲產人參の輸入毎年八、九萬斤、三十萬弗內外に上り專ら南支那方面に供給せらる（輸入品の部參照）、大黃は十萬弗內外の輸入あり之亦支那人專用の藥材とす、石膏は總て四川產にして六萬擔、四萬弗位を輸入す、主に藥料として用ゐられ廣東、福建、澳門等に需要せらるゝもの多し、茯苓は年十五、六萬弗の出廻あり、主に廣東、漢口、九江等より積出され支那人の藥用に供す、麝香は四萬乃至七萬弗を輸入し四川省及雲南省に產するものとす、香料及藥料とし、佛國其他歐洲に輸出せらる、良薑（山薑）の集散高は數萬弗に上り瓊州及安南產品なり、藥料染料に用ゐられ南洋方面、歐洲に輸出す、五倍子は廣西品三萬乃至十萬弗の輸出あり、日本品も少量輸入せらるゝことあり、藥用、染料及鞣皮材料として用ゐらる、明礬は主に寧波、溫州より來り廣東よりも少量を出す、一箇年四萬乃至九萬弗にして藥用を主とし染料にも用うるが如し、幼鹿角も亦藥用にして七萬弗乃至二十萬弗に上り支那諸地方より少量宛產出す、以上の外藥材類三百五十萬乃至四百五十萬弗の輸入あり、支那諸港より集り更に支那の需要地に分配し又は海外在留支那人用に充てらるゝもの多し、其種類は百を以て數ふべく其多數は支那人固有の藥材にして漢法醫の用ふる草根、木皮の類なり。

松脂　產地は梧州（廣西省）及東莞（廣東省）の二地方にして一箇年一萬擔內外、三萬乃至七萬弗位に上る、日本、中、北支那其他に仕向けらる。

雜品

薪材　廣西省及廣東省より香港に積出すもの一箇年百五十萬擔、七、八十萬弗に上り大部は香港に於て消費せらる、又木炭は年額七、八萬擔、十五萬弗乃至二十萬弗にして之亦廣西より來るもの多し、兩者共戎克により輸送せらるゝもの多し。

棕梠竹　は二十萬弗內外の集散あり、主に兩廣に產しステッキ、傘柄、釣竿用として輸出せらるゝものにして歐洲行は皮を削り根を取去り磨きたるもの多し、日本行は概ね根付の儘なり

竹及竹細工　年額百三、四十萬弗の多きに上る、大部分廣東省に產し輸出港は九龍を第一とし拱北、廣東、汕頭之に亞ぐ、竹は香港附近の需要多く竹細工は多少海外に輸出せらる、竹器は概して支那人用のもの多く椅子類、寢臺、籠類、篩、其他種類多し。

各種扇　支那より香港への扇輸出額は五、六十萬弗に上る、最も多きは棕梠葉扇にして羽毛扇、紙扇は比較的少なし、棕梠扇は廣東省に其產頗る多く香港を經て中、北支那、南洋方面に輸出せらる、日本よりは扇子約一萬弗を輸入す、大部分紙張にして紹張約一割を占む。

線香　廣東、佛山、江門、澳門、汕頭等にて製出せられ、香港に二、三萬擔、二十萬乃至二十五萬弗の輸出あり、總て支那人の需要に充てらるゝものにして輸出先は新嘉坡、瓜哇、暹羅其他支那人出稼先とす。

製革　製革は一方に於て多量に南支那に輸入せらるゝも南支那にては又稍粗雜なる製革を產し香港に輸出する額一萬五、六千擔、八十萬弗位に上る、多くは中、北支那に向けらるゝが如し、又革製品の兩廣地方より香港に集まるもの二十萬弗內外に上る、衣服函、帶革、鞄、履物、靴、馬具、容器等種類多く

部香港に集り各地に分散せらる、今其輸出先、用途竝需要見込額を示せば左の如し。（單位千枚）

輸出先	用途	輸出見込額
佛領東京	米包裝用	約二,〇〇〇乃至二,五〇〇
日本（内地）	砂糖、生絲、茶用	約四,〇〇〇乃至五,〇〇〇
臺灣	砂糖用	約四,〇〇〇乃至五,五〇〇
天津、山東方面	鹽等	約二,〇〇〇
福州、上海、漢口等	米其他	約二,〇〇〇
廣東附近	諸荷造用等	約三,〇〇〇
暹羅	籾乾燥用等	約一,〇〇〇
香港需用	砂糖用及雜用	約三,〇〇〇
其他雜用		幾干

花蓆　重要輸出品の一にして其集散高二十萬卷、約三百萬弗に上る、廣東省、東莞及連灘の兩地にて製出し廣東及九龍稅關を通過して香港に來り大部分北米に輸出せらる、一卷四十碼とし其重量により七十封度物、七十五封度物、八十、八十五、九十封度物等に分類す、原料藺草は主に東莞附近に產し連灘にては藺を產せず、東莞に產する原料により製織するものなり、包蓆と共に何れも農家婦女の副業とす。

紙　支那紙の香港への輸入は一等品五十萬弗、二等品八、九十萬弗にして其種類頗る多く產地は揚子江流域、南支那の各地に亘る、香港より更に支那內地に輸入せられ又一部は支那人の在住する海外各地に分送せらる、因に支那筆は大部分廣東地方の產品にして上海より來るもの少量あり其額三百萬乃至五百萬本にして金額十萬弗乃至十六萬弗に上る、當地方需要の外北支那に輸出し又南洋方面に送るもの相應あるが如し。

中、北支那に需要せらるゝ外歐洲にも少量輸出せらると云ふ。

包蓆　香港に集散する包蓆卽アンペラは主として雷州半島及西江流域（肇慶附近）に產し殊に雷州に於て其產額多く當港輸入額の大部分を占む、半島にては一箇年約二千萬枚を產し戎克により多くは澳門經由當港に輸入せらる、雷州品は多く米、砂糖、鹽等の包裝、箱包用に使用せられ肇慶產は生絲及茶の包裝に充てられ年產額一千二、三百萬枚に達す、雷州產包蓆は二枚を以て一組とし、一萬組又は一千組を以て建値し包蓆一枚の長さと幅との和が曲尺六尺二寸なる時は六二物と稱し、其他六四物、六尺物、五八物等あり、又百組の重量により三百八十五封度物、三百八十、三百七十五、三百七十、三百六十、三百二十封度物等と唱へ、大さと共に重量を以て品種を分類す、肇慶產包蓆は一千枚、一萬枚を相場の標準とし、品種を稍異なりたる方法にて分類す、支那より香港及澳門に輸出したる包蓆の數量は二千萬枚乃至二千五百萬枚にして其價格二百萬弗乃至二百三四十萬弗に達す、其輸出港別を見るに左の如し。（單位枚）

稅關名	千九百十二年	千九百十三年	千九百十四年
廣東	二,四三〇,三〇七	二,八八七,七六八	二,六七〇,八七〇
九龍	五,八八五,一八八	五,四三〇,五三三	五,〇八一,九三〇
拱北	一二,四七七,八七六	一一,三一二,一一七	一六,三一四,〇九五
江門	一,三三九,六二〇	五九七,四八八	四一三,八二〇
三水	三五九,七五四	四〇五,一二一	三三九,六〇〇
瓊洲	四二三,五〇〇	三一,七一〇	四五,九二一
計	二二,四三六,一四五	二〇,六六四,七三七	二四,七六六,二三六

右の中廣東、九龍、江門、三水を經由せしものは肇慶地方の產品にして拱北、瓊州を經由せしものは雷州半島產とし孰も全

陶磁器　支那產陶磁器の出廻高は百五十萬弗內外にして精巧なる品は多く江西省より來り、粗雜なる品は廣東省石灣及潮州等より產す、又廣東各地に多少宛產出あり、此等の陶磁器は支那、佛領印度、暹羅、蘭領印度、印度等に輸出せらるゝもの少からず、又歐洲にも少量仕向けらる、又廣東附近に煉瓦を產し香港への輸入額五、六十萬弗に上る、主として香港及附近の需要に充てらるゝが如し。

支那服及靴　香港に輸入する額六、七十萬弗にして上海方面(蘇州杭州等)の產多く、又廣東にて製出するもの少からず、中支那の產品を南支那に輸入し、又南支那の產品を中、北支那に輸送し、又幾分は海外の支那人用として各地に向け輸出せらる、因に帽子は六萬乃至十萬弗の輸入にして最も多きは冬季に用ふる緞帽とし、舊清時代より支那人の使用するものなり、天津品最も多く上海附近の品之に亞ぐ、又蘭草帽等少量あり、寧波の產品多し。

硝子腕環類　約六十萬弗を支那より香港に輸出す、廣東附近に產するもの多く中部、北部支那及廣東以外の南支那に需要せられ又英領印度、海外支那人、及安南人向に輸出せらる。

爆竹　支那人は海外各地に在りても爆竹を使用すること母國に於けると異ならず、其需要する爆竹は南支那の產品を香港を經て輸出するものにして年額三、四百萬弗に上る、廣東、佛山附近の產額最も多く、輸出先は歐洲、米國、濠洲、瓜哇、新嘉坡、マニラ、盤谷等各地に至る。

第十四編　工業　(大正三年末調査)

總說

英國が初めて香港を領有したる當時に於ては惡性マラリヤ猖獗を極め、軍隊の四割二分歐人在住者の一割は是れが爲めに斃れ風土瘴癘地味磽确到底歐人の住居に適せずとなし、一時は當植民地放棄論さへ唱道せられたるに拘らず英人の堅忍不拔なる有らゆる手段を講じて之が改善を計り、千八百八十年代に至りては土木工事衞生施設其他諸般の設備著々進捗し香港の進步著しきものありされば當時の總督サーウイリアムデヴー氏が其本國に致せし報告中「香港植民地の如く物質上及精神上の成功が足一度其地に入るものに對し强烈なる刺激を與ふる處他に在らざるべく又香港の如く英國人のプライドに値する處他に在るを聞かず」と論ぜしも決して過言に非ざりき斯の如き英國人の努力の成功は其自尊心を刺激し延て企業の勃興を促したると同時に一面當地の地勢を見るに石炭其他各種工業原料の生產地として近く支那、日本、馬來半島其他南洋各地の富源を控ゆるあり加工したる商品の需用地としては廣大なる支那市場の外容易く前記諸地方に供給するを得べく之に加ふるに資本勢力又豐富なるを以て當時英人中香港は一大商業地たると同時に又將來一工業中心地たらしむるを得べしとの希望を懷く者少からず其結果千八百七十八十年代に亙り精糖、製鋼、製氷、紡績、セメント業等相次で勃興を見るに至れり。

然るに香港は土地狹少に加ふるに地味亦瘠せ石材及僅少の農產物の外何等物質の產出するなく工業原料を附近地方に仰ぐに

は之に伴ふ種々の不便あり土地の狹隘は地代家賃の高騰を來し生活費の不廉は勢ひ勞銀を割高ならしめ氣候も亦年中の大半炎暑に加ふるに濕氣を以てし或種工業に不適當なるあり此等の諸原因は直接間接に當地工業の不振を來し多大の希望を以て勃興したる諸企業も四五を除くの外は其成績豫期の如きこと能はず旣に失敗に歸せるもの亦二三を數ふるの現狀なり。

如斯香港の工業は大體より言へば成功と云ふ能はず旣往を以て將來を推すに今後と雖も香港をして工業中心地たらしむるの希望は實現せしむること困難なるべし然れども製鋼、製氷の如き其成績頗る良好なるあり造船、瓦斯、電氣、煙草業の如き亦夫々好結果を示しつゝあり此等諸工業は何等悲觀するの要なきのみならず將來益有望のものたり。

以上は主として外人經營の企業に就て述べたる所なるが支那人の工業は當植民地の發達に連れ徐々に發達し來りたるものにして其大部分は家內工業に屬し特に嘱目すべきもの多からずと雖も將來益々發展の望みあるもの亦二三に止らざるを見る。

今當地工業の大勢を記すに當り外人の經營する工業と支那人の經營する工業との二に大別したり但し外人の經營に屬するものにして便宜上支那人の部に併記したるもの二三あり。

第一、外人の經營する工業

外人の經營に屬する工業は槪ね大規模の新式工業にして主として英國人の企業に屬す其主なるものは精糖、造船、紡績、セメント、瓦斯、電氣、製氷、製綱業にして其中土地と密接の關係を有する製氷、造船、電氣、瓦斯及製綱業等は夫々相當の成績を擧げ居るも其他は多く失敗に歸し精糖、セメント業は近年其成績頗る擧らず製粉、麥酒業、紡績業は旣に當地より消失したり。

今左に當地の主なる工業會社の配當率及株式相場等を一覽表に作製し現狀を知るの參考に資すべし。

	設立年又は組織變更	資本金	株數	額面	拂込高	配當率（パーセント）一九〇六	一九〇七	一九〇八	一九〇九	一九一〇	一九一一	一九一二	一九一三
支那精糖	一八七八	二,〇〇〇·〇〇〇弗	二〇·〇〇〇	一〇〇弗	全部	八	—	五	一〇	一〇	五	三	—
香港黃埔船渠	一八六六 一九〇一	二,五〇〇·〇〇〇	五〇·〇〇〇	五〇	同	四	一六	一六	三	二½	四	—	六
香港紡績	一八八八 一九〇一	一,二五〇·〇〇〇	一二五·〇〇〇	一〇	同	五	五	—	—	—	—	—	—
Dairy farm.	一八九四	三〇〇·〇〇〇	四〇·〇〇〇	七½	六弗	不明	二一·六六	二一·六六	二〇	二〇	二〇·八三	二〇·八三	二一·六六
青洲セメント	一八九七	四,〇〇〇·〇〇〇	四〇〇·〇〇〇	一〇	全部	二〇	三	九	七½	四	一½	—	—
香港電燈	一八八九	六〇〇·〇〇〇	六〇·〇〇〇	一〇	同	不明	一〇	一二	一三	一三	一四	一六	一八
ピーク電車	一八九五 一九〇七	七五〇·〇〇〇	一二五·〇〇〇 一五〇·〇〇〇	舊一〇 新一〇	同 一弗	同 同	一〇	八	八	八	八	八	八
香港製氷	一八八一	一二五·〇〇〇	二五·〇〇〇	二五	全部	同	七六	七六	四〇	四〇	四八	四〇	六八
香港製綱	一八八三	六〇〇·〇〇〇	六〇·〇〇〇	一〇	同	二〇	二〇	二〇	二〇	二〇	二〇	二〇	二〇

中華電燈	一九〇一 一九〇七	三〇〇·〇〇〇	一五〇·〇〇〇 一五〇·〇〇〇	一五	同	六	—	—	—	—	七	—
Steam Laundry	一九〇二	一〇〇·〇〇〇	二〇·〇〇〇	五	同	八	八	八	八	一〇	一〇	—
香港電鐵	一九〇四	八一·二五〇磅	三二五·〇〇〇	五志	同	—	—	—	—	—	—	七/二

(香港電鐵 最終欄: 三/一; 中華電燈・Steam Laundry 最終欄: —)

	株式相場 一九〇九年 最高	最低	一九一〇年 最高	最低	一九一一年 最高	最低	一九一二年 最高	最低	一九一三年 最高	最低	時價	備考
支那精糖	一五九·〇〇	一二六·五〇	一七七·〇〇	一二四·〇〇	一二四·〇〇	八一·〇〇	一一八·〇〇	一〇〇·〇〇	一一三·〇〇	九五·〇〇	七五·〇〇	暦年度
香港黄埔船渠	九一·〇〇	五〇·〇〇	七〇·〇〇	五〇·〇〇	五七·〇〇	四八·〇〇	五九·五〇	四三·五〇	八四·〇〇	五六·〇〇	五四·〇〇	同
香港紡績	—	—	六·〇〇	六·〇〇	六·〇〇	五·九〇	八·二五	四·七五	一一·〇〇	七·五〇	七·一五	七月末ニ終ル年度
デーリファーム	二三·五〇	一九·二五	一九·二五	一六·五〇	二四·〇〇	一七·五〇	二三·五〇	二〇·〇〇	二六·七五	二三·二五	三九·〇〇	同
青洲セメント	一〇·五〇	五·五〇	七·五〇	五·二五	四·一五	三·一五	五·〇〇	三·二五	七·三〇	四·一〇	九·二五	暦年度
香港電燈	—	—	二一·〇〇	一九·五〇	二三·〇〇	二〇·〇〇	二四·五〇	二〇·〇〇	二九·〇〇	二一·〇〇	三九·〇〇	二月末ニ終ル年度
ピーク電車	一五·〇〇	一三·二五	一五·五〇	一三·〇〇	一三·〇〇	一一·四〇	一三·五〇	一〇·九〇	一一·七五	一〇·二五	一一·〇〇	四月末ニ終ル年度
	—	—	一·六五	一·一〇	一·五〇	一·一〇	一·二五	一·〇〇	一·〇〇	〇·九〇	〇·九〇	
香港製氷	二·二〇	一·五〇	一·八〇	一·二〇	二·一〇	一·二〇	二·一七	一·九〇	二·〇〇	一·二〇	一五·〇〇	暦年度
香港製綱	二五·〇〇	二三·五〇	三三·五〇	一八·〇〇	一九·〇〇	一六·五〇	二〇·〇〇	一七·〇〇	二三·二五	一九·〇〇	二一·〇〇	同
中華電燈	—	—	六·五〇	〇·九〇	一·八五	〇·九〇	二·二五	一·二〇	六·五〇	〇·九〇	四·〇〇	七月末ニ終ル年度
スチームランドリー	五·七五	五·〇〇	五·五〇	四·七五	六·七五	五·五〇	六·二五	五·五〇	四·七五	三·七五	四·二五	五月末ニ終ル年度
香港電鐵	—	—	—	—	—	—	—	—	九六志	四九·〇志	八五志	暦年度

一、精糖業

精糖業は當地に於ける重要なる工業の一にして太古洋行(Butterfield & Swire)及渣甸洋行 (Jardine, Matheson & Co.) の經營に係る二會社あり兩會社共に工場は絶對的に祕密に附し居るを以て詳細を知り難きも今其大要を分說すべし。

太古精糖會社 (Taikoo Sugar Refining Co., Ltd. 支那名太古糖房)は前者の經營に屬し市の東方約三哩を距つる石切灣(Quarry Bay)に廣大なる工場を有す三十餘年前の設立に係り倫敦にて登記せられたる有限會社なるも三四資本家の合資組織にして營業成績を發表せざれば詳細なるとを知悉するを得ずと雖も資本金は二十萬磅にして一時積立金八十萬磅に上りたりと稱せられ其成績頗好なりしを見るべし明治三十四五年頃までは成績極めて良好にして極東市場に雄飛し我國にても盛んに其製品を輸入したるも我製糖業は漸次發展し來り之がため近年に至りては支那市場の販路を蠶食せられ其成績往年の如くならずと雖も基礎鞏固なるを以て左して悲觀するの要なかるべし工場實力は一日約一萬二千五百擔即ち一年四百萬擔以上にして現在に於ては一日三千五百擔內外を製出し居るものゝ如し斯くの如く不振なるは主として我糖業の發達著しきと支那に於ける瓜哇白糖の需要增加せるに起因するものなり。

支那精糖會社（China Sugar Refining Co., Ltd. 中華火車糖局）は渣甸洋行の經營に係り千八百七十八年設立せられ目下資本金二百萬弗（百弗株二萬株全部拂込）にして工場は市の東部 East Point, Bowlington 竝に汕頭の三箇所にあり。

本會社も前社と同樣從前は營業成績良好なりしも近年に至り日本糖及瓜哇糖の壓迫に遭ひ市場常に面白からず千九百十一年

には四萬七千餘弗の損失を來し配當準備金中より十二萬弗を輸出して一株五弗の配當をなし翌年は損失額二十二萬三千弗に上り同準備金より更に三十五萬弗を抽出して之の損失を填補し一株三弗の配當をなし千九百十三年にも亦六萬九千弗の營業損失を來し配當を爲さず四萬六千弗の損失を次期に繰越したり以て其不振を察知すべし本社の實力は一日約四千擔即ち一箇年百四十萬擔內外なりと稱せらるゝも前記同樣の理由により營業不振にして現在に於ては約四分の一位の製產をなしつゝあるもの如し。

今最近八年間の營業概況を示すべし（單位弗）

	一九〇六年	一九〇七年	一九〇八年	一九〇九年	一九一〇年	一九一一年	一九一二年	一九一三年
總益金	一六七·五九五	損失 二七九·三七一	三三五·五一六	四七九·〇九一	三四三·九四四	損失 一一八·五四六	損失 二二三·〇八五	損失 六九·〇六〇
純益金	一三八·四一九	損失 二一一·三一四	二七三·五一三	四一七·七三八	一九四·六三九	九三·八一六	損失 二二五·六五二	損失 六·八二五
準備金	三四五·七四一	三三·五三八	—	—	—	—	—	—
配當率	八%	—	五%	10%	10%	五%	三%	—
配當平均準備金	四五〇·〇〇〇	四五〇·〇〇〇	四五〇·〇〇〇	三五〇·〇〇〇	五二〇·〇〇〇	四〇〇·〇〇〇	五〇·〇〇〇	五〇·〇〇〇
後期繰越	九·二一八	損失 二七九·三七一	五·八五八	八·〇九〇	三三·七三〇	四·一八三	一九·七九五	損失 四九·二六四
修繕改良積立金	五六·八四八	五六·八四八	五六·八四八	四三·六三〇	四二·五三六	三八·八七二	三六·六一八	三三·三一五

右二會社々外呂宋製糖會社（Luzon Sugar Refining Co., Ltd.）は本社を當地に置き渣甸洋行其總代理店なるも工場は比律賓に在るを以て玆に詳說せず本社も亦成績頗る不良なり。

二、造船業

造船業は當地工業中主要なるものゝ一に屬し就中最も大なるものを太古船渠會社及香港黃埔船渠會社の二とし其他外人經營のもの三、四支那人經營のもの數箇所あり今外人經營に係るものを列記すれば

Taikoo Dockyard & Engineering Co., Ltd.
（太古船渠會社）英國人

Hongkong & Whampoa Dock C., Ltd.
（香港黃埔船渠會社）同

W. S. Bailey & Co., Ltd.（庇利有限公司）同

Macdonald & Co.（麥當路行）同

William C. Jack & Co., Ltd.（威林積有限公司）英國人

右の中香港黃埔船渠會社は千八百六十六年の設立に係り以後漸

次資金を增加し目下二百五十萬弗(五十弗株五萬株)に上り工場は九龍の紅磡(Hunghom)大角嘴(Taikoktsui)アバヂーン(Aberdeen)の三箇所にあり六箇の乾船渠(其最大なるものは延長七百二十呎、渠口の幅八十六呎、水深三十呎)及二箇の引揚船臺竝に各種の造船機械、其他の機械工場機關車及鐵道運轉材料を有する鐵工所を有す又太古船渠會社は千九百八年太古洋行の設立せる所にして市の東方五哩の石切灣(Quarry Bay)に在り英國海軍の需要に應ずる目的を以て建造せられたるものにして面積五十一噎餘を有し設備亦完全せり其乾船渠は延長七八七呎、渠口の幅八八呎、水深三四呎六吋あり他に三個の引揚船臺を有す造船用鎔鐵爐及諸機械の設備二萬噸を超過すと云ふ。

次に庇利有限公司は千八百九十七年の設立に係り工場は九龍灣に在り其面積六噎にして四百五十呎の海岸を有し一時に八隻の河船を碇繫するに足る、主に小型河船を製造す。又麥當路商會は其設立古く千九百三年迄は別名を以て營業し居れり、九龍に工場を有し二百馬力以下の汽罐を組立て又は修繕することを得、長さ四百呎の海岸を有し百五十噸以下の船舶を引上げ得る引上船臺あり、木及鋼鐵製艀船、小蒸汽船、鋼鐵埠頭等を建造す、威林積有限公司は千九百二年の設立にして工場は九龍に有り河船、小蒸汽船を製作す、又次に記載の支那人廣協隆は千八百七十七年僅に二千弗の資本を以て小規模に開業し漸次擴張し千八百九十年資本金二十萬弗の有限公司となりしものにして工場は九龍西海岸にあり小蒸汽船の建造修繕を業とす。

今政廳の調査に基き一九一一年以降三年間の當地に於ける造船隻數、總噸數、公稱馬力を表示すれば如左。

	一九一一年 隻數	一九一一年 總噸數	一九一一年 馬力	一九一二年 隻數	一九一二年 總噸數	一九一二年 馬力	一九一三年 隻數	一九一三年 總噸數	一九一三年 馬力
太古	九	二、三八一	三、六五〇	八	二、一二一	一、〇六五	二	五、八八六	四、四二〇
黄埔	一三	五五二	七〇三	六	九三三	一、二七五	九	三、三〇四	四、七〇〇
庇利	八	二〇六	四一三	一五	四九一	四八六	一五	三〇六	五〇九
麥當路	五	五〇	一七三	三	一九七	二一八	—	—	—
飛輪	三〇	四〇八	八六〇	六	八七	一三〇	—	—	—
同興隆	一	五五	二五〇	二	五〇	一八〇	—	—	—
廣福昌	—	—	—	三	六六五	五八五	三	三一〇	三八五
威林積	二	四五	四八	—	—	—	—	—	—
深記	—	—	—	—	—	—	三	一四〇	二五〇
廣德興	一	二〇	一九三	一	九一	一一〇	—	—	—
廣協隆	—	—	—	一	二七	七六	—	—	—
廣德昌	—	—	—	三	五四八	八四六	六	一、四九三	二、四〇六
祥記	—	—	—	一	三四	七九	三	一四〇	二五〇
廣怡生	—	—	—	五	二〇六	一、三〇一	六	三八〇	七二〇
廣利	—	—	—	一	七六	一〇二	—	—	—
廣協隆(有限公司)	三	七六	七六	六	二五〇	五七五	六	五五八	一、〇〇二
合計	七二	三、八八三	六、六〇九	六一	五、七六五	七、〇一八	五九	一二、二八七	一四、三九二

前記諸造船所の外支那經營に係る戎克舢板等の小舟製造所頗る多く千九百十三年度の政廳の調査によれば其製造所左の如し

香港市及附近		租借地		香港市及附近		租借地	
ビクトリヤ市	九	長沙	七	筲箕灣	一〇	吉澳	二
尖沙嘴	二	大澳	七	紅磡	一	灘冲	一
油蔴地	六	西貢	三	深水埔	四		
アバーデン	二〇	大埔	七				

尙香港黄埔船渠會社の營業成績に付今其大要を記せば本社は共設立極めて古く久しく當地方の造船修理業を獨占し成績良好なりしが千九百八年に至り太古船渠會社新に設立せられ其規模遙に本社の設備を凌駕するに至りしを以て本社は之れが對抗策として第一船渠の擴張工事に著手し千九百十一年に至り完了せり之等工事費の支出及競爭者の出現の爲め本社は獨占時代の如き成績を擧ぐる能はず曩に二割以上を持續せし配當率も漸次減少を來し千九百十一年には支那爭亂の爲め惡影響を蒙り僅に四分の配當を爲し翌年に於ては英本國に於ける造船業旺盛の爲め當地の本業も亦多忙を示したるに拘らず競爭激甚の爲め却つて十萬弗の損失に歸し無配當なりしも昨年五月中太古船渠との間に交渉纒り互に香港の造船、船渠及船舶修理業の進歩發展を企圖することを約し且つ從來の如き有害無益なる競爭を避くることに攻極めたる結果千九百十三年度は最近五箇年間になき好成績を告げ六分の配當をなしたり斯くの如く本社の營業成績は一時思はしからざりしも基礎極めて鞏固なる上今や再び好結果に向ひつゝあり殊にパナマ運河の開通は當地寄港船舶の增加を伴ふべく本社の前途は太古船渠と共に多望を以て囑目せられつゝあり

最近八年間に於ける本社の營業成績概要左の如し（單位弗）

	總益金	純益金	準備金	配當率	後期繰越金
一九〇六年	七七三・八〇三	七五一・三〇三	—	二四%	四〇〇・九三三
一九〇七年	五六三・〇五八	五四〇・五五八	—	一六%	四四一・四五三
一九〇八年	七五〇・一一三	五三六・五五九	—	一六%	三八七・〇七八
一九〇九年	二四一・六九八	五三・〇六二	—	[illegible]%	一三三・七六五
一九一〇年	二四五・三三四	六七・〇二五	二〇〇・〇〇〇	四%	一三七・二九一
一九一一年	三三五・二一六	一三一・九三八	二〇〇・〇〇〇	四%	一四九・五九一
一九一二年	損失 一一七・三五七	損失 一〇八・六七九	二〇〇・〇〇〇	—	四〇・九一二
一九一三年	四四九・八六八	一九二・四八五	二〇〇・〇〇〇	六%	四三・三九七

三、セメント業

セメント製造業として當地に有名なるグリーンアイランドセメント會社（支那名青洲英坭公司）あり本社は約二十餘年前極東に於て各種土木工事建築旺盛を極め支那、日本、比島、等に於けるセメントの需用頗る大なりしに際し勃興したるものにして一八八九年英國資本家により設立せられ爾來急速の進步をなしたるものとす目下工場を九龍鶴園（Hok Un）澳門のグリーン、アイランド（Green Island）香港南岸深水灣（Deep water Bay）の三箇所に有しセメントは前二工場に於て製造し深水灣工場は專らパイプ煉瓦等を製造するの設備あるのみ而してセメントの製造能力は

九龍工場	窯	十六個	一日	二七四噸
澳門工場	同	七個	同	一〇五噸
計		二十三個	同	三七九噸

即ち一箇月に約八萬七千二百七十五樽一箇年百萬樽以上を製出するの實力を有す。

本社は最盛時に於ては殆んど全速力を以て機械を運轉し一箇年八十萬乃至百萬樽を製出し共販路も廣大にして南支那は勿論中北支那、比律賓、新嘉坡、其他に製品を供給しつゝありしが最近數年間に於ては成績兎角面白からず殊に一、二年來廣東セ

メント工廠の活動するあり其製品も南支那に於て漸次聲價を高めつゝあり此外極東に於けるセメント工場は頗る多數に上り競爭激甚にして往々其販路を侵蝕せらるゝあり且原料石灰は創業以來西江方面より供給を仰ぎ殘克を以て澳門及香港の工場に運搬せしが大正元年より廣東よりの石灰石輸出は廣東政府の採掘禁止の爲不可能となり原料不足を告げ爾來佛領海防（廣安）より石灰石を輸入し漸く營業を繼續し居るも運賃高價に上り從前廣東方面より輸入せしに比し原料價格に於て非常に不利の地位にあり之を以て在廣東英國總領事及北京英國公使を通じて廣東政府に對し石灰石採掘解禁方に關し屢々交涉する處ありしも未だ滿足なる結果を見るに至らず不得已本社にては廣東との交涉の成否如何に拘らず社運の挽回を計り汽船を購入し海防より石灰石の運搬に從事せしめ其他各種の救濟策を講じつゝあるも目下の處にては本社の前途餘り多望なりと云ふ事能はざるが如し。

本社は初め百五十萬弗の資本なりしも千九百六年二百萬弗に增資し翌年更に四百萬弗に增加せり而して一株十弗、四十萬株に分ち全部拂込とす株主七百六十五名あり取締役會議の下に英商シェワントームス商會其支配人たり總支那人は其報酬として賣上高の二分を受く營業狀態は前記の如く不良にして其主なる原因を尋ぬるに

一、徒に資本を增大し經營法宜しきを得ざりしこと

一、需要の減少せること即ち當地方に於ける大工事の完了竝に廣東セメント工廠との競爭激甚なること

一、原料を得ることの困難なること

今數年間に於ける營業報告の概要を示せば左の如し（單位弗）

	一九〇六年	一九〇七年	一九〇八年	一九〇九年	一九一〇年	一九一一年	一九一二年	一九一三年
總益金	五〇九·七三三	五三五·一七〇	五一三·四四一	五一六·五九四	二九三·八八八	三五七·一六三	二五八·八七七	一二九·〇六七
純益金	三三〇·〇八四	三九五·二七三	三五九·六七八	三〇一·九四三	七六·三五五	二四七·二一四	一二三·〇六四	一〇三·二四一
積立金	九一〇·〇〇〇	一一·〇〇〇	一三·〇〇〇	一三·〇〇〇	一四·〇〇〇	一四·〇〇〇	一四·〇〇〇	一五·〇〇〇
配當率	二〇%	一三%	九%	七1/2%	一1/2%	四%	—	—

尙最近三年間のセメント及煉瓦パイプ類販賣利益金の比較を示せば

セメント販賣利益金（一九一一年）三四七、七六六弗（一九一二年）二四六、四五六弗（一九一三年）一二六、八一五弗

煉瓦パイプ等同（一九一一年）九、三九六弗（一九一二年）一三、四三〇弗（一九一三年）一三、二五一弗

即ち右によりて見るも近年營業成績不良にして純益金著しく減少し居るを見るべく本年四月に於ける本社株主總會に於て議長の演說したる處によれば「千九百十三年中九個の竈を運用し普通能力の約半額を製出し來れり品質價格は何等他商品と競爭するに遜色なきも相當の價格を以て原料の供給を潤澤ならしむるに非ずんば本社の前途は有望なりと云ひ難し深水灣工場は成績良好にして煉瓦又パイプの賣行は滿足なる狀態にあり」と、以て其一斑を窺ふを得べし。

四、麻綱製造業

香港製鋼會社（Hongkong Rope Manufacturing Co., Ltd. 香港

瓏欖公司）と稱する一會社あり一八八四年の設立に係り工場を市の西部ベルチャースベー（Belcher's Bay）に有し英商シエワントームス商會（Thewan Tomes & Co.）の金城鐵壁と賴む工業にして資本金は一九〇八年までは五十萬弗なりしも同年增資して六十萬弗（十弗株六萬株）となせり工場は面積十四萬平方呎を有し機械は全部米國製にして目下一年五、六百萬封度の麻綱を製出す歐人技師數名支那人職工二百餘を使用し原料は總てマニラより仰ぎ製品は周圍半吋より十二吋（五十噸の强張力を有す）に至る三十四種類を製出し支那、日本、印度、海峽植民地、濠洲等に供給せられ營業狀態は頗る良好にして絕へず二割の配當を繼續し居れり最近二、三年は原料マニラ麻の騰貴著しき爲め多少販賣上の困難なきに非ざるも（昨年に於ては殆んど原料の騰貴倍額に達せしも製品を原料の騰貴に應じ値上げする能はず若し著しく値上する時は需要者は麻以外の纖維を以て作れる安價なる綱及ワイヤロープを使用するに至るべきを以て需要の減ぜざる程度に於て不利を忍びつゝあれば純益金稍減少を示せり）基礎鞏固なる上本工業に於ては特種有利の地位にあるを以て依然同樣の配當を繼續し何等悲觀の點なきのみならず將來共有望の事業なり。

今最近七年間の營業成績の大要を示すべし（單位弗）

	一九〇六年	一九〇七年	一九〇八年	一九〇九年	一九一〇年	一九一一年	一九一二年	一九一三年
總益金	一三〇・八六〇	一五九・三二八	不明	一七五・五八四	一七八・四四七	一四五・六〇一	一三九・七七一	一三七・二八七
純益金	一〇七・三九八	一三八・九七九	同	一四〇・五八六	一三七・一四四	一二八・七三八	一三五・四七一	一三三・五八七
積立金	六一・〇〇〇	六五・〇〇〇	同	二〇・〇〇〇	一七・〇〇〇	一〇・〇〇〇	一五・〇〇〇	二六・〇〇〇
配當率	二〇%	二〇%	二〇%	二〇%	二〇%	二〇%	二〇%	二〇%

五。煙草製造業

巻煙草製造業としては廣東南洋煙草公司（Canton Nanyang Tobacco Co.）を殆んど唯一のものとす本社は元廣東人にして本邦に歸化したる松本照南の經營に係り去明治三十八年の創立にして爾來約十年間英美煙公司（British American Tobacco Co., Ltd.）の輸入するスリーキャッスル、パイレート、ウイルピン等の多大なる壓迫を受けながら奮鬪の結果今日の發展を見たるものにして目下技師古田氏の指揮により經營しつゝあり卷機械十九臺を有し原料煙草は米國より輸入し男工約六十人女工約四百人を使傭し一箇月平均一千梱（一梱五萬本入）を製出し二、三年前に比し製產額二倍以上の增加を示せり主として新嘉坡、瓜哇、安南、暹羅等南洋一帶に輸出し同地方在留支那人の需要に應じ又廣東、香港等にも相應の需要あり製品は總て支那人向の安價なる兩切煙草にして主なる商標は六種あり今最も賣行よき商標三種の卸價格を示せば左の如し

双喜印	十本入	四仙
氣球印	十本入	三仙
馬　印	二十本入	四仙

對岸九龍の旺角嘴に東洋煙草會社（Orien al Tobacco Manufactory）（支那名東方煙廠）あり比島人の經營に係り本社をマニラに有し同地より原料を輸入し重に葉卷煙草を製出し又幾分の紙卷煙草を製出し居るも同社の內容に就ては詳細を知ること困難

なり。

六、製氷業

香港の初政時代に於ては當地需要の氷は北方より輸入せられ當地に於て貯藏せられたるが其後チューードル氷會社なるもの設立せられ千八百七十四年迄は專ら米國より氷を輸入し居たり然るに同年一英國商會は製氷機械を購入して當地に於て製氷を試みたるが其結果良好にして輸入氷を壓倒するに至れり、香港製氷會社（Hongkong Ice Co., Ltd. 支那名香港雪廠）は千八百八十年右機械を購入して設立せられたるものに係り爾來長足の進步を爲し以て今日に及びたるものとす。英商渣甸洋行（Jardine, Matheson & Co.）之が總支配人にして工場を市の東部（East Point）に有し資本金十二萬五千弗（二十五弗株五千株）とす、先に當地に東洋麥酒會社設立せらるゝや千九百九年頃より同社は副業として製氷業を經營し一時兩社競爭の虞ありしが麥酒會社は本業たる麥酒業に於て失敗し千九百十二年八月遂に任意解散を議決し翌年三月工場をマニラに賣却することゝなりしを以て香港製氷會社は同社と交涉して其製氷部のみを引受くることゝなり千九百十四年四月及六月兩度の臨時總會に於て資本金三萬七千五百弗（二十五弗株、千五百株）を增加し右製氷器械を買收せり製氷の用途は飲用及冷藏用にして船舶、香港市內の供給を主とし澳門等にも輸出せらる營業成績は極めて良好にして殊に東洋麥酒會社の破產により香港に於ける唯一の製氷會社となり本社は再び當市場を獨占することゝなれり。

今一九〇七年以來の營業成績の概要を示せば左の如し。

	一九〇七年	一九〇八年	一九〇九年	一九一〇年	一九一一年	一九一二年	一九一三年
總利益金	一二五・二六七	一三四・〇四六	六一・六三六	七三・〇四五	八二・四四四	七一・六六五	四三・六一五
純益金	一一〇・二一七	一二八・〇三八	四九・四八六	六九・八九五	七八・二六四	四九・五一三	四一・〇二〇
積立金	一〇五・〇〇〇	一二〇・〇〇〇	一五〇・〇〇〇	一五〇・〇〇〇	一六〇・〇〇〇	一七五・〇〇〇	一七五・〇〇〇
配當率	七六%	七六%	四〇%	四〇%	四八%	四〇%	六八%
後期繰越金	三・五七八	七・六一六	一三・六六三	二〇・五五八	三三・八三三	八・三三五	二・三三五

七、電氣及瓦斯事業

左に電氣及瓦斯事業に關する大要を記述すべし。

香港電燈會社（Hongkong Electric Co., Ltd.）は千八百八十九年六十萬弗の資本金を以て設立せられ英商切行洋行（Gibb Livingston & Co.）其代理店たり工場を灣仔に有す。

設立當時に於ては瓦斯會社が既に當地の點燈を獨占し居たる際とて需要者比較的多からず會社事業の進步遲々たるものあり當初六年間は無配當なりしが漸次需要者を增加し千八百九十六年五分を配當し以來配當額漸次增加し最近一割八分に上れり以て近年其成績良好なるを知るべし株式總會の報告によるに千九百九年には昇降機二十四、アーク燈八十五の增加を報じ千九百十一年には新需要者九百九十一人を算し電流の增加三割に上り千九百十二年には千二百人の新需要者を見、電流三割五分を增加したりと云ふ斯の如く電流需要の增加に伴ひ工場擴張の必要を感じ最近土地を購入して工場を擴大し石油發動機二箇を增設したり。

今最近六年間の營業成績概況を示すべし。（本社の一箇年は三月に始り翌年二月末に終る）

	一九〇八—九年	一九〇九—一〇年	一九一〇—一一年	一九一一—一二年	一九一二—一三年	一九一三—一四年
總益金	一六七・七九九	一七四・七九〇	一九五・七三三	二四〇・二六六	二五七・二二五	二五四・二二〇
純益金	一五八・七二〇	一七一・七九〇	一八六・五三四	二三三・六〇一	一三四・一九八	二〇〇・〇〇五
準備金	—	—	—	—	三〇・〇〇〇	六〇・〇〇〇
配當率	一三%	一三%	一三%	一四%	一六%	一八%

中華電燈公司（China Light & Power Co., Ltd.）は千九百一年の設立に係り目下資本金二十五萬弗としシエワン、トームス商會之れが總代理店たり工場を九龍側紅磡に有し專ら九龍側に營業す故に九龍の進歩は本社の進歩を意味する次第なるも九龍側の發展は豫想の如く迅速ならざる爲め近年營業成績良好ならず去る千九百六年六分及千九百十一年七分の配當をなしたる外常に無配當を繼續し居れり千九百十一、二年度の報告によれば會社事業の進歩遲々たるも需要者は一割五分六厘增加し電流は三割六分八厘增加し收入一割八分の增加なりと又千九百十二—三年度は需要者は二割一分增加し電流販賣收入の增加は六分弱を示し千九百十三—四年度は需要者二十九人を增加し電流二割四分を增加したりと報告し幾分宛發展の方面にあるを知るべし。

最近五年間の營業成績概況を示せば左の如し（本社の一箇年は七月に初り六月に終る）

	一九〇九—一〇年	一九一〇—一一年	一九一一—一二年	一九一二—一三年	一九一三—一四年
總益金	八八・八二五	一〇〇・八三三	一三・六三八	一五・四一三	二五・〇五〇
純益金	五・一三八	八九・四四三	二三三	二・四六六	六・六二九
配當金	—	七%	—	—	—
準備金	—	四八・〇〇〇	四八・〇〇〇	—	—

香港電車會社（Electric Traction Co. of Hongkong Ltd. or Hongkong Tramway Co., Ltd.）は千九百四年の設立に係り倫敦に於て登記せられ初め公稱資本三十二萬五千磅なりしが千九百十年に至り八萬一千二百五十萬磅（一磅株を五志株に減ず）に減少せり其代理店をシエワン、トームス商會とし市内電車即ち市の西端（Kennedy Town）より東部銅鑼灣に至る復線及競馬場行支線と銅鑼灣より香港島東端の筲箕灣に至る單線と合計延長十四哩半の平地電車を經營す最近成績比較的良好にして最近一割二分五厘の配當をなしたり今最近七箇年間に於ける本社の營業成績大要を左に示す。（輸送客數以外單位は磅とす）

	一九〇七年	一九〇八年	一九〇九年	一九二〇年	一九一一年	一九一二年	一九一三年
輸送客數	八、五六四・〇五五	七、九三六・三七八	七、九三八・五四〇	八、五六三・三二三	八、七〇九・三四六	九、一三三・一四七	不明
輸送收入	四三・三五三	三六・九三三	三九・五一四	四三・〇七八	四五・〇二七	五三・二四六	同
總益金	九・七〇〇	九・五〇六	一〇・〇三三	一七・七三八	二三・三四七	三〇・六六四	三〇・二〇三
純益金	五三〇	二八六	五八六	八・五五七	一四・三六一	一九・三〇二	一九・八四八

配當率	—	—	—	—	—	七1/2%	三1/2%
後期繰越金	五三〇	二八六	五八六	八·五五七	三·九八	七·一二七	七·四七九

ピーク電車會社（Peak Tramway Co., Ltd.）本社の前身は千八百八十五年設立せられたる香港高地電車會社にして同社の破綻後其事業を引受け千九百五年設立せられたるものにして其總支配人をハンフレイス商會（J. D. Humphreys & Son）とし公稱資本は七十五萬弗なるも目下拂込濟のもの三十萬弗とす本社の經營するは有名なるケーブル、カーにして平地より千三百呎の高地に達する延長四千六百九十呎のピーク電車とす本社設立當時より漸次ピーク居住者增加し其結果營業成績比較的良好にして逐年八分の配當を繼續し居れり左に最近五年間の本社營業成績の大要を掲ぐ。（本社一年は四月より三月末迄とす）

	一九〇九—一〇年	一九一〇—一一年	一九一一—一二年	一九一二—一三年	一九一三—一四年
總益金	一〇〇·四三〇	一〇〇·〇六五	四四·一九三	四三·六六六	四四·六三四
純益金	三六·八〇九	三三·八一九	三六·五六八	二四·九四七	三六·八九一
運輸收入	九七·五一三	九六·九五七	九八·一一六	九八·九七〇	九九·三二五
配當率	八%	八%	八%	八%	八%
準備金	二〇·〇〇〇	二〇·〇〇〇	二〇·〇〇〇	三二·〇〇〇	四四·〇〇〇
繰越金	二·二〇四	一·八三三	三·三〇三	一·三五〇	二·二四二

支那日本電話會社（China & Japan Telephone & Electric Co., Ltd.）は香港市內及九龍の電話事業を經營する唯一の會社にして營業成績は公表せざるを以て明かならざるも獨占事業なると近年電話加入者の數著しく增加しつゝあるに徵するも其結果良好なるを知るに足るべし本社は千九百六年政廳より二十五箇年間の電話布設權を得て營業を開始したるものにして目下加入者の數香港側約一千八百人、九龍側約二百五十人あり電話使用料一箇年十磅とす。

香港瓦斯會社（Hongkong & China Gas Co., Ltd.）は千八百六十二年十三萬磅の資本金にて倫敦にて組織され電燈會社の設立を見る迄は市內の點燈を獨占し居りたり工場は市の西端に在り千八百九十二年に至り九龍に分工場を設けたり、千八百八十九年電燈會社の設立せられたる爲め其の成績獨占時代の如きこと能はざるべしと雖も其設立古きを以て市內至る處に連絡を有し此點に於ては電氣に比し有利の地位に在り又電燈會社も敢て競爭的の態度に出でざる爲め現在に於ては電氣燈瓦斯燈共に相並び使用せられつゝあり本社は營業報告を發表せざるを以て其詳細を知る能はずと雖も相當の成績を收めつゝあるものゝ如し。

八、失敗に終れる紡績、麥酒、及製粉業

今參考迄に失敗に歸せる此三工業に就き大要を附記すべし。

香港紡績會社（Hongkong Cotton Spinning, Weaving & Dyeing Co., Ltd. 支那名香港紡織公司）は南支那に於ける唯一の紡績會社として渣甸洋行（Jardine, Matheson & Co.）の經營の下に千八百八十八年一萬六千錘を以て工場を市の東部掃管埔に新設し前途多大の抱負を以て現れ來て千九百一年組織を改め資本金百二十五萬弗（十弗株全部拂込十二萬五千株）とし錘數を五萬五千に增加し印度及支那の原棉を用ひて十手乃至二十手を製出し中北支那及南支那地方に販路を有したれども熟練なる職工を得ること困難にして勞銀比較的不廉なると原棉買入上不利の地位にあり且經營方法宜しきを得ざりし等の爲め成績極めて不良にして千九百九年以來全然無配當を繼續し千九百十一年中約十箇月間

難きも上海の方其利益大なるべしと信ず云々と。

東洋麥酒會社（Oriental Brewery Co., Ltd.）は千九百八年資本金五十萬弗（金貨）を以て設立せられ對岸荔枝角（Lai Chi Kok）に工場を設け年額千四百萬リットルの麥酒及一日百三十噸の氷を製造する設備を有し廣告費等に多大の經費を投じ販路擴張に盡力したる結果千九百十年には相應の賣行を見たるが香港には競爭品多く殊に根底堅き獨逸麥酒の品質優良なるあり又價格上の競爭品としては日本品の一大勁敵あり爲めに賣行面白からざると同時に一方に於て生産費及販路費に多額を要し且其副業たる製氷業も香港製氷會社の活動により打撃を受け千九百十二年八月遂に解散を決議するの止むなきに至り釀造機械は昨年三月競賣の結果マニラの買手に賣渡され製氷機械は本年六月香港製氷會社に賣却せられたり。

香港製粉會社（Hongkong Milling Co）は千九百六年資本金百萬弗を以て設立せられ工場を戎克灣（Junk Bay）に有し原料小麥は主として米國に採り翌年一月より繰業を開始し一日八千袋を製出する能力あり頗る囑望せられしが機械の始運轉より僅々一年有餘にして遂に破産の運命に遭遇せり元と本社は二、三資本家の合資に成りしが株價引上げ策を講じ繰業早々七分の半期配當をなしたるを失敗の第一原因とし次で小麥買入に一大失敗を演じ爲めに支配人は金策に窮し突然自殺するに至り忽ちにして破綻を見るに至りしものなり其機械全部（原價二十三萬弗）は千九百十年七月中神戸鈴木商店にて買取り大里製粉所に備付けられたるものなり。

第二、支那人の經營する工業

支那人の經營する工業は概ね手工業にして支那人固有の家内

休業し翌年約一萬錘を上海渣甸洋行に賣却し爾來多少の改良を加へて繰業を再開し百四十俵内外を製出し居たるも各種の點より考慮し當地に於ける紡績業は極めて不利の地位に在り到底將來望みなきを以て遂に機械什器を上海に移轉するの議現はれ千九百十四年四月の臨時株主總會に於て上海に移轉し新に揚樹埔紡績會社を設立することゝなれり。

其總會に於ける議長の演説は移轉を決議するに至れる理由等を説明せるを以て其大要を摘記し紡績業が當地に不適當なる所以を明にすべし。

一、上海怡和工場及香港本社兩紡績業の營業成績を比較するに

一九一一—二年	（上海）	一錘平均四弗二十二仙の利益
	（香港）	利益なし
一九一二—三年	（同　）	同　　六弗八十一仙同
	（同　）	一錘平均一弗七十三仙の利益

にして共徑庭著しきものあり而かも香港の成績不良は外國人技師の能力に關係あるに非ず何人が監督の任に膺るも之以上の良成績を擧げがたし。

一、暑氣の烈しきこと、濕氣多くして繰業に非常の不便を與ふる事、香港にて傭用し得る勞働者は上海に於けるものに比し勞銀高く且不熟練なること

一、原料を全部輸入に俟つの外なきこと、殊に上海方面の棉を用ゆる場合には上海の棉花價格に包裝費、運賃、輸出税を加算したる價格を拂はざるべからず

一、將來支那の關税改正あるべきこと、支那輸入税が將來增加せらるゝに於ては支那内地の工業は從來以上に保護を受くることゝなるべく當地工業は到底收支相償ふ能はずとは斷言し

工業を主とし機械工業としては目下莫大小業、製紙業の二あるのみなるも其成績見るべきものなきにあらず就中莫大小業、籐細工業を主要なるものとし硝子、燐寸、清涼飲料水、化粧品、豚脂、鑵詰業、煙草、支那酒、醬油、酢、鉛粉、銀朱、砂糖漬薑、等あり製品は主として當地方の支那人に供給せられ又は南洋地方出稼支那人の需要に應ずるものたり。

一、燐寸製造業

隆記公司の經營するものは當地唯一の燐寸工場にして九龍に在り曾て日本に在りし一支那人の主唱により十七、八年前支那人數名の組合出資によりて成立し日本より技師を聘して範を全く日本の工場に採り一民家に小規模の工場を設け機械其他凡ての材料を日本に仰ぎ作業を開始したるものにして最初は製造高僅に日二十包入二十五、六鑵位に過ぎざりしが漸次發展して工場を油蔴地より現在の場所に移し最盛期に於ては一日七十鑵を製出し得るに至れり其製品は象印太軸安全燐寸にして外見著しく日本製品に劣るも實質は比較的優良にして支那人間一般に氣受けよし職工百七、八十人を使役し原料は多く日本より輸入し藥品のみは獨逸より供給を仰ぎつゝあり近年共產額二、三千函なるが如し本公司は南支那に於ける最舊の燐寸工場にして此外廣東省內には吉祥、永安、義和、廣中興、大和、文明、老怡、利、巧明等の火柴公司あり數年來支那に於ける土貨、振興熱に乘じ勃興したるものにして其總產額一箇年三萬函內外に上る。

二、籐細工業

當地に於ける籐細工業は從來より重要なる支那人手工業にして從業者の戶數香港市に二百六戶、對岸九龍側に三十戶あり千九百十三年原料籐の輸入額は千五百八十八噸に上り其約六割は海峽植民地よりし約三割は瓜哇よりし約一割はボルネオより輸入せられ總輸入額中日本に再輸出せらるゝもの頗る多きも其餘は當地（及廣東）にて各種の椅子類を製出するに用ひられ普通の籐製安樂椅子、庭園用椅子は東洋至る處に用ひられ又近年濠洲南洋諸島、亞弗利加に輸出せらるゝもの增加しつゝあり殊に注意すべきは丸籐の皮を去りたる籐心を利用して椅子、行李類を製出し籐心製行李は我國柳行李に比し外見宜しからざるも比較的丈夫にして且四割安位を以て製出し得るを以て我柳行李は之が爲め少からざる打擊を受けたり、尙數年前より一種の蘭草（Arundo Mitis）及蔴絲（蔴）を用ひたる家具製出は籐細工の兼業として漸次發展の傾あり其製品は當地方にて需要せらるゝ外印度コペンハーゲン、米國等に輸出せらると云ふ。

三、煙草製造業

十三、四箇所の支那人小工場あり原料は北海、鶴山、新會、南雄等に仰ぎ支那向葉煙草、刻煙草の製造に從事しつゝあり一時二十五、六箇所に增加せしが外國煙草會社の輸入する紙卷煙草の競爭に堪へず三、四年來著しく不況を示し一昨年の如きは革命の結果內地不作の爲め原料葉煙草は非常の騰貴を告げ當地諸家內工場は概ね損失を來し本業の前途は大に悲觀せられたり然るに昨年度は成績良好にして支那人の需要者も增加を示し產額前年より約三割を增加し總て有利に營業を持續せり。

四、鑵詰業

財記、廣美珍、奇香棧、新德隆等約九軒の鑵詰業者あり種類は茘枝、龍眼、梨、枇杷、冬筍、鳳梨、楊桃、落花生等の果實を主とし又落生糖、香蕉糖、杏仁餅等の密餞糖果類をも製出す當地の外澳門廣東にて製出するもの非常の多額に上り當方面に需要せらるゝ外北支那及新嘉坡、安南其他支那人出稼先に輸出せらるゝ額少からず一昨年中は革命及土匪横行等の爲め廣東方面の產出減じ當地にも又影響を受けたるが昨年に於ては景氣恢復し輸出額增加を示し當地製造家は成績良好を報ぜり。

五、支那酒釀造業

支那酒は其種類頗る多きも當地にて製出するものは總て米を原料とし醱酵材料として米、豆粉、赤土、桂葉(と稱せらる)等を用ひ之に梅、橙、薔薇其他の果實を加味用として混入し各種の有名なる酒を製出す又此外支那人特有の藥材を混入したる藥用酒は支那人間に多大の需要あり當地には(租借地を除き)七箇所の釀造所あり千九百九年より當政廳に於て酒類輸入稅を開始したる爲め支那他地方の釀造家は不利の位置に立ち當地本業は之れが爲め好影響を受け產額遂次增加の勢あり租借地を併せ千九百十年には八十萬瓩、十一年には革命の爲め支那よりの輸入減退し百十萬瓩に激增し十二年には百十五萬四千三百六十瓩の產額に上れり而して大部分は當地方にて需要せられ輸出せらるゝものは一割內外に過ぎず普通支那酒の小賣價格は一斤七仙位にして最高のものは四十仙なり。

千九百十三年中當植民地內に於ける支那酒釀造高及其內譯を示せば左の如し。

(單位瓩)

	香港及新九龍	租借地(香港消費用)	租借地(租借地消費用)	計
本年製造高	七九一、八八六	二三三、二九九	二〇三、四七六	一、二一七、六六一
地方消費高	五一六、二三三	一九三、八五六	二〇三、四七六	九一三、五六七
賣約濟	三三、九五〇	一二、〇七〇	—	四五、〇二〇
輸出高	七一、六五四	一六、二〇九	—	八七、八六三
腐乳製造用等	四一、二七九	二〇九	—	四一、四八八
酢製造用	二〇、八九三	九五二	—	二一、八四五
年末在荷高	一八、八七八	(不明)	(不明)	一八、八七八

六、莫大小業

當地に於ける莫大小業は最近數年間の發達に係り將來極めて有望なる工業の一たり未だ大規模のものなきも稍大なるもの五箇所、小なるもの十箇所あり其製品は靴下を主とし又衞生衣及襯衣類にして一箇年の生產見積額は靴下約五、六萬打襯衣類約十萬打に上り南支那(廣東附近及澳門に十數箇所の工場あり)總生產額約七割內外を占め其需要範圍は南支那を主とし上海方面安南、比律賓、新嘉坡等にも歡迎せられつゝあり衞生衣は維新の外餘り成績良好ならざるも靴下に於ては孰れも成功し相當の利益を擧げつゝあり爲めに日本品の輸入は大打擊を受け逐年輸入額減少の傾きあり機械は多く米國又は英國製を使用し原料綿は、米國、英國、印度、日本等にして各工場により各地のものを用ひ居れり要するに襯類は維新を除きては未だ幼稚の域を脫する能はざるも靴下製造業は非常の發達を遂げたるものにして外國品の輸入を減少せること著しく將來當地の莫大小業は一層發達の見込あり而して當地の本業は規模大ならざるも比較的新式の機械を使用し居ること、毛燒機械、蒸壓機等進步せる機械を利用せること、荷造前粗惡品を擇り分け品物の整一に注意し居ること、製品の案外優良なること等は我當業者の留意すべき點なるべし(詳細は通商公報第三百三號參照)主なる工場は左の如し。

維新織造局　香港銅鑼灣
(英人及支那人の合資　支配人英商シエワン、トームス商會)
廣新織造局　香港對岸油蔴地

（支那人の合資資本金十萬弗）

金興織造局　香港對岸尖沙咀

（一支那人の經營、資本約六萬弗）

利民興國織造公司　香港對岸油蔴地

（支那人の合資、資本十萬弗）

華洋織造局　同

（同上資本八萬弗一昨年燒失し工場新築中）

七、豚脂製造業

當池に豚脂製造家數軒あり當地にて屠殺せらるゝ豚（一箇年二十萬より三十萬頭に上る）の脂肪分より製出し年額三萬擔内外に上る其大部分はマニラに輸出せられ新嘉坡及當地方の消費額亦少からず三四年前よりマニラに於て輸入畜産物の品質に關し嚴重なる規則勵行せられ一九一一年初頃より當地の豚脂製造法は米國及比島の Pure food Laws に適合せずとの理由により輸入を許可せられず多少産出減少の傾ありしも當地製造家は其製造所を當地屠殺場附近に移し且屠殺場監督官の監視の下に製造することゝし比島官憲も之を右法規に適合するものと認め同監督官の證明書を受けて輸出することゝなり爾來産額漸次增加の傾あり此等の製造所に於ては又腸詰類の乾燥肉類（Dried-meats.）を製出するもの多し。

政廳の調査によれば一九一二年中右證明書の下附を得て輸出したる豚脂百十二萬封度、乾燥肉類八萬餘封度に上り一三年に於ては双方共約三割の增加を示せりと云ふ今左に主なる製造家を示さん。

香港製造猪油臘味公司　香港堅垅地城

兆祥　同　匯興里四

益生　同　修打蘭街四

榮德　同　弓弦巷街三二

兆隆　同　德輔路三九六

八、製革及製靴業

當地に七、八箇所の支那人鞣皮所あり惡質なる製革を製出しつゝあるが數年前より傾向一變し南支那に産出する生皮は一旦當地に集りたる後大部分海峽植民地に輸出せられ彼南附近に産出する特種の樹皮を以て之を鞣し良質の製革に仕上げたる上再び香港に輸入し南支那各地の需要に當てらるゝもの著しく增加したるを以て當地の鞣皮業は漸次衰退の色あり（日本より當地に輸入する五倍子は本業に用ひらる）第一革命後支那人間に於ける西洋型靴の需要著しく增加し從つて男子、婦人、軍隊用洋靴の材料として製革の輸入額は非常の增加を來したるも（當地より支那に輸入する數量一箇年八萬弗）當地製品は品質不良にして到底外國品又は彼南製品に及ばず爲めに一方需要の激增に拘らず競爭品の壓迫を受け漸次市場より驅逐せられ當地本業の前途は悲觀せられつゝあり。

製靴業としては當地に大新製靴公司と稱する一會社あり千九百八年一獨逸人及支那人の發起により資本金十萬弗を以て設立せられ米獨より機械を購入し業務を開始したるが成績兎角不良にして數回組織を變更し後一支那人の經營に屬し恰かも第一革命に際し南支那に於ける洋靴の需要激增に乘じ社運を挽回し全盛時は製造高一箇月一萬五千足に及び支那人間に好評を博せしが其後需要の減退と粗製濫造の爲め大に信用を失墜し損失に損失を重ね居りしが今回の歐洲戰に遭遇し遂に解散の已むなきに至れり目下製靴及販賣に從事せる日本商店は櫻商行の外四商あ

り總て手工業にして製品比較的高値なるも外人間に歡迎せられ一箇月製造高は合計六百足內外なり。

九、石鹼製造業

獨商ブラックヘッド商會は千八百五十六年當市の東方約六哩なる筲箕灣に一工場を設け石鹼、曹達、化粧品其他化學製品の製造を開始したるが其主なるものは石鹼及曹達にして前者は一箇月間百八十萬封度を製出する能力を有す軟石鹼、鹹水石鹼、化粧石鹼、タール石鹼等を製し當地方の需要に當て又北支那方面に輸出せしが最近二、三年間餘り振はざりしが如し右の外支那人の經營する小規模のもの香港に二箇所對岸油蔴地に四箇所あり惡質の洗濯石鹼を製出し當地方の下流支那人に供給しつゝあるも其生產高多からず今後彼等の技術にして著しく進步せば兎に角目下の處にては支那人の石鹼業は望み少なし。

十、砂糖漬蕓類

本品は南支那著名の輸出品にして香港より海外に輸出する額は生薑及砂糖漬を併せ一箇年六、七萬擔の多額に上る當地には十五箇所の製造所あり內廣東より當地に移轉し來りたるもの數箇所あり第一革命及砂糖騰貴より影響を受け多少不況を告げたるも昨年度は景氣を恢復し製造高二割增加せり右の內三箇所は規模稍大にして海峽植民地、蘭領印度、英領印度、米國の輸出に從事しつゝあり。

十一、硝子製造業

硝子工場中最も古きもの廣生行有限公司の經營に係るものにして十餘年前に設立せられ市の東部銅鑼灣に在り又有名なる福惠公司の白沙湖（九龍稅關の三門支署の東方）工場は地方不穩の爲め三年前九龍に移され其外香港市に小工場八箇所あり原料

は新安縣平海方面に採り又當地方にて蒐集せる硝子屑を併用す總て小規模にして製品はホヤ、化粧罎、藥罎、菓子罎等にして概ね粗雜にして產額も亦僅少なり廣生行、福惠等二三のものは比較的良質のものを製出し居り一層進步改良を加ふるに於ては當地の本業は將來發展の望みあり右の中廣生行は古くより香水香油、齒磨粉其他の化粧品製造に從事し其硝子工場も亦其容器を製出する目的なるも自己の製產高にては其需要を滿すに足らざるを以て別に日本より輸入しつゝあり。

硝子工場は當地の外廣東にも小規模なるもの三十餘箇所あり主にホヤ、藥瓶、油壺等を製出しホヤの如きは外國品の輸入を幾分杜絕しつゝある現狀なるが今後若し香港廣東の本業にして一層發展を見るに於ては我國硝子製品の販路を侵蝕するの恐れあり我當業者は豫め之に備ふる處あるを要す。

十二、製紙業

香港島南岸アバヂーンに一製紙工場あり大成製紙會社（大成機器造紙有限公司）の經營に屬し千八百九十一年の設立に係り英國より輸入したる新式機械を使用し一晝夜九千封度を製出する能力を有す原料襤褸は南支那各地より蒐集し其他の材料は主に英國より仰ぎつゝあり製品は支那內地に需要せられ少量は海峽植民地其他南洋に輸出せらる千九百九年には約半數の機械を運轉し職工約百人を使用せしが千九百十年以來賣行比較的良好にして滿足なる進步を示しつゝあり。

十三、醬油製造業

支那醬油は日本品に類似するも製法は多少異なるが如し今普通の製法を聞くに大豆に小麥又は大麥の同量を加へ醱酵せしめ後食鹽を加へ更に大豆に三倍する淸水を混じ日々之を攪拌する

こと約二箇月に及び溶液を壓搾して製出すと云ふ而して製造用の甕は總て戸外の庭内に竝列し竹製の蓋を用ふるも天日降雨に曝露し置き決して家屋内にて釀造することなし當地には調珍、調源、田利、與隆、恒珍、調和等十餘箇所の製造所あり內三箇所は輸出業を兼ね歐洲（昨年英國向輸出五千八百箱）及米國に輸出す近年新嘉坡及南洋向輸出は多少減退の傾向あり、卸値段は七百封度入一樽二十弗內外とす。

十四、銀朱製造業

當地に左記四箇所の銀朱（銀硃）製造所あり、日本より輸入する硫黃と歐洲（倫敦等）より仰ぐ水銀とを用ゐ支那人特有の方法により化合せしめて製出し支那、日本、印度等東洋一帶に供給し居れり思ふに當地は自由港にして支那の他地方に比し原料の輸入稅を免かれ且製品輸出上にも便宜の地位にあるを以て古く廣東方面に行はれたる本業が當地に移りたるものゝ如し然るに近年獨逸より輸入せらるゝ人造銀朱は當地製品に比し遙に廉價なるを以て之が壓迫を受け漸次產額減少の傾ありと雖も而かも當地品は支那人の嗜好する獨特の鮮紅色を有し獨逸品の到底企及すべからざる長所あり且獨逸品は使用後色の褪せ易き缺點あるを以て急激に當地より本業の消失を見ること勿るべし千九百九年の當地產額は八百三十擔にして數年前に比し約半減したるものゝ如し其後多少減少の傾きありしも昨年度は約八百擔を製出し需要增加の爲め價格騰貴し好景氣を示したり。

永吉	香港	伍輔道二五六號
人和	同	文咸街七七號
大興	同	南北街七一號
大益	同	永樂街一一七號

十五、鉛粉製造業

隆記其他五、六箇所の鉛粉製造者あり原料は多く濠洲鉛を用ひ製法は支那人固有の方法によるものにして土間に多くの竈を設け此上に當地製出の酢を容れたる木槽を乘せ更に其上に同樣の木槽を重ね其中に鉛の薄板を入れ外部を密封し約三週間に亙り下より木炭の火を以て絕えず之を熱し漸次內部の鉛薄板を酸化せしむるものなりと云ふ其製出高一箇年約三千噸に上る可く廣東にも同樣の製造所一、二ありと云ふ原料鉛の價格擔十三弗位にして鉛粉の價格擔十五弗六、七十仙なり此等製品は南支那の需要に充てらるゝのみならず長江流域、北支那方面に輸出せらるゝもの多し將來支那の人智發達し衛生思想を喚起するに至らば本品の需要は減退すべきも現今に於ては一般支那人は此種白粉を化粧用に使用し滿足し居る程度なるを以て斯かる舊式の工業も當分其跡を絕つことなかるべし。

十六、酢製造業

前項記述の支那酒釀造業者は又總て酢を製出す比較的大なるもの七箇所あり千九百十一年には八十五萬瓩、十二年には八十三萬四千瓩を製出したるが昨年は多少不況なりしを以て產額幾分減少したり主に支那人の調理用に供せらるゝも前項銀朱製造用にも用ゐらる、大部分は當地方の需用に應ずるものにして殆んど輸出なし。

十七、淸凉飲料水

當地ワトソン商會（屈臣氏藥房）は別に淸凉飲料水製造部を設け市の東方銅鑼灣に製造工場を有し大規模に曹達水其他の夏期飲料水を製出しつゝあり同商店は創立以來七十餘年に上り藥種店として內外に信用厚く其製造高は之を知ること困難なるも

當市場に供給する曹達水の大部分は其製出する處に係り其額莫大なるが如く又廣東、汕頭、厦門等にも輸出せらる其他廣生行安樂水房、威建汽水房、源和洋行、ベルグダール商會等夫々曹達、ラムネ類を製出し當市場に供給しつゝありそれが爲め歐洲及日本より輸入する鑛水各種炭酸水等は販路開拓に少からず困難を嘗めつゝあり。

十八、金屬器製造

金屬器の製造亦孰も大規模のものなく總て支那人の家内工業にして其數少からず、銅器製造所は香港側二十二軒、對岸油蔴地及深水埔に二十四軒あり小型の家内用品神佛祭壇用品等を製出し多く暹羅其他南洋方面に輸出せらると言ふ其他金銀器製造所は香港側百五軒、對岸十三軒、鐵器、香港側七十八箇所、對岸四十箇所、錫器、香港側六十一箇所、對岸三箇所あり。

十九、錫精錬業

香港市場の錫は殆んど總て雲南產錫にして大部分は海防經由一部分は廣西通過香港に輸入せられ精錬の上歐米、日本、支那等に輸出せらる、當地に志興、同德、永康、寶源、天發、天與等六戶の錫精錬業者あり、千九百十五年には雲南より約七千噸廣西より約一千噸を輸入し此等錫店にて精錬の上日本に一千噸上海に八百噸、歐洲及米國に五千七百噸を輸出したり、又此外支那沿岸諸港に少量の輸出ありたり倘ほ精錬により數量に於て約二乃至三パーセントを減少すと云ふ。

第十五編 農、鑛、漁業

農業

香港島は全島丘陵を以て覆はれ平地極めて少なく又租借地內も地味磽确にして耕地少なく少量の農產物を產するに過ぎず、當植民地總面積を耕地と未耕地とに分てば

耕地	四一・八八〇
未耕地	二〇七・七一一
總面積	二四九・五九一

即耕地面積の約一割六分を占むるに過ぎず、而も耕作し得べき部分は既に耕作せられ、今後開拓し得べき餘地殆んど皆無なり、但租借地內の住民は漁業の外は總て農業に從事するものにして米、甘藷、落花生、甘蔗、大麥、鳳梨、梨、荔枝、密柑、バナヽ等を耕作す、今主要耕作物の面積見積を示せば左の如し

米田(二回及一回作)	二、五〇〇	甘蔗	三、一〇〇
米田(二回作)	一九、〇〇〇	鳳梨	五〇〇
米田(一回作)	三、一〇〇	果樹園	一〇〇
甘藷	八、七〇〇	落花生	三、三〇〇
計	四六、三〇〇		

當植民地內は森林少なく丘陵は多く矮樹、雜草を以て充され租借地內丘陵面積約三百平方哩中自然林の面積は約五千二百噎即八平方哩强に過ぎず、而して此自然林は村落より遠き爲め支那人の伐截を免れ又は殊に濕潤の部分に發育したるか或は村落の近傍に在りて迷信的觀念より保存せられ居るものゝ如し、殊

に支那人は伐木盛んなるのみならず平地に於ても樹木少なし、之れ住民は農作を害する鳥類の繁殖を防ぐ爲め樹木の繁茂を好まざるによる、香港島の如き三、四十年前に於ては大部分禿山なりしも政廳に於て植林に努め嚴重なる規則を設けて伐木者を取締れる爲め現今に於ては全島殆んど青緑を以て覆はるゝに至れり、又租借地にては租借以來松樹其他の栽培に努め又人民の植林を奬勵しつゝあり、目下政廳の松樹を植付けつゝある面積六千八百噎、住民をして栽培せしめつゝあるもの四萬二千噎に達す。

牧畜亦盛んならず、植民地に飼養せらるゝ畜類は馬百頭（軍隊用を除く）牛（水牛を含む）千三百十五頭、山羊百二十三頭の見積にして牛、馬は多く耕作に使用せられ、山羊は主に印度人が搾乳用として飼養するものとす、其他牛、羊、山羊多數に輸入せらるゝも總て食用に供せらるゝものとす、此外支那人村落にては豚、家禽類も相應に飼養せられつゝあり。

當地にて牛乳を飼養するは香港牛乳公司（Dairy firm Co. Ld.）を主とし其他香港、九龍附近に支那人の搾乳場數箇所あるも孰れも規模極めて小なり、香港牛乳公司は千八百九十四年英米人により設立せられ資本金三十萬弗（一株七弗五十仙、四萬株）にして牛乳搾取業の傍ら野菜、牛肉、羊肉、家禽、濠洲產兎肉、山羊肉、牛肉ソーセージ、ハム、ベーコン、チース等を輸入販賣す、香港島内ポクフラム附近に廣大なる牧場あり、乳牛三百五十乃至四百頭を有し當地方牛乳の需要を充すに十分なり、會社設立後間もなく牛疫流行し又牧草を得るに困難を感ぜしが目下財政狀態良好にして近年二割餘の配當を繼續し居れり。

鑛業

香港植民地は鑛業上殆んど見るべきもの無きが如し、南大澳島（ランタオ）には舊き銀鑛一個あり、又租借地、碗園地方には鉛の廢鑛あり、碗園には一種の粘土を產し之を採掘して陶器の製造に用ひ居れり、又大鵬灣の坪州島には石盤石を產するも未だ掘出を試みず、此等地方は未だ多く未調査に屬す。

香港島及大陸の丘陵は多く花崗石より成り石材は極めて豐富にして當港の建築、土木工事に使用せらるゝのみならず、廣東デルタ地方にも多量に輸送せらる、今主なる石切場の所在、面積及地代を示せば左の如し。

	名稱	面積（噎）	地代年額（弗）
香港島	七姉妹	一三,〇三	九〇
	筲箕灣	七三,九〇	三,一八九
九龍	鶴園	八,四四	三,一〇〇
	馬頭角（七號）	六,七〇	一,一〇〇
	同（八號）	四,六〇	一,八〇〇
	馬蹄	一,九四	二八〇
	佐頓路	四,六五	一,〇〇〇
	油蔴地	二,九八	九五〇
租借地	牛頭角（A六）	二,〇〇	九五〇
	同（A一より五、七、十十九、二十、二十五）	一〇,一三	一,五三六
	同（A九、十一より十四、二十一、二十二）	三,九〇	五〇〇
	柴罔嶺	二四,五六	三,三九六
	西草灣	一六,五三	五五〇
	鯉魚門	二六,四四	四,四〇三

牛尿灣	一二,三九	二,六〇〇
聯橋潭	七六,〇〇	七七〇
樵樓角	三三〇,〇〇	六〇〇
計		二七,六四

鑛山試掘及採掘に關しては千九百六年の prospecting & Mining ardinance なる規定あり、總督は貸下地たると否とに拘らず鑛山試掘權を適當と認むる期間、適當と認むる條件にて何人にも許與することを得、免許狀の期間は六箇月以內とし更新の許否は總督の判斷による、又右と同樣に鑛物採掘權を與ふる免許狀を下付することを得、其期間は一箇年以內とし更新の許否は總督の判斷による、總督は七十七箇年以內の期間鑛物採掘權を讓與することを得、其條件及期間は總督に於て夫々決定す。

漁業

千九百十五年中の香港島內の諸港灣に往復したる各種漁船の總數は約二萬隻に上る見込にして內二三人の漁夫が乘込み得る小型の漁舟最も多し、漁船の根據地は香港島にては筲箕灣、アバヂーン、スタンレー等とし租借地內にては主に諸島嶼に於ける各小漁村とす、漁業用戎克の寄港多きは筲箕灣、アバヂーン及長州島とし此等村落の繁榮は全く漁業の盛衰如何に係るものとす、漁業地は廣東灣附近一帶に亙り香港島、長州島、南大澳島附近、澳門近海を初め遠く五十哩乃至百哩內外の海上とし時に向一層遼隔の外海に出漁することあり。

漁業の大部は大型の戎克にて行はれ、帆を有し一隻約四十人の乘組あり、普通二隻宛聯合して出漁す、一回の出漁日數は漁獲の如何によりて一定せざるも一週間或は十日間位にして歸來するを常とす、我打瀬網に類似の網を使用し長四十間內外にして中央部の幅非常に廣く兩端に至るに從ひ次第に狹小となり、此兩端を二隻の戎克に結付け之を曳きて魚族を捕ふ、出漁に際しては豫め鹽を用意し漁獲する每に鹽をなし又は其儘乾燥せしめて貯藏し、歸航前に漁獲したる新鮮なる分のみ鮮魚のまゝ市場に供給す、大型戎克の數は香港のみにて約五、六百隻位の見當にして澳門は從來より漁業の一大根據地なれば大型戎克の數は遙に香港の上にあるべし、此種戎克の一種に普通鹹魚船と稱するもの約二十有餘あり、香港に於ける鹽魚商店（鹹魚欄）七八軒が各自二三隻宛を所有するものにして遠く北海、海口、安南邊の海上に出漁し約一箇月間にして歸航するを常とし漁獲物を鹽藏して右商店に供給す、元來漁業は一種の投機的職業にして一隻の出漁戎克は全然漁獲なくして歸航することあり、其漁獲量を一言にして云ふ能はざるも一箇年の出漁回數は十回內外にして香港島に屬する漁船にても其獲物を必ず香港に供給するものに非ず、時に漁業の都合により澳門に寄港し魚類を賣却すること少からず

次は小型の戎克によるものにして帆を有せず、風波稍靜かなる場所にて前者よりも小型の打瀬網其他の漁具を使用して單獨に漁撈するを常とし、舊曆十月の所謂黃花期に際して二隻宛聯合して出漁し打瀬網を使用することあり、普通十四五人の乘組を有し一箇年平均一千弗乃至二千弗の漁獲ありと云ふ、此種の漁船は香港のみにして約百二、三十隻あり、右打瀬網の外夜間炬火を用ひて魚類を來集せしめ時を見計ひ網を投ずる方法あり或は一、二哩に亙る繩に大なる魚鉤を多數結付け小魚又は肉類を餌とし數時間海中に沈め置き漁獲することあり、出漁日數は

普通四五日位なるも必ずしも一定せず、漁獲の都合により一日にして歸航することあり。

第三は最も小型の漁舟にして其數最も多く當政廳管內至る所の漁村に在り、所々の小灣入江に群集し小網又は釣針等を以て漁業に從事す、又支那領平海より出漁し來り南大澳島附近の海上にて夏季小蝦の漁獲をなすもの少からず、上記の漁獲法の外魚扠を用ふるものあり、又所謂騙し釣方法により魚の形に模倣したる檀香木製のものを使用することあり、又烏賊を捕ふるには幾百の空殼を附したる長き糸を海中に垂し烏賊が之等の貝殼に這入りたる頃を見計ひ引上げ、又は長さ二十呎計りの針を有する竹叉を用ふることあり、網の種類は前記打瀨網の外張網、地引網、建網、投網、四つ手網等種類頗る多し、漁期は魚族及漁法によりて相違あるも一般には十月より翌年五月までとし六月乃至九月頃は風向の定まらざると當地方にて特に危險なる颱風襲來の虞あるを以て出漁すること少なし、併し沿岸の漁業は時期を選ばず行はれ、張網は主に六月より九月の間に多く鰱は六月頃漁獲せらるゝこと多し、黃花魚は十一月頃の潮流と共に大群をなして來り同月を漁獲期とし鰍魚は一、二、三月中に群來すと云ふ。

魚族の種類は頗る多く日本名を以て記載すること困難なるものあるを以て支那名及英語名を以て主なるものを記し、併せて其小賣價格を示せば左の如し。

（一封度に付）

	普通價格（弗 仙）	最高價格
Barbel, —Ka Yu （嘉魚）	、一〇	、一六
Bream, —Pin Yu （扁魚）	、一七	、一八
Canton Fresh Water fish, —Hoi Sin Yu（海鮮魚）	、〇八	、一五
Carp, —Li Yu （鯉魚）	、一三	、二〇
Catfish, —Chik Yu （赤魚）	、一八	、一二
Codfish, —Mun Yu （敘魚）	、一八	、一四
Crabs, —Hoi （蟹）	、三三	、三六
Cuttle fish, —Muk Yu （墨魚）	、一六	、一六
Daf, —Sha Mang Yu （沙孟魚）	、一八	、一二
Dace, —Wong Mei Lap （黃尾鱲）	、一四	、一五
Dog fish, —Tit to Sha （跌例沙）	、〇八	、一〇
Eels, Conger, —Hoi Mau （海鰻）	、一八	、一五
Fresh Wates, —Tam Shui Yu （淡水魚）	、一九	、一八
Yellow, —Wongsin （黃鱔）	、二八	、三三
Garoupa, Shek Pan （石斑）	、六〇	、四〇
Gudgeon, —Pak Kap Yu （白鴿魚）	、一六	、一六
Herring, —Tso'Kak （曹白）	、二〇	、二〇
Halibut, —Cheung Kwan Kap （將軍甲）	、三六	、二〇
Labrus, —Wong fa Yu （黃花魚）	、二三	、一八
Loach, —Wu Yu （烏魚）	、三〇	、二六
Lobsters, —Lung La （龍蝦）	、三五	、二八
Mackerel, —Chi Yu （紙魚）	、一二	、二〇
Monk fish, —Mong Yu （芒魚）	、三三	、三三
Mullet, —Tsai Yu （柴魚）	、二八	、一六
Oysters, —Shung Ho （生蠔）	、三〇	、二三
Parrotfish, —Kai Kung Yu （鷄公魚）	、二〇	、一二
Perch, —Tau Lo （頭鱸）	、一〇	、一八
Pike, —Fa Pau Fong （花破蓬）	、三〇	、一六
Plaice, —Pau Yu （斑魚）	、二〇	、一五

Pom fret black, —Hak Chong（黑倉）	、二四	、二六
Pom fret White, —Pak Chong（白倉）	、二四	、二八
Prawns, Ming La（明蝦）	、四八	、三八
Ray, —Pai pa sha（琵琶沙）	、〇九	、一〇
Rock Fish, —Shek Kau Kung（石狗公）	、一八	、一五
Roach, —Chun Yu（蠢魚）	、一〇	、一二
Salmon, —Ma Yu（馬友魚）	、四〇	、三〇
Shark, —Sha Yu（鯊魚）	、〇九	、〇七
Skate, —Po Yu（蒲魚）	、一一	、〇八
Shrimps, —Ha（蝦）	、三〇	、二五
Snapper, —Lap Yu（臘魚）	、二六	、二八
Soles, —Tat Sha Yu（撻沙魚）	、二四	、二六
Tench, —Wan Yu（鯇魚）	、一〇	、一六
Turbot, —Tso Han Yu（左口魚）	、二四	、一八
Turtles, Small, fresh Water, —Keuk Yu（脚魚）	、六〇	、六〇

備考　前表上段の價格は千九百十三年十二月に於ける實際の小賣相場とし下段は歐洲戰爭開始後各種食糧品の小賣値段法外に騰貴するを防止する爲め政廳にて規定したる最高小賣價格にして若此値段以上に販賣したる時は罰金を課せらるゝ規定なり。

右の中扁魚、鯉魚、淡水魚、烏魚、芒魚、鯇魚、左口魚、脚魚等は淡水產に屬し他は海水に産す。

魚價は天候、風向、潮流等の關係により漁獲に豐凶あるを以て甚だしき變動あり、爲めに槪言すること困難なるも前表により其大體を察することを得べし、又鹽魚は一擔約十二弗の平均相場とす、前記中新鮮なる河魚は大抵廣東及西江流域より輸入せらるゝものにして蠣は近海に其產額頗る多く殊に深州灣には廣大なる蠣養殖場あり。

數年前當地に英國人支那人の資本より成る中國漁業有限公司なる會社設立せられ一隻のトロール船を以て近海の漁業に從事したるも失敗に歸し僅か數箇月にして當方面の漁業を中止したり。

當地の漁業は二、三十年前に比し漸次發展したるものにして人口の增加に伴ひ魚類の需要增加し且魚價も從て高騰したるは其發展を促したる所以なるべし、然れども支那人の漁獲法は依然として支那固有の幼稚なる方法によりつゝあり。

左に漁業に關する法規を少しく摘記すべし

トロール漁業規則　櫂、帆以外の蒸汽其他の動力により航行する船舶は植民地沿岸三哩以內に於てトロール漁業を爲すことを禁ず、西洋型船舶にして遠洋にてトロールに從事する船舶は規定の燈臺税又は規定の料金を月賦により納付すべし。

漁業規則　䍐（Stake Nets）又は卷網（Seine Nets）所有者は毎年規定の免許料を港務局に納付すべし、免許狀は他人に讓渡することを得ず、免許狀には其使用すべき場所を明記すべし。䍐を建設するには豫め港務局長の許可を要す、其許可書には䍐の種類及使用場所を記入すべし、䍐を新設せんとする者は已設の䍐所有者の同意を得ずして之より二百碼以內に建設するを得ず、䍐には夜間一哩の距離より見得べき白燈を掲ぐべし、領海內にて爆發物を以て魚類を捕獲することを得ず、免許料年額は左の如し

外海に於ける䍐

五尋未滿の水深に於けるもの　四弗

五尋以上の水深に於けるもの　五弗
　內海に於ける臥
普通のもの　二弗
一箇所に定置せざる臥又は網每百碼に付　一弗
一箇所に定置せる臥又網每百碼に付　一弗
卷　網　二弗

牡蠣漁業規則　牡蠣の養殖及採取を營むには免許狀を要す、免許狀は總督の認可したる者に對し規定の料金を徵して下付せらる、免許所有者が香港の人民又は住民に非ざる時は必要に應じ保證金として百弗を供托せしむることを得

小型漁船免許規則　小型漁船の漁業免許は港務局に於て附與し規定の料金を徵す

爆發物使用禁止規則　領海內に於て魚類捕獲の目的を以て爆發物を使用したる者は二百弗以下の罰金又は二箇月以下の禁錮に處す

第十六編　移民及勞働

移民法規ノ概要

香港に於ける支那移民に關しては主として支那人搭載船條例(Chinese Passengers Act, 1855)及亞細亞移民法(Asiatic Emigration Ordinance, 1915)に遵據するものとす、支那人搭載船條例は千八百五十五年本國に於て制定せられ翌年一月より施行せられたるものにして當時不德義なる當業者が航海に堪へざる老朽船に多數支那人を搭載し船內空氣の不通、糧食の缺乏如何を省みずして妄りに利益を食らんとせしを防ぎしものなり、右條例によれば「支那人船客搭載船」とは香港植民地內の一港より發航する各國船舶及支那の一港又は支那沿岸より百哩以內の地點より發航する英國船舶にして亞細亞人(支那人)二十名以上の乘客を搭載する船舶を言ひ該船舶は其設備、搭載の飮食料品、藥品等に關し移民輸送に十分なるに於ては當政廳移民官より證明書の下付を受くるものとす而して亞細亞移民法に於ては移民船の取締、免許證の種類、移民の檢疫、移民仲立人、移民宿泊所等に關し規定し右移民船は前記證明書の外更に香港總督又は移民官より免許證の下付を受けざれば當港を發航することを得ざるものとす、昨年迄は前記支那人搭載船條例並に之に基き制定せられたる支那人移出民法(Chinese Passengers(or Emigration)Ordinance, 1899)施行せられたりしが千九百十五年末亞細亞移民法制定せられ支那人移出民法を廢止し且右條例中亞細亞移民法に抵觸する部分は效力を有せざることゝなれり、今亞細亞移民法の梗概のみを左に摘記すべし。

亞細亞移民法(一九一五年)梗概

第一章　字義

移民　とは亞細亞の土人にして移民船の乘客として輸送せられ又はせられんとする者を云ふ、但本法に除外したる者を含まず

補助移民　とは植民地以外の場所に於て雇傭勞働の意思を有し其目的を實行する爲め金錢其他の補助を受くる男子移民を云ふ

自由移民　とは勞働契約を爲さざる移民を云ふ

移民船　とは總ての香港移民船及香港外移民船を併稱す

香港移民船　とは香港植民地內の一港より二十名以上の亞細

亞士人を輸送する船舶を云ふ

香港外移民船　とは支那の一港又は支那沿岸より一百哩以内の地點より亞細亞士人二十名以上を輸送する英國船を云ふ

移民官　とは植民地内にては港務局長及其代理者を云ひ植民地以外にては本國移民條例の規定を遂行する爲め英國植民地の總督により任命せられたる正當官吏を云ふ

長期航海　とは總督が三十日以上の航海なりと布告したる航海を云ふ

短期航海　とは總督が七日以上三十日以内の航海なりと布告したる航海及總督が短期航海なりと布告したる其他の航海を云ふ

第二章　移民船

一、二十名以上の移民を搭載して植民地領海に到著する船舶又は植民地より二十名以上の移民を搭載せんとする船舶の船長は到著後二十四時間以内に移民官に其到著を報告すべし

一、船舶が移民輸送に決したる時は船主又は傭船者又は其代理者は移民官に對し船名、目的、出帆豫定日を通知すべし

一、移民船は移民官より證明書の下付を受けずして出帆することを得ず

一、移民船の船長が總督の下付したる免許證を有するに非ざれば發航することを得ず又移民官は之に對し證明書を下付することを得ず

一、免許證は左の三種とす

一般免許證(General license)及特別免許證(Special license)は植民地内の一港より移民を搭載して發航せんとする移民船に對し下付するものにして總督之を下付す、前者は期間に制限なきものにして後者は郵便船に限られ期間に制限あり、外港免許證（Outport licence）は植民地以外の一港より移民を搭載して發航せんとする移民船に對し下付するものにして移民官之を下付す

一、總督は船舶に對し一定期間に對する又は一定航海數に對する又は特定港間の航海に對する一般免許證を下付することを得

一、總督は定期郵便船に對し又は總督が第一級船と認めたる船舶に對し十二箇月以内の一定期間に對する又は十二箇月以内に終了すべき一定航海數に對する又は特定港間に對する特別免許證を下付することを得

一、一般免許證又は特別免許證の下付は全く總督の判斷による又外港免許證の下付は全く移民官の判斷による

一、左記の條件を履行するに非ざれば免許證を下付するを得ず

(a)船長が規定の樣式に遵ひ移民官の認めたる二名の保證人と共に一千磅の金額に對し誓約すること

(b)船主又は傭船者又は其代理者が規定の樣式により詳細事項を報告し且移民官の要求する其他の事項を報告すること

(c)船主又は傭船者又は其代理者或は船長が移民官に對し免許證に對する規定の料金(一般及特別十五弗、外港五弗)を支拂ひたること

(d)總督又は移民官が規定すべき其他の條件を遵守したること

一、移民船は自由移民の外移民の輸送を禁ず。

一、移民船の搭載する移民數は同船登簿噸數十噸に對し一人を超ゆるを得ず。

一、船內の設備、乘客に對する設備及取扱に就ては三種の詳細なる規定あり、附屬第四表は一般及外港免許證を有する短期航海の移民船の遵守すべき事項を規定し、第五表は特別免許證を有する短期航海の移民船の遵守すべき事項を規定し、又第六表は長期航海の移民船の遵守すべき事項を規定す、長期航海に對するものは短期航海に對するものより遙に精細なる規定あるは勿論なり、又特別免許證を有する短期航海の船舶に對する規定は一般又は外港免許證を有する短期航海の船舶に對するものより少しく寛大なり之れ特別免許證は郵便を運送する優等の船舶に對してのみ下付するものなるを以てなり。

第三章　移民

一、移民の檢疫

移民船は檢疫官の檢疫を經て移民乘客又は船員中身體又は精神上航行不適當なる者或は他人の健康及安全を危險ならしむる虞ある者無きことを檢疫官が移民官に證明せざれば發航することを得ず。

移民、乘客又は船員の檢疫は船上に於て之を爲すか又は移民のみに就ては其乘船前移民官の指定したる時間に其指定したる場所(陸上)に於て之を爲すべし。

補助移民の檢疫は乘船後船上に於て之を行ふ外更に乘船前陸上に於て之を爲すべし。

一、移民仲立人

何人も規定の樣式に遵ひ支那事務局長の認めたる二名の保證人と共に五千弗に對し誓約をなすに非ざれば移民仲介業を營み又は移民船の移民を募集し又乘船切符を販賣し或は貸與することを得ず、而して右誓約證は仲立人免許證の下付を受くる毎に更新すべきものとす。

移民仲立人免許證の下付を受けんとする者は支那事務局長に申請すべし、該免許證は其下付を受けたる年の十二月三十一日迄及其後二週間效力を有す。

移民乘船仲立人が移民の乘船切符を契約したる時は其契約及移民の姓名、年齡、男女の別、及船名を支那事務局長及移民官に通知すべし。

一、移民宿泊所

補助移民は本法に依り免許を受けたる宿泊所に四十八時間以上宿泊したる者に非ざれば支那事務局長の許可なくして移民船に乘込むことを得ず。

本法により免許を受けたる補助移民宿泊所の外何人も補助移民收容の設備を爲すを得ず。

補助移民宿泊所免許證は支那事務局長之を下付し其期間は十二箇月以內とす。宿泊所の主人は規定の條件を遵守する爲め支那事務局長の認めたる二人の保證人と共に一千弗に對する誓約を爲すべし。宿泊所の主人は宿泊せる移民の數、姓名、其他詳細事項を支那事務局長に報告すべし。移民宿泊所の主人は其宿泊所より補助移民の乘船する場合又仲立人は十六歲以下の男子移民、又は各種の女子移民に對し乘船切符を供給する場合には兩者共支那事務局長又は指定せられたる場所に出頭し同局長に對し此等移民の寫眞各二通に姓名、年齢、男女の別、目的地、職業、其他詳細を記載したる表を添付して提供すべし。

第四章　罰則(省略)

移民出入狀況(一九一四年)

香港政廳に於て移民の取扱を受けたる各種移民の出入數に關しては港務局長の統計あり、左に之を摘記すべし。玆に注意すべきは香港を出發する移民の大部分は廣東省各地の支那人にして其他廣西省、福建省、海南島人を包含し歸來移民も亦此等地方より出稼したるものにして香港は單に彼等の通過地たるに止まり香港人口の移動するものに非ざることなり。

千九百十四年中香港を出發し海外各地(支那を除く)に向ひたる移民數は七萬六千二百九十六人にして前年の十四萬二千七百五十九人に比し六萬六千四百七十三人の減少とす右の中四萬九千七百八十人は英國船により殘り二萬六千五百十六人は外國船によりて輸送せられたり。

海外各地(支那を除く)より香港に歸來せる移民數は十六萬八千八百二十七人にして前年の十六萬六千九百二十一人に比し千九百六人の減少とす此等歸來移民は初め當植民地又は附近の支那沿岸諸港より出發したるものなり右の内十二萬九千百六十四人は英國船により輸送せられ他の三萬九千六百六十三人は外國船により歸來せり今前記數字を地方別に表示すれば左の如し。

○香港より海外に向へる移民數

行先地	成年者 男	成年者 女	未成年者 男	未成年者 女	計
阿弗利加	九二	八	六	二	一〇八
濠洲	二,〇二二	九	五	一	二,〇三七
カルカッタ	一,一〇六	一八	二〇	六	一,一五〇
加奈陀	五,三二二	九	一七一	七	五,五〇九
カロリン群島	五一六	二五	一四	三	五五八
蘭領印度	二,一五一	四二一	四三四	八六	三,〇八二
フイジー	五七	—	二	—	五九
ホノルル	一,〇〇〇	一八三	七二	三一	一,二八六
日本	四二九	二八	一〇八	六	五七一
馬耳塞	一〇三	—	—	—	一〇三
マウリシアス	三六六	四三	四四	九	四六二
墨西哥	一,一〇三	二	四六	—	一,一五一
南米	四五二	一〇	一八二	—	六四四
海峽植民地	三四,二四一	七,二九五	二,五三三	九一五	四四,九八四
タヒチ	七三四	一六	一四	一	七六五
チモール	一五七	—	—	—	一五七
北米合衆國	四,二四九	四一	二九七	九	四,五九六
英吉利	一一四	—	—	—	一一四
計	六三,一八四	八,〇九八	三,九三八	一,〇七六	七六,二九六
前年計	一一六,四八一	一六,六〇〇	七,六一九	二,〇五九	一四二,七五九
英國船によるもの	三九,七九二	六,六〇四	二,五二八	八五六	四九,七八〇
外國船によるもの	二三,三九二	一,四九四	一,四一〇	二二〇	二六,五一六

○諸外國より香港に歸來せる移民數

地名	成年者 男	成年者 女	未成年者 男	未成年者 女	計
濠洋	二,八九八	一〇四	一八三	三〇	三,二一六
盤谷	八三九	七三	七三	一七	一,〇〇二
加奈陀	四,〇九八	九五	一六五	二二	四,三八〇
蘭領印度	八,〇九七	一四八	二四〇	四六	八,五三一
ホノルヽ	七九八	五六	九三	一六	九六三

日本	六六五	四六	四〇	二	七六三
マウリシアス	一,〇一〇	一四	三一	七	一,〇六二
墨西哥	二六五	七	一六	一	二八九
南米	一二六	一四	六	二	一四八
海峽植民地	一三三,六九〇	三,五六九	三,〇三六	一,〇三六	一四一,三九八
北米合衆國	六,五〇五	二二一	三一三	七七	七,一一六
計	一五八,九九一	四,三四七	四,二二四	一,二六五	一六八,八二七
前年計	一五二,七二〇	九,六七三	三,三九九	二,一二九	一六六,九二一
英國船によるもの	一三一,九三一	三,三五九	二,九一〇	九六四	一三九,一六四
外國船によるもの	三七,〇六〇	九八八	一,三一四	三〇一	三九,六六三

最近五年間香港より諸外國(支那を除く)に赴ける移民數左の如し。

		一九一〇年	一九一一年	一九一二年	一九一三年	一九一四年
海峽植民地	男	六五,三七二	八三,八七五	六八,八〇九	八五,〇九九	一三七,七六四
	女	一一,三三三	一七,〇三一	一五,二二五	一七,二五四	八,二一〇
	計	七六,七〇五	一〇〇,九〇六	八四,〇三四	一〇二,三五三	一四五,九七四
其他諸外國	男	三三,六九二	三三,九三五	三七,七九一	三九,〇〇一	三〇,三五八
	女	六六一	七二四	八四二	一,四〇五	九六四
	計	三四,三五三	三四,六五九	三八,六三三	四〇,四〇六	三一,三二二
合計		一一一,〇五八	一三五,五六五	一二二,六六七	一四二,七五九	一七六,二九六

最近五年間諸外國(支那を除く)より香港に歸來せる移民數左の如し。

海峽植民地	男	一一〇,四三九	一一四,〇六九	一二三,五九四	一三三,三六三	一三六,七五三
	女	七,五二四	五,六八八	七,八六九	一〇,三八一	四,六〇五
	計	一一七,九六三	一一九,七五七	一三一,四六三	一四三,七四四	一四一,三五八
其他諸外國	男	三〇,九八六	二八,八一六	三〇,三三五	三一,七五六	二六,四六二
	女	六一五	一,三二五	一,四五〇	一,四二一	一,〇〇七
	計	三一,六〇一	三〇,一三七	三一,七八五	三三,一七七	二七,四六九
合計		一四九,五六四	一四九,八九四	一六三,二四八	一六六,九二一	一六八,八二七

補助移民及婦女、未丁年者移民狀況(一九一四年)

前項記載の支那人移民總數中補助移民(男子)、十六歲以下の男子移民及總ての女子移民に關しては當政廳支那事務局にて特別の取扱を受け身體檢査の外本人の自由意思により出稼せんとする者なりや否や、補助移民に就ては其傭主との關係、契約の內容等を調査するものとす、由て今支那事務局長の報告に基き補助移民(男子)、十六歲以下男子移民及總ての女子移民に關する狀況を記述すべし。

▲婦女及未丁年者移民(自由移民)

本年中(千九百十四年、以下傚之)婦女及未丁年移民の檢査の上出發を許可せられしもの一萬三千百六十二人(內婦女八千百五十八人、少女千二人、十六歲以下男子四千二人)にして前年の二萬六千八人に比し著るしく減少せるは戰爭の爲め移民行先地の產業不振なりし結果なり其主なる減少地は新嘉坡及彼南行にして此兩地行は前年の二萬二千三百十八人に對し僅に一萬千二百四十九人に過ぎず是れ海峽植民地政府に於て開戰と同時に支那より來る甲板乘客を全く禁止したるに因る其結果一月乃至七月迄の移民數は過去三年間の平均數と殆ど大差なく七月迄の平均數千七百八十六人なりしに對し八月乃至十二月の總數は僅に百十九人に過ぎず。

十六歲以上婦女子の職業別を見るに八千百五十八人中五千二百四十人は其夫又は親族と同行し又は其呼寄によるものとし二千六百一人は下婢、三百二十九人は裁縫師、百九十二人は娼婦とした届出たり其他授結十八人、尼六人とす。

婦女及未成年移民總數中二十七人(即ち二厘)は取調の爲め當地に留置せられ其中十七名は取調の上出稼を許可せられ其他は郷里に送還し又は夫、親族に引渡したるものとす。

▲男子補助移民

香港より他の英領行補助移民は本年六月より廢止せられ蘭領印度行補助移民は七、八月まで或程度にて繼續し八月迄に五百四十八人の苦力はマントク及ビリトン島に赴く途中當地を通過したるが戰爭開始せしを以て此種移民も亦中止せり。

當地にて檢査を受けたる補助移民の總數は一萬二千二百七十二人にして内八千二百七十八人は取調の上出稼を許可せられたり(前年は二萬二千九百八十四人中一萬七千四人許可)、取調に際し出稼を希望せざる旨申立てたる者八十九人にして總數の一分五厘二毛に當る(前年は二分五厘八毛)、香港に於て勞働に不適當として拒絶せられしもの二百九十五人、新嘉坡に到著の上同樣拒絶せられし者九十六人、計三百九十一人にして此等の被拒絶移民は總て香港の東華病院(患者收容の外支那人に關する此種の慈善事業を行ふ)の手を經て右補助移民を取扱へる移民宿泊所の費用を以て各郷里に送還せり。

英領北ボルネオ行補助移民は殆ど皆無なりしも本年中四十五人より成る勞働者の一團は當地通過同地に赴けるが如し。

老衰苦力を其傭主の費用を以て送還せしむることに就ては當政廳は新嘉坡政廳と打合を了し其結果二百三十人は本年中香港經由郷里へ送還せられたり。

當政廳は英領北ボルネオとも同樣の取極を爲し三百四十五人の老衰及貧困者(内約百名は戰爭に基く失職者)はサンダカン及ゼッセルトンより香港に歸還し東華病院の手を經て郷里に送致せり此種勞働者の送還に關しては本年初當地劫行洋行(Gilb, Livingston & Co.)を英領北ボルネオ政廳の代理者に任命し滿足なる取扱を爲さしむるに至れり目下取極の取扱法は頗る滿足なるものにして勞働者の一隊が香港を經由しサンダカン又はゼッセルトンを出發する時は北ボルネオ支那人保護官は當支那事務局及劫行洋行に書信を以て其旨を通報し勞働者の到著を待て東華病院を經て各其郷里に送還し送還費用は劫行洋行より回收するものとす。

上記老衰勞働者の外一萬四千三百七十人の强壯なる苦力(其多くは補助移民として始て出稼したるものにして總て今回の戰爭の爲め解雇せられたる者)は海峽植民地及馬來聯邦より送還せられたるが右は豫め特別の取極を行ひ該勞働者香港に到著の上各人に少許の金員を施與し且つ其目的地に至る旅費を給したり。

契約移民が當支那事務局に豫告せずして蘭領印度より送還せられつゝあるを九月中旬に至り同局に於て發見せり、由て當地和蘭總領事に交渉し蘭領印度政府に對し契約移民が香港に歸還する場合には豫め當政廳に通知ありたき旨を希望したり、其結果年末迄に三百三十七人の契約移民は蘭領印度より香港經由支那に送還せられたるが此等は總て契約期間滿了のものにして且つ當地蘭領印度銀行支店(ビリトン會社代理店)に於て取扱ひしを以て何等政廳の保護を加ふる必要を見ざりき、但し貧困者らしき十七名の一團は東華病院に收容の上郷里に送還し該費用は和蘭總領事を經て和蘭政府より回收したり。

歸還勞働者補充の爲め潮州地方よりビルトンに向はんとする

移民にして當政廳に於て檢査の結果勞働に不適當として出稼を拒絶せられたる者の歸國方に關し一層監督を嚴にする爲め本年初新方法を案出せり、從來の制度によれば香港に於ける歸還苦力補充代理人は唯斯かる被拒絶苦力の歸還に對してのみ責任を負ひたる爲め實際に於ては其多くは鄕里に歸還せざるが如く久しく其制度の缺點を多少感じ居りしが新制度に於ては上記の如き拒絶せられたる各移民に對し右代理人は汕頭仕拂の郵便爲替を發行し且つ之れに寫眞を添付することゝなせり、而して該移民の歸還せんとする船舶を當支那事務局に通知すると同時に此等の爲替券を同局に送付するものとす、然る時は移民官は右船舶に赴き各移民に就き爲替券を交付せられたるや否やを取調べ且つ該船出帆前何人も下船せざるやを監視することゝせり。

當地規則によりて總ての補助移民は當支那事務局に登錄し且つ寫眞を撮影し置くことゝなりたるが右は實地に於て頗る有用にして契約の下に移出したる支那內地に於ける行衞不明者の親族をして當事務局に於て之れを搜索せしむるに便益多し。本年中右の如き失踪者の引戾方申請十二件あり內四名は新嘉坡、一名は北ボルネオ、六名をバンカ、一名はスマトラに赴けるものにして四名は送還の上親族に引渡し其他は自ら歸還し又は死亡したることを發見し行衞不明のもの二、三ありき。

從來汕頭及スマトラ島デリー間の直接移民輸送は獨逸船により行はれしが戰爭の爲め中止せられたり。

香港通過補助移民にして各地に於て勞働の契約書に署名したる契約數は一月乃至六月分左の如し。

海峽植民地	八四	サラワク	一三
英領北ボルネオ	六	馬來半島(ジョホール及新錫州)	四〇五
馬來聯邦	一	蘭領士	一,四八六
ブルネイ	—	計	三,一一五

檢査を受けたる補助移民の總數を其使用する言語により區別すれば左の如し。

廣東人	五,七一四	海南島人	一九九
客家人	五,三二〇	南部マンダリン(主に廣西及雲南)	一,〇三八
鶴老人	七四	計	一三,三七三

當地にて檢査の結果出稼を許可せられたる補助移民總數八千二百七十八人中百一人は里昂萬國博覽會場の車夫として香港の一人力車製造業者により三月中佛國に送られたるものとす、右の一團は明かに移民法に定義したる補助移民なるも香港にて契約書に署名せざる條件にて規定の方式に據らずして特に之れを許可したり、然れども不幸にも六箇月の契約期間の滿了前戰爭となり不得已佛國より送還せらるゝに至れり。

英領土行補助移民は本年七月一日限り總て中止せられたると新嘉坡政廳に於て戰爭發生と同時に支那より來る總ての甲板客の上陸を禁止せしため香港に於ける移民宿泊所は非常の打擊を受けたり。

本年中當地に於ける契約移民收容所の免許證下付數は六十五補助移民宿泊所の分三十五にして前者は五千六百八十人、後者は千六百三十七人を收容する設備を有す、本年中兩者共負債又は不況の爲め閉鎖したるもの多く年末に於ける現在數は契約移民收容所四十五軒、補助移民宿泊所七軒に減少せり。

○補助移民及婦女、未成年移民に關する統計

	一九一四年 男子補助移民	一九一四年 婦女及未成年移民 婦女	少女	男兒	計	一九一三年 男子補助移民	一九一三年 婦女及未成年移民
獨領ニューギニア	—	二四	二	一五	四一	—	—
日本	—	二四	五	一三	四二	—	六六
海峽殖民地馬來半島	七、五八四	七、六三六	九〇四	二、七一九	一一、二四九	一二、七六九	三、三一八
蘭領印度	五四八	三一七	四九	三三二	六九八	二、五六七	一、〇七七
ボルネオ	四五	—	—	—	—	六六八	—
ホノルヽ	—	三五	八	二三	六六	—	九五
佛蘭西	一〇一	—	—	—	—	—	—
加奈陀	—	一一	九	一八七	二〇七	—	三六九
北米合衆國	—	三七	一〇	三一七	三六四	—	四五八
墨西哥	—	二	—	三二	三四	—	五二
南米	—	一五	二	二八一	二九八	—	三三二
マウリシアス	—	四四	九	四三	九六	—	一四四
濠洲	—	一八	一	二〇	三九	—	五三
印度	—	七	—	四	一一	—	二
阿弗利加	—	八	二	六	一六	—	—
一九一四年計	八、三七八	八、一五八	一、〇〇三	四、〇〇三	一三、一六三		
一九一三年計	一七、〇〇四	一六、五〇一	二、〇〇九	七、五七〇	二六、〇八〇	一七、〇〇四	二六、〇八〇

○最近三年間補助移民内譯表

	檢查數	許可數	拒絕數 出稼を欲せざる者	拒絕數 不適當と認めしもの	拒絕數 醫師の拒絕せるもの	送還數	計
一九一二年	二一、四五八	一四、七九八	七〇五	一、三七〇	一三九	三一七	二、五三一
一九一三年	二三、九八四	一七、〇〇四	五九五	六二〇	九三	八五	一、三九三
一九一四年	一三、二七三	八、三七八	一八九	二〇三	九三	九六	五八〇

○補助移民の地方別表

西江	七九三	廣西省	一、一八七
東江	三、二一一	南部地方	八九四
北江	六二〇	マンダリン	五八八
廣東	六三〇	計	八、三七八
デルタ	四五五		

勞働賃銀

香港は廣東省の沿岸に存在するを以て職業を求めて集來する支那人多く勞力の供給豐富にして勞銀も一體に低廉なり、只支那内地に比し勞銀の割高なるは當地生活費の比較的高きに基くものヽ如し、當地勞働者は其必要に應じ附近地方より供給せらるヽを以て頗る豐富なりと雖も孰れも熟練を要せざる苦力のみにして技巧を要する工場勞働者の如きは逐次養成するに非ざれば之を獲ること難く特種の技術を要する勞働者に至りては之を獲ること不可能なり。

當地主なる支那人勞働者の勞銀表を左に掲ぐ。

支那勞働者勞銀表

種別	男女の別	日給	月給	年給	備考
電車會社人夫	男	自三十五仙至六十仙			線路掃除等の雜役
同車掌	男		自二十弗至二十五弗		
同運轉手	男		自二十五弗至三十弗		
同車掌監督	男		自三十五弗至四十弗		
電燈會社人夫	男	自三十五仙至六十仙			職工の下働
同職工	男	自七十仙至一弗半			
瓦斯會社人夫	男	自三十五仙至六十仙			職工の下働

職業	性別	日給	月給	備考
同職工	男	自七十仙 至一弗五十仙		
瓦斯點燈夫	男		自六弗 至八弗	消燈及點燈の爲朝夕二回巡廻
造船所人夫	男	自四十仙 至六十仙		運搬、掃除、鍛冶工の下働等の雜役
同鍛冶工	男	自七十仙 至一弗五十仙		
造船所職工長	男	自一弗五十仙 至三弗		
巻煙草製造會社工人	男	自二十仙 至五十仙		宿所食費給與す勞働時間十時間
同	女	自十五仙 至四十仙		食費自辨
一般工場鍛冶職	男	自七十仙 至二弗五十仙		諸工場の鍛冶職社宅食費給與す勤務十時間、夜勤六時間、
莫大小工場職人	女男共	自二十仙 至一弗		仕上勘定はダース二錢二厘位
同監督	男		自十五弗 至五十弗	
電話會社交換手	男		自四十弗 至六十弗	支那人交換手は夜間勤務のみ使用さる
郵便配達夫	男		自十弗 至三十弗	（一）最初傭は保證金を要す（二）上着、ズボン、靴子、靴は給與す（三）時間外勤務手當一時間二十五仙（四）日曜祭日勤務は倍額（五）三箇年每に一弗づゝ昇給す
郵便局切手販賣係	男		自二十弗 至三十弗	
衛生局雇掃除人	男	二十仙		一日兩回道路掃除或は塵運び
道路撒水夫	男	三十仙		食費自辨、勞働時間十時間乃至十一時間
タリーマン	男	自五十仙 至一弗五十仙		
大工及指物師	男	自六十仙 至八十仙	自十二弗 至十四弗	日給は食費自辨 月給は食費給與
石匠	男	自六十仙 至八十仙		宿所及食事を給す其他女子の職業にて道路に敷く小石を砕くものあり當地にて之れを石子と呼ぶ笊一杯の砕賃十仙位にして一日五、六十仙の收入ありと
煉瓦敷工	男	自五十仙 至七十仙		食事を給與す
洋服職人	男		自十五弗 至二十弗	食事宿所給與其他仕上勘定をなすものあり一日一弗乃至一弗五十仙即ち一箇月二十五弗乃至四十弗の收入あるも食事は自辨
靴工	男		自五弗 至十二弗	上肥の者は主人宿所食事月給は給與仕上勘定は一足一弗一、二十仙にて食事自辨
理髪師	男		自六弗 至二十弗	食事は主人持ち
洗濯屋職人	男		自八弗 至十五弗	上記は支那人洗濯屋被雇にして食事主人持ちとす日本人洗濯屋に被雇居るものは一箇月十五弗乃至二十一弗にして食事自辨、其仕上勘定をなすもの多く其の收入一日平均五六十仙位なり
歐字活版職工（植字及機關工）	男		自十二弗 至十五弗	食費自辨
漢字活版職工	男		自八弗 至十二弗	同
エレベーターボーイ（昇降機番人）	男		自十二弗 至十五弗	事務所執務時間中、日曜半日休み、食費自辨
料理人（外人使用）	男	自五十仙 至二弗	自十弗 至三十弗	食費自辨
同（支那人使用）	男		自五弗 至八弗	食事給與
料理店料理人	男		自十五弗 至三十弗	同
家僕（外人使用）	男		自八弗 至十五弗 自七十二弗 至二百七十六弗	食事自辨 宿所給與

苦力頭（石炭及雜貨）　日給一弗

一、當地各工場使用の職工勞銀に關しては前表中大要記載せるも尚參考の爲重なる二三の工場に於て目下採用せる勞銀に就きて實地調査したるものを左に附記すべし。

支那精糖會社使用勞働者日給賃銀表

種別	超等	頭等	一等	二等	三等	四等	五等	見習
機關手	三弗	二弗五十仙	二弗	一弗五十仙	一弗	六十仙	三十仙	十五仙
鐵工	二弗	一弗八十仙	一弗四十仙	一弗	八十仙	六十仙	三十仙	十仙
機械職工	二弗	一弗八十仙	一弗五十仙	一弗	八十仙	五十仙	三十仙	十仙
タリーマン			一弗	七十五仙	四十仙			
常用苦力	七十仙	五十仙	四十仙	三十仙	二十仙			
臨時苦力（男）			六十仙					
同（女）			三十仙	二十仙				
門衛	一箇月一等十三弗　二等十二弗　三等十弗							

太古船渠會社使用人日給賃金表

種別	一等	二等	三等	四等	五等	六等	使用人數
機關手	三弗五十仙	三弗	二弗八十仙	自二弗五十仙至二弗二十仙	自二弗至一弗	自八十仙至四十仙	三六人
鑄物職工	二弗五十仙	二弗	自一弗八十仙至一弗	自九十仙至五十仙	自四十仙至三十仙	自二十仙至十五仙	八〇人
機械職工	三弗	自二弗八十仙至二弗	自一弗八十仙至一弗	自八十仙至五十仙	四十仙	三十仙	九五人
造船木工	二弗	一弗八十仙	一弗五十仙	一弗三十仙	自一弗至八十仙	自五十仙至十仙	八六人
電氣職工	三弗	二弗	一弗八十仙	一弗	自八十仙至五十仙	自四十仙至十仙	二四人
潛水夫	一弗五十仙	一弗	八十仙	三十仙	二十仙		一四人
倉庫番	一弗五十仙	一弗二十仙	一弗	自八十仙至五十仙	自三十仙至二十仙		三三人
常用苦力	七十仙	六十仙	四十仙	三十仙			七七人
臨時雇	五十仙						二〇〇人

二、左記木工及金工職賃銀表は當「ヴィクトリヤ」市附近に散

種別	日給	月給	年給	摘要
同（支那人使用）男女共		自六弗至十五弗	自二十四弗至百四十四弗	食事及宿所給與
家婢（外人使用）女		自十弗至十五弗		食事自辨、宿所給與
洗濯女　女	自四十仙至一弗			洗濯女は幾分は火爐を使ふを要す、食事自辨
園丁　男	約五十仙	自十弗至十五弗		食費自辨
田圃に使用する傭人　男女共			自三十六弗至七十二弗	食事及宿所を給す
自働車運轉士　男		自四十弗至八十弗		當地に於け使用さるゝものは重に上海人なり、食費自辨
轎夫（抱）男		自十弗至十三弗		食費自辨、宿所を給す
車夫（抱）男		自十弗至十五弗		同

石炭沖人足　普通の場合は無價賃と稱し揚荷一噸に付二十五仙見當又船用炭積込は一噸三十仙乃至三十五仙なり。農繁期に際し苦力拂底の場合又は作業非常に困難の場合には有價錢と稱し日給にて雇入る一人の日給五十仙乃至一弗に昇騰することあり。

石炭苦力　石炭の陸上げ陸下し苦力賃は普通一噸二十仙乃至三十仙見當なり但し石炭苦力は他の雜貨を取扱はざるを特徴とす彼等は香港附近の支那領土卽ち石龍、東莞地方より集來するもの多し。

雜貨船內人足　一日七十仙位。

同沖人足　雜貨類は品物の種類に依りて差別あり普通一噸二十仙乃至二十五仙、材木、鐵材等は二十五仙乃至三十仙見當。

在する個人又は小資本經營の所謂町工場と稱するものに付て現に實行中のものなり、九龍船渠、太古船渠等の大會社に於ては同表賃金よりも約一割以上高と見ば大差なからん。

木工職日給賃金表

種別	弟子上り	普通	小頭	弟子上り	普通	小頭
家大工	自三十仙 至四十仙	自五十仙 至七十仙	自八十仙 至一弗	自十仙 至二十仙	自二十五仙 至四十五仙	
指物大工	自三十仙 至四十仙	自五十仙 至七十仙	自八十仙 至一弗	自十仙 至二十仙	自二十五仙 至四十五仙	
木型職	自三十五仙 至四十五仙	自五十五仙 至七十五仙	自八十五仙 至一弗	自十五仙 至二十五仙	自三十仙 至五十仙	
紫檀職	自三十仙 至四十仙	自五十五仙 至八十仙	—	自十仙 至三十仙	自三十仙 至六十仙	
ボート大工	自三十仙 至四十仙	自五十仙 至七十仙	自八十仙 至一弗	自十仙 至二十仙	自二十五仙 至四十五仙	
船大工	自三十仙 至四十仙	自五十仙 至七十仙	自八十仙 至一弗	自十五仙 至二十五仙	自三十仙 至五十仙	
木挽職	自四十五仙 至六十仙	自六十仙 至八十五仙	—	自二十仙 至三十五仙	自四十仙 至六十五仙	

以上各種見習小僧

例へば九龍又は太古造船所の如き大工場にて

年期	日給	備考
一年目	十五仙	年少の素人にても入場當日より上記の日給を支給せらるゝも年末又は節祭日には何等の賞與なし
二年目	二十五仙	
三年目	三十五仙	
四年目	四十五仙	
五年目	五十五仙	

個人又は小資本經營の町工場にて

年期	月給	備考
一年目	三十仙	古き慣習の主從又は師弟の關係に今尚支配せらる、入場に際しては五十弗以上の保證金を納めて徒弟たるを得、但し場主と親疎に由て保證金に差あるは勿論なり、此保證金は滿期の際返戻するものとす、給料と云ふより石鹸代の名義にて支給す、年末節祭日には一弗乃至五弗を賞與す
二年目	五十仙	
三年目	八十仙	
四年目	二弗	
五年目	三弗	

金工職日給表

種別	食料自分持 弟子上り	食料自分持 普通	食料自分持 小頭	食料主人持 弟子上り	食料主人持 普通	食料主人持 小頭
仕上工	自四十仙 至五十五仙	自六十仙 至八十仙	自九十仙 至一弗二十仙	自二十仙 至三十仙	自三十五仙 至五十五仙	—
組立工	自四十仙 至五十五仙	自六十仙 至八十仙	自九十仙 至一弗二十仙	自二十仙 至三十仙	自三十五仙 至五十五仙	—
旋盤工	自四十五仙 至六十五仙	自七十仙 至一弗二十仙	自一弗二十仙 至一弗五十仙	自二十五仙 至三十五仙	自四十仙 至七十仙	—
鍛冶工	自四十五仙 至六十五仙	自七十仙 至一弗十仙	自一弗十仙 至一弗五十仙	自二十五仙 至三十五仙	自四十仙 至七十仙	—
汽罐工	自四十仙 至五十五仙	自六十仙 至八十仙	自九十仙 至一弗二十仙	自二十仙 至三十仙	自三十五仙 至五十五仙	—
造船工	自四十仙 至五十五仙	自六十仙 至八十仙	自九十仙 至一弗二十仙	自二十仙 至三十仙	自三十五仙 至五十五仙	—
銅鉛工	自四十仙 至五十五仙	自六十仙 至八十仙	自九十仙 至一弗二十仙	自二十仙 至三十仙	自三十五仙 至五十五仙	—
電氣工	自四十仙 至五十五仙	自六十仙 至八十仙	自九十仙 至一弗二十仙	自二十仙 至三十仙	自三十五仙 至五十五仙	—
燒繼工	—	自八十仙 至一弗五十仙	—	—	—	—

以上各種見習小僧

例へば九龍又は太古船渠の如き大工場にて

年期	日給	備考
一年目	十五仙	木工職に同じ
二年目	二十五仙	
三年目	三十五仙	
四年目	四十五仙	
五年目	五十五仙	

個人又は小資本經營の町工場にて

年期	月給	備考
一年目	三十仙	木工職に同じ
二年目	五十仙	
三年目	八十仙	
四年目	三弗	
五年目	四弗	

各工場の勞働時間表

勤務種別	午前	午後	勞働時間
全日	自午前七時至同十二時（一時間休息）	自午後一時至同五時	拾時間
半夜		自午後六時至同十二時	六時間
終夜	前日自午後六時至後十二時（一時間休息）	翌日自午前一時至午前六時	十一時間

備考 (1)晝間勞働時間は精確を保ち得るも終夜勞働の十一時間は嚴重なる監視の下に在りても到底精確を期し難し況んや船舶に在つて作業に從事する如き場合には更に一層困難なり

(2)半夜勤務は定額日給の二分の一増し、終夜勤務は定額日給の二倍増し

（2）の外に半夜及終夜とも所謂辨當代として十仙乃至十五仙

三一三

を支給する慣習の工場もあり。

三、支那勞働者生活費

勞働者の生活費は種々雜多なるも食費は一食六仙乃至十五仙にして平均一日十五仙より三十仙を費すもの丶如し、家内勞働者或は月給者は各自炊するもの多く從て食費安價にして一箇月三弗五十仙より六弗位なるべし、宿所費は棚賃として一人一泊五仙乃至十仙を仕拂ふものあり、一ヶ月一、二弗にて部屋借を爲すものあり、到底一々表出する能はず、石炭雜貨等の苦力は團體をなし苦力頭之れを引率し居りて勞銀の幾分を徵收し宿所費に充て居れり。

第十七編　教　育

（大正四年九月調査）

一、教育制度の沿革

市街地及村落地　先づ植民地を教育上の見地より分ちて市街地及村落地の二と爲す可し、市街地は香港の南岸約五哩に亙る人口稠密なる「ヴィクトリヤ」市及人口密度の略等しくして狹少なる對岸油蔴地(ユマチ)及紅磡(ホンハム)とす、右の三地域は市の郊外たる「ピーク」及丘陵地方と共に　Foreign　なる類別に屬せしむることを得。

市街地の住民は概ね外來者にして英國人其他の外國人は勿論市民の大部分を占むる支那人の多數は商業經營の爲め一時的住所を此處に有するに過ぎずと云ふも過言に非ざるなり、市街地は其面積頗る狹隘なるに拘らず極めて重要なる地域にして人口約二十八萬、毎年出入港の船舶約三千八百萬に上り南部支那の中心市場たり。

村落地は市街地以外の植民地全部を包有し、其住民は少數の小さき平野及多數の峽谷並に無數の入江及小島の沿岸に占擧し未開、貧困にして勤勉なる漁夫及農民とす、植民地面積の大部分は花崗石より成る磽确不毛の丘陵起伏し是等の丘陵には住民極めて稀薄なり。

第一期（一八四一年乃至一八五九年）

香港は其割讓の當初より宗教及教育上看過せられたりと謂ふ能はず「サーボッチンヂャー」氏總督の時代（一八四一—四四）に當り英國教會、羅馬加特力及獨立教派は已に早く其事業に着手し居たり、モリソン學校は後に支那古典の刊行により支那全國に其名顯れ、牛津大學に支那語の教鞭を執りし「レッヂ」氏（Rev. Dr. Legge）により設立せられ、同校は既に久しき以前に閉鎖せられたるも其圖書館は「ヴィクトリヤ」市に寄附せられて今尚ほ存す、又植民地教誨師「スタントン」氏（Rev. Stanton）は之と相前後して聖保羅(セントポール)書院を設立して支那人牧師の養成に盡せり、同書院は其後幾多の變遷を經て目下男子の初等學校として存在す。

當時政廳が快く傳道界をして教育事業に盡瘁する所あらしめたるは特筆すべき事實なり、此頃規模小なる十校に對し月額五弗宛の補助金を下附し、其監督として教育委員を任命せり、總督「サー、デビス」氏は其委員長に書を送りて曰く「若し此等の學校にして豫に新教派傳道師の養成したる改宗せる支那人教師の手に委する時は香港の支那人を基督教化するには效果大なるべし」と、同總督時代（一八四四—四八）に於ては教育上の施設は總て此方針を以て進捗せり。

千八百五十年教育委員は補助學校に就ての報告中「總ての教師は公言せる耶蘇信徒なり」と述べたり、千八百五十五年在留歐洲人間に其子弟教育の爲め一の公立學校（セント、アンドリユー書院）を設立せんとの議起り、設立後七年間存在し十分其目的を達せり、然れども同校生徒は十餘箇國の國籍を有し現在の英人學校の如き英人獨占の性質を存せざりし、當時に於ては「セント、アンドリユー」書院生徒十三名及官立學校生徒約四百名を有し他に傳道派學校四、新敎派學校二、加特力派學校二あり、其生徒總數百名に上れり、此頃官立學校にて初めて英語を教授せり。

第二期（一八六〇年乃至一八七七年）

此時に當り教育上に異論現はれ「レッヂ」氏は國教主義に反對し千八百五十九年氏が教育委員長となるや政廳の方針變動運動を起して成功せり、其主張を一言にて盡せば文字を通じて耶蘇教を鼓吹し教育よりも寧ろ改宗に努力すべしと云ふにあり、千八百六十年「レッヂ」氏は教育委員（後に教育會議の議長）となり、新總督「ロビンソン」氏の後援を以て官立學校中小なるものを中央書院（現在の皇仁書院にして植民地に於て最も重要なるもの）に合併し且其校長「スチユワート」氏を教育會議附屬の視學官に任命せり、教育會議は千八百六十五年廢止せらる。

以上を「レッヂ」氏の改革とす、教育局は最早ヴィクトリヤ僧正の監督を脫して一の行政官廳となり直接總督に對し責任を有する視學官の管下に歸せり、千八百七十年拔萃書院兼孤兒院（Dioceson School and Orphanage for Boys）の設立を見たり。

羅馬加特力の僧正「レーモンド」氏は熱心なる教育家にして其管下に屬する加特力派の諸學校は千八百七十一年迄に十三に增加し生徒數六百（半數は女子）を超過せり、西營盤感化院（West point Reformatory）亦其一たり、反之同年に於ける新教派の學校は僅に百餘名を算するに過ぎざりき。

千八百七十一年迄は宗教學校には殆んど政廳より財政上の補助を受けず又授業料を徵せざりしを以て當時香港の教育は大部分英本國慈善家の手により維持せられたる次第なり。

千八百七十二年に至り初めて宗教學校に補助金を下附する旨を公言し補助金條例を設け日々四時間の授業時間內は宗教上の教育を施さざるを條件とせり、右補助金の效果により新敎派學校は千八百七十二年四校なりしもの千八百七十六年には九校に增加せり、加特力學校は千八百七十七年迄無補助にて發展を遂げたり、千八百七十五年聖ジョセフ書院設立せらる。

要之第一期に於ては政廳は宣教師と共に教育を以て市民を基督教化せんことを競爭し反之第二期には政廳は宗教に關係なき教育のみに制限し傳道界に對しては補助金を與へざるのみならず教育の爲めに支出せられたる費用は傳道の爲めに使用することを得ずとの協定をなしたる外彼等と一致協力することを拒絕せり。

第三期（一八七八年乃至一九〇〇年）

千八百七十八年補助金條例改正せられ一日四時間は條例に規定したる學科を教授することを要する外宗教上の課程の教授法及時間は全く宣教師の任意たることに變更せられたり、爾來政廳と新教派及加特力派學校は一致和合の態度を以て進めり。

千八百七十九年「アイテル」氏視學官に任命せられたるが氏

は當時流行の放任主義を持し出來得る限り官立學校主義を排斥せり、當時補助學校增加し爲めに其必要なきに至れりとの理由を以て閉鎖したる官立學校千八百九十三年內に十一を算せり。「アイテル」氏は視學官と皇仁書院校長とを兼任せしむる必要なしとて「ライト」氏を其校長に任命せり、然るに其後兩氏の意見一致せず皇仁書院は視學官より離れて獨立するの奇觀を呈せり、於玆植民地の教育は三分せられ多年其弊害を免るゝ能はざりき。

千八百九十四年補助金條例を改正し建物に對する補助金の規定を設けたり、千八百九十七年「アイテル」氏は「ブルウイン」氏と交代し更に千九百一年現任教育局長「アーヴイング」氏其跡を襲へり。

第四期（一九〇一年乃至一九一〇年）

千九百一年「ブルウイン」氏（撫華道の職に在りし）何啓氏及「アーヴイング」氏より成る教育委員は植民地教育の不完全なる狀態に關し長文の報告をなし、英語の教授に口授を用ひ地理歷史の教育に近世的觀念を採用し支那人生徒に母國語を研究せしむることを切言せり、又從來の補助金制度は結果甚だ面白からざるものありしを以て更に近代思想に合致せしむる樣條例を改正したり、且支那語學校に於ける實用的且有效なる教育の必要を唱導せり。

實業學校（Technical Institute）は「サー、ナサン」總督の時代に千九百七年創立せられたり、千九百九年「ライト」氏の引退により教育局長を以て同局唯一の長官となすに至れり。

香港大學設立の議は已に以前にも唱へられしが近年に於て英語教育の進步著しきものありし爲め右の計畫を實行し得るに至れり、「サー、ルガード」總督時代（一九〇七—一二）に於て「バーシー」人、「ザーモーディ」氏は大學用建物を寄附し、一般人士も大に之に贊成し當地の外新嘉坡其他海外各地より設立費醵出せられ其結果香港大學は千九百十一年を以て開校式を擧行せり、次で千九百十三年に至り教育法を制定し以て諸學校の監督を開始せり。

過去十二年間英帝國內の教育は長足の進步を來したるが就中香港に於ては最も目醒しき發展を見たり、而して此間補助學校よりも寧ろ官立學校の進步を計り又官立補助雙方共下級學校（Lower grade）よりも上級學校（Upper grade）の發達を計りたるの傾あり、千九百八年には皇仁書院及「ペリリオス」女學校は初等教育を行ふ學校中主要なるものなりしが目下同等の英語學校は支那人收容のもの六、英國人收容のもの三あり、又同程度の主なる私立學校四は此期間に開校せられたり、千九百一年の教育費純支出額六〇•六六三弗なりしもの一九一四年には二六九•一六四弗に上り內初等の支那語學校に支出せるもの僅に一萬五千弗に過ぎず。

千九百一年乃至千九百十三年に於て官立及補助學校に於て英語を以て授業を受けたる生徒數（概ね初等教育）約六割を增加し同期間に於て支那語學校に於ける增加は一割に過ぎず、尙同期間に於て官立學校の英語にて教授する教員は二十七人より九十八人に增加したり。

右の如き初等教育に對する偏頗の處置に就ては別に說明する所あるべし千九百十三年制定の教育法に基き教育費の支出は大に上記の差額を減少せしめたり。

二、住民の說明

人口　千九百十一年調査の人口統計より植民地住民の人種別を摘出し之を市街地及村落地に分ち學齡兒童(五歲乃至十五歲)の成年者に對する割合を示せば左の如し。

	市街地	村落地	計	學齡兒童の割
非支那人				
歐米人	五、一八五	—	五、一八五	一三%
葡萄牙人	二、五五八	—	二、五五八	一四
印度人其他	三、四八二	—	三、四八二	一〇
支那人				
陸上生活	二七三、三六四	一一〇、三五二	三八三、七一六	(市街地一二 村落地二四)
海上生活	—	五五、一五七	五五、一五七	二
合計	二八四、五八九	一六五、五〇九	四五〇、〇九八	—

備考　前表には陸海軍及商船乘組員を包含せず。

右表によれば總人口に對する學齡兒童の割合は葡萄牙人及村落地支那人に於て最も多く歐米人、印度人、市街地支那人に約二倍せるを見る、右の現象は後の三者は一時的居住者にして永住者少きに基因するものゝ如し、今各人種に付大要を説明すべし

歐米人（以下便宜上單に英人と稱す）　は殆んど全部市街地及附近に住するを以て便宜の爲め總て市街地に屬せしむ、其學齡兒童の割合少きは一時的居住者の多きを示すものとす、人口の多數は獨身の青年にして其他は家族を本國に殘し一時的當地に來り職業に從事する者とし家族と同棲する者も氣候其他の理由により父のみを當地に留め婦女子を本國に返す者多し、其地位最も確實なる者に就て云へば其生活を三段に分つことを得、即最初の十年間は（獨身生活、次の十年間は結婚生活、最後の十年間は家族に送金し引退の時期を期待しつゝ經過する者とす如此狀態なるに拘らず英人子弟は案外に其數多きを見る、尤も人口統計には歐米人中に歐亞雜種人を包含するものゝ如し。

之に次では年俸百五十磅乃至五百磅餘を受くる警察署員、衞生局員等の下級官吏及會社商店員等の子弟にして仕事の關係又は自己の希望により平地乃至平地に近き丘陵に住す、香港に於ける英人の多くは生活費の不廉を感ずること大なるも英國に於けるが如き所謂貧民なるもの殆んど無し。

葡萄牙人　は全く市街地の住民に屬す、香港の葡萄牙人は他の歐洲人と判然たる區別あるを以て類別するを要す、彼等は古く熱帶地に移住し來り全く其風土に慣れ歐洲より更に交代補充を受けざる歐洲人種とす。

故に一面より見れば彼等は土着人なるも他の反面より見れば外來者と云ふべし、何となれば彼等は母國の臣民にして且葡領澳門と密接の關係を有するを以てなり、成年者は殆んど全部商業に從事し又は書記として雇はれ最も貧困なる者と雖も敢て手工を爲すを欲せず、少數の教育ある人士は母國語の研究を怠らざるも一般には母國語よりも英語の智識を遙に重要視し、其兒童の就學する學校に於て葡萄牙語の教授を希望するもの殆んど皆無の有樣なり、下流社會の會話は支那語を混じたる下品の葡萄牙語にして文學的價値を有せず、葡萄牙人は幼にして英語を學び其進歩極めて早く其就學する學校の教育も亦斯く爲すべきものと思惟せられつゝあり、成年者に對する兒童の割合多きは葡萄牙人が定住的性質を有することを證明するものなり。

印度人　は英人の如く外來人にして定著せざる分子とす、然れども旣婚者（時には支那人を妻とす）にして當地に準永住のもの多數あり、彼等の兒童は學校に於ても後職業に從事するに

至るも成績優良なり、其敎育には特種の便宜を與へらる。

其他　類別中印度人の項に「其他」とせるは比律賓人、亞細亞化せる猶太人、日本人、歐亞混血人等なるも詳細は玆に省略す。

支那人

「イ」海上生活民　支那人中先づ海上生活民に就て述ぶべし、彼等は戎克、船板の上に生活し、結婚し、死亡する者にして永住的の性質を有するを以て村落地に屬せしめたり、兎に角彼等は市街地住民に非ざるなり、海上民に就ては未だ萬事明ならず共數は前表の如く多數なるも十歲内外の兒童に揺櫳の繰法を敎ふるを敎育と謂ふに非ずんば彼等の間に敎育なるものなし、彼等の頑童にして時に一、二年間支那語學校に登校することあるも海上民は陸上生活の支那人と全く人種を異にするを忘るべからず、植民地の敎育方針は彼等に對し開放せられ居るも未だ彼等を收拾し能はざるなり。

「ロ」村落地住民　村落地の支那住民は漁夫及農夫にして何人も想像し得る如く勤勉なるも無智偏狹にして迷信に富む最も奇異に感ずるは彼等の敎育に對する欲求と尊敬となり、彼等の間に無補助にて發達したる學校及政廳補助の狀態に就ては後段記述する所あるべし。

「ハ」市街地住民　は住民中最も重要なる部分にして商人、書記、番頭、特種勞働者、普通勞働者等各種の職業に從事す、彼等は香港に於て職業を得んとし又は生命財產の安全なるの故を以て過去七十年間漸次香港に集合して遂に總數二十七萬以上の多數に達したる次第なるも多くは香港を家庭として來るに非ずして鑛夫が假宿所に赴くが如く其所に於て金錢を得他所に於て享樂せんとするに在り、市街地支那人は槪ね香港を目すること叙上の如く殆んど他の見解を有せず、彼等は其祭日毎に必ず故鄕の村落に歸り若し香港に於て死亡するも死體は鄕里に埋葬せらる、尤も之は毫も英國人と國内的關係を結ぶことを防礙するものに非ず、彼等の學童の成年者に對する割合は前記の如く村落及海上生活支那人に比し約半數に過ぎざれば彼等の妻子の約半數は支那に在住し居るを益明瞭ならしむるものなり。

三、敎育方針

敎育方針を具體的に現はす學校其他の機關に就て說明するに先ち上記各種の部類に屬する住民に就き採用しつゝある敎育方針を簡單に說述すべし。

英國人兒童專用の學校　此熱帶地に生れたる英國人の子女は氣候の狀態熱帶的周圍により常に不利益を蒙りつゝあるも其母國に生れたる幸福なる同胞と同樣に健全なる敎育を享くるの權利を有す、千九百一年敎育委員は曰く「兒童の最も印象を受け易き年齡に於て宗敎及道德的標準を異にする兒童と接觸せしむるは甚だ好ましからず」と、殊に彼等をして混淆不純なる學校に收容することは面白からず亦母國語の智識を有するも殆んど他國語を知らざる幼少なる英國人兒童を他國語を知れる遙に年長の生徒と並行して英語の勉學を開始せしむるは不可能と云ふべし。

此等の點を考慮したる結果設立せられたるを英人學校(British Schools)とす、英人兒童のみを收容する學校の設立は英帝國の敎育歷史に於て香港を最初とす、政廳は此等特種の學校の經營に對しては出來得る限り納稅者の負擔を少くし反之授業料を英人父母の負擔し得る程度迄引上げ以て公平を期し居れり、右英人學校は新教派基督教の基礎の上に經營せられ監督教會及同盟教會牧師の巡視を受くるものとす。

印度人專用學校　印度人は英國の臣民にして當政廳は彼等に對し良教育を施行するの責任亦頗る重し、一の小規模なる學校は印度人校長の下に久しく維持せられ專ら印度人のみを收容し來りしが近年更に小なる一校九龍に設けられたり、此等の學校は地方學校（District Schools）及皇仁書院の入學生を養成するものにして印度人生徒は右の諸校に於て支那人生徒と混同し殆んど遜色なし、目下印度人の爲め一層優良なる學校の設立を計畫しつゝあり、學者的に云へば支那人の教育と印度人の教育とを結合するの困難なるは雙方共母國語（印度人に於てはヒンドスタン語）の書籍を學習すること必要なるに拘らず支那語の方は遙に困難にして長時間の勉强を要するを以てなり。

葡萄牙人　は土著人なるも又一面外國臣民にして半ば當地に半ば澳門に住し葡萄牙人に對して正確に何れの程度まで教育の必要あるやを明にし難し、幸ひに未だ斯る問題の發生を見ず、彼等の教育は後に記述の通り加特力派諸學校に於て十分に滿されつゝあり、書記殊に地位高き書記として教育ある葡萄牙人の需要多く供給亦十分なり。

海上生活民　彼等は土著人たるの故を以て當然其教育を要求することを得、然るに彼等は教育に對し自然的慾望を有せず、今や政廳の執るべき方法二あるが如し、即ち香港に義務教育を施し之に伴ふ多大の困難を忍ぶか將又教育局が從來執り來れる如く平然として不活動の方針を持續するかに在り。

村落地住民　千九百十三年迄は宣教師により一、二の支那語補助學校の設立を見たる外村落地に對しては何等施設せられし處なし、他に租借地內に三個の英語を教授する小官立學校あるも餘り重要ならざるに付詳記するの値なし、租借地には土著住民のみにして殊に彼等は教育に對し尊敬を有するを以て教育上の施設甚だ緊要にして政廳も亦其責任極めて重し、從來殆んど何等施設せられし所なきは二種の原因による、經費の不足と過去十二年間香港（市街を指す）に於て中等教育（Secondary）制度を確定する方更に焦眉の急なりしが爲なり、今や已に精妙なる制度の施行に著手し租借地內最優等の私立學校に對しては少額の補助金（補助金條例によらざるもの）を與へて奬勵しつゝあり、其制度に就ては別に記述すべし。

市街地住民　然れども教育上の主要問題は市街地支那人に關するものとす、彼等の中少數の最貧者を除き其大部分が最も簡易なる關係により植民地に結び付けらるゝは已に述べたる所なり、大小の商人孰れも當地に在住するは一時的にして永住的に非ざるの事實は教育家をして其責任を大に輕減せらるゝの感を懷かしむ、自由教育を云々するの要なく況んや義務教育に於てをや、支那人は概ね何等か爲す所あらんとの目的にて當地に來るものにして英政廳は亦彼等の子女を何等かの目的に利用する爲め教育せざる可からざるのみ。

英語教育の必要　支那語は甚だ難澁なる言語にして政廳の官吏、宣教師、シーク巡査（印度人）等の學ぶものあるのみなれば一般通信の媒介には英語を使用せざるべからず、故に當初に於て英國政府が支那人用の英語學校設立を專らとしたるは德義上の責任に因るに非ずして商業上の必要ありしを以てなり、英語學校は生徒一人に付五弗乃至十弗以下の月謝にては其維持困難なるに右の如き月謝は普通支那人大多數の到底負擔し得ざる所なり、故に若し此種學校の設立あらば納稅者は勢ひ其費用を分擔せざる可からず、實際に於て彼等は其半額を負擔し居れり納稅者の大部分は支那人にして學童を有せざる者は其一部分を學童を有する者の爲めに負擔し居るの有樣なり。

玆に一の反對論者あり、曰く當地の租稅は公平に植民地に關係ある支那人敎育の爲めに消費せらるゝも、單に敎育を受くる目的のみにて香港に來り更に永住の意思なき者は綿密に之を除外せざる可からずと、右は理論上至極尤もの次第なるも實地に於ては委員を設けて各入學希望者の來歷を調査することゝもせざれば其眞相を明にすること能はず、故に當地當局者は(一)香港に全然無關係なる支那人兒童は殆んど當地に來ることなく(二)香港に於て良好なる英語敎育を受け當地學校の印象を受けたる支那人は假令彼等が商人として支那に住所を定むるも或は試驗を經て支那官吏となるも早晚實現せらるべき香港の財產なりとの事實を以て自ら慰藉するの外なきなり。

便宜主義　右に述べたる事情及支那人の英語學校に入學せんとの希望際限なき事實は當事者をして執るべき途を明瞭ならしむ、即ち何等感情を交ふることなく左記の千八百八十二年印度敎育委員の政治家的意見を實行すれば可なり。

吾人は初等學校に於ても敎育の普及に必要なる程度迄月謝を引上ぐることは一般に願はしきことゝ信ず、敎育費全部を支出するも各村落に學校を設立するには不足なれば一學校の恩惠に浴する者は經費を分擔して他地方に於ける類似機關の設立を促すべし、但し最貧民の貧困と極めて未發達の人種及地方の貧弱とは之を度外視すること能はず、云々

尤最貧困者に對しては右の便宜主義に例外を設くることを要す、第一旅費の多少は幾分大陸と香港との結果を弛緩ならしむべし、而して彼等が敎育の價値を認むること極めて少きが故に益々彼等を敎育するの必要生ず、彼等に須要なる敎育の程度は至つて低し。

支那語の必要　當局者が敎育方針の一要素と見做すものは支那人を敎育するに先づ支那文に對し相當の智識を有せしむることにして此意見は多年英國及支那兩當局者間に推奬せらるゝ所なり、尤も拉丁語及希臘語の價値を論じて支那語必要の議論を辯駁したるものありしも兩者は全く場合を異にするものなり、若し支那文を忽にせば支那人技師は十哩支那內地に入りて說明書を讀むこと能はず、醫者は處方箋を記載する能はずして困難すべし。

上流支那人は其兒童を英國の敎育に委するに先ち數年間多くは其鄕里に於て支那語敎育を施すを例とするを以て敎育局に取りては甚だ好都合なり、故に敎育當局者は彼等の英語學校に入學するに當り支那語の試驗を行ひ且つ在學中所謂生得の智識を維持改善せしむることを要するのみ。

反之香港に於ける小規模の支那語學校の大多數は其宗敎學校たると私立學校たるとを問はず、市街地住民中貧困者階級の登校するものにして彼等は其兒童の爲めに英語敎育を欲せず、故に概言すれば香港は市街地支那人中富裕なる階級の英語敎育及貧困者階級の支那語敎育に關與するものとす、又敎育上の階梯は如何に貧困なる者の子弟と雖も英語學校を經て香港大學に至るまで自由に敎育を受け得るものなり。

要略、以上を以て敎育家の手中に存する市街地及村落地住民の二大階級に付說明したり、其中市街地は自ら三種に分たる、

即ち（一）は英人及印度人にして植民地に對し外來者であると同時に大英帝國の主著人にして英國臣民として教育上其權利を有す（二）は市街地支那人にして道德上其權利を有するよりも寧ろ便宜上緊要なるにあり、（三）は葡萄牙人にして前二者の中間に位し全く植民地の住民にもあらず、又全く外來者にもあらざるなり、市街地住民の教育は既に相應の施設を見る、而して住民は大に權利を有するものなるも從來の義教育上著手せられしもの極めて少なし、村落地住民に包育せらるゝ年上三百餘萬人は何事も弊へず自ら甘んじつゝあり、其無智なるが爲めに損失しつゝありや否やをも知らざるなり。

以上敍述したる各種階級の必要に應じ設けられたる學校に關し説明するに先ち諸學校を統一し監督する教育局、教育法、補助金條例に就て大體を敍述すべし。

四、教育局

教育局の長官を教育局長とし他の諸局の上級官吏と同樣植民地見習官吏（Cadet service）出身者を以て任命し一等官とす、其部下に英語學校視學官一名、支那語學校視學官一名及支那人副視學官二名あり、後者の内一名は香港他の一名は租借地に屬す視學官二名は英國人にして從來は官立學校長の中より選任せり

局長の職務は自ら三種に分たる（第一）官立學校及實業學校を直接監督し、（第二）上記學校と政廳との公文書は必ず局長を經るものとす、（第三）教育法により總ての私立學校を監督す、又補助金條例に記載せられたる學校の補助金額を決定上申す、

官立學校の數十五あり、其出席生徒平均は二千二百七十四人にして三十名の正教員及百三十名の男女教生を有す（Student and Passed Student Teachers）因に植民地の英國人及印度人兒童の教育の大部分及富裕なる支那人の英語教育の大部は官立學校に於て行はれつゝあり。

五、教育法

學校の國家登錄主義は近年頻りに議論せられ一般に是認せらるゝ所なり、然れども之を法律に制定したる英帝國中、香港を以て第一とす、英本國の一省に於て「若し鑛山及工場にして政府の監督を必要とせば學校に於ても亦同樣なり」との方針を維持する限り一般公衆は學校に對し政府の保護を受くるの權利を與へらるべきものなりとの理由により右の主義は一般に正當なりと認めらる、而して國家が他の商品に於て一般の欺瞞せらるゝを防止せんと努むると同樣一見其價値を評定し難き高價商品たる教育の販賣せらるゝ場所に付ても其必要あり。

尤も補充的の職務を有する私設教育の効果如何を詳知するに非ずんば國家の教育費は經濟上巧に調節すること能はずと雖も之を知らんと欲せば强制的に學校を登錄するの外途無きなり、更に香港にては學校が密に不法行爲傳播の隱蔽物となるの恐れあるは學校の登錄を必要とする一原因なり。

教育法即ち一定の學校の登錄並に監督に關する法規は千九百十三年制定せられ同年十月一日より實施せられたり、同法によれば「學校とは十人又は夫れ以上を一級又は數級に分ち教授する場所」を云ふと規定し、教育局長は學校を登錄し、登錄濟の學校を登錄簿より除去し又は登錄を拒絕することを得、而して未登錄の學校は不法とし其管理者は五百弗の罰金に處せらるゝものとす。

本法の目的は植民地内各學校に於て或は低き程度に衛生を重んじ紀律を保ち且教育上の進歩を期せしむるに在り、目下私立

學校の生徒は香港及租借地內共第一に政廳の監督に從ふものとす。

教育法によれば學校は三種類に分たる、第一種は本法適用外の學校にして、官立學校、兵營、及警察學校及總督が本法の監督より除外したる學校（Exeluded Schools）とす、高等なる三支那人學校は右除外を受けたる學校なるが將來同樣除外せらるゝものは多からざる可し、第二種は自由學校（Exempted Schools）にして衞生及紀律に付ては本法の規定に從ふも課程に關しては自由なり、教育局長は自由學校と認定し又は之を取消すの權能を有す、目下此種學校は僅に一あるのみ、第三種は全く本法の適用を受くるものとす（Controled Schools）

教育法施行細則は頗る單純なるものにして教室の大さ、點燈の設備、教員生徒の清潔、室內の洒掃、學校內の喫煙禁止、女生徒の體刑禁止、男生徒に對する掌面又は臀部の鞭刑、出席簿記入、時間割表制定等の類を規定したるに止まる、斯かる簡單なる規定も嚴格に行ふ時は多くの經營者をして學校を廢止せしむるの恐あるを以て視學官の判斷に依り規定の適用を寛大にするの權限を與へ居れり。

六、補助金條例

補助金條例（Grant Code）とは一定の學校に對し政廳より年々補助金を支出する報酬として一定の條件に遵はしむる私法契約的規定なり、補助學校は他の學校と等しく教育法に從ふべきものとす、然れども補助金條例は其性質上教育法よりも更に嚴密にして教育法の規定は概ね條例中に包含せらるゝを以て教育法に從ふことは補助學校に取り何等痛痒を感ぜざるなり。

英語學校及支那語學校補助金　最近改正の條例に因れば英語學校（主として英語にて教授する學校）及支那語學校（主として支那語にて教授する學校）に對する補助金支出に關する規定あり、支那語學校中にては英人教師を有するもの丶方多くの補助金を受く、英語學校の補助金は生徒の學級の高下により等しからず、而して補助金の中には例外的方法（創始の方法とは云ひ難きも）により算出せらるゝものあり、今條例中此點に付稍詳細を左に說明すべし。

入學補助金　初め香港大學設立の計畫稍其緒に就くや先づ第一回の學生を得ることの困難なるを感ぜしめたり、大學校令によれば入學試驗の程度は牛津地方上級試驗(Oxford Local Senior examination）又は之に代るべき同程度の他の英國內諸試驗と同標準たるべきことを規定せり、依て千九百十年補助金條例を改正し補助學校を奬勵して相當學力ある大學入學生を養成せしむることゝし、補助學校の最上の三級をして夫れ〳〵上級（Senior）下級（Junior）及豫備(Preliminary）三種の牛津地方試驗に對する準備を爲さしめ右試驗合格者を出したる數に應じ、補助金を下附することゝせり、此取極は直に其目的を充たしたるも明に彌縫策たるを免かれざりし、然れども香港の教育當局者は中等教育と大學教育とを按排するに稀なる好機會を逸したりと云ふことを得ず、千九百十一年本國教育省の發表したる中等學校試驗評議委員の報告書は一面に於て英國に於ては利害の衝突及時效により得たる權利が教育上の統一的計畫を粉碎するものにして其實行が如何に困難なるかを明示すると同時に一面に於ては香港の如く中等學校の上に初めて大學校の設立せられたる土地に於ては統一を試むるの如何に好機會なるかを指示するものなり、依て諸學校の校長に對し左記の問題を提出せり「先づ貴校に於て絶對的に生徒に適當なる課程如何」右に對する回答を得たる後大學は其入學試驗に對し貴校最上級の科目を採用し得可きや否やを考慮すべしと」右の如き方法を以て關係學校は如何なる科目を教授せんことを希望するやを研究し以て大學入學試驗科目を決定せり。

受驗者補助金　千九百十四年改正の補助金條例は各英語學校の第一級(最上級)及第二級にては大學地方試驗の準備をなすべきことを原則とせり、各學校は學年の初めに當り其教授科目等を報告するものとし大學及教育局長は諸學校に於ける最新の教育狀態を十分に承知し居る樣規定を設けたり、地方試驗の補助金は香港大學の入學試驗に應じたる生徒一人に對し若干と定められ合格者の數に對して給するものに非ず、右の方法は目下試驗時代に屬し其良否は將來の結果により判斷せざる可からず、又各級は級全體として學修せしむることを希望し從前の如く級を二部に分ち補助金の下附を受くる成績優良の生徒と其他の生徒とを區別せざる方針なり、右の如く受驗者割による補助制度を討議するに當り一女學校の女教師は反對して曰く「香港の如き熱帶地に於て殊に女生徒に對しては屢々試驗を思ひ止まらしむること必要なる場合あり、然るに若し試驗に應ずることを中止せる爲め學校は頭割補助金を受けず夫れ丈け學校に於て損失するものとせば甚だ不公平なりと云はざる可からず」と依て一項を附加し病氣其他の原因により不得已受驗し得ざるものに對しても同樣補助金を下附することゝせり。

諸學校に於て補助金の增加を得ん爲め不當に急速なる進級をなし以て最高二級の生徒數を增加すること無きやと想像せらるるも香港にては斯の如き虞れなし、若し無暗に急速なる進級をなすときは及第者の割合減少によりて事實暴露すべく又視學官は頭割補助金を毎年推薦するに際し此點に留意すべし、尙視學官は之を防止する爲め第三級を更に精密に調査し明に不適當なる生徒を地方試驗準備の級に進級せしめざりしや否やを點檢すべし。

本條例は出來得る限り本國の初等及中等學校條例に準據したるものとす、當地にて養成する教員に付ては後段師範科の項に記述せり。

學校が教育法による登錄を削除せられたる時は直に補助金目錄より同校を削除すとの規定あり、然れども補助金を受くる價値なき學校と雖も教育上其存在が有害ならざることあるを以て補助金目錄より削除せらるゝも直に登錄を削除するの要なきは言を俟たず。

七、諸學校の說明

本項に於ては第二項の住民說明の際排列したる順序に從ひ諸學校に就て說明すべし、代表的の學校に關しては詳細に記述することゝせり。

英人學校（British Shools）

九龍及ヴィクトリヤの二校あり、前者は千九百二年、後者は千九百五年の設立とす、各約六十五名の生徒を有す、其職員は兩者共通にして校長一名、女子正教員二名、女教生（Students Teachers）三名とす、教生とは後段記載の師範科を卒業したる者又は現に修業中の者なり、此兩校は幼稚園より初まり十三歲に達する迄は男女の生徒を共に收容するも十三歲に達する時は之を區分し一校は男生のみ他校は女生のみを收容す、佛蘭西語及拉丁語を教授す、佛語拉丁語の級は生徒在學の期間短き爲め備を行はしめ後者に對しては其教育を完了せしめんことを目下希望しつゝあり。

支那人生徒少からざる爲め下級に於ては支那人と非支那人とを區別するの必要あり、之れ支那人兒童は會話英語に於ても支那語に於ても同樣に多數の時間を要し非支那人兒童に比し會話英語に於て多數の時間を割かざる可からざるを以てなり、拔萃書院に於ては支那人生徒の英語の授業を受くるに際し非支那人兒童は拉丁語を學び居れり、聖ジョセフ書院にては正確に交互的の課目を存せず、非支那人生徒の大多數が英語以外更に語學(活語死語共)を學ばざるは疑もなく我中等教育(Secondary)の一大缺點なり。

伊太利コンベント、佛蘭西コンベント、及拔萃女學院(Diocesan Girl's Schools)は相類似したる學校とす、支那人生徒極めて稀にして其本質は寄宿生學校たり、聖メリー、コンベント、聖フランシス書院は稍右に劣れり、佛蘭西コンベントは或程度迄若干婦人に對する教育完了の學校とす、佛蘭西語及「ピヤノ」を教授す、他に私人の經營たる一葡萄牙人學校あり、主に佛蘭西コンベント及聖ジョセフ書院の入學生を養成す。

此等の學校の教育は其企畫大ならざるも堅實なり、英人商店にては婦人の速記者、タイピスト及使傭人の需要頗る多く又教正の需要も少からず、故に教育あり善良なる婦人は其受けたる教育を善用するに更に困難を見ざるなり。

支那人の初等學校(Primary Schools)

教育法が愈々法律となるや教育局は市街地三百六十校、其生徒八千餘名(内約三分の一は夜學校の生徒)に對し責任を生ぜり、其大多數は私立の不完全なる初等學校(Primary)とす、村

(平均二箇年を超へず)多大の困難を感じつゝあり、假令父母が其子女を植民地に殘留せしむるとするも十五六歲にして其子女殊に男子をして職業に就かしめんとの希望切なるものあり、但し數名の女生徒は八年乃至十年間九龍英人學校に止り目下教生として優秀の成績を擧げつゝあり、右二校の外「ピーク」英人學校あり、職員は目下女教員二名なり、九龍及ヴィクトリヤ學校は三箇月一回政廳醫師の巡視あり、其報告によれば「マラリヤ」熱、貧血病、齲齒の多數なるを示しつゝあり、氣候の影響如何を精密に調査する爲め生徒の身長及體重を計る、授業時間及休暇は英國の同種學校と同樣なり。

葡萄牙人、歐亞雜種人、其他に對する學校

主に宗教團體の經營に係る、英國教會は拔萃書院兼孤兒院(Diocesan School and Orphanage for boys)を經營し、基督教教育會は聖ジョセフ書院を維持す、此兩校は其起原は全く別途に出でたるも其周圍に好く適當せしめ等しく發達し來りたるものとす、元と兩者共慈善的の寄宿生學校にして亦多數の通學生をも收容せり、通學生の多くは基督教信者に非ざる支那人にして寄宿生の多くが英人なる爲め純粹なる會話、英語を習得する希望を以て登校したるものとす、從て學校當事者は此等通學生をして其資力に相應したる月謝を仕拂はしめ以て貧民及孤兒の生徒に充用すべき資金を補充したり、兩校共職員完備し正教員のみを有す、但し他の多くの補助學校と同樣教育局が設置したる教正養成の機關を十分に利用せざりしものなり、右二校は牛津上級地方試驗に多くの及第者を出しつゝあり、生徒中將來大學生たらんとする者と卒業後直に職業に就かんとする者との間に課目に或程度の區別を設け前者に對しては入學試驗に萬全の準

落地にては二百六十校あり、其生徒三千餘を有す。

市街地の私立學校中最も優れたるものは幾分官立補助諸學校に行はるゝ新教育思想の影響を受け居るも租借地內の學校にては更に斯かる影響なく全く支那內地のものと同樣なり、此種の學校は今後五十年內に地球上より其跡を絕つべきも尙詳細を左に記述するの必要あるを信ず。

租借地內の學童數　千九百十一年の戶口調査によれば租借地內の支那住民は八〇・六二二人にして內五歲乃至十五歲の者一七・六二三人なり、此地域に於ける登校學童平均數は三・二二三人にして全人口の四パーセントに達せず、登校學童數の少きは英國領土中他に比類を見ず。

教室と教師　次に教育の良否を見ん、教室は不潔にして暗きは驚く迄もなし、教室は村民が普通民家の一部を之に割當てたる迄にして學校を日當りよき清潔なる場所と爲すことは彼等の夢想だもせざる所なり、教師は多く庸醫又は土地の賣卜者の類にして教育を副業とす、彼等は全く近世的教育法を知らず、其報酬の如き亦驚くに堪へたり。

租借地內學校の現狀　左記は學識あり且經驗に富める一支那人教師の村落地支那人教育に關する報告の一節を拔萃したるものなり。

教師の收入は開校の時に於ては全く不定にして初めの四五月間は其一箇年の謝禮幾干なるやを約束せずして教授し、四、五箇月目に至り初めて其收入を評議決定するものとす、若し生徒多ければ教師の收入も多く生徒少なければ收入も從て少なし、而して生徒は普通謝料の外教師の使用する茶、煙草、燃料、燈火等の費用を分擔するものとす。

授業料には頗る逕庭あり、初學者は上級者よりも遙に少額を仕拂ふのみ、生徒中或者は授業料の中に教師の食料を含め、或者は別に食費を仕拂ふ、授業料一箇年分平均約五弗とす。從來の調査によれば多數教師の一箇年收入は百弗餘に上るも其遭遇する困難は驚嘆に値す、多くの生徒は其授業料全額を仕拂はず、予（報告者）が諸學校を歷訪したるは舊正月經過後五日目なりしが數人の教師は前年の授業料全部集まらざるを歎じ居るを見受けたり、其一人の如きは大に憤慨し最早生涯教師たらざる決心なりとて書籍全部を燒棄せり。

教師にして同樣の理由を以て其業を廢するもの多し、予が住民より聞く所を綜合するに教師の收入一箇年二百弗に上らば最も好成績なるが如し、李屋村、沙羅齡、及大坑に於ては學校は祖先祭祀金より一年十弗宛の補助を受け、長屋村に於ては祖先祭祀金より生徒一人に付五十仙宛の補助を受く、其他各村落の學校にては生徒の負擔する授業料及食費の外何等の補助を受けず、此等學校の月謝は孰れも一定に居らず、教師の親近者は少く他の者は多き月謝を仕拂ひ平均一箇年約三弗とす。

授業時間は甚だ長く生徒は概ね黎明後間もなく登校し朝食及晝食時には歸宅を許さる、教師は夕食迄授業を繼續す、毎日約八時間宛の授業をなす。

其教育の成績如何を見るに七年間此種學校にて教育を受けたる生徒にして「子」の定義を說明し得ざるものあり。兒童を教育するや先づ詩文、又は支那古典を諳誦せしめ又記憶により之を謄寫せしむ、次で四年目に至り文章の說明をなす、然るに多數の生徒は四年に滿たずして學校を去り、彼等の習得したる文字は之を習することを得るも其意義を明にせざるなり、之れ一般に認められたる彼等の教授法とす。

教育上の困難　村落地に於ける教育問題に關し三個の困難あり、學校の遠隔及道路の不良、言語上の困難及適當なる教師を得るの困難之れなり、第一、第二は同支那人教師の報告により說明せらる、即ち左の如し

客家人の兒童は廣東人の學校に赴くも廣東人の兒童は客家人の學校に行くもの皆無なるを發見せり、兒童の言語一律ならざる學校に於ては教師は二種の地方語を知らざる可からず、山東埔學校に於ては教師は先づ新安の廣東語を以て教授し次に客家語を以てす、住民は甚だ廣東語を好むも、新安の廣東語は新安地方のみに通用せられ廣東人には殆んど理會せられず、西貢(サイカン)地方は租借地內にて最も大なる地方なるが小流頗る多く一度降雨あるや、到る處渡渉し得ざるに至る、夫れが爲め學校を有せざる村落の住民は他村の學校に兒童を登校せしむるに困難少からず、降雨に際しては教師は其生徒を學校に留め必要の場合には翌日まで宿泊せしめ以て減水を俟たしむるを例とす、生徒の滯留中教師は食物を給し其費用は父母をして支辨せしむ、如斯不便あるを以て住民は其村落に親戚を有し又は教師と姻戚の間柄に非ずんば其兒童を他村の學校に送ることを欲せず。

適當なる教師小きは下記により明なるべし、教師中五十人は漸次誘導改善の望なきに非ずとして選出し、一箇月五弗(十志)宛の補助金(補助金條例によらざるもの)を支給しつゝあり、而して其學校は少くも三箇月一回、支那人副視學官により又少くも一年一回、英人視學官により巡視を受くるものとす、此種の學校は漸次其價値を認められつゝあるを以て次第に其補助額を増加し、遂に全く官立學校と爲すことを得るに至る可しと思惟せられつゝあり、此以外の學校に對しては目下政廳は何等施設する所なく學校の多數は右保護學校の壓迫を受け消失すべし、村落地に教育法を施行し無益の學校を閉鎖することは全く不可能なり、若し教育法實施の結果此等の學校にして消失せば兒童の行くべき學校なきに至るべく然るときは教育家の最も重視すべき支那人傳來の教育に對する熱望は全く喪はるゝに至らん。

市街地私立支那語學校

市街地に於ては全く趣を異にす、若し一校が無效果の故を以て閉鎖せらるゝも其附近半町以內に他校の存在するを例とす、從つて市街地にては嚴格に教育法を施行することを得べく、而して其結果は良好なり、同法の制定を見るや直に市街地の私立支那語學校三百十一校に對し精細なる調査を遂げ、中二十七は滿足なる狀態に在り、百卅一は改善の餘地あるが如く、百五十三は劣惡にして閉鎖の要あるを發見したり、尤も同法の規定によれば閉校を命じ得るは千九百十四年七月一日以降に屬し又支那人は教師との間に一箇年に亙り約束するを以て年の中頃に於て閉鎖するは困難なる事情あり、依て千九百十三年十月に於て最劣等の學校三十六校に對し警告を與へ、翌年七月一日を以て閉鎖を命ずべきに付新年に入り開校するも無益なる旨を注意せり、而して六月初に至り調査したる處によれば閉校處分を必要とするもの僅に六校位に過ぎざるを明にせり、其他十二校は自ら閉鎖し、十七校は大に改善を加へたり、警告を受けざりし學校に於ても等しく改良を見たり、又多數の教師は別項記載の師範科に入りて救濟の途を講じつゝあり、視學官の報告によれば

「從來苦力上りが教師たりし學校に於ては新に學力ある助教師を雇入れたり」と如斯閉鎖を以て威嚇すると同時に改善の餘地を與へ且視學官をして相應の援助を與へしむることは從來の補助金制度（補助金條例によるもの）と同樣の好果を修めつゝあり、學校の國家監督主義は夫自身正當なるを證す。

補助支那語學校

市街地私立支那語學校中二十七校は滿足なる狀態に在るは既きに述べたる所なり、亦補助支那語學校も全體に於て然りと曰ふを得べし、其數四十一校、平均出席生徒數二千名を超ゆ、內上級（Upper grade）に屬する四校を除き其他は總て三年以上登校する生徒少なく多數は三年未滿にして其課程も亦之れに準して取捨せらる、目下生徒に對し漢字約二千字に付有用なる智識を與へ以て簡易なる文章を解し簡單なる手紙を書することを得せしめんと計畫しつゝあり、讀本は近年支那政府により近世式に編成せられ香港にて印刷したるものにして蒸氣喞筒、巡査、衛生局の塵埃車等の見慣れたる活動を記述す、地理に於ては教室及其地方の地位狀勢を教授したる後港內の船舶業に興味を喚起し、先づ第一に各國の國旗に注意せしめ、各種の航路、貨物の種類を說明す、又廣東省を教へて生徒祖先の地たることを述べ次で支那全國の大略に及ぶ、又政廳の主なる官吏の職務、ペスト、肺患、痘瘡に對する政廳の豫防手段等を說明す、此外算術の四大原則に及び之を香港貨幣に應用せしむ。

市街地支那語學校は私立及補助共概ね支那人普通住家の一床(フローア)又は稍大なるものに在りては二床(フローア)を占む、若し此等の教室にして清潔にして光線多く緣側(ベランダ)に雜物の堆積無くば視學官は之を以て滿足するを普通とす。

私立初等英語學校

概して云へば支那人用の英語學校は中等教育を施すものと見做さるべきも私立英語學校四十九校の多くは殆んど中等學校と稱すること能はず、此等の學校にて教ふる英語は家僕又は職人として歐洲人に使傭せらるゝに必要なる位の語句に止まるもの多し、彼等に就ては茲に詳說の要を見ず。

支那人の中等教育

皇仁書院及地方學校　支那人の中等教育（Secondary）は皇仁書院（Queen's College）及其入學生を養成する諸學校を中心とす後者は西營盤(ウエストポイント)、灣仔(ワンチャイ)、油蔴地(ユマチ)（總て市街地）の三地方學校（District Schools）とし平均出席生徒數合計一千七百名に上る、獎學資金制度は後に記載の如く地方學校の第四級即最上級より初まり皇仁書院の上級學校（Upper School）に及ぶ、此等の學校は平均生徒各百五十名に對し正教員一名、約三十名乃至四十名に對し支那人の英語教師一名、各百名に對し支那語にて教ふる教師一名を有する割合とす、右正教員以外の二種の教師養成法に就ては別項師範科の部に說明すべし。

皇仁書院は上級學校及下級學校を有し、前者は約二百名の生徒を有し其職員は主に英人教師より成り後者は約三百名の生徒を有し前記地方學校と同一課程を教ふ、故に皇仁及地方學校を合せ約二千二百名の生徒あり、先に記せる小なる印度人學校は亦皇仁書院入學生を養成す。

支那語　支那人兒童に對し支那語（文章）に付相應の智識を有せしむるの主義を重視し居るは既に述べたる所なり、入學試驗に支那語（文章）を試驗し且併行して英支兩語の進步を計りつゝあるを以て生徒が其學校に相當する支那文の智識を修養するものと認むることを得、此主義は香港の支那人教育は概ね便宜主義を主とするものなるを明示するものなり、而して教育費の不足なる香港に於て家庭ボーイ等の職業に就く目的を以て十七、八才にて英語を始むる青年は英人教師の精力を之に集中する程に有用なる分子と見做し難きは明白なり、此等の理由により右の四學校に於ては補助金條件に於けると同樣生徒の年齡に制限を設けたり、支那人兒童が支那語の土臺を確め且英語教育を初むるは其幼少なれば幼少なるだけ進歩の速かなるは明白なれば此等學校の生徒は年齡の制限により有爲の分子なるは疑なく而して其教育を永續するの望最も多しと云ふべし。

教育年限　教育年限の長短に關しては自然三種の階梯あり、生徒の最大多數は第四級修業即五年間の課程を卒へて學校を去る、此等は大抵商店の兒童とす、目下課目表を修正し從來の代數學、幾何學の初歩を廢止し五年目に於て更に英語教育の時間を增加せんと試みつゝあり、故に彼等教育の最初の五年間は英語教育殊に會話英語に多大の注意を拂ひ居れる次第なり。

第二の階梯は更に商業及英語の教育を受けたる後職業に就かんとする青年に對する二年乃至三年間とす、右は上級學校の三級及二級の二年間の課程なり。

第三は全課程（fall course）と稱し得べきものにして大學入學試驗準備の三、二、一の三級とす（科目は英作文、英文法、英文學、數學、歷史、地理、物理、化學、支那語飜譯、支那文學）目下の處にては大學に入學するは支那人生徒中例外に屬するものなり、一級は二十五名以上の人數を以て一箇年の課程を開始するも支那政府より雇入の申込を受け或は學資不足し或は家庭の事情の爲め其他各種の原因により中途退學するものあるを以て其半數を學期末まで維持することを得ば先づ好成績と云ふべし。

大學に入學する支那人生徒を養成しつゝあるは單に皇仁書院のみと謂ふ可らず、聖ジョセフ書院、拔萃書院亦少數の大學入學生を養成す、自由學校の一たる聖スティーブンス書院は亦重要なる大學入學生養成の機關たり。

ベリリオス女書院　官立のベリリオス女學院（Belilios Public School for Chinese girls）は植民地に於ける此種學校中最重要なるものとす、他の支那男兒を容るゝ官立學校と比較し最も異なる點は支那人少女は本校を除き彼等の希望する支那語による初等教育を學ぶべき所他に無きこと之なり、故にベリリオス女學院にては入學に際し支那語の試驗を行はず、初二箇年間は支那語を主とし全く英語を教育せず、其後に至り男子學校に於ける如く一日一時間宛支那語を教ふるも支那語には最も重きを置き遂に上級に進みて漸く第二位に置くことゝせり、本校の生徒平均出席數は約四百五十名にして職員は英人女教師三名及多數の支那人教師より成る。

特種學校

植民地に兵營學校（Garrison Schools）四あり、ヴィクトリア市九龍、鯉魚門（香港島東端）石切島（港の北側）に所在し駐屯兵の兒童を收容す、男生百八人、女生七十四人なり。

西營盆孤兒院　聖レウィス手工學校（St. Lewis Industrial School）一名西營盆孤兒院（West Point Orphanage）と稱し孤兒貧兒を收容す、羅馬加特力派の經營に係り約九十名の兒童は印刷、植字、製本、製靴、仕立等の職業を實習す、工藝全科は約五年を要す。

加特力神學校（Catholic Seminary）　本校は教育法により除外學校として登錄せらる、目下僧侶として養成中のもの十七名なり、加特力派の管理に屬し同派の職員を有す。

當地に於ける生徒數　植民地內の學校別による生徒數は左表の如し、前にも記せる如く支那語學校及英語學校なる語は先づ初等學校及中等學校の別名と云ふことを得べし、尤も私立市街地學校又は三個の官立村落地學校には英語の初步を學びつゝある生徒約一千名あるも是等は事實中等教育を受けつゝあるものと云ふ能はず、又幼稚園、英國人學校竝ピーク學校の初級（Lower classes　即六、七、八級）及英語を以て教授する其他の學校に於ては生來英語を話す兒童は初等教育を受けつゝあるも會話英語を學びつゝある彼等の同級生は中等教育を受けつゝあるなり。

平均出席生徒數

	英語學校	支那語學校	計
官立學校	二、〇七六	八五	二、一六一
兵營學校	一一六	—	一一六
除外私立學校	五八〇	—	五八〇
補助學校	二、一三七	二、一九二	四、三二九
私立學校	二、〇七五	八、七九〇	一〇、八六五
同（租借地）	—	八五二	八五二
實業學校	四七八	—	四七八
計	七、四六二	一一、九一九	一九、三八一

備考　警察學校は本表に包含せず

八、師範科

支那人教生（男）　皇仁書院及地方學校の支那人教師は初め十七、八歲に於て選拔せられて教生（Pupil teacher）となり、五箇年間職務に從事する旨の誓約書に署名し百弗（十磅）の保證金を納付す、彼等は師範科教員の監督を受け午前中は各自の學修に從事し午後は師範科教員又は先輩たる支那人教師の臨席せる級に於て教授をなす、約三年を經て缺員あるに際し任命せられ、最初四百八十弗（四十八磅）の俸給を受く、次の二、三年間は實業學校に於て彼等の爲めに設けられたる夜學校に登校することを要し三學年の修業證書を得る時は彼等の學修は完了したるものとす、皇仁書院には二十七名の教生養成の設備あり。

英人教生（女）　又實業學校には女教生（Student teacher）養成の師範科あり、英人學校及ベリリオス學校の助教員（免狀を有せざる）は本科を修業することを要す、之亦三箇年の課程とす。

支那人教員　支那語學校教員養成の師範科は最近に實業學校內に設けられたり、其目的二あり、支那人收容の英語學校の支那人教員（即ち支那文を教授するもの）に教授法を教ふること其一なり、支那語補助學校及私立支那語學校の男女教員にして其職業に對し熱心なるが爲め又は教育法の壓迫あるが爲め自己を啓發せんとする者の爲めに教授法及地理算術の概念を敎ふる其二なり、本科は今後大に擴張し得る見込あり、又ベリリオス學校にては其職員の爲めに支那語學校教員養成科あり、目下英語教員の科に男六十一名、女九名の生徒あり、又支那語教員の科に男五十四名、女九名の生徒あり、總計百卅三名とす。

九、實業學校

實業學校（Technical Institute）　は教育局長に屬する一分局にして英語學校視學官の直接監督の下に在り、總督の任命する七名以下の諮詢委員あり、規則の改正は總て其承認を經ざる可からず、近年右委員の活動は顯著ならず。

實業學校は單獨の建築物なく皇仁書院の建物を兼用し一年中八箇月間開校す、月謝極めて低廉にして一期間（四箇月）六弗（十二志）を普通とす、各種學科の教授時間は一週間一學科に付一時間乃至四時間とす、各學科共生徒五人に滿たざれば開始せず、最初當局者は生徒が數個の學科を選擇し、數年間に亙りて夫々修業せんことを希望したり、斯くして最後の修業證を得ば恰も卒業免狀（ディプロマ）の如き性質を有し、大に價値あるべしと思考したり、然るに香港大學設立せられ、應用機械學、蒸氣及電氣の如き科目に於て征服的競爭者たるに至れる以前に於ても生徒に對し斯かる忍耐を希望することは全く夢想に過ぎざりき、第一生徒中學年試驗を受くる者五割に滿たず、而して其大多數は一科目の試驗を受くるのみにして二科目以上の試驗を受くるものは極めて少數なり、千九百十三年度には百六十一名の受驗者あり內白十三名合格せり。

本校に於て前項に記せる師範科の外最も重要なるは各種程度の速記科、英語科及負傷者應急手當科とす、此等の學科は實際の需要多し、其他衛生學、物理學、建築學、土地測量法、佛蘭西語及化學等の教授は本校の稍不確定なる存在をして長引かしむる所以なり。

香港に於ては其需要ある科目に對し速に良教師を得ること容易なり。

十、香港大學

組織　香港大學の成立は當地法律により規定せられ　Conrt. Conncil. Senate の三機關よりなる、「コート」（最高統轄機關にして大學の權利を行ふ）は官職附帶の終身委員及指名せられたる約十四名の委員よりなり、「カウンシル」（實行機關にして財政事務を管理す）は十七名の評議員よりなり、其一部は「コート」より一部は「セネート」（カウンシルの監督の下に大學の科程、學務等を監督す）より選擧せられ又一部は官職附帶のものとす、「セネート」は大學校（principal）大學職員及教育局長よりなる（教育局長は亦コート及カウンシルの一員たり）。

香港總督は官職上大學總長（Ex-officio Chancellor）とし醫務局長、土木局長、支那事務局長、亦官職上コート及カウンシルの一員なり、如斯政廳と大學とは離る可からざる關係を有せしめ政廳の援助扶掖を得しめ且政廳方針の永續を確保せしめたり、大學長は副總長（Vice Chancellor）にして又セネートの議長とす、目下の大學長は先に「シエフィールド」大學副總長たりし「サーエリオット」氏（Sir Charles Eliot）なり。

建物　建物は五百名の學生を容るゝに足る、主要建物及職員宿舍、寄宿舍、目下建築中の二棟及解剖實驗部あり、十一個の講堂、八個の化學室、及實修工場、圖書室、學生控室、會議室等を有す、大學附近に數個の病院あり、醫科學生の教授上便宜多し、敷地は政廳より與へられたるものとす、大學の稍下方に教會傳道會の寄宿舍あり、加特力派傳道會亦附近に寄宿舍を設くる筈なり、亦大學敷地の上方に隣接し倫敦傳道會の寄宿舍あり。

目的　大學の目的は大學校令の序言に記載せられたる通り技藝學術の發達を期し、高等教育を施し學位を授與し、各人種各國人、各宗教に屬する學生の品性を向上し隣接せる支那との間に更に相互の了解を得しむるに在り。

分科　大學は初め醫科及工科の二科を以て開校し、後香港在留支那人の特別の希望により學術科(Arts)を設置せり、學術科の課程は化學、物理學、數學、歷史、英語、支那語、支那文學英語、英文學、及經濟學の一斑とし、特種課程として國際法、法理學、經濟學を教授す。

學位　は英國大學に於て授與するものと同程度たるべしとは當初より提議せられたる所にして寄附金の募集も之を基礎として行へり、倫敦 Pass Degree に準據したるものとす。

方針　大學に於て政治に關する團體及機關の發生を禁止すること極めて必要と認められつゝあり、而して學生は總て（極めて少數を除き）寄宿舍に收容監督を爲すことゝせり。

職員　目下の職員は工科教授一人、講師六人、英語及歷史教授一人、講師一人、經濟學教授一人及講師一人、數學生理學及解剖學の教授とす、法律の講師は近く任命せらるべし、又七人の巡囘講師（主に醫科）あり。

學生數　學生の數は百二十人とす、學生の大部は香港諸學校出身者及廣東より來るものとす、各派の宗教學校は多くの入學者を出し、彼南の自由學校亦少數の學生を送る、海峽植民地より來る學生の數は近き將來に於て大に增加すべき見込十分あり卒業後學生は支那沿岸の技師及醫師となり追て廣く支那各地に亙るべしと豫期せらる、學術科の學生は概ね支那政府の官吏となるものならん。

十一、俸給及月謝

英人正教員（男）　の俸給は一年三百磅に始まり毎年十磅又は十五磅を增加し五百五十磅に達す、夫れ以上の俸給を受くるものは極めて少なし

英人正教員（女）　の俸給は一年二百磅乃至二百二十磅にして別に一箇年約五十磅を要する宿舍費を給與せらる。

右俸給は銀相場により約一割の增額を許可せらる。

支那人助教員（Student Teachers）　の俸給は一年四百八十弗乃至二千四十弗とす、一弗は約二志に當る。

女教員の俸給は單に當地の教育（Student teachers を指す）を受けたるものに對しては英人、歐亞雜種人又は支那人たるを問はず一年二百四十弗乃至六百六十弗にして此より高き俸給のもの二三あり。

以上の俸給を受くる者は適當の時期に達し恩給を受くるものとす、官立學校の月謝はピーク學校、英人學校にては五弗乃至十五弗とし、皇仁書院にては五弗、皇仁書院入學生を養成する諸學校は三弗、ベリリオス女學院は二弗、其他官立英語學校にては五十仙を徵す。

月謝收入を控除し教育費純支出額は十五萬弗乃至二十一萬弗にして香港植民地總收入の二分三毛乃至二分四厘一毛に當る、今最近五年間の收支表を示せば左の如し。

年度	植民地總收入（弗）	教育費總額（弗）	月謝收入（弗）	教育費純支出額（弗）	總收入に對する純支出割合（%）
一九一〇	六、五五三・〇八九	二二九・六〇六	七五・〇五六	一五〇・五一三	二・三〇
一九一一	六、七三三・一六九	二三七・九四二	七六・〇五六	一六一・八八六	二・四一
一九一二	七、九四七・七一四	二三九・三六一	六九・一九六	一七〇・一六五	二・一四
一九一三	八、一四六・七七五	二六九・一六四	七三・二四八	一九五・九一六	二・四〇
一九一四	一〇、六六六・一一四	二九三・八二〇	七六・九七二	二一六・八四八	二・〇三

備考　植民地總收入には土地拂下料、九廣鐵道收入及月謝收入を包含せず

十二、學校の分類

植民地に於ける學校の種別に付ては第五項及第六項に大體記載したるが更に之を明にする爲め表示すれば左の如し。

（一）教育法の適用を受けざる學校
（イ）官立學校　教育局の直接管下に屬するもの
（ロ）兵營及警察學校　教育局と關係なきもの
（ハ）私立自由學校、教育局長が特に本法の適用を除外せるもの

（二）教育法の適用を受くる學校
（イ）補助學校（グランド）　補助金條例により政廳より補助金を受くるもの
（ロ）私立學校　他項に入らざる各私立學校
（ハ）租借地補助學校（サブシダイズド）　一時的方法として政廳より少額の補助金を受くるもの

（三）實業學校

（四）香港大學

今千九百十四年度の政廳報告に基き前記各種を初等學校（Primary Schools）及中等學校（Secondary Schools）の二種に大別し宗教との關係、學校數及生徒數を左に表示す、但し兵營學校、警察學校、實業學校及香港大學は之を除外す。

初等學校

	學校	宗教との關係	生徒登簿數 男	生徒登簿數 女	生徒出席平均數 男	生徒出席平均數 女	登簿數計
一、官立學校							
	Peak School	關係なし	一五	一四	一三	一三	二九
英語學校	Praya East English Sch.	同	一三〇	—	八六	—	一三〇
	Engli Sch. for Indian	同	五三	—	四五	—	五三
	do. do. Kowloon	同	一七	—	一三	—	一七
	Tai Po English School	同	六四	—	五一	—	六四
	Un Long English School	同	三四	—	二三	—	三四
	Choung Chow Englissch.	同	二八	—	一六	—	二八
計	（七校）		三四一	一四	二四七	一三	三五五
支那語學校	West Point School	關係なし	七九	—	六六	—	七九
	Tang Lung Chau School	同	三三	—	一九	—	三三
計	（二校）		一一二	—	八五	—	一一二
二、私立補助學校							
	五校	羅馬加特力	六一	二七二	五一	二一五	三三三
	十四校	倫敦傳道會	三九五	四二八	二八九	三一九	八二三
	五校	ベーゼル傳道會	三四六	一三四	二四七	一一八	四八〇
	九校	教會傳道會	九三	三七七	六五	二六〇	四七〇
	一校	レニッシュ傳道會	一三〇	—	九八	—	一三〇
	二校	ウエスレアン傳道會	—	一三八	—	一〇五	一三八
計	（三十六校）		一,〇二五	一,三四九	七五〇	一,〇一七	二,三七四
三、其他の私立學校							
香港	英語學校 晝間 二四校 / 同 夜間 二九校	— / —	一,九六六	九三	—	—	二,〇五九
	支那語學校 晝間 二六九校 / 夜間 四校	— / —	六,六六六	二,一二四	五,〇八六	一,七五六	八,七九〇
	計（三百二十六校）		八,六三二	二,二一七	五,〇八六	一,七五六	一〇,八四九
租地借	補助學校（サブシダイズド） 五十校	—	一,〇九〇	四二	八二〇	三三	一,一三二
	無補助學校 二百十校	—	不明	不明	不明	不明	不明
計	（二百六十校）		一,〇九〇	四二	八二〇	三三	一,一三二
總計	（六百卅一校）		一一,二〇〇	三,六三二	六,九三八	二,八一八	一四,八三二

中等學校

一、官立學校						
Queen's College	關係なし	五三九	—	四九〇	—	五三九
Kowloon British School	プロテスタント	三三	三三	二六	二六	六六
Victoria British School	プロテスタント	三七	三六	二八	二七	七三
Belilios Public School	關係なし	—	四九〇	—	四一〇	四九〇
Saiying Pun District Sch.	同	四二九	—	三三九	—	四二九
Yaumati District School	同	二九四	—	二三〇	—	二九四
Wanchai District School	同	二八二	—	二四〇	—	二八二
計　（七校）		一,六一四	五五九	一,三五二	四六三	二,一七三
二、私立補助學校						
St. Joseph's College	羅馬	六一二	—	五三一	—	六一二
Italian Convent	加特力傳道會	—	三五三	—	三〇一	三五三
French Convent	加特力傳道會	—	一〇一	—	七七	一〇一
English Sch. for Portuguese	加特力傳道會	五一	五一	四二	四二	一〇二
Diocesan Girls' School	英蘭教會	—	一〇三	—	七三	一〇三
〃 Boys' 〃	英蘭教會	三五〇	—	二七八	—	三五〇
St. Mary's School	羅馬加特力傳道會	—	一二九	—	一〇二	一二九
St. Francis' School	羅馬加特力傳道會	五七	五七	四六	四五	一一四
Ellis Kadoorie School	—	八七九	—	六二一	—	八七九
Berlin Foundling House	伯林傳道會	—	九〇	—	八八	九〇
Fairlea	教會傳道會	—	一三八	—	一一四	一三八
Victoria Home & Orphanage	教會傳道會	—	一〇九	—	一〇一	一〇九
Training Home for Girls	倫敦傳道會	—	一四一	—	一三一	一四一
計　（十三校）		一,九四九	一,二七二	一,四九八	一,〇六四	三,二二一
總計　（二十校）		三,五六三	一,八三一	二,八五一	一,五二七	五,三九四

第十八編　宗教並公益施設

基督教

基督教の活動

(一)英國監督教會

第十八世紀の初頭以來支那に於ける傳道事業に著目し居たるが千八百四十二年香港割讓の頃より實際的の活動を開始せり、監督教會の東洋に於ける基礎となりしヴィクトリヤ監督管區は千八百四十九年に設けられ極東全部を共管下とし香港を以て支那及日本に對する傳道事業の中心となし聖保羅寺院を設けて宣教師を養成せり、目下香港及支那にヴィクトリヤ、福建、中支那、上海、漢口、北支那、山東、及西支那の八個の管督區ありヴィクトリヤ僧正は香港に於ける國教廢止以來カンタベリー大僧正により任命せられ香港及南支那(廣東、廣西、雲南の三省)に於ける總ての英國監督教會の事業を監督す、目下管區に住する支那人信徒三千あり、英國人宣教師及牧師十九名、及歐洲人教師約七十名と共に支那人牧師七名、宗教儀式を行ふことを免許せられたる支那人十二名、傳道師二十二名、バイブルウイメン及多數の有志支那人助手活動しつゝあり、聖ジョン大會堂は在住英國人の宗教生活の中心にして千八百四十二年の設立に係り、大なるゴシック式建物なり、又九龍の聖アンドリュー教會はサー、ポール、チエーターの寄附金により千九百六年設立せられたり、又香港は一大海港たるを以て船員に對する活動を要しMission to Seamen's Society 設けられ二人の牧師之に從事す、

今英國監督教會の香港に於ける事業の一斑を示す爲め香港教

會傳道協會(Hongkong Church Missionary Association)の事業を左に記述すべし。

本協會は教會傳道會(Church Missionary Society)と混同し易きも後者は世界に福音傳道の爲め千七百九十九年設けられたるGreat Anglican Societies の一にして倫敦を中心とし世界に亘り支那を管理しつゝあるものなどれも本協會は香港限りの協會にして千八百九十九年極東在住の英國監督派に屬するもの丶組織に係り傳道上正確なる報道をなし且ヴイクトリヤ僧正管區に於ける傳道事業を輔佐するを目的とす、其經營する布教、教育、慈善事業の大體左の如し。

(イ)中華新教會(Church of China)　千九百十二年の設立に係る、過去に於ける教會傳道會の努力の結果香港に支那人教徒の信者會五を有し二名の牧師、四百二十名の聖餐に與る者、九百六十五名の洗禮を受けたる信者並洗禮志願者あり、此等の信者會は今や財政上事業上獨立し傳道會より分離せしむるに至れり其教會を聖士提反教會(ウエストポイントにあり)とし聖保羅、聖メリー、オール、セインツ及一說教堂を監す、ホリー、トリニチー亦之に附屬す、附屬の慈惠院には百三十名を收容することを得、慈惠院並二個の說教堂は支那人の寄附金により維持せらる。

(ロ)拔萃書院及孤兒院(Diocesan Schools and Orphanages)　歐洲人及歐亞雜種人の子女に基督教の訓練及教育を與ふるを目的とするものにして男、女部を異にす、男子部は文咸街に女子部は九龍に在り、(A)男子部は千八百七十年の設立に係り始め歐亞雜種人の男女生徒を收容せり、歐洲人及支那人をも亦入校せしめ約三百名(內百名は寄宿生)の生徒を有す、生徒の一部は香港大學へ入學の準備をなす、孤兒及貧兒は無料又は低料にて入學せしめ宿泊所を給し自活の途を得せしむ、九名の歐人教師と五名の支那人を幹部とす、(B)女子部は千八百九十九年の設立にして千九百十三年五萬弗を以て校舍を建築せり、百餘名の女子英國式の教育及基督教の感化を受けつゝあり、其約半數は寄宿生とし少數の孤兒を含む。

(ハ)教會傳道會(Church Missionary Society)　千八百六十二年香港に於て事業を開始し千八百八十六年北海に支部を置けり、江門、石岐、鶴山、肇慶等にも亦支部を有し廣東には千八百九十八年之を設置せり、香港の傳道事業は已に確定したる信徒に福音を傳ふるの程度に進歩し本會は主として教育事業に盡瘁しつゝあり、此目的には自營主義を必要と認め目下の處下記六個の經營(バイブル、ウイメン及學校を除く)に對しては單に宣教師十名に俸給を支出するのみなり。

(ニ)聖士提反書院(St. Stephen's College)　千九百三年支那紳商等の希望により設立せられ基督教主義により支那人兒童に歐式教育を與ふるものとす、其寄宿料及授業料頗る高く以て英國大學出身の教師及支那人教師を維持することを得、生徒全部に對し日々聖書を講義し又課外に屢宗教上の會合を催うす。

(ホ)聖保羅堂(St. Paul's College)　千九百八年より存在し支那人教徒及其他の者の兒童に歐式教育を授くるものとす、設立以來大に發達し生徒三百五十名あり內六十餘名は洗禮を受けたるものとす、學校の經營法及生徒感化の方法は殆ど前者と同樣なり。

(ヘ)聖約翰寄宿舍(St. John's Hall)　香港大學の支那人學生の寄宿舍にして千九百十三年設立せらる、約六十名を收容し得べし、建築費は約九十磅を要し英國の教會傳道會より支出を仰げり、目的は大學と一致して品性の向上を計り同時に適當の監督の下に其勉學に專心ならしめんとするものなり。

(ト)バイブルウイメン養成所(Bible Women's Training School) 文咸街十一號にあり、支那婦人信徒を說教者として訓練し且彼等を支那人内の教師として訓練するを目的とす、バイブル、ウイメンは三年間の科程にして三年目には戶別訪問を爲さしむることあり、彼等は大抵寄附金によりて維持せられ其俸給は月七八弗とす、學校は基督教の智識並幾分の教育を受けんとする婦人及寡婦を收容し課程修了後看護婦又は學校教師となり然らざる者は保姆となる、St. Stephen's House に於ては傳道事業多く行はる、婦人祈禱會、マザース、ユニオン、聖書會、支那人婦人青年會等總て此處に於て開催す、又日曜には子供日曜學校、婦人會等あり。

(チ)飛利女寄宿書院(Fairlea Girls' Boarding School) 文咸街に在り支那語學校にして約二百名の生徒を有し內約四十名は寄宿生とす、政廳より補助金の支給を受く、女子の師範科を設け時時教師に採用せらるゝものを出す。

(リ)ヴィクトリヤ孤兒院(Victoria Home and Orphanage) 九龍城に在り奴隷の境遇より救助せられたる兒童及孤兒を收容するを目的とす、女子には各種の家內勞働及各自の洗濯及炊事を爲さしむるを以て年長じて支那人信徒の妻となるもの多し、目下百二十餘名の兒童あり學校は政廳より幾分の補助を受く、兒童の多くは學校の事業に興味を有する英國又は香港の有志より學資の支給を受く、之れ生徒中には貧困なる基督教徒の兒童にして自ら共兒童に十分なる教育を爲し得ざるもの少からざるを以てなり

(ヌ)聖士提反女書院(St. Stephens' Girls' School) 堅道二十七號に在り聖士提反書院の成績良好なるより幼少なる男兒の爲めに豫備學校として開かれたるものなりしが女兒の收容を要求するもの多く其結果女學校となれり、目下幼稚園及普通學校あり後者はオックスフォード地方上級試驗程度迄擴張せられ佛語、音樂をも教授す、生徒百二十餘名にして內寄宿生少數なり、授業料にて主なる經費を支辨することを得、本校の目的は教育兼傳道にして他の教會傳道會の學校と同じく聖書講義、及基督教主義の品性訓陶を第一とす。

(ル)華文日館(Vernacular Day Schools) 香港に Baxter Mission Day Schools 及四個の女學校あり、教會傳道會の維持に係り政廳よりも幾分補助金を受く、生徒四十乃至六十名、教師は支那人信徒にして彼等を通じ傳道の效果を有す、其他支那語學校三あり孰れも支那人信徒をして管理せしむ。

(ヲ)說教堂 二個の說教堂あり(ホリーウッド路及油蔴地)、其附近の傳道事業に責任ある傳道師は支那教會組合により維持せらる。

(二)プロテスタント

倫敦傳道會は十九世紀の初より支那に於ける活動を開始し其傳道師の一名は千八百七年初めて廣東に到着せり、阿片戰爭後支那は漸次開放せられ從て傳道事業も進捗を見るに至り、アメリカ、エピスコパル、ミツシヨン、及アメリカ、バプチスト、ミツシヨンも千八百三十五年頃廣東に來り共に布教事業に從事せりユニオン教會は香港に於ける獨立教派の宗教生活の中心にして Dr. Legge の建設に係る、氏は千八百四十三年倫敦傳道會より

North Hunan; Seminary of St. Peter & St. Paul (Rome); Seminary of St. Francis Xavier(Parma.) 香港の會堂は千八百四十二年建設せられ其後改築せられ現會堂は千八百八十八年に開かれたり在住葡萄牙人多く之に屬す、又 Société Des Missions Etrangères は千六百五十八年巴里に設立せられ海外傳道を目的とし當方面にも活動せり、香港の教育事業としては伊太利コンベント、佛蘭西コンベント、聖ヂヨセフ書院、其他補助學校五を經營し殊にコンベントは慈善事業に盡瘁せる所頗る大なり。

教會及禮拜堂

當地主なる教會及禮拜堂を左に列記すべし。

St. John's Cathedral Church.（英國監督教會） ピーク電車起點附近

千八百四十七年三月定礎式を行ひ同四十九年三月より禮拜を開始せり禮拜は每日曜日朝三回、夕刻一回にして翌日及水曜日金曜日にも禮拜あり、席數六百七十、四回の禮拜に平均約一千人の出席者あり、

St. Peter's Seamen's Church（同上） 市內德輔道西

千八百七十二年より開始、席數二百十、出席者平均九十人

St. Paul's College Private Chapel（同上） 植物園の西北方、席數約六十あり。

St. Andrew's Church（同） 九龍

千九百四年十二月定礎式を行ひ千九百六年十月開始、席數二百五十、平均出席者二百名とす。

Church for Burial Service.（プロテスタント）

ハツピーバレー墓地に在り

Peak Church（宗派を區別せず） ピーク

當地に派遣せられ四十五年會堂を作り爾來漸次發展を遂げ千八百九十年會堂を現在の所(堅尼地路)に移せり、千八百九十四年 Christian Endeavour Society 組織せらる、此外教育事業にも盡力する處あり(教育の部參照)、千九百四年亦香港及租借地傳道會なるものを設けられたり、此はユニオン教會と倫敦傳道會支那人部との共同事業にして租借地內住民の傳道を目的とす、目下租借地の主なる村落中元朗、沙田、キャッスルピーク、荃灣、大埔、林村、上水、長洲島、大澳に布教者を置く、千九百十五年中洗禮を施せる者六十六名にして內四十二人は大人、二十四人は小人とす、英國及外國聖書協會 (British & Foreign Bible Society) は上海に支部を置き香港及廣東には上海支部に屬する聖書頒布所あり、年々支那に頒布する新約聖書及福音書頗る多く千九百十五年中には香港、廣東の頒布所より兩廣地方に頒布したる聖書二千九百七十二部、新約聖書七千五百七十二部、福音書十三萬一千五百五十四部、合計十四萬一千九十八部に上れり、又千九百年以降此地方に配布したる總數は二百六十五萬五千八百八十七部にして內三萬一千四百四部は聖書、九萬八千八百七十部は新約聖書なりと尙病院、學校、貧民には無代にて配布す。

(三)羅馬加持力教會

羅馬加持力は古くより極東に現はれ傳道に從事したるが香港に於ては其割讓の年より活動を開始せり、目下香港及支那には左の諸團體あり Paris Society for Foreign Missions; Franciscan Friars of various branches; Lazarists or Vincentians; Belgian Missions; Diocessan of Macao (Secular Clergy); Dominican Friars; German Missionaries of Milan; Spanish Augustinian Mission of

ピーク在住者の爲めに監督教會及獨立教派の禮拜用に充てらる、前者は毎日曜日朝禮拜を行ふ、席數七十五、出席者約二十五名。

Union Church（宗派を區別せず） 堅尼地路

千八百四十四年倫敦傳道會の設置に係り千八百九十七年獨立し千八百九十年現在の會堂を建設せり、九十一年一月より開始、席數五百、平均出席者三百名とす。

Wesleyan Church（同） 灣仔皇后大道東

千八百九十三年建築せられ千九百四年擴張せり、陸海軍人用にして日曜日二回、一週間一回(夜)禮拜を行ふ、席數三百五十、平均出席者二百名とす。

German Bethseda Chapel, Berlin Foundling House (Evangelical Lutheran Church派) 市内高街

千八百八十年八月定礎式を擧行し翌年三月より開始、席數一百、平均出席者二十名とす。

Roman Catholic Cathedral（加特力） 植物園の西方

千八百八十八年建築落成せり

Church of the Immaculate Conception（同） 堅道

千八百四十一年設立せられ會堂は千八百八十五年建立せられたり、日曜日朝の禮拜三回、夕の禮拜一回及日々の禮拜あり、席數二千、四回の禮拜に出席者約四千名に上る。

St. Joseph's Church（同） 植物園の東方

千八百八十八年の設立にして朝の禮拜二回あり、席數四百、出席者約四百名なり。

St. Francis Church.（同） 灣仔聖非蘭士街

日曜日及一週日に朝禮拜二回、夕禮拜一回を行ふ、席數六百五十、出席者約四百名。

St. Anthony's Church（同） ウエストポイント

千八百九十二年設立、日曜日及金曜日各一回の禮拜あり、席數三百五十、出席者約二百九十名、葡萄牙人多し。

Chapel of the Sacred Heart（同） ウエストポイント

Sisters of Charity の經營に屬し席數九十、平均出席者二十五名なり。

Rosary Church（加特力） 九龍チヤタム路

日曜日朝禮拜二回、外に一週一回禮拜あり席數六百、二回の禮拜に平均出席者一千名とす。

All Souls' Church, Chapel for Berial Service.（同）

ハッピーバレー墓地に在り葬式用なり。

Chapel of Our Blessed Lady of Sorrows（同） 堅道

イタリアンコンベントの監督に屬す、席數六百、平均出席者四百四十名とす。

Chapel at the "Asile de la Sto. Enfance"（同） 灣仔

フレンチ、コンベントの監督に屬す、席數三百、平均出席者百八十名とす。

St. Joseph College（同） ロビンソン路

Brothers of the Christian Schools の監督に屬す、席數二百、平均出席者百名とす。

Pokfulam Chapel（同） ポクフラム

French Missionの監督に屬す、席數百、出席者平均七十名。

Holy Cross Church（同） 筲箕灣

日曜日朝禮拜一回、席數四百、出席者平均百五十名。

次に支那人禮拜堂を宗派別に示せば左の如し。

Church of England 之に屬するもの St. Stephen's Mission Church（ボクフラム路）、St. Paul's College（植物園の西北方）、Holy Trinity（九龍）、St. Mary's Chapel（市の東部）、他に油蔴地に一箇所即計五箇所あり、其席數合計千九十にして平均出席者六百六十名とす。

Independent　市內及附近に三箇所あり倫敦傳道會に屬し千八百四十三年の設立とす、席數合計七百二十、出席者平均五百五十名なり。

Basel Mission Church　市內に一箇所あり席數百乃至百五十にして二回の禮拜に出席者二百三十名。

Chinese Wesleyan Church　市內に一箇所あり、千九百六年の設立にして席數百五十、出席者約同數とす。

China Congregational Church　市內に一、油蔴地に一あり前者は支那人の寄附により維持せられ千九百一年の設立とす、席數四百五十、出席者合計三百二十名。

United Protestant　市內に一箇所を有す Rhenish Missionary Society に屬す、獨逸ミッションボアードにより維持せられ外に支那人の寄附一箇年約百五十弗あり、席數百二十、出席者約八十名。

Evangelical Lutheran Church　市內に一箇所あり Berlin Ladies' Missionary Society に屬し席數百、出席者約七十名。

Basel Mission Church　市內其他に四箇所あり Basel Missionary Society に屬し席數合計三百七十三、出席者平均百四十名乃至九十名とす、此外租借地に二箇所あり香港ベーゼルミッションの監理に屬す其席數八十九、出席者五十乃至七十名。

Roman Catholic　左の四種類あり。

三 箇 所　Italian Mission　（市 內）
一 箇 所　Italian Sisters　（九 龍）
十二箇所　Italian Mission　（租借地）
三 箇 所　香港租借地傳道協會　租借地）

右席數合計約三千、出席者平均千四百乃至千八百に上る。

其他の宗教

當地人口の大部分を占むる支那人は祖先傳來の儒教、道教、佛教等の感化を受け居るもの最も多く基督教信徒又は其感化を受けたる者は人口の一部分に過ぎず、孔聖會支部は千九百八年設置せられ其後孔聖會學堂を設けて孔教の傳布を計りつゝあるも目醒しき活動も無きが如し、當地には佛教の寺院無く葬送讀經等に際しては其都度僧侶を廣東より招聘するものとす、支那人(殊に婦女)の日常崇拜する文武廟、天后廟等の如き廟は當地に十數箇所あり其主なるものは左の如し。

天后廟　灣仔、灯籠州、其他一箇所
文武廟　荷里活道
觀音廟　銅鑼灣
六祖廟　一箇所
譚公廟　筲箕灣、堅尼地城

其他太平街及附近に包公廟、三官廟、綏靖伯廟、土地廟、城隍廟、太仙廟、金花廟等あり。

猶太教の寺院(Jewish Syngogue)は市內ロビンソン路に在り千九百一年の建設にして建築費は Sir J. Sassoon の寄附に係る、又回々教寺院（Mahomedan Mosques）は市內シエレー街及九龍に在り九龍に在るものは駐屯印度兵用に建設せられたるものとす、印度シーク教徒の寺院(Sikh Temple)はハッピーバレーに在り千九百二年の設立にして毎日曜日午後禮拜を行ふ(本願寺布教所に就ては在留本邦人の項參照)。

宗教並慈善團體

當地に於ける宗教並慈善團體の主なるものを左に列記す。

宗教團體及學校(團體登錄法に據らざるもの)

Canossian Institute—Daughters of Charity of.　市内、筲箕灣、アバヂーン、九龍半島に在り。

Church Missionary Society　前項に記載したる如く支那人禮拜堂、ミツシヨン、ハウス、寄宿學校二、英支學校九、女學校(市内)、寄宿女學校(九龍)、教會兼學校(九龍及油蔴地)を有す。

Diocesan Girls' School & Orphanage.　九龍に在り(前臨)。

Diocesan School & Orphanage.　文咸街に在り(同上)。

Eyre Memorial Refuge.　九龍に在り。

Frauen Missions verein of Berlin. Bethesda Foulding Hospital.　支那人收容の目的。

French Procuration　支那、佛領印度に傳道の爲め。

French Mission Senatorium　ポクフラムに在り疾病、老年の宣教師の爲めに設く。

L'Asile de la Sainte Enfance.　French Sisters of Charity に屬す二箇所あり。

London Missionary Society.　ミツシヨン、ハウス一、禮拜堂三、病院四、男學校十二、女學校九を有す。

Magdalen Asylum.　Italian Daughters of Charity に屬す

Nazareth Printing Office.　French Mission に屬す

Orphanage for European & Eurasian Boys.　Roman Catholic Mission. に屬す。

Reformatory for Chinese　同上、ウエスト、ポイントに在り。

Roman Catholic Mission of Propaganda Fide.　堅道に在り香港及支那傳道の爲め。

St. Joseph's College.　Christian Brothers に屬すロビンソン路に在り。

St. Paul's College　傳道師修養學校一を有す。

Spanish Procuration　支那及佛領東京傳道の爲め。

其他歐風中人命救助を目的とする Human Society、婦女子保護を目的とする保良局(治安の部參照)、又 Masonic Hall. Medical Association of the Everlasting Spring(支那人の團體)、Union Church Literary Club 等あり。

宗教又は慈善團體(團體登錄法に據るもの)

非支那人團體

Apostleship of Prayer, Catholic Union Club.

" " " , Rosary Church.

" " " , St. Francis Church.

Hongkong Benevolent Society.

Catholic Union.

Catholic Ladies' Library.

Catholic Women's League.

Confraria de Nosso Senhor dos Passos.

Confraternity of the Blessed Sacrament.

First Church of Christ, Scientist, of Hongkong.

Hongkong Islamic Union.

Hongkong and New Territories Evangelisation Society.

Hongkong Society for the Prevention of Cruelty to Animals.

Ministering League.
Sailors' Home, Hongkong.
St. John's Ambulauce Association.
St. Patrick's Club.
St. Raphael's Society.
Seamen's Institute.
Society of St. Vincent de Paul.
Soldiers' and Sailors' Home.
Helena May Institute for Women.
Young Men's Christian Association.
Young People's Society of Christian Endeavour.

支那人團體

Association for the Advancement of Education.
Chinese Central Young Men's Christian Association of Hongkong.（華人基督青年會）
Chung Kwok Kee Tuk To Wui（中國基督徒會）
Confucian Society（孔聖會）
Ellis Kadoorie Chinese Schools Society（育才書社）
Christian Endeavour Society, St. Stephens College（聖士提反書室奮與會）
Kowloon Branch of the Pui To Lun Oi（九龍區域培道聯愛支會）
Pui To Lun Oi Wui（培道聯愛會）
St. Joseph's Chinese Society
Tung Chai Sin Ui（同濟善會）
Youngsters' Moral Association（少年德育會）

慈善事業

伊太利コンベント　千八百八年伊太利ベロナに本部設立せられ千八百六十年其支部を香港に設けたり其事業の大體左の如し

（イ）Chinese Orphanage　約三百名の支那人女兒を收容す

（ロ）Eurasian Orphanage　約八十名の歐亞雜種女兒を收容し英語學校に登校せしめつゝあり。

（ハ）寄宿學校　約九十名の女兒を收容し歐式教育を與へ且各種の女子に必要なる學術諸藝を教授す。

（ニ）灣仔　聖非蘭士街（セントフランシス）に貧困者收容所あり病院之に附屬す、又Refuge for Destitutes ありて男女共約百名を收容す。

（ホ）Foundling-houses for Chinese babies　ウエスト、ポイント、南頭（租借地北方の支那領）等の三箇所に在り各五名乃至十名の支那人病兒を收容し居れり。

（ヘ）英語學校　市內コンベント內、灣仔、及九龍の三箇所に在りて生徒合計六百乃至七百名に上る。

（ト）支那語學校　モスク街、灣仔、アバーヂン、筲箕灣、紅磡、油蔴地の六箇所に在り生徒各校共四十乃至六十名り。

以上諸種事業の經費は學校の教授料及婦人又は孤兒（女）の製作物賣上金等によるものとす、元來香港に於ては支那人が貧困の爲め嬰兒病兒を放棄するの惡習盛んにして伊太利コンベント及佛蘭西コンベントに於て其設立以來之が救濟事業に盡したる所頗る大なり。

佛蘭西コンベント　佛蘭西女僧の一團は早く千八百四十年頃遙に香港に來り放棄嬰兒の救濟事業に從事したるものにして夾て當地にコンベント設けられ今日迄に救濟したる小兒は萬を以て數ふべしと云ふ、コンベントに於て左の事業を行ふ。

（イ）手工學校　嬰兒二歲に達する時は之を年長の育兒に嫁養を

托し年長するに從ひ簡單なる手工を敎へて手工學校に入學の準備をなさしむ、學校は數級に分ち自己の衣服修理より漸次レイス、仕立、刺繡等を敎へ傍ら支那語の讀書習字を練習せしむ、又日曜日、木曜日には加特力敎に關する豫備智識を與ふ。

コンベントにて養育せられたる女子は概ね二十歲にて結婚せしむ、其仲介は各地方の牧師傳道師によりて行はれ男子は二十歲乃至三十歲の品性良好なる基督信徒たるを要し又相當の收入あるを條件とす又其青年は支度料として五十弗を支拂ふことを要す。

(ロ)盲目院　盲目又は其他肉體に缺陷ある者は夫々其身體に適當なる業務を授く、裁縫、洗濯、家內勞働等を敎へ又多數の盲兒には滿一歲以上の小兒の媬母たらしむ、之れ盲目者に特種の慰安を與ふるを以てなり。

(ハ)養老院　千八百七十四年ペスト猖獗し配偶者又は家族を失ひ生計の途を有せざる不幸なる者多數を生ぜり、本院は之が救濟の爲め開始せられたるものにして貧窮なる老婆を收容す、一建物中に Alms House. 病院、Crib. の三あり千八百九十八年完成したるものとす、初め收容者三十六名なりしが目下約二倍あり、病院には主として病兒を收容し入院料は一定せず其貧富に應じて支拂はしむ、又藥局を有し一年約二千名の女子小兒に藥品を給與す。

(ニ)修練院　コンベント設立の當時より存在し支那人婦女子を收容し宗敎上の敎育を施し又佛蘭西語、拉丁語を敎ふ、主に支那人間及養老院の老人盲者に布敎す。

(ホ)寄宿學校　歐人家族の在住する者漸次增加するに連れ其必要を生じ千八百四十七年設立せられたり、一般歐人女子のみを收容し其數八十五名あり。

(ヘ)Calvary　千八百九十八年より著手し初めは極めて不完全なりしが千九百七年建物完成せり、コンベントにて千八百四十八年より五十八年迄に救助したる小兒一千三百六十名にして現今に於ては一箇年約二千人の小兒を收容す、此等は支那人生母の持參するもの又はコンベント門前に放棄し置くものにして收容前に幾多の窮乏を經たるもの多きを以て死亡數頗る多し、生存せる小兒は一日二回實母の見舞を受くることを得べく又稀に實母に返還せらるゝものあり、現今コンベントにて收容中の女子(一歲乃至二十歲)四百名の多きに上る。

東華病院　支那人間に各種慈善事業に從事す(衞生の部參照)

支那人公衆施療院其他諸病院(衞生の部參照)

西營盆孤兒院　其實名は聖レウイス手工學校と稱し加特力派の經營に屬し約九十名の孤兒、貧兒を收容し印刷、植字、製本、製靴、仕立等の手工を實習せしむ。

拔萃書院及孤兒院　(基督敎の項參照)

ヴィクトリヤ孤兒院　(同上)

保良局　婦女子の誘拐、賣買防止を目的とす(治安の部參照)

水夫宿泊所(Sailors' Home)　水夫を廉價にて宿泊せしめ節儉を獎勵し其幸福を計るを目的とす、宿泊所には體操室、讀書室、玉突臺、ピアノ等を設け娛樂とす、宿泊料を徵して維持し料金は水夫一日一弗五十仙、高等船員二弗とし收容に際しては六十弗を積立てしめ三箇月間又は就職口を得る迄宿泊所は責任を有す、若し疾病の場合には病院費用は宿泊所にて負擔す、但勞働を欲せざる者を收容するの目的に非ざるを以て收容前調査をなし、船舶よ

三四三

Arrat Lodge of Royal Ark Mariners No. 264 （毎月十日集會）

Scottish Constitution:

District Grand Lodge of Scottish Free Masonry in Hongkong & South China. （三月、六月、九月、十二月集會）

St. John's Lodge No. 618 （毎月十二日集會）

Lodge Naval & Military No. 848 （毎月六日集會）

Lodge Eastern Scotia No. 923 （毎月十七日集會、但六、七、八月を除く）

St. Andrew's R. A. Chapter 218

Naval & Military Royal Arch Chapter, No. 302 （毎月二十三日集會）

Ancient & Accepted Scottish Rite.

St. Mary Magdalene Chapter of Pose Croix of H. R. D. M. No. 73 （年四回集會）

Victoria Preceptory & Priory （一、三、五、十、十一月の二十六日集會）

新聞其他刊行物

新聞

香港に於ける主なる新聞は英字新聞四、漢字新聞七、邦字新聞一とす。

英字新聞

Hongkong Daily Press.（朝刊）株式組織　主筆　Mr. B. A. Hale
記事温健論旨適切にして英字新聞中最も勢力あり、政廳より郵便締切時間の掲載を命ぜらるゝ關係上半官的の觀あり、千八百五十七年の創刊に係り發行部數數千にして中立を標榜す

り適當の手續を經て雇止られたるものに限る、又難澁せる海員は本國商務院より其費用を支給せしめ又外國船員の收容せらるゝ場合には其國領事より費用を徴收す。

香港慈善會　千八百八十九年當地有力なる英國官民を以て組織せられたるものにして主に歐洲人難民の救助を目的とす、一箇年約五、六十件の救助申込あり設立以來の取扱件數千五百件に上る、多くは衣服、金錢其他を給與し又乘船切符を給するもあり、別に孤兒の養育及教育をも行ふ、主として寄附金に因り維持せらる。

日本人慈善會（在留本邦人の部參照）

其他前項記載の如き慈善團體尚數箇所あるも玆には之を省略し左に英國共濟組合の支部を列記せん。

English Constitution:

District Grand Lodge of Hongkong & South China.

Zetland Lodge No. 525 （毎月一日集會）

Victoria Lodge No. 1026 （毎月二十二日集會）

Perseverance Lodge No. 1165 （毎月十六日集會）

United Service Lodge No. 1341 （毎月八日集會）

University Lodge of Hongkong No. 3666 （毎月最終日曜日集會）

District Grand Royal Arch Chapter of Hongkong & South China.

Victoria Chapter No. 525

Cathay Chapter No. 1165 （毎月二十日集會）

United Chapter No. 1341

Eothen Mark Lodge No. 264

United Mark Lodge No. 419

日刊の外 Hongkong Weekly Press & China Overland Trade Report と稱する週刊を出す。

South China Morning Post（朝刊）株式組織　主筆 Mr. P. Petrie

一定の主義なし、千九百三年十五萬弗の資本にて組合組織を以て發刊せり、其後組織を變更したるものとす、發行部數約一千と見積らる。

China Mail（夕刊）合資組織　主筆 Mr. W. A. Donaldson

千八百四十五年の發刊にして同年より五十九年迄政廳の公布機關たりしものとす、中立を主義とし發行部數約八百に過ぎず、日刊の外に週刊 Overland China Mail を出す。

Hongkong Telegraph（夕刊）持主 Dr. J. W. Noble.

主筆 Mr. F. Hicks

千八百八十一年の創刊にして千九百年組合組織として登記したり、英字新聞中發行部數最も少きが如し、別に週刊 Weekly Telegraph を發行す。

漢字新聞

華字日報　組合組織　主筆　黃王垣氏

三十有餘年前の創立に係り報道迅速、記事比較的正確にして香港支那人間に信用あり、發行部數三千五百と稱し購讀者は香港南洋方面の華僑とす。

循環日報　株式組織　主筆　溫俊臣氏

創立後已に四十餘年を經過し記事豐富、報道比較的迅速、論旨穩健にして支那人間に最も愛讀せられ發行部數四千に上る

共和報　株式組織　主筆　甘六持氏

康有爲の機關紙たりし商報の後身にして前二紙に次ぐ大新聞なり、記事豐富、主張穩健にして共持主の多數が商人なるを以て商業上の利益保護を主義とす、發行部數約二千二百。

世界公益報　持主　呂仲明氏　主筆　黃耀公氏

十餘年前の創刊にして論旨穩健華僑に對し勢力を有し米國、南洋に購讀者多く發行部數約二千。

中外新報　主筆　馮煥如氏

香港デイリープレスの所有にして千八百五十八年の創立に係り中立を標榜す、發行部數六百位にして勢力大ならず。

大光日報　株式組織　主筆　麥梅生氏

基督敎傳道を主義とし大正二年の創刊とす、發行部數一千。

現象報　株式組織　主筆　鄧芰芳氏

孫文派の機關紙にして大正四年十一月の創刊に係る、共和維持を主張し過激なる議論を揭げたる爲め香港政廳より發行禁止を命ぜられたるが本年四月下旬より再び發刊せり、發行部數貳千。

邦字日報

香港日報　持主兼主筆　松島宗衛氏

香港唯一の邦字新聞にして去明治四十二年九月の創刊に係る四頁の小型新聞にして不偏不黨を標榜す、發行部數四百。

其他の刊行物

主なるものを左に揭ぐ、但し英文著書の如きは極めて稀にして殆んど皆無と云ふべき有樣なり又雜誌も特記する程のものなし、漢字の書籍雜誌等は多く上海等より輸入せらるゝものゝみ

Directory & Chronicle for Hongkong, China, Japan, Straits Settlements, &c.　香港デイリープレス社の刊行に係り千八百六十三年以來每年印刷し以て今日に及ぶ、香港、支那、日本、海峽植民地、印度支那、暹羅、比律賓群島、蘭領印度、浦潮、

ボルネオ等の商行人名錄にして內容完備す（大型十弗、小型六弗）。

通商行名簿(Rosenstock's Gazetteer and Commercial Directory of China & Manila)　支那、香港、比律賓群島の人名錄にして每年發行せられ前者に次ぎて完備せるものとす、之亦大型(支那及マニラの分)と小型(支那の分)との二種あり前者十弗、後者十一弗なり。

華商人名錄　香港支那商人名錄にして數年間に一回位印刷せらるゝも編輯者一定せず目下最新のものは香港中華商業交通人名指南錄(Anglo-Chinese Commercial Directory)と稱しシンガー縫衣機公司分局の鄭紫燦の編纂に成る、一昨年の印刷にして賣價五弗。

輸出入商名錄　商業會議所にて編纂せし A Classified Directory of Foreign Importers, Exporters and Manufacturers of Hongkong なるものあるも千九百十二年頃の調査にして且內容貧弱なり、賣價五弗。

Hongkong Naval & Military Directory　當地陸海軍の人名錄にしてサウス、チャイナ、モーニング、ポスト社にて每年發行せしも戰時中止し居れり(二十五仙)

China Stock & Share Handbook　上海のノース、チャイナ、デイリーニユーズ社にて每年一回發行するものにして香港に於ける諸銀行會社の營業成績の大要を知ることを得へし(三弗)。

Weekly Share Report　株式仲買人 Moxon & Taylor の發行する一週一回の香港株式市況報告なり。

Freight Circular　當地運賃及船舶仲買人 Snowman & Co. の發行する二週一回の運賃市況報告にして香港を中心とする海運界の大勢を知るに便なり。

Statistics of Indian Grey Yarn.　當地の棉花及綿糸仲買人 Pollshwall & Kotwall の發行する印度綿糸市況報告にして二週一回發行す(一箇年分十二弗)。

Fortnightly Circular of Setna & Co.　セトナ商會の阿片、印度綿糸、雜貨に關する二週一回の市況報告なるも全く價値なし。

Massey's Commercial Map & Directory, Hongkong, 1916.　多少の參考となるべきも極めて簡單なるものとす。

Coal Circular　石炭輸入商 Hughes & Hough の發行する石炭市況週報にして市況の極めて概要を記すのみ。

Yellow Dragon　クインス、カレッヂノ月刊雜誌にして約七百部を出す。

（政廳印刷物に就ては政治の部參照）

圖書館博物館等

市公會堂(City Hall)　千八百六十九年公衆の寄附金により建設せられしものにして內に戯場(Theatre Royal)、舞蹈室、會議室、音樂室等あり又博物館、圖書館を有す、私人の設立なるも全く公共用に充てられ收入は全部其維持費に充てられ又政廳より年額千二百弗の補助金を受く、數名の委員により管理せられ委員長は概ね渣甸洋行の支配人とす、圖書館は市公會堂設立の年 Morrison Education Society より公衆用として引繼ぎたる圖書を基礎として作られたるものにして Mr. Morrison なる宣敎師の記念として氏に屬せし圖書を他の書籍と區別しモリソンライブラリーの名を存しつゝあり、又ヴィクトリヤ圖書館より引繼ぎたる書籍三千部あり、圖書全體にて二萬部を超へず閲覽者一箇月支那人六百名、非支那人一千四百名とす、午前九時より午後九時まで開館し閲覽料を要せず、博物館は無料閲覽を許し午前十時より午後一時迄は支那人、午後二時より五時までは非支那人の入館を許し土曜日は午前中のみ婦人小兒に限り閲覽せしむ、閲覽者一箇月二、三萬人にして大部分支那人なり、圖書館、博物館共に日曜日は休日とす、戲場は殆ど唯一のものにして上等觀覽席、特別席、土間を併せ五百七十人を容るゝに足る。

圖書館　前記以外は倶樂部附屬の圖書室位なり、夫も大抵は倶樂部專屬にて公開するもの少なし、其中有名なるは葡國人倶樂部(Club Lusitano)の圖書室(Bibliotheca Lusitano)にして一萬部の圖書を藏し主に葡萄牙文學書とす、又法律書類は高等法院の圖書室にて自由に閲覽を許可せらる、尚シーク教寺院に附屬する小規模の圖書室(Khalsa Library)も公開せらる。

戲場　市公會堂內戲場の外ヴィクトリア戲場あり其他活動寫眞等を興行する小戲場四、五ヶ所あり、又支那戲場に太平戲院、九如坊新戲院、及高陞戲院の三あり。

公園　植物園は歐洲人商業區域の上部に在り、熱帶溫帶各地の植物を蒐集し設備比較的完全せり、其他キングス、パーク、ウエスト、エント、パーク等あるも施設極めて單純なり。

旅館　序に當地の主なる旅館を附記すれば香港ホテルを最廣大完備したる第一流のホテルとし、キング、エドワード、ホテル、ピーク、ホテル、アストア、ハウス、ホテル等之に次ぎ其他グランド、ホテル、キングスクレヤー(プライベート、ホテル)、ロイヤル、ヂョルヂ、ホテル、ステーション、ホテル等多數あり。

各種倶樂部

先づ左に主なる倶樂部の種類を列擧すへし。

社交倶樂部

非支那人

Anjuman Islamia.
Loyal Orange Lodge 802 Star of the East.
Mutual Co-operation Club.
Nippon Club.（日本倶樂部）
Parsee Church and Club.（Elgin & Shelley Sts.）
Royal Black Preceptory 801 "Eastern Star".
St. Joseph's College Association.
Taikoo Club.　　（Quarry Bay）
Young Men's Mutual Improvement Association.
Zoroastrian Club.

支那人

中華書報傳閲會、華商會所、鴻儒書室、群興航道會所、文明倶樂部、朗環倶樂部、廣益倶樂部、景泉倶樂部、兼益倶樂部、開鏡倶樂部、弼志書室、瑞華書室、華義山房、永和書室、怡怡倶樂部、赤蘭會館、其他

遊戲倶樂部

非支那人

（將棊）Hongkong Chess Club.
（クリケツト）Craigengower Cricket Club.（葡國人）
Hongkong Civi Service Cricket Club.
Hongkong Cricket Club.
Hongkong Cricket League（144 Des Voeux Rd.）
Kowloon Cricket Club.　（King's Park）
（フツトボール）Hongkong Football Association.

Hongkong Football Club.
Kowloon Dock Junior Football Club.

（ホッケー）Hongkong Hockey Club.

（ヨット）Hongkong Corinthian Yacht Club. (Praya East)
Royal Hongkong Yacht Club. (North Point)

（其他）Hongkong Amateur Dramatic Club. (City Hall)
Hongkong Gun Club.
Hongkong Gymkhana Club.
Hongkong Jockey Club. (Hongkong Club)
Hongkong Lawn Bowls League.
Hongkong Philharmonic Society
Hongkong St. Andrew's Society
Jewish Recreation Club.
Juvenile Society.
Kowloon Bowling Green Club. (King's Park)
Ladies' Recreation Club.
Lusitano Recreation Club.
Moslem Recreation Club.
Olympic Tennis Club.
Polo Club, Hongkong. (Causeway Bay)
Queen's College Recreation Club.
"Roberts" Rifle Club of Hongkong.
Royal Hongkong Golf Club.
Sociedade Philarmonica.
United Service Recreation Club. (Kowloon)
Victoria Clay Pigeon Club.

Victoria Recreation Club. (Praya)
Wigwan Tennis Club.
Young Men's Sporting Club.

支那人
Chinese Recreation Club, Hongkong.
Hongkong University Union.
Vanguard Club. (Tennis)

今左に主なる倶樂部の大要を述ぶべし。

香港倶樂部　當地に於て最完備したるものにして、千八百四十六年の設立に係りプレヤ埋立地完成により千八百九十七年現在の建物を建築せり、年々選擧する九人の委員を執行機關とし普通會員は投票により入會の許否を決定す、會員は當地在住の一流の紳士を網羅し會員約五百を有す(平時)、玉突臺(七臺)、ボーリング、アレー、大食堂、讀書室、大廣間、酒場等の設備整ひ又三十餘名を收容し得る宿泊部を設く。

ピーク倶樂部　千八百九十三年の設立に係りブラッケット、ガップの跳望絶佳の小丘上に在り、會員の家族は自由に出入を許されピークに於ける歐洲人の社交機關に用ひられ、テニス、コート、クロケット、ローン、應接室、讀書室等あり、時々舞踏會を催す。

フイーニクスッ倶樂部　初香港ボーリング倶樂部（千八百九十八年設立）に其起原を有する歐洲人の倶樂部にして千九百七年二千五百弗の株式組織となれり會員は多くの船長を含み約二百名あり、ボーリングアレー(四)、玉突室、讀書室等あり。

聖ジョルヂス倶樂部　千九百五年の設立に係り全く社交機關たり、玉突室、圖書室等を有し會員百二十名あり。

香港ゴルフ倶樂部　千八百八十九年の設立にして會員四百に上る、ハッピーバレーに九個、深水灣に九個、租借地粉嶺に十八個のホールを有し年中盛んに行はる。

其他上記以外の遊戯の大要を記せば、

ローンテニス　香港には最も適したるものにして殆ど年中行はれクリケット倶樂部の競技は最も盛んなり、又各倶樂部、學校、歐州人日本人住宅等にはローンを有するもの多く酷暑の時季を除くの外絶えず行はる。

フットボール　香港フットボール倶樂部を第一とし其他二、三の倶樂部ありて相當に盛なり。

射撃　千八百八十六年設立せられたる香港ライフル、アッソシエーションにて初て行はれ千九百五年之を香港ボランチアライフル倶樂部と改稱せり目下盛ならず。

遊獵　好獵家の租借地側の大陸又は島嶼に遊獵に赴くもの相當あるも鷓鴣、鴫鳥、斑鳩、白鳩、鶉、鳥等の鳥類に止まり其數も多からず。

ホッキー　香港ホッキー倶樂部を主なるものとす、あまり盛ならず。

ローンボールス　九龍ボーリング、グリーン倶樂部は千九百年の設立に係り二個のボーリング、グリーンを有し年中行はる

ボーリング、アレー　香港倶樂部、獨逸倶樂部、其他一、二箇所に在るも盛ならず。

ヨット　ヨットは古くより行はれ千八百十九年初て競漕を行へり、コリンシアン、　るものとす。

獨逸倶樂部　クラブゲルマニアは當地に於ける獨逸人の發展に從ひ千八百五十九年設立せられ千九百二年堅尼地路に宏壯なる建物を建築せり、大食堂、讀書室、玉突室、圖書室、ボーリング、アレー數個、宿泊部等の設備あり、會員約百四十名を有せしが歐洲戰爭の勃發後閉鎖せられたり。

ルシタノ倶樂部(Club Lusitano)　葡萄牙人の倶樂部にして大なる舞踏室(演戯にも用ふ)、圖書室、玉突室(四臺)、及數人を宿泊せしむる設備を有す、其圖書室は Bibliotheca Lusitano と稱し約一萬部の圖書を藏し大部分葡萄牙文學書にして極東に於て有名なるものなり。

聖アンドリユー會　蘇格蘭人の守護聖徒を祭る蘇格蘭人の倶樂部にして一年一回舞踏會を催す。

香港競馬倶樂部　毎年二月ハッピーバレーの競馬場にて競馬を行ひ同週間四日間は香港の官署諸會社は午前休日となる、又毎年約五回ジムカナ倶樂部の競馬同所に於て開催せらる。

香港演戯倶樂部（Hongkong Amateur Dramatic Club）　會員多く年、數回市公會堂に於て演戯及音樂會を催す。

ヴィクトリヤ、リクリエーション倶樂部　千八百四十九年の設立に係り初め Victoria Regatta Club と稱せり夏季の水泳、冬季の力技、漕遊等を行ふ。

香港クリケット倶樂部　當地にてはクリケットは十月より翌年三月迄行はれ、ハッピーバレー及クリケットグラウンド及九龍にて盛に行はる、本倶樂部は千八百五十一年の設立に係り時々上海、新嘉坡、等と競技を爲す、此外 Craigengower Club（千八百九十四年設立）Police Club（千九百四年設立）及 Civil Service Club 等あり。

第十九編　在留日本人

人口及職業別

香港に在留する本邦人は毎年少數宛の增加を示し本年六月末日に於ける調査によれば千四百六十名を算し、內男八百二十六名、女六百三十四名なり、其增加率は大ならずと雖も逐年浮浪無職の徒減退し、健全著實なる分子漸次增加の傾向あるは喜ぶべき現象と云ふべし、今參考迄に明治四十年以降本年に至る在留本邦人戶口數を表示すべし。

調査年月	戶數	男	女	計
明治四十年十二月末	一三五	四五二	三八三	八三五
明治四十一年十二月末	一五五	四四六	四三五	八八一
明治四十二年十二月末	一五五	四七八	三七四	八五二
明治四十三年十二月末	一九三	五八六	四四八	一・〇三四
明治四十四年十二月末	一九五	六一六	四八三	一・〇九九
明治四十五年六月末	二一四	六五八	四九三	一・一五一
大正元年十二月末	二一七	六七八	五〇〇	一・一七八
大正二年六月末	二一〇	七一三	四七四	一・一八七
大正二年十二月末	二三一	六九七	五一七	一・二一四
大正三年六月末	二一八	六九四	五三〇	一・二二四
大正四年六月末	二五七	七六七	五五九	一・三二六
大正五年六月末	二五九	八二六	六三四	一・四六〇

備考　大正五年分のみは臺灣籍民（三十八名）及朝鮮人（二十三名）を包含す。

本邦人の在住地域を見るにヴィクトリヤ市の東部灣仔（Wan-chai）附近に最も多く總數の約半ばを占め、次は市の中部卽歐洲人商業區域竝其背面山腹に居住する者多く其數總數の約四割に當る、其他九龍側に住するもの少數あり、臺灣人及朝鮮人は市內及九龍の所々に點在するも市の西部に住する者比較的多し今最近調査の人口を三地域に區分して示せば左の如し。

	戶數	男	女	計
市の中部（歐洲人商業區域及附近）	六六	三七一	一八五	五五六
市の東部（灣仔及ハッピーバレー）	一五八	三五三	四〇七	七六〇
九龍側（尖沙咀、油蔴地、紅磡等）	二二	五二	三一	八三
臺灣籍民	二	二九	九	三八
朝鮮人	三	二一	二	二三
計	二五九	八二六	六三四	一・四六〇

次に在留本邦人の職業別表を左に掲ぐ。

香港在留本邦人職業別表（大正五年六月末日調）

職業別	戶數	男	女	計
官公吏及家族	一	九	六	一五
官廳囑託	—	一	—	一
外國官廳傭聘	—	一	—	一
教師	一	一	一	二
學生	一	一五	二	一七
醫師（齒科醫共）	五	一二	四	一六
產婆竝看護婦	一	—	二	二
通譯及語學教師	一	二	—	二
新聞從業者	一	八	一	九
僧侶及家族	一	三	二	五

銀行員	二	二二	七	二九
會社員	一六	一七一	六六	二三七
仲買業	九	二六	一五	四一
陶磁器商及店員	六	一四	七	二一
呉服雜貨商及店員	一六	三八	一六	五四
莫大小商	一	二	一	三
美術品商	九	三〇	一〇	四〇
藥種商	一	五	二	七
時計店	一	三	二	五
寫眞業	三	八	三	一一
印刷從業者	一	二	一	三
食糧品商	二	一二	八	二〇
酒商	一	四	三	七
米穀及砂糖商	二	四	三	七
煙草商	三	六	七	一三
菓子商	二	一四	三	一七
古物商	三	三	一	四
金物商	一	二	―	二
油商	一	四	―	四
製靴販賣商及靴工	五	三三	六	三九
大工業	七	三三	八	四一
和洋服仕立業	一四	三七	二一	五八
刺繡業	一	四	二	六
音樂師匠	二	二	三	五
活花茶湯師匠	一	一	一	二
染物業	一	八	三	一一
洗衣業	七	一三	六	一九
理髮業	一二	二四	二一	四五
女髮結業	―	―	三	三
按摩業	六	七	六	一三
タイピスト	―	―	一	一
艦船買込業	一三	四四	二七	七一
行商	二一	二三	二一	四四
金銀鼈甲細工	三	四	一	五
彫刻師	一	一	―	一
貸本屋	―	一	―	一
文身業	一	四	三	七
タリーマン(數取人)	一	一六	二	一八
海員及家族	一	二	一	三
外國人被傭者	三	六	四	一〇
倶樂部雇員	一	二	―	二
料理店及飲食店	一三	二〇	三三	五三
旅宿業	九	三一	一四	四五
料理人	一	一〇	四	一四
藝妓稼業	二	―	二四	二四
外國人妾	二三	―	二七	二七
娼妓屋	一四	―	一九	一九
娼妓稼業	―	―	一五六	一五六
雜業	一三	三一	一九	五〇
無職	四	二七	二六	五三
合計	二五九	八二六	六三四	一四六〇
大正四年六月末調	二五七	七六七	五五九	一三二六

三四九

増　　減　増　二　増　五九　増　一五一　増　一四四

備考　（一）右表中には臺灣籍民及朝鮮人をも計入せり。
（二）家族及使用人にして一戸内に居住し一定の職業なきものは重に主人の業名欄に記入し置けり。

團體

日本倶樂部

日本倶樂部は在留本邦人（主に領事館員、銀行、會社、商店員、醫師等）の社交兼娛樂機關にして目下郵便局側面の惠羅公司建物（Whiteaway, Laidlaw & Co. Ltd.）内に在り、其前身は明治三十六年に組織せられたる大和會にして當時主としてテニスに趣味を有する同好者の集合なりしが爾來漸次規模を擴張し規則を改め野外遊戯の外玉突、圍碁、將棊等の娛樂場及新聞、雜誌、圖書の閲覽場を設け諸般の設備漸次完備しつゝあり、現在に於ては玉突室（玉突臺四）、圖書室、應接室、食堂、酒場等の設備あり、年二回球戯大會、テニス會を催し又月約一回演藝會を開くを例とす。

維持費として毎月一定の金額を寄附する團體の代表者を委員とし互選により定めたる委員長をして倶樂部の事務を總理せしめ、通常會員中より五名の常務委員を選出して一般事務を處理せしむ、委員及常務委員を以て委員會を組織し倶樂部の執行機關たらしむ。目下委員（維持會員）十五名にして領事、三井物產、郵船、正金、三菱、東洋汽船、臺灣銀行、大阪商船、日本棉花、湯淺商會、鈴木商店、古河合名會社、大澤商會、馬島病院、北島病院の各代表者とし共醵出する維持費合計月四百三十弗に上る。其他通常會員百三十餘名あり、收入の主なるものは前記維持費の外會費及玉突ゲーム代、酒場收入、寄附金等とす。

今參考迄に明治四十二年四月改正の現行日本倶樂部規則を擧げ、次に大正五年三月末に終る一年間の損益表を揭げ倶樂部財政狀態の一斑を示すべし。

日本倶樂部規則

○總　則

第一條　本團體を日本倶樂部と稱す

第二條　本倶樂は在留本邦人の社交機關にして共同利益を增進し交誼を厚うするを以て目的とす

○會　員

第三條　本倶樂部員を分ち名譽會員、通常會員、特別會員及び臨時會員の四種とす

第四條　名譽會員は本倶樂部の爲めに功勞有りたるものにして委員會の推薦したるもの

第五條　通常會員は香港在留の日本人有志者にして規定の會費を納むるもの

第六條　特別會員は香港に定住せざる有志者にして規定の會費を納むるもの

第七條　臨時會員は一時香港に滯留するものにして相當の寄附を爲すもの

第八條　入會せんとするものは會員の紹介を以て委員會に申込むべし、委員會は全員一致の場合に限り入會を承認す、此の場合に於ては入會者は規定の入會金を納むべし

但し第四條の場合は此の限りに非ず

第九條　退會せんとするものは其旨を委員長に屆け出づべし

第十條　本倶樂部の目的を妨害し又は會員の體面を毀損する行

為有るものは委員會の決議を以て之れを除名す

○役　員

第十一條　本倶樂部の維持費として相當の金額を寄附する團體の代表者を以て委員とし其數を十三名とす

但し委員は必要に應じ其數を增減する事を得、外に委員五名を置き總會に於て之れを選擧し其任期を一箇年とす

第十二條　委員は本倶樂部の事務を處理するの外其目的を達する爲め必要なる方法を講じ又は細則を定む

第十三條　委員は選撰に依り委員長一名、會計係一名、庶務係二名を定む

第十四條　委員長は本倶樂部の事務を總理し委員會及總會の議長となり且外部に對し本倶樂部を代表す、委員長は每月一回委員會を招集すべし

第十五條　會計係は本倶樂部の會計を掌り金錢の收支をなすものとす

第十六條　庶務係は本倶樂部の事務にして第十五條以外の一切の事務を處辨し物品を管理するものとす

○會計事務

第十七條　會計報告は每年三月及九月の二回に之れをなすべし

第十八條　會員は何時にても本倶樂部の帳簿を閲覽することを得

第十九條　委員長の承認を得ずして經費を支出することを得ず

第二十條　本倶樂部の經費は凡て委員會の同意を得て之れを支出す、緊急を要する場合は臨時の支出を爲すことを得

但し事後承諾を得ることを要す

○總　會

第廿一條　本倶樂部は每年三月總會を開き委員の改選及諸般の報告をなす

第廿二條　會員は十名以上の贊成者を得て臨時總會の開會を請求することを得

但提出すべき事項は開會の請求と同時に豫め委員長に通告し委員長は其事項を各會員に通知し十日以內に總會を招集すべし

第廿三條　臨時總會に於ては提議事項以外の事項を議することを得ず

第廿四條　總會の成立は會員三分の二以上の出席を要す

但代理權の委任を妨げず

第廿五條　總て決議は出席者の過半數を以て之れを行ふ

但特別の規定ある場合は此の限りに非ず

○雜　則

第廿六條　本倶樂部の會員にして會員以外のものを本倶樂部に同伴したる場合に於ては其會員は備付けある帳簿に自己及同伴者の氏名を記入し本倶樂部內に於ける同伴者の行爲に對し一切の責任を負擔すべし

但し香港在留の人を妄りに同伴すべからず

第廿七條　此の規則を改正せんとするときは會員三分の二以上の同意を要す

損　益　表　（大正五年三月末）

利　益（貸方）		損　失（借方）	
維持費	四,九八〇.〇〇弗	備品償却高	六八〇.〇〇弗
通常會費	三,一六八.〇〇	家賃	四,二〇〇.〇〇
特別會費	三〇.〇〇	税金	五四六.〇〇

三五一

入會費	一〇〇・〇〇
寄附金	四七八・〇〇
給與金寄附	一六・〇〇
利息	三三三・三六
雜收入	一九・三三
酒場	四九一・一五
球場	二、三二六・二九
計	一一、八三三・一〇

給料	一、八七三・八〇
瓦斯電燈料	八二四・〇一
薪炭給水料	二一五・一九
電話料	一六三・七一
保險料	三〇・二五
新聞、雜誌、圖書	三八〇・二九
文具及印刷費	一七六・四八
雜品購入費	三八・四四
修繕費	一〇六・四〇
演藝會費	五〇二・〇二
總會費	三九・〇〇
雜費	四一〇・七八
兩替損	一七・九三
臨時費	二一六・〇三
計	一〇、四二三・五六
純利益	一、四〇九・五四
合計	一一、八三三・一〇

日本人懇和會

香港日本人懇和會は當地の主なる個人商店竝香港日報社、本願寺布教所、馬島病院、旅館、寫眞館、等を以て組織する社交倶樂部にして目下會員二十四、五名あり、日本倶樂部の會員に非ざる者大部分を占む、本會は會場を常設せずして時々適宜の場所に會合して相互の親交を謀り、併せて必要なる問題を研究し利益の增進に努むるものとす、在留邦人間に於ける各種の事業及催し等に就ては日本倶樂部と協議して一致の行動を執るを常とす、本年より日本人小學校の經費を分擔することゝなれり、今左に其會則を示すべし。

香港日本人懇和會規則

第一條　本會は香港日本人懇和會と稱す

第二條　本會の目的左の如し

(一)會員相互の親交を謀ること

(二)商業上必要なる問題を研究し利益の增進を謀ること

(三)在留日本人の發展を謀る爲め盡力斡旋すること

第三條　本會は會場を常設せず會合の際適宜之を定む

第四條　本會は每月一回定期會合をなすべし

但場合に依り臨時會合を開催することあるべし

第五條　會費は每月銀壹弗五十仙とす

第六條　本會は會員の互選を以て左の役員を置く

(一)會長一名

(二)幹事四名

(三)會計一名

但任期は一箇年とす

本會に名譽會員を置き本會に功勞あるものを之に推薦す

第七條　本會會員は役員會に於て之を處理す

役員會は會長、幹事、會計を以て組織す

第八條　幹事中にて常務幹事一名を互選し常務を整理せしむることを得

第九條　本會の目的たる第二條の事項に付會員より請求ありたる時幷に役員會に於て必要と認めたる時は役員會は會員中より調査委員を指名すべし

指名されたる委員は其事項に付詳細に調査研究し其結果を役員會に報告すべし

第十條　新に入會せんと欲するものは會員過半數の承諾を要す
但無記名式にて其可否を投票すべし

第十一條　本會の體面を汚損するの行爲あるものは會員三分の二以上の同意を得て之を除名すべし

第十二條　會員にして香港を去りたるものは退會者と見做す

第十三條　會費不納の會員は之を除名すべし

第十四條　十一月の定期會合に於て會務を報告し役員の改選をなすべし

第十五條　規則の改正は會員三分の二以上の同意を要す

日本人慈善會

日本人慈善會は明治二十三年二月の創立にして爾來埋葬建碑其他施藥救護に盡力したること少からず、之に投じたる金額も莫大なり。明治二十七、八年惡疫大流行に際し患者の看護、遺族の扶助に盡したるが如きは特に著きものとす、然れども當時其會員は在留邦人の一部に限られ、基礎稍薄弱の恨ありしが明治四十二年規則を改正し事業の發展を計り競馬事業を直營し其純益を以て漸く財政上の基礎を確立し、次で在留有力者一般の援助を受け、兒童敎育、火葬場建築事業をも本會にて經營し大に其面目を一新せり。

目下收入の約四割は競馬會の純益にして當地春季の競馬期に際し馬劵を發行し、其收益を慈善事業に利用し居るものなり、贊助會員二十一名、通常會員四十三名を有す。

本會には共濟部及敎育部あり、前者は同部員の死亡者に對し葬式費を支給し、又疾病、出產、病氣歸國、其他不虞の災難に對し相當の見舞金を贈るものにして部員相互の救濟を主眼とす現今部員五十三人あり。敎育部は明治四十四年の創設にして在留日本人兒童の敎育事業を目的とし、小學校を開設して維持經營し來りたるが本年其管理を敎育委員會に移すこととなれり。又日本人專用火葬場は本會の經營に屬す。

本年二月に終る一年間の事業報告を見るに救助事項は送還十八件、入院十件、宿泊救助二十五件、送葬四件、遺族扶助二件合計五十九件に上り、其費用合計約七百弗に上れり。（共濟部の分を除く）

今慈善會規則及共濟部規則を示せば次の如し。

香港日本人慈善會規則

第一條　本會は香港日本人慈善會と稱す

第二條　本會は慈善事業を以て目的とす

第三條　本會は事務所を本派本願寺布敎所に置く

第四條　本會は香港及附近在留の日本人を以て組織す

第五條　本會の會員たらんと欲するものは姓名、原籍、年齡及現住所を明記し事務所へ申込むへし

第六條　本會は通常會員、贊助會員、名譽會員の三種に分つ
(1)通常會員は會費一箇月銀五十仙とす
(2)贊助會員は毎月銀一弗以上を寄贈するものとす
(3)名譽會員は一時多額の金員寄贈者及本會の爲め功勞ある者にして役員會に於て之を推薦す

第七條　内外人にして本會の主旨を贊成し金品を寄贈したる時は永久本會の記錄に存す

第八條　本會の集會を分ちて定期役員會、臨時役員會、定期總會、臨時總會の四種とす
(1)定期役員會は毎月一回之を開き會務を評議するものとす
(2)臨時役員會は緊急事項に關し臨時之を開くものとす

(3)定期總會は一年一回とし三月之を開き會務の報告をなし併て役員の改選を行ふ

(4)臨時總會は會の事業に就き重要問題の起りたる時役員評議の上開くものとす

但通常會員十五名以上の同意に依り臨時總會を要求したる時は役員會の決議を經て之を開くことを得

第九條 本會は會長、幹事、會計、庶務各一名及評議員七名を置く

但總會の公選を以て之を定む

第十條 賛助會員は第八條規定の會議に出席し意見を陳ぶる事を得

第十一條 本會役員の職務規定左の如し

(1)會長は本會の會務を總理す

(2)幹事は會長を輔佐し 會の庶務を處理す

(3)會計は本會の出納を處理す

(4)庶務は本會の記錄及雜務に從事す

(5)評議員は本會の會務を評議す

第十二條 本會の事業左の如し

(1)在香港本邦人の貧困者にして出產若くは疾病災難等に罹りたる時竝に保護者若くは自活力なき鰥寡孤獨の者は事情を糺し役員協議の上相當の救助をなすこと

(2)在香港本邦人の貧困者にして死亡したる時は關係者の依賴に依り其筋の手續をなし役員協議の上葬式を執行すること

(3)在香港本邦人にして死亡の不幸に遭遇したる際葬式費を負擔し能はざる者の爲め共濟の方法を設くること

(4)寺院火葬場並に墓地の維持及之に附帶する必要の事項に關すること

(5)在留本邦人の兒童敎育に關すること

(6)前五項の外役員に於て必要と認めたる慈善事業に關すること

第十三條 本會の基礎を堅固にせんが爲め時々利益ある事業を經營す

第十四條 本會員にして會費三箇月滯納者は役員評議の上除名する事あるべし

第十五條 本會は定期總會の際本會の事業記錄を刊行し會員に分つものとす

第十六條 前條の規則は總會の決議に依り變更することあるべし

三五四

香港日本人慈善會共濟部規則

第一條 香港日本人慈善會に共濟部を置く

第二條 共濟部は香港在留本邦人にして死亡の不幸に遭遇したる際葬式費を負擔し能はざる者の爲め共濟の趣旨に基き該葬式費を支給するを以て目的とす

第三條 葬式費支給の金員は共濟の趣旨に依り本部員の掛金を以て之に充つ

第四條 本部員たらんと欲するものは姓名、年齡、原籍、現住所を明記し申込むべし

慈善會は之に對し調査の上承認證を交付す

第五條 本部員の掛金は一箇月銀三十仙とす

第六條 本部員にして死亡したる時は葬式費として銀五十弗を遺族又は關係者に給與す

但遺族又は關係者は醫師の死亡證明書を添へ請求すべし

第七條　本部員にして死亡したる時は關係者の依賴に依り其筋の手續をなすべし

第八條　本部員にして左に該當するものは除名す

(1)掛金滯納二箇月に亙る者

(2)虛僞の申込を以て承認證を受けたる者

第九條　本部の經濟は特別會計とす

第十條　本部會計不足を生じたる時は慈善會役員協議の上慈善會より補給することを得

第十一條　本部の事務は慈善會役員之を處理す

尙參考の爲め最近一年間慈善會の決算報告を附記すべし。（共濟部、教育部、火葬場の分は省略）

收入之部	
會費	弗 四四五・五〇
寄附金	二二〇・〇〇
立替金入	一九四・四〇
競馬會純利益金	二、一七四・九〇
雜收入	一五〇・六四
計	三、一七七・四四
前年度繰越金	五、六七九・二八
總計	八、八五六・七二

支出之部	
事務所費	弗 一三〇・〇〇
手當金	一四〇・〇〇
墓地掃除費	二四・〇〇
立替金	一、〇九九・六九
葬式費	一六〇・〇〇
備品費	一・七五
醫藥料	一六三・五〇
救助費	三七四・一四
供花	一一・一五
雜費	一三五・八九
兩替損	二八・二三
小學校維持金	六〇〇・〇〇
計	二、八五八・三四
一九一六年度へ繰越	五、九九八・三八

日本人商興社

日本人商興社は大正四年二月の設立に係り、當地在留の日本商店主十四名を以て組織せる信用組合的相互融通機關にして當地會社法に遵據して登錄せられたる有限責任の法人なり、目下資本金一萬四千弗とし拂込金額を擔保として銀行より低利にて一定金額迄借入を爲し比較的高利を以て組合員又は組合員の保證する他の日本商人に貸付をなすものとす、故に從前直接銀行より借入を爲す能はざりし者に對し資金融通の途を開くと同時に商興社は貸出の利息により相當の利鞘を收得するものとす。

公益施設

日本人小學校

香港日本人小學校は當地在留本邦人の兒童をして義務教育を修了せしめんが爲め設置せられ、最初日本人慈善會專ら之が經營の任に當り、經費を在留邦人間に募り明治四十二年八月一日香港本願寺布教所に於て開校せられたるものなり、當時就學兒童十名にして教授及校務一切を本願寺布教師に囑託し來りたるが在留日本人兒童の增加と共に本校を完備せしむるの必要を生じ、先づ其一著手として大正四年末內地より訓導兼學校長小堀氏を招聘し、大正五年一月本校經營上の權利義務を一切教育委員會に引繼き同二月在外指定學校としての指定申請書を提出し同五月十八日付を以て外務大臣及文部大臣の認可を經たり、教育委員會とは日本倶樂部、日本人懇和會及日本人慈善會の三團體より夫々選出したる委員を以て組織せられ、學校の經費は委員會の決議に基き右三團體より每年一定の割合を以て支出することゝし其他は一般在留邦人の寄附に仰ぐものとす、校舍（借家）は目下市の東部 No. 1 Sharp St. に在り、學則は我小學校令及同施行規則に遵據し、目下兒童數は第一學級（第一、第二、第三學年）二十七名、第二學級（第四、第五、第六學年）十二名なり
大正五年度經費豫算　三千四百五十弗とす。
教育委員會々則左の如し。

香港日本人教育委員會々則

第一章　目的

第一條　本會は香港在留日本人の設立せる香港日本人小學校の管理經營をなすを以て目的とす

第二章　名稱及事務所

第二條　本會を稱して香港日本人教育委員會と稱し事務所を小學校内に置く

第三章　組織

第三條　本會は香港在留の日本人間に組織せられたる倶樂部、慈善會、懇和會の三團體より團體毎に選出せられたる委員を以て組織す
第四條　本會の委員は八名とす
第五條　各團體より選出すべき委員の數左の通りとす
倶樂部四名、慈善會貳名、懇和會貳名
第六條　委員の任期は一箇年とし四月一日より翌年三月三十一日までとす

第四章　事業

第七條　本會に於て行ふべき事業左の如し
一小學校管理、設備、維持に關する事
一小學校經費の豫算調製及收支に關する事
一小學校兒童の就學に關する事
一小學校職員の進退、俸給、旅費及諸給與に關する事
一其他小學校經營上必要なる事項
一家庭及其他に於て尋常小學校の教科を修むるものに關する事。
一就學し得ざるものに關する事
一授業料に關する事
一學校基本財產に關する事

第五章　役員

第八條　本會の事務を處理する爲め左の役員を置く
一委員長　一名
一幹事　一名
一會計　一名
第九條　役員は委員の互選とす
第十條　委員長は會務を總理し會議の議長となり幷に他に對し本會を代表す
第十一條　幹事は委員長を輔佐し本會の事務を處理す
第十二條　會計は本會の會計一切を擔任す
第十三條　小學校長は必要に應じ委員會に出席し意見を述ぶる事を得

附則

一本則は大正五年一月一日より實行す
一本則を變更せんとする時は本會の會議に附し六名以上の同意を要す

本願寺布教所

明治三十三、四年頃本派本願寺に屬する僧侶高田栖岸單獨香港に渡來し、京都本山よりの指揮によらず自ら苦心布教に從事

したるが同四十年に至り本派本願寺より原田了哲監督として派遣せられ開教師一名を從へて赴任し布教を開始せり、爾來今日に至るまで本山より年額貳千圓乃至三千圓の補助を受け此補助金と當地に於ける收入とを以て支持し居れり。

布教は專ら在留邦人間に限られ毎月六日、十六日、二十六日二日、十二日、二十二日に說教を開催す。

當布教所に於て佛教婦人會の設けあり、明治四十年頃の創立にして毎月六の日に講話會を催す、會員七十名、會費三十仙とし、京都本山に於ける大日本佛教婦人會聯合本部（會員二十萬）と聯絡し、本部發行の雜誌『婦人』を毎月會員に配付す、東北飢饉義捐金募集、青島攻圍軍慰問袋募集等公共の爲め盡力せること屢なり。

明治四十二年慈善會經營の下に小學校開設せらるゝや布教所を以て教室に充て開教師教授の任に當り以て大正四年末に及べり

明治四十二年布教場新築に決し、建築費は三萬弗の豫算にして一萬弗は京都本山より補助を仰ぎ、二萬弗を一般篤志家より募集することゝし、四十三年九月以降募集に從事し居れるも未だ豫算額を得ること能はず、敷地は總領事館を經て政廳に交涉の結果名義のみの地代を以て掃管埔谷（Soo Kum Po Valley）の一丘上に約二噸の土地の貸下を得たり、尙右敷地は市の東方丘上に在りて信徒の參集に不便多ければとて大正三年中更に黃泥涌路（Wongueichong Road）に一萬平方呎の土地を購入せり、而して大正四年四月起工式を擧行したるも爾來物資騰貴の爲め豫算額を超過する些少ならざるを以て未だ工事著手の運に至らず。

日本人墓地及火葬場

墓地　日本人墓地は市の東方ハッピーバレーの植民地墓地（Colonial Cemetery）の一部に在り、明治初年以來日本人の死體は多く此墓地に埋葬せられたり、然れとも日本人墓地として判然たる區劃の設なきを以て日本人の墳墓は外國人の墳墓と混淆錯雜し、日本人の墳墓にして外人墳墓の中間に點在するものあり、又日本人墳墓の附近へ突然外國人の埋葬せらるることあるが如き狀態なり、又明治三十年頃より以前の本邦人墳墓には墓標の消失したるもの多く、又政廳の死亡登錄は其姓名甚だ不確實にして之が取調には多大の困難を感じたるが、本願寺布教所にては其開設以來熱心之が取調に從事したる結果明治十一年以降今日迄の分にして本邦人墳墓として判明せるもの約五百を算す、而して近年に至り日本人慈善會の經費を以て石碑を建立したるもの少からず、此外香港島の西部 Mt. Davis の山腹に少數の本邦人の墳墓あり、因に近年香港に於ける邦人死亡數は一年二十五名乃至三十名にして在留邦人の總數に比し比較的多きが如きも死亡者全部が在留本邦人たるに非ずして其二、三割位は船員死亡者とす。

火葬場　當地にては支那人は總て土葬の習慣あり、又其他の各國人も概ね土葬するを以て全く火葬の設備なく本邦人も不得已總て土葬に附し來りたるが、日本人間に於ては遺骨を鄉里に送致する爲め火葬を希望する者多く遂に日本人專用火葬場の新設を促し、日本人慈善會は其一事業として之が建設を計畫し、千九百九年政廳より名義丈の地代を以て市の東方掃管埔谷（Soo Kum Po Valley）に約三平萬方呎の土地の貸下を得、次で工事に著手し、大正元年十月竣成したり、工費約四千弗を要せり、本

東亞煙草株式會社出張所	東亞烟公司	東京	煙草販賣
公誠公司(三浦清一)	公誠公司	香港	雜貨輸出入
平岡貞商店(平岡貞)	平岡貞商店	同	文具、印刷、寫眞材料
中旭公司(橋本雅良)	中旭公司	同	雜貨輸出入

次に當地に於ける個人商店の主なるものを示せば左の如し

稱號	營業主	本籍地	營業種別
大佛洋行	青井松太郎	神戸市	美術雜貨
日光洋行	安東清治	岡山縣	美術雜貨、骨董品
中澤洋行	中澤幾太郎	山梨縣	絹、木綿類 袋物、レース類
松永洋行	松永八次郎	長崎市	美術雜貨
三笠洋行	三浦清一	岐阜縣	美術雜貨
丸一藥房	一樹北次郎	富山市	藥品、賣藥、雜貨
本田洋行	本田平十	長崎縣	酒類、食糧品、雜貨
東洋館	横瀨清	長崎市	艦船需要品
森田商店	森田德太郎	同	吳服、雜貨、食糧品
村野商店	村野重平	福岡縣	食糧品、雜貨
松本洋行	松本十郎	長崎市	酒類
富士商會	古田卯三郎	京都府	煙草
鄉原洋行	鄉原琴次郎	横濱市	吳服、雜貨、材木
荒川商店	荒川忠昭	大阪市	吳服、雜貨
山口吳服店	山口平三郎	長崎市	吳服、雜貨
櫻商行	櫻井哲次郎	横濱市	製靴販賣
岡田洋行	岡田利助	神戸市	美術雜貨
港月堂	白井傳之助	滋賀縣	菓子、食糧品
惠良寫眞館	惠良彥太郎	大分縣	寫眞業
梅谷寫眞館	佐野操	長崎縣	同

火葬場は當地最初のものにして爾來邦人死體は多くは火葬に附することゝなれり、最近一年間の火葬件數二十九件(前年二十三件)にして內二十六件は有料、二件は無料とし、有料中外國人二件を含む。

本邦商人

本邦諸會社、銀行及大商店にして香港に支店又は出張所を有するもの及個人商店にして貿易業に從來するもの大要左の如し

稱號	支那名稱	本店所在	營業種別
横濱正金銀行支店	横濱正金銀行	横濱	銀行業
臺灣銀行支店	臺灣銀行	臺北	同
日本郵船株式會社支店	日本郵船公司	東京	海運業
東洋汽船株式會社出張所	東洋輪船公司	同	同
大阪商船株式會社支店	大阪商船公司	大阪	同
三井物產株式會社支店	三井洋行	東京	輸出入業
三菱合資會社支店	三菱公司	同	石炭、硝子、銅等
古河合名會社出張所	古河公司	同	銅、石炭、電線類
日本棉花株式會社出張所	日信洋行	大阪	綿糸、綿布類
鈴木商店支店	日森洋行	神戸	輸出入業
大澤商會支店	福記洋行	京都	同
湯淺商會支店	湯淺洋行	神戸	同
服部時計店出張所	服部洋行	東京	時計、雜貨等
加藤商會支店	東勝洋行	名古屋	輸出入業
鶴谷商會出張所	鶴谷洋行	神戸	陶器、船具、雜貨
加藤新吉商店出張所	加藤洋行	大阪	陶器、硝子、電氣材料
嘉門商店出張所	嘉門洋行	同	綿製品、綿糸、雜貨

主なる職業

當地に於ける在留邦人の主なる職業十餘種に就き大體を左に記述すべし。

醫師　本邦人開業醫は馬島醫學士及北島醫學士の兩氏にして各馬島病院及北島病院を經營す、而して馬島氏は約十年前、北島氏は二、三年前の開業に係る、又齒科醫師としては山崎氏一名あるのみ、醫師の診察料、藥價等略左の如し。

診察料	宅診	一回	三弗
	往診	一回	五弗
藥價	内服藥一日分	一劑に付	五十仙
	外用藥	一劑に付	五十仙以上
	頓服藥	一劑に付	二十五仙

患部治療料（患部の輕重處置の繁簡、藥品及材料の多少に因り等級を定む。）

特等	十弗乃至百弗	三等	二弗
一等	五弗	四等	一弗
二等	三弗	五等	五十仙

入院料

並等	四弗	特等	六弗

美術雜貨商　前項個人商店中に掲げたる大佛、日光、中澤、松永、三笠、岡田等の各洋行は日本製美術雜貨の販賣を業とし顧客は大部分在留歐米人、陸海軍人、寄港外國艦船乘組員等にして毎年クリスマス前を以て最も繁忙の時期とす、目下戰爭の爲め顧客著く減少し打撃少からざるが如し、大正四年一月此等諸商店十一軒を以て美術雜貨商組合を組織し組合員相互の親睦を計り併せて此等商店に必要なる商品の交換をなしつゝあり。

旅館及下宿屋業　目下旅館としては東京ホテル、松原旅館、野村ホテル、日の出旅館、和井田旅館及イロハの六軒あり、又下宿屋四軒を存す、多くは日本人の旅客を宿泊せしむるも時に支那人の宿泊するもの少からず、旅館の宿泊料一日分略左の如し。

	一等（弗）	二等（弗）	三等（弗）
一等旅館	六.00	四.00	一
二等旅館	四.五0	三.00	一.五0
三等旅館	三.五0	二.五0	一.五0

東京ホテル以外は二等、三等の團體客若くは長滯在に對しては割引あり。

料理店業　晴風樓、德八、野村、春の家等を主なるものとし其他小規模のもの數軒あり、寄港船舶の船員、旅行客並在留邦人を顧客とし、支那人又は外國人の出入するもの殆ど無し、是等料理店に屬する藝妓二十餘名あり。

洋服仕立業　竹田洋服店以下約九軒あり、職人數十七名位とす、職人の月給は裁職三十五弗乃至四十弗、縫職二十弗乃至三十五弗（共に食事は主人持）見當にして支那人職工は日本人被雇十六弗乃至二十五弗、支那人洋服店被雇十二弗乃至十五弗位なり、日本人洋服店は日本人の外葡萄牙人、支那人を顧客とす仕立賃大要左の如し。

燕尾服、フロック	四弗—五弗	チョッキ	八十仙—一弗五十仙
モーニング	三弗—五弗	綿リンネル上衣	五十仙—九十仙
背廣服	二弗五十仙—三弗五十仙	同上ズボン	三十仙—六十仙
外套	二弗五十仙—五弗	シャツ仕立	八十仙

大正四年七月香港洋服商組合組織せられ店主九名、店員及職工十六名を組合員とす。

因に和服仕立業に從事する者十餘名あり、專ら日本人相手にして云ふに足らず、仕立賃は單浴衣五十仙、絹物一弗五十仙、羽織二弗、帶一弗五十仙位を標準とす。

製靴業　日本人製靴販賣店は櫻商行以下五軒あり、日本人職工は支那人職工に比し遙に巧みなるを以て外人用、日本人用の靴は此等邦人靴店にて製出するもの多し、日本人職工の給料は月三十五弗乃至五十弗（支那人は六弗乃至二十弗見當）にして食事は主人持とす。

理髪業　當地在留歐米人及本邦人の理髪は大部分本邦人理髪師の手に在り、職人數三十餘名にして其中理髪店を經營するもの四名、其他は理髪店雇人、旅館、倶樂部雇はれ及巡回理髪師數名とす、此外當地には比律賓人理髪師十餘名、支那人理髪師無慮二千に及ぶと云ふ、給料は外人被雇月五十弗乃至八十弗、（食事自辨）日本人被雇十弗乃至三十弗（食事主人持）位にして勞働時間は普通朝八時より午後七時半迄とし日曜日は午前中とす理髪料左の如し。

（單位仙）

	散髪	ヒゲ剃	ヒゲ刈込	頭洗	毛燒	顔面マッサージ	頭部マッサージ
一等	六〇	三五	五〇	三五	三五	六〇	五〇
二等	四〇	二〇	三五	二〇	二〇	五〇	四〇
三等	三〇	一五	—	—	—	—	—

洗濯業　當地には英人經營の一洗濯會社 Steam Laundry Co. Ld. あり、其他に小洗濯屋十數軒に上り多くは支那人なるが日本人經營の西洋洗濯屋四軒あり、其職人約十二名とす、邦人職人は一般に其技量支那人に優り月給は支那人の二十弗乃至二十五弗に對し本邦人は三十弗乃至五十弗なり、洗濯料は洗濯會社より稍安く凡左の通り。

三六〇

ワイシャツ	十仙	白チョッキ	十五仙
カラ	五仙	白リンネル上衣	十三仙
浴衣	十仙	手巾	二仙

右の外洗張業に從事する者十餘名あり。

沖賣業　象牙細工、翡翠細工、貴金屬、寶石、時計、支那絹織物、煙草、西洋小雜貨等を入港中の船舶、軍艦に持參し艦船上にて販賣するものにて目下從業者三十五、六名あり、比較的小資本を以て營業することを得て利益案外大なるが爲め逐次其數を增し來れり、此等本邦人沖賣業者の賣上高總計は一箇月一萬弗前後に上る見込なり、大正四年六月香港沖賣商同盟會なるものを組織し會員相互の懇親並に商業道德の尊重を期し居れり。

大工業　當地の邦人大工業は何れも在留本邦人相手にして僅に屋內の造作、修繕等を主とする有樣なれば仕事の分量に制限あり、從業者は二十餘名にして賃銀は一日二弗なり、支那人大工は一日の賃銀六十仙乃至八十仙とす。

數取業（タリーマン）　一時二十七、八名に上りしことあるも目下十六名に減少せり、日本人にて本業に從事するは三井物產會社の石炭引渡に關するもののみにして其他の會社、商店にては總て支那人を使傭す、給料は一日分又は一回分幾何と定め其中より食費を控除するものにして結局手取一箇月十二弗乃至二十弗とす。

按摩業　按摩は邦人間のみならず外人間に需要多く收入比較的多く生活容易なるが爲め漸次從業者增加し目下十數名に上れり、內電氣按摩一名、手按摩一名、其他は双方兼用とす、一箇年の收入總計約一萬弗に上るべし。

（終）

大正六年五月十日印刷
大正六年五月十五日發行

（定價金壹圓五拾錢）

外務省通商局

發行兼印刷者　東京市日本橋區本銀町三丁目二番地
株式會社　啓成社
代表者　土屋義行

印刷所　東京市京橋區西紺屋町二十七番地
株式會社　秀英舍

發行所　日本橋區本銀町三丁目二番地
株式會社　啓成社
電話本局二一〇〇番
振替東京一二〇五五番

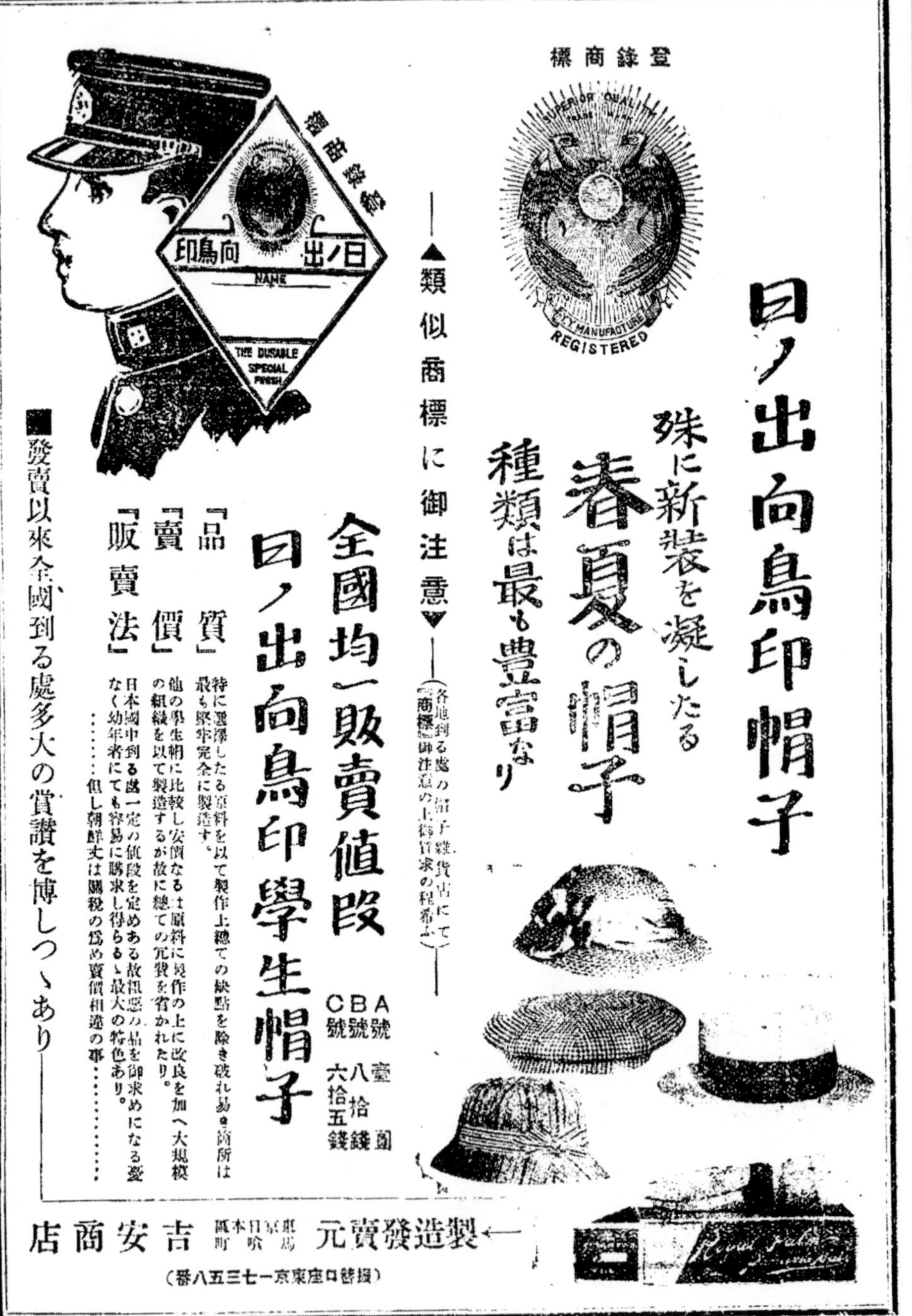
登錄商標
SUPERIOR QUALITY
REGISTERED
日ノ出向鳥印帽子
殊に新裝を凝したる
春夏の帽子
種類は最も豐富なり
（各地到る處の帽子雜貨店にて商標御注意の上御買求め程希ふ）
登錄商標
日ノ出 向鳥印
NAME
THE DUSABLE SPECIAL FINISH
▲類似商標に御注意▼
全國均一販賣値段
日ノ出向鳥印學生帽子
A號 壹圓
B號 八拾錢
C號 六拾五錢
「品質」特に選擇したる原料を以て製作上總ての缺點を除き破れ易き箇所は最も堅牢完全に製造す。
「賣價」他の學生帽に比較し安價なるは原料に是作の上に改良を加へ大規模の組織を以て製造するが故に總ての冗費を省かれたり。
「販賣法」日本國中到る處一定の値段を定めある故粗惡の品を御求めになる憂なく幼年者にても容易に購求し得らるゝ最大の特色あり。
……但し朝鮮丈は關税の爲め賣價相違の事……
■發賣以來全國到る處多大の賞讃を博しつゝあり
製造發賣元 東京日本橋區馬喰町 吉安商店
（振替口座東京一七三五八番）

カブトビール

品質本位ハ吾社ノ生命ナリ
カブトビールノ品質ハ清醇無比ニシテ耐久力ニ富ム
販路ハ東洋一圓、南洋、濠洲遠ク亞弗利加ニ及ブ

加富登麥酒株式會社

本店　東京銀座
支店　大阪市西區立賣堀北通
　　　名古屋市新柳町
工場　尾張國半田町

東洋汽船株式會社

本社　東京市日本橋區通一丁目十三、四番地

營業所　横濱市山下町四番

其他各寄港地及各國要樞都市ニ出張所又ハ代理店ノ設アリ

桑港線（桑港、布哇、横濱、神戶、長崎、上海、香港及マニラ間）

太平洋上最速最美ノ定期汽船ニテ無線電信ヲ裝置シ航海安全ニシテ、待遇懇切ヲ極メ最モ優雅ナル慰安娛樂ノ設備アリ

船名	噸數
天洋丸	二二、〇〇〇噸
春洋丸	二二、〇〇〇噸
さいべりや丸	一八、〇〇〇噸
これや丸	一八、〇〇〇噸
日本丸	一一、〇〇〇噸
波斯丸	九、〇〇〇噸

南米線（香港、門司、神戶、横濱、布哇、桑港、羅府、墨國、巴奈馬、秘露、智利諸港間）

東洋南米間唯一ノ定期航路

船名	噸數
安洋丸	一八、五〇〇噸
紀洋丸	一七、二〇〇噸
靜洋丸	一四、〇〇〇噸

日本郵船株式會社

東京市麴町區有樂町一丁目一番地（電話本局四二〇一ヨリ六番迄）

所有汽船壹百艘　總噸數四十七萬噸

●內地鐵道各主要驛ヨリ支那、臺灣行船車連絡切符ヲ發賣致候

歐洲行（支那、印度、南阿經由歐洲行二週一回定期發船外ニ貨物船十數艘ヲ使用ス）

北米行（日本ヨリ加奈陀ビクトリヤ、合衆國シヤトル行每月三回定期發船）

南米行（日本ヨリ南阿經由南米行移民船四、五、九月頃各一回ツヽ發船ノ豫定）

東京市京橋區銀座二丁目二番地（電話京橋三四五九番）

船客切符發賣所

但有樂町本店ニ於テハ切符發賣致サス候

濠洲行（香港比律賓經由濠洲各港行每月一回定期發船、外ニ貨物船數艘ヲ使用シ時々新西蘭土ニモ寄港ス）

印度行（香港馬來半島諸港經由〔甲谷陀行二週一回發船／孟買行二週一回發船〕）

支那行（上海行ニハ橫濱又ハ神戶ヨリ一週三回定期發船　天津行ニハ橫濱又ハ神戶ヨリ每月八回定期發船）

●以上ノ外東洋近海十餘ノ定期線有之候

營業品目

大冶鐵鑛石

漢陽銑鐵

同鋼鐵

形鋼、鋼鐵板、棒鐵、鑛山用ドリル鋼、レール

■ 漢冶萍煤鐵廠礦有限公司
日本總代理店

萍鄉コークス

支那滿俺鑛石

其他雜貨輸出入仲立業

■ 漢口支店
(東方商運有限公司)
支那漢口佛租界巴里街第四號

■ 上海本店
(東方商運有限公司)
支那上海四川路三十六號

東亞通商株式會社

■ 東京支店
東京市麴町區 樂町壹丁目一番地
電話本局(長)一一〇八番 一一〇九番 四七九六番

■ 大阪出張所
大阪北區曾根崎上三丁目一五五ノ六

■ 八幡出張所
福岡縣八幡市白川町二丁目

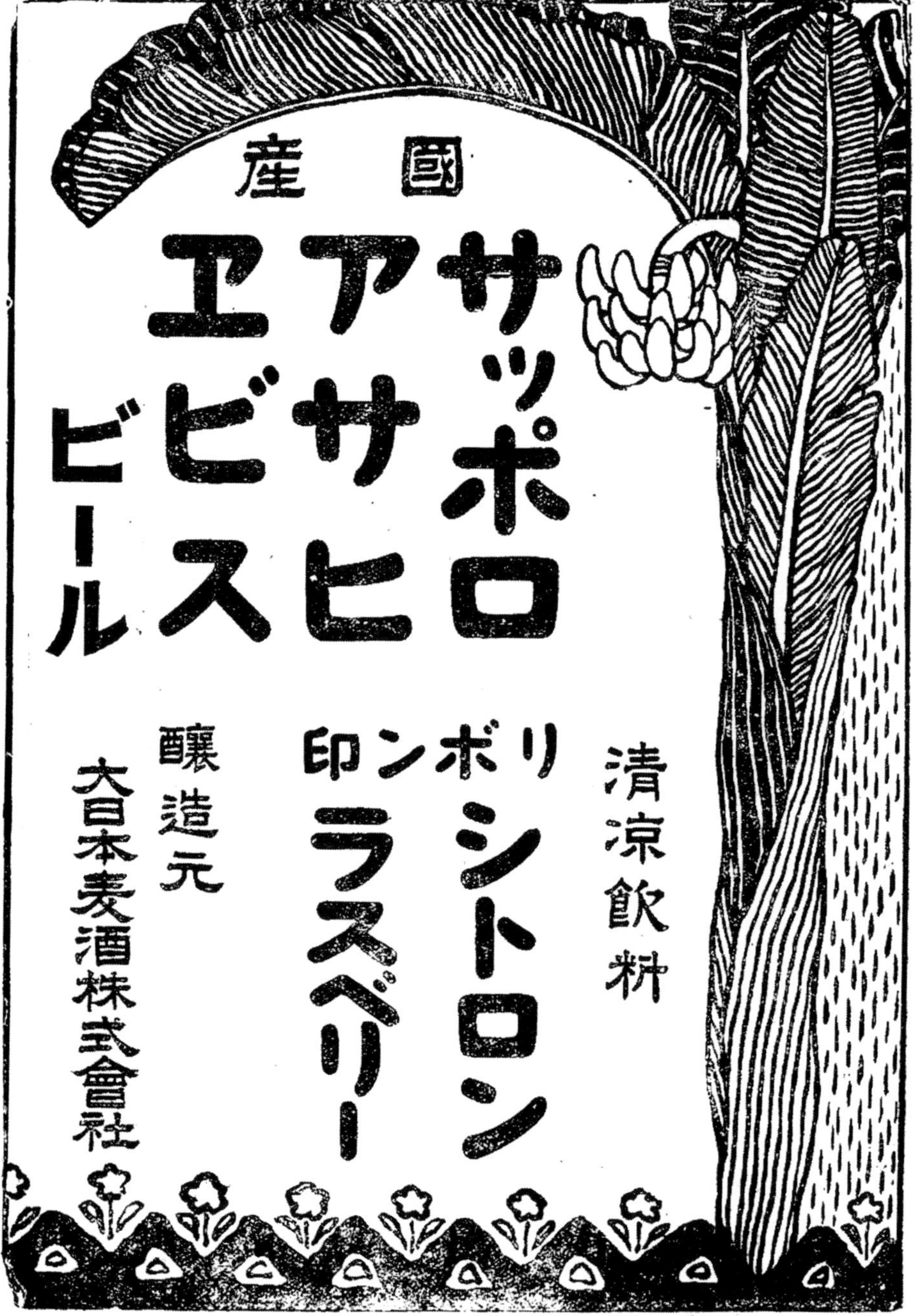
國產
サッポロ
アサヒ
エビス
ビール
清涼飲料
リボンシトロン
印ラスベリー
釀造元
大日本麦酒株式會社

模範的大國漢字典

(音引訓引數字引)

文學博士 上田萬年
學習院教授 岡田正之
學習院教授 飯島忠夫
文科大學助手 榮田猛猪
愛知縣第五中學教諭 飯田傳一
共編

本書は編者五先生が苦心努力の結晶にして稿を起してより十有餘年、印刷に着手してより六個年の歲月を費し初めて完成せるもの、其收載の博大なる、其形式の斬新なる凡ゆる在來の字書に卓絶し眞に國漢字書界の一新紀元を劃せり。一たび本書を檢せば何人も其が他の小字書と到底比較を絶することを正に富嶽の群峰に聳ゆるが如きものあるを見ん。乞ふ速かに内容見本を一覽し以て此空前の大字典の實質を知られよ。

内容概観

□日常須知の漢字は勿論俗字略字新字及字源字形の研究上必要なるあらゆる漢字を收載せり
□字源を詳說し古文大篆小篆俗字同字は勿論歷代草書の草字を精巧なる金屬版を以て斷載す
□字音を詳說し特に本邦のみに於て用ひらるゝ慣用音及名乘等の特殊發音を詳說して剩さず
□訓義の精細なること類を絶す特に本邦にのみ用ひらるゝ特訓を說くこと最詳密を極めたり
□同訓異義及辨似欄を設け字音と字義との關係を明にし且文字の變化を說く事至れり盡せり
□熟語總數十有五萬實に本邦最大の熟語字典にして故事出典を明にし難讀姓氏一萬餘を收む
□索引の完全なることに至ては斷じて他に類を見ざる所にして部首引音訓引の法に加ふるに數字引の方法を以てし如何なる文字も立所に檢出し得べし

好評嘖々注文殺到す申込の好機は刻々に去らんとしつつあり！

菊判クロース綴背革角革金文字金模樣入美本函入總紙數二千九百餘頁六號新鑄活字四段組印刷鮮明紙質優良

定價 金七圓

完成紀念參萬部特價 五圓五十錢

送料 内地金貳拾錢 臺灣樺太金四拾錢 支那朝鮮金五拾錢

索引其他詳細說明書付 **見本進呈**

三萬部以後は斷然原價に復す機會を逸せず速かに見本を請求せられよ

東京日本橋本銀町(今川橋際) 株式會社 啓成社 電話本局二一〇〇番 振替東京二〇五五番

營業品目
○紙
○和洋製紙原料
及工業藥品
○カルシュウム、
カーバイド
○製革用、漁網染用、
黑染用
タンニング、
エキス
○內外肥料各種
○ベニーヤ茶箱
及護謨箱
其ノ他諸雜貨
輸出入
直輸出入業
大阪市東區高麗橋通貳丁目
株式會社 島田商會
電話本局長（二一四〇・二一四一・三四九一）番
振替貯金大阪四、八三〇番
東京市日本橋區本町貳丁目六番地
株式會社 島田商會
東京出張所
電話本局（長三四七三八・四二三）番
振替貯金東京三三、一一五番
專賣特許 各種燃料吸入瓦斯發動機
高壓石油發動機
創業明治二十三年
於內外國博覽會
金、銀、名譽大賞牌參拾參個受領
大阪市北區上福島北二丁目
伏田鐵工所
電話 長土佐堀九三二番
同 九七三番

營業品目

麻苧
船具
漁網
綿糸
ロープ
帆布
棕梠類

支那麻マニラ麻直輸入

東京製綱株式會社專屬販賣店
帝國製麻株式會社特約販賣店
臺灣製麻株式會社關東特賣店

小倉久兵衛本店

支配人 平賀德太郎

東京市日本橋區小網町壹丁目三番地

電話番號 浪花特長 一四〇番 一四一番 五八一番

振替貯金 東京三三八八番電署(〇)

明治十年創立

外。國。行。または外。國。から。の。御。荷。物。の。運。送。と。稅。關。手。續(小さなものでも)親切に致します

稅關貨物取扱人

KTS

開通合名會社

本店 橫濱市北仲通一丁目一番地 電話 九〇一九 一六一六

支店 神戶市海岸通二丁目三番屋敷 電話 三宮長九四一 三宮一二六二

出張所 東京市芝區芝口一丁目十五番地 電話新橋一七五〇

出張員詰所 東京市日本橋區箱崎町四丁目一番地 電話浪花一五九一

本社製品
米國式開鱈
鹽鱈
干鱈
干鱈罐詰
（有骨無骨）
東京市京橋區本湊町二十一番地
米國式開鱈
製造發賣元
日本漁業株式會社
電話京橋二三四番（電略タラ）
工場 千葉縣舘山町沼西ノ濱
電話舘山一六三番（電略タラ）
舘山町乾燥場ノ一部
棉花、綿絲、
綿布、輸出入
大阪市北區中之嶋二丁目
本店 江商株式會社
支店 米國オースチン、
フオートオース
印度、孟買、
支那、青島、上海、

TRADE MARK

CELLULOID MANUFACTURERS, WHOLESALERS
AND
EXPORTERS

S. NAGAMINE & SONS.

Toys, Fancy Goods, Stationary, Cycle-Accessories & Miscellaneous.

Cord Address "TOKYO CELULOID"

3 Kuramaye-Moritacho Asakusa, TOKYO JAPAN.

セルロイド原料生地並ニ玩具
共他加工販賣

永峰清次郎商店

大日本東京市淺草區
藏前片町七番地
電話下谷長四三七七番
振替口座東京三三七〇番

永峰加工所

東京府下龜戸町
押上三三番地
電話本所三一二〇番

砂糖 麥粉 石油 肥料 販賣

横濱市本町四丁目六十八番地

増田増藏

東京支店
大阪支店
神戸支店
臺灣支店
小樽支店
沖繩出張店

輸出 輸入 一般 外國 貿易

横濱市本町四丁目六十八番地

増田増藏

東京支店 神戸支店
大阪出張店 下關出張店
大連出張店 上海出張店
漢口出張店 倫敦出張店
濠洲シドニー出張店

書名：《香港日佔時期課本——初小公民（一九四三中文）》《嚴重的香港（一九三八中文）》《香港事情(一九一七日文)》合刊
系列：心一堂　香港．澳門雙城成長系列
原著：香港占領部總督府、殷楊 等編
主編•責任編輯：陳劍聰

出版：心一堂有限公司
通訊地址：香港九龍旺角彌敦道六一〇號荷李活商業中心十八樓〇五一〇六室
深港讀者服務中心：中國深圳市羅湖區立新路六號羅湖商業大厦負一層〇〇八室
電話號碼：(852)9027-7110
網址：publish.sunyata.cc
淘宝店地址：https://sunyata.taobao.com
微店地址：　https://weidian.com/s/1212826297
臉書：　　　https://www.facebook.com/sunyatabook
讀者論壇：　http://bbs.sunyata.cc

香港發行：香港聯合書刊物流有限公司
地址：香港新界荃灣德士古道220～248號荃灣工業中心16樓
電話號碼：(852) 2150-2100
傳真號碼：(852) 2407-3062
電郵：info@suplogistics.com.hk
網址：http://www.suplogistics.com.hk

台灣發行：秀威資訊科技股份有限公司
地址：台灣台北市內湖區瑞光路七十六巷六十五號一樓
電話號碼：+886-2-2796-3638
傳真號碼：+886-2-2796-1377
網絡書店：www.bodbooks.com.tw
心一堂台灣秀威書店讀者服務中心：
地址：台灣台北市中山區松江路二〇九號1樓
電話號碼：+886-2-2518-0207
傳真號碼：+886-2-2518-0778
網址：http://www.govbooks.com.tw

中國大陸發行　零售：深圳心一堂文化傳播有限公司
深圳地址：深圳市羅湖區立新路六號羅湖商業大厦負一層008室
電話號碼：(86)0755-82224934

心一堂微店二維碼

心一堂淘寶店二維碼

版次：二零二一年三月初版，平裝

定價：港幣　　二百九十八元正
　　　新台幣　一仟二百八十元正

國際書號 ISBN 978-988-8583-70-6